D1937945

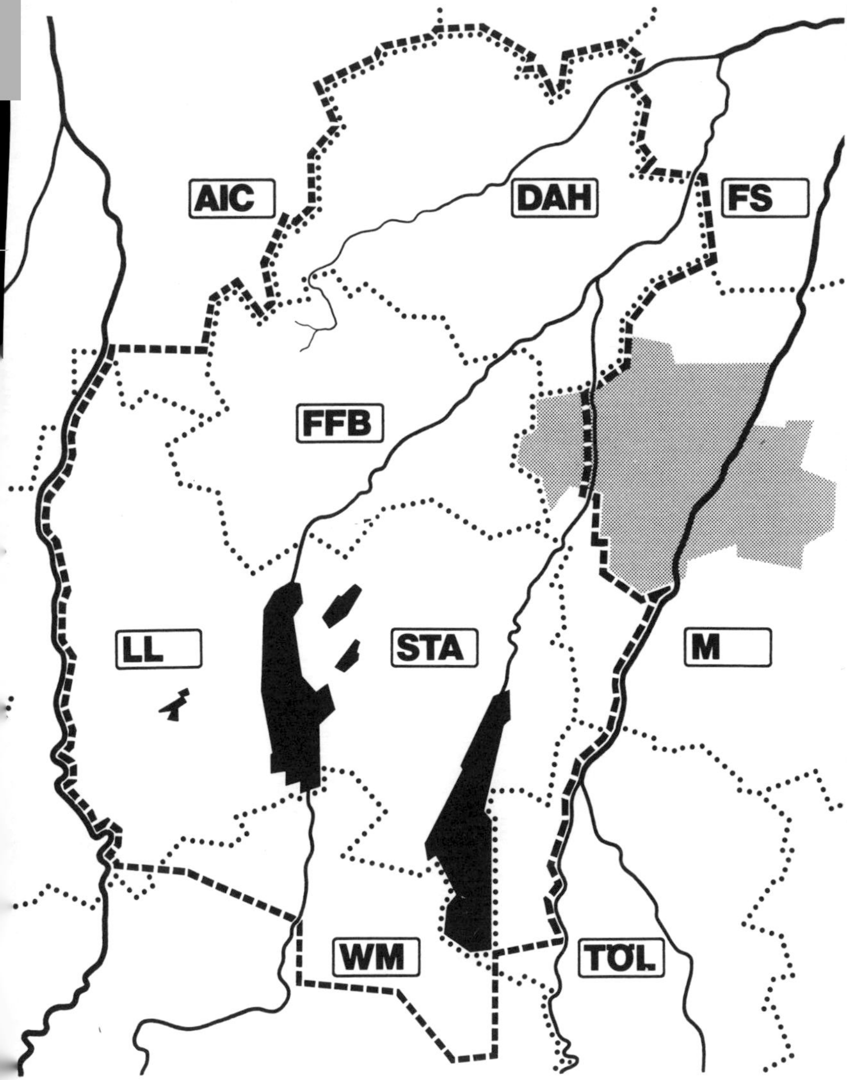

······ Kreisgrenzen

▬▬▬▬ Grenze des im 1. Band behandelten Gebiets

verweisen außerdem auf die Teilkarten am Schlusse dieses Bandes

Die Kunst- und Kulturdenkmäler in der Region München

herausgegeben von Michael Meier

DKV

Die Kunst- und Kulturdenkmäler in der Region München

1. Band: Westlicher Umkreis.
Bearbeitet von Max Gruber, Klaus Kraft, Michael Meier und Wilhelm Neu, mit einem Beitrag von Werner Zeil.

Deutscher Kunstverlag

Reproduktionen: Schütte & Behling, Berlin. – Satz und Druck: Georg Appl, Wemding.
Alle Rechte beim Deutschen Kunstverlag GmbH. München Berlin. Nachdruck ohne Genehmigung des Verlags nicht gestattet.
ISBN 3422 003940.

Inhalt

◔	= südlich der B 12 (alte Trasse)
◕	= nördlich der B 12 (alte Trasse)
○	= Landkreis
□	= Kartenausschnitt
AIC	= Landkreis Aichach-Friedberg
DAH	= Landkreis Dachau
LL	= Landkreis Landsberg/Lech
M	= Stadt München
M (Land)	= Landkreis München
STA	= Landkreis Starnberg
TÖL	= Landkreis Bad Tölz-Wolfratshausen
WM	= Landkreis Weilheim-Schongau

Der Ortskatalog verzeichnet die Ortschaften alphabetisch und zwar meist unter ihrem alten, bis zur Gemeindereform gültigen Namen; der leichteren Handhabung wegen wurde das Gesamtgebiet geteilt: 1. Südlich der Bundesstraße 12; 2. Nördlich der Bundesstraße 12.

Vorwort

Die Kunstdenkmäler rings um München sind niemals auch nur annähernd vollständig verzeichnet und beschrieben worden; der bisher erste Versuch dazu ist auch der letzte geblieben: das grosse, von Berthold Riehl und seinen Nachfolgern zwischen 1895 und 1908 herausgegebene, dreibändige Werk über den Regierungsbezirk Oberbayern („Die Kunstdenkmale des Königreichs Bayern"). Dieser Tatsache verdankt der vorliegende erste und der ihm in absehbarer Zeit folgende zweite Band sein Entstehen, wie ihr die Verfasser manches Jahr anstrengender, aber auch befriedigender Tätigkeit zu verdanken haben. Vollständigkeit im Sinne eines amtlichen Inventarwerkes konnte dabei nicht die Absicht sein. Die Verfasser wollten mit ihrer Arbeit und im Rahmen ihrer Kräfte nur einen Mißstand beheben, der doch offenbar darin liegt, daß die Kunstdenkmäler aus der unmittelbaren Nachbarschaft des Landeshauptstadt so gut wie unbekannt geblieben sind.
Die Stadt München wurde dabei fast ganz ausgespart; denn über sie und ihre Werke gibt es Literatur in Fülle. Verzeichnet und beschrieben wurden vielmehr die Kunst- und Kulturdenkmäler, soweit sie sich in einem Umkreis von etwa 40 km befinden: *in der Region,* wie man zu sagen sich angewöhnt hat.
Der erste Band befaßt sich mit der westlichen Hälfte dieser Region; er schließt im Süden das Kloster Polling mit ein; im Westen erreicht er den Lech unter Einschluß der Stadt Landsberg; im Norden geht er über Kloster Altomünster knapp hinaus. Die Landkreise *Dachau, Fürstenfeldbruck* und *Starnberg* fallen also vollständig in diesen Umkreis hinein; die Landkreise *Tölz-Wolfratshausen, Weilheim, Landsberg* und *München* zum Teil; die Landeshauptstadt selbst nur mit einigen westlichen Ausläufern. Insgesamt wurden etwa 500 Orte in den ersten Band aufgenommen.
Man hätte andere Begrenzungen wählen können. Die Verfasser bekennen, daß ihre Absichten einerseits über einen engeren Zirkel durchaus hinausgehen sollten; einen wesentlich größeren als den hier beschriebenen mochten sie sich allerdings nicht zutrauen, weil jeder von ihnen „an sich" im Alltag andere Dinge zu betreiben hat.
Auch bei der zeitlichen Begrenzung hat sich Willkür nicht ganz vermeiden lassen. Die im alten Sinne historischen Denkmäler werden ausführlicher behandelt; die prähistorischen und römischen Denkmäler kommen nur dann zur Sprache, wenn ihre Reste noch deutlich sichtbar sind. Das späte 19. und unser eigenes Jahrhundert, beide müssen sich mit Angaben

begnügen, die absichtlich kursorischer gehalten sind. Damit wird der Wert, wird auch die Schönheit vieler Werke der letzten hundert Jahre nicht geleugnet, sondern nur zugegeben, daß es hier noch immer keine zutreffenden, allgemeingültigen und -verständlichen Ordnungen gibt. Vor allem die Werke des späten 19. Jahrhunderts, um deren Bestand in den letzten Jahren vielfach erbittert gekämpft worden ist, genießen oft nur deshalb eine so große Wertschätzung, weil man – zum Teil mit Recht – fürchten muß, daß sie mit ihrem Abbruch einer Moderne Platz schaffen, die sehr wahrscheinlich schlechter ausfällt als das, was sie ersetzen soll. Daraus folgt aber nicht zugleich, daß nun das Abgebrochene oder vom Abbruch bedrohte Werk des 19. Jahrhunderts seinerseits schön, besonders, bedeutend oder erhaltenswürdig gewesen ist. Die wirkungsvolle, Sehnsucht weckende Villenarchitektur aus dem Ende des vorigen Jahrhunderts – wie oft ist sie bei näherem Zusehen nur Kulisse, wie oft nur dürftig gebaut, wie selten gediegen! Solche Werke können nicht mit den Kategorien beschrieben werden, wie sie z. B. für die Kunst des 18. Jahrhunderts gültig sind. Sie führen eine gewissermaßen chorische Existenz, wollen nur insgesamt, im Großenganzen erwähnt und begrüßt werden.
Mit der Beschreibung und mit dem Aufsuchen der einzelnen Werke ist zugleich auch eine Art Statistik beabsichtigt, die zu Fragen, vielleicht auch zu Lösungen geführt hat; unsere topographische Arbeit war jedenfalls nicht so sehr darum bemüht, die große Kunst in ihrer Einzigartigkeit zu entdecken oder Unbekanntes mit Meisternamen zu versehen. Das Bemühen ging vielmehr darauf aus, den handwerklich-künstlerischen Ausstrahlungsbereich der einzelnen Zentren festzustellen, den Bereich also, den etwa *Weilheim, Wolfratshausen, Landsberg* besessen hatten – sie alle damals und noch bis in das 17. und 18. Jh. hinein fast ebenbürtig. Vor allem Weilheim und Landsberg bestätigten bei unseren Untersuchungen ihren alten zentralen Rang, wie er z. B. noch heute deutlich an den Werken der Landsberger Umgebung ablesbar ist; denn gerade dort sind die Zusammenhänge viel weniger gestört worden als in den Bereichen, die später, und je später desto mehr in den Einzugsbereich der Landeshauptstadt München geraten sind.
Über die Bedeutung der künstlerischen Zentren ließe sich noch fruchtbare Arbeit leisten. Nicht minder ergebnisreich könnten Untersuchungen verlaufen, die sich einmal der vielen, weit verstreuten gotischen Skulpturenreste annehmen würden, wie sie sich noch allenthalben in den Kirchen unseres Gebiets befinden: Einzelne Figuren, Altarfragmente, teils sogar ganze Altäre, deren Zusammenhang untereinander und deren Zugehörigkeit zu einzelnen Werkstätten nicht ohne weiteres mehr deut-

lich ist. Mit Untersuchungen solcher Art käme endlich auch etwas Licht in die künstlerischen Verhältnisse, wie sie vor dem 17., vor allem aber vor dem mit seiner Produktion alles überschwemmenden 18. Jh. im Lande geherrscht haben. Arbeiten dieser Art sind in jüngster Zeit in Gang gekommen; es ist – wegen der allgemeinen Veränderungen – wirklich der letzte mögliche Augenblick dafür.

Unsere Arbeit, deren Anfänge acht Jahre zurückreichen, ging in stetem Austausch und engem Einvernehmen der Beteiligten vor sich. Jeder fühlt sich jedoch für seinen Anteil am Ganzen verantwortlich, und deshalb seien hier die einzelnen Bereiche genannt:

Klaus Kraft, Breitbrunn, bearbeitete den Landkreis Fürstenfeldbruck, verfaßte den Artikel über Andechs und steuerte den historischen Überblick bei. *Max Gruber*, Bergkirchen, hat das Gebiet des Landkreises Dachau in den Grenzen übernommen, die der Kreis vor der Gebietsreform besaß. *Michael Meier,* Gauting, bearbeitete den Kreis Starnberg, Teile der Kreise Weilheim, Tölz-Wolfratshausen und München, dazu die kürzlich an Dachau gekommenen Gebiete der Kreise Friedberg und Aichach. *Wilhelm Neu,* Holzhausen/Ammersee, übernahm den Teil des Kreises Landsberg, der östlich des Lechs gelegen ist, dazu einige Orte des Kreises Weilheim. *Werner Zeil*, Gauting/Berlin, ist für die Einführung in die erdgeschichtlichen Verhältnisse des Gebiets sehr zu danken; keine kunsttopographische Beschreibung kann oder vielmehr: sollte ihrer entraten; denn die Werke – Kirchen, Schlösser, Häuser usw. – bringen oft genug die geologischen Grundlagen ihrer Stätten zur Erscheinung, z. B. den Tuff in Weilheim, den Molassesandstein im Dachauer Gebiet. Auch auf das Fehlen bildbaren Gesteins können sie hinweisen. Wer diese Bedingungen nicht kennt, wird das Wesen landschaftsgebundener Kunst und Kultur niemals ganz begreifen. – Für Hilfe bei den Redaktionsarbeiten sei Frau Gudrun Frank und Frau Marianne Bock sehr gedankt.

Ausdrücklich sei hier mitgeteilt, wieviel die Verfasser einer lebhaften Heimatforschung zu verdanken haben. Sigfrid Hofmann, Steingaden, hat die Quellen in großem Umfang veröffentlicht. Die Zeitschriften „Lech-Isarland" und „Amperland" befassen sich seit langem in wertvollen Untersuchungen mit der Geschichte und Kultur ihres Gebietes. Heimatbücher der Kreise und Orte, wie sie z. B. für Dachau, Landsberg und Friedberg und Fürstenfeldbruck, für Gauting und Starnberg vorliegen, waren bei der Arbeit nützlich. Notizen, die in den Tageszeitungen erschienen, wurden mit den eigenen Aufzeichnungen verglichen und dankbar begrüßt. Daß die Verfasser den Beständen der Archive zu Landshut

und München, vor allem auch denen im Diözesanarchiv in München viele Nachrichten verdanken, ist selbstverständlich. Schließlich haben wir auch den zweifelhaften Quellen gern unsere Aufmerksamkeit gewidmet: nicht nur der Sage und mündlichen Tradition (→ Taxa u. a. m.), sondern auch dem so langlebigen, historischen Klatsch, der z. B. noch immer den W. A. Mozart in Bernried gewesen sein läßt. Nachrichten dieser Art dienen oft – wenn nicht dem unmittelbaren Zweck, so doch späterer Erkenntnis, sogar der eignen Heiterkreit.
Zu danken ist ferner dem Landesamt für Denkmalpflege, München, für großzügige Hilfe bei der Beschaffung der Bilder. Albrecht Miller, München, stellte seine schönen Aufnahmen aus Aufkirchen und Farchach zur Verfügung; Hermann Bauer die Aufnahmen eines Teils der Deckengemälde, die er für das Korpuswerk der barocken Deckenmalerei hat herstellen lassen; Christa Koppermann hat neu fotografiert, was an guten Aufnahmen etwa noch fehlen mochte. Die Grund- und Aufrisse stammen zum großen Teil von Max Gruber. Über die Herkunft der übrigen Vorlagen berichtet der Nachweis am Schlusse dieses Bandes.

Der Unterzeichnete erlaubt sich schließlich noch zwei persönliche Bemerkungen: Wie in den Städten, so hat in den letzten Jahren auch auf dem Lande eine stille, aber tiefgreifende Veränderung stattgefunden. Sie wird am deutlichsten an den alten Höfen sichtbar, wo die Wohngebäude vielfach aufgegeben wurden. Sie stehen nun leer neben den modernen, neuen Häusern, die man zu bauen beliebte. In den meisten Fällen handelt es sich um dürftige, nach dem schlechtest-möglichen Schema errichtete Architekturen, die wohl besser hätten geraten können, wäre dem Bauen auf dem Lande höheren Orts andere Aufmerksamkeit gewidmet worden. An der Notwendigkeit einer Modernisierung der Verhältnisse zweifelt ja niemand. Nur wären geeignete Vorbilder wünschenswert gewesen, für die es nun zu spät ist. Der Anblick vieler Dörfer wirkt heute auch auf den bestürzend, der den Zwang zum Neubau sehr wohl begreifen kann. Immerhin zeugt die umfassende Veränderung, die sich auf den Dörfern vollzogen hat, doch von deren Lebendigkeit und Kraft. – Daß durch die Gebiets- und Verwaltungsreform zugleich auch die oft mehr als ein Jahrtausend alten Ortsnamen zu verschwinden drohen, sei warnend bemerkt.

Eine zweite Beobachtung sei gleichfalls nicht verschwiegen: Die Kirchen sind allerorts geschlossen. Dadurch verstummt, was ehedem beredt gewesen ist: der historische Ort. Meistens ist es der einzige, der unsere

Vergangenheit noch sichtbar werden läßt. Wie oft hat es der Unterzeichnete überdies erlebt, daß die Kirchen mit ihrer vollständigen Schließung nicht nur den Kunstinteressierten, sondern vor allem auch den Andächtigen aussperren. Eine Kirche aber, die überleben will, muß selbst auf das Risiko eines Diebstahls hin vor allen Dingen ihre Gotteshäuser *öffnen*. Verschließt sie sich, so beweist sie ein tätiges Mißtrauen dem Menschen gegenüber, das sich mit der Lehre, die sie vertritt, nicht in Übereinstimmung befindet. Auch Kunsttopographie ist zu den Formen der Andacht zu rechnen. Begreift sich ein Mensch als geschichtlich und bedingt im Anblick aller Herrlichkeiten, die unsere Kirchen bewahren, so ist ihm Religion nicht fern. Die Kirche sollte sich nicht als Hüterin bloßer Kunstwerte betrachten. Übrigens wäre die Gefahr des Diebstahls heute nicht so groß, hätte man seit je von den einzelnen Werken mehr gewußt. Vielleicht verhilft der hiermit vorgelegte Band, wenn auch in dreizehnter Stunde, zu besserer Kenntnis.
Es sei am Ende noch darauf hingewiesen, daß es bei Kunst- und Kulturdenkmälern niemals einen Zustand gibt, der als endgültiger und einzig-originaler gelten könnte. Die Werke wechseln ihr Aussehen auch heute noch, wie sie es vordem getan haben. Daher kommt es, daß sich schon jetzt zwischen den hier mitgeteilten Tatsachen und der Wirklichkeit Differenzen ergeben, obgleich die Verfasser bemüht gewesen sind, alle Werke in ihrem jüngsten Zustand zu verzeichnen.
Es ist hoffentlich doch etwas Brauchbares zustande gekommen. Mängel wird der Leser freundlichst entschuldigen. Er sei hiermit herzlich gebeten, den Verfassern durch Hinweise und Ergänzungen zu helfen.

Gauting, im Frühjahr 1977 Michael Meier

Erdgeschichtliche Übersicht

Die Formen an der Oberfläche

Die Landschaft im Süden und Westen Münchens ist von den Gletschern der letzten großen Eiszeit im Pleistozän (→ Abb. 1) geprägt. Das Eis erfüllte zeitweise die große Vortiefe vor den Alpen bis zum Breitengrad von München. Die Gletscher stießen von den Alpen her in mehrfachem Wechsel während der Eiszeiten vor und zogen sich in den Interglazialen (Zwischeneiszeiten) wieder zurück.
So entstand im Laufe von etwa 1 Million Jahren eine reizvolle Landschaft mit vielen Groß- und Kleinformen. Das Eis bewegte sich in diesem Raume als zähe, langsam fließende Masse, die einerseits ältere Geländeformen überprägte und abschliff, andererseits Schuttmassen aus dem Gebirge mitbrachte und nach dem Erlöschen der Transportkraft ablagerte. Beim Abschmelzen des Eises in den Interglazialzeiten wurden große Wassermengen freigesetzt, die dann als flächenhaft verlaufende Rinnsale den weiteren Transport von Geröllen und Sanden in das Vorland übernahmen.
Als beherrschende Formen in der Landschaft fallen besonders die frischen, wall-artigen Jungmoränen der Würm-Eiszeit auf. Sie schmiegen sich um die Zungenbecken von Ammer- und Starnberger See und das Isartal. Die Zungenbecken – Zweigbecken des Isar-Vorlandgletschers und des Ammer-Gletschers – waren während der Vergletscherung von Eis erfüllt. An ihrem Außenrand – wo die aus den Gebirgstälern nachrückenden Eismassen abschmolzen – entstand durch Anhäufung der mitgeschleppten und hier freiwerdenden Gesteinmassen die ***Endmoräne*** (→ Abb. 2). Das Material der Moräne ist unsortiert. Grobe, geschrammte Geschiebe mit Durchmessern bis zu 1 Meter liegen ohne Regelung neben feinkörnigen Mergeln und Schluffen. Beim Transport im Eis war keine Auslese nach Härte und Korngröße möglich. Deutliche Endmoränen liegen zwischen *Wangen – Rieden – Söcking* oder *Unering – Pfaffenhofen*.
Die frischen Moränenwälle der Würm-Eiszeit sind während längerer und kürzerer Haltephasen beim Eisrückzug entstanden. Manchmal lassen sie sich zu größeren Endmoränenzügen verbinden. So stoßen z. B. auf dem *Münsinger* Höhenrücken die Endmoränenwälle des Würmsee- und des Wolfratshauser Gletscherlappens aneinander. Zwischen den Rückzugsphasen der Gletscher lagen sicher auch kleinere Vorstöße, so daß die Zuordnung von Einzelformen oft schwierig ist. Die äußere Form und der innere Aufbau der Moränenwälle kann stark wechseln, je nachdem die

Quartär

- Talsedimente
- Torf
- Löß, Lößlehm, Decklehm
- Niederterrassenschotter
- Hochterrassenschotter
- Terrassenschotter + Sand (ungegliedert)
- Deckenschotter (z. T. Nagelfluh)
- Jungmoränen, z. T. in Wallform (Würmeiszeit)
- Ältere Moränen, (Günz,- Mindel,- Rißeiszeit)

Tertiär

- Molasse, ungegliedert

Abb. 1

Aufschüttung bei längeren Haltephasen oder bei kürzeren Gletscherhalten erfolgt ist. Im letzteren Falle sind die Wälle weniger deutlich ausgeprägt und lassen sich oft nicht zu größeren Moränenzügen verbinden oder in Wallgruppen zusammenfassen.

Die Bildung der von den Endmoränen-Wällen ausgehenden ***Schotterfluren*** verlief ganz anders. Die laminar-turbulente Bewegung der Schmelzwässer bewirkte einen rollenden Transport, bei dem es zu einer raschen Auslese nach Härte und Gestalt kam. Die Schotter und Sande z. B. im Bereich der Niederterrassen sind daher gut sortiert und zeigen Kreuz- und Schrägschichtung. Ihre Dicke nimmt von Süden nach Norden ab (Abb. 3). Die Niederterrassenschotter der Ebene von München zeigen keine bedeutenden Reliefunterschiede.
Nördlich der Würm-Endmoränen liegen mehr oder weniger ausgedehnte Flächen von älteren Moränen, die vorwiegend der Riß-Eiszeit angehören. Sie sind Absätze eines älteren Eisvorstoßes, der weiter nach Norden reichte. Ihre Formen sind weniger frisch, sie sind „verschleift", stärker verwittert und tragen oft eine meterdicke Schicht von Lehm und Lößlehm, also Möglichkeiten für gute Böden, z. B. um *Unterbrunn, Geisenbrunn.*

Das ***Tertiär,*** die Unterlage der glazial geformten Landschaft, tritt in größeren Flächen nur im Norden und Süden zutage. Im *Landkreis Dachau* bildet es das nicht mehr vom Gletschereis berührte und geprägte ***tertiäre Hügelland.*** Dieses unterscheidet sich mit seinen sanften Formen scharf von dem durch Eisvorstöße und Schmelzwasserströme gestalteten, unruhigen Gebiet südlich von Dachau. Der Rand des Hügellandes begleitet in prachtvoller Deutlichkeit den Lauf von Maisach und Amper; er verleiht Orten wie z. B. *Bergkirchen* und *Dachau* ihre bedeutende Position. Keine harte Gesteinsbank unterbricht die runden, geschwungenen Hügel und die flachen Mulden dieser Landschaft, in der einige kurze Flüßchen träge dahin fließen, z. B. die *Glonn* und die *Ilm.* Der geologische Untergrund ist in einzelnen Sandgruben aufgeschlossen. Er besteht aus glimmerhaltigen Mittel- bis Feinsanden, die im Großen horizontal geschichtet sind, im Detail Kreuz- und Schrägschichtungen zeigen. Eingestreut sind stellenweise Quarzgerölle von Erbsen- bis Haselnußgröße, die wohl im Stromstrich eines Flußsystems liegen, das im Pliozän parallel der Achse des Molassebeckens verlief. An der kleinen, romanischen Kirche auf dem *Petersberg* wurde eine verfestigte Lage dieser Gesteine verwertet.
Vor allem in der letzten Zwischeneiszeit wurde dieser Raum von einem mehr oder weniger dicken Schleier von Löß aus dem Süden überweht,

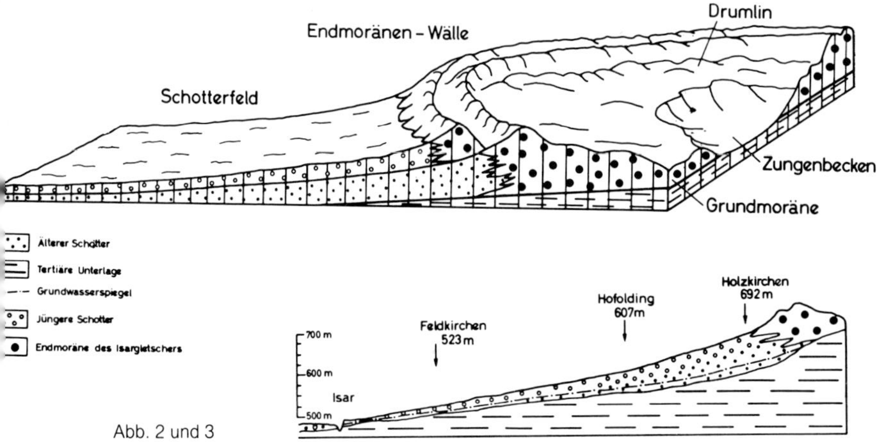

Abb. 2 und 3

der in einzelnen Aufschlüssen bei Dachau zutage tritt und von Bedeutung für die Bodenbildung und Fruchtbarkeit in Teilen des tertiären Hügellandes ist.

Aufschlüsse der oberen Süßwassermolasse finden sich auch in *Roggenstein* bei Eichenau, wo der tertiäre Untergrund wie an anderen Stellen der Glaziallandschaft durch jüngere Erosion freigelegt ist und als Erosionsrelikt kleinere schmale Hügel bildet (Abb. 1).

Im Süden – zwischen der Isar, dem Südende des Starnberger Sees und westlich von Weilheim – tritt der tertiäre Untergrund in Konglomeratbänken der Oberen Süßwassermolasse in Form von Geländerippen und Bergkuppen auf oder bildet steile Bergflanken und Talhänge. Dort ist das Gelände oft stufenförmig abgesetzt. Diese Abstufung ist durch eine Wechsellagerung der meist verfestigten Geröllagen mit weicheren Mergelschichten bedingt. Höhere Aufragungen zwischen 680 und 720 Metern finden wir bei Hohenleiten, im Gebiet des Tisch- und Schellenberges und schließlich am *Hohenpeißenberg* (988 m), der das Nordende der aufgefalteten Molasse des Alpenrandes bildet. Diese Höhenrücken des Tertiärs sind jedoch immer wieder von einem mehr oder weniger dichten Schleier einer schluffreichen Grundmoräne bedeckt.

Die große Verbreitung von ***Mooren*** und ***anmoorigem Gelände*** hat verschiedene Ursachen. Das ausgedehnte *Dachauer Moos* im Nordwesten von München liegt dort, wo die wasserführenden Schotterfelder der Niederterrasse auskeilen und der wasserstauende tertiäre Untergrund an die Oberfläche kommt. Im Bereich südlich der Würm-Endmoränen

kommt es überall dort zur Bildung von Sumpfgelände und Mooren, wo im Untergrund wasserstauende Seetone liegen – z. B. die Königsdorfer Moore auf den Seetonen des ehemaligen *Wolfratshauser Sees* – oder schluffreiche Grundmoränen wasserstauende Horizonte bilden. Durch Kultivierung sind heute größere Moorflächen in Grünland umgewandelt.
Der mehrfache Wechsel von Vorstoß und Rückzug der Gletscher im Pleistozän hat der Landschaft eine Fülle von Kleinformen aufgeprägt. Südlich der Endmoränen-Wälle fallen besonders die elliptischen Rücken der ***Drumlins*** auf, die meist aus Grundmoränen-Material aufgebaut sind. Sie treten in Schwärmen auf und liegen in Richtung der alten Eisbewegung. Die Formen entsprechen ausgeglichenen Stromlinienkörpern mit einem Verhältnis von Breite : Länge von 1 : 2,5, einer mittleren Länge von 200 bis 500 Metern, einer Breite zwischen 150 und 250 Metern und einer Höhe zwischen 25 und 40 Metern. Ihre Entstehung wird als Folge von Ausräumung unter dem sich fortbewegenden Eis erklärt. Sie können als Ausgleichsformen aufgefaßt werden, die im Zusammenwirken der abtragenden Kräfte des Eises und des Widerstandes des Untergrundes entstanden. Besonders schöne Drumlin-Felder sind bei *Herrnhausen* und *Schwaigwall* im Wolfratshauser Becken sowie zwischen *Seeshaupt* und *Weilheim* entwickelt. *Magnetsried, Antdorf, Jenhausen* liegen obenauf.
Neben positiven Aufschüttungsformen liegen in der Grundmoränenlandschaft auch Hohlformen, die durch ***Toteis*** entstanden sind. Beim Eisrückgang haben sich von der Gletscherzunge Eisreste abgelöst, die teils an der Oberfläche liegenblieben, teils nachträglich zugeschüttet wurden. Beim langsamen Schmelzen bildeten sich je nach der Größe der zurückgelassenen Eisreste sogenannte Toteislöcher, die meist einen rundlichen Umriß haben und abflußlos sind. Heute sind sie bei undurchlässigem Untergrund mit Wasser gefüllt oder vermoort, bei durchlässigem Untergrund vielfach auch trocken. Toteis-Formen in großer Zahl finden wir z. B. auf dem Münsinger Höhenrücken zwischen *Münsinger Filz* und Haidach im Bereich der Endmoränen, im Gebiet der *Osterseen* südlich von Seeshaupt oder zwischen Starnberger See im Osten und dem Ammer-See und der Ammer im Westen.

Die ***Wasserführung*** und das ***Grundwasser*** in unserem Raume sind trotz der hohen jährlichen Niederschläge und der großen Abflußmengen wegen des unterschiedlichen geologischen Aufbaus recht unregelmäßig verteilt. Man kann im Großen zwei Grundwasser-Stockwerke unterscheiden:

1. Oberflächennahes Wasser
2. Durch die Molasseschichten gestautes Grundwasser

Das oberflächennahe Wasser fließt vor allem in den mit Kies und Sand erfüllten Talauen von *Isar, Würm* und *Ammer/Amper.* Die jungen Flußablagerungen liegen meist über undurchlässigen, spätglazialen Seetonen oder über Würm-Grundmoräne. Von Grundwasser erfüllt sind auch die höher gelegenen, spät- bis nachglazialen Schotterflächen der Niederterrasse. Die Grundwasser-Sohlschichten sind hier entweder schluffig-tonige Seeablagerungen, schluffreiche Grundmoräne oder die tertiäre Unterlage (Abb. 3). Alle Schotter- und Sandflächen sind stark durchlässig und daher an der Oberfläche trocken. Die Moränen dagegen zeichnen sich durch einen raschen Wechsel im Gehalt der tonigen Bestandteile aus. Daher gibt es viele kleine und unregelmäßig verteilte Wasseransammlungen, die von den Niederschlägen abhängig sind. Auf tonigen Schichten kann es zu örtlichen Grundwasserstauungen kommen, die zu kleineren Quellen führen können.

Die beiden großen Seen des Gebietes, der *Starnberger See* und der *Ammersee,* unterscheiden sich durch ihre Zuflüsse. Der Starnberger See – mit 57 km^2 der zweitgrößte See Bayerns – ist ein typischer Vorlandsee ohne Zufluß aus dem Alpengebiet. Seine Zuflüsse sind Bäche aus der näheren Umgebung, die nach reichlichen Niederschlägen stark anschwellen und dem See beträchtliche Wassermengen, vermengt mit Schlammaterial, zuführen, z. B. der *Maisinger Bach.* Daher zeigt der Starnberger See im Vergleich zu anderen Seen seiner Größe unregelmäßigere jahreszeitliche und jährliche Seespiegel-Schwankungen.

Der *Ammersee* hat einen ständigen Zufluß in der Ammer, die am Südende des Sees verschiedene Delta-Schüttungen (z. B. Alte Ammer) in den See hineingebaut hat.

Die Flußläufe von Ammer, Würm und Isar haben teilweise noch ihren natürlichen Charakter (Naturschutzgebiet „Ascholdinger Au" an der Isar). Ihre oft breiten Betten liegen in den jüngsten kiesigen und sandigen Ablagerungen, die von den flußaufwärts gelegenen Einzugsgebieten stammen. Örtlich werden die älteren Schichten der tertiären Unterlage an Prallhängen (Isar nordwestlich Ascholding) angeschnitten.

Der geologische Aufbau

Der große Senkungsraum vor den Alpen wurde während des ***Tertiärs*** vom Abtragungsschutt des sich heraushebenden Gebirges erfüllt. Die Einschüttung in das Molassebecken (Molasse – von romanisch *molare,* der Name stammt aus der Schweiz) erfolgte durch Flüsse. Im Süden

verläuft die Grenze zwischen der schmalen gefalteten Molasse des Alpenrandes – die noch in die Gebirgsbildung des Alpenkörpers einbezogen wurde – und der ungefalteten Molasse des Vorlandes. Dort liegt der *Hohenpeißenberg* als höchste Erhebung des Gebietes.
Die tertiären Schichten der Vorland-Molasse bilden die jüngsten Abschnitte des Tertiärs (Abb. 4). Sie gehören ausschließlich der Oberen Süßwassermolasse an, d. h. es sind Absätze aus ausgedehnten Seen, in die von Süden her durch Flüsse grobe Geröllmassen in Form von Schuttfächern zugeführt wurden. Dies erfolgte periodisch und erklärt die teilweise rhythmische Wechselfolge von Konglomeraten (Nagelfluh), Mergeln und Sandsteinen.
Wegen ihres Glimmer-Gehaltes werden die tertiären Sande und Mergel im Untergrund von München und im Hügelland von Dachau auch als „Flinz" bezeichnet, ein Name, der früher in der Sprache der Brunnengräber, Maurer und Bauleute in der Umgebung von München die unter dem Kieslager folgende Sandsteinformation kennzeichnete.
An der Oberfläche aufgeschlossen und sichtbar ist der tertiäre Unterbau in größeren Flächen im Norden und Süden des Gebietes (Abb. 1); sonst nur in tief eingeschnittenen Tälern z. B. an der *Würm* und am *Maisinger Bach* oder an Kuppen und Steilhängen, die vom Gletschereis angeschürft wurden. Künstliche Aufschlüsse sind beim Bau der Bundesautobahn München–Lindau und bei verschiedenen Straßenbauten besonders zwischen der Isar und dem Starnberger See entstanden.
In verschiedenen Horizonten der Oberen Süßwassermolasse finden sich dünne Kohleflözchen, die früher teilweise beschürft wurden, so bei *Eurasburg,* nordwestlich Beuerberg und südöstlich Wammetsberg. Die Funde waren wirtschaftlich ohne Bedeutung. Bemerkenswerte Fossilien wurden aus einer Ziegeleigrube bei *Tutzing* geborgen. Man fand zahlreiche Säugetierreste, darunter Mastodon, Hirsche, Schweine und selten Rhinoceros. Diese Fauna deutet auf einen subtropischen Sumpfwald an der Grenze Miozän/Pliozän hin.
Die Bodenbildung auf den meisten Tertiärvorkommen im Süden bewegt sich zwischen Parabraunerden bis zu mineralischen und organischen Grundwasserböden. Diese Flächen werden vorwiegend forstwirtschaftlich genutzt.
Früher hat man viele kleinere Kiesgruben in den unterschiedlich stark verbackenen Konglomeraten der Oberen Süßwassermolasse betrieben. Sie fanden als Weg- und Straßenschotter Verwendung und sind heute alle aufgelassen.

Quartär	Holozän (Alluvium) Dauer: rd. 10 000 J.		Postglazial (Nacheiszeit)	Talböden, Moore Junge Schotterfluren
Quartär	Pleistozän (Diluvium) Dauer: rd. 1 - 1,5 Millionen Jahre	Jung-	Würm - Eiszeit Riß /Würm - Interglazial	Moränen; Schotter; größte Flächenverbreitung; frische Formen
		Mittel-	Riß - Eiszeit Mindel/Riß - Interglazial	Moränen; teils mit Lößlehm; teilweise zu Nagelfluh verfestigte Schotter; geringe Flächenverbreitung nördlich der Würm - Endmoränen-Wälle; verschleifte Formen
		Alt-	Mindel - Eiszeit Günz/Mindel-Interglazial Günz - Eiszeit	
		Ältest-	Donau - Kaltzeiten (nicht vertreten)	
Tertiär	Pliozän	Pont	Obere Süßwassermolasse 300 - 400 m	Abtragungsschutt aus dem Alpengebiet Vortiefen-Füllung Unterlage der glazial geformten Landschaft; Wechsel von glimmerführenden Sanden, Mergeln, Konglomeraten; fluviatil - limnisch; fluviatil - terrestrisch
	Miozän	Sarmat Torton		
		Helvet Burdigal	Obere Meeresmolasse	

Abb. 4

Pleistozäne und ***hclozäne*** Ablagerungen haben im Westen und Süden von München eine große Verbreitung. Sie bestimmen das heutige Landschaftsbild. Der ursprüngliche Charakter einer Glaziallandschaft ist im geologischen Kartenbild (Abb. 1) klar zu erkennen.

Die Landformen des ***Jungtertiärs*** wurden im Pleistozän durch das Gletschereis und die Schmelzwasserströme der Vorlandgletscher völlig umgeformt. Durch den Wechsel von Abtragungs- und Aufschüttungsvorgängen im Laufe der Glazial- und Interglazialzeiten kam es wiederholt zu Änderungen im Tal- und Gewässernetz.

Bei den pleistozänen Ablagerungen handelt es sich vor allem um Moränen, fluvioglaziale Schotter und Staubecken-Sedimente, unter denen wieder die Bildungen aus der letzten Glazialzeit die weitaus größte Flächenverbreitung haben.

Während einer Glazialzeit, z. B. der Würm-Eiszeit, sind dabei horizontal nebeneinander vom Gletscher her nach Norden Grundmoräne-Endmoräne-fluvioglaziale Schotter (Abb. 2) abgelagert worden. Im bayerischen Alpenvorland haben sich für diese Schotter folgende Namen eingebürgert:

Würm-Eiszeit	–	Niederterrassenschotter
Riß-Eiszeit	–	Hochterrassenschotter
Mindel-Eiszeit	–	Jüngerer Deckenschotter
Günz-Eiszeit	–	Älterer Deckenschotter

Während des Holozäns, also in den letzten 10 000 Jahren, entstanden die Flußsedimente in den Talauen von Ammer, Würm und Isar. In den glazial ausgeschürften Wannen und Becken kam es zur Bildung von Torf, von Kalktuff und zu verschiedenen Arten von Schuttbildungen. In *Polling, Weilheim* und rings um den *Ammersee* fand der Tuff als Baumaterial viel Verwendung.

Die wichtigsten Argumente für die Alterseinstufung im Pleistozän und Holozän sind Höhenlage, Schichtverband, Herkunft von Geschieben und Geröllen aus den nördlichen Kalkalpen oder den Zentralalpen, die Dicke der Ablagerungen sowie Verwitterungstiefe und Bodenhorizonte. Je älter eine Moräne oder ein Schotter ist, desto tiefgründiger ist die Verwitterungsschicht.

Die Ablagerungen des älteren und mittleren Pleistozäns wurden während der späteren Eisvorstöße zum größten Teil abgetragen oder von jüngeren Bildungen überdeckt. So zeigt das Kartenbild nur kleine und isolierte Restvorkommen. Der Name ***Deckenschotter*** kommt von der Auffassung, daß die Schmelzwasserschotter der älteren Eiszeiten auf einer fast ebenen tertiären Landoberfläche deckenförmig abgelagert worden sind. Durch die späteren starken Veränderungen im Relief wurden herausragende Rücken oder Schwellen geschaffen, so daß diese älteren Schotter heute nicht selten Höhenrücken in einer Art Reliefumkehr bilden.

Die älteren und jüngeren Deckenschotter der Günz- und Mindel-Eiszeit sind nur örtlich an der Oberfläche anstehend. Ihre Dicke schwankt zwischen 5 und 15 Metern. Sie sind meist gut geschichtet, und ihre Ablagerung dürfte moränenfern erfolgt sein. Die Korngrößen liegen im Feinkies- und Mittelkiesbereich. An der Zusammensetzung der älteren Schotter ist überwiegend Material aus den nördlichen Kalkalpen und den Alpenrandstrukturen beteiligt. In den jüngeren Deckenschottern überwiegen zwar auch Gerölle aus kalkalpinen Gesteinen, doch treten hier vereinzelt auch kristalline Gerölle (Quarz, Gneis, Amphibolit) auf. Dies deutet darauf hin, daß die Gletscher der Mindel-Eiszeit eine bessere Verbindung zu den Zentralalpen hatten.

Absender:

____
Name

____
Beruf

____
Anschrift

____

Die Karte entnahm ich dem Buch:

____

Ich wurde darauf aufmerksam durch

- ☐ Buchhandlung
- ☐ Prospekt
- ☐ Anzeige
- ☐ Besprechung
- ☐ Geschenk

50 · 7/87

Rückantwort
Postkarte

Bitte
Briefmarke
nicht
vergessen

Deutscher Kunstverlag
Vohburger Straße 1
Postfach 21 04 23

8000 München 21

Wir unterrichten Sie künftig gern regelmäßig über unser Verlagsprogramm. Bitte senden Sie diese Karte mit Ihrer Anschrift an den Verlag zurück.

Spezielle Interessengebiete:

- ☐ Kunstführer (Dehio-Handbuch, Bildhandbuch)
- ☐ Kunstgeschichte (Architektur – Malerei – Plastik)
- ☐ Kunstwissenschaft
- ☐ Volkskunde, Kunsthandwerk

Ihr Buchhändler wird Ihnen gern jedes Buch unseres Verlages liefern.

Deutscher Kunstverlag München

Bemerkenswert ist der unterschiedliche Verfestigungsgrad der Schotter. In den höheren Partien sind sie meist sehr stark verfestigt, besonders dann, wenn sie von einer schluffreichen Moräne überlagert werden. Diese ***Nagelfluh***, z. B. im Klettergarten von *Baierbrunn,* im *Kiental* bei Andechs ist durch Kalkausscheidung verkittet und erhärtet und war früher in Oberbayern ein wichtiger Baustein, besonders bei Kirchenbauten. In München wurde er z. B. am Sockel der Frauenkirche und am Gesims der Michaelskirche, auch am alten Haus des Bayer. Rundfunks verwendet. Im Isartal hat man die Deckenschotter gegenüber von Grünwald noch bis in die dreißiger Jahre dieses Jahrhunderts abgebaut.

In der ***Riß-Eiszeit*** hatten die Vorlandgletscher ihre größte Flächenausdehnung. Die äußersten Gletscherstände lagen damals wenige Kilometer südlich von München. Daher liegt die Hauptverbreitung von Moränen und Schottern der Riß-Eiszeit nördlich des Bereichs der Würm-Endmoränen. Südlich der Würm-Endmoränen sind die Ablagerungen der Riß-Eiszeit durch die jüngere Gletschererosion weitgehend ausgeräumt worden. Die Schotter der Riß-Eiszeit nehmen im Gelände ein tieferes Niveau ein als die älteren und jüngeren Deckenschotter. Sie sind lagenweise verbacken und führen selten kristalline Komponenten. Ihre Dicke beträgt maximal 10 Meter.

Die Ablagerungen der ***Würm-Eiszeit*** haben in unserem Raume die größte Verbreitung, sind am frischesten erhalten und lassen sich am besten gliedern. Nach modernen radiometrischen Zeitmessungen (^{14}C-Kohlenstoff-Datierungen) umfaßt die gesamte Würm-Kaltzeit den Zeitraum von mindestens 75000 bis 10000 Jahre vor heute. Die Eisströme der Vorlandgletscher hatten damals im Süden Verbindung zum Inngletscher, und über den Fernpaß und den Seefelder Paß kam das Geschiebematerial auch aus den Zentralalpen. Daher kann der Anteil von zentralalpinen Geschieben in den Würm-Moränen bis zu 5% betragen.
Die jungpleistozäne Würm-Eiszeit kann man in drei Stadien unterteilen: in Frühglazial, Hochglazial und Spätglazial. Das Frühglazial kann als Periode des Gletscherwachstums betrachtet werden und dürfte einige Jahrzehntausende gedauert haben. Es war durch ein feuchtkaltes Klima ausgezeichnet. Das Hochglazial wird vom Eishöchststand bis zum Rückzug des Gletschereises an den äußeren Rand der Stammbecken gerechnet. Man nimmt an, daß die stärkste Vereisung mit den äußersten Gletscherständen vor rund 25000 bis 20000 Jahren erreicht war. In unserem Raum dürfte die mittlere Eisdicke damals 250 bis 300 Meter betragen haben; das Gefälle der Gletscheroberfläche von Süden nach Norden wird auf 1% geschätzt. Der anschließende Eisrückzug ist in Etappen mit häufigen

Haltephasen verlaufen. Dabei kam es auch zu positiven Eisrandverschiebungen (Oszillationen).
Im Spätglazial – ungefähr 17000 bis 10000 Jahre vor heute – vollzog sich mit dem weiteren Eiszerfall der Rückzug der Gletscher bis in das Innere der Alpen. Das Klima war in wärmere und kältere Abschnitte gegliedert. Die Bildungen der Würm-Eiszeit lassen sich zeitlich und genetisch gliedern in:

Frühwürmglaziale Schotter („Vorstoßschotter")
Hochwürmglaziale Moränen (Wallmoränen, Grundmoränen, Drumlins)
Spätwürmglaziale Schotter und Seetone

Die verschiedenen Ablagerungen sind wenig verwittert, die Formen relativ frisch. Morphologische Zusammenhänge lassen sich deutlich erkennen (z. B. Endmoränen-Wälle s. o.).
Die großen Vorlandseen – *Würm-See* und *Ammersee* – entstanden nach dem endgültigen Rückzug des Eises. Andere Seen verlandeten bereits im Laufe des Spätglazials. So erstreckte sich der ehemalige *Wolfratshauser See* von den Würm-Endmoränen bei *Schäftlarn* im Norden bis zu den Molasserippen bei Penzberg im Süden über 30 Kilometer Länge und 10 Kilometer Breite. Das Verlanden des Sees steht in engem Zusammenhang mit der Entwicklung des Flußsystems der Isar. Die frühe Isar schüttete zunächst Deltaschotter in das Seebecken und füllte es teilweise auf. An ihrem Überlauf im Norden bei Schäftlarn schnitt sie sich allmählich tiefer in die aufstauenden Würm-Endmoränen ein und entleerte schließlich das Seebecken. Im Untergrund des ehemaligen Wolfratshauser Sees liegen Seetone von grauer bis blaugrauer Farbe bis über 20 Meter Dicke (früher als Rohgut bei der Ziegelherstellung und selten als Töpferton verwendet). In den Verlandungsgebieten gibt es heute ausgedehnte Moorflächen (Eglinger Moor, Geltinger Moor, Königsdorfer Moor).
Das Holozän oder Postglazial (Nacheiszeit) umfaßt die letzten 10000 Jahre der Erdgeschichte. Nach der letzten Kälteperiode im ausgehenden Spätglazial begann die Zeit der Erwärmung, die ungefähr zwischen 6000 bis 3000 Jahre vor heute ihren Höhepunkt erreicht hatte. Dieser Verlauf läßt sich an der Vegetationsgeschichte (Pollenanalyse) ablesen.

Das ***Holozän*** ist durch Flußablagerungen, Kalktuff- und Moorbildungen, Bachschwemmkegel, Hangschutt und Verwitterungsbildungen (Böden) vertreten. Unter dem Einfluß eines kühl-feuchten Klimas haben sich aus den örtlich rasch wechselnden Ablagerungen des Jungpleistozäns und Holozäns vielfältige, meist wenig fruchtbare Böden entwickelt. Der vorherrschende Typ ist eine Parabraunerde. Die Böden sind fast alle nach der letzten Eiszeit entstanden. Sie werden heute als Grünland oder forstwirtschaftlich genutzt. Ackerland gibt es nur in wenigen Bereichen mit relativ günstigen klimatischen und geologischen Voraussetzungen. Auf den verschiedenen Moränen ist ein Bodenwechsel durch das Relief und durch Unterschiede in der Zusammensetzung bedingt. So tragen schluffreiche Grundmoränen Parabraunerden mit größerer Entwicklungstiefe, oft mit Merkmalen von Staunässe. Schotterflächen mit einer sandig-schluffigen Flußmergelauflage haben eine weiter fortgeschrittene Bodenbildung als Schotter ohne eine solche Auflage. Durch Eingriffe und Tätigkeiten des Menschen kam es zu einschneidenden Umgestaltungen der ursprünglichen Landschaft. Rodungen, Kultivierungen und ständige Bodenbearbeitung beschleunigten die Bodenerosion und -Aufschüttung.

Postglaziale und rezente ***Kalktuff-Bildungen*** sind im gesamten Gebiet verbreitet. Sie stehen alle im Zusammenhang mit Quellaustritten von stark kalkhaltigem Wasser. Die Kalk-Abscheidungen erfolgen unmittelbar an der Oberfläche. Dabei wird das aus kalkreichen Ablagerungen gelöste Bikarbonat mit dem Austritt des Wassers – meist unter Beteiligung von niederen Pflanzen – als Kalk ausgefällt. Die Kalke sind sehr rein, sie können bis zu 98% aus Kalziumkarbonat ($CaCO_3$) bestehen.
Die meisten Kalktuff-Bildungen finden sich an Stellen, wo über dichten wasserstauenden Schichten des tertiären Untergrundes stark kalkhaltiges Wasser aus Moränen- oder Schotterablagerungen austritt. Oft fließen kalkhaltige Hangquellen am Ausbiß von Seeton-Lagen im Untergrund von jungpleistozänen Moränen- und Schottern aus.
Der Kalktuff ist verschieden aufgebaut. Fester lückiger Tuff besteht oft aus Algen oder Moos (Algen-Tuff, Moos-Tuff). Im Wechsel mit festem porösem Kalktuff treten auch Kalktuff-Sande aus verschwemmtem, sandig-körnigem Tuffmaterial auf. Im Bereich von Niedermooren und Quellmooren kommt es zur Bildung von Schilf-Tuff. Dies ist ein lockerer Kalktuff aus umkrusteten Pflanzenstengeln, meist Schilfresten. Anorganische Fällungen aus dem Grundwasser in Moor-Randbereichen, das unter hydrostatischem Druck steht, bauen den Quellkalk (Alm, Wiesenkalk) auf. Er hat sandige Beschaffenheit und lockeres Gefüge und kann mit festen Kalk-Tufflagen wechseln.
Der Tuff kann leicht gewonnen und bearbeitet werden und erhält in lufttrockenem Zustand rasch eine große Härte und Festigkeit. In Oberbayern wurden die Kalktuffe schon beim Bau der ältesten romanischen Kirchen verwendet, so z. B. in *Berg* am Starnberger See, in *Neufahrn I. d. I., Pähl, Polling, Schaftlach, Unterschondorf, Vaterstetten.* Auch an

zahlreichen Bauten Alt-Münchens kann man dieses schöne Gestein antreffen. In den größeren Steinbrüchen von *Darching, Glonn, Polling* und *Huglfing* wurde noch bis in die jüngste Zeit gearbeitet.

Werner Zeil

Historische Übersicht

Wir wollen hier nicht einen allgemeinen Abriß der Landesgeschichte geben mit besonderer Berücksichtigung der Geschehnisse, die in der Region westlich München von Bedeutung gewesen sind. Vielmehr möchten wir auf einzelne Strukturen hinweisen, die in ihrem Beharren oder Wandel bei wechselnden Bedingungen das geschichtliche Bild unserer Landschaft geprägt und ihre dauernden Spuren hinterlassen haben. Kurzum: Es gilt, einige Phänomene deutlich zu machen, die hier über alle Veränderungen hin bestimmend geblieben sind.
Zu diesen Strukturen gehören die ***Straßen und Wege,*** die von den Zentren größerer, überregionaler Bedeutung zu kleineren Zentren führen. Ferner laufen durch unser Gebiet die verschiedensten ***Grenzen,*** die zum Teil im Verlauf der Jahrhunderte einem steten Wandel unterlagen, von denen aber auch einige eine große Beharrlichkeit bewiesen haben. Schließlich gehören einige der heutigen ***Verwaltungsmittelpunkte*** sehr alten Ordnungen an.

Straßen und Wege

Die Römer hinterließen die ältesten Kunststraßen unseres Gebiets. Von besonderer Wichtigkeit waren die beiden Fernverbindungen, die beide dem römischen Hauptort der Provinz Raetien: Augsburg, zustrebten. Einmal die Nord-Südstrecke, die von der Paßhöhe in *Scharnitz* (Scarbia) über den Staffelsee, die Station bei *Raisting* (Urusa) und am Westufer des Ammersees vorbei nach *Augsburg* führte; zum anderen die von Osten heranführende Straße, die von *Salzburg* (Juvavum) kommend bei *Grünwald* die Isar überwindet und über *Gauting* (Bratananium), *Schöngeising* (ad Ambras) auf die oben genannte andere Straße zuführt, mit der sie kurz vor Augsburg zusammentrifft. Eine Querverbindung von *Bregenz* (Brigantium) über *Kempten* (Cambodunum) traf bei *Epfach* (Abodiacum) auf

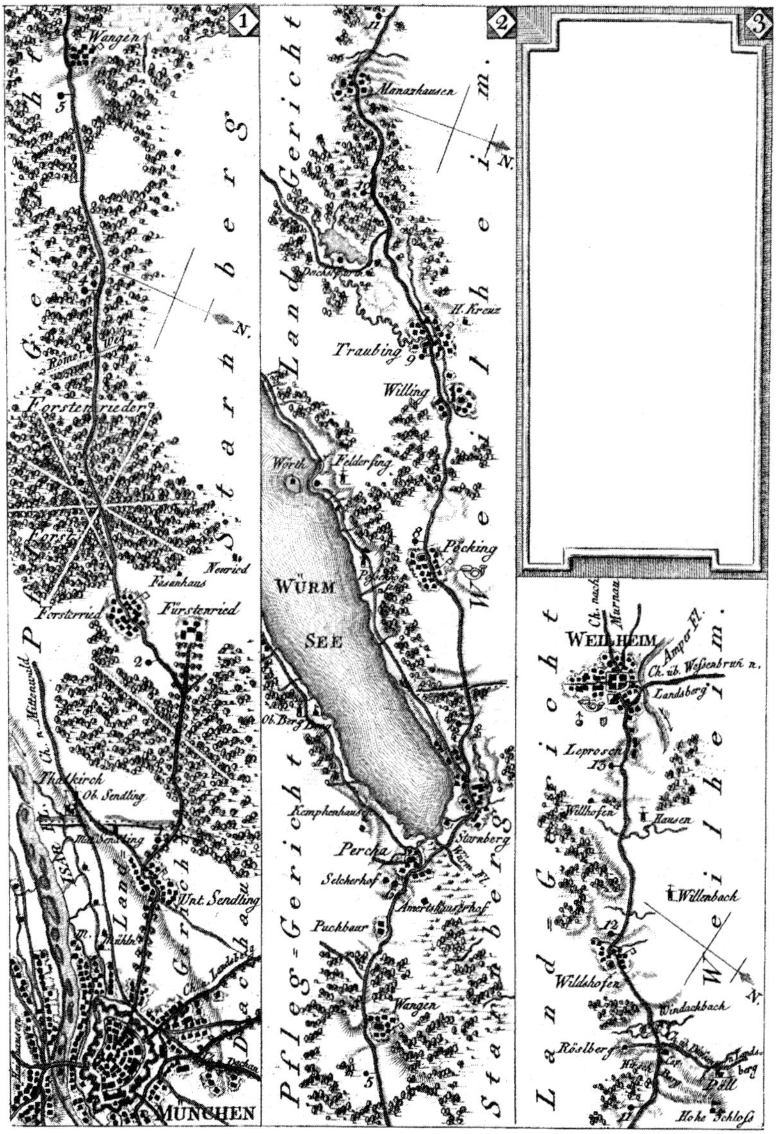

Die Strecke München Weilheim ± 1795. Süden liegt am oberen Bildrand

unser Gebiet, kreuzte die anderen Straßen, und rief an den Kreuzungspunkten kleine Orte hervor (Urusa und Bratananium). Diese Fernverbindungen sollten ihre Bedeutung bis ins Hochmittelalter hinein behalten; später erlosch mit ihrer Funktion zum großen Teil auch ihre Spur, wenn sie sich nicht – zufällig – mit jüngeren Richtungen deckte.
Mit der Gründung und der Entwicklung *Münchens* zur Landeshauptstadt bildeten sich – sternförmig von allen Seiten auf die Stadt zustrebend – neue Straßen und Strukturen: Ein Blick auf die Landkarte läßt diese Anziehungs- und Ausstrahlungkraft deutlich werden. Dabei erhielt eine Ost-West-Verbindung besondere Bedeutung, die ***Salzstraße,*** die von Reichenhall über München weiter nach Landsberg und ins Gebiet der schwäbischen Reichsstädte führte. In dem hier beschriebenen Bereich entspricht ihr zum Teil die alte Trasse der heutigen Bundesstraße 12.
Das 19. Jahrhundert brachte mit der ***Eisenbahn*** Verkehrswege völlig anderen Charakters. Entlang den Bahnlinien und im unmittelbaren Einflußbereich der Stadt München, ja scheinbar aus dem Nichts entstanden völlig neue Orte und überflügelten ältere in der Nachbarschaft (→ *Gröbenzell, Eichenau, Neugilching* u. a. m.). Die Bevölkerungsstruktur und damit das Ortsbild änderten sich rapide, und zwar bis heute, ja: vor allem in den letzten Jahrzehnten. Der erste Spatenstich für die Bahn München-Augsburg erfolgte bei Lochhausen 1838, der Ausbau bis Augsburg 1840; die Linie München-Starnberg wurde 1854 gegründet; die Bahn nach Dachau-Ingolstadt 1866; in Richtung Kempten bis Buchloe 1873/74; die Isartalbahn folgte 1891; die Linie bis Herrsching 1903.
Eine weitere Kategorie der Verkehrswege brachte dann unser Jahrhundert mit den ***Schnellstraßen.*** Ihrem eigentlichen Sinne nach dienen sie eher dem Fernverkehr. Die alte Chaussee oder Poststraße verband einzelne Orte miteinander und führte mitten durch sie hindurch, was heute in *Fürstenfeldbruck, Landsberg, Starnberg, Gauting* usw. kurz: überall dort zu unerträglichen Verhältnissen führen mußte, wo Umgehungsstraßen nicht rechtzeitig zur Verfügung standen. Die moderne Schnellstraße meidet dagegen die Orte; diese sind nur durch Abzweigungen mit ihr verbunden (→ *Etterschlag, Inning, Greifenberg* u. a. m.). Die Autobahnen zertrennen die alten zusammenhängenden Landschaften geradezu; sie erlauben ein Überqueren nur mittels Brücken, die dem darunter Herfahrenden die alten Verbindungen wie bloßgelegte Nervenstränge deutlich machen. Orte, die ehedem an einer Hauptstraße gelegen waren, z. B. *Forstenried*, können heute nur noch auf Umwegen erreicht werden. – Die Autobahn München-Augsburg wurde 1938 eröffnet; die sog. Olympiastraße München-Starnberg entstand 1935–36; die Autobahn München-Ohlstadt 1966–72.

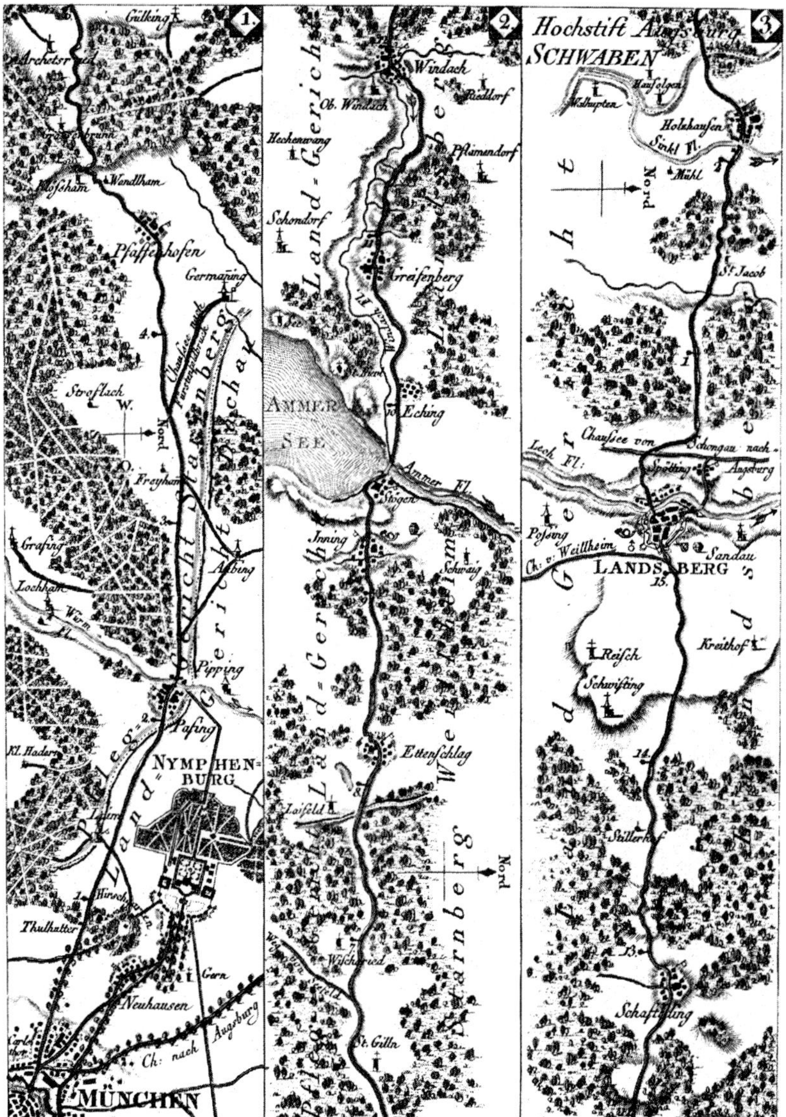

Die Strecke München Landsberg ± 1795. Westen liegt am oberen Bildrand

Ein System eigener Art bildet das Netz der ***Forststraßen,*** das etwa im Forstenrieder Park oder im Forst Kasten ein großes Waldgebiet mit rechtwinklig sich kreuzenden Schneisen erschließt. Sie erscheinen in ihrer geometrischen Regelmäßigkeit unorganisch im Kartenbild und wirken gewissermaßen wie die kultischen Strukturen einer fremden Völkerschaft. Ihre Anlage geht aber auf das frühe 19. Jh. zurück. Die Ausrichtung dieser Schneisen (Südwest-Nordost) nimmt Rücksicht auf die in unserer Gegend vorherrschende Windrichtung (Nordwest) und soll dem Windbruch im Forste wehren. Das 18. Jh. zeigte dagegen ein System sternförmig von einem Punkt ausgehender Schneisen (vgl. die nebenstehenden Streckenkarten von 1795).

Grenzen

Der hier beschriebene Bereich: Die Region westlich München, reicht bis an den Lech, bis zur uralten ***Westgrenze*** Baierns gegen Schwaben. Schon von Venantius Fortunatus, der 565 von Italien über Augsburg an den Rhein gereist war, wird überliefert, daß an den Ufern des Lech die Bajuvaren siedelten. Auch für die karolingische Zeit scheint diese Feststellung noch gegolten zu haben. Dennoch gibt es einige Anzeichen, daß mit schwäbischen Einflüssen auch östlich des Lech zu rechnen ist.
Eine andere, sehr alte und noch heute gültige Grenze, die unser Gebiet durchschneidet, die ***Bistumsgrenze*** der Diözesen Augsburg und München-Freising, scheint ebenfalls darauf hinzudeuten: Im Bereich nördlich des Ammersees entspricht die Diözesangrenze, die den heutigen Landkreis Fürstenfeldbruck etwas westlich der Mitte von Norden nach Süden durchläuft, der ***Mundartgrenze*** zwischen dem Lechrainisch und bairischem Dialekt. (Im Süden greift die Diözese Augsburg allerdings weit östlich auf altbaierisches Gebiet über; sie reicht bis Benediktbeuern).
Eine Grenze völlig anderer Art durchläuft das Gebiet in west-östlicher Richtung; von München kommend geht sie nördlich des Ammersees in Richtung auf den Lech und markiert zwei ursprüngliche ***Hauslandschaften:*** Der Bereich des alpenländischen, flachgeneigten Daches mit Schindeldeckung grenzte hier an das Gebiet des Hauses mit strohgedecktem Steildach. Diese Grenze ist heute durch moderne Bauweise verwischt und undeutlich geworden.

Unterteilungen und Mittelpunkte

Die moderne Kreiseinteilung unseres Gebietes wird nach den jeweiligen Hauptorten, dem Sitz der Verwaltung benannt. Daß sich dahinter das Prinzip einer sehr alten Einteilung staatlicher Verwaltung verbirgt, die bis ins 13. Jh. zurückreicht, macht man sich heute nur selten deutlich. Mit

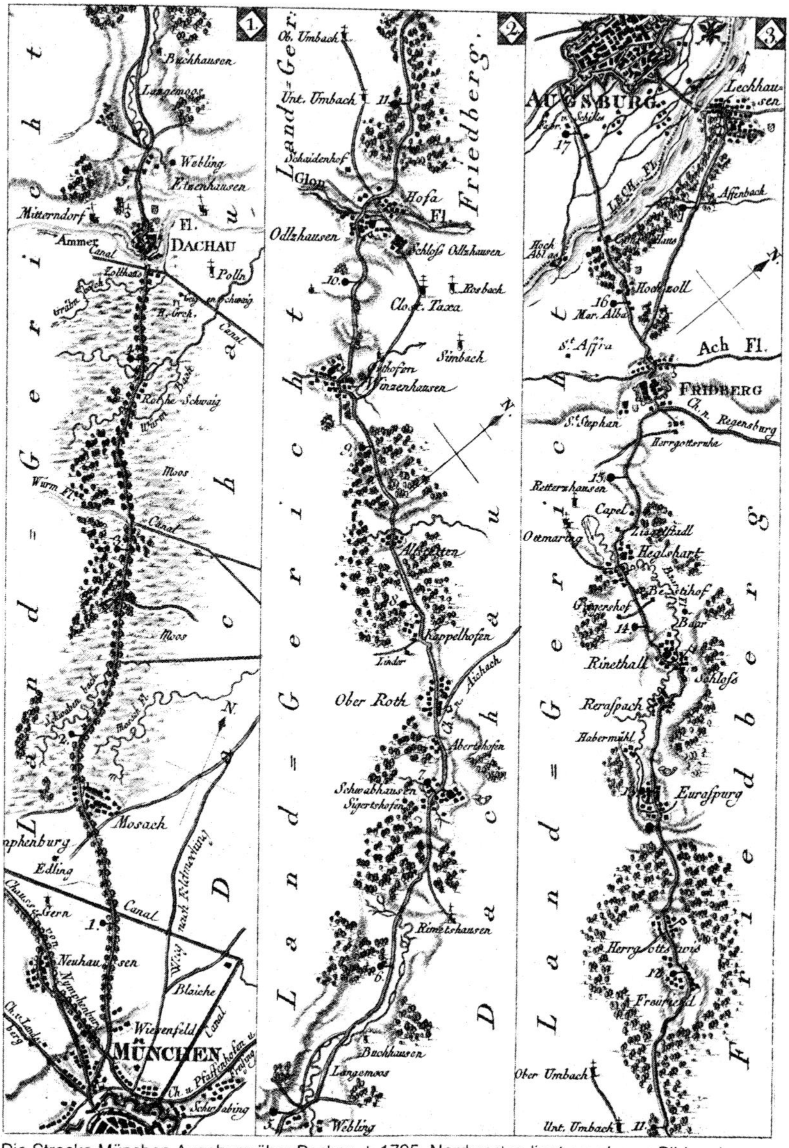

Die Strecke München Augsburg über Dachau ± 1795. Nordwesten liegt am oberen Bildrand

dem Aussterben der Herzöge von Andechs-Meranien (1248) und dem Tod des letzten Stauferkönigs Konradin (1268), aus deren Erbe der größte Teil unseres Gebietes an die bayerischen Herzoge aus dem Hause Wittelsbach fiel, ergab sich die Notwendigkeit einer Neueinteilung im Sinne der gestrafften Verwaltung eines Territorialstaates, wie sie sich im 13. Jh. überall durchzusetzen begann. An die Stelle erblicher Lehenstitel, der Grafschaften, trat die Einteilung in Ämter oder Landgerichte mit absetzbaren Beamten an der Spitze. *Dachau* als Mittelpunkt einer alten Grafschaft war schon 1183/84 von den Wittelsbachern erworben worden und Sitz eines Gerichtes. Ebenso wurde ein solches in der Stadt *Landsberg* eingerichtet, dem der Andechser Besitz zwischen Ammersee und Lech zugewiesen wurde, dazu staufische Güter, die ehemals den Welfen gehört hatten. Ferner entstand das Amt *Pähl,* dessen Burg schon vorher Sitz eines andechsischen Richters gewesen war. 1505 wurde es nach *Weilheim* verlegt. Das Pfleggericht *Starnberg* wurde Mitte des 14. Jh. aus dem Gericht Weilheim ausgegliedert. Auch die ehemaligen Besitzungen der Andechser zwischen Loisach und Würmsee gehörten zu Pähl und wurden dann dem neuen Pfleggericht *Wolfratshausen* zugeteilt. Verhältnismäßig jung ist dagegen der Landkreis *Fürstenfeldbruck,* der erst im frühen 19. Jh. (1823) durch Abtrennung von Teilen der alten Landgerichte Dachau, Landsberg und Starnberg neu gebildet worden ist.
Von der älteren Grafschaftsverfassung des 11./12. Jh., deren Gebiete zudem nicht genauer umrissen werden können, sind nur Spuren in die geschilderte Einteilung eingegangen (→ Dachau und Wolfratshausen). Noch weniger lassen sich Aussagen über die älteste Einteilung unseres Gebietes in Gaue machen. Der Name des ***Huosigaus*** wird zwar immer wieder aufgegriffen, ohne daß ihm wirklich Gestalt zu geben wäre; nur so viel ist sicher, daß er auf einen Familienverband des 8. Jh. zurückgehen muß, die Huosi oder Osi, die dem vornehmsten bajuvarischen Uradel angehörten (→ *Landsberied* und *Jesenwang*).
Von den obengenannten Orten entwickelten sich nur Weilheim und Landsberg früh zu kleinen Städten, die eine gewisse eigenständige kulturelle Bedeutung erlangten und eigene Werkstätten von Künstlern aufweisen konnten. Nur in bescheidenerem Umfang gilt das auch für die Märkte Dachau und Wolfratshausen. Im wesentlichen wird aber das Bild der künstlerischen Entwicklung von dem überragenden Zentrum München bestimmt, neben dem es aber stets die Ausstrahlung Augsburgs zu berücksichtigen gilt. Auch die berühmten Künstler Weilheims im 17. Jh. und 18. Jh. sind ohne das Geschehen in München und Augsburg nicht zu verstehen. Das gleiche gilt für die gefeierte Stukkatorenschule der Wessobrunner. Die gesteigerten Ansprüche des Hofes sowie die der Patrizier

in München und Augsburg bildeten Ansporn und Maßstab stets auch für die besten Kräfte, die das Land immer wieder hervorgebracht hat. An diesen Ansprüchen orientierten sich auch die bedeutenden Stifte und Klöster, die als Auftraggeber allerdings Entscheidendes zur Entfaltung der Künstler beigetragen haben.
Die Bedeutung der ***Stifte*** als Auftraggeber wird verständlich, wenn man neben deren Ausstrahlung in geistiger und kultureller Hinsicht ihre Steuerkraft mit der der Städte vergleicht. Nach einer Veranlagung der Zeit um 1500 zahlten von den Städten an Steuern: *München* 2000 Pfd. Pfennige, *Landsberg* 700 Pfd. Pfennige, *Weilheim* 125 Pfd. Pfennige. Von den Stiften hatten nach einer Aufstellung von 1536 zu zahlen: *Tegernsee* 2400 fl.; *Diessen, Indersdorf* und *Wessobrunn* je 1200 fl.; *Bernried* 500 fl.; *Andechs* und *Beuerberg* je 400 fl.
Unsere Übersicht soll mit dem Hinweis auf den umfangreichen ***Ortskatalog*** schließen. Dort findet man die Einzelheiten einer reichen, sehr differenzierten Geschichte, findet man deren noch sichtbare Zeugen, die recht zu deuten wir uns bemüht haben. Die Gegenwart hat sie mit einer z. T. ganz unwiderstehlichen Gewalt entweder in neue Zusammenhänge gezwungen oder aus diesen Zusammenhängen herausgedrängt. Es wird die Aufgabe des Lesers sein, für seinen Teil die Geschichtlichkeit dieser Werke, Sachen, Dinge in die eigne Zeit hinüberzubringen.

Klaus Kraft

Die Abbildungen der Streckenkarten entnahmen wir dem Werk: Reiseatlas von Baiern, von Adrian v. Riedl, München 1795.

Katalog-Teil I ◐

(südlich der Bundesstraße 12)

Abtsried → Dettenschwang

Achselschwang ○ LL □ 3.1

Das heutige Staatsgut hat eine wechselvolle Geschichte: Ursprünglich keltische Ansiedlung, direkt an der Römerstraße gelegen (ausgeprägte Dammspuren nördlich der Staatsstraße) und 760 erstmals urkundlich erwähnt; später im Besitz des Klosters Wessobrunn und von 1388 bis zur Säkularisation Schwaighof des Klosters Diessen. 1815 wurde Achselschwang vom Bayerischen Staat gekauft und als Militär-Fohlenhof, danach als Stammgestüt eingerichtet und schließlich zum Staatsgut ausgebaut.

Allmannshausen ○ STA □ 4.1

Kath. Kirche St. Valentin (im 18. Jh. zusammen mit St. Ottilie) 1651 unter Verwendung alter Bauteile neu erbaut; eine Landkirche vom üblichen Typ. Der Turm im Westen; durch ihn geht man hinein.
Das ***Innere*** zeigt – scheinbar unversehrt – den hochbarocken Gegensatz zwischen dem reinen Weiß von Stuck und Wänden und den dunkleren Farben der Altarmobilien. Wesentlich für den Gesamteindruck dieser bäuerlichen Wallfahrtskirche ist das ungeordnete Sammelsurium der Votivgaben. – Alle Farben um 1880 erneuert und seither unterschiedlich gealtert, so daß schließlich Waschblau und Goldbronze bestimmend geblieben sind.
Der einfache Modelstuck, die Altararchitekturen und die Kanzel ± 1660. – Im ***Hochaltar*** die Patrone St. Valentin und St. Ottilie, beide mäßig, ± 1480. Außen die Figuren von St. Peter und St. Paul, recht gut, ± 1660. ***Linker Seitenaltar*** mit verkommenem Altarblatt: Immaculata, davor die Figur des St. Nepomuk, 18. Jh. ***Rechter Seitenaltar*** mit verkommenem Altarblatt: St. Joseph in der Glorie. Davor Vesperbild aus dem 19. Jh.
Zu den Besonderheiten zählen die Votivgaben auf der Holzgalerie, die den Chor umzieht; teils bedecken sie die Wände. Das älteste der Bilder jedoch kein Votiv, sondern ein ***Gedenkbild*** für den Hofmarksbesitzer Hans Knebel und dessen Frau Sabine Peringer, 1517. Der obere Teil fehlt. – Die ältesten Votivbilder gehen bis 1652 zurück, also in die Zeit des Neubaus. An der Tür Armeseelenbrett, wie es vor allem auf der Ostseite des Starnberger Sees häufiger angetroffen wird.

Schloß. 1696 durch *Kaspar Feichtmayr* für Ferd. Jos. Hörwarth erbaut; später an Christoph Böhringer (1880 Umbau); an die Grafen Rambaldi 1894; heute im Besitz einer amerikanischen Sekte und vielfach erweitert. Vom Urbau der mittlere Kubus, nicht ohne Vornehmheit (→ Possenhofen, Berg, Ur-Nymphenburg).

Zerstörtes ***Dorfbild.*** Ungeregelte Baulust allenthalben. Am Weg nach Unterallmannshausen die Villa Johst in einer der besseren Stilarten, die das 3. Reich zu vergeben hatte.

Ambach

am Starnberger See ○ TÖL □ 4.3

Ursprünglich Fischerdorf, Sitz eines herzoglichen Fischmeisters, der die Hoftafel zu beliefern hatte. Seit der Mitte des 19. Jh. Villeggiatur bekannter Münchner Familien, deren z. T. noch wohlerhaltene Sommersitze einen guten Eindruck von der Bau- und Wohnkultur jener Zeit vermitteln. – Der Ort beschränkte sich ursprünglich auf den Uferstreifen, reicht heute das Steilufer hinan. Herrlicher Blick über den See auf → Bernried und Tutzing.
Nr. 1, ursprünglich Besitz des Malers Karl von Piloty, später des Sozialökonomen Lujo Brentano. Umbau durch *August Thiersch.*
Nr. 5 1/2, von den Tapeziereheleuten Weger 1866 erbaut; sie waren durch die Lotterie zu Geld gekommen, Stifter der → Ambacher Kapelle.
Nr. 6 1/2, 1885 durch *Gabriel von Seidl* erbaut, seit 1921 im Besitz des Dichters Waldemar Bonsels („Die Biene Maja"); durch ihn kam das bäuerliche Holztor von 1894 aus Ungarn hierher.

Gasthof Fischmeister, stattliches Gebäude um 1850. Eine Vorfahrin der heutigen Besitzer Bierbichler sang die Agathe in der Uraufführung des Freischütz. Spitzweg war hier zu Gaste.

Über die z.T. berühmte Einwohnerschaft gibt der Friedhof in → Holzhausen Auskunft.

Kapelle. Einer älteren von 1852 folgte 1872 die heutige, Stiftung des Privatiers Weger unter Förderung König Ludwigs II., gegen den Willen des Münsinger Pfarrers. Das Altarbild dieses wohlerhaltenen, spätestes Nazarenertum ausstrahlenden Kirchleins von *Anna Barth* aus Ambach, um 1890, wahrscheinlich aus der alten Einrichtung der Kirche von Holzhausen hierhergekommen. Glasfenster von 1875.

Ammerland

am Starnberger See ○ TÖL □ 4.3

Ammerland war seit 1596 Hofmark. Die Spuren der letzten Hofmarksinhaber Pocci allenthalben in der näheren Umgebung sichtbar, z. B. in → Staudach.

Schloß. Errichtet von dem Freisinger Fürstbischof Albrecht Sigismund in der Mitte des 17. Jh. Seither Sitz der Sekundo-Genitur-Prinzen des kurfürstlichen Hauses. 1841 durch König Ludwig I. als Lehen an den General Evaristus Fabritius von Pocci aus Viterbo, den Vater des Dichters Franz von Pocci und Zeremonienmeister des Königs. Heute im Besitz der Familie Röchling; unzugänglich.

Andechs ○ STA □ 3.2

Der weithin in der Landschaft sichtbare Kuppelturm der **Wallfahrtskirche** bezeichnet einen ungewöhnlich geschichtsträchtigen Ort.

Eine Burg Andehsa der Grafen von Diessen ist um 1080 erstmals genannt. Dieses Grafengeschlecht mit weitreichenden verwandtschaftlichen Beziehungen stiftete vor 1130 seine Diessener Besitzungen mit der dortigen Sconeburg ihrem neugegründeten Chorherrenstift, verlegte seinen Hauptsitz nach Andechs und nannte sich fortan nach diesem Platz. Die Grafen stiegen im Verlauf des 12. Jhs. als Herzöge von Meranien in den Reichsfürstenstand auf. Ihre weitgestreuten Besitzungen reichten von Istrien und Krain nach Tirol, vom Inntal über unser Gebiet bis nach Franken zwischen Bamberg und Coburg. Es gab Bischöfe aus diesem Hause auf dem Patriarchenstuhl zu Aquileja, in Regensburg und mehrfach in Bamberg. Töchter dieses Geschlechts heirateten als Königinnen nach Frankreich und Ungarn. Durch ihre Mutter, Königin Gertrud von Ungarn, ist die Hl. Elisabeth v. Thüringen eng mit Andechs verbunden. Eine andere Heilige dieses Geschlechtes, die Herzogin Hedwig von Schlesien, wurde in Andechs geboren.

Dem glänzenden Aufstieg folgte in der ersten Hälfte des 13. Jhs. der Niedergang: die Burg wurde vielleicht schon um 1209 beim Vollzug der Reichsacht gegen Herzog Heinrich von Meranien und dessen Bruder, Bischof Ekbert von Bamberg, wegen des Verdachtes der Beteiligung an der Ermordung des deutschen Königs Philipp von Schwaben zerstört. Trotz der Rehabilitierung konnte die alte Machtstellung nicht mehr zurückerlangt werden; spätestens zwischen 1243 und 1246 wurde die Burg mit Ausnahme ihrer Kapelle St. Nikolaus endgültig zerstört. 1248 starb der letzte Herzog aus diesem Geschlecht.

Die Anfänge einer Wallfahrt zu Reliquien in der Burg der Andechser Grafen sind hinter legendären Überlieferungen zaghaft faßbar. In das deutliche Licht der Geschichte tritt sie mit der Wiederentdeckung des vergrabenen Reliquienschatzes 1388 in der Nikolauskapelle. Sehr schnell entwickelte sich seine Verehrung zur bedeutendsten Heiltumsschau in Süddeutschland. Der zeitweilig in München verwahrte Schatz kehrte bald nach 1400, spätestens bis 1419 hierher zurück. Um diese Zeit sind bauliche Maßnahmen zu seiner ordentlichen Bewahrung anzunehmen, für einen Neubau einer Kirche um 1420–1425 sind sie zu belegen. Die notwendige Sorge für

Kloster Andechs

die Wallfahrt auf den „Heiligen Berg Andechs" führte 1438 zur Einrichtung eines weltlichen Chorherrenstiftes und 1455–1458 zur Stiftung eines selbständigen Benediktinerklosters durch Herzog Albrecht den Dritten, das von Tegernseer Mönchen bezogen wurde. Dieses florierte bis zur Säkularisation 1803. König Ludwig I. von Bayern erwarb alle Gebäude 1846 und übergab sie der von ihm gegründeten Benediktinerabtei St. Bonifaz in München, die in Andechs ein Priorat einrichtete.

Wallfahrts- und Benediktinerklosterkirche St. Maria (bis ins 17. Jh. St. Nikolaus und Elisabeth).
Eine Burgkapelle ist schon für die 1. Hälfte des 12. Jhs. anzunehmen, ihre baulichen Reste werden im Bereich der Nordmauer der jetzigen Kirche bzw. der Schmerzhaften Kapelle zu suchen sein. Der neue Bau ab 1420 bildet den Kern der jetzigen Anlage, einer dreischiffigen Halle mit nicht eingezogenem Chor und 7/12-Schluß. Der Ausbau des Kranzes von Nebenkapellen zieht sich durch das ganze 15. und 16. Jh. hin. Ab 1608 Erneuerungsarbeiten, 1609 Weihe eines schon damals zweigeschossigen Hochaltars von *Hans Degler*. 1615 Stuckierung im Sinne des Frühbarock.
1669 großer Brand, der mit geringen Ausnahmen die ganze Ausstattung von Kirche und Kloster vernichtete, nur die Heilige Kapelle blieb unversehrt; auch ist die Erhaltung der Gewölbe ausdrücklich bezeugt. Aus der Zeit der Wiederherstellung blieb die Dekoration der Vorhalle, 1670. Der im Unterteil mittelalterliche ***Turm*** erneuert im Oktogon 1675–1676. Neue Weihe 1676. Die Bauleitung lag in den Händen des kurfürstlichen Hofbaumeisters *Marx Schinnagl* und des Parliers *Martin Denchion*. 1712 Erweiterung der Fenster. Angeregt durch die Dreihundertjahrfeier 1755 wurde die letzte und eingreifende Erneuerung unter Abt Bernhard Schütz durchgeführt: ein ursprüngliches, enger stehendes Pfeilerpaar im Bereich des jetzigen Hochaltars mit den zugehörigen Gewölben ist 1751 abgebrochen, die Lücke mit einem einzigen kuppeligen Gewölbe geschlossen worden. Ausgeführt von dem Münchner Maurermeister *Lorenz Sappl*, der von dem Landsberger Jesuiten *Ignaz Merani* beraten wurde. Inwieweit die Planung von dem Meister der überaus glücklichen und festlichen Dekoration, *Johann Baptist Zimmermann*, beeinflußt wurde, ist schwer deutlich zu machen; sein Einfluß jedoch durchaus wahrscheinlich. Mit der Weihe eines neuen doppelten Hochaltars 1755 wurde der bis heute gültige Zustand erreicht. Umfangreiche Restaurierung 1938–1940.
Der Gesamteindruck des ***Innenraums*** wirkt bei vergleichsweise geringen Maßen (Länge 31,5 m, Breite 15 m, Höhe 13 m) dennoch überraschend großartig. Die geschickte Führung der geschwungenen Galerie, welche den Pfeilern ausweicht und sie dennoch optisch durchschneidet, steigert die Raumhöhe ebenso, wie die geistreiche Einfügung des Gewölbes über dem Hochaltar, was dem Raum außerdem noch größere Weite zu vermitteln scheint.
Die ***Galerie*** entsprang sicher den Bedürfnissen des Wallfahrtskultes, bei dem an bestimmten Tagen die Heiltümer des Reliquienschatzes öffentlich von dieser Empore gezeigt wurden. Zudem ist die Zweigeschossigkeit der Seitenkapellen schon für das 15. und 16. Jh. überliefert.
Das Äußere hat mehr vom Stil des 17. Jhs. bewahrt, ebenso die ***Vorhalle*** vor dem Südportal mit geschnitzter innerer Türe von 1670. Daneben die 1594 geweihte ***Vöhlinkapelle*** (heute St. Hedwig) mit eigenem geschweiften Zwerchgiebel und Außenkanzel, von der die Reliquien auch ins Freie gezeigt wurden. Ehedem stand ihr Obergeschoß auf offener Halle mit schweren Tuffpfeilern, die noch im Mauerwerk stecken. Gleichfalls auf der Südseite, gegen Westen, der mächtige Turm mit Achteck-Oberteil, Kuppel und Laterne, ein Wahrzeichen der Landschaft des Ammersees. Über dem Westgiebel der Kirche ein Zwiebeldachreiter für die Gebetsglocke.

Ausstattung:
Die Ausstattung wirkt sehr geschlossen und einheitlich, doch enthält sie Teile einer künstlerischen Überlieferung aus allen

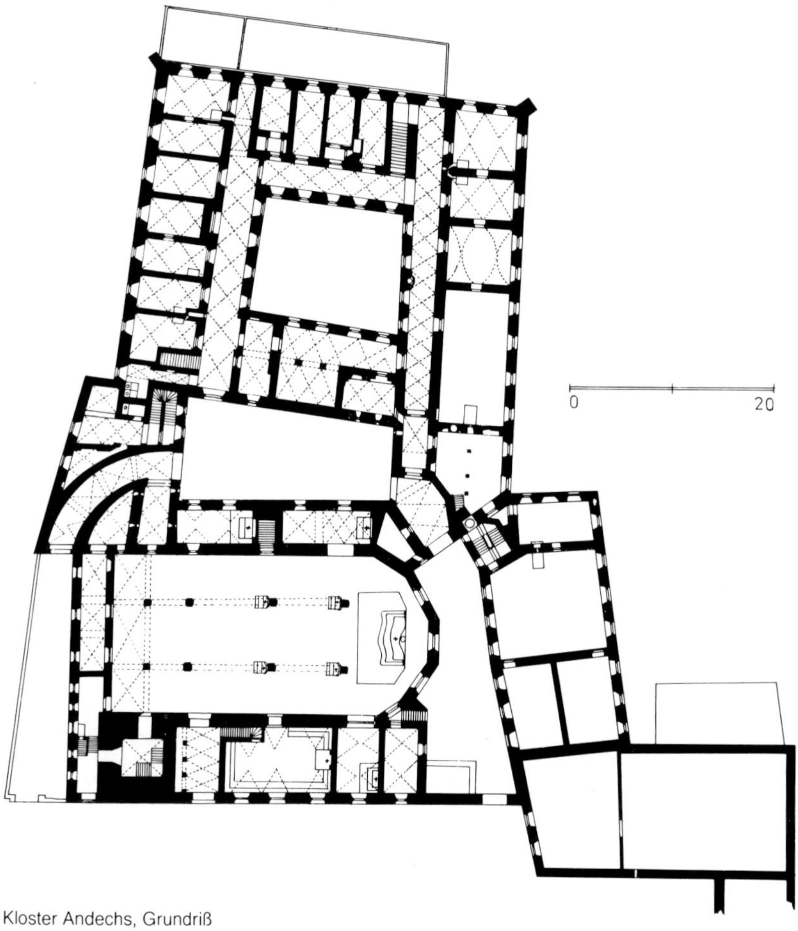

Kloster Andechs, Grundriß

Jahrhunderten seit Bestehen des Klosters. Von *Johann Baptist Zimmermann* stammen die ***Deckenfresken*** und die großen Gemälde an den Innenwänden: über dem Hochaltar bringt ein großer Kreis von Heiligen, darunter viele aus dem alten Grafengeschlecht und seiner Verwandtschaft, seine Verehrung dem Kernstück des Reliquienschatzes, den Heiligen Drei Hostien dar. Es folgen gegen Westen: die Himmelfahrt Christi, die Verehrung des Gnadenbildes der Madonna im Hochaltar in sinnreichem Bezug zur Gnadenwirkung am Teich von Bethesda (Joh. 5,2) und über der Orgel die neun Engelschöre, letztere von *Joh. Baader.* Die Deckenfresken der Seitenschiffe beziehen sich auf die Patrone der Seitenaltäre. Die Gemälde an den Wänden schildern u. a. die Stiftung des Klosters durch Herzog Albrecht III. und seine Bestätigung durch Papst Nikolaus V. Auch die glanzvolle farbig-goldene Stuckierung ist von Zimmermann. An der Galerie erzählen volkstümliche Gemälde Legenden und Geschichten über die Andechser Heiltümer.

Die Altäre:
Der vortrefflich komponierte ***Hochaltar*** geht in entscheidenden Zügen auf einen Entwurf von *J. B. Zimmermann* 1751 zurück. Die auch bei anderen Wallfahrtskirchen des bayerischen Oberlandes anzutreffende Zweigeschossigkeit ist hier schon 1609 bezeugt und vielleicht noch älter. Im oberen Teil die Immakulata von *Hans Degler* 1609, während die übrigen Rokokofiguren von *Franz Xaver Schmädl* stammen, dem auch die bewegten Figuren der Heiligen Florian und Johann Nepomuk auf der Galerie zuzuschreiben sind. Der untere Teil in Rotmarmor unfängt das ***Gnadenbild,*** eine gut geschnitzte thronende Madonna, wohl Münchner Schule um 1460. Der Tabernakel wurde von dem Münchener Goldschmied *Johann Michael Roth* 1756 nach Modellen von *Johann Baptist Straub* gearbeitet, der auch die Seitenfiguren der Heiligen Nikolaus und Elisabeth schnitzte. Auf der Rückseite des Hochaltars im Chorumgang sind ältere Teile des 17. Jh. wieder verwendet.
Die ***beiden ersten Seitenaltäre*** an den Pfeilern sind links dem Hl. Benedikt und rechts dem Hl. Rasso von Grafrath geweiht. Ihre Gemälde von *Andreas Wolf* 1703, die Figuren aus der Werkstatt *Straubs* vor 1755. Die ***beiden folgenden Seitenaltäre*** für Johannes den Täufer und St. Michael mit Aufbauten des Rokoko und älteren Gemälden von *Elias Greither d. J.* aus Weilheim.
Orgelgehäuse um 1710 und das ***Chorgestühl*** auf der westlichem Empore 1675 von *M. A. Krumm.*
Die ***Gruft*** unter der Mitte der Kirche (nicht zugänglich) dient als Grablege des Stifters Herzog Albrecht III. und anderer Glieder des Hauses Wittelsbach.

Die ***Seitenkapellen*** beginnend auf der Nordseite:
1. Die ***Schmerzhafte Kapelle*** (seit 1670), früher Allerheiligenkapelle (1473), auch untere Heiltumskapelle genannt. In ihren Umfassungsmauern sind ältere Teile enthalten, die eventuell in die Zeit vor 1388 zurückreichen. Auf dem Altar in freien Formen des Rokoko ein gutes Vesperbild, das häufig *Roman Anton Boos* zugeschrieben wird, aber stilistisch noch in das Ende des 17. Jhs. gehört, also nicht von Boos sein kann. Es stammt angeblich aus Weilheim. Seitlich vier Büstenreliquiare, Anfang 18. Jh.
2. ***Sebastians-*** oder ***Eustachiuskapelle,*** bereits 1459 erwähnt, von den Herren von Törring-Seefeld nach 1472 übernommen und in deren Auftrag 1754 erneuert. Das Altargemälde von *Joseph Winter* aus München, ± 1754. An der Wand Rotmarmorgrabstein des Seitz von Törring, gestorben 1508 und seiner Gemahlin, tüchtige Arbeit aus dem Umkreis des *Erasmus Grasser,* ± 1500.
3. ***Josephskapelle,*** ehem. Mariä Schidung, 1484 gestiftet; Sakramentskapelle bis heute. 1754 von *Zimmermann* stukkiert, 1876 restauriert. Das große Votivgemälde an der Wand wahrscheinlich von Kurfürst Ferdinand Maria gestiftet; es vereint alle bedeutenden Stifter des ehem. herzoglichen Hauses mit denen der Grafen von Andechs.
4. ***Antoniuskapelle*** mit Stuck und Dekkengemälde wohl auch von *Zimmermann.* Altarblatt mit dem Titelheiligen und zwei Gemälde mit Benediktuslegende, angeblich von *Edmund Egg* aus Dießen.
5. An der Westseite das sog. ***Wachs-Gewölbe*** mit über 250 teils übermannshohen Wachskerzen, Stiftungen einzelner Gemeinden oder auch von prominenten Wallfahrern; die älteste stammt von 1594.

Kloster Andechs

6. Im Obergeschoß auf der Südseite die ehem. ***Vöhlinkapelle***, gestiftet 1590. Nach vielen Änderungen 1965 als Hedwigskapelle eingerichtet. – Auf dem Gang davor große Krippenschau mit mehreren Abteilungen, die Figuren teilweise noch aus dem 18. Jh.

7. Auf der Nordseite mit eigener 1608 errichteter Treppe zwischen Schmerzhafter und Sebastianskapelle zugänglich die ***Heilige Kapelle***; als Schatzkammer schon im 15. Jh. genannt, 1518 erneuert; mit schwerer Eisentür und spätgotischem Rippengewölbe. 1757 überarbeitet, 1852 regotisiert, 1939 neu eingerichtet. In dem neuzeitlichen Altarschrein die große ***Monstranz*** für die Drei Heiligen Hostien, die in den Blütezeiten der Wallfahrt den bedeutendsten Kern des Heiltumschatzes darstellten. Sie ist eine Stiftung der Münchener Herzöge Ernst und Wilhelm III. zwischen 1432 und 1438. – An der Innenwand drei Tafelbilder, ehem. Altarflügel: eine Gregorsmesse (oder Weihe einer der drei Hostien durch einen Papst, vielleicht Leo IX.), die nicht unwidersprochen *Michael Wolgemut* während seiner Münchener Zeit um 1470 zugeschrieben wird. Der Reiz der Darstellung liegt in dem Einblick in ein gotisches Kirchengebäude, bei dem Anklänge an den gotischen Innenraum der Andechser Kirche zu vermuten sind. Ferner zwei Gegenstücke mit den Sitzbildern der Päpste Gregor und Leo IX. Hier sind die bemalten Rückseiten bemerkenswert, die mit der Darstellung einer Reihe von Reliquiaren die Flügel als Fragmente des ehem. Heiltumsaltares ausweisen, Münchener Malerei ± 1490.

In der Kapelle ein bedeutender Rest des bis 1803 sehr reichen Andechser Schatzes. Den ältesten Teil bilden sogenannte „Herrenreliquien", die nach jüngsten Untersuchungen durchaus in das Hochmittelalter zurückreichen, wie die Kreuzpartikel, ein Fragment der Dornenkrone und die Kreuzfahrerreliquien von biblischen Stätten des Heiligen Landes. Dazu gehören noch eine Reihe von Textilien, die sicher in das 12. Jh. oder weiter zurückreichen. Als bedeutendstes Stück das sog. „Brautkleid der Hl. Elisabeth" (bzw. ihrer Mutter, der Königin Gertrud von Ungarn) aus byzantinischem Seidenstoff des 12.–13. Jh. Weiter ist das sog. „Siegeskreuz Kaiser Karls des Großen" anzuführen, ein kleines Bronzekruzifix, wohl süddeutsch, um 1140.

Unter den ***Reliquiaren*** stammen die ältesten aus der Zeit sofort nach der Auffindung 1388, wie z. B. ein Bergkristallkreuz für die Dornreliquie und ein Ostensorium mit dem Wappen Herzog Johann II. und dem seiner Gemahlin Katharina von Görz (gestorben 1391), wohl Münchener Arbeit ± 1390. Als weitere bedeutende Stücke zählen: das sog. „Elisabethkreuz", ein Brustkreuz in vergoldetem Silber, wohl süddeutsch ± 1400. Das einzige erhaltene der bedeutenden Geschenke Herzog Albrechts III. ist die ***Tugendrose,*** eine Gabe wohl von Papst Nikolaus V. Ein Rahmenreliquiar in Silber mit Fragment des Schweißtuchs Christi ist von Erzherzog Sigismund dem Münzreichen gestiftet, Tirol, nach Mitte 15. Jh. Ein Reliquiar in Szepterform mit Reliquie des Spottszepters Christi stiftete Kaiser Maximilian I. Ein Rahmenreliquiar für einen Teil vom Schleier Mariens, Silber vergoldet mit auf der Rückseite eingesetzter vergoldeter Kupferplatte und darauf graviert eine Wiederholung von Dürers Stich der „Madonna mit der Heuschrecke", 1501 von dem Münchener Goldschmied *Matthäus Zasinger.*

Westlich anschließend eine weitere ***Reliquienkapelle***, auch Schatzkammer genannt; hier der Altar von 1758 aus der Heiligen Kapelle. Weiter gegen Osten folgt die Kreuzkapelle, 1468 Engelskapelle genannt; 1755 neu dekoriert von *Zimmermann*, mit einem Kreuzaltar von *F. X. Schmädl.* Über dem Eingang von der Kirche her Relieffigur Herzog Albrecht III. in „ewiger Anbetung", dem Hochaltar zugewandt.

Klosterbau (Klausur): der 1455–1458 errichtete Neubau mit Kreuzganggeviert erlitt starke Schäden im Brand 1669 und mußte neu ausgestattet werden. Nur wesentliche Teile des Erdgeschosses sind mit den goti-

schen Gewölben erhalten, auch die 1458 geweihte Kreuzgangkapelle (heute profaniert). Im Gang des Ostflügels Lavabo-Nische in Rotmarmor, datiert 1705, darin Holzfigur der Hl. Anna Selbdritt, ± 1500, die aus der Klosterkirche zu Tegernsee stammt. Hier auch das Refektorium mit zartem Bandelwerkstuck, angeblich von *Johann B. Zimmermann* ± 1730. An den Wänden Serien kleiner Apostelbilder von *Johann Zick,* die aus Kloster → Polling stammen. Im ersten Obergeschoß des Ostflügels die ehem. Prälatur, darüber im zweiten Obergeschoß die sog. ***Fürstenzimmer***, d. h. Gastzimmer für fürstliche Gäste, mit gut erhaltenen Stukkaturen um 1670/1680. Der große Raum an der Nordostecke mit Eckerker und Felderdecke; sie zeigt in großen Medaillons stark plastische, grob geschnittene Stuckreliefs der vier Kardinaltugenden. Über den beiden Türen des Raums als Gegenbilder die Büsten der bösen Herrscher Nero und Herodes.
Im Südflügel die Bibliothek mit Spiegeldekke über hoher Kehle. Der treffliche Stuck des beginnenden Rokoko ± 1730/1740 wohl auch von *Zimmermann.* Die ehem. vorhandenen Bildfelder leider übertüncht.
Der große ***Garten*** des Klosters gegen Westen und Norden ist umgeben von einer zinnenbekrönten Mauer mit runden Türmen; es ist wohl noch die, welche Abt Chrysostomus Huttler 1607 aufführen ließ. Südlich der Kirche eine eingeebnete Fläche, der sog. ***Fronhof.*** Hier ist eventuell der Hauptteil der ehemaligen Burg zu suchen. Bei Anlage der Hochbehälter für die Wasserleitung wurden auch massive urtümliche Mauerreste und die Ecke eines Gebäudefundaments angeschnitten. Am Südostrand steht der stattliche Walmdachbau der ehemaligen ***Klosterapotheke,*** die 1763–1767 unter Abt Meinrad auf Veranlassung des Apothekers, Pater Felix Funk, errichtet wurde. – Im Inneren an der Decke des eigentlichen Apothekenraums sind Reste von ***Fresken*** erhalten, die ein interessantes biblisches Programm, bezogen auf den heilkundlichen Zweck darstellen: u. a. Christus heilt Kranke; Tobias heilt seinen Vater; die Kranken am Teich Bethesda; die Eherne Schlange und der barmherzige Samariter.

Kloster Andechs,
Drei-Hostien-Monstranz

Die Abhänge der Fläche des Fronhofs gegen Süden und Westen zeugen noch von seiner Einebnung und Terrassierung der Hänge in mehreren Stufen unter Abt David Aichler Ende des 16. Jhs. Dabei werden die letzten sichtbaren Zeugnisse der ehemaligen Burg abgeräumt worden sein, es sei denn, man sucht in der westlichen Tordurchfahrt zum Klosterhof eine Spur des alten Zugangs zur Burg. Dieser Torweg entbehrt heute eigentlich eines entsprechenden Zugangs von außen; in der Anlage entspräche er dem Aufgang zu vielen Burgen im Uhrzeigersinn, da dies den Angreifer zwingt, seine durch den Schild ungedeckte rechte Seite den Verteidigern zuzuwenden.

Der ***Meierhof*** (heute Bauhof genannt). Zur Versorgung des Klosters gehörte seit dessen Stiftung 1458 ein Meierhof. Es wird überliefert, daß Abt Joachim Kircher (1572–1588) beschloß, den bis dahin hölzernen Bau in Stein zu errichten, was indessen erst bis gegen 1595 zu Ende gebracht wurde. Das hochgiebelige Wohnhaus dieser Zeit steht noch heute nordwestlich unterhalb des Klosters inmitten der Wirtschaftsgebäude.

Elisabeth-Brünnlein. Westlich unterhalb der Kirche am Weg ins Kiental: neugotischer krabbenbewehrter Baldachin mit in Stein gemeißelter, fast lebensgroßer Gruppe der Hl. Elisabeth mit Bettler, 1862 von dem in München ausgebildeten Holländer *F. Graven.* – Hier stand eine spätgotische Brunnenkapelle, ein zweigeschossiger Zentralbau, 1446 geweiht, 1506 erneuert. Ein Neubau von 1725 war im späten Rokoko mit Fresken von *Matthäus Günther* ausgestattet worden. 1805 abgebrochen.

Der Plattenstein. Etwa 1 km nördlich des Klosters wird von einem von Osten kommenden Bach (Ochsengraben) ein schmaler Bergsporn von der Hochebene gegen die Schlucht des Kientales abgetrennt. Hier zeugen im Wald meterhohe Wälle, Gräben und ein Turmhügel von einer abgegangenen Burg, genannt „die alte Burg". Ihr eigentlicher Name Plattenstein ist in Urkunden mehrfach überliefert. 1416 befand sich dort noch ein herzoglicher Gutshof, doch als wehrhafte Anlage vom Typ der Abschnittsburg gehört sie in das Hochmittelalter in die Zeit der Grafen von Andechs. Ihr genaueres Alter ist unbekannt. Noch um 1800 zogen Mauerreste Schatzgräber an.

Antdorf ○ WM □ 4.3

Kath. Kirche St. Peter und Paul, hoch über dem schönen Dorf. An der südlichen Außenwand die gleiche Gliederung durch Putzbänder und Arkaden wie an der Kirche von→Iffeldorf; diese Bauzier geht wohl auf die Stadtpfarrkirche von Weilheim zurück, auf die Zeit des Frühbarock also: der Turm an der Nordseite zeigt unter dem Ansatz der Kuppel die Jahreszahl 1612. Tuffstein und Ziegel als Baumaterial, für dieses Gebiet typisch.
Das Innere, mehrfach verändert, weiträumig und leer. Am Chorbogen die Jahreszahl 1688; aus dieser Zeit der schlichte Modelstuck mit aufgesetzten Rosetten und Engelsköpfen. Die Glasfenster von 1895 aus der Kunstanstalt *Ludwig Kirchmair,* München, geben ein farbiges Licht, das zum Charakter des Raumes nicht paßt. – Die Ausstattung neubarock, 1895, wie in manchen Kirchen dieser Landschaft. Offenbar hatte die alteingewurzelte Frömmigkeit damals auch das notwendige Geld zu Veränderungen besessen. Auf dem rechten Seitenaltar die seltene Darstellung des Hl. Isidor: ein Engel ackert für ihn, während der Heilige betet, signiert *WK* 1895. Im linken Seitenaltar ein großes und recht gutes Marienbild, ± 1500. – Unter der Westempore eine alte, neu gerahmte Kriegerehrung mit den Auszeichnungen von 1809/14, 1866, 1870/71; ihrer Seltenheit wegen von Interesse. – Im hohen Untergeschoß des ***Turmes*** ein Fenster mit Eselsrücken, Rest eines älteren Kirchenbaus.

Alter Kirchhof.
In der 1710 erbauten ***Kapelle*** auf dem Kirnberg südlich des Dorfes Fresken des Münchner Malers *Franz Kirzinger* (± 1770) und ein bedeutendes romanisches Kruzifix (z. Zt. im Bayer. Nationalmuseum).

Apfeldorf ○ LL □ 3.3

Großes, aus zwei Ortsteilen bestehendes Haufendorf, dessen unterer Teil sich auf

der ebenen Lechterrasse ausbreitet, während das „Oberdorf" auf dem östlichen Talhang liegt. Der nahe Fluß gab noch vor 100 Jahren vielen Flößerfamilien Beschäftigung; nicht gering war aber auch der Schaden durch „Hinwegfressung" von Grund und Boden oder Zerstörung einzelner Häuser bei Hochwasser, wie alte Urkunden berichten.
Die **Pfarrkirche zum Hl. Geist** gehörte ehemals zum Kloster Polling; ihr Westturm mit Satteldach weist auf romanischen Ursprung. Der Chor, im Kern spätgotisch, um 1740 von einem zweitrangigen Wessobrunner stuckiert; im Langhaus eine Flachdecke mit Hohlkehle.
Von der Ausstattung sind die beiden Empire-Seitenaltäre aus Stuckmarmor des Wessobrunners *Franz Doll* (1792) und das Deckenbild mit Darstellung des Pfingstfestes von *Johannes Jaud* (1825) zu nennen.
Der ***Pfarrhof*** neben der Kirche läßt auf den ersten Blick die Hand eines bedeutenden Baumeisters erkennen: Tatsächlich hat *Johann Michael Fischer* 1747 den Riß geliefert, als er zur gleichen Zeit in Polling tätig war.
Während die letzten alten Kleinbauernhäuser im Oberdorf seit jüngster Zeit verschwunden sind, gibt es in Unterapfeldorf noch einige recht typische Beispiele. Von

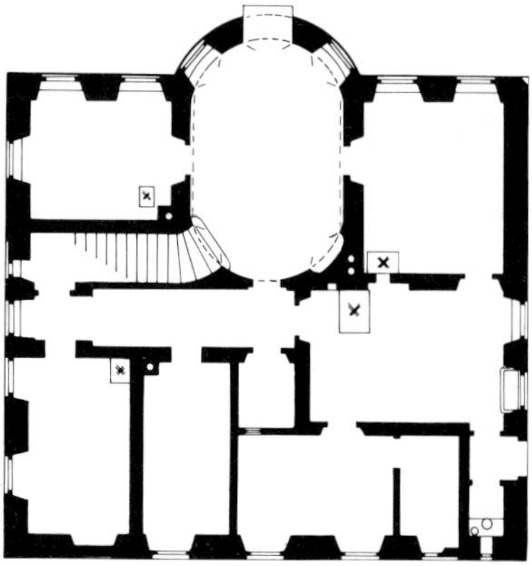

Apfeldorf, Pfarrhaus. Rechts oben Grundriß

Apfeldorf aus tyrannisierte in der 1. Hälfte des vorigen Jahrhunderts die „Riedlbande" die ganze Umgebung.

An das ehemalische ***Schloß Rauhenlechsberg***, einst Sitz eines Pfleggerichts gleichen Namens und 1799 abgetragen, erinnern nur noch Wall- und Grabenspuren samt einem Gedenkstein auf der Anhöhe nördlich des unteren Dorfes.

Arnried ○ WM □ 3.4

Abgelegener Weiler im Drumlingebiet, ehem. zum Kloster → Polling gehörend.
Kapelle mit auf dem Chorhaupt aufsitzendem Türmchen. Das Innere in stärkstem Verfall. Auf dem Hauptaltar ein bekleidetes Marienbild, flankiert von den Figuren der hl. Afra und ihrer Mutter, der hl. Hilaria, weilheimisch. Der rechte Seitenaltar mit Altarblatt: hl. Leonhard. Der linke Seitenaltar: hl. Franz Xaver. In der Predella des rechten Altars die Darstellung des Kindermords, die, als Relief, auch an der Südwand angebracht ist. Alles nach der Mitte des 18. Jh. – Am ovalen Deckenspiegel die stark zerstörte Darstellung einer Verklärung Hl. Jungfrauen. Am Chorbogen Inschrift mit verdorbenem Chronostichon: ArnrIeD Me pletas tVa feCIt Larga renasCI DVm abbas franciscus nomine primus erat thassilo

Aschering, St. Sebastian

seeholzer fuit illo tempore pastor aC fregIt DomInI pabVLa sanCta gregi. Die Malereien von *Johann Wenzeslaus Albert* (signiert); der in den Versen angesprochene Abt ist Franz Töpsl, Propst von Polling.

Aschering ○ STA □ 3.2

Kath. Kirche St. Sebastian. Der in seiner Einfachheit einleuchtende Bau ist weit und breit wohl der älteste: vielleicht noch aus dem 13. Jh. Für sein Alter spricht, daß er unter dem heutigen Niveau des Dorfes liegt. Von Ost wie von West stellt sich das Kirchlein deutlich dar: Schiff zu drei Achsen, eingezogener Chor mit gradem Schluß, Turm an der Nordseite. Sämtliche Bauteile auch in der Dachlinie klar voneinander abgesetzt. – Mehrfach, vor allem Mitte des 18. Jh. verändert. Aus dieser Zeit die Sakristei und die Fenster. Die ursprüngliche, romanische Fensterform noch an der Ostseite des Chors vermauert zu erkennen.

Das ***Innere*** überrascht durch reiche ***Ausmalung;*** sie hängt damit zusammen, daß Aschering alter Besitz des Klosters → Polling gewesen ist, weshalb hier auch bedeutendere Künstler gearbeitet haben. Am Gewölbe ***Fresko:*** St. Sebastian tritt vor Christus für die kranke Menschheit ein, ein sog. Pestbild. Das Fresko trägt die unverwechselbare Handschrift des *Johann Baader,* ist signiert und 1768 datiert. Man erkennt noch die Quadratur, die dem Maler die Übertragung des Entwurfs auf das Gewölbe ermöglichte. – Die Brokatmalerei, die Putten am Chorbogen, die Deckenmalerei im Altarraum stammen von der Wiederherstellung 1969. Von der urkundlich erwähnten, reichen Ausstattung nichts

Aschering,
St. Sebastian.
Deckengemälde

mehr erhalten. Die Altäre sind neuromanisch mit akademischen Altarblättern, um 1860. – Außen an der Sakristei Schädelnische.

Gut erhaltenes **Ortsbild,** die Häuser Nr. 3 und 5 wohl noch aus dem 18. Jh.

Aufkirchen ○ STA □ 4.1

Das Gebiet alter Freisinger Besitz; am Ende des Mittelalters an die Wittelsbacher, danach u. a. bis 1676 bei den Hörwarth, 1688 durch Kurfürst Ferdinand Maria an die Augustiner-Eremiten von München, die hier bis 1803 neben dem Pfarramt und der Wallfahrt ein Hospitium unterhielten. Gelasius Hieber, einer der großen Prediger des 18. Jhs., war 1724–30 Pfarrer in Aufkirchen.

Pfarr- und ehem. Wallfahrtskirche Maria Himmelfahrt weithin sichtbar über dem Ostufer des Starnberger Sees. Unter den Kirchen dieser Landschaft die historisch reichste: Noch immer spürt man hier die Verehrung, die das Zentrum eines großen Pfarrsprengels und einer berühmten Wallfahrt durch Jahrhunderte genossen hat.
Für das 14. Jh. ist eine Kapelle in Aufkirchen bezeugt (14 Nothelfer, Altar heute in → Walchstadt/Icking), seit Mitte des 15. Jhs. Wallfahrt. Die für ihre Zeit und Umgebung große Kirche wurde 1500 geweiht: Ein einfaches wohlräumiges Schiff mit leicht eingezogenem, dreiseitig schließendem Chor. Der Turm im Westen. So steht das Bauwerk noch heute, wenn auch überformt und erneuert; seine Gestalt ist im Grunde spätgotisch. Ein großer Brand ver-

Aufkirchen, Pfarrkirche. Salvator

ursachte 1625 beträchtliche Veränderungen, vor allem innen. Wiederholter Einsturz des blitzgefährdeten Turms (im 18. Jh. dreimal!) führte zu weiteren Bauarbeiten, wobei man 1747 für den Turm auch *Johann Michael Fischer* bemühte. Endgültiger Turmbau 1795 –96 durch den Münchner Baumeister *Widmann.* Kriegsschäden 1942, Verlust der Glasfenster aus dem 15. Jh. Die jüngste Wiederherstellung kürzlich abgeschlossen.

Die mit Stichbogen überfangenen Nischen an den Wänden ringsum gehören zur Substanz des Baus von 1500. Im übrigen wird aber das ***Innere*** noch ganz von den strengen – heute seltenen – Formen des frühen 17. Jhs. bestimmt. Anstelle des spätgotischen Rippengewölbes, dessen Dienste, barock verändert, noch erhalten sind, trat eine durchlaufende Tonne auf zartfarbigen Stichkappen mit geometrischem Modelstuck. In den Scheiteln der Fenster Engelsköpfchen, Rosetten an den Schnittpunkten der Rippen. Diese Dekoration ist dem spätmittelalterlichen Grundton des Bauwerks durchaus kongenial (→Polling). Das Ganze läßt wieder einmal ermessen, welche Schönheiten durch die spätere Vorherrschaft des Rokoko auch anderen Orts verlorengegangen sein müssen. – Das westliche Joch nach Einsturz des Turmes Ende 18. Jhs. erneuert. (Dekoration nur aufgemalt). Die zweigeschossige Westempore aus der gleichen Zeit, 1888 mit eisernen Unterzügen versehen. Im Untergeschoß des Turmes noch das Mauerwerk aus der Zeit um 1500.

Ausstattung: Die Kirche wirkt nach der letzten Restaurierung leer. Von den Altären des 17. und 18. Jhs. nicht viel erhalten, ein Rest vielleicht in →Farchach. Hochbedeutend der ***Figurenzyklus*** an den Wänden des Schiffs, ± 1625; er steht den Werken der Münchner Hofkunst durchaus nahe, auch in der Qualität. Im Chor Triumphkreuzgruppe, 18. Jh. Rechter Seitenaltar: Das alte Gnadenbild, eine thronende Muttergottes, um 1480, ist neu gefaßt, geringere Qualität. – In den Mauernischen Wandmalerei um 1600, Reste eines größeren Zyklus. – Das Gitter unter der Empore stand früher vor dem Chor, recht gute Arbeit des 17. Jhs. – Ex voto-Tafeln unter der Empore; sie bezeugen das große Einzugsgebiet der Wallfahrt. – Vorzügliche ***Holztüren*** im Süden und Norden, beidseitig beschnitzt, 18. Jh. – Gestühl von *Georg Leuthner* aus Drössling, ± 1750.

An der Südseite angebaut die ***Kapelle***

Aufkirchen, Pfarrkirche

Mariä Trost, 1706. Das Altarbild, Darstellung der Gürtelspende, von dem Starnberger Maler *Ignaz Biedermann,* 1730. – Ein in Leinöl gemalter Bilderzyklus an der nördlichen Außenwand der Kirche, 1704–1705 von Ignaz Biedermann, ist verschwunden. ***Friedhof.*** In der Mauer eine Rotmarmortafel von 1520 für eine Ligsalz; daneben Gedenkstein für Johann Ulrich Himbsel, den Begründer der Dampfschiffahrt auf dem See und Erbauer der Bahn München–Starnberg (liegt auf dem südl. Friedhof von München). – An der Außenseite des Turms die Grabstätte der Grafen Rambaldi, Gutsherren von Allmannshausen, Biberkor, Farchach. – Grabmal der Ritter von Poschinger.

Die ***Pfarrgebäude*** Anfang des 18. Jhs.; umfangreichere Baupläne des *Kaspar Feichtmayr* von 1699 (im Erzbisch. Diözesan-Archiv erhalten) sind offenbar nicht zur Ausführung gekommen.

Bachhausen ○ STA □ 4.1

Ehemals ein ***Schloss,*** das im 17. Jh. dem Grafen Ruepp gehörte („in dessen Armen Tilly verstarb", nach der Schlacht bei Rain a. Lech, 1632). Es ist im Stichwerk des Michael Wening abgebildet, sei rot getüncht gewesen, habe drei Türme gehabt und dort gestanden, wo sich einst der Mändelhof befand, der um 1850 abgebrannt ist. Einer der zahlreichen Herrensitze dieser Landschaft, die im Laufe der Zeit verschwunden sind (→ Haarkirchen u. a. m.).

Baierbrunn ○ M (Land) □ 4.2

Im Hochmittelalter Zentrum einer bedeutenden Herrschaft, die im Westen an das Gebiet der Grafen von Andechs-Meranien grenzte; sie zerfiel ± 1330 und ging z. T. auf im Gebiet des Landgerichts Starnberg.

Ehem. Kath. Pfarrkirche St. Peter und Paul, in der Mitte des alten Dorfes. Der Bau wird im Osten durch die wichtige Straße (auf der Goethe nach Italien fuhr), im Westen durch den älteren Turm beschränkt. Der dreiseitig geschlossene Chor ist daher seicht geraten. Seit dem Bau der → neuen Pfarrkirche steht die alte so gut wie verlassen; ihr Zustand schlecht; die wichtigsten Ausstattungsstücke in der neuen Kirche. Schiff innen mit Putzbändern gegliedert; gedrückter Chorbogen. Die Decke zeigt einen geometrisch ornamentierten Mittelstreifen. Neuere Westempore auf gußeisernen Stützen. Zum Turm führt ein spitzbogiges Portal in der inneren Westwand; schönes Sterngewölbe mit feinem Rippenprofil im Untergeschoß. Es läßt vermuten, daß hier (wie auch anderswo) die barocke Veränderung einen reicheren, älteren Zustand beseitigen half. Altes Solnhofer Pflaster. Die Architekturen aller drei ***Altäre*** im Wesentlichen barock, in unfreundlicher, moderner Fassung. Im Hochaltar Immaculata aus der 2. Hälfte des 19. Jh.; im rechten Seitenaltar Joh. Nepomuk, 18. Jh.; im linken eine kleine, barocke Muttergottesfigur. – Hübsche Kreuzwegstationen von der gleichen Hand wie in Hohenschäftlarn, Anfang 19. Jh.

Die **neue Pfarrkirche** auf dem Berg eine Scheunenarchitektur ohne Interesse. Über dem Eingang, innen, ein byzantinisches ***Ikonenbild***: Kruzifix, flankiert von Maria und Johannes. Auf barock geschweifter Tafel darunter Inschrift: „Diese uralte Biltnuss ist von Ofen aus Ungarn wo sy bey denen Türkhen vill Jahr under der Erden vergraben gelegen anhero nachher München gebracht und den P. P. Capuzinern verehrt worden. 1715.1848." Ein plastisches Früchte- und Granatornament am Fuße des Stammes könnte zur Ikone gehören. Das Ganze wohl aus dem 18. Jh., oder damals stark restauriert; in der Substanz nachmittelalterlich. – Die Figuren von St. Peter und Paul, Titelheiligen der alten Kirche, heute an der Chorwand der neuen, 18. Jh. Auch die kleine Orgel aus dem 19. Jh. stammt aus der alten Dorfkirche.

Ortsbild stark verändert. Das alte Schulhaus von 1874.

Bauerbach ○ WM □ 3.4

Kath. Kirche St. Leonhard. Der Ort gehörte zum Kloster → Bernried, was die

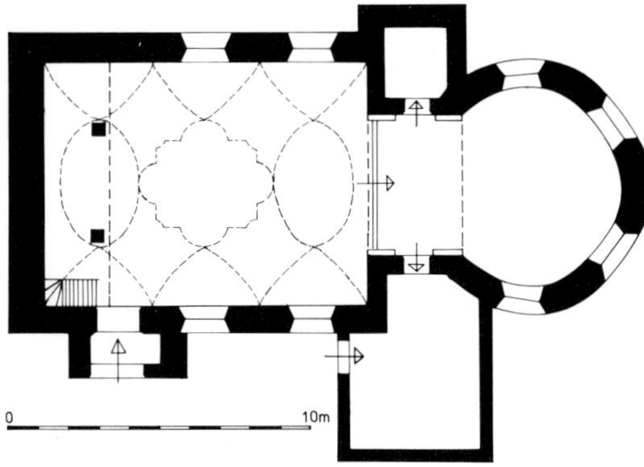

Bauerbach,
St. Leonhard

künstlerische Bedeutung seiner Kirche erklärt. St. Leonhard ist Patron der Gefangenen und des Viehs; ihm gilt die alte Wallfahrt des umliegenden, vorwiegend Weidewirtschaft betreibenden Landes.
Der spätgotische Ursprung des Bauwerkes noch von Westen am schmalen Querschnitt deutlich. Über dem Portal die Jahreszahl 1548. Für den heutigen Eindruck maßgebend der eingreifende Umbau von 1735 unter Propst Mansuetus Rösch. Turm, Sakristei und Chor gehören dieser Umgestaltung an. Architekt war sicher der in dieser Gegend mehrfach nachweisbare *Joseph Schmuzer.*
Das ***Innere*** zeigt in Zartrosa, Grün und Weiß die Kunst des 18. Jh. in reinster Gestalt und mit dem Raffinement der gleichzeitigen großen Baukunst. Aus dem Schiff mit seinem einfachen Stuckdekor aus dem Anfang des 18. Jh. wird der Blick durch das Zwischenstück auf den ***Chor*** gezogen, in dem freilich andere Dekorationsgesetze, auch andere Qualitätsmaßstäbe herrschen. Turm und Sakristei, die verengend in die Bausubstanz eingreifen, schaffen hier ein optisches Gelenk, das den Durchblick außerordentlich steigern hilft. Der ringsum ausgerundete Chor wird durch eine Ordnung von Kolossalpilastern gegliedert. Der vorzügliche Rokokostuck verdichtet sich über den Fenstern zu Puttengruppen; plastische Vasen ragen in das ***Deckenfresko*** hinein, das über einem kräftigen, umlaufenden Sims einsetzt. Es zeigt ein Wunder des Titelheiligen; an der Westseite offenbar das Portrait des Künstlers in Schlapphut, dazu das Chronostichon:
pInXerat InDIgnVs
qVaMVIs nVnc
pIngere nesCIt
Das ergibt das Jahr 1736; der Maler neuerdings als vorzüglicher Imitator wohl des 19. Jh. nachgewiesen; jedenfalls ist das Fresko stark erneuert worden, urspr. vielleicht von *Matthäus Günther.*
Die ***Malerei*** in den geometrisch gerahmten Deckenfeldern des Schiffs zeigt in bäuerlicher Art gleichfalls Wunder des hl. Leonhard; ebenso die Bilder der Empore (1709), die mit ihren Darstellungen vielleicht einem Mirakelbuch folgen.
Die ***Altäre*** stehen in ihrer schönen, am Hochaltar offenen Rokoko-Architektur zu ihrer eher bäuerlichen Plastik in gewissem Gegensatz. Im ***Hochaltar*** sitzend der Hl. Leonhard, begleitet von den heiligen Bischöfen Benno, Ulrich, Augustinus, Nikolaus. In den ***Seitenaltären*** links Anna Selbdritt mit Barbara und Katharina, rechts Antonius mit Rochus und Sebastian. – An der Südwand (innen) eine ältere Kreuzgruppe, deren Kruzifix aus dem 16. Jh.;

Bauerbach, St. Leonhard. Deckenmalerei

unter der Empore eine derbe Leonhardsfigur ± 1520. – Vorzügliche Ewiglicht-Ampel, 18. Jh.
Unter den ***Votivgaben*** fallen schmiedeeiserne Stücke auf, wie sie heute selten geworden sind. – Die große Tafel aus der sog. Oberen Stadt in Weilheim vielleicht von dem dort ansässigen Maler *Wenzel Albert* (→ Arnried).
Altes, schlichtes Gestühl; auffallend die Brandspuren: auf der Nordseite (Frauenseite) stärker als gegenüber, was man häufig beobachten kann.
An der Südwand außen Kruzifix, ± 1720, Art des *Heinrich Hagn*. – Auf dem ***Kirchhof*** das Grab von Fr. J. Schöningh, Mitbegründer der Süddeutschen Zeitung und des Hochland († 1969).

Das ***Dorf*** besteht aus nur wenigen, gut erhaltenen Höfen. Es hat 1965 die Wiederherstellung der Kirche im Wesentlichen allein getragen.

Berg

bei Eurasburg ○ TÖL □ 4.3

Kath. Kirche St. Margaretha, ehemals zum Kloster → Beuerberg gehörig. Der hübsche Turm heute im Verhältnis zu Schiff und Chor zu dünn; er stammt von einer älteren Kirche, die 1659 unter Probst Ulrich erweitert worden ist. Die Bauarbeiten haben sich bis 1718 hingezogen. Die Jahreszahl 1719 am Chorbogen bezieht sich auf die endgültige Weihe unter dem Dechanten Benno von Beuerberg. – Im ***Schiff*** Pilastergliederung, ein gewisser Aufwand. Der geometrische Stuckdekor mit Rosetten und Engelsköpfen in den Zwickeln der Wölbung ± 1660/80. Der Turm zur Hälfte in das Schiff eingestellt, was von der Erweiterung herrührt; sie könnte von *Caspar Feichtmayer* stammen, dessen ausgebreitete Tätigkeit in diesem Gebiet damals begonnen hat. – Die Mauern mit Zugankern, außen durch Putzbänder gefeldert, ebenso der Turm.
Hochaltar 1881, Stiftung der Anna Maria Bartl aus Sprengenöd. Die Kirche 1880 auf Kosten des Schmieds Joseph Maier restauriert. Aus dessen Spende wohl auch die merkwürdige, aufgemalte Holzmaserung allen Gestühls, ferner die byzantinische Goldgrundmalerei der Predellen. Aus den Kirchenbänken lassen sich Schiebebalken herausziehen; Notsitze? Die Kirche ist seither offenbar nicht mehr restauriert worden. – Die ***Seitenaltäre*** sind hübsche,

für ihren Platz geschaffene Rokoko-Kompositionen. Links Verkündigung, wohl von *Johann Baader*, ± 1760. Rechts Hl. Familie, wohl vom selben Maler. Die begleitenden Heiligenfiguren modern, vielleicht 1880. Die angeblich 1881 gestiftete Kanzel vielleicht doch original, wenn auch nicht von hier, ± 1720. Furniertes Kirchenmobiliar ist selten. – Glasfenster im Chor aus der Hofglasmalerei *Zettner*, München. Die Figuren der Apostel an den Wänden mäßige Arbeiten, Mitte des 18. Jh. ***Gedenktafel*** im Chor von 1760, für ein frühverstorbenes Freifräulein Schrenck von Egmating, mit ihren neun seltenen Vornamen ein typisches Denkmal seiner Zeit. – Der Kreuzweg hübsch, vielleicht von 1768 (In jenem Jahr bittet die Gemeinde um einen Kreuzweg).

Auf dem neuen Teil des Friedhofes Grabstätte der Familie Wolf, die heute das ehemalige → Hofgut Erasburg besitzt.

Berg

am Starnberger See ○ STA □ 4.1

Kath. Kirche St. Johannes Baptista (früher zusammen mit St. Magdalena). Einfaches Geviert mit mächtiger Mauerstärke; halbrunde Apsis, barock durchfenstert. Die Substanz wohl aus dem 12. Jh. Der Dachstuhl spätgotisch wie das spitzbogige Portal auf der Nordseite. Dachreiter seit 1814. Das Innere entspricht dem äußeren Eindruck; der einfache Raum allerdings im 17. Jh. ausgeziert. Besonders schön die Stuckborte um den Ansatz der Apsis. – Die Kirche hat immer nur einen Altar besessen. Der vorhandene ± 1700 mit neuer Figur des Titelheiligen, begleitet von der hl. Monika und einer anderen weiblichen Heiligen. Vorzüglicher ***Kruzifix*** an der Südwand mit zwei Putten zu Häupten, etwa 1620/30. – Bäuerliche Leuchterengel, gleichfalls 17. Jh. – Vorzügliches ***Relief*** mit dem Marientod, ± 1500, aus einer Münchner Werkstatt. Reliefs dieser Art und Qualität allenthalben in den Landkirchen dieses Gebiets; sämtlich aus dem Zusammenhang gerissen (→ Unterbrunn, Bernried, Mörlbach u. a. m.).

Berg/Starnberger See. Gedächtniskapelle

Schloß. 1640 durch den Kanzler Hans Friedrich Hörwarth erbaut, dessen Familie in dieser Landschaft seit langem begütert war. 1676 wurden Schloß und Hofmark durch den Kurfürsten Ferdinand Maria erworben; die Wittelsbacher saßen damals rings um den See (Possenhofen, Ammerland, Starnberg). 1849/51 durch Maximilian II. neugotisch umgebaut und um zinnenbekrönte Ecktürme vermehrt (→ Possenhofen), die erst jüngst wieder entfernt worden sind. Die Schloßkapelle von 1876, ausgemalt von *Hauschild*. – Heute Wohnsitz des Chefs des Hauses Wittelsbach. – Dienerschaftsgebäude, Mühlgasse 7, um 1870, heute verkommen.

Gedächtniskapelle im Park, dem Andenken Ludwigs II. gewidmet, der unweit davon am 13. 6. 1886 ertrank. Erbaut 1900 durch *Julius Hofmann* aus Enzenauer Muschelkalk, ausgemalt nach Entwürfen von *August Spiess* durch Hofmaler *August Schultze.* Altar von der Firma *Zwiesler,* Kruzifix von Bildhauer *Dissl.* Ein unglückliches Bauwerk, nicht einmal mehr typisch für seine Zeit, wenn auch ganz im Geiste des Bewidmeten. – Der Park ringsum verwildert. Große Teile des sog. Deckenschotters am Steilhang deutlich sichtbar.

Das alte ***Dorf*** ringsum aufgesiedelt. Die Grafstraße nach dem von hier gebürtigen Schriftsteller Oskar Maria Graf. Der Name übrigens im gesamten Gebiet sehr häufig.

Kreuzweg, südlich von Berg nach Aufkirchen hinauf, 1856 durch den Baurat Joh. Ulrich Himbsel gestiftet. Himbsel, ein Pfälzer von Geburt, war Begründer der Dampfschiffahrt auf dem Starnberger See und Initiator der Eisenbahn München-Starnberg; ein Mann der frühen Gründerzeit (+ 1860, begraben im südl. Friedhof, München. Gedächtnistafel auf dem Friedhof in → Aufkirchen).

Seestraße 44. Große Villa mit verwildertem Park (Graf de Beurges), ± 1880. Bronzedenkmal des St. Georg, 1927 von dem Bozener Bildhauer *Kompatscher.* Am Ufer hübscher Molo, 1896. Die Villa stammt aus dem Besitz der Industriellen Rosenthal; Eichendorff'sche Romantik mit verkommener Staffage.

Bernried ○ WM □ 4.3

Ehem. Augustiner-Chorherrenstift, gegründet am 1120 durch die hier ansässigen Grafen von Valley im Sinne des Reformgeistes jener unruhigen Epoche; Paulus Bernriedensis, der Biograph Gregors VII., nahm hier Aufenthalt; die sel. Herluka, eine der frommen Frauen des Hohen Mittelalters, liegt im Chor der Klosterkirche begraben († um 1140). Vom Kloster selbst hat sich nur die Kirche mit dem Südflügel des Klostervierecks erhalten, während die übrigen Flügel dem Wiederaufbau seit 1949 entstammen. Von den anschließenden Wirtschaftsgebäuden steht noch die Einfahrt von 1789; eine schöne Allee führt zu dem großen Gutshof am nördlichen Ortseingang. Das Ganze wird heute bewohnt und betrieben von den Missionsbenediktinerinnen aus dem Mutterhaus Tutzing.

Ehem. Klosterkirche St. Martin, ab 1659 neu erbaut, im 18. Jh. und 1921 eingreifend erneuert und überformt. Aus dem mittelalterlichen Bestand der Nordturm. Der schöne Portalvorbau mit seinen erneuerten Basen und Profilen aus Granit (!) und das Kirchengebäude selber mit den gut gezeichneten Fenstern auf der Nordseite ± 1659. Der Gesamteindruck nicht ohne Großartigkeit, beeinträchtigt im Inneren durch schlechte Ausmalung. Statt der Rosa-, Gelb- und Grautöne wäre Weiß die richtige Farbe gewesen. Der geometrische Stuck nach alten Vorbildern erneuert, im Schiff bloß gemalt (!).
Der ***Hochaltar*** in seiner Architektur neu, mit altem Altarblatt (Vision des Hl. Martin) von *Franz Kirzinger*, 1796, und Tabernakel von 1741. Die ***Seitenaltäre*** von 1796 zeigen links die Hl. Familie von Fr. Kirzinger, rechts von anderer Hand den Hl. Augustin. Der Forerius- und der Leonhardsaltar an den Wänden des Schiffs in spätestem Rokoko, Altarblätter ± 1800. – Das vorzüglichste Stück der Ausstattung ist die ***Musikempore***: Orgel ± 1700, Emporenbrüstung mit Putten, die Musikinstrumente halten, Mitte 18. Jh. – Vier hübsche ***Kirchenfahnen*** in spätem bäuerlichem Rokoko von der gleichen Hand wie die Andachtsbilder auf der Empore der → Pfarrkirche. – Der vollständig erhaltene ***Sippenaltar*** eine Arbeit aus dem Ende des 15. Jh., vielleicht aus München. – Die Figur der sel. Herluka aus einer weiblichen Heiligen ± 1500 umgearbeitet.

Kath. Pfarrkirche Mariä Himmelfahrt mit angebauter Wallfahrtskapelle; 1383 geweiht, ab 1670 barockisiert, Ausstattung bis 1796. Im Gegensatz zur ehem. Klosterkirche wird hier ein originaler Zustand noch in aller Köstlichkeit angetroffen. Das Gebäude und sein Erscheinungsbild spätmittelalterlich: einfaches Schiff, eingezogener

Bernried, ehem. Stiftskirche. Sippenaltar

Chor mit polygonaler Apsis, Turm als Dachaufsatz (statisch gefährdet) im Westen, alles wohl ursprünglich auf Rippen gewölbt, im Wesentlichen aus dem 15. Jh. Das Innere offenbart den Barock in schönstem Zusammenklang des weißen, strengen Modelstucks aus dem späten 17. Jh. (1689), wohl von dem hier tätigen *Kaspar Feichtmayr* (einem der Erzväter des hiesigen Hochbarock) und den Altarwerken des Rokoko, deren Buntheit noch auf alter Fassung beruht.

Hochaltar ± 1700, mit jüngerem Altarblatt von *Franz Kirzinger*: Mariä Himmelfahrt, flankiert von den riesigen Figuren der Heiligen Joachim und Anna, ± 1700. ***Seitenaltäre*** in ländlichem Rokoko mit Blättern von *Franz Kirzinger*. Links St. Johannes Bapt., flankiert von St. Wendelin und Notburga; rechts St. Georg, flankiert von den Hll. Rochus und Sebastian, alle in der lieblichen Tracht ihrer Zeit, den Altarfiguren im nahen und zu Bernried gehörenden → Bauerbach verwandt; sie stammen von *Paul Zwinck* (jüngst leider entfernt). Die Altararchitekturen werden dem Wessobrunner *Tassilo Zöpf* zugeschrieben, alles insgesamt aus dem Ende des 18. Jh., die Gemälde von *Fr. Kirzinger* signiert und datiert 1795. – Apostelreihe auf Wandkonsolen, ± 1710, weilheimisch.

Wallfahrtskapelle auf der Nordseite (in ihrer Richtung den anschließenden Wirtschaftsgebäuden des Klosters folgend). Schöner Stuck ± 1700. Der Gnadenaltar vorzügliches Rokoko von ganz anderer Qualität als die ländlichen Mobilien in der benachbarten Kirche. Bekleidetes Gnadenbild – eine Pièta – ± 1400.
Auf der Empore Gedenkbild zum 100jährigen Jubiläum der Wallfahrt, 1772. Guter, barock gefaßter Kruzifix ± 1520. – Am Kirchengestühl noch die alten Nummern.

Auf dem ***Kirchhof*** Grabstätte der Dall'Armi, Besitzer des großen Hofgutes. An der Mauer Grab eines eingeheirateten Tessiner Muratore, Del Fabbro, dessen Spuren allenthalben in dieser Gegend angetroffen werden (→ Hardtkapelle, → Happerg).

Bernried, Pfarrkirche.
Linker Seitenaltar

Im gut erhaltenen ***Ort*** stehen noch einige der heute seltenen ***Holzhäuser***.

Am See-Ufer – in der Mauer des Klostergartens – kleine ***Kapelle*** ± 1800, daran eine Tafel mit den Noten des 4-stimmigen Kanons, der Anlaß zu dem Gerücht gegeben hat, daß Mozart in Bernried gewesen sei, was nicht zutrifft. Einer der letzten Stiftsherren war ein Verehrer des Komponisten; er hat die Tafel setzen lassen.

Zwischen Bernried und Seeshaupt breiter Uferstreifen mit herrlichem Baumbestand (teils aus privater Stiftung zugänglich gemacht), durchzogen von den lebhaften Bächen, die das Moosgebiet westlich oberhalb entwässern.

Beuerberg ○ TÖL □ 4.3

Ehem. Augustiner Chorherrenstift. ± 1120 durch Otto von Iringesburg und dessen Brüder, Verwandten der Grafen von Andechs, gestiftet; wie → Bernried eine Gründung jener reformfreudigen Epoche. Mehrfach umgebaut; heute im Besitz des Müttergenesungswerkes.

Ehem. **Stiftskirche St. Peter und Paul.** Sie bildet den Nordflügel des Klostervierecks und entstammt dem eingreifenden Umbau von 1626–35. Damit ist sie eines der unschätzbaren Zeugnisse des frühen Barock, die bei uns der politischen Wirren wegen so selten sind: eine Wandpfeilerkirche mit stark eingezogenem Altarraum. Die Sakristei hinter dem Hochaltar, darüber der Stiftschor. Die Seitenkapellen liegen zwischen tiefen Wandpfeilern; der Altarraum ist von zweigeschossigen Anräumen begleitet. Der Grundriß bildet hier ein regelmäßiges Rechteck. Das Äußere verrät nichts von der Zusammengesetztheit seines Inneren. Das entspricht frühbarocken Tendenzen, wie sie sich schon an der Münchner Michaelskirche zeigten, später an den Jesuitenkirchen in Dillingen und Eichstätt, Werken der Gegenreformation, unter denen die Stiftskriche von Beuerberg einen wichtigen Platz einnimmt. – Der Westbau, der den Nordturm samt der Kirche in die jüngeren Klostergebäude einbindet, stammt von 1730.

Der Baumeister des Umbaus nicht bekannt. Genannt werden der → Weilheimer *Bartholomäus Steinle,* nach einer Baukatastrophe von 1628 der Münchner *Isaak Baader* (Chor der Münchner Peterskirche) und der Weilheimer, später Münchner Meister *Hans Krumper.* Die Kirche wurde 1635 geweiht; trotz mancher Veränderungen bewahrt sie getreu – in Architektur und Ausstattung – den Eindruck jener schöpferischen, aber doch drangvollen Epoche. Die Würde des Kirchenraums, des geometrischen Modelstucks an der Tonnenwölbung, die Strenge, ja Dürre der frühen Altararchitekturen sind ein beredtes Zeugnis dafür, ebenso wie die rührend provinziellen Malereien einzelner Altarblätter vor allem des Weilheimer Malers *Elias Greither*

Beuerberg, ehem. Stiftskirche

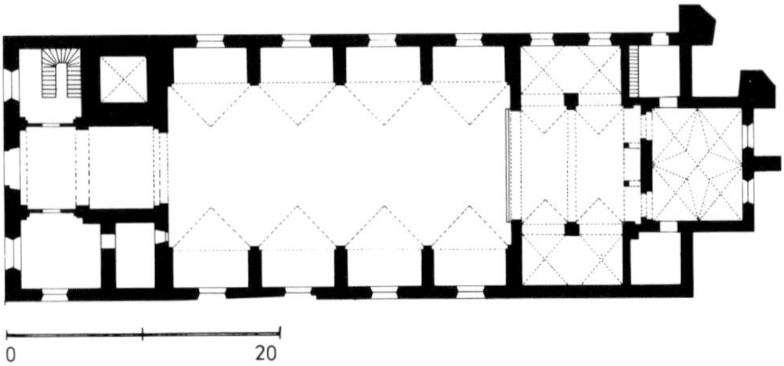

Beuerberg, ehem. Stiftskirche

d. Ä. „Auf dem Lande", in den alten Zentren Wolfratshausen oder Weilheim, gab es damals noch kein den großen Entwürfen adäquates Kunsthandwerk.
Für den farbigen Gesamteindruck maßgebend das Weiß der Wände und das Rotbraun der Altäre. Da die Altarblätter sehr gedunkelt sind, fügen sie diesem Farbkontrast nichts hinzu. Er ist typisch hochbarock; römisch, wenn man so will.
Der ***Hochaltar*** mit dem Bild der Kreuzabnahme von *Elias Greither d. Ä.* nach dem Vorbild des Daniele da Volterra deutet in dem selbstbewußten, prachtvollen Auftreten auf die Zeit ± 1650. Die Figuren der beiden Titelheiligen links und rechts aus derselben Zeit. Die zahlreichen ***Seitenaltäre*** mit Bildern von *Ulrich Frank* (Augustinusaltar) von 1638, dem Landshuter *Thomas Hoffmann* (Kreuzaltar) von 1635, dem Bruderschaftsaltar mit seinem ersatzweise eingesetzten Votivbild von *Philipp Guglhör* (etwa 1725) zeigen in ihrer Ausstattung das gesamte kunsthandwerkliche Vermögen jener Zeit. Es gibt weit und breit keine ähnlich vollständige Übersicht.
Aus der spätesten Epoche des Klosters die guten ***Beichtstühle*** mit ihren vorzüglich geschnitzten Aufsätzen; ebenso die Musikempore mit Zier und Orgel, von *Franz Doll,* einem der letzten Meister des Rokoko, 1791. Auch die schöne ***Kanzel*** ist aus dieser Zeit.

In einer der nördlichen Kapellen die Grabplatte des Freiherrn von Schrenck-Notzing (± 1772), dem Besitzer von Schloß → Eurasburg, aus dem einst die Gründer des Stiftes hervorgegangen waren; der Freiherr hatte sich sein Leben lang mit dem Kloster gestritten. Da die Herren von Eurasburg gleichzeitig die Vogtei über das Stift innehatten, wurde sein Ruherecht in der Kirche durch diesen Streit nicht berührt. – Brandspuren auf der Nordseite des Kirchengestühls, wie auch anderswo vielfach zu beobachten (→Bauerbach).

Die ***Stiftsgebäude*** stammen aus dem 18. Jh. Sie enthalten – wie auch andere Bauwerke dieser Gegend (→Aufkirchen) – Abbruchmaterial vom Wolfratshauser Schloß. – Im Vorhof eine neugotische Kapelle, die sog. ***Konventskirche*** (Mariä Heimsuchung), 1846 von *Joseph Sappel* erbaut.

Biberkor

1 km s. Bachhausen ○ STA □ 4.1

Am Rande des Bachhauser Filzes. Die Kirche St. Michael 1893 abgerissen.
Im Walde zwischen Biberkor und Sibichhausen rund 80 bronzezeitliche ***Grabhügel,*** aus denen 1839 ein Bronzeschwert, 1912 eine Gewandnadel zum Vorschein kamen.

Bierdorf ○ LL □ 3.2

Weiler mit stattlicher **Kapelle Mariae Heimsuchung** aus dem Jahr 1607. Der malerische, urtümlich wirkende Innenraum erinnert mit seinem spitzbogigen Chorbogen, dem alten Ziegelpflaster und seinem gratigen Sterngewölbe an das lange Fortleben gotischer Stilformen auf dem Lande, das man eigentlich nur von alpenländischen Kapellen her kennt. Stilreine Renaissance zeigt dagegen der gleichzeitige Hochaltar mit einer feinen Holzfigur der Muttergottes aus der Werkstatt des Weilheimer Bildhauers *Hans Degler*.

Bischofsried → Diessen

Bismarckturm (im Besitz der Stadt München, 3 km s. Berg) ○ STA □ 4.1

Zur Gemeinde Berg gehörig, 1896–1899 nach Plänen von *Theodor Fischer*, Bildhauerarbeiten von *J. Flossmann*. Der Bau aus Tuff- und Kalkstein ist – unbesteigbar – als wirkliches Mal zu betrachten. Unter den Bismarcktürmen dieser Zeit der weitaus beste, wohl auch letzte. Bildhauerwerk schwach, nur als dekorativ zu werten. – Landschaftliche Situation vorzüglich.

Breitbrunn ○ STA □ 3.2

Kath. Kirche St. Johannes der Täufer. Der flachgeschlossene Altarraum enthält noch mittelalterliches Mauerwerk, vielleicht aus dem 13. Jh.; das Schiff dürfte, abgesehen von einigen späteren Veränderungen, aus dem 16. Jh. stammen, ebenso der Turm an der Nordseite. Im ganzen Bau wird, wie häufig am Ammersee, Tuffstein verwendet, der ringsum in dieser Region ansteht.

Hochaltar von 1760/70 mit Figuren aus dem Anfang des 18. Jh., darunter in der Mitte der Titelheilige. Die beiden Seitenaltäre wurden 1762 aus Entraching (○ Landsberg) angekauft. Die Figur des Hl. Stefanus links 1855 von *Joseph Fendt*. Im Auszug die Figur des hl. Johann Nepomuk aus der *Luidl-Werkstatt*, Landsberg. Im rechten Seitenaltar eine spätgotische Muttergottes. – An der Süd- und Nordwand weitere, einzelne Figuren. Besonders wertvoll die Figur eines hl. Nikolaus, um 1440/50. – Die hölzerne Westempore ist mit einer Apostelfolge, ± 1700, bemalt.

Kath. Pfarrkirche zum Hl. Geist, 1971 von *Theo Wieland*, Weilheim.

Buch am Ammersee ○ STA □ 3.2

Kapelle St. Mariä Himmelfahrt, Saalbau mit eingezogenem, dreiseitigen Chorschluß, erbaut 1742, neugotisch verändert.

Buchendorf ○ STA □ 4.1

Kath. Kirche St. Michael. Einfache und für dieses Gebiet typische Landkirche; reich ausgestattet, stark restauriert. An das flach gedeckte Schiff, dessen erneuerte Holzdecke beispielhaft ist für die vielen, die im 18. Jh. durch Putzdecken ersetzt worden sind, schließt sich ein rippengewölbter Altarraum an. Turm und Sakristei an der Südseite, Eingang im Westen. Insgesamt nahe Verwandtschaft zur → Frauenkirche in Gauting; die Bausubstanz dürfte, wie dort, aus dem 15. Jh. stammen. Erneuerungen 1595 unter dem Gautinger Leutpriester Hofmair und Caspar Sedlmair (Inschriften am Chorbogen und an der Südwand); seitdem mehrfach, zuletzt 1962 restauriert.

Wie so häufig entspricht auch hier der urkundlich überlieferte, reiche Bestand an Ausstattung nicht dem heutigen Befund. Es dürfte viel zwischen Gauting und Buchendorf, den alternierenden Pfarrorten, ausgetauscht worden sein. Anderes ist verschwunden. So wurde z. B. 1713 der Weilheimer Bildhauer *Heinricht Hagn* für eine Michaelsfigur bezahlt. Die heute vorhandene stammt jedoch von dem ungleich bedeutenderen *Johann Baptist Straub,* über den die Urkunden hier nichts vermelden.

Wandmalerei in Schiff und Chor, ± 1600, primitiv (→ Gauting, Frauenkirche): Im Schiff die Passion, am Chorbogen wie

Buchendorf, St. Michael.
Michaelsfigur

üblich das Jüngste Gericht, im Chorhaupt Verklärung und Anbetung Christi, außerdem die seltene, wohl vom Stifter inspirierte Darstellung der Nachfolge Christi. An der Südwand des Schiffs noch ein Hl. Georg. Im Schiff halten sich die Bilder an gemaltes Rahmenwerk; im Chor sind sie frei verteilt.
Altararchitekturen von 1671 (*Georg Wunderl*, Wolfratshausen) entfernt, Figuren neu verteilt. Die ***Kanzel***, im 19. Jh. überarbeitet, könnte durchaus noch die des Kistlers *Hans Probst* aus Bernried sein, 1674. – Im ***Hochaltar*** die elegante, höfische Rittergestalt des Hl. Michael wohl von *J. B. Straub*, ± 1740. Die überlieferten Seitenaltäre der Hl. Katharina und Stephan nicht erhalten. Statt ihrer links und rechts die Figuren der Hl. Georg unf Florian, gute Arbeiten von der gleichen Hand wie die Figuren des Nördl. Seitenaltars der → Gautinger Frauenkirche, Mitte 18. Jh. – Im Chorhaupt weitere Figuren, darunter ein Hl. Sylvester und ein gutes Vesperbild, neu gefaßt, ± 1420.

Die Votivtafel des Georg Locher, Waisenpfleger von München, ist von 1649, im 19. Jh. überarbeitet. – Zwei hübsche Ölbilder mit den Hl. Notburga und Wendelin an den Wänden des Schiffs. – Grabstein des Priesters und Stifters der Wandmalereien Eustach Hofmair (+ 1603) an der Südseite des Schiffs.

Das ***Pfarrhaus*** enthält im Kern noch Substanz des Neubaus aus der Mitte des 18. Jh. (Pfarrer Rettenbeck, dem er ebenso verdankt wird wie die reiche Ausstattung der Kirchen hier und in Gauting, war unter den prozeßfreudigen Geistlichen seiner Zeit wohl der zäheste).

Mariensäule vor der Kirche, 1891/92, als Dank für Rettung der Wälder vor Raupenfraß.

Neben der Kirche musterhaftes ***Gut*** der Schulschwestern, die auf dem Kirchhof ihre Grabstätte haben.

Die sog. ***Römerschanze,*** nordöstlich vom Dorfe, ein regelmäßiges Wallgeviert von beträchtlichen Ausmaßen, nach Alter und Bestimmung strittig. Die alte Römerstraße, die der Hauptstraße des Dorfes folgt, führt dicht vorbei; ähnliche, aber kleinere Schanze 3 km s. oberhalb der Würm.

Im ***Forstenrieder Park*** südlich der alten Römerstraße noch alte Eichenbestände, wie sie vor der staatlichen Aufforstung durch Nadelholz weit verbreitet gewesen sind.

Buchhof

1,5 km nö Percha ○ STA □ 4.1

Große Gutsanlage aus dem 19. und 20. Jh. mit herrschaftlichem Wohnhaus von *Georg Hauberisser*, dem Erbauer des Münchner Rathauses, ± 1875. – Das Gut, ehem. Hof des Klosters Schäftlarn, wird bereits ± 800 erwähnt. Heute im Besitz der Stadt München.

Degerndorf ○ TÖL □ 4.3

St. Michael, auf einem Moränenhügel über dem Dorf. Der Turm an der Nordseite des Chores; im ersten Joch der Südseite der Zugang. Im übrigen ist der Baukörper geschlossen und einheitlich. Statt des heutigen Spitzhelms dürfte der Turm früher eine welsche Haube getragen haben; sein achteckiger Oberbau läßt darauf schließen. Im 19. Jh. wurden die Turmhauben häufig – im Sinne der Neugotik – durch Spitzhelme ersetzt, die man für ursprünglicher hielt. (Sogar die Münchner Frauenkirche sollte in diesem Sinne verändert werden.) – Das spätmittelalterliche Bauwerk 1702 durch Probst Bartel von Beuerberg eingreifend restauriert; 1726 (Inschrift am Chorbogen) wiederum. Der heutige Eindruck stammt von einer kürzlichen Wiederherstellung.
An das wohlräumige, flachgedeckte Schiff schließt sich ein nur im Inneren leicht eingezogener Chor an, welcher sich nach Süden – eine originelle Abweichung vom Typ – in einen hohen Anraum öffnet, der wie ein Querschiff wirkt. Die geometrischen Stuckprofile im Schiff und die Stuckzier in den Stichkappen der Chorwölbung dürften der Wiederherstellung von 1707 verdankt werden. – Die farbige Gesamtstimmung wird vom Blau-Rot-Gold der schönen ***Seitenaltäre*** bestimmt. Der Hochaltar fehlt leider, was gewissermaßen als Loch im Farbklang empfunden wird. Er war dem Titelheiligen gewidmet, an den hier nichts mehr erinnert. Die Seitenaltäre sind die ursprünglichen: links Maria, rechts 14 Nothelfer, beide ± 1700, die Figur der Maria ± 1520. Die Figuren des rechten Altars, St. Sylvester und St. Rochus, wohl Weilheimer Schule, vielleicht von *Heinrich Hagn.* Die des linken, St. Nikolaus und St. Urban, von anderer Hand. Es ist die Haltung dieser an sich ländlichen, reizenden Werke noch ganz spätmittelalterlich. Neben den Heiligen Sylvester und Leonhard sind die 14 Nothelfer vor allem auf dem Lande beliebt; in der Nachbarschaft z. B. auch in → Staudach und → Diemendorf.
An Stelle des Hochaltars heute frei aufgestellt Kruzifix und Schmerzensmutter, lebensgroß, 1. Hälfte 18. Jh., recht gute Arbeiten.
Im ***südlichen Anraum*** des Chores Rest eines Ölbergs, 1. Hälfte des 18. Jh. Ferner die hübsche Figur des Guten Hirten, dem zu Füßen der böse Wolf; er schaut zu Christus auf wie das Krokodil im Kasperltheater. An der Wand Kopie des Wessobrunner Gnadenbildes. – An der Empore Gemälde der Hl. Cäcilia, Mitte 18. Jh.; unter der Empore barocke Kopie eines niederländischen Bildes: 12jähriger Jesus im Tempel. Daneben mäßiges Vesperbild. Gute hölzerne Taufe. – Neben dem Portal die Figur des Hl. Sylvester, 18. Jh. – Wie so oft zeigt auch hier das alte Gestühl auf der Nordreihe Brandspuren. – Im Vorhaus Fegfeuergruppe.

Im ***Dorfe*** sehr gut erhaltene Häuser, z. T. noch aus dem 18. Jh., teils schon in städtischem Besitz, was man an den dekorativ verwendeten Ackergeräten, nicht immer erfreut, bemerken kann.

Delling ○ STA □ 3.2

Gutshof, alter Besitz der Grafen von Törring zu Seefeld, jetzt in dem des Barons Hirsch. Ursprünglich Burgstall mit Sitz eines andechsischen Ministerialen. Mitte des 13. Jh. zerstört. Ein von dem Münchner Patrizier Mathias Schöttl erbautes Schloß im 18. Jh. abgebrochen. Das Grabmal Schöttl von 1559 in der Kirche. Das heutige Verwalterhaus steht auf den Grundmauern des Schlosses.
Die **Kapelle St. Georg** wurde 1774–75 durch Baumeister *Franz Ignaz Wolf* aus Inning mit den Steinen einer abgebrochenen Kirche der →Schwaige Ettenhofen erbaut. Altar, Tabernakel und Kanzel stammen von dem Bildhauer *Franz Xaver Schmädl.* Als Maler werden *Andreas Schnabel* von Starnberg und *F. A. Anwander* von Landsberg genannt. Gestühl von *Georg Leuthner* aus Drössling. – Das kleine Bauwerk – es ähnelt mit seinem zentralen Grundriß der Kirche von →Unering – ist wie aus einem Guß, eines der edelsten der Umgebung,

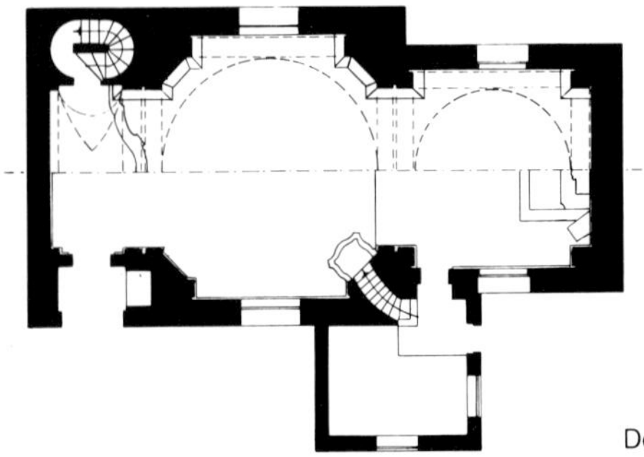

Delling, St. Georg

sicher nicht unbeeinflußt von Baugedanken des *Joh. Michael Fischer.* Die Ausstattung, zu der das Kunsthandwerk der näheren und ferneren Umgebung konkurrierte, bezeichnet gut die Qualität, die damals auch abseits der Hauptstadt zu haben war.

Die große ***Eichenallee*** zwischen Delling und Seefeld wurde durch den Grafen Anton von Törring zu Seefeld († 1812) angelegt. Sie biegt bei Delling in Richtung auf die Schwaige Ettenhofen ab und endet dort unvermittelt vor dem Waldrand.

Dettenhofen ○ LL □ 3.1

Das kleine Dorf war im Mittelalter Wessobrunner Pfarrei, die dann im 16. Jh. mit dem benachbarten Dettenschwang uniert wurde. Die **St. Martins-Kirche,** ein schlichter Bau mit romanischen und spätgotischen Bauteilen, enthält ausgezeichnete Arbeiten des Landsberger Bildhauers *Lorenz Luidl* aus der Zeit um 1680: die Hl. Markus, Nikolaus, Martin, Leonhard und Laurentius am gleichzeitigen Hochaltar. Wessobrunner Herkunft sind die beiden Stuckmarmor-Seitenaltäre (1836) und die elegante Stuck-Kanzel aus dem beginnenden Klassizismus; das linke Seitenaltarblatt von *Benedikt Jaud,* dem letzten Angehörigen dieser Wessobrunner Malerfamilie. Die Kirche wurde vor einigen Jahren neu ausgemalt.

Nördl. der Kirche stattlicher Bauernhof mit Traufbundwerk (1780), beim „Schwarzbauer" einer der letzten Getreidekästen im Blockbau des Ammerseegebietes aus dem frühen 17. Jh. Der Hof wird seit über 400 Jahren in direkter Linie von der Familie Bauer bewirtschaftet.
An der Friedhofsmauer und beim Einzelhof Ummenhausen ein Steinkreuz.

Nördlich des Ortes liegt das Naturschutzgebiet ***Dettenhofener Filz,*** ein Hochmoor mit Bergkiefern und Birken.

Dettenschwang ○ LL □ 3.1

Einem verheerenden Ortsbrand im April 1875 fielen fast alle Häuser des Dorfes mit Kirche und Pfarrhaus zum Opfer. Trotzdem ist die früher zum Kloster Wessobrunn gehörende **Pfarrkirche St. Nikolaus** wegen ihrer neu restaurierten, prächtigen Barockausstattung eine Sehenswürdigkeit: Nach dem Brand erhielt sie nämlich Altäre und Apostelfiguren der beiden Landsberger Künstler *Johann Mayr* und *Johann Luidl* um 1730; das linke Seitenaltarbild sogar von *Johann Baptist Zimmermann,* 1729. Die sehr guten, neubarocken Dekkenbilder stammen von *Leonhard Thoma,* im übrigen ist der Kirchenbau im Kern noch aus dem Jahr 1516 (Chor mit Jahreszahl außen) bzw. von 1746, als *Joseph Schmuzer* das Langhaus neu erbaute.

Auf dem Kirchhof Grab eines von Mörderhand Umgekommenen; Leiter der Raiffeisenkasse des Ortes, Opfer eines der ersten Banküberfälle (1957).

Das Dorf wurde nach dem Brand fast neu angelegt und einheitlich wieder aufgebaut: Wo sich früher – wie in allen Dörfern der Umgebung – die kleinen Holzhäuser mit Legschindeldächern eng zusammendrängten, wurden bewußt Abstände eingehalten und viele Anwesen an den Ortsrand hinausgebaut.
Westlich an der Straße nach Issing die ***Kapelle Maria Einsiedel,*** daneben ein Steinkreuz.

Abtsried, einsam im Staatsforst 2,5 km südostwärts gelegen, war seit 1680 ein Wessobrunner Jagdschlößchen mit Schwaighof und Kapelle. Die Gebäude wurden erst um 1855 abgebrochen. Ein anderer, längst abgegangener Schwaighof war das zum Kloster Diessen gehörige ***Tann*** auf der Anhöhe südostwärts des Ortes, das 1810 zum Abbruch gelangte. –

Beim Gut ***Oberhausen,*** westlich an der Straße nach Issing, liegt der verträumte Oberhausener Weiher, ein beliebter Anglertreffpunkt mit großen Beständen der weißen Seerose.

Im Weiler ***Wolfgrub,*** 2 km südlich von Dettenschwang, steht eine unscheinbare Kapelle, der man nicht ansieht, daß sie bereits 1618 erbaut und ausgemalt wurde, wie die Inschrift unter einem aufgedeckten Fresko berichtet.

Ein Steinkreuz am Weg nach Ludenhausen erinnert daran, daß hier 1714 eine Bäuerin im Schneesturm erfroren ist. Nahegelegene Naturschutzgebiete sind das wildromantische ***„Erlwiesfilz“*** an der Straße Diessen – Rott und die ***„Iriswiesen“*** bei Abtsried.

Diemendorf ○ STA □ 3.4

St. Margaretha. Nur der Satteldachturm an der Nordseite des Chores spätmittelalterlich; Schiff und Chor sind barock, vielleicht von *Joseph Schmuzer,* jedenfalls nicht ohne architektonischen Aufwand: Die Ecken des Schiffs sind außen wie innen gerundet; der Chor schließt rund. Die Wände werden im Inneren durch Kolosslapilaster gegliedert. Die gleiche Ordnung war einst – in Weiß, schwarz konturiert auf gelbem Putz – außen aufgemalt, wovon noch Spuren sichtbar sind. In ihrer Art gehört diese Kirche zur Gruppe der Kirchen von →Haunshofen und →Bauerbach. 1970 aufgefrischt.
Im muldengewölbten ***Deckenspiegel*** Darstellung des Martyriums der Titelheiligen, signiert: *P. Wanner.* Die jüngste Wiederherstellung hat das Fresko in seiner künstlerischen Handschrift verändert. An der Decke des Chors: Verherrlichung der Hl. Margaretha. – ***Hochaltar*** um 1700 mit Darstellung der Titelheiligen, flankiert von den Figuren der Hl. Sebastian und Jakobus. Auf den ***Seitenaltären*** links Maria, rechts die im Barock allerdings seltene Darstellung der Versuchung des Hl. Antonius. – An der Nordwand bäuerliches Bild der Vierzehn Nothelfer. – Die Kanzel um 1780. Westempore mit neugotischer Orgel. – Schönes Prozessionskreuz mit blumengemaltem Schaft.

Das ***Dorf*** liegt in der Senke zwischen der Drumlinlandschaft und dem Gebiet der Endmoränen, das nach Norden beträchtlich ansteigt. Diese Senke wird auch von der Eisenbahn ausgenutzt; sie ist vielfach moosig, weshalb der Bahnkörper stark aufgeschüttet werden mußte. In der Dorfmitte noch die gußeisernen weißblau bemalten Ortsschilder mit allen amtlichen Hinweisen, etwa von 1880.

Dießen ○ LL □ 3.2

Der Ort wird 1039 urkundlich erstmals als „Diezen“ faßbar; der Name bedeutet im übertragenen Sinn „Lage am Wasserfall“ (von mhd. dieze = Getöse) und bezog sich ursprünglich auf einen Gutshof der Grafen von Dießen, dessen Vorläufer auf einen fränkischen Königshof zurückgeht und vielleicht schon zur Römerzeit bestanden hat.

Der Ammersee, von Süden her gesehen.

Links unten Diessen

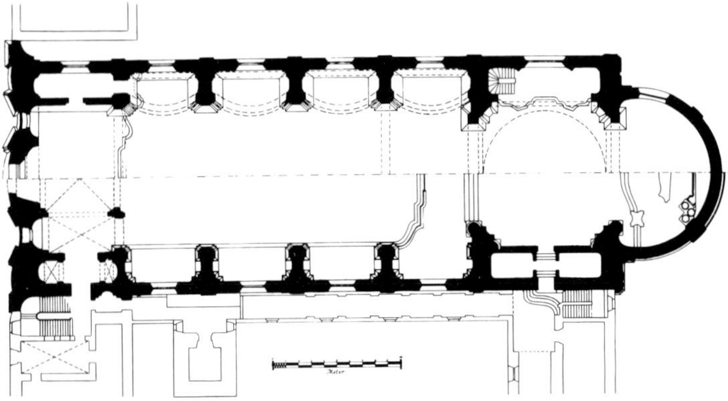

Diessen, ehem. Klosterkirche

1132 gründeten die Grafen Otto und Berchtold von Dießen-Andechs ein Augustinerchorherrenstift in der Nachfolge einer, nach der Legende zu Anfang des 9. Jh. erfolgten Klostergründung durch den hl. Rasso in St. Georgen. Die 1158 erfolgte Schenkung des Dießener Fronhofs an das neu entstandene Kloster durch Graf Heinrich von Wolfratshausen mag die eigentliche Ortsgründung ausgelöst haben, die jedoch erst 1231 ,,civitas" genannt wird: Der Ort hatte damals Stadtrecht, fiel aber im Jahr 1248 – mit dem Aussterben der Andechser Grafen – auf die Stufe eines Marktes zurück. Durch die Verleihung aller Gerichtsrechte durch Kaiser Ludwig den Bayern wurde Dießen wieder zum ,,Bannmarkt" aufgewertet. Bis 1803 bestand daneben eine eigene Klosterhofmark Dießen-St. Georgen unter genau festgelegter sachlicher und räumlicher Abgrenzung.

Neben der Fischersiedlung in Seenähe entwickelte sich entlang der nordsüdlich verlaufenden Altstraße und in westlicher Richtung zum Klosterbezirk hinauf ein aufstrebender Handwerkerort mit zahlreichen Brauereien, mit Kunstschreinern und Bauhandwerkern, Eisen- und Kugelschmieden; dazu kamen im 17. Jh. viele Töpferwerkstätten und im späten 18. Jh. auch die Zinngießerei, die den Markt heute noch berühmt machen.

Klosterkirche St. Georg. Ein erster Kirchenbau entstand um 1110 unter Graf Berthold (Weihe 1182), der zweite – im Anschluß an die Zerstörung des Vorgängerbaus durch die Truppen des Erzherzogs Leopold von Österreich – bis 1350 fertiggestellt. 1464 Turmneubau, 1681–88 Neubau des Klosters und Turmerhöhung durch den Vorarlberger Baumeister *Michael Thumb.*

Der im Jahr 1720 unter Propst Ivo Bader begonnene Neubau der Klosterkirche geriet kurz danach ins Stocken, wurde jedoch 1733 unter dem baufreudigen Propst Herkulan Karg fortgeführt und 1739 vollendet. Der über 70 Meter lange Wandpfeilerbau ist eines der Hauptwerke *Johann Michael Fischers* (1692–1766); die ,,in Schwingung versetzte" Westfassade (Höhe 34 Meter) mit Pilastergliederung, vorgesetztem Dreiecksgiebel in Höhe des Hauptgesimses und ihrem den Dachansatz überragenden Schweifgiebel gilt sogar als die bedeutendste des großen Baumeisters. Über dem Portal Marmorbüste der hl. Maria, unter dem Hauptfenster das Klosterwappen, im Giebelfeld mächtige Rundbogennische mit einer aus Kupfer getriebenen Statue des hl. Augustinus. – Der Raumeindruck ist durch eine feine Beweglichkeit aufgelockert und in Richtung auf den Choraltar kulissenartig verstärkt. Langhaus zu fünf

Diessen, ehem. Klosterkirche

Jochen (einschließlich der Vorhalle unter der Orgelempore), Gliederung durch wenig tiefe, pilasterbesetzte Wandpfeiler, so daß die Altäre der Seitenkapellen im Blickfeld bleiben. Zwischen den Wandpfeilern Quertonnen mit in den Hauptraum einschwingenden Gurtbögen, das östliche Langhausjoch als ,,verstümmeltes Querhaus" durch Gurtbögen abgesetzt. Das überkuppelte Chorquadrat mit seitlichen Anräumen ist an den vier Ecken durch Dreiviertelsäulen betont, den Altarraum bildet eine hufeisenförmige Apsis.

Die ***Ausstattung*** – die bedeutendste in den oberbayerischen Abteikirchen des 18. Jh. – wurde von erstrangigen Künstlern geschaffen: Deckenbilder von *Johann Georg Bergmüller:* im Altarraum Mariae Himmelfahrt; in der Chorkuppel die 28 Heiligen und Seligen aus dem Geschlecht Dießen-Andechs; im östlichen Joch des Langhauses die legendäre Gründung des Stiftes St. Georg (815); über der Westempore die Auffindung der Gebeine des hl. Rathard. Das riesenhafte, drei Joche überspannende Hauptfresko zeigt (gegen Osten) die eigentliche Klostergründung im Jahr 1132, während rückwärts die Aufnahme der

Diessen, ehem. Klosterkirche. Gloriaengel

hl. Mechtildis in das benachbarte Frauenkloster St. Stephan dargestellt ist. Zwischen den beiden Szenen die Hl. Georg, Stephanus und Augustinus als Schutzherren der drei Dießener Klöster, darüber die hl. Maria als Patronin der Kirche. – Die qualitätvollen, doch maßvoll gesetzten Stuckaturen von *Franz Xaver Feichtmayer* und *Johann Georg Übelhör.*
Prunkvoller ***Hochaltar*** (1738) nach Entwurf von *Francois Cuvilliés,* das Altarblatt (8 Meter hoch und versenkbar) Mariae Himmelfahrt von *Balthasar Augustin Albrecht.* Die Kolossalstatuen der Vier Kirchenväter werden *Joachim Dietrich* zugeschrieben; im Auszug Schnitzgruppe der Hl. Dreifaltigkeit.
Die acht paarweise angeordneten ***Seitenaltäre*** enthalten Ölbilder von Malern europäischen Ranges; von West nach Ost (nördlich und südlich): 1. Erzengel Michael, von *Johann Evangelist Holzer;* 2. Tod des hl. Joseph, von *Balthasar Augustin Albrecht.* – 3. Steinigung des hl. Stephanus, von *Giovanni Battista Pittoni;* 4. Tod des hl. Sebastian, von *Giovanni Battista Tiepolo.* – 5. Buße der hl. Magdalena, von *Andreas Wolf;* 6. Verzückung des hl. Augustinus, von *Johann Georg Bergmüller.* – 7. Rosenkranzverleihung an die Hl. Dominikus und Katharina v. Siena, von *Franz Georg Hermann;* 8. Christus am Kreuz, von *Georges Desmarées.*
Die beiden Seitenaltäre in der Vorhalle enthalten Schnitzwerke von *Franz Xaver Schmädl:* links hl. Johann Nepomuk, rechts Christus an der Geißelsäule. Hervorragender ***Kanzelaufbau*** von *Johann Baptist Straub* mit Reliefs „Predigt und Bekehrung"; auf dem Schalldeckel „Verzückung": alle Darstellungen auf den hl. Paulus bezogen. – Eine geschmackvolle Arbeit in Schmiedeeisen ist das ***Gitter*** unter der Empore von dem Münchner Schlosser *Marx Kriner,* 1739.
Zu den bedeutendsten Relikten aus der früheren Kirche gehören die Figuren des hl. Petrus in der Sakristei (spätgotisch, von *Erasmus Grasser*), der Hl. Augustinus und Monika auf den vorderen Emporen (Anfg. 17. Jh., wohl von *Bartholomäus Steinle*) und der Muttergottes (Art *Johann Deglers,* 1. Viertel 17. Jh.). Dazu kommen drei spätgotische Grabdenkmäler (Stiftergrab 1518, Hochgrab der sel. Mechtildis um 1500 und Epitaph des Stephan von Schmiechen 1495).
Turm südlich der Kirche 1846; südlich an die Sakristei anschließend der Pfarrhof im ehemaligen Ostflügel des Klosters (um 1685); der West- und Südflügel 1934.

Friedhofskirche St. Johannes am Südrand des Marktes, 1777 unter Verwendung älterer Mauerteile (Vorgängerbau 1583) und des spätbarocken Turmes von *Franz Anton Kirchgrabner* erbaut. Bemerkenswerter frühklassizistischer Saalraum ohne Fresken, Dekoration und Altäre von *Thomas Schaidhauf,* um 1780.

Rathgeberkapelle Mitte 19. Jh. – ***Josephskapelle*** am Nordende des Marktes, 1694 als hübscher achtseitiger Zentralbau

Diessen, ehem. Klosterkirche

St. Georgen, Pfarrkirche

errichtet (der Vierzehn-Nothelfer-Altar in Weilheimer Frühbarock z. Zt. entfernt).

Zu den wichtigsten ***Profanbauten*** des Ortes zählen der ***Taubenturm*** aus dem 17. und späten 18. Jh. (Torturm im ehemaligen Nordflügel der klösterlichen Wirtschaftsgebäude), das 1704 erbaute ***Rathaus*** (erst 1786 durch Umbau dem heutigen Zweck zugeführt), das ***Seerichterhaus*** von 1735 mit schönen Stuck- und Kassettendecken, das ***Forstamt*** am Ostende des Ortsteiles „Hofmark" aus dem 18. Jh., ein Gerberhaus von 1720 in der Mühlstraße und einige stattliche Gasthöfe und Bürgerhäuser des 18. und 19. Jh.

St. Georgen westlich Diessen

Wahrscheinlich an der Stelle des → Dießener Ursprungsklosters entstand gegen 1500 ein stattlicher Neubau der ehemaligen **Pfarrkirche St. Georg.** Kraftvolle Außengliederung durch gestufte Strebe-

St. Georgen, Pfarrkirche

pfeiler und umlaufenden Maßwerkfries, der Innenraum und die Fenster in der Rokokozeit (1750 und 1765/68) umgestaltet. Deckenbilder von *Joseph Zitter* (Stiftung des Klosters St. Georgen und der Kirchenpatron als Fürbitter der Bedrängten), Stuck von *Franz Xaver Feichtmayer.*
Elegante Altaraufbauten und Kanzel aus Stuckmarmor, der Hochaltar von *Thomas Schaidhauf* (1766) mit gutem Ölbild des hl. Georg von *Matthäus Günther;* Seitenaltäre und Kanzel von *Thassilo Zöpf* (1765), die Seitenaltarbilder von *Joseph Mages* aus Augsburg (hl. Sebastian) und *Johann Bader* aus Lechmühlen (Geburt Christi). Die bedeutendste Plastik der Kirche ist eine spätgotische hl. Mechtildis (Nachbildung in der Mechtildiskapelle am Nordhang des Burgberges).

Außen neben dem Kirchenportal eines der wenigen ***Beinhäuser*** des Ammerseegebietes. Unter den zahlreichen alten Grabsteinen und Epitaphien ist die in vornehmem Klassizismus gehaltene Grabstätte der Kaufmannsfamilien Baab und Schorn bemerkenswert.

Am Ostrand des Ortes die 1748 aus einem älteren Bau erweiterte ***Kreuzkapelle.*** Sie enthält u.a. eine bedeutende Kreuzigungsgruppe mit spätgotischem Kruzifix zwischen den Assistenzfiguren Maria, Johannes und Magdalena von *Franz Xaver Schmädl* und dient seit 1959 als Kriegergedächtniskapelle.

Wengen, 2 km sw Diessen

Im Ortsteil Wengen steht am Westrand des Dorfangers eine 1723 erbaute ***Leonhardskapelle*** (Umritt am Leonhardstag), die aus einem Gelöbnis der Einwohnerschaft anläßlich einer Viehseuche entstand. Der aus Stuckgips gefertigte Rokokoaltar mit den Figuren der Hl. Radhard und Mechtildis stammt aus der Prälatur des Klosters Diessen.

Bischofsried, 3 km w Diessen an der Straße nach Rott.
Ostwärts des Weilers die ***Kapelle Maria Schnee,*** ein origineller achteckiger Zentralbau mit angesetztem Turm; nach zwei langen Bauinschriften (außen und innen am Turm) von dem Bauern Matthias Salcher um 1665 errichtet. Leider ist die z. T. wertvolle Ausstattung vor einigen Jahren gestohlen bzw. zerstört worden.

Dorfen

bei Wolfratshausen ○ TÖL □ 4.1

Kath. Kirche St. Johannes Baptista, auf der Höhe des Endmoränenzuges wie viele der Kirchen auf diesem Isarufer. Das Kirchlein mit Dachreiter auf dem Westgiebel zeigt im Inneren einen unerwarteten Aufwand. Die Wände des Schiffs sind von Pilastern gegliedert, die Ecken ausgerundet. Der leicht eingezogene Chor wird in seinem Vorjoch von einer Ovalkuppel überwölbt. Die sehr kräftigen Profile der Architekturglieder bestimmen den Eindruck. Sie sind heute überweisselt, waren jedoch einst farbig abgesetzt, wie noch am rechten Chorbogenpfeiler sichtbar. Eine gewisse Verwandtschaft zur Pfarrkirche von → Hohenschäftlarn läßt ± 1730 als Entstehungszeit annehmen.
Deckengemälde nicht erhalten, wenn auch sicherlich einst vorhanden. ***Hochaltar*** mit Altarblatt: Taufe Christi, Mitte 18. Jh., flankiert von den Figuren zweier römischer Märtyrer (vielleicht St. Joh. Ev. und St. Paul). Neben dem modernen Tabernakel zwei gute Figürchen in alter Silberfassung: Maria und St. Joseph, Anfang 18. Jh. – Die ***Seitenaltäre*** mit Ausnahme der Aufsätze und Putten neu. – Kanzel Ende 17. Jh., aber mit späterer Bandelwerkbemalung. – Unter der Westempore eine alte Predella, ± 1700: Enthauptung St. Johannis im Gefängnis. – Hübsche Leuchterengel. – Auf der Westempore zwei Bilder in alten Rahmen: Gnadenbild nach *Lukas Cranach* und ein Mönchsheiliger. – Das Gestühl alt, sehr schlicht, mit Brandspuren auf der Nordseite.

Auf dem ***Kirchhof*** Grab von Konrad Pressel aus Schlehdorf († 1929), dem Erbauer des Simplontunnels.

Hübsches und recht gut erhaltenes ***Ortsbild.*** Kurz vor der Schule hat ein Gipsgießer gewohnt; seine Abgüsse nach Antiken allenthalben am Haus.

Drössling ○ STA □ 3.2

Kath. Kirche Mariä Himmelfahrt, eindrucksvoll am Hang einer Moräne, unter den Kirchen des Törring-Seefeldischen Gebietes eine der vorzüglichsten. Ihre Erscheinung, mit dem schönen Turm an der Nordseite und den besonders von Osten her steilen Proportionen des Chores, verdankt diese Kirche einem eingreifenden Umbau durch *Martin Gunezrhainer* von 1687. Dabei wurde der niedrige Chor erhöht, das Schiff ganz neu errichtet. Der Turm stammt von Baumeister *Philipp Zwerger,* 1700; als Stuckator wird *Michael Natter* aus Diessen genannt, *Balthasar Zwinck* als Kistler, *Heinrich Hagn* aus Weilheim als Bildhauer: alles Künstler ± 1700. In dieser für Bayern „auf dem Land" glanzlosen Zeit zeigt die Pfarrkirche von Drössling doch schon einen künstlerischen Rang, der über das übliche hinausgeht.
Bei der Kirche bestand eine stark besuchte Wallfahrt; nicht zuletzt deswegen ist sie auch weiterhin verändert worden: Mitte des 18. Jh. (Verkauf des älteren Hochaltars nach → Hochstadt), 1894 durch eine vollständige Ausmalung nach Entwurf von

Drössling, Pfarrkirche

Ludwig von Löffz, zuletzt in jüngster Zeit, wobei der barocke Zustand wiederhergestellt worden ist. – Das ***Innere*** des Schiffs breiträumig und weit, die Wände durch Pilaster gegliedert. Die einfache Tonnenwölbung auf Stichkappen zeigt, wie die des Chores, die Stuckverzierung aus dem Ende des 17. Jh., im Chor stark plastisch: Engelsköpfe, Fruchtgehänge, ganze Obststilleben; im 18. Jh. leicht übergangen. – Der Chor hat dreiseitigen Schluß, der von dem älteren Bau übernommen wurde, dessen einstige Höhe noch gut an den bemalten Schildbogenflächen über der nördlichen Sakristeitür und hinter dem Hochaltar abgelesen werden kann. Über der nördlichen Tür die Jahreszahl des Umbaus, 1688. Gegenüber die einer Erneuerung, 1860. Aufwendige, hölzerne ***Westempore;*** an der Brüstung die Figuren der Apostel und Christi, vorzügliche und typische Werke von *Heinrich Hagn,* 1689.

Hochaltar in offener Säulenstellung, Mitte des 18. Jhs., mit der Figur einer sitzenden Muttergottes, einem hervorragenden Werk von 1480, wohl augsburgisch. Links und rechts die Figuren von St. Johannes Ev. und einem anderen Heiligen, beide von geringerer Qualität. Vorzügliches Tabernakel mit Pelikan; es könnte das urkundlich erwähnte von *Hörmann,* 1829, sein. Barocke Altarmobilien werden bis in die jüngste Zeit durchaus täuschend hergestellt (→Weßling). – Die ***Seitenaltäre*** ± 1700 mit späteren, ganz vorzüglichen Büsten. – An der Südwand ein hervorragendes Kruzifix, wohl von *Lorenz Luidl,* Landsberg, ± 1720, Kanzel ± 1750, der von Oberalting

Drössling, Pfarrkirche. Empore

sehr verwandt. Wie dort dürften auch hier die Beichtstühle von *Joh. Georg Leuthner* aus Drössling stammen. Das Bild im Dekkenspiegel des Chores ist modern (von *Martha Heise,* bis 1962 in Greifenberg/Ammersee), zu branstig in seinen Farben.

Ebenhausen ○ M (Land) □ 4.1

Weitläufig über die Hänge der steilen Endmoräne verstreute Ortschaft. Das bedeutende Alpenpanorama hat schon im 19. Jh. manchen veranlaßt, sich hier anzubauen, und so gibt es hier noch allenthalben merkwürdige, poetische Villen, z. T. mit großen Belvedere (z. B. am sog. Fischerschlößl, gar nicht zu übersehen!): das Bild einer großbürgerlichen Villeggiatur aus der Zeit Ludwigs II. und des Prinzregenten. Der alte Ortskern an der Straße nach Wolfratshausen, um das hübsche Gasthaus zur Post, fällt demgegenüber wenig ins Gewicht. – In Zell-Ebenhausen ist seit 1916 der Verlag Langewiesche-Brandt niedergelassen, dessen ,,Bücher der Rose'' jedem Bibliophilen zum Begriff geworden sind. In der Lechnerstraße, benannt nach dem Erbauer der Isartalbahn, wohnte Ulrich von Hassel, ehem. Deutscher Botschafter in Rom, hingerichtet im Zusammenhang mit dem 20. Juli 1944.

Ev. Heilandskirche, am Wege hinaus nach Zell, 1929–30 von *R. Wenz,* dem Mann der hier einst ansässigen Kinderbuchillustratorin Else Wenz-Viëtor erbaut. Die vorzügliche, schlichte Saalkirche zeigt mit ihrer gut erhaltenen Ausstattung in ganz reiner Form eine Stilrichtung der 20er Jahre, die erst jetzt als eigen und besonders hervorzutreten beginnt. Bauten dieser Art heute schon selten.

Kath. Pfarrkirche St. Benedikt, 1961–65 von *Hans Heps.* Glasmalerei und Altar-

Zell-Ebenhausen, St. Michael

wand von *Franz Nagel,* Bildhauerarbeiten von *Christine Stadler.*

Ev. Sanatorium in E.-Zell, aus einem Jagdschlößchen der Lola Montez hervorgegangen. Reste davon noch im Hofe sichtbar.

Am Fußweg nach Baierbrunn, kurz vor Austritt aus dem Wald im Hohenschäftlarner Feld ***Gräber*** aus dem 2. Koalitionskrieg 1796–98. Im Kloster unten befand sich damals ein österreichisches Lazarett.

Zell-Ebenhausen
○ M (Land) □ 4.1

Kath. Kirche St. Michael, mit sehr starken Mauern, Turm auf dem Westgiebel aufsitzend. Der Chor schließt flach, daran anschließend nach Osten die Sakristei aus dem 18. Jh. Schiff und Chor reichen bis in das ausgehende 15. bzw. 13. Jh. zurück. Damit ist diese Kirche im weiteren Gebiet wohl die älteste erhaltene, vielleicht – wie der Name des Ortes andeutet – als Zelle von Schäftlarn aus gegründet.
Das einfache, flach gedeckte Schiff besitzt barocke Fensteröffnungen. Der mächtige, leicht aus dem Lot gehende Chorbogen verrät die Mauerstärke. Der ***Altarraum*** ist kreuzgratgewölbt. Dieser schwergliedrige Bau überrascht neben seiner bäuerlichen Ausstattung noch durch eine weitere Besonderheit: der Altarraum ist ausgemalt. Im Kreuzgratgewölbe die Evangelisten-Symbole, an der Südwand Fragmente einer Heiligenlegende, an der Nordwand die technisch interessanten Rötelvorzeichnungen eines Freskos, dessen Inhalt sich nicht mehr feststellen läßt. An der Stirn des Chorbogens ein Engelchor in hübscher Architektur. Mit Ausnahme der Rötelzeichnungen stammen die Malereien aus dem 15. Jh. Das Mauerwerk selbst ist aber älter, wie diese Vorzeichnungen, ferner die Dar-

stellungen von Kain und Abel in der Laibung des Chorbogens beweisen; beide in ihrer Haltung fast noch romanisch, jedenfalls nicht nach 1300.
Die grüngrau gefaßten, barocken ***Mobilien*** passen vorzüglich zum Ganzen. ***Hochaltar*** mit Michaelsfigur, vielleicht aus Wolfratshausen, 17. Jh. Die ***Seitenaltäre*** sind den Erzengeln geweiht; sie entbehren heute ihre Architekturen und besitzen nur noch die Staffeln und Altarblätter, links Engelsturz, rechts Tobias, beide Ende 18. Jh. – Vorzügliche Figur des Hl. Johann Nepomuk an der Nordwand, 18. Jh. – Am einfach gerahmten ***Deckenspiegel*** die Darstellung der Himmelfahrt Mariä, modern. – In den Fenstern der Sakristei noch die alten, hölzernen Fenstergewände.
Kirchhof mit merkwürdig bombastischen Denkmälern, eine Musterkarte aller Formen aus der Zeit, da sich die Städter hier anbauten. – Gut erhaltenes ***Dorfbild,*** freilich die meisten Höfe bereits ihrem Zwecke entfremdet.

Entraching ○ LL □ 3.1

Kleines Haufendorf mit noch rein ländlichem Charakter am Osthang des Windachtales.
Am westlichen Ortsrand die **Pfarrkirche St. Jakobus,** einstmals Eigentum des Klosters Benediktbeuern, ein im Kern spätgotischer Bau, der 1721 (Dachstuhl und Fenster) und 1730 (Turmneubau) barocksiert wurde.
Hochaltar um 1680 mit einem Bild von *Simon Mayr* aus Landsberg, 1753; sehr guter Kruzifix und Schmerzhafte Muttergottes von *Johann Luidl,* um 1730. Die modernen Deckengemälde aus dem Jahr 1965 sind das letzte Werk des bekannten Partenkirchner Malers *Bickl.* Im Vorzeichen der älteste Grabstein aus dem Jahr 1580 für den Pfarrer Johann Drechsel.
Von 1783 bis 1805 wirkte hier der Pfarrer Franz Xaver Geiger aus Murnau, der eine ausgezeichnete Schilderung der damaligen lokalen Verhältnisse verfaßte und den Dorfbewohnern in Obstbaumzucht und Feldbau große Fortschritte vermittelte. Für den Geist der Aufklärungszeit spricht, daß unter ihm 1801 die nächtlichen Gottesdienste zu Weihnachten, 1802 die Hl.-Grab-Beleuchtung und 1803 das Tragen von Kutten und Stäben der Bruderschaftsmitglieder abgeschafft wurden.

Am Haus ***Laichstr. 6*** hat man vor einigen Jahren die ältesten datierten ***Fassadenmalereien*** Südwestoberbayerns aus dem Jahr 1690 freigelegt und restauriert.

Drei Kilometer südostwärts, an der Straße nach Dießen, stand einsam im Wald die uralte ***Taufkirche*** „St. Johann auf der Bergerin" mit angebauter Klausnerwohnung, an die ein moderner Brunnen mit Inschrift erinnert; der Platz ist heute völlig von Fichten überwachsen.
In der Nähe der gleichen Straße, östlich vom Fuchshof, liegt eine wegen ihres fünfseitigen Grundrisses interessante spätkeltische **Viereckschanze.**

Erling ○ STA □ 3.2

Kath. Kirche St. Veit, ein schöner, stämmiger Bau mit barocken Fenstern und eingezogenem, dreiseitig geschlossenem Chor; insgesamt von Strebepfeilern eingefaßt, was auf mittelalterlich-ursprüngliche Wölbung schließen läßt. Die Substanz spätmittelalterlich. Sehr schön der kräftige Turm auf der Nordseite mit den frühbarokken Dekorationsformen, ± 1635 (1633 Einsturz des oberen Teils).
Das ***Innere*** heute weitgehend modernisiert. Die Wände waren durch Pilaster gegliedert, im Schiff heute verstümmelt. Die Kreuzgratgewölbe zeigen längs der Grate guten Modelstuck, auch in den Fensterlaibungen, alles von der barocken Erneuerung 1681. Im Übrigen steht die moderne Ausstattung in einem beklemmenden Gegensatz zu einigen alten Stücken. Im Chor ein Kruzifix, flankiert von den Figuren des Hl. Modestus und Crescentia, der Legende nach die Erzieher des Hl. Veit, heute frei aufgestellt und damit des architektonischen Rückhalts entbehrend. Die Figuren stammen von *F. X. Schmädl,* Mitte 18. Jh.;

sie bilden den Rest eines Hochaltars, dessen Architektur 1860 an die Pfarrkirche von →Pähl abgegeben worden ist, wo sie sich noch heute befindet. Die sitzende ***Muttergottes*** in der Mitte ein vorzügliches, wohl augsburgisches Werk von 1440. Es soll aus der 1821 abgerissenen Martinskirche stammen.
Am Chorbogen rechts Muttergottes, links Auferstandener, beide Figuren um 1520, die ***Muttergottes*** ein vorzügliches Werk aus dem Umkreis des *Meisters von Rabenden.* Alter Opferstock mit barockem Schild, darauf der Titelheilige St. Veit. Westempore, Kreuzwegstationen, Kirchenbänke neu und über die Maßen häßlich.

Östlich vor dem Ort der ***Kalvarienberg*** mit Friedhof, auf dem auch die Grabstätten der Andechser Klosterbrüder; um 1890 angelegt, mit kleiner Kapelle.

Das im übrigen wohlerhaltene ***Dorf*** zeigt, daß Erling einst den großen Pilgerstrom zum Kloster Andechs herbergen mußte.

Am südwestlichen Abhang des nahen Glas- (oder Klas-)berges Reste einer ***römischen Villa*** aufgedeckt; römische Reste im Museum von Kloster Andechs (z. Zt. unzugänglich).

Kloster Andechs → Andechs

Ettenhofen ○ STA □ 3.2

1 km s. Wessling

Ehem. ***Schwaige,*** heute Vorwerk des Gutes → Delling. Die große ***Eichenallee*** von Seefeld führt hierher und endet in der Richtung auf Weßling. Eine Wallfahrtskirche, Stiftung der Gräfin Adelheid Felicitas von Törring-Seefeld, blieb unvollendet, die Steine 1774 zum Kirchenbau in → Delling verwendet. Das heute bestehende Wirtschaftsgebäude stattlich, 18. Jh.

Eurasburg ○ TÖL □ 4.3

Die neubarocke, große **Kirche** von *Karl Bauer,* dem Münsterbaumeister von Ulm, 1909. Sie ist eine Stiftung der Gräfin Maria Tattenbach zum Andenken an ihren Vater, Kommerzienrat Käss aus Augsburg. Käss war einer der Mitbegründer der Isartalbahn. (Karl Bauer hat u. a. – in jenem beliebten, behäbigen Neubarock – auch das Schloß von Weidenkam und die Schule von Holzhausen erbaut.) – Im Inneren der Kirche Darstellung einer Verlobung der Hl. Katharina, von *Christoph Schwarz,* ± 1600. Das Bild stammt aus der alten Schloßkapelle, die St. Katharina geweiht war. Die barokken Kreuzwegbilder sind sicherlich die, um die sich der ehem. Hofmarksherr Baron Schrenk bis an sein Ende (1772) mit den Mönchen von → Beuerberg gestritten hat.

Schloß Eurasburg. Die Herren von Iring (Iring-Euras) waren im 12. Jh. Stifter des Klosters Beuerberg; sie reichen also in die große, fast sagenhafte Zeit der Andechs-Meranier zurück, mit denen sie vielleicht verwandt gewesen sind. Anfang 14. Jh. kam das Schloß an das Geschlecht der Thor oder Thorer, die sich in diesem Gebiet als Stifter einen Namen gemacht haben (→ Mörlbach), auch als Patrizier in München vorkommen. – 1626 wird das heutige Schloß durch Herzog Albrecht VI., vielleicht nach Plänen von *Peter Candid,* erbaut. Die schönen Giebel (Zwerchhäuser) wurden 1866 abgerissen. – Im Inneren befand sich ein Saal mit der Darstellung der Taten Samsons, der sieben Freien Künste etc., typisch frühbarocken Programmen, deren Verlust sehr zu bedauern ist. Die Ausstattung der ehem. Schloßkapelle St. Katharina in die → neue Kirche überführt.
Das Schloß ist 1976 bis auf die Außenmauern abgebrannt.

Im Dorfe eine ***Pestsäule,*** um 1635.

Farchach, Kapelle. Bischofsfigur

Farchach ○ STA □ 4.1

Kapelle St. Martin und St. Nikolaus. Barocker Bau mit westlich vorgestelltem Türmchen, dessen eleganter Helm die Nachbarschaft der Aufkirchner Pfarrkirche verrät; das Ganze wohl Anfang des 18. Jh. errichtet (1719 werden Altäre geweiht). Ein Chronostichon an der Empore nannte angeblich einst das Jahr 1795, das sich aber nicht auf die Bauzeit beziehen dürfte. 1972 vollständig restauriert.

Das Innere zeigt außer einer kräftigen, umlaufenden Hohlkehle, über der die Decke ansetzt, keine Besonderheiten. Das Merkwürdige besteht hier eher in dem einzigartigen Mißverhältnis zwischen den überlebensgroßen Figuren der Seitenaltäre und der an sich schmächtigen Bausubstanz, die, neben einer Fülle von frommem Kleinzeug, auch noch andere Schätze birgt.

Hochaltar ± 1700. Im Schrein die recht guten Figuren von St. Martin und St. Nikolaus, beide ± 1520 (Martin hier mit Gans, nicht häufig). Auf den Auslegern die ritterlichen Figuren von St. Johannes Ev. und St. Paul, ± 1700, ländlich, Fassung nicht alt. – Die ***Seitenaltäre*** vor den abgeschrägten Ecken des Schiffs bestehen aus riesigen Figuren vor Leinwandprospekten: links Kruzifix, rechts Pietà. Davor Ostensorien in bunten Rokokorahmen. Die Figuren nicht unbedeutend, ± 1700. – An der Nord- und Südwand die Figuren der Hl. Barbara und Katharina, sehr gute Arbeiten um 1620, vielleicht vom alten Hochaltar in → Aufkirchen, den Aposteln dort nahestehend.

An der Südwand des Chores großes ***Votivbild,*** gestiftet von fünf geistlichen Brüdern namens Adler, 1584. (Ein Balthasar A. war 1590 Pfarrer in Wolfratshausen; die Familie vielleicht ehem. hier ansässig). An der Nordwand die Figur eines ***sitzenden Bischofs,*** dessen erneuerte Fassung wohl auf die ursprüngliche zurückgeht; ein hier ganz seltenes Stück, 14. Jh. Es könnte eine Nikolausfigur sein, was wiederum auf hohes Alter der Kapelle schließen lassen würde (St. Nikolaus als Urpatron von Andechs). – Im Chor noch die Figuren der Hl. Anna und Joseph, beide Weilheim, um 1750.

Zwei ***Tafelbilder,*** um 1480, mit Darstellungen aus der Lukas- und Wolfgangslegende, 1582 aus der Nikolauskirche zu München hierherverbracht.

Unter den zahlreichen Votivgaben einige der seltenen, schmiedeeisernen. Am Eingang Armeseelenbrett wie so häufig in dieser Gegend. – Auf die Schlichtheit dieser Kapelle verweist auch der ringsum aufgehängte Apostelzyklus: eine auf barocke Tafeln aufgeklebte Stichfolge nach *Le Sueur.*

Das kleine ***Dorf*** wohl erhalten; es besitzt

Farchach, Kapelle. Hl. Katharina

noch Höfe aus dem 18. Jh.; an der Starnberger Straße ein Hof mit Stuckzier über den Fenstern.

Feldafing ○ STA □ 4.1

Die weitläufige Anlage des Ortes wird noch immer wesentlich durch die Bebauung aus der zweiten Hälfte des 19. Jhs. bestimmt, die den Begriff einer vornehmen Villeggiatur in sämtlichen Stilarten jener Zeit vorführt. Frühe Formen zeigen z. B. die Häuser am ***Kapellenweg,*** vor allem Nr. 6 (vor 1870). Aus der Zeit um 1880/90 ist die Bahnhofstraße fast vollständig erhalten, wobei hier nicht das einzelne Gebäude, sondern der Gesamteindruck der Straße wesentlich ist. Das ***Hotel „Kaiserin Elisabeth"*** zeigt mit seinem großen Park und seinen schönen Wagenremisen noch heute, wie man damals zu wohnen pflegte, 1875/76 durch *Joh. Biersack* ausgebaut, 1905 vergrößert; seitdem im Besitz der Familie Kraft, in dem sich das Hotel noch heute befindet. – Manche der herrschaftlichen Landsitze sind heute verfallen, z. B.

Feldafing, Bahnhofsgebäude

die sogen. ***Villa Maffei*** (um 1900) an der Seestraße. – An der Thurn- und Taxisstraße mächtige Villen ± 1900. – Höhenbergstraße 35 eine Villa von *R. Riemerschmid,* ± 1910. – In Feldafing verhält es sich ähnlich wie an anderen Plätzen des Seeufers: Die frühen Landsitze stehen durchaus nicht in Orts- oder Bahnhofsnähe, sondern besetzen extreme Positionen. – Der Südrand der Villenkolonie im 3. Reich zu Gunsten einer Parteischule abgerissen; heute Bundeswehr.

Ehem. Kath. Pfarrkirche **St. Peter und Paul** heute profaniert. Ihre Erscheinung stammt von einer Wiederherstellung, 1896/98, wobei dem hier üblichen Typ einer einfachen, spätgotischen Landkirche ein zu schweres romanisches Äußeres gegeben wurde. Der alte Kirchhof damals aufgelassen. In der Kirche die Grablege der Hofmarksherren von Schloß Garatshausen, vor allem der Familie von Weiler. Im Chor ein Elisabethfenster, Stiftung des Kaisers Franz Joseph zum Gedenken an seine Gemahlin, die im nahen →Possenhofen ihren bevorzugten Aufenthalt besaß. Wiederherstellung seit 1976.

Neue Kath. Kirche **Hl. Kreuz,** 1966 von *Georg Barnert,* Augsburg; darin die hübschen Halbfigürchen der 14 Nothelfer, wohl Weilheimer Arbeiten des 17. Jhs.

Ev. Johanniskirche, 1968 von *Theo Steinhauser,* München. –

Sogen. ***Maffei-Kapelle,*** Tutzinger Straße; 1930 anstelle einer 1856 durch J. A. v. Maffei erbauten, bis in das Jahr 1695 zurückgehenden Kapelle; Eigentum der Gemeinde Feldafing. Daneben das Denkmal für die Gefallenen der Gemeinde *(K. Romeis);* häßlich.

Siemens-Bildungszentrum, 1974 von *Knud Friis,* Aarhus.

Kalvarienberg, am Wege nach Wieling. 1890 von Großbürgern und Eingesessenen (Kustermann u. a., die 12. Station von der Kaiserin Elisabeth selber) gestiftet. Farbig gefaßte Tonreliefs hinter Glas in gußeisernen Gehäusen. Am Eingang noch die alte, gedruckte Anweisung, Kindermädchen und deren Zöglinge ansprechend. Der ganze Hügel damals jung bepflanzt, heute im Schatten prächtiger alter Bäume gelegen.

Der **Bahnhof** ein seltenes, fast unverändertes Relikt aus der Erbauungszeit der ganzen Linie, etwa 1865. Am rechten Pavillon noch bis vor kurzem die Inschrift „Königliches Postamt" zu erkennen. Der Eindruck leichter Heiterkeit wird durch die Tatsache wesentlich bestimmt, daß dem Bahnhofsgebäude das Prinzip einer italienischen Villa (Mittelbau, Seitenpavillons) zugrunde gelegen hat. Deutlich z. B. auch noch am alten Bahnhof von Pasing zu erkennen. Das vornehmste Urbild in der Nähe: Schloß Nymphenburg.

An den hier stark bewegten Abhängen zum Starnberger See eine weitläufige, englische ***Parkanlage,*** jetzt als Golfplatz benutzt. 1863 für König Maximilian II. durch den Hofgartendirektor *Karl Effner* nach Plänen des preußischen Gartengestalters *Peter Joseph Lenné* angelegt. Dieses Feldafinger Ufergelände war ein Teil einer umfangreicheren Landschaftsgestaltung, in die auch die sogen. ***Roseninsel*** (ältere Bezeichnung: „Wörth") mit einbezogen werden sollte. Das Kasino auf der Roseninsel 1858 durch den Wiener Architekten *Peter Kreuter* erbaut. Die Gartenanlagen nach den Plänen von Lenné durch Effner. Der Name der Insel durch die 10000 Rosenstöcke bestimmt, die unter Ludwig II. hier angepflanzt waren.

Frieding ○ STA □ 3.2

Frieding war einst mit seinen 45 Höfen unter zehn verschiedene Grundherrschaften aufgeteilt; die Pfarrei gehörte zum Kloster Diessen. – Noch immer ist das Ortsbild hübsch. Im Hause des Oberen Wirts ist 1879 der Schriftsteller Georg Queri zur Welt gekommen, dessen „Bayerischer Watschenbaum" auch heute noch aufgelegt und gelesen wird (bei Piper; Queri liegt in Starnberg begraben).

Kath. Kirche St. Pankratius. Hoch über dem Dorf. Kurzes, breites Schiff, eingezogener Chor mit dreiseitigem Schluß. Der mächtige Turm dürfte noch aus dem 14. Jh. stammen, wie auch die Grundsubstanz der ganzen Kirche spätmittelalterlich ist. Der Aufbau hingegen barock; die Westwand ist einmal ausgewichen und daher abgestützt worden. Überhaupt macht das Ganze einen verkommenen feuchten Eindruck. Die Ausstattung barock und neubarock, schwer voneinander zu unterscheiden. Altarblätter 1870, Spielkartenheilige im spätnazarenischen Stil. Die bedeutenden Figuren der Heiligen Benedikt und Scholastika sollen von Andechs gekommen sein, was angesichts der hier unerwarteten Qualität wahrscheinlich ist. – 1975/76 restauriert und erweitert.

Am Wege nach Landstetten fünf ***Hügelgräber*** am Waldrand.

Frohnloh

2 km n. Unterbrunn ○ STA □ 4.1

Kapelle St. Nikolaus, 1715 geweiht. Der Ort bildete im 17. Jh. unter Hans Georg Weiler von Garatshausen eine eigene Hofmark und kam 1728 an den Hofmarksherren von Planegg: Joh. Jos. Anton Franz von Hörwarth, der auch die Hofmark Krailling innehatte, eine Verbindung, die noch in der heutigen Gemeindezugehörigkeit zum Ausdruck kommt. Ein kleines Schloß, das im 17. Jh. erwähnt wird, ist verschwunden.

Garatshausen ○ STA □ 4.1

Seit 1565 Hofmark.

Das ***Schloß*** mit seinen vier Ecktürmen stammt aus dem 16. Jh. und wurde bis zum 19. Jh. weiter verändert. Augenblickliche (seit 1888) Besitzer sind die Fürsten von Thurn und Taxis; in den früheren Jahrhunderten hat der Besitz häufig gewechselt (Wyler, 1494; Schrenk auf Egmating,

Gauting, Würmsiedlung

1694; La Rosée, 1760; Herzog Max in Bayern, 1834 usw.). – Teile des Schlosses seit 1952 Kreisaltersheim.

Gauting ○ STA □ 4.1

Unter den Orten des Würmtals der älteste. Hier traf eine von Weilheim herkommende Römerstraße auf den Straßenzug Salzburg – Augsburg, der unweit der heutigen Würmbrücke den Fluß überquerte. Er läßt sich auch jetzt noch deutlich verfolgen (Römerstraße in der Villenkolonie samt ihrer Fortsetzung bis Argelsried). ***Spätrömische Bodenfunde,*** darunter ein reich mit Import aus Gallien versehenes Töpfermagazin und die Grundmauern einer Bade-Anlage (in der Nähe des Freibades), wie sie auch in der Nachbarschaft anzutreffen sind (→Erling, →Unterschondorf u. a. m.) beweisen die Wichtigkeit dieses Platzes zu jener Zeit. Funde z. großen Teil in den Prähist. Staatssammlungen, München, z. T. auch im Gautinger Rathaus.

Ein ***bajuwarischer Friedhof*** mit über 120 Bestattungen (6. und 7. Jh.) wurde 1865 am Hang gegenüber der Frauenkirche, dem sog. Pfingstmittwochsbühel, ausgegraben. – Die Nachrichten aus dem 8. Jh. nicht ganz zweifelsfrei. Doch waren die Karolinger hier begütert, wie die Schenkung der Kysila (München Staatsbibliothek Clm 4542 fol. 256 r: Homilien des Hl. Gregor), wahrscheinlich einer fränkischen Prinzessin, an das Kloster Benediktbeuren anzeigt. Daß Karl d. Gr. in der Reismühle bei Gauting geboren sei, ist sagenhafte Tradition. Manche Stelle in der näheren Umgebung erinnert an die Karolinger. Gauting war bis zum Anfang des 19. Jh. ein eigener Gerichtsbezirk („offene Hofmark") und im Wesentlichen den Besitzern des Schlosses Fußberg – der mittelalterliche Bau in Wenings Stichwerk abgebildet – untertan: den bayerischen Herzögen, den Münchner Patrizierfamilien Ligsalz, Pütrich, Dichtl von Tutzing, den Weiler und seit 1622 dem Kloster Andechs. Spuren dieser Herrschaft sind noch in beiden Gautinger Kirchen zu sehen. Einer der

letzten Bewohner des Schlosses war der Freiherr von Hallberg-Broich (1768–1862), ein bekannter Wirrkopf; er begründete die Mooskolonie Hallbergmoos bei Erding, die sich heute durch ihre Ringer einen gewissen Ruf verschafft hat, damals aber kaum lebensfähig gewesen ist.
Das ***Ortsbild*** wird von den beiden großen Durchgangsstraßen ebenso bestimmt wie zerrissen. Städtebauliche Gesichtspunkte treten, bedingt durch das rasche Wachstum der Gemeinde, erst neuerdings ins Spiel. Die landschaftliche Situation inmitten ausgedehnter Staatsforsten ist allerdings so günstig wie seit je.
In Gauting lebten der Maler Paul Hey („Sang und Klang fürs Kinderherz", einer der ältesten Freunde der Käthe Kollwitz), der Kulturphilosoph Adama van Scheltema; der „Dachauer" Maler Leo Putz u. a. m., z. B. Hugo Junkers, der Flugzeugkonstrukteur.

Gauting, Römerfund

Kath. Pfarrkirche St. Benedikt. Neubau von 1934 anstelle eines mittelalterlichen. Nur der alte Turm blieb erhalten, außerdem wurden einige ***Glasbilder*** von der alten Ausstattung übernommen, darunter mehrere mit den Wappen der Hofmarkbesitzer: Ligsalz, Pütrich, Weiler, alle aus der ersten Hälfte des 16. Jh. – Die städtebauliche Situation dieser Hauptpfarrkirche ist heute beklagenswert. Immerhin verweist sie – gegenüber der alten Tafernwirtschaft, dem heutigen Gasthof zur Post und nahe der Würmbrücke – auf das alte, unkenntlich gewordene Ortszentrum.

Kath. Frauenkirche. Auf halber Höhe der Würmtal-Terrasse in der ersten Hälfte des 15. Jh. errichtet und reichlich mit Stiftungen bedacht (1465 Zächerlstiftung, 1600 Dichtl-Stiftung u. a. m.), geringfügig erweitert im 18. Jh., kürzlich vollkommen restauriert. Im Chor die Baumeisterinschrift „Sylvester mawrer zw Holzkirchen" mit Jahreszahl 1489 (→Holzkirchen/FFB). Die fensterlose Westwand zur Straße und der einfache Satteldachturm geben dem Bau seine eindrucksvolle Monumentalität. Das Innere überrascht durch den Reichtum seiner Mobilien.
Flachgedecktes Schiff, netzgewölbter Altarraum mit $^{3}/_{8}$-Schluß. Die modern erneuerte Holzdecke, die wohl dem ursprünglichen, mittelalterlichen Zustand entspricht, muß vor dem 18. Jh. auch in vielen anderen Kirchen dieser Gegend üblich gewesen sein.
Hochaltar: ± 1740 (Wappen der Freiherrn von Pfetten und Arnberg, den Besitzern des nahen Gutes →Königswiesen). In der Mitte das Gnadenbild – eine vorzügliche, thronende Muttergottes, ± 1450, vielleicht augsburgisch – flankiert von den Figuren der Hl. Theresa und Nepomuk. Frei vor dem Altar aufgestellt St. Joseph und Franziskus. – ***Linker Seitenaltar:*** 1743 (Stiftung der Anna Knoller aus Mühltal). In der Mitte die Hl. Anna, flankiert von den beiden Johannes. Im Auszug oben der Hl. Joachim. Auf dem Altartisch die Büste des Hl. Sylvester. Für die Antependien ist als Maler 1723 *Josef Dersch* aus Wolfratshau-

Gauting, Frauenkirche. Rechter Seitenaltar (linkes Bild) und Wandgemälde im Chor

sen überliefert. – ***Rechter Seitenaltar:*** Pendant zu dem vorigen, jedoch von außerordentlichem künstlerischen Rang, wahrscheinlich von *J. B. Straub.* In der Mitte St. Joseph, flankiert von St. Katharina und St. Anna. Im Auszug St. Johann Nepomuk. Vorzügliche Büste des Hl. Judas Thadd. auf dem Altartisch. – Hübsche ***Kanzel*** mit St. Michael als Seelenwäger auf dem Schalldeckel; die Köpfe der Evangelistensymbole am Kanzelkorb, gefaßt 1746 von *Zeisenberger.* – Rosenkranzmadonna im Chorbogen, Ende 17. Jh.
Überwiegt auch der Spätbarock im Gesamteindruck dieser Ausstattung, so darf die kürzlich wiederentdeckte, ältere ***Wandmalerei*** nicht übersehen werden. – Im Altarraum wird das Marienthema, dem die ganze Kirche untersteht, geistreich und schwungvoll abgehandelt. ± 1600, ein gutes Beispiel der Malerei des Münchner Frühbarock, wohl im Zusammenhang mit der Stiftung der Dichtel von Tutzing. Deren Grabmäler stehen rings im Chor hinter dem Hochaltar: teils figürliche, teils dekorative Münchner Arbeiten aus Rotmarmor, um 1600. – An der Nordwand des Schiffs ein monumentales Christopherus-Fresko, um 1430, also aus der Bauzeit der Kirche.
Die Kreuzwegstationen sind neu gerahmt, aber gute Beispiele ihrer Art ± 1780. Über dem Portal innen Tafelbild aus der Mitte des 16. Jhs.: Anbetung der Könige (aus der unteren Pfarrkirche).

Ev. Pfarrkirche 1928 nach Plänen von *Theodor Fischer,* Wandmalerei von *Max Unold.* Die bildhauerischen Arbeiten am

Gauting, Frauenkirche

Portal von *Friedrich Lommel,* 1933. Pfarrhaus 1950.

Villenkolonie westlich der Bahn, eine vorzügliche, städtebauliche Leistung um 1900, mit einigen sehr bemerkenswerten Häusern, z. B. ***Waldpromenade 43*** (1975 leider abgerissen). Jedoch ist nicht die Bedeutung der Häuser im Einzelnen, sondern die Schönheit des gesamten Zuschnitts (z. B. Straßenführung, Grundstücksgröße) bemerkenswert und leider ebenso gefährdet.– Östlich der Bahn, ***Zugspitzstraße 29,*** erbaut von *Ameismeier,* München, 1926: vorzüglich; wohl das schönste Beispiel des Stils ,,Art Deco'' im weiten Umkreis.

Friedhof. Dem Gautinger Waldfriedhof (Planegger Straße) ist seit 1945 ein jüdischer Friedhof angegliedert. Es liegen dort meist späte Opfer der Judenverfolgung, Verstorbene aus dem ehem. Lazarett, dem heutigen Zentralkrankenhaus: rund 150 Grabstätten in steinerner, blumenloser Einsamkeit.

Bahnhof. Die Bahnhöfe der Strecke München-Tutzing, die 1854 bis Starnberg eröffnet wurde, besitzen z. T. noch ihr ursprüngliches, sehr reizvolles Aussehen aus der Zeit um 1870/80. Die graziöse Bedachung der Gautinger Bahnsteige 1971 leider abgerissen.

Rathaus, 1973–75 von der Architekten-Arbeitsgemeinschaft *Goebl, Grass, Rosner* und *Scholz,* Oberbiberg. – Bei den Ausschachtungsarbeiten wurde der oben erwähnte Friedhof des 6./7. Jh. erneut angeschnitten.

Würmsiedlung, 1971 von *Helmuth Schöner-Fedrigotti* auf dem Gelände der ehem. Papierfabrik; geschlossener, verkehrsfreier Bezirk, wirkungsvoll am Würm-Ufer gelegen.

Im ***Forst Kasten,*** kurz vor dem Münchner Berg, sind einige ***Hochäcker*** wohlerhalten.

Gräfelfing, Bahnhofstraße 85–91

Gauting-Königswiesen → Königswiesen

Geisenbrunn 1 km ö Argelsried
○ STA □ 2.1

Kapelle St. Mariä Heimsuchung, 1856 errichtet; ein feiner, neugotischer Bau.

Das Dorf im Übergang zur Stadtrandsiedlung. Einige schöne Höfe, z. B. Griesbergstraße 2 mit altem Taubenschlag. Der ***Linden-Wirt,*** Hauptstraße 7, heute verkommen, mit jahrhunderte-alter ***Linde*** im Garten (8 m Umfang).

Gräfelfing ○ M (Land) □ 2.3

Unter den Villenvororten des Würmtals zählt Gräfelfing zu den schönsten; der Straßengrundriß ist sorgfältig angelegt, die Häuser – wenn auch nicht einzeln erwähnenswert – insgesamt eine Musterkarte des Landhauses, die sämtliche Modelle von 1900 bis zum heutigen Tag enthält. – ***Bahnhofstraße 85–91*** bietet die geglückteste Lösung der geschlossenen Bauweise um 1900, von der die modernen Fortsetzungen auf derselben Straße trübselig abstechen.

Ehem. Pfarrkirche St. Stephan, dicht am Flusse, wie fast alle Kirchen des Würmtals. Die Gräfelfinger Kirche war zugleich Pfarre für Krailling, Lochham, Großhadern und Neuried. Das Patronat lag beim Kloster Rottenbuch. Der Bau – einfaches Schiff, eingezogener Chor mit dreiseitigem Schluß, Satteldachturm an der Südseite – stammt aus dem 15. Jh.; hier ein gewisser Aufwand insofern, als ein Vierpassfries aus Formsteinen um den Dachansatz des Chores herumläuft, unter den Chorfenstern eine verkröpfte Sohlbank. Am Fries sieht

Gräfelfing, ehem. Pfarrkirche

man unter dem neueren Putz noch Reste von Bemalung. Um 1700 barockisiert; 1728 um ein Joch nach Westen verlängert und unter Mitarbeit des vielbeschäftigten Malers *Joseph Heigl,* Wolfratshausen, erneuert. Die Kirche steht heute unbenutzt und ist entsprechend gefährdet.
Im ***Chor*** ein schönes Netzgewölbe mit sternförmig geschweiften Kämpferplättchen (→St. Margaretha, Krailling); das Untergeschoß des Turmes kreuzrippengewölbt. Im Schiff flache Tonnenwölbung, drei einfache Rundfelder mit Darstellungen aus dem 19. Jh.: Isaak-Opfer, Verherrlichung Christi, Mannalese. Dazwischen eine Luke, auf deren Deckel die barocke Bemalung mit dem Auge Gottes erhalten. Spärlicher Modelstuck auf der Wölbung verteilt.

Der ***Hochaltar,*** eine kräftige, barocke Architektur mit den Figuren des Hl. Stephanus, der Hl. Magdalena und Katharina, bäuerlichen Werken ± 1730. Die beiden ***Seitenaltäre*** im 19. Jh. umgebaut, beide aber noch mit den alten Patronaten: links St. Sebastian und Sylvester, rechts St. Anna. Die Altargemälde Mitte des 19. Jhs., signiert *LM,* mäßig. Am linken Seitenaltar die Inschrift, daß er 1473 durch Johannes, Bischof von Salona gestiftet worden sei, was mit der Bauzeit der Kirche überhaupt zusammenhängen mag.
Das Hauptstück der Ausstattung ist eine prächtige, mit barocker Stuckdraperie verzierte ***Nische*** in der Südwand; sie enthält ein bekleidetes Marienbild, Mitte 18. Jh. Die ***Kanzel,*** um 1700, einfache Schreinerarbeit. Die Empore zeigt hübsche Schnit-

Greifenberg, Schloß

zerei; sie steht in der Erweiterung von 1728, ist also kaum spätgotisch, wenngleich ihr Dekor dies vermuten läßt. Der Kruzifix am Chorbogen stammt aus dem 16. Jh., ist barock montiert; auf dem linken Seitenaltar guter, neugotischer Kruzifix.
An der Südwand außen Inschrift für Pfarrer Ignaz von Schöpf (± 1795), dessen Nachlaßinventar ein so ungewöhnlich reiches Bücherverzeichnis ausweist. – Am Chor Gedächtnistafel für den im Boxeraufstand 1901 in China gefallenen Peter Fend. Die Kirche seit 1976 in Wiederherstellung.
Der heute verkommene alte Pfarrhof neben der Kirche ist nach 1778 errichtet worden.

Ev. Kirche 1971 von *Theo Steinhauser* erbaut.

Neue Kath. Pfarrkirche St. Stephan 1970/71 von *Karl Theodor Horn.* Die vorzügliche Marienfigur im linken Seitenschiff, ± 1500, ist eine Stiftung aus der Gemeinde.

Rathaus, 1971 von *Böninger* und *Biedermann,* München.

Bäcker-Waldheim mit Bäckerkapelle, beide 1914 von *F.X. Knöpfle,* Zeugnis landschaftsgebundener Bemühungen, das immer noch erfreut; den Münchner Schulbauten der gleichen Zeit nahestehend. Die Jahreszahl 1322 an der großen Uhr im Giebel bezieht sich auf die Schlacht bei Mühldorf, in der die Bäcker den Kaiser Ludwig gerettet hatten. Seitdem darf die Zunft den Doppeladler im Wappen führen. – Die Kapelle mit Deckenmalerei von 1954 *(Joseph Bartl).*

Seeholzen, zu dessen Hofmark auch Gräfelfing gehört hatte, befand sich im 17. Jh. im Besitz der Familie von Hörwarth. Das Schloß ist ganz verschwunden (wie

Grünsink, Deckengemälde der Kapelle

auch die Schlösser von Krailling und Fronloh), ebenso der Ort, den noch die Karten des 19. Jh. zwischen Lochham und Gräfelfing als Wandlhammer verzeichnen. Der Wandlhammer Hof gehörte zum Schloß Seeholzen.

Greifenberg ○ LL □ 3.2

Der Ort, südlich der Bundesstraße München – Lindau gelegen, war von 1507 an Sitz der Freiherren von Perfall; die Familie besitzt heute noch das Schloß und hatte bis 1848 Hofmark und Patrimonialgericht inne.
Das **Schloß** liegt als stattlicher Komplex hoch über dem Windachtal, der vierflügelige Hauptbau ist von einem tiefen Halsgraben umgeben. Auf gleicher Stelle stand seit dem 13. Jh. die Burg der Greifen, eines angesehenen bayerischen Landherrengeschlechts. 1420 kam die Veste an die Herzogin Elisabeth und damit an die Wittelsbacher, die hier Pfleger einsetzten. – Der südliche Teil des Hauptgebäudes mit der ***Schloßkapelle*** brannte 1760 ab und wurde anschließend unter Leitung von *L. M. Giessl* wieder aufgebaut; bemerkenswert ist das Deckengemälde mit dem hl. Georg und Ansicht des Schlosses von *Ignaz Baldauf,* 1775. 1805 übernachtete hier Napoleon I., 1833 entdeckte der Landarzt Joseph Hasinger unterhalb des Berges eine Mineralquelle und richtete dort ein ***Badehaus*** ein („Theresienbad", benannt nach der Königin Therese).

Nördlich am Dorfrand steht die ***Kapelle*** „Unseres Herren Ruhe", 1697 als achteckiger Zentralbau errichtet und im frühen 19. Jh. mit einem Anbau versehen. Die Figuren des Hochaltars schuf der Landsberger *Lorenz Luidl.* Seit 1959 besitzt Greifenberg ein eigenes ***Pfarrzentrum*** mit Kirche nach Plänen des Münchner Architekten *von Branca.* – In der Ortsflur zwei spätmittelalterliche Steinkreuze.

Haarkirchen, Kapelle

Grünsink

2 km nw Wessling ○ STA □ 3.2

Wallfahrtsort mit **Kapelle** und Einsiedlerklause; der Anlaß war – und ist noch – ein Marienbild, das ein Törring-Seefeldischer Jäger in einem Baum aufgestellt hatte, eines der uralten und so häufigen Gründungsmotive (→ Maria-Eich, Heuwinkel). Kapelle und Klause bilden ein langgestrecktes Konglomerat aneinandergereihter Baulichkeiten: an ein zentrales Schiff schließt sich nach niedrigem Durchgang ein wiederum niedrigerer Altarraum an, hinter dem die Sakristei und die Klause folgen. Das Ganze wurde 1762 errichtet und ist in seiner frommen Buntheit noch gut erhalten. Lebhafte Wallfahrt mit Budenverkauf und Predigt unter freiem Himmel am Sonntag nach Mariä Himmelfahrt; die Predikanten meist aus Augsburg, wohin die ganze Landschaft ja seit alters tendiert. Am Muldengewölbe des Zentralraums ein ***Fresko,*** signiert von *Joseph Ott* 1776: Mariä Himmelfahrt. In dem niedrigen Zwischenstück ein Fresko von *Johannes Kirzinger:* Marianisches Zeichen und Krankenheilung, signiert und 1764 datiert. In diesem Chorquadrat zahlreiche ***Votivbilder.*** – Im ***Hochaltar*** Marienbild vor reicher, blumenbemalter Stuckdraperie. Vorn rechts ein kleines Vesperbild, wohl augsburgisch ± 1440. – Unter den ***Votivbildern*** zwei besonders hübsche im Hauptraum: eines von der Gemeinde Wessling 1844, ein anderes von den Wirtsleuten Westermayr, 1797, beide in ähnlicher Rahmung.
Die Qualität der Ausstattung hängt mit dem Patronat der Grafen von Törring-Seefeld zusammen, deren Wappen allenthalben in der Kirche sichtbar.

Haarkirchen

2 km s Percha ○ STA □ 4.1

St. Peter und Paul, ehemals Kapelle des nördlich angrenzenden, längst abgerissenen Schlosses. Einfacher Raum mit fast quadratischem Grundriß, Chorbogen, dreiseitig schließender Altarraum; das Türmchen sitzt dem Westgiebel auf. – Gleicher Eindruck wie in → Percha. Das Mauerwerk des Schiffs mit seinen hochgelegenen Fenstern mittelalterlich. Der gegenwärtige Zustand, erfreulich restauriert, wird im Wesentlichen von der hübschen, z. T. barokken Ausstattung bestimmt. – Das ***Altarblatt*** ist eine recht gute Kopie des 18. Jh. nach dem Dresdner Weihnachtsbild des *Correggio,* nicht ursprünglich für diesen Ort geschaffen, wohl aber schon lange in dieser Verwendung. Es wird von den Figuren der Hl. Petrus und Paulus flankiert, beide ± 1520, gute Arbeiten aus der Verwandtschaft des → Mörlbacher Hochaltars, aber nicht von gleicher Hand. In einer Nische an der Südwand des Chores kleine ***Kreuzgruppe*** auf Ebenholz-Sockel, ein recht hübsches, offenbar höfisches Stück, mit Einlegearbeit, ± 1620. An den Wänden des Schiffs ein Zyklus von Apostelfiguren, Anfang 16. Jh. und recht gut; Fassung neu. – Die Kreuzwegstationen einst (1836) von Ulrich von Destouches gestiftet, jetzt durch neubarocke, flotte Malereien ersetzt. Auf der Empore befindet sich ein handkolorierter Kreuzweg nach Stichen von *Führich,* gedruckt bei Manz/Regensburg, der damals diese frommen Drucke verbreitet hat. Insgesamt Eindruck einer Schloßkapelle; nur dieser Charakter erklärt die Anwesenheit so seltener Dinge wie z. B. der Apostelfiguren, oder der Correggio-Kopie im Hochaltar (→ Leutstetten, Mörlbach, Planegg).

Der benachbarte, saubere ***Gutshof*** im Besitz der Stadt München, die ja auch das Krankenhaus Kempfenhausen und anderen Besitz in dieser Gegend innehat. Schöner Blick auf den Giebel des Kempfenhauser Schlosses.

Hadorf ○ STA □ 4.1

Kath. Kirche St. Johannes Baptista, ein Landkirchlein mit Satteldachturm an der Nordseite. Die Sakristei mit dem barocken Walmdach auf der Südseite angebaut. Das Ganze ist wohl, wie hier so oft, ein barocker Umbau der spätmittelalterlichen Substanz, jüngst restauriert. Im ***Inneren*** überrascht der große, bemalte ***Deckenspiegel:*** Enthauptung Johannis und Salome, die das Haupt des Täufers zum Gastmahl des Herodes bringt, signiert *J. Gaulrapp,* von dem Asamschüler also, der 1742 Meister in München wurde, gebürtig aus Alling. – Vom alten Hochaltar stammt das gute Tafelbild an der Nordwand des Schiffs: Taufe Christi, Ende 16. Jh. Die Altararchitektur ist angeblich an die Barmherzigen Brüder nach München verkauft worden. Als ***Hochaltar*** heute ein hier völlig disproportioniertes Tabernakel, angeblich in Amberg erworben; Spätrokoko, wenn echt. Hübsche, gemalte Kriegerehrung von *J. Doll,* Diessen, ± 1920.

Zwischen Hadorf und Unering ein barokkes ***Feldkapellchen,*** an dieser wenig befahrenen Landstraße noch in ursprünglicher Umgebung. Muttergottes, schönes Gitter.

Hadort, Pfarrkirche.
Deckengemälde

Hagenheim ○ LL □ 3.1

Kaum verfälschte ländliche Siedlung in welliger Moränenlandschaft mit Toteiskesseln. Die **Pfarrkirche Mariae Heimsuchung** kam 1403 an das Kloster Wessobrunn; der schlichte spätgotische Bau hat einen Sattelturm mit Kleeblattbogenfriesen; er wurde 1729 verlängert und mit Stuckaturen von *Georg Dötl* aus dem benachbarten Obermühlhausen ausgeziert. Der prächtige barocke Hochaltar enthält hervorragende Plastiken von *Lorenz Luidl* (besonders gut die Hl. Dominikus und Katharina v. Siena). Originell und selten die nachgotischen Apostelreliefs, uniformkundlich interessant die beiden Gedächtnistafeln für die Kriegsteilnehmer 1805–15 und 1866.

Auf der Anhöhe nördlich des Dorfes die ***Dreifaltigkeitskapelle*** vom Jahr 1628 mit einer Schnitzgruppe der Marienkrönung aus der Mitte des 17. Jhs.

Haid ○ WM □ 3.3

Der Ort, auf einer Hochfläche nördlich von Wessobrunn, ist mit der Geschichte der „Wessobrunner Stuckatoren" ebenso eng verbunden, wie das Klosterdorf selbst. Nach einer Statistik aus der von W. Neu zusammengestellten Häusergeschichte waren im 17. und 18. Jh. nur auf vier der damals 48 Anwesen keine Maurer oder Stuckatoren ansässig. Im ***Haus Nr. 2*** verbrachte der große Maler des Pfaffenwinkels, *Matthäus Günther,* seinen Lebensabend. ***Haus Nr. 12*** war die Heimat der Maler- und Klosterschreiberfamilie *Jaud,* das ***Haus Nr. 21*** bewohnte der Klostermaler der Barockzeit *Bartholomäus Bernhard.* Mitglieder der berühmten und weit verzweigten Gipserfamilien *Bader* und *Finsterwalder, Gannebacher* und *Gigl, Merck, Schnell* und *Sporer, Üblhör, Vogl* und *Zimmermann* (um nur einen Teil zu nennen) waren „auf der Haid" ebenso zahlreich vertreten wie im Klosterdorf „Gaispoint". – ***Haus Nr. 8*** ist ein besonders schönes altes Holzhaus – ein aus Rundstämmen gezimmerter Blockbau –, der zeigt, wie vor 200 und 300 Jahren Meister und Handwerker hier gewohnt haben; sie betrieben im übrigen alle eine kleine Landwirtschaft als Nebenerwerb.

Im nördlich gelegenen Weiler ***Schellschwang*** ein Getreidekasten in Blockbau aus dem Jahr 1700. Auf der Höhe führte die Römerstraße Raisting-Epfach vorbei, deren Spuren in den Äckern noch zu verfolgen sind.

Hanfeld ○ STA □ 4.1

Kirche und Dorf bieten – am Moränenhang gelegen – ein wohlerhaltenes, gestaffeltes Ortsbild.

Kath. Kirche St. Michael. Das Kirchlein wirkt stattlicher, als es ist. Unter dem Satteldachturm liegt der Altarraum, mit altertümlichen Kreuzrippen überwölbt, noch 14. Jh. Die Sakristei schließt sich an den Chor an. Das Schiff ist, wohl 1674, erweitert worden. Chorturmkirchen sind hier an sich nicht selten (→ Oberpfaffenhofen, Hechendorf u. a. m.). – Viele Nachrichten aus dem 17. und 18. Jh. lassen auf eine reiche Ausstattung unter Konkurrenz des einheimischen Kunsthandwerks schließen (u. a. der Maler *K. Albrecht,* der Schnitzer *G. Wunderl,* der Maler *W. Heigl,* alle aus Wolfratshausen), die wohl schon im 19. Jh. verlorengegangen ist. Heute modern ausgestattet, Holzfiguren von dem Söckinger Bildhauer *Lenz;* die historische Substanz des Baus fast ganz verschwunden.

Happerg

3 km w Eurasburg ○ TÖL □ 4.3

Kapelle, 1903 von dem nach Bernried zugewanderten Tessiner Maurer *Domenico del Fabbro.* Altar 1917 durch den Maler *Lessig,* ebenso die Deckenbilder.

Hardtkapelle

2 km sw Bauerbach ○ WM □ 3.4

Es führt ein Kreuzweg hinauf; die Stationsbilder – Tonreliefs hinter Glas – sind Stiftungen der Umgegend, ± 1890. Sie stehen auf Tuffsteinsockeln.

Die Kapelle, eine durchaus gute, neugotische Architektur, 1891 durch den Muratore *Domenico del Fabbro,* Bernried, erbaut. Sie ersetzt eine ältere. Der Ursprung liegt in einem für diese bukolische Gegend typischen Wunder: Christus hatte in der Gestalt eines Hirten einen Grenzstreit zwischen Haunshofen und Weilheim entschieden. Sein wunderbarer Fußabdruck ist im Boden vor dem Altar zu sehen, auf dessen Predella die Historie dargestellt ist. – Zahlreiche ***Votivtafeln;*** Ausmalung von seltener Vollständigkeit.

Ringsum wunderbare Heideflora, weiter Blick über die Drumlinlandschaft; sie entwässert – in ihren Gründen sehr moosig – über ein verzweigtes Netz von Bächen in den Ammersee, dessen Einzugsgebiet ungleich größer ist als das des Starnberger Sees.

Hardtkapelle

ob Mitterfischen ○ WM □ 3.2

Am Weg von Erling nach Pähl 1899. Die ***Kapelle*** wurde zum Andenken an den hier 1653 ermordeten Pähler Pfarrer errichtet; mehrfach erneuert, Vorbild für ein Gemälde des *Moritz v. Schwind.*

Hartschimmelhof ob Mitterfischen, Mitte 19. Jh. errichtet; später im Besitz des Generals Dr. Haushofer, dem Vater des im Widerstand 1944 ermordeten Albrecht Haushofer (Moabiter Sonette).

Haunshofen ○ WM □ 3.4

Kath. Kirche St. Gallus. Die schöne, einheitliche Kirche gehört zu der Gruppe → Bauerbach, → Diemendorf; unter ihnen allerdings die jüngste, 1754 errichtet. Die Pfarrei gehörte zu Kloster Bernried. Einfaches Schiff, eingezogener Chor, der außen flach schließt, innen aber an allen vier Ekken abgerundet ist: ein kleiner Zentralraum. Unter dem Dachansatz ein kräftiges, umlaufendes Profil. Der Turm an der Nordseite des Chores erst jüngst hinzugefügt. – Das ***Innere*** in heiterer, im Chor auf Rosa gestimmter Farbigkeit. Die Wände durch Pilaster gegliedert, die Decke bemalt: Im Westen ein Wunder des Hl. Gallus (ein Bär bringt ihm Holz zum Feuer, der Heilige treibt einen Dämon aus), alles signiert und datiert *J. M.* 1808. Im Chor die Darstellung der Trinität, von anderer Hand, offenbar später übermalt. – Die ***Ausstattung*** entspricht der Spätzeit des Baus, ± 1800. Hochaltar mit akademischer Figur des Titelheiligen, flankiert von Sebastian und Urban. Linker Seitenaltar Mater dolorosa, rechter Seitenaltar St. Sylvester. Das Schnitzwerk ist durchweg hübsch. Gute Kruzifixe auf den Seitenaltären.

Stattliches ***Straßendorf*** am Rande der Drumlinlandschaft. Der Name des Hl. Gallus mit der Gegend verknüpft (Gallafilz, Gallaweiher).

Hausen

2 km sö Oberbrunn ○ STA □ 4.1

Kath. Kirche Hl. Dreieinigkeit. Einfaches Kirchlein mit dem Turm an der Nordseite. Aus der zweiten Hälfte des 17. Jh. zahlreiche Nachrichten zur Ausstattung unter Konkurrenz des Kunsthandwerks aus dem gesamten Gebiet: *Georg Wunderl,* Bildhauer, und *Wolfgang Heigl,* Maler, beide aus Wolfratshausen; *Georg Albrecht,* Maurer aus Unering; *Hans Nursch,* Kistler aus Leutstetten. Auch die interessante Nachricht, daß man zwei Altäre auf dem Jahrmarkt zu Andechs erwarb, was ein damals ganz übliches Verfahren gewesen ist. Das bestehende Gebäude ist von 1707, die gesamte Ausstattung stammt allerdings von 1881 wie auch das Obergeschoß des Turmes, der vordem eine Zwiebelhaube besaß. Wie so oft ist auch hier die ältere Einrichtung einer moderneren gewichen, ohne Spuren zu hinterlassen. (→ Oberbrunn, Oberpfaffenhofen, Hanfeld u. a. m.)

Hechendorf ○ STA □ 3.2

Hechendorf war bis vor kurzem noch ein Bauerndorf. Das benachbarte Güntering ist dagegen „Kolonie" von Leuten „aus der Stadt".

Kath. Kirche St. Michael, über dem Ort gelegen. Es ist eine der zahlreichen Chorturmkirchen (→ Hanfeld u. a. m.); der Turm vielleicht noch aus dem 13. Jh. Für das Schiff gibt es eine Nachricht von 1772. Aus dieser Zeit die Pilastergliederung außen und die barock geformten Fenster.

Die ***Ausstattung*** zeigt ein Rokoko, das in großen Teilen aus dem 19. Jh. stammt. Hochaltar und linker Seitenaltar mit Altarblättern der *Lenbachzeit,* Kopien nach Vorbildern aus der Münchner Pinakothek, recht gut. Die Attribute der Heiligenfiguren St. Barbara und St. Katharina auf dem Hochaltar offenbar vertauscht. Es ist bei dieser Kirche wie bei anderen an den Münchner Vorortstrecken: sie sehen aus, als seien Leute aus der Stadt mit einigem Geschmack bei der Ausstattung behilflich gewesen; der gute Münchner Geschmack aus der Jugendzeit der Annette Kolb. – Die Steinkreuze am Kircheneingang stammen von Turm.

Hechenwang ○ LL □ 3.2

Das kleine Straßendorf im Randgebiet des Ammersee-Westufers wird von seiner auffallend stattlichen **Martinskirche** überragt, so daß man sich unwillkürlich fragt, wie das Dorf zu einem so prächtigen Bau gekommen ist, zumal es niemals Pfarrei war. In früheren Jahrhunderten mit dem reichsten Kirchenvermögen im ganzen Landgericht Landsberg (und weit darüber hinaus) ausgestattet, konnten sich die Hechenwanger in den Jahren 1704/14 den aufwendigen Neubau und mit *Joseph Schmuzer,* einen damals schon berühmten Wessobrunner Baumeister und Stuckator, leisten. Die noch vorhandene ***Ausstattung*** – Chorgestühl, Kirchenbänke, Treppengeländer, Türen und Beichtstühle – ist eine qualitätvolle Schreinerarbeit aus der Erbauungszeit, die Altäre (1727 von dem Landsberger Kistler *Johann Mayr*) und die *Luidl*-Apostel wurden 1875 großzügig der ausgebrannten Pfarrkirche → Dettenschwang überlassen. Der 1719 fertiggestellte Turm hat 1973 anstelle seines stilwidrigen Spitzhelms aus dem 19. Jh. wieder seine – 1821 abgebrannte – Doppelzwiebelhaube erhalten.

Herrsching ○ STA □ 3.2

Früheste Erwähnung 776 bei Gelegenheit einer Schenkung an Kloster Schlehdorf. Von den Kirchen gehörte die eine, St. Martin, zu Kloster Benediktbeuren, während die andere, St. Nikolaus, verschiedene Besitzer hatte. Entsprechend den beiden Kirchen noch heute zwei Ortskerne wenn auch nicht mehr deutlich sichtbar, so doch zu spüren: Der eine um den Fuß des Hügels über dem Kienbach, der andere mehr dem See zu gelegen; der Ort profitiert insgesamt von dem breiten Schwemmkegel, den der Kienbach gegen den See hinausgetrieben hat. Die starke, scheinbar regellose Bautätigkeit der jüngsten Zeit hat der an sich schönen Situation des Ortes viel Abbruch getan.
Unter den wenigen alten Häusern des „oberen" Ortskerns die ehem. ***Tafernwirtschaft,*** das heutige Gasthaus zur Post, eine alte Posthalterei, wohl noch aus dem 16. Jh.; nach Brand umgebaut 1817. Die beiden Figuren über dem Eingang (Maria und Christus) moderne Nachbildungen.

Kath. Kirche St. Martin. Auf einem Hügel über dem Kienbach; zu dessen Füßen kam ein Grabfund aus dem Ende des 7. Jhs. zum Vorschein. – Der spätgotische Bau Mitte des 18. Jhs. im Inneren barock überformt; in jüngster Zeit um ein Joch nach Westen verlängert. Der Turm an der Nordseite des eingezogenen Chors in seinem achteckigen Obergeschoß erneuert, wenn nicht ganz neu. – Das Innere zeigt eine zarte Pilastergliederung (→ Wessling) und leichtem Deckenstuck. Der ***Hochaltar*** ± 1680/90: Im Zentrum eine Marienfigur ± 1880 aus der *Mayer'schen* Hofkunstanstalt, rechts und links die Figuren von Joachim und Anna (vielleicht aus Weilheim?), im Auszug die sitzende Figur des Titelheiligen St. Martin, gut, 16. Jh. Die spannenhohen, hübsch gefaßten Apostelfiguren an der Chorwand wohl doch nicht alt. Hinter dem Hochaltar die Figur eines Hl. Sebastian, 16. Jh. – Die beiden ***Seitenaltäre*** mit ihren gemalten Prospekten aus der Mitte des 18. Jhs. Auf dem linken steht ein gutes Vesperbild aus dem 16., auf dem rechten die Figur des Hl. Sebastian, bäuerliches 18. Jh. – Die ***Kanzel*** zeigt abgebeizte Flachschnitzerei ± 1600. – In einer Nische unter der Westempore ein rustikaler, monumentaler Geißelheiland.
Auf dem aufgelassenen ***Friedhof*** schöne, schmiedeeiserne Kreuze.

Kath. Pfarrkirche St. Nikolaus. Bereits 1216 bezeugt. Einfache dörfliche Kirche mit eingezogenem, dreiseitig geschlossenem Chor. Turm an der Nordseite. Der Bau wirkt durch eine Anfügung von 1927 (Baumeister: *Max Rehm*) zusammengesetzter, als er wirklich ist. Ein neuer Rauhputz tut

Hechenwang, St. Martin

ein übriges, den Betrachter zu verwirren. – Das Innere stark erneuert, im Ursprung wohl ± 1700, mit einem modernen Dekkenbild der Himmelfahrt Mariä. – Der ***Hochaltar*** zeigt eine gute Architektur, in der Mitte den Titelheiligen, flankiert von St. Peter und Paul. Den ***Seitenaltären*** fehlt ihre Architektur: links eine moderne Marienfigur, rechts St. Leonhard, Mitte 18. Jh.
An der Südwand vorzüglicher Kruzifix um 1500, zu dessen Seiten die Bilder Mariä und Johannis, beide in venezianische Spiegelrahmen eingefaßt und ganz vorzüglich. – Im neuen Westbau einige teils recht gute Gemälde, die wohl aus dem Kunsthandel stammen. In der Sakristei werden Reliquienkästen aus dem abgegangenen Weiler →Ramsee verwahrt.

Ev. Kirche. Mit ihren Anklängen an den Münchner Frühbarock könnte sie aus dem Anfang des 20. Jhs. stammen. Sie wurde aber erst 1955 von *Roderich Fick* erbaut, eine gute Architektur. Auf dem neuen Altarkreuz ein bedeutender Corpus, ± 1470, mit Resten alter Fassung; eine Stiftung der Gemeinde. Altar, Kanzel und Taufstein von *Bernhard Bleeker.*

In dem hübschen ***Kurpark*** am See das sogen. Schlößchen, die ehem. Villa Scheuermann von 1888 mit einem Erdgeschoß aus Tuffstein, der vielleicht in der Nähe gewonnen worden ist.

Das ehem. ***Rathaus*** in der Bahnhofstraße wurde durch den Schriftsteller Roberto de Fiori ± 1900 erbaut; der Bauherr war Vater des bekannten Bildhauers Ernesto de Fiori; verzog später nach Lochschwab (heutige Villa Thyssen).

Landesfinanzschule, die ehem. Reichsfinanzschule 1936/37 durch den Architekten *Fiedler* erbaut. Nur wenig veränderte Architektur des Dritten Reiches, ohne jegliche Einfügung in die umgebende Waldlandschaft.

Schloß Mühlfeld, 1 km südlich Herrsching. Alter Hofmarkssitz, von Herzog Albrecht im 16. Jh. errichtet, später im Besitz des Klosters Andechs. Die ***Schloßkapelle*** befindet sich unter einem gemeinsamen Dach mit dem Schlosse selbst. – Die ehem. ***Sägmühle*** mit einem der größten Mühlräder, die es in Bayern gibt, stammt aus dem 18. Jh. und wurde im 20. Jh. für Wohnzwecke eingerichtet.

Heuwinkelkapelle

1 km ö Iffeldorf ○ WM □ 4.3

Eine Kastanienallee führt hinauf; die Kapelle liegt im Angesicht der Alpen. Von Norden rückt eine häßliche Moossiedlung heran.
Die Zwiebel – als Turmhaube allgemein geläufig – zeigt sich hier in ihrem eigentlichen Zweck: als Kuppeldach über zentralem Grundriß. In dieser Form taucht sie schon früh in Bayern auf; berühmte, wenn auch ferne Beispiele aus dem Mittelalter sind die Kuppeln auf der Markuskirche in Venedig. Der Grundriß ist quadratisch, an den vier Seiten durch Kreissegmente ausgebaucht, mit einem Klostergewölbe überfangen, das wiederum durch eine Laterne im Zentrum sein Licht erhält. Ein Vorhäuslein vermittelt den Zugang. Baumeister war der Wessobrunner *Johann Schmuzer,* Bauherr neben dem Pfarrer von Iffeldorf auch der Abt von Wessobrunn, Virgil Dallmayr (aus Bernried gebürtig) dessen Wappen im Hochaltar erscheint und zu dessen Hormark Iffeldorf seit 1639 gehörte. Die Bauzeit: 1698–1701.
Aus dieser Zeit stammt der schöne, kräftige ***Akanthusstuck,*** stammen auch die Muscheln in den Exedren, außerdem die Ausmalung der sphärischen Gewölbe-Felder, die mit ***Gemälden*** auf Leinwand gefüllt sind. Schöne Marienthematik, dem Orte angemessen:
Deborah-Advocatrix
Bathseba-Mater
Esther-Protectrix
Judith-Patrona
Die Bilder angeblich aus der Werkstatt des Münchner Hofmalers *Nicolaus Prugger,* jedenfalls nach dem Tod des Malers geschaffen. – Das hochbarocke Interieur

Herrsching, von Nordosten gesehen

Heuwinkelkapelle, Votivbild

durch einigen Dekor im spätesten Rokoko bereichert. Vor allem die ***Altäre,*** aber auch der schöne Stuck über den Fenstern und die Empore, letztere von dem Spätmeister des 18. Jh., *Franz Doll.* – Das bekleidete Marienbild im ***Hochaltar*** vielleicht noch 14. Jh.; flankiert von den frei aufgestellten Figuren der Hl. Joachim und Joseph. Der einzige ***Seitenaltar*** zeigt die Figuren von St. Leonhard, St. Mang und St. Ignaz. – In den beiden westlichen Ecken hängen zwei große, konkave Gemälde mit der Gründungsdarstellung und einem Wunder. Der Ursprung dieser Kapelle ist ja hier, wie in so vielen Wallfahrtsorten (→ Grünsink, Maria Eich) ein Marienbild in einem Baum, 1672 aufgestellt.

Hochstadt ○ STA □ 3.2

Kath. Kirche St. Jakob. Langgestrecktes Kirchlein; der Turm (1752) sitzt auf dem Chorhaupt. Das Ganze wohl aus dem 15. Jh., eine außen wie innen deutlich erkennbare Erweiterung stammt aus der jüngsten Zeit. Das Schiff besaß eine flache Holzdecke knapp über dem Scheitel der Seitenaltäre; bei der jüngsten Wiederherstellung durch Putzdecke ersetzt. – Das ***Innere*** nicht ohne Reiz. Es zeigt eine recht vollständige Ausstattung in bäuerlichem Barock mit den Elementen „um 1700", streng architektonisch, aber bunt und hübsch. Der ***Hochaltar*** mit der Halbfigur Mariens, begleitet von den Figuren der Hl. Anna und Joachim, im Auszug die Verkündigung. Es könnte der 1760 aus →Drössling erworbene Altar sein, wozu auch die Darstellung passen würde. Die ***Seitenaltäre*** in den abgeschrägten Ecken des Schiffs zeigen links St. Jakob, rechts St. Sylvester, beide auf Holz gemalt. – Alte ***Kreuzwegstationen*** in illusionistischer Rahmenmalerei; qualitätvoller Kruzifix an der inneren Südwand.
Sehr hübsch die Ostensorientafeln mit St. Sebastian und St. Michael, 18. Jh. – Unter der Empore ein Abendmahlsbildchen, vielleicht von *Anton Huber* aus Oberalting, 1758, der auch das Marienbild des Hochaltars im gleichen Jahr gefaßt hatte. Hinter dem Hochaltar das alte Ziegelpflaster erhalten, wie es – neben Solnhofer Platten – ehemals üblich war. – Schädelnische.

Höhenrain ○ TÖL □ 4.1

Das Dorf wegen des billigen Terrains in dieser Moosgegend sehr auseinandergezogen. Um Friedhof und Schule herum ist es mit einigen alten Bauernhäusern jedoch noch gut zu erkennen. Riesige Linde und Eiche am Friedhof.
Kath. Kirche St. Johannes Bapt. et Ev. Die alte Kirche 1952 abgerissen; sie stand im unteren Teil des Friedhofs, besaß ein auf dem Chorhaupt aufsitzendes Türmchen. Die neue Kirche zeigt nichts, was an ihren Vorgänger erinnern könnte. Dabei sind die kirchlichen Traditionen gerade hier

Hohenschäftlarn, Starnberger Straße 25 vor der kürzlichen Veränderung

sehr alt. Sie reichen bis in das achte Jh. zurück.

Hofstetten ○ LL □ 3.1

Die **Pfarrkirche St. Michael** ist ein stattlicher, neuromanischer Bau aus dem Jahr 1847; 1905/06 kam der Westturm mit seinem weithin sichtbaren Spitzhelm dazu. Die Ausstattung bietet außer einigen guten Barockplastiken – darunter eine Kreuzigungsgruppe des Landsberger Bildhauers *Johann Luidl* – keine älteren Teile.

Sebastianskapelle am westlichen Ortsausgang, erbaut 1695, 1735 verändert und ausgestattet. Auf ihre Bedeutung als frühere Wallfahrtskapelle weisen einige Votivtafeln und Devotionalien aus dem Anfang des 19. Jhs. Der figürliche Schmuck stammt aus der Werkstatt *Johann Luidls*. – Am Waldrand nordostwärts des Ortes die ursprünglich 1701 erbaute und 1852 erweiterte ***Josephskapelle.***

In Hofstetten ist seit dem 16. Jh. die Strohflechterei als Nebenerwerb vor allem der Kleinbauern und Söldner nachgewiesen, die bis zum Beginn unseres Jhs. ausgeübt wurde.

Hohenschäftlarn

○ M (Land) □ 4.1

Kath. Kirche St. Georg (ehem. St. Maria). Eindrucksvoll über dem Dorf auf einer Moränenzunge; die Lage derart exponiert, daß der neue Westteil auf einer Substruktion steht. Friedhof in Terrassen ringsum. Schon im 9. Jh. wird hier ein Oratorium des Klosters Schäftlarn genannt. Der heutige Bau ab 1729 durch *Johann Georg Ettenho-*

Holzhausen/Starnberger See, Pfarrkirche

fer errichtet, 1734 geweiht durch den Schäftlarner Abt Hermann Frey, der auch Bauherr der großen Klosterkirche gewesen ist. Ettenhofer, aus Bernried gebürtig, war Bauführer des *Antonio Viscardi*, der die Klostergebäude in Schäftlarn entworfen hatte. – Die Kirche zeigt mit einigem Aufwand, was der Barock, zwar akademisch und nicht eben schwungvoll angewandt, doch zu leisten vermochte; es ist die Stufe vor dem Einsetzen der großen bayerischen Baumeister. Würde und eine gewisse Großartigkeit läßt sich vor allem dem ***Turm*** mit seinem kräftig gezeichneten Helm nicht absprechen; zu beachten auch das Pathos der massierten Turmprofile unter dem Ansatz des Helms in ihrer Addition typisch für Ettenhofer (→ Fürstenfeld). – 1954 um zwei Joche nach Westen verlängert, was die äußeren Proportionen keineswegs stört. Das ***Innere*** gibt sich als weiter Raum mit Pilastergliederung an den Wänden, alles heute in einem mürrischen, gedeckten Gelb-Weiß, allzu wohlgeordnet allerdings und für eine bloße Pfarrkirche schwer zu füllen.

Die fast flache Decke durch einfache Wulstbänder geziert. Als ***Fresko*** die Verehrung Mariens durch St. Augustin, der Sturz des Ketzers Tanchelin (wie auf der Kanzel in der Klosterkirche, →Schäftlarn), sämtlich stark überarbeitet; originaler erhalten das Deckenfresko im Chor: Verehrung des Gekreuzigten durch die vielfarbigen Völkerscharen, mitten in einer hübschen Isartal-Landschaft, in der auch ein Prämonstratenser nicht fehlt.

Im ***Hochaltar*** Himmelfahrt Mariä, ein Gemälde wohl von *Balthasar Albrecht*, flankiert von den Hl. Sebastian und Georg. Die plastischen ***Seitenaltäre*** mit den Figuren der Hl. Katharina und Sylvester sind so modern gefaßt, daß Zweifel an ihrer Echtheit aufkommen. Hier in Hohenschäftlarn tötet die moderne Farbe jeglichen reinen Eindruck. Vorzüglich und unverfälscht aber

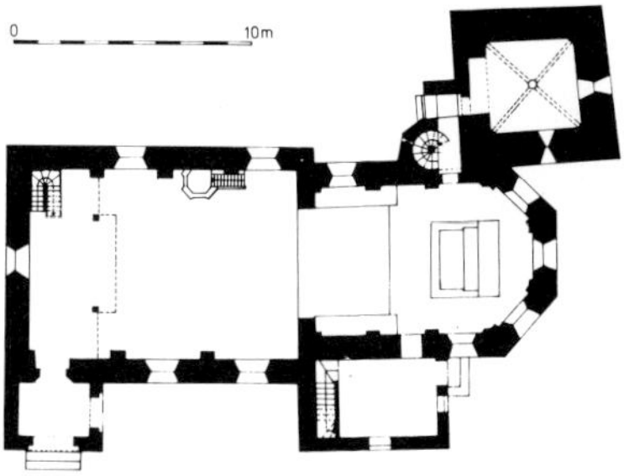

Holzhausen, Pfarrkirche

die ***Gedächtnistafel*** im Chor für Abt Hermann Frey (± 1751), Bauherrn der barokken Klosteranlage, deren Rahmung eine Meisterleistung des Rokoko. Die allegorische, lateinische Inschrift musterhaft und lesenswert. – An der Südwand eine kleine Kreuzgruppe, deren Corpus vorzüglich; Art des *Meisters von Rabenden.*
Die mittelalterliche Substanz des Baus noch im Untergeschoß des Turmes – gotische Gratgewölbe – sichtbar.

In dem wohlerhaltenen ***Dorfkern*** gibt es schöne Bauernhäuser, z. T. mit hölzernem Obergeschoß; eines der schönsten: Oberdorf 13. – Starnberger Straße 25 leider jüngst verändert.

Am Waldweg nach Baierbrunn, dicht am steilen Hochufer der Isar entlang, etwa 1 km nach Norden die sog. ***Birg,*** durch einen heute noch gut erkennbaren Wall geschützte Bergzunge; wohl keltische Anlage, die aber auch in späterer Zeit noch als Refugium benutzt worden ist.

Holzhausen ○ TÖL □ 4.3

Zwei keltische ***Viereckschanzen*** am südl. Dorfausgang.
Kath. Kirche St. Georg, auf einem Moränenhügel, für eine Pfarrkirche merkwürdig exzentrisch zum Dorfe gelegen. Die Kirche gehörte zum Kloster Beuerberg; bis in die neuere Zeit von Münsing aus bepfarrt. Ein im Ganzen mittelalterliches Bauwerk; ältester Teil ist der fast freistehende Turm an der Nordseite des Chores. Alles erneuert in den schönen Formen des *Kaspar Feichtmayr,* 2. Hälfte des 17. Jh. Vorhäuschen und Südportal noch in den Formen des 15. Jh. Damals war die Kirche rippengewölbt.
1746–48 umgestaltet; diesen Zustand hat man heute vor Augen, wobei auch die jüngste Wiederherstellung die allzu crèmefarbene Stimmung nicht verdrängen konnte, die bei einer Überarbeitung von 1910 hineingetragen worden war. – Das ***Innere*** zeigt eine asymmetrische Pilasterordnung an den Wänden, die im Deckenspiegel geschickt zum Ausgleich gebracht wird. An den Gewölbegraten plumper Akanthus. Die Decke bemalt: Taufe Christi, St. Jakob, alles stark restauriert. – ***Hochaltar:*** Hübsche Schreinarchitektur mit den Figuren der Taufe Christi, flankiert von St. Jakob und St. Simon, Mitte 18. Jh. ***Linker Seitenaltar:*** Marienfigur, Ende 17. Jh. ***Rechter Seitenaltar:*** Verehrung des Wessobrunner Marienbildes, dem die Wallfahrt hier gegolten hat. – Der große Kruzifix auf der Südseite, aus der abgerissenen Totenkapelle, eine Stiftung von 1597, ganz vorzüglich. Es ist ein im Grunde spätgotischer Korpus mit wunderbar durchgearbeitetem Gesicht.
Gute Kreuzwegbilder, ± 1800. Unter den Votivbildern eines von 1800 mit gutem Rahmen im Zopfstil, ein anderes 1743 mit Darstellung der Gründungslegende. – Westempore 1887. – Die alte Tür, eisenblechbeschlagen, zeigt noch die Nagelung mit schmiedeeisernen Nägeln.
Der ummauerte, neuerdings erweiterte ***Friedhof*** voller Namen der seeanwohnenden Intelligenz und des angesessenen Adels: Sigmund von Riezler (†1927), Gustav Friedrich von Schrenkh-Notzing, der Komponist Walter Schütte, der Schriftsteller Wilhelm Süskind u. a. m.

Die ***große Linde*** an der Nordwestecke des Friedhofs birgt ein Marienbild.

Das ***Schulhaus,*** von *Karl Bauer* (→ Eurasburg) stammt von 1913.

Icking, ehem. Pfarrkirche

Holzhausen
am Ammersee ○ LL □ 3.2

Der landeinwärts zwischen Utting und Riederau gelegene Ort war seit der Jahrhundertwende zur Kolonie bekannter Maler aufgestiegen, deren Spuren man heute noch an ihren Atelier-Landhäusern und auf dem alten Höhenfriedhof verfolgen kann, wo unter anderen *Fritz Erler, Walter Georgi, Adolf Münzer* und *Eduard Thöny* begraben liegen. Das Langhaus der hoch über dem Dorf gelegenen **St. Ulrichskirche** besteht aus romanischem Tuffquader-Mauerwerk. Der hübsche, im Spätbarock vergrößerte ***Hochaltar*** (1676) ist ein Werk des Dießener Schreiners *Michael Tablander* und der beiden Weilheimer *Ambros Degler* (Bildhauer) und *Jakob Lang* (Faßmaler). In einer unscheinbaren ***Feldkapelle*** südlich des Ortes hat sich eine Gruppe von acht Totenbrettern aus der 1. Hälfte des vorigen Jahrhunderts erhalten, deren Vorkommen sonst nur noch aus dem Bayerwald-Gebiet bekannt ist. – Im Ort seit 1949 die später mehrfach erweiterte Bayerische Verwaltungsschule.

Icking ○ TÖL □ 4.1

Das **Dorf** Icking heute umwuchert von modernen Parzellen, die den Alpenblick und die Sonnenseite dieses steilen Isarufers ausnutzen.

Kath. Kirche Hl. Kreuz. Schlichtes Landkirchlein, hoch über der Isar und mit weitem Blick. Der Bau in seiner Substanz um 1500: Einfacher, ungegliederter Satteldachturm im Westen, recht breites Schiff

Iffeldorf, Pfarrkirche

mit gedrücktem Chorbogen; kurzer, dreiseitig schließender Chor mit feinem Netzgewölbe. – Die Ausstattung dieser heute nur noch unregelmäßig benutzten Kirche war ehemals nicht ohne Reiz. Der ***Hochaltar*** ± 1680 in seiner Architektur noch vollständig. Der Figurenbestand reduziert; an den Seiten die barocken Figuren von St. Anton v. Padua und St. Augustinus. Die ***Seitenaltäre*** stammen aus dem 19. Jh. Im rechten die Figur eines St. Joseph, 18. Jh.; im linken eine bäuerliche Pietá.

Iffeldorf, Pfarrkirche. Kanzel

Merkwürdig, daß das Schiff tiefer liegt als das Untergeschoß des Turmes, durch das man die Kirche betritt. Die Hanglage war hier maßgebend.

Ev. Auferstehungskirche, 1966 von *Franz Lichtblau,* München.

Iffeldorf ○ WM □ 4.3

Kath. Kirche St. Veit. Die Kirche gehört einem in der näheren Umgebung auftretenden Typ an; ihre dem Dorf zugekehrte Seite ist durch Putzbänder mit eingestellten Arkaden gegliedert (→ Antdorf). Das Schiff in jüngster Zeit um ein Joch nach Westen verlängert, auffallend der langgestreckte Chor. – Das ***Innere*** – in der zweiten Hälfte des 19. Jh. überformt – stammt aus der Mitte des 18. Jh. Am Deckenspiegel Marter des hl. Veit; im Chor Verehrung des Brennenden Herzens und Mariensymbolik. Die ***Fresken*** sind von *Johann Jacob Zeiller* (aus Tirol), signiert und datiert 1755, einem der bedeutenderen Meister der barocken Deckenmalerei – die Kuppel von Ettal hat er ausgemalt – der wohl durch den Bauherrn, den Abt von Wessobrunn hierher gebracht worden ist. Am Chorbogen weist ein Chronostichon auf den Abt Beda und das Jahr 1755:

haeC aeDes saCra sVb beDa praeVLe VVessofontano
hVIVs LoCI toparCha gIpso aVro aC pICtVra renoVata fVIt

Der elegante Stuck *F. X. Schmuzer* zuzuschreiben.

Die ***Altäre*** in üppigem Neubarock zeigen

Inning, Pfarrkirche. Deckengemälde

den wirtschaftlichen Aufschwung der Landschaft in der zweiten Hälfte des 19. Jh. Die Altarblätter der Seitenaltäre allerdings älter, das linke signiert *Jos. Harder* 1822 (Anna und Maria), das rechte von der gleichen Hand (Tobias). – In den Gewölbezwickeln des Chores Marien-Embleme, inschriftlich erläutert und nicht ohne Interesse:

Pelikan = Patulum cor testi amoris
Muschel mit Perle = Intus preciosa recondit
Getroffener Hirsch = Auxit plaga amorem
Vulkan = Ardet ut erumpat

Alte Prozessionslaternen; unter der Empore ein Schutzmantelbild aus Holz, um 1600. – Kriegerehrentafel von dem seltenen, aber früher ganz allgemeinen Typ: Orden und Medaillen neben den Bildern. Darunter auch der Retter dieses Dorfes, Hauptmann Steiger, der, als hochdekorierter Soldat, den Ort 1945 übergeben wollte und von der SS erschossen wurde. Sein Grab auf dem Kirchhof (28. 4. 45).

Das ***Ortsbild*** noch recht geschlossen. Allerdings im nördlich anschließenden Moos eine Art „billiger Vorstadt“.

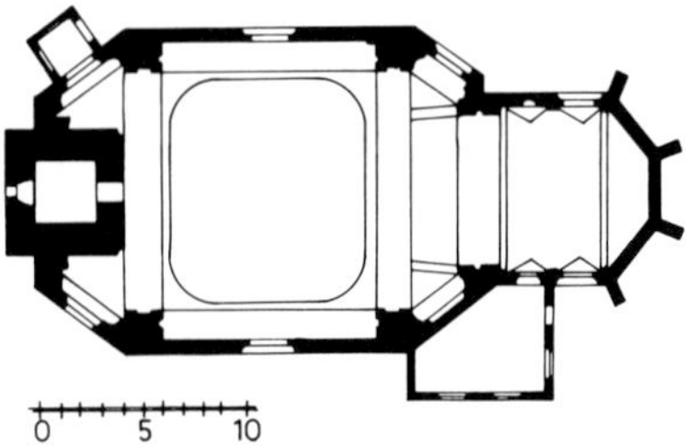

Inning, Pfarrkirche

Inning ○ STA □ 3.2

Kath. Kirche St. Johannes Baptista. In einer älteren Kirche an dieser Stelle befand sich die Grablege des Münchner Patriziergeschlechts der Pütriche, Herren des nahen Schlosses Stegen. Mittelalterliche Bauteile sind noch im Chor und im Turm der heutigen Kirche enthalten. Insgesamt ist sie aber – als gute Leistung – ein Werk des 18. Jh.: 1765 unter der Leitung des Münchner Baumeisters *Leonhard Matthäus Giessl* begonnen, der für die Grafen von Törring-Seefeld auch die Kirche in →Perchting errichtet hatte. Die Inninger Kirche ist gewissermaßen deren aufwendigere Fassung. Durch vier eingestellte Pilaster verwandelt sich der an sich rechteckige Raum zu einem achteckigen; er verjüngt sich zum Chor und zum Turm hin, den beiden älteren Bauteilen, an die er angeschlossen werden mußte.

Gedämpfte, leichte Farbigkeit überall. Die Kolossalordnung weitet den an sich nicht großen Raum. Schöne Zierformen; der Stuck von *Tassilo Zöpf.* Am Chorbogen das Wappen der Törring: auch diese Kirche ist ihrer würdig. – Das ***Fresko*** der flachen Kuppel zeigt die Johannespredigt, 1767, signiert und datiert von *Christian Wink,* 1947 restauriert. Im Altarraum: Taufe Christi. – Der ***Hochaltar*** in offener Architektur mit Figuren in Porzellanfassung von *Franz Xaver Schmädl:* Maria, flankiert von den beiden Johannes. Die Seitenaltäre stammen im Schnitzwerk von *Franz Pfeiffenhofer* aus dem schwäbischen Türkheim, ebenso die Kanzel. Mäßige Altarblätter: rechts Heilige Familie, links Kreuzigung. – Beichtstühle neu, mit alten Aufsätzen. Zwei vorzügliche Beichtstühle des 18. Jh. in den Zwickeln neben dem Turm. – An der Südwand hübsche Figur des Hl. Wendelin in schöner, originaler Fassung.

Auf dem ***Kirchhof*** die neugotische Grabkapelle des Posthalters Reinpold, 1843.

Gutes ***Ortsbild.*** Nr. 10 ein monumentaler Steinbau, angeblich Absteige Kaiser Heinrichs II., tatsächlich ein alter Salzstadel am Handelsweg von München, 16. Jh., leider mit modernem Rauhputz.

Irschenhausen ○ TÖL □ 4.1

Gut erhaltenes Ortsbild; Irschenhausen hat das Glück, nicht an der Bundesstraße zu liegen.

Stiftung Politik und Wissenschaft, schloßartige Villa, wahrscheinlich von *Karl Bauer,* um 1910 (siehe Eurasburg)

Kath. Kirche St. Anian (im 18. Jh.: St. Barbara und Unser Lieben Frau). Der Heilige Anian, ein Ire, soll im 8. Jh. auf dem Irschenberg gelebt haben; in Wilparting begraben. Er hat mit dem hiesigen Irschenhausen an sich nichts zu tun. Der Kern dieser Kirche könnte eine frühe Zelle des Klosters Schäftlarn gewesen sein (wie z. B. Zell, wohl auch Hohenschäftlarn); der niedrige Altarraum mit dem flachen Schluß und den merkwürdigen Schlitzfenstern wäre als der älteste Teil anzunehmen. – Heute bietet sich ein Kirchlein vom üblichen Typ, allerdings auf das hübscheste bereichert um eine später angefügte ***Westfassade,*** auf der das Türmchen aufsitzt. Der eingezogene Altarraum wohl aus dem 14. Jh.; das Schiff ist höher, etwa ± 1700. Aus der Mitte des 18. Jh. dürfte die westliche Erweiterung stammen. – ***Ausstattung*** in bäuerlichem z. T. reizendem Barock. Der ***Hauptaltar,*** den Verhältnissen entspre-

Issing, Pfarrkirche

chend klein, ± 1700, mit Muttergottesfigur, flankiert von der Hl. Barbara und einem Hl. Bischof (Anian? Attribut ist heute irrtümlich ein Schraubenzieher). Die ***Seitenaltäre*** zeigen verkommene, aber auch ursprünglich mäßige Altarblätter aus dem 18. Jh.: links Grablegung, rechts Kreuzigung, beide begleitet von den Figuren primitiv-lieblich geschnitzter Heiligen. Vorzügliche Messingleuchter auf dem Hochaltar, ± 1900. – An der Stirnwand über dem Chorbogen – aus der Höhendifferenz zwischen Schiff und Altarraum gewonnen – sehr hübsche Figuren des Hl. Leonhard, flankiert von den beiden Reiterheiligen Georg und Martin. – An der Südwand die große, hochbarocke Figur einer Hl. Barbara mit gedunkelter, alter Porzellanfassung. – Als Kreuzwegstationen Lithographien nach *Führich* in silberner Rahmung. Prozessionsfahne des Burschenvereins „Frohsinn" mit Darstellung der via recta, noch ganz im bäuerlichen Barock, dennoch von 1908. – Die Kirche ist im 19. Jh. überformt worden; als Siegel jener Zeit hängt der große Wartesaal-Lüster von der Decke.

Issing ○ LL □ 3.1

Als eine der vielen ehemaligen Wessobrunner Klosterpfarreien der Umgebung besitzt der Ort mit seiner hoch gelegenen **Pfarrkirche St. Margaret** ein charakteristisches Werk *Joseph Schmuzers* aus dem Jahr 1717. Die einprägsame Gliederung des Außenbaus – große, durch schmale Farbstreifen abgegrenzte Rechteckblenden um die Fenster – findet sich an insgesamt neun Landkirchen dieses Baumeisters in bayerisch-schwäbischem Raum. Das durch Pilaster gegliederte Innere, ausnahmsweise ohne Stuckaturen, zeichnet sich durch seine guten Spätbarockaltäre mit vorzüglichen Plastiken von *Johann Luidl* aus. Die Deckenbilder entstanden erst 60 Jahre nach der Bauzeit von der Hand des „Lechmalerhansls" *Johann Baptist Baader,* der im Langhaus das Martyrium der Hl. Margareta, Katharina und Barbara und im Chor die drei Heiligen in der Verklärung darstellte.

Vom 736 Meter hohen ***Thalenberg,*** an dessen Nordabhang die Kirche liegt, bietet sich ein umfassender Blick auf den sauberen Ort an der Staatsstraße Landsberg-Weilheim und nach Süden auf die abwechslungsreiche Voralpenlandschaft.

Jenhausen ○ WM □ 3.4

Kath. Kirche Mariä Himmelfahrt Hochgelegenes Kirchlein im Drumlingebiet, mit einer Fülle frommer Mobilien in bäuerlichem Barock, allerdings in der Überfassung des 19. Jh. Kurzes Schiff, stark eingezogener niedriger Chor, der Turm als Dachreiter dem Chor aufsitzend, so daß die Glockenstricke innen vor dem Hochaltar herunterhängen, hinter ihm das Uhrwerk tickt.

Das ***Innere*** mit Doppelpilastern gegliedert, die beim Anschluß an den Altarraum wirkungsvoll-ländliche Gruppen bilden; die volutengekrönten Kapitelle wie Tierhäupter. Die mit einfachem Stuckprofil gerahmten Deckenfelder enthalten Bilder der Marienklage und der Grablegung, bezeichnet 1732, aber mit den schweren Farben des 19. Jh. übermalt. Die kleinen Seitenfelder tragen christologische Symbolik vor:

Arche = omnibus una salus
Pelikan = Proprio vitam cruore
Rose = Praesidium atque decus
Phönix = Morior orior

Altäre in hübscher, am Hochaltar offener Säulenarchitektur mit zopfigen Anklängen, kaum vor dem Ende des 18. Jh. ***Hochaltar:*** Vesperbild mit Johannes und Magdalena, recht hübsch, wohl 17. Jh., flankiert von den Heiligen Petrus und Paulus, beide weilheimisch, 18. Jh. Die ***Seitenaltäre*** insofern merkwürdig, als auf beiden die Figuren von St. Ulrich und Afra, gleichfalls 18. Jh. und aus Weilheim. – Über dem Chorbogen an der Stirnwand Marienfigur und zwei kleine Engelfiguren.

An der Südwand realistischer, großer Kruzifix mit hieratischer Schmerzensmutter, ein verehrtes Bild, wie einige der Ex-voto-Tafeln schon ± 1750 beweisen. – Kleine, auf Kupfer gemalte Kreuzwegbilder, 18. Jh. – Neben dem Eingang Schädelstätte, in sauberen Gefachen, ein rechtes Ostensorium.

Kampberg eine 1925 gegründete Mooskolonie ○ STA □ 3.4

Die Bahnstation Diemendorf steht hier, weil die Diemendorfer Bauern sich damals geweigert hatten, Grund für einen Bahnhof herzugeben.

Kapelle U. L. Frau, Stiftung ansässiger Familien auf Initiative der Lehrerin Schwester Innocentia Amtmann aus Wessobrunn. Die Ausstattung enthält ältere Stücke: die Staffel des Hochaltars gehört zu dem Triptychon an der Südwand,

Kempfenhausen, ehem. Schloßkapelle

19. Jh., wohl aus Augsburg, was auch die Person des Stifters Bischof Michael Freundorfer nahelegt.

Kempfenhausen ○ STA □ 4.1

Ehem. **Schloßkapelle St. Anna,** heute nur durch das davor liegende Krankenhaus zu erreichen. Das Kirchlein mit seinem einfachen, im Westen vorgestellten Turm ganz aus einem Guß. Die Sakristei liegt an der Ostseite des Chores.
Schiff und Chor gleich breit, durch stattlichen Chorbogen geschieden, die Wände durch schmächtige Doppelpilaster gegliedert. Wölbung in flacher Tonne mit tief eingreifenden Zwickeln, vollständig ausgemalt und überspielt durch die ***Malerei*** von *Christian Wink* (1774, bez. unten links): im Schiff die Taufe Christi, im Chor Verherrlichung Gottvaters. Die Bilder an sich viel zu groß; aus diesem frommen Mißverhältnis entwickelt sich aber die ganze Schönheit des Kirchleins, das noch die vollständige Ausstattung seiner Zeit besitzt, auch von späteren Besitzern bereichert wurde.
Sämtliche ***Altäre*** in Rokoko-Architektur ± 1780, zwar bäuerlich, aber schon völlig aufgelöst, so daß kein bestimmtes Architekturglied mehr zu erkennen ist. Die porzellangefaßten Mobilien gehen unmittelbar in die gemalte Dekoration über.
Hauptaltar: Anna Selbdritt, ± 1520, barock gefaßt, mit Joseph und Joachim. ***Seitenaltäre:*** Links St. Sylvester, rechts St. Leonhard. Sämtliche Figuren älter als die Architekturen. Wappen der Schloßbesitzer am Chorbogen: Pirchinger, Dufrèsne, Euphet.
Westempore von etwa 1820 mit neugotischer Orgel; die Apostel an der Brüstung noch ganz barock empfunden. – An der Rückwand des Chores die Figuren von

Kempfenhausen, Münchner Str. 27

St. Sebastian, Anfang 16. Jh. und St. Rochus, ± 1700. Reliquien frommer Stifter hier und in der Sakristei. Über dem inneren, vermauerten Nordportal eine schlecht erhaltene Kreuzigungstafel, ± 1480, hierher gestiftet 1850 von Dr. Schauss, einem der ehem. Schloßbesitzer. Darunter ein auf Kupfer gemaltes, schlecht erhaltenes Bildchen der Elsheimerzeit (± 1610): Verehrung der Dreifaltigkeit, qualitätvoll. – Fatschenkind. – Unter der Empore einige Votivtafeln. – Altes Pflaster, altes Gestühl.

Schloß. Durch den Münchner Bürger und Maler *Gabriel Mäleskircher* erbaut 1487, später durch die Freiherrn von Barth und deren Nachfolger nur wenig verändert. Das feste, hohe Haus mit seinem großen Giebel eines der guten Beispiele des spätmittelalterlichen Herrenhauses; Nebengebäude z. T. demoliert. Schöner Park.

Münchner Str. 27, Privatklinik Dr. H. Bannaski (nicht zugänglich). Der neubarocke, nach dem Vorbild der Stuttgarter Solitude errichtete Bau stammt von *Ernst Haiger,* 1909.

Seehang 5, Pavillon im Stil des Rokoko, ebenfalls von dem stilgewandten *E. Haiger.* Das Gebäude gehörte mit dem oben genannten zusammen, beide im Auftrag des Grafen d'Oso geschaffen.

Villa Pellet, heute Landschulheim. Gutes Beispiel eines bürgerlichen Landsitzes aus der Mitte des 19. Jhs. 1864 Aufenthalt Richard Wagners.

Kerschlach ○ WM □ 3.2

Kapelle St. Ulrich aus der Mitte des 19. Jh. Massige, neugotische Ausstattung mit dem Bild des Titelheiligen im Hochaltar, begleitet von den Figuren der Heiligen Benedikt und Bernhard. Am Chorbogen eine grobe Figur des Hl. Judas Thaddäus, um 1650. An der flachen Decke kreisrundes, hübsches Bild: Muttergottes als Patronin von Gut und Kirchlein, spätromantisch.

Die ***Wohn- und Gutsgebäude*** gleichfalls aus der Mitte des 19. Jh., 1969 renoviert und seit 1908 im Besitz der Tutzinger Missionsbenediktinerinnen. Ursprünglich war Kerschlach eine Schwaige von Andechs.

Der Nürnberger Industrielle Kramer-Klett erwarb das säkularisierte Gut und gab es seinen heutigen Besitzern.

Königswiesen ○ STA □ 4.1

Im 10. Jh. erwähnt, vielleicht aus Karolingischem Besitz hervorgegangen und wahrscheinlich schon zur Schenkung der fränkischen Kysila gehörig (→Gauting). Die Hofmark kam über die Wittelsbacher, die Weiler, Perfall 1664 an die Familie von Pfetten. 1884 Abbruch der Gebäude und Aufforstung. – Übrig blieb die **Kirche St. Ulrich,** die heute mitten im Wald steht, hart am Rande der Würmtalschlucht. Sie ist ausgeräumt, zeigt aber noch einige Wandmalerei, darunter die Wappen der Herzöge Albrecht (1472), Wilhelm (1521) und Albrecht (1570) von Bayern, die zu den betreffenden Zeiten Besitzer der Hofmark gewesen waren. – Der Name auf einen Gemeindeteil von →Gauting übergegangen.

Krailling ○ STA □ 2.3

Als Hofmark 1586 durch Herzog Wilhelm V. an den Rat Erhard von Muggenthal verliehen; später an die Familie von Berchem, danach bei den Ruffini und den Hörwarth (1728). Ein ± 1600 erwähntes Schloß – noch ± 1700 bei Wening abgebildet – 1810 abgerissen.

Kath. Kirche St. Margaretha, wie die meisten Kirchen der Würmtalorte unmittelbar am Fluß gelegen. Das spätmittelalterliche Bauwerk 1622 verändert. Der Chor zeigt schöne Rippengewölbe auf Konsolen, Ende 15. Jh. Die einfache Stuckierung des Schiffs (Eierstab) und die Westempore wohl von 1622 (Jahreszahl am Chorbogen). – ***Ausstattung*** dürftig mit Ausnahme allerdings eines prunkvollen und für diesen Platz geschaffenen ***Hochaltars,*** ± 1750. Eine offene Säulenarchitektur rahmt einen üppigen Baldachin, unter dem eine spätgotische Marienfigur. Links und rechts davon die hübschen Figuren der Hl. Margaretha und des Hl. Benno. – ***Seitenaltäre*** etwa ± 1850, ebenso die Chorschranken. An der Südwand des Schiffs gute Marienfigur, bayerisch ± 1520, neu gefaßt. Die Kanzel eine einfache Schreinerarbeit des 18. Jh. – Alles ± 1970 erneuert.
Friedhof 1899 aufgelassen.
Rathaus, 1965 von *Helfried Hanig.*

Kreuzing ehem. Schwaige im Forst nordwestlich von Gauting, ○ STA □ 4.1

Sie bestand nur aus einigen Häusern und einer Kapelle (St. Nikolaus), die von Gauting aus versorgt wurde. 1846 vom Forstärar angekauft, 1872 abgerissen und aufgeforstet. Der Name lebt im Kreuzlinger Forst weiter; der Platz, ehedem eine stattliche Lichtung im Wald, nicht mehr zu erkennen.

Landsberg a. L. ○ LL □ 3.1

Vorläufer der Stadtgründung war ein um die Mitte des 12. Jhs. genannter Ort „Phetine", der sich östlich unterhalb des Schloßberges befand und bereits eine Kirche hatte. Um 1160 wurde hier eine Burg durch Heinrich den Löwen erbaut („castrum Landespurch"); sie diente zur Sicherung der Lechbrücke im Zuge einer damals neu angelegten Salzstraße von Reichenhall über München nach Oberschwaben und wurde im 14. Jh. zu einem herzoglichen Pflegeschloß ausgebaut (Anfang 19. Jh. abgebrochen). Die planmäßige Anlage der eigentlichen Stadt erfolgte nach der Mitte des 13. Jhs. durch Herzog Ludwig II. von Bayern; kurz darauf war Landsberg schon der wichtigste Militär- und Handelsstützpunkt an der Westgrenze des Herzogtums. Den Kern der städtischen Siedlung bildete der heutige dreieckige Hauptplatz. Zu Anfang des 14. Jhs. wurde der Stadtteil des „Klösterls" im Süden, um 1375 das nördliche Viertel mit dem Vorderen und Hinteren Anger und schließlich ab 1422 auch „Landsberg im Dorf" (das alte Phetine) in einen jeweils erweiterten Bering miteinbezogen. – Die Salzniederlage mit den damit verbundenen Zolleinnahmen, das Gewerbe (vor allem der Weber, Tuchmacher, Färber, Bleicher und Töpfer) und nicht zuletzt das zahlreich vertretene Kunsthandwerk ließen die Stadt zu einem blühenden Gemeinwesen anwachsen, das

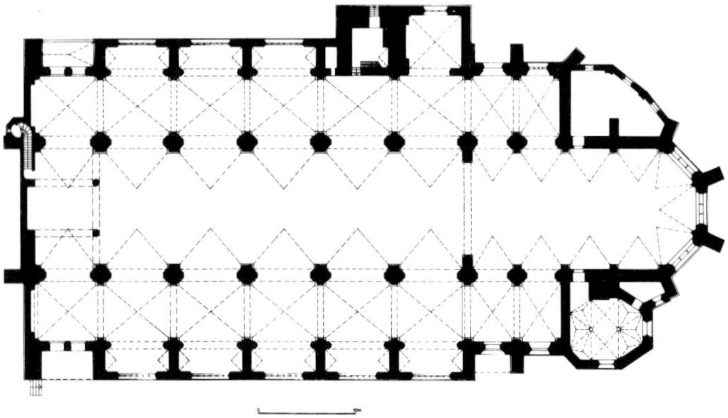

Landsberg/Lech, Stadtpfarrkirche

sich auch nach den schweren Drangsalen des 30jährigen Krieges wieder erholte. Die Stadt erhält ihren hohen Denkmalwert nicht nur aus den zahlreichen, kunstgeschichtlich bedeutsamen Sakral- und Profanbauten, sondern auch durch ihr ungestörtes altes Erscheinungsbild, das sich – je nach dem Standpunkt des Beschauers – aus der Stadtsilhouette, der Dachlandschaft und der Ensemblewirkung der einzelnen Straßenräume zusammensetzt. – Künftig wird die nördlich der Stadt vorbeigeführte Bundesstraße dem historischen Stadtkern, der dem Durchgangsverkehr zu erliegen drohte, einige Erleichterung verschaffen.

Stadtpfarrkirche Mariae Himmelfahrt
Neubau 1458–88 als dreischiffige Basilika, von *Valentin Kindlin* begonnen und durch *Ulrich Kiffhaber* vollendet. Der nördlich abgesetzte Turm Rest der älteren Kirche St. Vitus (14. Jh.) mit Erhöhungen 1417, (ältester datierter Glockenstuhl Bayerns) und 1699. In der Zeit von 1680 bis gegen 1730 und noch einmal nach Mitte des 18. Jhs. wurden die wesentlichsten Teile der z. T. sehr prächtigen Einrichtung beschafft; daneben gibt es bemerkenswerte Überreste an Steinplastik vom Vorgängerbau, so ein spitzbogiges Tympanon aus dem späten 14. Jh. ± 1702 wurde die Kirche, unter Einbeziehung eines Stichkappengewölbes im Mittelschiff und Abschlagen der Gewölberippen im Chor, mit reichen Wessobrunner Stuckaturen (wohl unter Leitung von *Joseph Schmuzer* oder *Matthias Stiller*) und Medaillonmalereien ausgestattet. Prunkvoller ***Hochaltar*** 1680 von *Jörg Pfeiffer* aus Bernbeuern; beide Altarbilder (Huldigung der Muttergottes und St. Vitus) von *Antonio Triva,* die plastischen Arbeiten (darunter die weit überlebensgroßen Figuren der Hl. Joseph und Joachim und zwei schöne „Tragengel") von *Lorenz Luidl* (1645–1719), dem bedeutendsten Bildhauer der Stadt. Eines seiner Hauptwerke der 1671 entstandene Christus auf dem Palmesel; unter den überaus zahlreichen Werken seiner Hand bzw. seiner Werkstatt in der Kirche auch die ***Apostelreihe*** (1694), die Orgelfiguren (1688) und die Altarfiguren des Vitus- (1696), Eulogius- (1681), Herz-Jesu- (1695), Sebastian- (1680) und Hucklealtars (1695) zu nennen. Der Sohn und Werkstattnachfolger des Meisters, *Johann Luidl* (1685–1765) schuf hier ebenfalls eine ganze Abfolge guter Plastiken und erreicht mit seinen acht Pfeilerfiguren (um 1720/30) und besonders mit den beiden erstrangigen Arbeiten der Hl. Modestus und Kreszentia am westlichen Pfeilerpaar (1713) durchaus die Qualität seines Vaters.

Landsberg/Lech, Stadtpfarrkirche

Landsberg/Lech, Stadtpfarrkirche.
Muttergottesfigur von Hans Multscher (oben) und Grabmal eines Arztes

Links im Chor schlanker ***Stuckmarmoraltar*** von *Dominikus Zimmermann* (1721) als Rahmen für eine hervorragende Muttergottes von *Hans Multscher,* gegen Mitte 15. Jh. (Zentralfigur des ehemaligen „Landsberger Altars"). ***Kreuzaltar*** unter dem Chorbogen, Anfang 17. Jh.; die insgesamt 14 ***Nebenaltäre*** im Langhaus aus der Zeit um 1680/90 und 1750/60 wurden von den Bruderschaften und Zünften gestiftet und z. T. nach ihnen benannt. Die ***Glasgemälde*** im Chor zählen zu den wichtigsten spätgotischen Arbeiten in Bayern; bemerkenswert auch ein 1562 von Herzog Albrecht V. gestiftetes Fenster. – Unter der Vielzahl bedeutender und stadtgeschichtlich interessanter ***Epitaphien*** und ***Grabsteinen*** des 15. bis 18. Jhs. drei Arbeiten eines unbekannten Bildhauers („Meister mit Winkeleisen und Pfeil") um 1510, ein Freiberg-Epitaph (1439) und das Monument für Cyriakus Weber von *Paul Reichel* (1575) mit naturalistischer Darstellung eines menschlichen Gerippes.

Hl. Kreuzkirche (ehem. Jesuitenkirche). Zusammen mit dem ehemaligen Jesuitengymnasium (1688–92 von *Michael Natter*) und dem von *Hans Holl* 1576 erbauten Jesuitenkollegium (heute Spital) wuchtiger Baukomplex und für die Stadtsilhouette von besonderer Bedeutung. – Stattliche Wandpfeilerkirche mit zwei Reihen geschweifter Fenster, von *Ignaz Merani* 1752–54 errichtet; die Doppelturmfassade (Tuffstein) und vor allem die Gestaltung des Westportals und der Doppelempore durch *Dominikus Zimmermann* beeinflußt. Außerordentlich reiche, durch ihre Einheitlichkeit und Qualität bestechende Raumausstattung. Farbenprächtige, vielfigurige ***Deckenbilder*** in Langhaus und Chor von *Christoph Thomas Scheffler,* jeweils den ganzen Raumteil überspannend: Im Chor Schlacht an der Milvischen Brücke (Sieg Kaiser Konstantins im Zeichen des Kreuzes), im Schiff die Kreuzauffindung. ***Stuck*** vielleicht von *Franz Xaver Feichtmayer,* ***Altaraufbauten*** und ***Kanzel*** von *Dominikus Bergmüller* aus Türkheim, als Bildhauer *F. X. Schmädl* vermutet. Hochaltarblatt von

Landsberg/Lech, Hl. Kreuzkirche

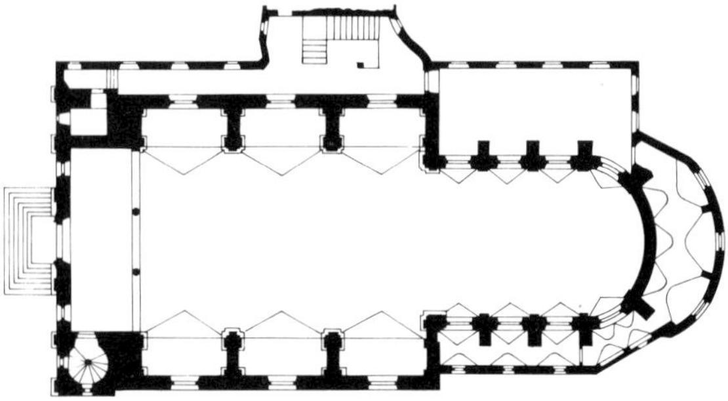

Landsberg/Lech, Hl. Kreuzkirche

Johann Baader (Kreuzigungsgruppe, 1758), die Altarbilder in den sechs Seitenkapellen von *Johann Georg Bergmüller* (Hl. Stanislaus und Aloisius), *Johann Baader* (Hl. Ignatius und Franz Xaver) und *Christoph Thomas Scheffler* (Hl. Joseph und Maria). Doppelte ***Westempore*** mit vorschwingendem Mittelteil, an der unteren schmiedeeisernes Gitter in feiner Zeichnung. Einige bemerkenswerte Ölbilder, darunter vier Jesuitenheilige von *Gottfried Bernhard Götz* (1754) und *Vitus Felix Rigl* (1764) und zwei Votivbilder (Hauptplatz mit Rathaus, 1744 und Stadtansicht, 1801). In der reizvollen ***Ignatiuskapelle*** über der Sakristei Deckengemälde von *Felix Anton Scheffler,* dem Bruder des vorhergenannten (1756).

Johanniskirche. Entzückender kleiner Zentralbau von *Dominikus Zimmermann* (Planung 1741, Ausführung 1750–52), der von 1716 bis 1754 in der Stadt ansässig und zeitweilig Bürgermeister war. Die Ostfassade ist bündig in die Häuserzeile des Vorderangers hineingestellt und durch Pilaster, geschweifte Wandöffnungen und – in der Mittelzone – aufschwingendes Gesims gegliedert. – ***Deckengemälde*** von *Karl Thalheimer* aus Ottobeuren (Darstellungen aus der Johanneslegende); reizvoller ***Hochaltar*** aus Stuck von *Zimmermann,* dessen skurrile Rocailleornamentik den architektonischen Aufbau fast verschwinden läßt und den Rahmen für eine Figurengruppe der Taufe Christi abgibt (Bildhauer *Johann Luidl*). Die beiden Seitenaltarbilder in lebhaft geschwungener Umrahmung von dem Landsberger *Franz Anton Anwander* (Johann Nepomuk und Evangelist Johannes).

Dominikanerinnenkirche. In der Flucht der Ostfassade des ehemaligen Ursulinerinnenklosters (hier neu restaurierte Fassadenmalerei von *Johann Baptist Bergmüller*) als achtfensterige Langseite weitergeführt; Baumeister des Gesamtkomplexes *Dominikus Zimmermann* (1720/25). Die elegante Spätrokokoausstattung, überwiegend aus der Zeit des Umbaus 1764–66, umfaßt die ***Deckenbilder*** von *Johann Baptist Bergmüller* (der hl. Joseph empfiehlt das Kloster der Hl. Dreifaltigkeit und – im Chor – Gottvater und Hl. Familie, in den restlichen Gewölbefeldern Grisaillen und stuckimitierende Malerei), den ***Hochaltar*** (1748, Entwurf *Dominikus Zimmermann,* Altarblatt von *Johann Georg Bergmüller*) und die Stuckmarmor-Seitenaltäre von *Thassilo Zöpf.*

Landsberg/Lech, Hl. Kreuzkirche

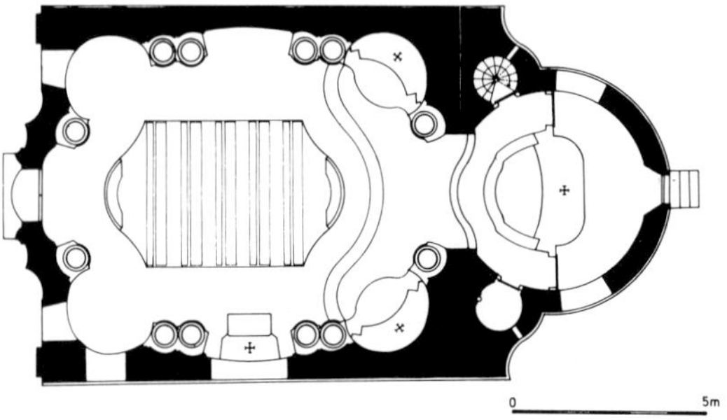

Landsberg/Lech, Johanniskirche

Hübsche Doppelempore zu je drei Zonen mit stuckierten Bildfeldern an der Brüstung und freskierten Untersichten. Unter der Empore schönes Gabelkruzifix von *J. Luidl.*

Ulrichskapelle in Spötting. Erbaut 1765 von dem Zimmermannschüler *Nikolaus Schütz,* heute Friedhofskapelle der Strafgefangenenanstalt.

Katharinenkapelle. Spätgotischer Bau mit kleiner, romanischer Apsis unter dem Turm; mit Sternrippengewölbe und Blendbogengliederung. Heute Kriegergedächtniskapelle.

Dreifaltigkeitskirche (Friedhofskirche). 1596 in nachgotischen Formen errichtet, bzw. erneuert. Im Chor Netzrippengewölbe, im Langhaus Wessobrunner Stuck (bez. 1704). Außen an der Nordostseite Ölbergnische mit Renaissanceumrahmung aus gebranntem Ton von dem Landsberger Kunsttöpfer *Adam Vogt,* 1604.

Brunnenkapelle im Hofgraben, 1754 von *Nikolaus Schütz.*

Rathaus. Neubau 1699–1702, aus dieser Zeit der Wessobrunner Stuck im Treppenhaus, in der Vorhalle und im Saal des 1. Obergeschosses. Die in frühen Bandelwerkformen stuckierte und wohlgegliederte Fassade mit ihrem maskierenden Schweifgiebel – wohl die schönste ihrer Art in Bayern – von *Dominikus Zimmermann,* 1718–20; von ihm auch der Deckenstuck im Saal des 2. Obergeschosses. Gedächtnisraum für den Portraitmaler *Hubert von Herkomer,* der 1891 und 1905 für diesen Saal zwei große Bilder des Magistrats und der Stadtverordneten malte (Herkomer erbaute 1884 jenseits des Lechs den „Mutterturm" zum Andenken an seine Mutter).

Gasthaus zum Stern. Stattlicher spätgotischer Bau mit netzgewölbter Hauskapelle (profaniert), 1508 von Herzog Wolfgang errichtet; schöner Wessobrunner Barockstuck in den Gasträumen.

Staffingeranwesen. Erbaut 1556 von Herzog Albrecht V. für den „Landsberger Bund". Turnierhof mit stichbogigen Laubengängen.

Bürgerhäuser. Zahlreiche Häuser mit spätgotischen Steilgiebeln, oder barocken Fassaden, z. T. mit Bauinschriften: die älteste am Haus Hindenburgring 24 (ehemaliges Ballenhaus, 1468). Das Haus Ledergasse 361 ist wahrscheinlich das älteste der Stadt (Ende 14. Jh.).

Landsberg/Lech, Johanniskirche

Landsberg/Lech, Rathaus

Stadtbefestigung
Eine der umfangreichsten erhaltenen Anlagen Südbayerns: insgesamt fünf Tortürme, acht Wehrtürme und 19 Schalentürme; Gesamtlänge der Mauern ca. 1,5 km. – In der Salz- und Mühlgasse Reste der ältesten Stadtmauer aus Nagelfluh (2. Hälfte 13. Jh.), Entstehungszeit des Nord-, Süd- und Ostzuges ab 1420, dabei letzterer aus fortifikatorischen Gründen weit von der Hangkante des Lechtales abgesetzt. – ***Bayertor*** (36 Meter hoch), eines der beiden schönsten Stadttore Oberbayerns, erbaut 1425. Auf der Feldseite vorgeblendete Scheinarchitektur mit Kreuzgruppe, Engeln und verschiedenen Wappen; doppeltürmige Barbakane. 1977 restauriert. – ***Schmalzturm*** (Schöner Turm) am Hauptplatz, im Kern 14. Jh., mit farbig glasierten Dachziegeln. – ***Sandauertor*** gegen Norden, Anfang 17. Jh., in Anlehnung an *Elias Holls* Augsburger Tortürme. – ***Bäckertor*** und ***Färbertor,*** 2. Hälfte 15. Jh. bzw. ± 1500.

Landsberg/Lech, Bayertor

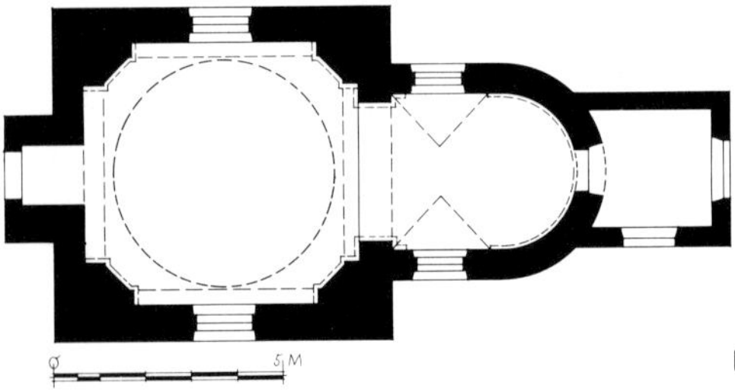

Landstetten, Kapelle

Landstetten ○ STA □ 3.2

St. Jakob, Kapelle bei einem neu erbauten, früher zum Kloster Polling gehörenden Hof. In dem Auf und Ab der Moränenlandschaft scheint der Ort eine hervorragende Position inne zu haben. – Der rechteckige Kirchenraum mit zum Chor hin abgeschrägten Ecken wirkt wie das verkleinerte Abbild der Kirche von →Perchting; 1768 durch *L. M. Giessl* errichtet (→Rothsee, gleichfalls eine Pollinger Schwaige). Die Wappen am Chorbogen weisen auf Kloster Polling und die Grafen von Törring-Seefeld – es sind die in Landstetten und Perchting aufeinanderfolgenden Grundherren. – Das kreisrunde ***Deckenbild*** – St. Jakob empfiehlt die bäuerlichen Stifter – stark übermalt, von *Johann Bapt. Baader.* Der kleine ***Hauptaltar*** enthält nicht zusammengehörige Figuren: Kruzifix, St. Jakob und einen Ölbergengel. Überhaupt viel Vereinzeltes, darunter eine recht gute Pietà aus dem 17. Jh. Für 1750 wird ein neuer Seitenaltar erwähnt, dessen Kistler *Franz Weinhardt* aus Erling gewesen ist.

Lengenfeld ○ LL □ 3.1

Straßendorf an der Altstraße Landsberg – Weilheim. In der Ortsmitte die kleine **Filialkirche St. Nikolaus,** ein Werk des an der Klosterkirche Andechs tätigen Münchner Hofmaurermeisters *Lorenz Sappel* aus den Jahren ± 1755 (→Pflugdorf). Der vor kurzem restaurierte Außenbau hat eine feine Architekturmalerei aus schattierten Pilastern, einen Westturm mit geschweifter Haube und die für den Baumeister typischen, hochliegenden Stichbogenfenster. Zur reizvollen Ausstattung gehören die Wessobrunner Stuckaturen und die Deckengemälde von *Caspar Schäffler* aus dem nahen Oberfinning, die auf den Titelheiligen und auf den hl. Wendelin als Viehpatron bezogen sind. Die ***Altäre*** aus der Erbauungszeit enthalten Ölbilder von *Johann Baptist Baader* (1756 und 1762), die beiden Hauptfiguren des Hochaltars und das Vesperbild des linken Seitenaltars sind Teile der älteren, barocken Einrichtung, die der Landsberger Bildhauer *Lorenz Luidl* vor 1700 schuf. Alle drei Altaraufbauten sind Stuckmarmorarbeiten des Landsberger Zimmermann-Schülers *Nikolaus Schütz* (1759); einige Votivtafeln des 18. und 19. Jhs. deuten auf die Verehrung des hl. Wendelin als Nebenpatron der Kirche.

Leoni ○ STA □ 4.1

Ursprünglich benannt nach dem Gasthaus des Kgl. Hofsängers Joseph Leoni, das später erweitert wurde (abgerissen). In Leoni wohnte *J. Himbsel,* der die Bahn München-Starnberg und die Schiffahrt auf dem See begründet hat. – Vom ehem. Seehotel führte eine Seilzugbahn nach →Rottmannshöhe, dessen großes Hotel, später Exerzitienhaus, dem gleichen Besitzer, Max Strauch aus →Feldafing, gehörte. Haus Nummer 19, Fremdenheim Frommel. ± 1860 errichtet; Fresken von *W. v. Kaulbach, Rottmann* und anderen.

Leutstetten, Pfingstaltar

Leutstetten ○ STA □ 4.1

Bereits in der Schenkung jener fränkischen Kysila (→Gauting) erwähnt. Wie dort ist auch hier die Nachbarschaft des Ortes mit der Karlssage verbunden. Das alte Krongut ringsum ist schließlich an die Wittelsbacher gekommen. Das Schloß besitzen sie allerdings erst seit 1875. Als Alterssitz des letzten bayerischen Kronprinzen, Ruprecht, und infolge seiner lieblichen Lage am Rande der großen Endmoräne hat Leutstetten viel freundliche Aufmerksamkeit auf sich gezogen.

St. Alto. Kirchlein mit flachem Chorschluß und einem Dachreiter-Türmchen von 1738. Das Innere sehr gepflegt; zahlreiche Nachrichten beweisen solche Sorgfalt von alters her. Der ***Hochaltar*** wahrscheinlich mit dem 1666 als neu erwähnten identisch; Kistler war *Hans Nursch* von Starnberg, Maler *Georg Irnkauf* von Wolfratshausen, Bildhauer *Johann Kriner* (Khrinner) von Tölz. In jener Zeit hat das so nahe liegende Starnberg künstlerisch noch keine eigene Bedeutung gehabt. Die ursprünglichen Figuren nicht mehr erhalten; die heutigen von verschiedenen Händen: Marienfigur und Elisabeth von 1520. Johannesfigur um 1500 – alle drei erst in jüngster Zeit hiergeraten.

Ersten Ranges der linke ***Seitenaltar*** mit der Darstellung des Pfingstwunders, aus dem Umkreis des *Erasmus Grasser*, um 1480. Das Werk offenbar von den Besit-

zern der Hofmark seinerzeit hierher gestiftet, jedenfalls 1706 bereits an Ort und Stelle (1973 wurde eine barocke Fassung freigelegt). Der ***Annenaltar*** rechts um 1750. Die begleitenden Figuren, St. Joseph und St. Joachim, bäuerlich, 18. Jh. – Unter dem Annenaltar römischer Stein; dergleichen Reste hier nicht unbekannt (→Widdersberg). Am Triumphbogen gute Rosenkranzmadonna, um 1700.
An der Decke ***Fresko*** von 1789 mit Darstellung des Hl. Alto. Im Chor guter Dekkenstuck, ± 1700. – Unter der Empore von 1749 ein Tafelbild mit Darstellung der Jungfrauen Fürbet, Einbet und Gerbet, bez. 1643 als Stiftung einer Sybilla von Sterzhausen; es stammt aus einer Wallfahrtskapelle in der Nähe, die 1850 abgebrochen worden ist. Den Kult dieser Jungfrauen gab es auch in Kloster Schlehdorf nahe Kochel; er ist wohl heidnischen Ursprungs.

Das ***Schloß,*** 1565 vom Herzoglichen Rat Hans Urmüller erbaut, war schon nach Ausweis von Wenings Stichwerk ein stattliches Herrenhaus mit Giebeln und zwei Ecktürmen. Es steht in dieser Gestalt noch heute hinter seinen hohen Bäumen.

Die sog. ***Karlsburg,*** auf den nördlichen Moränenwällen gelegen, ist völlig überwachsen und kaum noch zu erkennen. Auch sie galt als Geburtsort Karls des Großen, war jedenfalls herzoglicher Besitz, wurde im 14. Jh. zerstört.

Lochham ○ M (Land) □ 2.3

Das Dorf fast völlig in der ausgebreiteten Stadtrandsiedlung aufgegangen. Der Ortskern lag – wie bei allen Würmtalorten – dicht am Fluß, wo sich noch heute die alte **Pfarrkirche St. Johannes Bapt.** befindet. Sie steht auf einem Hügel im ehem. Überschwemmungsgebiet, ein bescheidener Bau des Spätmittelalters, ± 1950 umorientiert durch eine sehr unglückliche, moderne Erweiterung; unter den ähnlichen ihrer Art die am wenigsten geglückte. Von alter Ausstattung nichts mehr erhalten; Lochham war seit alters pfarrlich eine Filiale von →Gräfelfing.

Ludenhausen ○ LL □ 3.1

Einer der beiden höchstgelegenen Pfarrorte des Landkreises Landsberg (736 Meter ü. d. M.) mit seiner weithin sichtbaren **Kirche St. Peter und Paul,** die dem Augsburger Domkapitel inkorporiert war. Der Bau fällt gegenüber den Nachbarkirchen, gemessen an seiner Ausstattung, ab. Während Chor und Turm im Kern aus dem Jahr 1494 stammen, entstand das Langhaus erst 1842, bzw. 1874 (Umbau zur heutigen Gestalt). An der Stelle der nach →Pöring abgegebenen barocken Seitenaltäre stehen heute zwei Vertreter einer seltenen Stilrichtung, die man mit „Spätjugendstil-Barock“ (1918) bezeichnen könnte.

Machtlfing ○ STA □ 3.2

Kapelle U. l. Frau („Untere Kirche“), mitten im Dorf, zwischen den Höfen fast verschwindend, ± 1680; Turm mit reich gegliedertem Aufsatz an der Nordseite. Die Ausstattung entspricht der Erbauungszeit, braun-gold, hochbarock; die Rosenkranzmadonna am Chorbogen ist 1688 datiert. – Der ***Hochaltar*** enthält in seiner schönen Architektur noch mittelalterliche Figuren: eine sitzende, vorzügliche Muttergottes in der Mitte, links St. Peter, rechts St. Paul, alle wohl aus einer Münchner Werkstatt ± 1490. – Die ***Seitenaltäre*** auf mächtigen, gemauerten Mensen, ± 1680. Links die Figur des Hl. Sylvester, rechts die Figur der Hl. Joseph, ± 1710 von *L. Luidl.*. – An der Nordwand Altar mit Darstellungen aus dem Martyrium des Hl. Stephanus, Anfang 17. Jh. Er stammt aus der heute leerstehenden Kapelle auf dem sog. Stephansbühel, einem Moränenhügel westlich des Dorfes. – Gegenüber zahlreiche ***Votivtafeln*** ab ca. 1780.
Der Westempore sind gedrechselte Baluster vorgesetzt. Auf ihr stehen zwei barokke Holztafelbilder mit den fast lebensgro-

Machtlfing, Kapelle

ßen Darstellungen der Hl. Wendelin und Notburga in ihren hübschen Trachten. – Das Deckenbild ist neu, von der gleichen Hand, die auch in der sog. Oberen Pfarrkirche anzutreffen ist; nicht gut.

Kath. Kirche St. Joh. Bapt. („Obere Pfarrkirche"). Architektur ± 1850 (auf einem Ex voto in der Unteren Kirche um diese Zeit bereits abgebildet), nicht ohne Fernwirkung auf diesem Berg – eine der wenigen Landkirchen im Stil der Münchner Ludwigsstraße. Dieser Stil mag auf dem Land übertrieben wirken; sein Wert aber erweist sich auch hier. Es ist grade darum sehr zu bedauern, daß sich die entsprechende Einrichtung der Kirche nicht erhalten hat. Was man im Innern erblickt, ist schlechteste Modernität (Altarmosaik, Deckenbild, Kriegerehrung außen). Immerhin einige sehr schöne Messingleuchter mit gedrehtem Schaft auf dem Altar, um 1900. Eine alte Gregorsfigur, ± 1520, angeblich von einem hiesigen Bauernhaus.

Pfarrhaus. Wohl 18. Jh., heute leerstehend und verkommen.

Volksschule, zugleich Rathaus, ein recht merkwürdiger Bau ± 1860, in seiner rechten Hälfte für Ökonomie eingerichtet, da der Lehrer damals auch Landwirtschaft betreiben mußte.

Aussiedlerhof an der Straße nach Erling, aus Eternit nach rationellen Gesichtspunkten errichtet; merkwürdig daß dieser Baustoff in solcher Totalität doch unansehnlich wirkt.

Stephanskapelle, etwa 2 km westlich auf einem Hügel südl. der Straße nach Andechs. Der Stephaniritt findet seit einigen Jahren nicht mehr statt.

Magnetsried ○ WM □ 3.4

St. Margaretha. Recht eindrucksvolle, kürzl. verputzte Tuffstein-Architektur mit Turm auf dem Westgiebel. Innen- und Außengliederung der Wände, innen mit dem vollen Apparat aus Gebälk und Gesims: ein gewisser Aufwand, der noch dadurch bereichert wird, daß in den Gewölbezwickeln über dem Gesims Rundfenster sitzen: eine zweigeschossige Fensterordnung, wie sie an Landkirchen sehr selten angetroffen wird. Der Bau etwa 1720.
Der stark eingezogene Chor besitzt ausgerundete Ecken, schließt jedoch flach. Mit den Gewölbegurten im Chorhaupt ist der Baumeister indes nicht fertig geworden; sie wirken im Anschluß grotesk. Überhaupt sind die einzelnen Formen plump, wenn auch nicht ohne Würde. – Zweigeschossige Westempore, das Obergeschoß auf graziösen Rokoko-Balustern (→Jenhausen). Schöner alter Ziegelboden.
Daß der Gesamteindruck des Inneren dennoch unerfreulich, liegt an einer verständnislosen Restaurierung und an der schlimmen Malerei von 1968. – An der Südwand, hinter Glas in barocker Rahmung eine offenbar alte Kopie des Pollinger Kreuzes (→Polling), auf Pergament gemalt, spätestens ± 1420, sehr eindrucksvoll. – Veteranentafel auf altem, gedrucktem Formular. Recht gute ***Kanzel,*** klassizistisch, die Putten auf dem Schalldeckel vielleicht von *Franz Doll.*

An der Kirche ein Priestergrab für Pfarrer Klambt, der sich noch zu Lebzeiten (1971) seinen Grabstein mit dem Spruch setzen ließ:

Wenn ich getan was ich gelehrt
dann ist der Himmel mein
Wenn Ihr getan was Ihr gehört
dann kommt Ihr auch hinein.

Neben der Kirche altes, schönes ***Bauernhaus*** mit Rustikamalerei im Erdgeschoß.

Maising ○ STA □ 4.1

Kath. Kirche St. Bartholomäus. Einfaches Kirchlein mit westlich vorgesetztem Turm. Flach geschlossener Altarraum. Die Decke des Schiffs flach über umlaufender Kehle. Das Ganze wirkt wie aus dem 19. Jh., obgleich auf der Südseite innen eine Nische mit Kielbogenabschluß auf spätmittelalterliche Bausubstanz deutet. Das 19. Jh. hat den Bau vor allem innen überformt. Aus dieser Zeit die drei Altarblätter, signiert *W. Hauschild* 1857. Ebenfalls die hübsche, kleine Orgel und das Gestühl.
Es gibt auch noch ältere Reste. Zwar haben sich Spuren aus dem 18. Jh., das nach den Urkunden durchaus Anteil an der Ausstattung besaß, nicht erhalten. Der moderne ***Hochaltar*** enthält jedoch disparate Figuren, die – auf Wandkonsolen – um eine moderne Marienfigur gruppiert sind, deren barocke Vorgängerin die im Starnberger Heimatmuseum befindliche Marienfigur von *Ignaz Günther* gewesen sein soll. – Figürchen der Hl. Barbara und Katharina, Anf. 16. Jh. An der Südwand wuchtige Petrusfigur, Anfang 16. Jh. – Der Unterbau des Hochaltars dürfte jenem Hochaltar des 19. Jhs. angehören, zu dem auch das Blatt mit der Muttergottes von *Hauschild* gehört, das heute an der Nordwand hängt. – Die neue Tünchung und die Stubenlampen sind für dörfliche Restaurierungen typisch.

Der Turm auch dieser Kirche besaß ursprünglich eine Zwiebelhaube. Der Spitzhelm entspricht den gotisierenden Tendenzen des 19. Jh.
Sehr hübsches ***Ortsbild;*** die meisten der Häuser allerdings schon in städtischem Besitz. Im Tal ein alter Moosbauernhof mit hölzernem Obergeschoß.

Mamhofen ○ STA □ 4.1

Noch 1865 ist der Ort mit acht Höfen inmitten von Feldern verzeichnet. Seit 1905 aufgeforstet, die Höfe bis auf zwei abgerissen. – Eine Einsiedelei mit Dreifaltigkeitskapelle wird noch 1815, allerdings als entbehrlich, erwähnt. Spuren haben sich davon nicht erhalten.
St. Philippus und Jakobus. Kapelle mit westlich vorgestelltem, verschindeltem Turm und schön geschnittenen, barocken Fenstern. Sie muß ehemals reich ausgestattet gewesen sein, besaß einen Choraltar von 1738 (*Joseph Krinner* als Schnitzer, *Lorenz Paur* als Kistler, beide aus Wolfratshausen) und einen Annenaltar von 1758. Pfarrlich gehörte sie zu Feldafing. – Das Ganze nun seit Jahren dem Verfall preisgegeben; die Ausstattung völlig verschwunden.

Maria-Eich → Planegg

Martinsried ○ M (Land) □ 2.3

Auf der schotterreichen Niederterrasse gelegen und früher mit freier Sicht auf Pasing; heute fressen sich die Kiesgruben in die Martinsrieder Flur. Die alten Straßen zu den Nachbarorten sind z. T. amputiert; Industrie und Institute lassen den alten, an sich erhaltenen Ortskern fast verschwinden, der um die **Kirche St. Martin** gelegen ist; ehedem zum Kloster Dietramszell gehörig. Seit 1824 Pfarrkirche auch für →Planegg (dort der Pfarrsitz) →Steinkirchen und →Maria Eich, die zuvor nach →Puchheim eingepfarrt waren; dann Filiale. Der Bau kann als Muster für schlichte, barock-dörfliche Kirchenarchitektur gelten: Einfacher, flach gedeckter Raum mit breitem, dreiseitig schließendem Chor; Turm an der Nordseite, Sakristei im Süden – es ist das alte, vielleicht uralte Bauschema nur ins Wohlräumigere übertragen, um 1700, wohl unter dem Pfarrer Jacob Lenz († 1699), dessen Grabplatte später in das Vorhaus versetzt wurde. Altararchitekturen scheinbar einheitlich hochbarock. Doch sind die Seitenaltäre, ± 1760, dem Hauptaltar, 1699, nur geschickt angeglichen worden. Im ***Hauptaltar*** recht gutes Altarblatt: St. Martin (mit hübscher Gans) und Muttergottes vor der Dreifaltigkeit, sign. *L. H.* 1699. Die Blätter der Seitenaltäre in der Art des *Johannes Baader,* um 1760. Von gleicher Hand die Bemalung der Empore (Christus und die 12 Apostel). – Kleine Orgel, ± 1760.

Meiling ○ STA □ 3.2

Kath. Kirche St. Margaretha. Inmitten eines Kirchhofs; Türmchen mit Spitzhelm (von 1891) auf dem Westgiebel. Der einfache Bau zeigt kräftiges Mauerwerk. Der Chorbogen ist spitz, der Chor schließt dreiseitig; dies deutet auf spätmittelalterliche Bausubstanz, wenngleich sämtliche Fenster barock sind. Im 18. Jh. hat die Kirche ihr heutiges Gewand erhalten. – Ein Ständer auf der Westempore zeigt die Jahreszahl 1561. Darüber, an der Decke, das plastische Doppelwappen der Törring mit der Jahreszahl 1728. Beide bezeichnen wohl die für dieses Kirchlein wesentlichen Stationen. – Die Glocke von 1580. – Sehr hübsch die Empore mit den Bildern der Apostel an der Brüstung, 18. Jh. Kanzel und Einzelfiguren von *L. Luidl,* ± 1690.

Zwischen Delling und Meiling oben am Waldrand nördlich der Allee ein ***Denkmal*** mit Inschrift für Georg von Rauscher, seine Neffen und Freunde, die teils im 1. Weltkrieg, teils im zweiten gefallen sind. Rührendes Zeugnis einer jugendbewegten Freundschaft, voller Aufbruchsstimmung, wenngleich als Dichtung mäßig. Am Fuße dieser Stelle rätselhafte Inschrift mit Zeichnung, wohl Unfug.

Mörlbach, St. Stephan, Altarschrein

Mischenried

1 km n Weßling ○ STA □ 3.2

Gutshof mit stattlichem, jedoch einfachen Herrenhaus, eine Schwaige des Klosters Diessen; daran angebaut eine ***Kapelle,*** deren zentraler Grundriß in dieser Gegend nicht ohne Beispiel (→Unering, Delling). Sie ist durch einen zweigeschossigen Gang mit dem Haus verbunden, hat also wohl ehemals eine Herrschaftsempore besessen. Heute profaniert, der Zusammenhang durch Einziehen einer Decke zerstört. Das Herrenhaus vielleicht noch 16. Jh., die Kapelle aus dem 18. Jh.

Im Mischenrieder Wald n. der B 12 wurde 1975 eine ***Römersiedlung*** ausgegraben.

Mörlbach ○ STA □ 4.1

Ein Schloß wird noch im Stichwerk des Michael Wening erwähnt, im Besitz der Grafen Ruepp (→Bachhausen), danach der Freiherrn von Mändl. Ein Ende des 13. Jh. ausgestorbenes Geschlecht „von Mörlbach" aus Urkunden bekannt. Der Ort war also nicht ohne Bedeutung; aus dieser Tatsache erklärt sich wohl der Reichtum seiner Kapelle.

St. Stephan. Eine Kapelle von beträchtlichen Abmessungen mit einem Spitzhelmturm (19. Jh.) auf dem Westgiebel. Der Chor ist nicht eingezogen, sondern besitzt die Breite des Schiffs. Er hat in Sockelhöhe einen umlaufenden Sims und schließt dreiseitig. Seine Fenster zeigen – selten in dieser Gegend (→Percha) – ein bescheidenes Maßwerk; die übrigen Fenster gleichfalls spitzbogig. Durchlaufender Dachfirst, was zur Geschlossenheit des Eindrucks wesentlich beiträgt. Nur die Sakristei, um 1700, tritt aus diesem spätmittelalterlichen Baukörper heraus.

Das ***Innere*** entspricht mit seiner Wohlräumigkeit diesem äußeren Eindruck und überrascht durch den Reichtum seiner

Mörlbach, St. Stephan. Hauptaltar

Ausstattung aus der Zeit ± 1500. – Mächtig vor allem die Westempore, die auf *einem* Ständer steht, in den obendrein noch ein Opferstock eingearbeitet ist. Diese Empore und die ornamental beschnitzte Kanzel etwa ± 1600. Aus der gleichen Zeit die ***Wandmalerei*** im Chor: Marter des Hl. Stephanus im Norden, des Hl. Sebastian im Süden, Auferstehung hinter dem Hochaltar und Pflanzenausmalung in den Gewölbekappen des Chores. Ein Fragment älterer Ausmalung unkenntlich auf der Nordwand des Schiffs.

In dieser echten Umgebung wirken die alten Mobilien doppelt bemerkenswert; vor allem der ***Hochaltar*** mit den Figuren des Hl. Stephan, des Hl. Sebastian und des Hl. Jakob. Auf den Flügeln befinden sich Apostelgruppen als Reliefs. Das schöne Gesprenge mit dem Kruzifix paßt sich genau dem Gewölbe an, so daß der Altar sicherlich für diesen Platz geschaffen worden ist: vorzügliche Arbeiten ± 1520, Umkreis des sog. *Meisters von Rabenden,* aber ± 1900 neu gefaßt. An der Staffel das spätere Wappen (1607) von Donnersberg und Ruepp.

An der Nordwand des Schiffs ***Schrein*** mit der Darstellung der Verkündigung und gemalten Szenen aus dem Marienleben auf den Flügeln, dem Schweißtuch auf der Predella. Das köstliche Werk hat sicherlich einmal auf einem Altar gestanden, ist also an dieser Stelle nicht ursprünglich. Die Figuren stammen, mit einer entfernten Anklang an den Nördlinger Hochaltar, vielleicht aus einer Münchner Werkstatt um 1480. Für den Maler der Flügel hat man an einen holländischen Wanderkünstler gedacht (der sog. *Meister von Mörlbach*), der der mit Gehilfen auch für die Bilder aus dem Marienleben gegenüber auf der Südwand verantwortlich war. Vielleicht geriet dieser Altar durch die Besitzer des abgerissenen Schlosses hierher.

An der Südwand Kruzifix mit Schmerzensmutter, ferner hinter Glas ein Vesperbild, Anf. 16. Jh. – Im Chor auf Konsolen die Figuren der Hl. Leonhard und Alois, Ende 18. Jh. Das ***Chorgestühl*** mit Flachschnitzerei um 1500. ***Votivgaben,*** neugotische Chorschranken. Zwei Vortragekreuze, von denen das eine – selten! – ± 1500. – Für den Eindruck sehr wesentlich das alte ***Pflaster*** aus gebrannten Fliesen mit dem Christusmonogramm und Leidenssymbolen. – Im südlichen Chorfenster zwei gute ***Glasbilder,*** gestiftet von Caspar Thorer zu Eurasburg, 1510, ein Zeugnis des sagenhaften, für diese Landschaft so wichtigen Geschlechtes. – Am Eingang ein Armeseelenbrett, typisch für das Land östlich des Starnberger Sees.

Auf der ***Empore*** vier große Tafeln mit ländlich-barocken Darstellungen einiger Heiliger, darunter St. Paul, St. Sophie, St. Christoph. – Das Meßpult von 1591, Stiftung eines gewissen Rhiltler. Der Kreuzweg von 1756; um diese Zeit beginnt hier allerorten das Aufstellen von Kreuzwegen.

Das ***Dorf*** wird von Aufkirchen aus bepfarrt. Im heutigen „Schloß" befindet sich eine Mütterschule. Spekulantenvillen, Textilfabrik, nicht unbedingt erfreulich an diesem historischen Platz.

Monatshausen ○ STA □ 3.4

Am Hang der Moränenlandschaft über der Senke von Diemendorf, jenseits der die Drumlinlandschaft beginnt. Hier wurden 1883 sechs Viehschellen der Völkerwanderungszeit gefunden.

Kapelle St. Martin. Das dicke Mauerwerk könnte noch Reste eines romanischen Baus enthalten, worauf auch das kleine, rundbogige Fenster auf der Südseite schließen läßt. Das Kirchlein verdankt seine Erscheinung im Übrigen wohl der Zeit ± 1700: kurzes Schiff, eingezogener Chor und an diesen anschließend ein kleiner Turm mit Zwiebelhaube. – Der Raum wirkt ländlich-barock. Er besitzt offenbar noch sein altes Ziegelpflaster. Die Flachdecke im Schiff ist häßlich und neu; das Muldengewölbe des Altarraums zeigt noch Stuckauflagen von etwa 1700. Der ***Hochaltar*** stammt aus der gleichen Zeit: St. Martin in der Mitte, flankiert von St. Peter und Paul, recht hübschen und bewegten Figuren einer offenbar Weilheimer

Werkstatt. Am Chorbogen St. Joseph und St. Sebastian, bäuerlich-barock. – Die Empore, nach außen verbrettert, zeigt nach innen noch die alten, schönen Baluster.

Im Zentrum des kleinen Weilers noch die hübsche, gußeiserne ***Ortstafel*** samt Wegweiser, ± 1870.

Mühlfeld, → Herrsching

Münsing ○ TÖL □ 4.3

Sehr alter Ort, der angeblich schon im 8. Jh. eine eigne Pfarrkirche besessen hat. 1355 an Kloster Beuerberg, dessen Einfluß ringsum zu spüren ist. Südlich vom Dorf am Wege nach Holzhausen wurde 1958 ein großer Grabhügel angeschnitten.

Kath. Kirche St. Maria. Eindrucksvoll, innerhalb des Dorfes hoch gelegen, mit dem stattlichen Turm auf der Südseite. Zumindest der Chor ist mit seinen Strebepfeilern noch spätgotisch; das Schiff könnte der Erneuerung durch Propst Simon Bauhofer, ± 1650, entstammen; es wurde in neuerer Zeit um ein Joch nach Westen erweitert. Das Ganze ist dann ± 1920 stark überformt worden, so daß zwar die Gestalt der Kirche insgesamt noch einen originalen Eindruck macht, das Einzelne jedoch kaum noch.
Das Innere zeigt Pilastergliederung im Schiff und eine flache Tonnenwölbung auf Stichkappen mit flottem, aber dünnen Dekkenstuck, der offenbar stark erneuert ist. In der hübschen Architektur des ***Hochaltars*** ein modernes Marienbild, flankiert von St. Johannes Ev. und St. Paul in der Tracht römischer Ritter, recht gute Arbeiten aus der Mitte des 18. Jh. Die schönen Leuchter stammen aus dem 19. Jh. Die beiden ***Seitenaltäre*** zeigen Gemälde bäuerlichen Charakters: links St. Joseph, rechts St. Achatius. Die stark überarbeitete ***Kanzel*** ist barock. An den Wänden des Schiffs, auf Konsolen, die Figuren der Apostel, Ende 17. Jh., modern und schlecht gefaßt. Die zweistöckige Westempore, eine saubere Zimmermannsarbeit, ist neu und hängt mit der Erweiterung der Kirche zusammen.
Hier wie in anderen Barockkirchen sieht man leicht, daß eine moderne Buntverglasung den Gesamteindruck empfindlich verfälschen kann.
Außen, am ***Chorhaupt,*** eine starkfarbige Kreuzigungsgruppe aus Gußeisen, von 1889; frühes Beispiel für diese Art industrieller Plastik, wie sie noch heute, z. B. in den Katalogen der Devotionalienfirmen angeboten wird. Dicht daneben die ***Grabstätte der Grafen Pocci,*** Herren des Ritterlehens Ammerland, deren bekanntestes Mitglied der Dichter Franz Pocci († 1876) gewesen ist. Der Stammvater des bayerischen Zweigs war Evaristus Fabricius P., 1766 in Viterbo geboren und als Offizier in bayerische Dienste getreten.

Mundraching ○ LL □ 3.1

Das kleine Haufendorf, dessen malerisch-abgeschiedene Lage am bewaldeten Lechufer viele Baulustige anlockt, besitzt in seiner **Vituskirche** einen Sakralbau, der sich aus nicht weniger als fünf Bauperioden zusammensetzt: An den spätgotischen Chor (mit ursprünglichem Dachstuhl) setzte *Johann Schmuzer* aus Wessobrunn um 1690 das (1957 verlängerte) Kirchenschiff. 1720 folgte der Sakristeianbau und 1801 der Ostturm mit Satteldach. Eine hervorragende Zierde des Innenraums sind die sehr plastischen Stuckarbeiten *Johann Schmuzers,* vorwiegend aus Blattkränzen, Muscheln und Engelsköpfen. Die beiden ***Seitenaltäre*** kamen aus der abgebrochenen Klosterkirche Wessobrunn, der ***Hochaltar*** trägt die Figur des Kirchenpatrons von *Johann Luidl* (1724). Wie in vielen Kirchen der näheren Umgebung malte *Johann Baader* aus dem benachbarten Lechmühlen auch hier, wo er mit einem Bild der hl. Anna (1757) vertreten ist. Besonders bemerkenswert eine Plastik Anna Selbdritt aus der Zeit ± 1430 und ein hl. Jodokus ± 1500.

Am alten Wallfahrtsweg aus dem Schwäbischen nach Vilgertshofen und Andechs, der hier den Lech mittels Fähre überquerte, liegt die ***Antoniuskapelle*** aus dem Jahr 1618 (Tontafel mit Stifternamen Georg Berchtold über dem Eingang). Sie wurde 1866 vergrößert und war einst – bezeugt durch Votivtafeln und ein Mirakelbuch – Ziel einer bescheidenen Wallfahrt.

Neufahrn

links der Isar ○ STA □ 4.1

Kath. Kirche St. Martin und St. Rochus, auf einem Hügel inmitten des Dorfes, bis vor kurzem noch im Schatten einer alten Kastanie. Das Kirchlein trägt auf dem Westgiebel einen Turm mit hübschem Helm, der auf seine Weise die bedeutenderen Turmhelme der Nachbarschaft, z. B. der Kirchen in Hohenschäftlarn und Aufkirchen reflektiert.

Die von einem Stubenmaler getünchte Decke und die Lampe daran sind zwar schlimm, zeigen aber – und nicht nur hier – den guten, wenn auch unberatenen Willen zur Erhaltung dieses Bauwerks.

Die Ausstattung überrascht; sie steht in Gegensatz zu der geringen Substanz der Architektur und ist darin anderen Kirchen und Kapellen dieser Landschaft verwandt (→Farchach und Mörlbach). Offenbar sind hier wie dort Reste aus abgegangenen Kirchen versammelt. Auf dem ***Hochaltar*** ein monumentaler Gnadenstuhl von großer Qualität, ± 1480, aber neu und nicht gut gefaßt, eine Wolfratshauser Stiftung von 1867. Links und rechts zwei mindere Figuren eines Hl. Rochus und eines Hl. Bischofs. Die beiden ***Seitenaltäre*** sind gleichfalls nicht ursprünglich. Links ein vorzügliches Gemälde der Anna Selbdritt, Mitte 18. Jh.; rechts St. Joseph, beide Werke nicht von der gleichen Hand und nicht für diese Kirche bestimmt. Auf dem linken Seitenaltar, vor dem Gemälde, eine gute Marienfigur ± 1700.

An der Südwand ein Prozessionskreuz in schönem, mit Blumen bemalten Schrein. Zu Füßen des Kreuzes Maria und Johannes, kleine, offenbar von einer Münchner Werkstatt geschaffene Figuren ± 1500.

Eine Seltenheit ist die vorzügliche ***Figur*** eines sitzenden ***Bischofs*** am Chorbogen, vielleicht ein Hl. Nikolaus, wohl aus dem 13. Jh. (→Farchach). – Zwei goldgefaßte Heiligenbüsten im Altarraum, St. Augustin und St. Nepomuk, von einiger Qualität, 18. Jh. Am Eingang, wie häufig in dieser Landschaft, das Allerseelenbrett.

Zwischen Neufahrn und Zell, kurz östlich der Autobahnunterführung, steht eine ***Kapelle*** im Wald mit einem tönernen, spannenhohen Marienbild, flankiert von Joh. Bapt. und einer weiblichen Heiligen, alles bäuerlich und aus dem 18. Jh. Das Gitter stammt aus dem 19. Jh. Sehr interessant der Geldeinwurf: ein Blechrohr, das zum Opferstock am Boden führt. Die Leute müssen mit Opferstöcken schon damals ihre schlechten Erfahrungen gemacht haben. – Votivbilder.

Im Aufkircher Holz, zwischen Zell und Irschenhausen, hängt an einer mächtigen Fichte eine auf Blech gemalte ***Gedenktafel*** für einen bei Arras Gefallenen, 1915. Die Tafel ist mit ihrem Baum in die Höhe gewachsen, kaum noch zu erkennen.

Neuried ○ M (Land) □ 2.3

Der Kern des alten Rodungsortes liegt an der Kreuzung zweier stark befahrener Straßen und im Vorfeld der Münchner Satellitenstädte; die Straße durch den Forst Kasten nach Gauting nach 1806; erst um 1850 Distriktstraße. – Die Bauern dieses an sich nicht reichen Dorfes sind durch Grundverkäufe kürzlich zu beträchtlichem Vermögen gekommen. Auskunft dazu gibt der Friedhof mit seinen modernen, üppigen Grabsteinen. Es ist die alte, schon vor einem Jahrhundert z. B. in Berlin exerzierte Geschichte vom Millionenbauern. Man benennt nun die Straßen nach sich selber; die alte „Hintere Dorfstraße" nunmehr „Franz-Schuster-Straße". Die gänzliche Auflösung des Ortsbildes dürfte sich in kurzer Frist vollziehen.

Kath. Kirche St. Nikolaus (früher: U. l. Frau), einst zu den Würmtalpfarreien →Gräfelfing und →Planegg und daher auch zum Kloster Rottenbuch gehörend, später zu Forstenried. Seit 1968 eigne

Pfarrei. Der gedrungene Bau mit dem massigen Turm an der Nordseite des Schiffs im Wesentlichen aus dem 15. Jh. (Jahreszahl 1484 an der Innenseite des Chorbogens), typisch für eine Dorfkirche dieser Landschaft: breites, flach gedecktes Schiff, rippengewölbter Chor mit dreiseitigem Schluß (→Buchendorf, Gauting, Gräfelfing usw.). Diese originale Substanz jedoch mehrfach überformt. Der ***Turm*** mit seiner schönen Blendgliederung ist in dieser Form sicherlich nicht alt. 1752 wird die damals offenbar beschädigte Kirche durch den Maurer *Hans Kempter* von Planegg erneuert, 1760 die Empore eingebaut. Das Innere wurde zuletzt 1970 modisch (mit abgehängter Decke usw.) übergangen. Die z. T. qualitätvolle Einrichtung wirkt unter diesen Umständen wie im Handel eingekauft.

Im ***Hochaltar*** von ± 1680 die Figuren der Muttergottes, flankiert von St. Nikolaus und St. Georg, sämtlich ± 1500 und von mäßiger Qualität. An den Innenseiten des Chorbogens die recht guten Figuren der Erzengel Raphael und Michael, beide Mitte des 18. Jh. An der Südwand die merkwürdige, plumpe Darstellung eines bekleideten Marienbildes. Der Kruzifix darüber vorzüglich, ± 1520. Anna Selbdritt, um 1520; Joh. Ev. und Petrus um 1700, wohl von *Heinrich Hagn,* Weilheim. Bei dem Marienbild handelt es sich um ein Gnadenbild, wie die zahlreichen Votivtafeln aus dem 19. Jh. beweisen. – Auf dem linken ***Seitenaltar*** die Figur des Hl. Leonhard, um 1520, barock gefaßt. Auf dem rechten der Hl. Benedikt, offenbar aus einer Figur des 18. Jh. umgearbeitet.

Die zahlreichen und meist alten Figuren z. T. aus den aufgelassenen Kapellen der Dorfmark. Wesentlich das Wanddenkmal an der Nordseite des Chores, von 1589: Christus als Beschützer der bedrohten Herde, gestiftet von einem Hofmarksherren von Poschetsried, dem heutigen Fürstenried; mit schönem, manieristisch geschnitztem Rahmen.

Im Chorscheitel hinter dem Hochaltar finden sich folgende Meistermarken, dazu zweimal die Inschrift 1577:

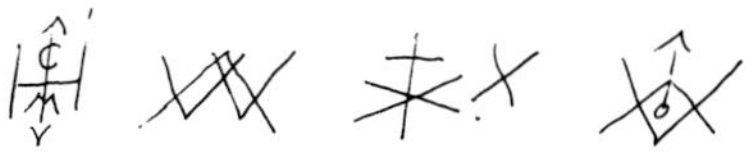

Oberalting ○ STA □ 3.2

Schönes, geschlossenes Ortsbild; erst seit kurzem von der beginnenden Industrialisierung sehr nachteilig verändert. Die Spuren der gräflich-törring'schen Bauweise an einigen Häusern mit ihren großen Walmdächern noch zu erkennen, z. B. an dem ehem. gräflichen Spital östlich der Kirche, vor allem aber an der Pfarrkirche selber.

Kath. Kirche St. Peter, einst Pfarrkirche des umliegenden Gebietes einschließlich → Herrsching, → Meiling, → Unering usw. Grablege der Grafen von Törring-Seefeld, die hier seit 1560 das Präsentationsrecht innehatten. Der spätmittelalterliche Bau ± 1675 von *K. Feichtmayr* barock verändert. Aus dieser Zeit der einfache, aber gute Stuck – Eierstab, Engelsköpfchen, Pilastergliederung – an der Wölbung, den Wänden und in den Fensterlaibungen. Im westlichen vorgesetzten Turmjoch hat sich das ursprüngliche Rippengewölbe des 15. Jh. erhalten.

Die ***Ausstattung*** im Wesentlichen aus dem 18. Jh.; der Gesamteindruck wird aber von der glättenden Erneuerung von 1964 bestimmt (Inschrift am Chorbogen). – ***Hochaltar:*** Altarblatt mit Darstellung der Schlüsselübergabe an St. Petrus, von *Joachim von Sandrart* 1664 gemalt und in seinem künstlerischen wie theologischen Anspruch den Rang dieser Pfarrkirche bezeichnend. Die Hochaltar-Architektur ist wohl in den meisten Stücken barock nachempfunden, aber schlecht gefaßt. – Die ***Seitenaltäre*** entsprechen einander im Aufbau. Es sind Stiftungen der Törring (rechts) und des Pfarrers Georg Faber, dem nicht nur diese Kirche, sondern auch die von → Unering künstlerisch das meiste verdankt; 1736. Der linke Altar zeigt das Bild der schwarzen Muttergottes, der rechte die Figur der Hl. Katharina, beide auf neubarocken Mensen. – Die ***Kanzel,*** im Figürlichen derb-expressiv, ist von außen

Oberalting, Pfarrkirche

zugänglich, eine Stiftung der Gräfin Adelheid Törring, geb. Markgräfin von Canossa († 1737, Grabstein unter der Empore), die seinerzeit auch die Wallfahrtskirche von → Ettenhofen errichten wollte.
Schöne silbergefaßte Holzbüsten, Mitte 18. Jh., auf den Seitenaltären; prächtiges Gerät auf dem Hochaltar, darunter vier Vasen mit silbergetriebenen Rosen.
Die Holzverkleidung des Chores, feinstes Rokoko um 1735, stammt von dem Starnberger *Jacob Leuthner.*
Unter der Empore von 1836 die Grab- oder ***Gedenksteine*** der Törring, darunter einer mit Darstellung des knieenden Hans Törring in voller Rüstung. Das rotmarmorne Werk stammt von dem Bildhauer *Caspar Weinhart* (Inschrift auf dem unteren Rand), 1556, und zeigt recht gut, wie die Skulptur vor dem Auftreten der großen Weilheimer und Niederländer Bildhauer in München ausgesehen hat: mäßig, noch ganz wie zu Anfang des Jahrhunderts. Dieser Hans Törring hatte übrigens wegen eines Mordes eine Sühnekapelle bauen müssen (an der Straße nach Seefeld, abgerissen).

Auf dem ***Friedhof*** Grabstätte für die Schwestern des Augsburger Klosters Maria Stern, Pflegerinnen am gräflichen Spital; auch hier wird wieder die Ausrichtung der Landschaft auf Augsburg – statt auf das so viel nähere München – deutlich.

Die ***Mariensäule*** vor der Kirche, 1873, als Ersatz für eine von Pfarrer Faber gestiftete, hölzerne. Lieferant der Eisenguß-Figur war die Firma *Kustermann.*

Oberbrunn ○ STA □ 4.1

Kath. Kirche St. Peter und Paul, 1864 erbaut, 1964 renoviert: ein gutes und vollständiges Denkmal seiner Zeit. Im Turmuntergeschoß könnte noch älteres Mauerwerk enthalten sein. Die abgerissene Vorgängerkirche stammte von 1779; Baumeister war *Franz Anton Kirchgrabner.* – Die ***Ausstattung*** einheitlich aus der Erbauungszeit, rot und gold gehalten im Stil des rheinischen 13. Jhdts. Die Altarblätter spätnazarenisch, das Gemälde im Deckenspiegel – ein Abendmahl – der Münchner Historienmalerei verpflichtet. Eine wirklich schöne neugotische Kreuzgruppe am Chorbogen.

Das ***Ortsbild*** gut erhalten, von den großen Höfen bestimmt und nicht ohne Selbstbewußtsein seiner Besitzer gepflegt. Der Vogelhof neben der Kirche war ehemals Gasthaus, Familienbesitz seit dem 18. Jhdt.

Oberfinning ○ LL □ 3.1

Die hochgelegene **Pfarrkirche Hl. Kreuz** steht nördlich eines abgegangenen Burgstalls der Herren von Finning. – Satteltum, reich mit Kleeblattbogenfriesen gegliedert, im Kern spätgotisches Langhaus und halbrunder Altarraum von 1751; gleichzeitig die etwas derben Stuckaturen.
Choraltar und ***Kanzel*** Spätrokoko (1789), ***Seitenaltäre*** Anfang 18. Jh. Die einfache Landkirche bietet an Hand von zwanzig Plastiken einen anschaulichen Querschnitt durch das Schaffen der beiden Landsberger Bildhauer *Lorenz* und *Johann Luidl:* besonders hervorzuheben die Muttergottes am rechten Seitenaltar, der hl. Antonius d. E. und die Taufgruppe des älteren und die Kreuzigungsgruppe des jüngeren Luidl. Das Altarblatt des linken Nebenaltars schuf 1730 der Einheimische *Caspar Schäffler* – einziger bedeutender Maler des Gebiets zwischen Ammersee und Lech – der zahlreiche Kirchen und Hausfassaden der Umgebung schmückte.

Die ***Sebastianskapelle*** am Nordausgang des Ortes stammt aus dem Jahr 1747 und enthält eine ältere Barockeinrichtung. – Ein puppenhaft-kleines **Söldnerhäusl** aus dem 18. Jh. ist der Mittertennbau Pfarrgasse Nr. 10.

Als ein beliebtes Bade- und Ausflugsziel gilt der Oberfinninger Stausee, der sich seit seiner Anlage im Jahr 1961 heute bereits wie ein Natursee in die Landschaft eingebunden darbietet.

Oberhausen → Dettenschwang

Obermühlhausen
○ LL □ 3.1

Uralter, schon in der Jungstein- und Hügelgräberbronzezeit besiedelter Ort an der Staatsstraße Landsberg-Dießen. Die **Peter- und Paulskirche** wurde im 16. Jh. errichtet und in der 2. Hälfte des 17. Jhs. barockisiert. Sie besitzt eine seltene Renaissance-Ausmalung im Altarraum (1617); auf den drei Altären finden sich Holzfiguren aus der Weilheimer Werkstatt *Ambrosius Deglers,* das recht derbe Deckenbild im Langhaus mit den Kirchenpatronen ist mit „M. F. 1768" (*Martin Failler*) signiert.

Oberpfaffenhofen
○ STA □ 3.2

Alte Kirche St. Georg. Über dem Altarraum erhebt sich ein achteckiger Turm mit Pyramidendach, in den Turmfenstern einfaches Maßwerk. Dieser Bauteil sicher noch spätmittelalterlich; eine Weihe von 1455 ist überliefert, eine Inschrift mit der Jahreszahl 1469 sei am Turm vorhanden gewesen. Auch das Langhaus enthält Mauerwerk aus dieser Zeit, ist aber offenbar im 18. Jh. nach Westen verlängert worden. An der Südwand Rest eines Freskos; zu erkennen noch die Gestalt des Hl. Andreas, Mitte 15. Jh. – ***Ausstattung*** schlecht, Widerherstellung um 1960 in ländlicher Selbsthilfe. Einzig bemerkenswert eine neugotische Marienfigur im Hochaltar. – Die urkundlichen Nachrichten sind grade für diese, heute so ausgeleerte Kirche sehr zahlreich, vor allem aus dem 17. und 18. Jh.; 1686 hatte *Ambros Degler* aus Weilheim einen neuen Choraltar erstellt. Kistler war *Michael Dablander* aus Dießen, die Fassung stammte von *Barbara Lang* aus Weilheim. (Malerinnen sind in jener Zeit nicht selten). Mitte des 18. Jh. ist dieser Bestand erneuert und ergänzt worden. Von alledem findet sich, wie so häufig auch bei anderen Kirchen, gar keine Spur mehr, und daher bleibt an diesem Bau nur die Tatsache erwähnenswert, daß er einen flach geschlossenen Altarraum besitzt.

Die ***neue Pfarrkirche*** westlich des Ortes 1934, von *Thomas Wechs,* der auch die Wesslinger neue Pfarrkirche errichtet hat. Im Inneren ungeschlachter Holzbalkenstil. Hübsch die große Kopie nach dem Hl. Georg von *Raffael,* 1964 gestiftet.

Oberzeismering

○ STA □ 3.4

Kapelle St. Nikolaus. Das Kirchlein besitzt ein recht langes Schiff, der Altarraum schließt mit einem gedrückten Rund. Sakristei im Osten, Turm an der Nordseite, sehr zierlich und hübsch. Die Substanz des Mauerwerks ist sicherlich spätmittelalterlich; der Altarraum stammt von 1723, die Sakristei von 1773. Die ***Hochaltar***-Architektur sei aus Baldham erworben worden, 1802 datiert. Die Figuren darin: St. Nikolaus, flankiert von St. Ulrich und St. Katharina, nicht zusammengehörig; die Nikolausfigur von 1661. – Im linken ***Seitenaltar*** Tragbild der Muttergottes, 18. Jh., im ***rechten*** St. Sebastian, Mitte 18. Jh. Die schöne, ungefaßte ***Kanzel*** sei aus der alten Tutzinger Pfarrkirche übernommen worden. An der Nordwand das seltene Bild der Hl. Wilgefortis. An der Südseite eine recht gute Figur des Hl. Florian, ± 1480.
Es hat sich bei dieser Kirche noch ein altes ***Ossuarium*** erhalten. – Auf dem Friedhof die Gräber des Schriftstellers Rudolf Schneider-Schelde, († 1956) und des Kunstkritikers Fritz Nemitz († 1968).

Oberschondorf ○ LL □ 3.2

Die Pfarrei des schon sehr früh (erstmals 751) urkundlich genannten Ortes war bis zur Säkularisation dem Kloster Diessen inkorporiert und wurde 1520 selbständig.
Die hoch und etwas abseits des Dorfes gelegene **alte Pfarrkirche St. Anna** entstand 1499 (Turmoberbau mit Zwiebelhaube von 1716); wie alle Kirchen des Gebietes wurde sie später barockisiert: Der Chor enthält kraftvolle Stuckaturen aus der früheren Schaffenszeit *Johann Schmuzers* (± 1680); der Langhaus-Stuck (1737) von *Georg Dötl* aus Obermühlhausen zeigt z. T. noch stilverspätete Ornamente. Etwas später noch die – teilweise neugemalten – Medaillonbilder an der Decke mit Begebenheiten aus der Legende der Hl. Martin und Anna.
Der ***Hochaltar*** aus Stuckmarmor ist eine Arbeit in der Art *Franz Schmuzers,* um 1725; er stammt wahrscheinlich aus der abgebrochenen Klosterkirche Wessobrunn. Die 1684 gefertigte ***Kanzel*** ein Gemeinschaftswerk des einheimischen Kistlers *Simon Rhein* mit den Weilheimer Meistern *Ambrosius Degler* (Bildhauer) und *Jakob Lang* (Faßmaler); Degler schnitzte auch die Hochaltarfiguren. Der bemerkenswerte ***Apostelzyklus*** (derzeit andernorts aufbewahrt) stammt von *Lorenz Luidl* aus Landsberg, ± 1700. Derb-manieristischer Art ist die Ölberggruppe im Vorzeichen, deren Figuren dem mittleren 16. Jh. angehören. – Nördlich der Kirche steht eine schlanke spätgotische ***Tuffsäule*** mit Laterne, die aus St. Georgen hierher transferiert wurde und jetzt das Grabmal v. Paur ziert.

Eine bemerkenswerte Baugruppe bilden Bauernhaus und Stadel ***Landsbergerstraße 42*** mit Mansarddächern, erbaut um 1825 von der einheimischen Kaufmannsfamilie Benedikt.

Oberwindach → Windach

Pähl, Schloß

Pähl ○ WM □ 3.4

Kath. Kirche St. Laurentius, hoch gelegen und weithin sichtbar. Die kraftvolle Architektur des Gebäudes gibt sich barock und stammt von dem Umbau durch *Joseph Schmuzer,* 1723 ff. – Der reich gegliederte, hohe Turm ist im Unterbau romanisch; die Sakristei auf der Nordseite zeigt über der Tür die Jahreszahl 1510.

Das ***Innere*** 1772 überarbeitet und durch Pilaster gegliedert. Die farbige Verglasung ± 1890 (*Fa. Dorn,* München) zeigt zwar den frommen Sinn dieser Gemeinde um die Jahrhundertwende (→ Wilzhofen u. a. m.), kann aber vor allem bei starkem Sonnenlicht den farbigen Gesamteindruck sehr verfälschen. ***Deckenfresko:*** die Marter des Hl. Laurentius von *Johann Baader,* signiert und datiert 1772. Am Gewölbe des Altarraumes die Verklärung des Heiligen, tief unten die Pähler Kirche. Über den Fenstern und an den Zwickeln durchweg guter Stuck dieser Zeit.
Die Architektur des ***Hochaltars*** stammt

aus der Pfarrkirche von → Erling und besitzt noch die Podeste, auf denen die Erlinger Figuren einst gestanden haben. Die Seitenaltäre, in ihrer Architektur gleichfalls gute Arbeiten des 18. Jh., sind heute mit akademisch gemalten Darstellungen gefüllt: links die Muttergottes, verehrt durch die Hl. Flavianus und Lucia, 1894 von *Julius Frank* (→ Seeshaupt). Gute Kanzel aus dem Ende des 18. Jh. – Die Rotmarmorgrabsteine an den Wänden gelten den Herren des Schlosses; ein recht guter, figurierter Stein für Ottheinrich von Berndorf zu Pähl (1661) an der Nordseite. An der Südseite der Kirche ein moderner Anbau. Außen am Chor das Erbbegräbnis für die heutigen Schloßherren, die Grafen von Spreti, und deren Nachkommen.

Hochschloß. Am Moränenhang gelegen mit weitem Blick über die Senke der Ammer und auf den Hohenpeißenberg. Der ursprüngliche Besitz der Andechs-Meranier geriet nach deren Sturz an die Wittelsbacher, die hier auch bisweilen residiert haben, z. B. Herzog Christoph, der Bruder Herzog Albrechts IV. Das Schloß ist seit 1253 als Sitz des Landgerichts Pähl-Weilheim belegt; 1505 kam das Landgericht nach Weilheim. Unter den Landrichtern war Hans Hesseloher, der Dichter († 1483) der bekannteste. Spätere Besitzer waren die Herren von Berndorf u. a.; 1722 erwarb Abt Ivo Baader von Dießen Schloß und Hofmark; bis zur Säkularisation folgte das Kloster Andechs. An die Familie Hanfstaengl – Begründer der bekannten Münchner Kunstanstalt – erinnert noch ein neugotischer Kruzifix von 1861 neben der Scheune. Zu jener Zeit hatte das Schloß noch seine mittelalterliche Gestalt besessen. Von der Kostbarkeit seiner Ausstattung zeugt heute nur noch das Tafelbild des sog. Pähler Altars, ± 1420, im Bayer.Nationalmuseum zu München. Von der barocken Ausstattung des 17. und 18. Jh. bewahrt das Heimatmuseum in Weilheim einige gute Stücke.
Der völlige Neubau des Schlosses 1883–85; er wird dem Architekten *Albert Schmidt* verdankt, dem Erbauer der Münchner Lukaskirche. Das Innere, – durch die heutigen Besitzer (Scherping) behutsam modernisiert – zeigt die Köstlichkeit (und beweist die Bewohnbarkeit) neugotischer Architektur. Neugotische Hundehütten, eine Merkwürdigkeit, wurden 1970 abgerissen. – Unter den abseits gelegenen ***Gutsgebäuden*** ein Torgebäude in skandinavischer Holzarchitektur. Schöne Nußbaumallee nach → Kerschlach, nördlich davon auf der Wiese ein beträchtliches Hügelgrab.

Das sog. ***mittlere Schloß*** unterhalb des Hochschlosses ist verschwunden; das „***untere Schloß***" aus dem 16. Jh. besteht noch im Dorfe.

Pentenried

2 km nw Gauting ○ STA □ 4.1

1946 bei der alten, schon im 15. Jh. erwähnten Schwaige Pentenried des Klosters Benediktbeuern gegründete Flüchtlingssiedlung; politisch zu → Krailling gehörend. Das kleine Gemeinwesen umfaßt heute rund 650 Einwohner in rund 65 Häusern, geschaffen in echter Selbsthilfe seiner vorwiegend aus dem Sudetenland stammenden Bewohner. Bemerkenswert, wie hier ganz von selbst städtebauliche Rücksichten ins Spiel getreten sind, vor allem beim Straßenplan. Entstanden ist ein organisch gewachsenes Dorf von gleichmäßigem, aber doch lebendigem Zuschnitt, der sich erst jüngst zu ändern beginnt, da die Häuser nun in die Hände der zweiten Generation geraten.

Die ***Kirche*** wurde 1958 geweiht. Die z. T. alten Ausstattungsstücke sind Stiftungen der Gemeinde und Nachbargemeinden.

Percha ○ STA □ 4.1

Kath. Kirche St. Valentin. Chor und Schiff gleich breit und insgesamt aus dem 15. Jh., wie das gute Maßwerk der Fenster zeigt. Das Türmchen sitzt dem Westgiebel auf; seine Verschieferung stammt aus jüngster Zeit. – Das Schiff wirkt im Inneren kurz (→ Haarkirchen); ein kräftiger Chor-

Perchting, Pfarrkirche. Deckengemälde

bogen scheidet es vom rippengewölbten Altarraum. Die über einer Hohlkehle flache Decke des Schiffs ist unbemalt. Ein Christopherusfresko kam an der Wand über der Empore anläßlich einer Restaurierung zum Vorschein, ist aber übertüncht worden.
Die ***Ausstattung*** im wesentlichen neugotisch; in den Altararchitekturen von 1873/74 jedoch z. T. noch ältere Figuren. Die Figur des Titelheiligen im Hauptaltar ist von ± 1440, neu gefaßt. Auf Konsolen an der Wand die Figuren des Hl. Achatius und der Hl. Margaretha, wohl ± 1600. (Achatius war im 18. Jh. Patron des einzigen Seitenaltars). – Ein seltenes Stück der Ausstattung ist das ***Sakramentshaus*** an der Nordseite mit dem Wappen der Thorer von Eurasburg, 15. Jh. – Die Buntverglasung stammt von ± 1880 mit Ausnahme einer schönen Scheibe von 1497: Anna Selbdritt, als Stifter Abt Leonhard Schmidt mit dessen Wappen. Schmidt war einer der Erneuerer des Schäftlarner Klosters (1490–1527); Kloster Schäftlarn der wichtigste Grundherr in Percha.

Die neue **Pfarrkirche St. Christopherus** von *J. Rampl* ist ein Zentralbau, was man dem scheunenartigen Werk von außen nicht anmerkt; 1958/59.

Das ***St. Josephsheim*** am Weg nach Haarkirchen, 1935.

Haarkircherstraße 25, ein wohl erhaltenes, hölzernes Söldenhaus.

Perchting ○ STA □ 3.2

Kath. Kirche Mariä Heimsuchung. Das einfache Äußere der Kirche läßt den räumlichen und dekorativen Reichtum des Inneren nicht vermuten: die verkleinerte Wiederholung der Starnberger St. Josephskirche. Das breite Schiff ist durch Abschrägung seiner Ecken zum Zentralraum geworden; das Deckenfresko verstärkt diesen Eindruck vollends. Dem im Westen vorgestellten Turm mit seiner gut geschnittenen, ganz untypischen Haube entspricht der dreiseitig schließende Chor an der Ostseite des zentralen Mittelstücks. Am Chorbogen die Wappen des Klosters Polling und das des eigentlichen Gebietsherrn: des Grafen Törring. – Alles 1960 renoviert. Das ***Fresko*** des Schiffs zeigt die Marter des Hl. Sebastian; das des Altarraums die Heimsuchung, signiert und datiert von *Johann Baader,* 1774. Vorzüglicher Stuck, vielleicht von *Tassilo Zöpf* (→ Inning). – Im ***Hochaltar*** ein bekleidetes Marienbild. Die Seitenaltäre zeigen rechts die Hl. Magdalena und links ein Sebastianswunder, beide 1774 von *Andreas Schnabel* aus Starnberg. – Der ***Kreuzweg*** wird von einem Zyklus guter Hinterglasbilder aus der Zeit ± 1800 gebildet, eine Seltenheit an dieser Stelle. – Auf dem gußeisernen Opferstock aus dem 19. Jh. die Figur eines sitzenden Engels in originaler Fassung, sehr hübsch. Am Chorbogen befindet sich das Grabdenkmal für Pfarrer Peirlacher († 1773), der sich um den Neubau seiner Kirche nach Ausweis aller Urkunden sehr verdient gemacht hat. Die Kirche war 1764 samt einem Großteil des Dorfes durch Brand zerstört worden. Vom alten Bau könnte noch ein Teil des Turms stammen, der 1701 durch den Dießener Baumeister *Michael Natter* erbaut worden war. Alles übrige ist vom Baumeister *Balthasar Trischberger* aus München errichtet worden (→ Inning), dem Mitarbeiter des großen *Joh. Michael Fischer,* dessen Hand des öfteren im Törring'schen Herrschaftsgebiet spürbar ist (→ Delling, Unering). Der Kostenanschlag für den Neubau belief sich auf 5000 Gulden; die Summe wurde durch Sammlung in ganz Bayern aufgebracht. Die unmittelbare Hilfe der Gebietsherrschaft lag mehr in der Fürsprache zuständigen Ortes als in barer Zahlung, und das wird nicht nur hier, sondern auch anderswo der Fall gewesen sein. (→ Unering).

Die Pfarrkirche von Perchting ist daher in mehr als nur einem Sinne bedeutend. Als Werk aus einem Guß reflektiert sie, bescheiden und doch erstaunlich reich, die große Barockarchitektur. 1774, das Jahr der Vollendung, ist sehr spät für diese Epoche. Es bedurfte wohl einiger Zeit, bis diese Kunst aus anderen Dimensionen auch von bloßen Landkirchen adaptiert werden konnte. Als finanzielle Leistung des Gemeinsinns weist die Perchtinger Kirche auf ökonomische Grundlagen, wie sie damals üblich gewesen sind. Die Bedeutung der jeweiligen Pfarrer, hier des Pfarrers Peirlacher, kann dabei gar nicht hoch genug eingeschätzt werden (→ Gauting, Martinsried, Unering, Tandern u. a. m.).

Petersbrunn

3 km n. Starnberg ○ STA □ 4.1

Herzog Wilhelm IV. hatte hier 1513 am Austritt einer Quelle ein ***Bad*** begründet, das sich, bei wechselndem Schicksal, doch bis in die zweite Hälfte des 19. Jh. hatte halten können. 1810 wurde ein Hotel erbaut, 1863 nach Brand wiedererrichtet. Das Bad ist längst eingegangen (wie auch das benachbarte Gautinger, das aus einer ähnlichen Quellsituation hervorgegangen war). Übrig ist noch die ***Kapelle,*** unter der die Quelle aus dem Boden tritt. Sie wurde 1738 errichtet, von *Ignaz Biedermann,* später von dessen Sohn *Ferdinand B.* ausgemalt. Heute enthält sie ein Sammelsurium vor allem von Prinzregentenbildern und Heiligenfigürchen des 19. Jh.

Pflugdorf ○ LL □ 3.1

Die **Filialkirche St. Laurentius** entstand um 1758 unter der Regie des Andechser Abtes Bernhard Schütz (1746–59); im Stilvergleich mit der Nikolauskirche in → Mammendorf muß sie dem Münchner Hofmaurermeister *Lorenz Sappl* zugeschrieben werden, der auch für die Klosterkirche → Andechs tätig war (→ Lengenfeld).
Die ***Ausstattung*** des feinen Saalraumes stammt von guten Rokokokünstlern der nä-

Pflugdorf, St. Laurentius

heren und weiteren Umgebung: *Johann Baader,* der „Lechmalerhansl" schuf die drei Altarbilder (Martyrium des Kirchenpatrons am Hochaltar, Maria mit ihren Eltern im Tempel und der hl. Sylvester an den Seitenaltären), die Malereien an der Emporenbrüstung und das Deckenbild in der Sakristei. Neuerdings *Johann Baptist Zimmermanns* werden die Deckenfresken zugeschrieben, die im Chor die Himmelfahrt des hl. Laurentius und im Langhaus dessen Vorführung vor den Richter zeigen. Als Schöpfer des Hochaltars (in Stuckmarmor) gilt der Wessobrunner *Tassilo Zöpf,* als Bildhauer der Hochaltarfiguren der Weilheimer *Franz Xaver Schmädl.*

Pitzling ○ LL □ 3.1

Das ehemalige kleine Pfarrdorf, heute durch zahlreiche Einfamilienhäuser großzügig besiedelt, liegt südlich Landsberg auf der ersten Lechuferterasse. Seine **Kirche St. Johannes d. T.,** deren vor Jahren begonnene Wiederherstellung leider noch immer nicht abgeschlossen ist, läßt einen seltenen spätromanischen Tuffquaderbau mit Rechteckchor erkennen. Als bemerkenswertestes ***Ausstattungsstück*** wurde 1803 der Stuckmarmor-Hochaltar aus Wessobrunn erworben (eine Arbeit *Franz Schmuzers,* ± 1725); *Michael Sporer,* einer der letzten Wessobrunner Stukkatoren, hat ihn damals abgebrochen und wieder aufgestellt, wozu der Chorbogen um anderthalb Fuß gesenkt werden mußte. – Das linke Seitenaltarblatt ist eine signierte Arbeit des wenig bekannten Landsberger Malers *Johann Jakob Bodmer* (2. Hälfte 17. Jh.). An den Langhauswänden sind beim Abschlagen des Putzes gotische Fresken zum Vorschein gekommen. Im Vorzeichen nachgotisches Epitaph für den 1546 verstorbenen Sixt von Pöringen, mit dessen Tod die auf dem benachbarten Schloß Pöring ansässige Familie erlosch.

Auf der Anhöhe nördlich der hübsche kleine ***Pfarrhof*** (1701), erbaut unter Pfarrer David Süß und seit 1936 nicht mehr besetzt.

Planegg ○ M (Land) □ 2.3

Der alte Hofmarksort – seit dem 15. Jh. Hofmark – ist neben Gauting wohl der geschichtlich bedeutendste im Würmtal. Er hatte wechselnde Besitzer, u. a. Conrad von Egenhofen, einen natürlichen Sohn Herzog Wilhelms III. (Schenkung 1425), später die Münchner Patrizier Lung, die Hörwarth, unter denen die Hofmarken Fronloh und Krailling mit Pl. vereinigt wurden, danach die Ruffini, schließlich, seit 1824, die v. Hirsch, die noch heute im Besitz des Schlosses sind.

Das **Schloß** – im wesentlichen aus dem 17./18. Jh. – bildet, von der Würm umgeben, ein unregelmäßiges Viereck. Sein stattlicher Turm ist neu, wenn auch auf älteren Grundlagen errichtet. Die Hofmarksherren, u. a. die Wittelsbacher, die Ruffini, die Hörwarth, zuletzt die von Hirsch, haben nicht nur die Geschicke des Würmtalgebiets maßgebend beeinflußt. An die Bräugerechtigkeit erinnert ein Gebäude Ecke Brauhaus/Bahnhofstraße

Schloßkapelle St. Magdalena, im Westtrakt des Schlosses und von außen nicht erkennbar; sie reicht durch alle drei Geschosse: ihr Grundriß bildet ein irreguläres, gestrecktes Rechteck ohne ausgeschiedenen Altarraum. Zweigeschossige Empore an der südlichen Schmalseite. Der Bau war 1618 noch nicht konsekriert, mag aber um diese Zeit errichtet worden sein. – Das wesentliche Ausstattungsstück ist der Hochaltar, dessen Holzwerk – eine Seltenheit – furniert und mit vergoldeten Appliken versehen ist. Das Altarblatt mit Darstellung der büßenden Magdalena von *Joseph Weiß,* datiert 1730. Vorzügliche Figuren in Porzellanfassung beiderseits: Joh. Baptist und Petrus. – Links vom Altar Gedenkinschrift für einen der früheren Hofmarksherren, den Kanzler Hans Georg Hörwarth von Hohenburg († 1622). An der Westwand Portrait Papst Clemens VII., wohl Kopie nach *Raffael.* Im Eingang Tafelbild der Heimsuchung, ein florentinisches Original des Quattrocento, vom jetzigen Besitzer hierhergebracht. Taufstein in üppigem Gründerzeitstil. Der Beichtstuhl im Eingang ist eine moderne Kopie nach einem Original in Innichen (St. Candido/Pustertal).

Maria-Eich, stark besuchte Wallfahrtskapelle in einem alten Eichenhain westlich von Planegg, begründet von einer Wallfahrt zu einem wundertätigen Marienbild in einem Eichbaum, dessen Stumpf hinter dem Hochaltar erhalten blieb. (Er ist von außen zugänglich). Die Baulichkeiten bilden, wie so oft an volkstümlichen Wallfahrtsorten, ein Konglomerat. Die alte Gnadenkapelle stammt aus der zweiten Hälfte des 18. Jh.; neuere Zutaten sind u. a. der Frei-Altar, die

Planegg, ev. Kirche

heutige Gestalt des an sich älteren Turms und vor allem: die neue Nebenkirche (1958). Die Marienkrönung im Hochaltar über dem Gnadenbild ist ein Werk von *Joh. Bapt. Straub.* 1746. Zahlreiche Votivtafeln. Über das Aussehen der Gnadenkapelle im 19. Jh. unterrichten einige der Votive neben dem Baumstumpf.
Die Klausner, die den Dienst an der Kirche versahen, waren auch zugleich Lehrer für die Schulkinder der näheren Umgebung. Einige Inschriften an der Kirche von → Steinkirchen weisen noch auf diese Einsiedler hin. – Beziehungsreich, wenn auch vielleicht nur zufällig, ist die achsiale Verbindung dieses Wallfahrtortes mit der großen Biergaststätte Heide-Volm, ein Zusammenhang, der heute allerdings durch die Bahnlinie unterbrochen wird.

Kath. Kirche St. Elisabeth, 1972 von *C. T. Horn.* Einige alte Ausstattungsstücke von guter Qualität, z. B. die Figur eines Hl. Sebastian, 18. Jh., vielleicht von *F. X. Schmädl.* Ovales Marienbild auf dem rechten Seitenaltar, ± 1600, in der Art des *Christoph Schwarz.* – Der Turm blieb von der ehem. Notkirche – einer ehem. Reithalle aus Eurasburg – erhalten.
Das schöne ***Pfarrhaus*** aus dem 18. Jh. an der Gautinger Straße kürzl. abgerissen. Im Hof des daneben befindlichen ehem. Gasthauses ein klassizistisches Lusthaus, ebenfalls abbruchreif.

Ev. Waldkirche, 1925–26 von *Theodor Fischer;* eines der letzten Werke – ein Zentralbau – dieses vor allem für München so wichtigen Architekten.

Steinkirchen 500 m n. Planegg

Kath. Kirche St. Georg, inmitten eines aufgelassenen Kirchhofs unmittelbar an der Würm, in der für die Kirchen dieses Tals typischen, hier besonders gut erhaltenen Situation. – Der einfache Bau enthält mittel-

alterliches Mauerwerk, wie an den Fensterformen deutlich. Der Turm sitzt dem Westgiebel auf, der Chor schließt flach: das gesamte Gebäude tritt aus seinem kastenförmigen Umriß nicht heraus.
Zwischen 1740 und 1749 eingreifender Umbau. Was heute an innerer Einteilung begegnet: Längstonne im Schiff, flach gedeckte Abseiten – stammt aus dieser Zeit. Das Turmjoch ist als der älteste Bauteil durch eine Quermauer vom Schiff geschieden. Der Gesamteindruck fast klassizistisch, was auf Zufall beruht; denn die Weihe fand 1768 statt.
Die ländliche Faktur dieser Kirche kommt besonders am Turm deutlich hervor; er ist für seinen unstatischen Sitz zu mächtig, anderseits für seinen Giebelschmuck zu klein. Der Spitzhelm darauf dürfte aus dem 19. Jh. stammen. Die Glocken 1814 von *Anton Ihm*. – Hübscher ***Altar,*** Mitte 18. Jh., mit dem Hl. Georg zu Pferde im Auszug. Die übrigen Figuren: Maria, St. Katharina und eine Abtsfigur ± 1500/1520, bis auf die Abtsfigur mäßig, wohl Reste eines älteren Hochaltars, in den auch die Figuren eines Mönchs und der Hl. Barbara an den Wänden des Schiffs hineingehört haben mögen. An der Nordwand vorzüglicher ***Kruzifix,*** Mitte 18. Jh. Die Ausstattung öfter mit der von St. Elisabeth in → Planegg ausgetauscht.
Am Ende der Abseiten zwei aus dem Zusammenhang gelöste Altarblätter: links St. Leonhard und St. Sylvester, signiert *Joseph . . . Walter 17. .* Rechts St. Rochus und St. Sebastian, signiert *FXG,* mäßig.
Die Einsiedler von → Maria Eich ließen sich in Steinkirchen begraben, wie Inschrifttafeln außen an der Südwand bezeugen.

Im Turmjoch die ***Rotmarmorsteine*** für den Hofmarksherren Hans Lung von Planegg († 1604) und seine Frau Anna, geb. Dichtl von Tutzing († 1614). Beide gehören zum landsässigen, aus dem Münchner Patriziat hervorgegangenen Hofmarksadel (vgl. die Pütrich, Ligsalz u. a. m.). Die Denkmäler denen in der Frauenkirche zu Gauting verwandt. Anna Dichtl war zugleich Hofmarksherrin in Gauting.

Pöcking ○ STA □ 4.1

Alte Kath. Kirche St. Ulrich, vom alten Friedhof umgeben, heute außer Gebrauch. Der Turm an der Südseite besitzt den für die Zeit ± 1680 typischen, reich gegliederten Aufsatz. Der einfache Raum zeigt schönen Modelstuck mit Eierstab, Rosetten und Engelsköpfen. Da von umfangreichen Bauarbeiten zwischen 1696 und 1702 unter dem Maurer *Sylvester Goldhofer* von Dachau berichtet wird, ist die Stuckdekoration wohl auch in diese Zeit zu datieren. – Die ***Ausstattung*** ist, dem Zustand des Ganzen entsprechend, recht dürftig. Um 1700 hatte die Hofmarksherrschaft ein Gemälde von *Andreas Wolf* mit Darstellung der Christgeburt in die Kirche gestiftet; es ist verschwunden. Die Architekturen der Altäre sind neubarock, die beiden Figuren auf dem Hochaltar, St. Ulrich und St. Urban, recht gut und aus dem 18. Jh. Aus der gleichen Zeit die ländlich-barocke Kanzel. Die Kreuzwegstationen ± 1800 besitzen schöne Rahmen. – An der Südwand eine Rotmarmorplatte für Hans Conrad Herwarth von Hohenburg († 1617), Hofmarksherr und Kanzler des bayerischen Herzogtums.

Auf dem ***Friedhof*** u. a. die Grabstätte von Franz v. Reber († 1919), dem Direktor der kg. bayerischen Galerien, dem das heute so gesuchte Werk ,,Technische Baudenkmäler Münchens" (1870) verdankt wird.

Die ***Villa Reber*** (Feldafinger Straße Nr. 15), etwa 1880, ist ein wohlerhaltenes Beispiel für ein Landhaus dieser Zeit.

Das ***Pfarrhaus*** nördlich der Kirche mit schönem Dach, 18. Jh.

Kath. Kirche St. Pius, unterhalb der alten Kirche, 1955/58 von *Leitensdorfer* erbaut. Der Vierungsturm, weithin sichtbar, gibt dem Altarraum eine gralsburgartige Beleuchtung. Ausstattung von größter Dürftigkeit.

Der ***Ortsteil Niederpöcking*** ist als Villenkolonie eine Gründung von 1856, stammt

Pöring, Schloßkirche

also aus den Anfängen der München-Starnberger Bahn. Die Villa von Miller schönes Beispiel eines vornehmen Landhauses aus der Mitte des vorigen Jhs. In N. starb *Moritz v. Schwind*. – Die weitläufigen alten Häuser heute vielfach zu Gästehäusern entfremdet.

Ev. Heiliggeistkirche, 1967 von *Ad. Seifert.*

Pöring ○ LL □ 3.1

Nördlich von Pitzling und nahe am Lech gelegen, bilden **Schloß Pöring** und seine **Wallfahrts- und Schloßkirche St. Maria** eine reizvoll-abgeschiedene Baugruppe. Der Besitz mit der gleichnamigen Hofmark gehörte seit dem 14. Jh. bis 1546 den Herren von Pöring, bis 1694 den Holding, bis 1777 den Berndorf und bis 1835 der Familie von Donnersberg. Unter den häufig wechselnden späteren Besitzern war von 1844 bis 1858 Freiherr von Leoprechting, dessen wertvolle volkskundliche Schilderungen „Aus dem Lechrain" bekannt geworden sind.

Der Schloßbau wirkt von außen wie eine gotische Burg, zurückzuführen jedoch auf den neugotischen Umbau der Jahre 1885/91, der Reste des 15. und 17. Jhs. (Eckerker, Küchenbau) benutzte.

1739 entstand – durch einen Gang mit dem Schloß verbunden – der ***Kirchenneubau***

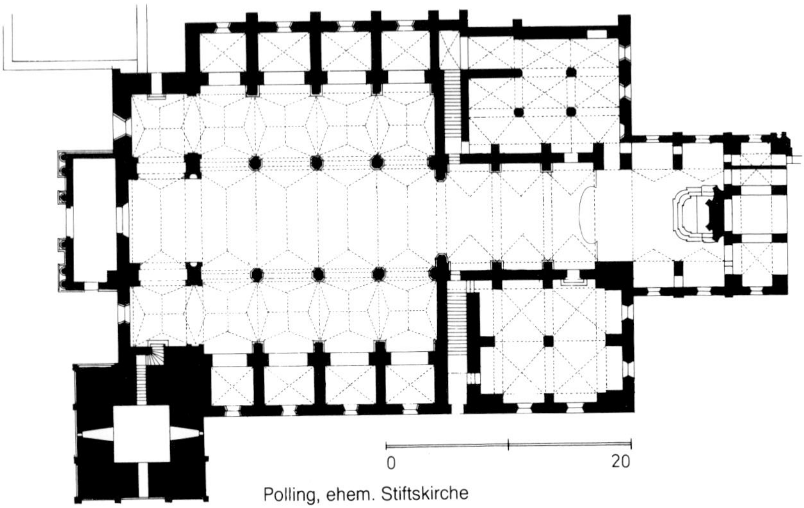

Polling, ehem. Stiftskirche

nach Plänen des damals im benachbarten Landsberg ansässigen *Dominikus Zimmermann.* Die Dreikonchenanlage gibt sich mit ihren originellen Gruppenfenstern, ihren Freisäulen und Stuckdetails im Inneren als charakteristisches (allerdings etwas manieriert wirkendes) Werk des Wiesbaumeisters zu erkennen. Bemerkenswert aus der Entstehungsgeschichte ist, daß die Stifterin Maria Anna von Berndorf sich zuerst einen kleinen Kapellenbau genehmigen ließ, worauf aber dann „der Grund für eine 70 Schuh lange und 36 Schuh breite (d. h. ca. 21 auf 10,5 Meter) Kirchen samt zweien Nebenkapellen gelegt worden". Auch der Stuck, die Kanzel und die (signierten) ***Deckenbilder*** sind von *Zimmermann,* der sich hier auch einmal als Maler versucht hat. Der Rokoko-***Hochaltar*** mit dem spätgotischen Gnadenbild kam erst um 1760 dazu, die kleinen barocken Seitenaltäre (1722 und 1725) wurden 1846 aus → Ludenhausen erworben. Ein großer Bestand an ***Votivtafeln*** (darunter ein sehr altes Stifterbild von 1592) zeugt heute noch von der einst blühenden Wallfahrt, deren Höhepunkt im vierten und fünften Jahrzehnt des 18. Jhs. lag.

Polling ○ WM □ 3.4

Ehem. Stiftskirche, als Benediktinerkloster ± 750 gegründet; 1010 durch Kaiser Heinrich II. wiederhergestellt und 1036, nunmehr als Augustiner-Chorherrenstift, bestätigt, als welches dieses Kloster bis zu seiner Auflösung 1803 bestanden hat, ein Zentrum künstlerischen und geistigen Lebens, dessen Bedeutung die bestehenden Reste immerhin noch ahnen lassen. Die Sage, wonach der Platz durch die wunderbare Entdeckung eines Kreuzes von einer gejagten Hirschkuh bestimmt worden sei, verbindet die Gründung mit Hzg. Tassilo III. Wahrscheinlich aber, daß – wie schon bei der Gründung des nahen Benediktbeuren – auch hier die Sippe der Huosi zu den Gründern gehört hat. Der Titel der Klosterkirche bewahrt die Legende, die auch in das Klosterwappen aufgenommen worden ist, wie sie ja auch Anlaß zu einer blühenden Wallfahrt gegeben hat (vgl. die Darstellung auf den ehem. Altarflügeln des sog. Meisters der Pollinger Tafeln in der Alten Pinakothek zu München). Der Ur-Bau habe jenseits des Pollinger Baches gestanden; das Untergeschoß der heuti-

Polling, ehem. Stiftskirche

gen Friedhofskapelle sei die Krypta dieser ersten Kirche gewesen. Die Vermutung läßt sich angesichts des offenbar stark veränderten Mauerwerks dieses kammer-artigen Kellers nicht unbedingt bestätigen. Weshalb rückte man den Neubau des 13. Jh. um bloße 100 m weiter nach Osten? Nur Grabungen könnten Antwort auf die Frage nach den ersten Kirchenanlagen geben.

Auch von dem Bau des ausgehenden 13. Jh., geweiht 1298, ist nichts bekannt. Er wurde 1414 durch Brand vernichtet; an seine Stelle trat 1416–20 eine dreischiffige Halle von fünf Jochen mit einem fast quadratischen Grundriß: es ist im Wesentlichen der Raum, der heute noch besteht. Zu Anfang des 17. Jh. trug man sich mit umfangreichen Neubauplänen, von denen der ***Turm*** (1606ff.) und der ***Chorbau*** (1621–28) zur Ausführung gekommen sind. Bei dieser Gelegenheit wurden die Seitenkapellen und Emporen geschickt zwischen die eingezogenen Streben der Halle eingezogen. Die gesamte Erscheinung der Kirche, wie sie sich noch heute darbietet, stammt aus dieser Epoche, und so ist der Bau eines der ganz unschätzbaren Zeugnisse jener künstlerisch fruchtbaren, durch die folgenden Wirren aber nicht zur Reife gekommenen frühbarocken Periode, die sich bis heute erhalten konnten. Manche Unsicherheiten, z. B. die Kompliziertheit des Chorbaus, erweisen den Plan und seine Durchführung als Ergebnisse einer Frühzeit. Angesichts des ungeheuren ***Turmes*** – auch als Torso noch ungeheuer (der Aufsatz stammt von 1822) – fragt man sich mit banger Neugier, was wohl aus solchen Absichten hätte werden können, wenn die Zeitläufte damals andere gewesen wären, und nicht von ungefähr ist es, daß sich grade mit diesem Turm der Name des berühmten Weilheimer, später Münchner Meisters *Hans Krumper* verbindet. Der Turm (3 m Mauerstärke) ist mit sauber gefugten Tuffquadern von schönstem Grau verblendet. Seine vier Geschosse von rhythmisch abrupt wechselnder Höhe zeigen eine machtvoll-dekorative Gliederung; ihr Aufbau wird bekrönt von einem Gebälk mit Triglyphen, und grade dieser mißverstandene, antike Kanon wirkt hier wie an seiner rechten Stelle: Quaderung, Aufbau und Dekor führen eine innere Größe vor Augen, die durchaus Erinnerungen an die dorische Epoche Griechischer Baukunst wachruft und erlaubt.

Dieser große Bau beweist außerdem, daß man sich wohl ± 1606 mit noch weitergehenden Plänen befaßt hat, die aber, von 1621–28, nur zum Teil hatten ausgeführt werden können. Zu vermuten ist, daß die Raumvorstellungen des Baumeisters damals noch unklar waren: man verwandelte die spätgotische Halle durch barocke Verkleidung mit strengem, geometrischem Modelstuck, der das alte, wohlräumige Innere im Grunde unverändert ließ (→ Wolfratshausen, Aufkirchen). Der Langchor und der Altarraum bringen zwar eine Vergrößerung, aber doch keine räumlich wesentliche Veränderung mit sich. Interessant aber bleibt der Versuch, dem Bau eine ***Fassade*** zu geben; breit, auch relativ niedrig noch, zeigt ihr geschwungener Umriß eine Kenntnis römischer Barockfassaden, die schon über die Kenntnis hinausreicht, welche beim Bau der Münchner Michaelskirche vorauszusetzen war. Diese seither völlig kahl gebliebene Fassade wird heute dürftig durch aufgemalte Felderung gegliedert. Daß sie nur den Untergrund für eine plastische Dekoration bieten sollte, lehren spätere Idealansichten (eine davon im Sprechzimmer des Konvents). Zur Ausführung kam davon offenbar nichts. Der zierliche ***Vorbau*** aus goldgelbem Tuff stammt von 1733, aus dem 18. Jh. also, das im Inneren wie am Äußeren seine Spuren hinterlassen hat.

Die ***Klostergebäude,*** von denen heute vor allem der Ostflügel noch besteht, stammen aus dieser Zeit. Das Areal wurde später in drei Komplexe aufgeteilt: in die Brauerei, die Landwirtschaft (in die auch einmal die Familie des Thomas Mann hineingeheiratet hat); schließlich haben sich die Dominikanerinnen in einem Teil der Gebäude angesiedelt und dort bis vor kurzem eine Schule betrieben. Die ehem. Klosterkirche dient seit 1803 als Pfarrkir-

Polling, ehem. Stiftskirche. Marienfigur

che. Die alte Pfarrkirche wurde damals abgerissen.
Hochaltar und beide Nebenaltäre sind – ursprünglich aus der Zeit des Umbaus 1621–28 – vom Rokoko nicht unberührt geblieben; so auch die Seitenkapellen, die ihren feinen Stuck (1761–65 von den Pollinger Stuckatoren *Christian* und *Chrysostomus Greinwald*) und ihre Ausstattung der letzten Erneuerung unter Probst Franz Töpsl verdanken. Auch gibt es in der Kirche sehr typischen frühen Wessobrunner Stuck saftigster Prägung: die beiden Portale zur Sakristei und zur Reliquienkapelle, die sich beiderseits an den Langchor anlehnen, datiert 1677. Es sind insgesamt Zeugnisse des hochstehenden Kunsthandwerks dieser Landschaft, des Pfaffenwinkels.

Hochaltar: Im Zentrum das Gnadenbild, der auf Esels- oder Pferdehaut gemalte Kruzifix des 12. Jh. (vgl. Kopie in → Magnetsried). Die Stifterfiguren Heinrichs II. und seiner Gemahlin Kunigunde 1763 von *J. B. Straub;* von diesem auch das Tabernakel mit den Figuren von Glaube und Hoffnung. Die Engel oben auf dem Gebälk von *Hans Degler* gehören zum ursprünglichen Konzept des Altars, 1628/29.

Links und rechts am Eingang zum Altarraum ***zwei Reliefs*** in Porzellanfassung und Stuckmarmorrahmen: Klostergründung und Übertragung der Vogtei an Herzog Heinrich den Löwen, beide von *F. X. Schmädl,* die Fassung von *Tassilo Zöpf,* 1766. Werke dieser Art versinnbildlichen – zumal an diesem Platz – immer Rechtsak-

Polling, Türen der Klosterbibliothek

te, gehen also weit über die bloße Darstellung hinaus.
Am Chorbogen rechts die Figur einer ***thronenden Muttergottes,*** vorzügliches Werk von *Hans Leinberger,* 1526, aus der abgebrochenen Pfarrkirche (einer Liebfrauenkirche).
Linker Seitenaltar: Marienaltar mit einer Verkündigung von *Georg Desmarées,* 1765. ***Rechter Seitenaltar:*** Augustinusaltar mit Altarblatt von *Balthasar Albrecht.* Die Seitenfiguren beider Altäre von *F. X. Schmädl,* vorzügliche Beispiele ihrer Art.

Die ***nördlichen Seitenkapellen,*** 1763 von Propst Franz Töpsl geweiht. Die Stukkaturen stammen von *Christian* und *Chrysostomus Greinwald* und z. T. von *Tassilo Zöpf:*
1. Altar der Hll. Einsiedler Antonius und Paulus mit Darstellung der Dornenkrönung von *Balthasar Albrecht.* – 2. Altar der Hll. Ulrich, Afra und Apollonia mit Darstellung des Ecce homo von *Oefele.* – 3. Altar der Hll. Joseph, Johann Nepomuk und Petrus Forer mit Darstellung der Todesangst Christi von *Johann Georg Winter.* – 4. Altar der Hll. Johann Baptist, Johann Evangelist und Margaretha mit Darstellung der Maria Magdalena von *Oefele.*

Prinzessin Elisabeth, spätere Kaiserin v. Österreich, im Hintergrund Schloß Possenhofen. Gemälde von Karl Piloty

Die südlichen Seitenkapellen:
1. Altar der Hll. Bonifatius und Albanus mit Darstellung der Kreuztragung von *Johann Baader,* 1774. – 2. Altar der Hll. Katharina, Dorothea und Barbara mit Darstellung des Christus und der Geißelsäule von *Oefele.* – 3. Altar der Hll. Stephanus, Laurentius und Lazarus mit Darstellung des Verrats von Judas von *Franz Martin Kuen.* – 4. Altar der Hll. Magdalena, Agnes und Cäcilia mit Darstellung des hl. Augustin von *Balthasar Albrecht,* 1764. Der Chorherr, der vor dem Heiligen kniet, trägt die Züge des Propstes Töpsl.

Votivbilder: an den Pfeilern der Seitenkapellen befinden sich Malereien, offenbar nach älteren Votivbildern, die hier gewissermaßen ortsfest monumentalisiert worden sind (→ Bauerbach).

Grabdenkmäler: die meisten befinden sich heute in der Vorhalle, wohin sie beim Umbau 1763 verbracht worden sind. Die Reihe beginnt zeitlich mit dem Denkmal für Propst Schondorfer († 1382). Das Denkmal für den Tuchsenhauser von Peißenberg († 1512) besitzt bemerkenswerte Qualität. Erwähnenswert wegen der Persönlichkeit ist das Denkmal für den Pollinger Augustiner Eusebius Amort († 1775); Amort gehörte zu den wissenschaftlichen Leuchten seiner Zeit.

Das ***schmiedeeiserne Gitter*** von *M. Gruber* und *J. Ostermann stammt von 1763.* – ***Orgel:*** Prospekt von *Max Gruber,* 1768; das Werk wurde von *J. G. Hörtrich* erbaut und mehrfach erneuert.

Reliquienkapelle an der Südseite des Chores: 1672 als Heiltumskapelle eingerichtet, 1764 durch *Johann Bader* ausgemalt und durch *Tassilo Zöpf* stuckiert. Im Obergeschoß der sog. „Ursulachor" mit einem Altar von 1624, darin Kopie des Altarblattes von *Peter Candid* in der Michaelskirche zu München.
Gegenüber der Reliquienkapelle die ***Sakristei*** mit alten Paramentenschränken um 1720.

Bibliothek im Ostflügel (privat); dreischiffiger Saal, 1775 von *Matthias Bader* erbaut, mit umlaufender Galerie. Die Deckenmalerei von *Johann Baader* vorzüglich erhalten, ebenso der Stuck von *Tassilo Zöpf.* Sogar die bemalten, eisernen Türen sind noch da. Die Regale wurden 1803 herausgerissen; von den Büchern dieser berühmten Bibliothek (80000 Bände) ist heute bis auf verschwindende Spuren nichts mehr vorhanden. 1975 wiederhergestellt.

Possenhofen ○ STA □ 4.1

Das **Schloß** von dem hier üblichen Typ des Herrenhauses: Kubus mit vier Ecktürmen, im Kern von 1536. Auf der Westseite eine angebaute Kapelle in neugotisch-byzantinischen Mischformen, vor Mitte des 19. Jh. von *Daniel Ohlmüller* errichtet. Der alte Park, heute z.T. Erholungsgelände der Stadt München, von einer romantischen Mauer mit Rundtürmen umgeben. – Possenhofen – von Herzog Max 1834 erworben – war Lieblingssitz der Kaiserin Elisabeth von Österreich, von deren Wirken sich noch allenthalben Spuren antreffen lassen (→ Feldafing, Kalvarienberg).

Pürgen, St. Georg.
Wandmalerei

Pürgen ○ LL □ 3.1

Auf die sehr frühe Besiedlung der nächsten Umgebung weisen die zahlreichen hallstattzeitlichen Grabhügel, von denen noch über 60 südöstlich des Ortes gezählt werden. – 740 wird „Piringa" erstmals urkundlich erwähnt, der erste Ortsadelige ist um 1146 Ortolf de Phetine (aus dem Geschlecht der Pfettner); die früheste Erwähnung der Pfarrei geschieht im Jahr 1179. – An das abgegangene Schloß, Sitz der Hofmarksherren bis 1833, erinnert der Name „Schloßbauer".

Die **Pfarrkirche St. Georg** gehört wegen ihrer aus der 2. Hälfte des 14. Jhs. stammenden Wandmalereien im Untergeschoß des ehemaligen Chorturmes zu den inter-

Pürgen, St. Georg, vor der Restaurierung

essantesten Sakralbauten der Landsberger Umgebung. Dargestellt sind der Kirchenpatron, weitere sechs Heilige und Christus in der Mandorla, sowie der knieende Stifter Ulrich von Pfetten. Die Bilder wurden 1899 aufgedeckt. – Die Kirche selbst entstand im Jahr 1500 (Jahrzahl mit Meisterzeichen im Chor); sie ist 1955 nach Westen verlängert worden. Der große Bestand an Grabdenkmälern und Epitaphien (insgesamt 17 aus dem 16. bis 18. Jh.) geht auf Familienangehörige der Hofmarksherren und auf Ortspfarrer zurück. Das ***Pfarrhaus*** gegenüber der Kirche ist ein hübscher Bau mit Walmdach aus dem Jahr 1747.

Pullach ○ M (Land) □ 4.2

Pullach besaß, ehe es als Ausflugsort entdeckt wurde – seit 1891 Bahnstation – kaum zwanzig Höfe, gruppiert um die heu-

Pullach, Habenschadenstraße 25

tige Münchner und Habenschadenstraße, abseits der großen Straße nach Wolfratshausen. Die an sich hübsche Randbebauung des Kirchplatzes nur scheinbar alt; die großen Gasthäuser entstanden ± 1900. Das Gelände südlich des alten Ortes wurde ± 1850 durch Franz Xaver Höllriegel aufgekauft, teils gerodet, teils als Steinbruch ausgebeutet (Höllriegelskreuth), 1851 durch F. X. Höllriegel auch eine Kapelle gegen großen kirchlichen Widerstand am Isarufer errichtet. – Im Ortsbild bemerkenswert die sog. ***Gartenstadt,*** deren Holzhäuser im schönen, knappen Stil der 20er Jahre z. T. noch in ihrer ursprünglichen Form bestehen. – An der Hochleite ***Denkmal*** für den Begründer des Isartal-Vereins, den Architekten Gabriel v. Seidl (1922). Die ***Mariensäule*** am Zugang zur Burg Schwaneck um 1880. – Unter den neueren und z. T. sehr üppigen Villen ist vor allem das Haus in der ***Habenschadenstraße 25*** bemerkenswert, erbaut 1907 von den Gebr. *Rank.* – In Höllriegelskreuth hat Carl Sternheim gewohnt. In den besonnten Memoiren der Vorweltkriegszeit taucht Pullach immer wieder auf, z. B. bei Arnold Zweig.
An der Hochleite eine stattliche Zahl von ***Hügelgräbern.***

Kath. Kirche Hl. Geist (bis in das 18. Jh. auch St. Stephan), bis 1875 Benefiziatenstelle, zur Pfarrei Sendling gehörig; seitdem eigene Pfarrei. Eindrucksvoll am Abbruch des Steilhangs über der Isar, von einem kleinen, nunmehr aufgelassenen Kirchhof umgeben. Der Bau elegant und wie aus einem Guß: eine Wandpfeilerkapelle mit zartem Sterngewölbe, die den älteren Turm in ihre Substanz mit einbezieht. 1472 stiftet Lienhart Sewer, Kaplan an St. Peter zu München, erhebliche Mittel zu einer ewigen Messe; gleichzeitig erfolgt eine Stiftung von Herzog Sigmund. Aus dieser Zeit stammt wohl auch der Bau selber, dessen Verwandtschaft zur Münchner Frauenkirche bei allem Größenunterschied doch

Pullach, ehem. Pfarrkirche

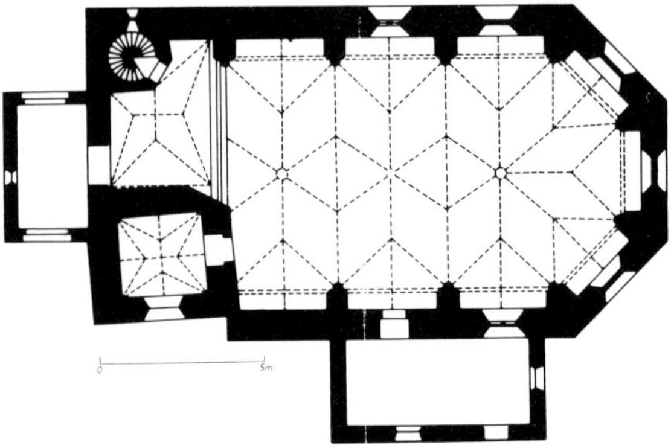

Pullach, ehem. Pfarrkirche

deutlich ist. Der Eindruck einer Hofkapelle bleibt allerdings ohne historischen Beleg. In den Schlußsteinen des Gewölbes erscheinen (von West nach Ost) das Münchner Kindl, das Wittelsbacher Wappen, der Gnadenstuhl (auf das Patrozinium bezüglich). Aus späterer Zeit ist bekannt, daß die Stadt München das Recht besaß, den Benefiziaten vorzuschlagen, der König das Recht, ihn zu bestätigen. – Der spitze Turmhelm, der in einer Zwiebel endigt, in seiner merkwürdigen Form nicht ohne Parallelen (→ Salvatorkirche zu München im 19. Jh.). Über das Alter des Turms und über die Vorgänger der bestehenden Kapelle ist nichts bekannt.
Die ***Ausstattung*** wurde Ende des 19. Jh. stark überarbeitet; stammt nur z. T. von hier. Ursprünglich ganz sicher der ***Hochaltar*** mit der vorzüglichen Gruppe der Ausgießung des Hl. Geistes, Münchner Schnitzarbeit um 1480 (→ Leutstetten); die Flügelgemälde nicht zugehörig, aber alt, um 1500; Schrein neu. – Der linke ***Seitenaltar*** mit einer Gruppe der Marienkrönung wegen neuer Fassung nicht zu beurteilen, 1887 gestiftet; im Gesprenge Figuren des Hl. Stephan ± 1500 und des Hl. Cosmas (?) um 1440. Das Tabernakel auf dem rechten Altar 1888 gestiftet, die darin befindliche Salvatorfigur stark überarbeitet, ursprünglich viell. um 1420. – An der inneren Nordwand monumentaler Kruzifix, um 1500; Schmerzensmutter darunter stark überarbeitet, vielleicht fränkisch um 1490. – Wohl erhalten, nur stark verschmutzt zwei alte Glasfenster im Chorhaupt, Münchner Arbeiten um 1470, der Beachtung wert. Die übrigen Glasfenster sind Stiftungen von Hofglasmaler *F. X. Zettler*, 1886.
Auf der Südseite, außen, kolossale Kreuzigungsgruppe, ± 1500.

Neue Kath. Kirche Hl. Geist, 1956 von *Buchner* erbaut.

Ev. Pfarrkirche St. Jakob, einfache Saalkirche, 1963 um einen städtebaulich gut eingesetzten Turm bereichert.

Burg Schwaneck, für den Bildhauer *Ludwig v. Schwanthaler* 1842/43 durch *Friedrich v. Gärtner* erbaut, 1902 erweitert. Der ältere Teil aus Ziegeln im Stil einer türmereichen, normannischen Burg. Das merkwürdige Bauwerk – an sich noch aus einer „guten" Zeit – wirkt doch atrappenhaft und skurril. Ein leiser Geruch von Fälschung umgibt das Ganze, hervorgerufen vor al-

Pullach, ehem. Pfarrkirche. Pfingstaltar

lem durch die zahlreichen, wappenfrohen Denkmäler im Stil der manessischen Handschrift: Denkmäler für die Ahnen des Bauherrn und für diesen († 1848) selbst, der hier ein Ritterleben zu führen gedacht hat. – Hubertuskapelle im Prinzregentenstil. – Burg Schwaneck ist heute Jugendherberge.

Raisting ○ WM □ 3.4

Vorläufer des Ortes – heute bekannt durch die Satellitenstation der Bundespost – ist die römische Straßenstation „Urusa" am Kreuzungspunkt der beiden wichtigen kaiserzeitlichen Verbindungsstraßen Epfach-Gauting und Augsburg-Brenner.

Die Pfarrei gehörte zum Kloster Dießen, das 1694/96 durch seinen Baumeister *Michael Natter* den Neubau der **St. Remigiuskirche** aufführen ließ (für den aus Vorarlberg stammenden Meister ist besonders die Turmarchitektur charakteristisch). – Der Innenraum wurde nach 1766 unter Mitwirkung des großen einheimischen Stukkators und Bildhauers *Thomas Schaidhauf* überarbeitet und neu ausgestattet: Dekkenfresken im Chor von *Christian Winck* mit Darstellung der Bekehrung Chlodwigs, 1766 (Deckenbild im Langhaus 1947 von *Karl Manninger)*.
Die Stuckmarmoraltäre aus der Zeit um 1770 enthalten Plastiken und – auf den Seitenaltären – zwei vorzügliche Reliefs von

Schaidhauf; der Spätrokokostuck vielleicht von *Joh. Mich. Merck* aus Rott. – Als Pfarrer wirkte in seinem Geburtsort Raisting von 1721 bis 1766 Franz Sales Gailer, bekannt als Verfasser der „Vindelicia Sacra", einer heimatkundlichen, historischen Beschreibung des Dekanats Weilheim.

3 km südlich des Ortes, in der Nähe der heute noch in den Filzen erkennbaren Römerstraße, steht die ehemalige **Wallfahrtskirche St. Johannes**, deren Chor noch aus dem 15. Jh. stammt, während das Langhaus 1824 nach vorherigem Einsturz neu gebaut wurde. Heute liegt das einsame Kirchlein im Blickfeld der imposanten Anlage der Raistinger Erdfunkstelle.

Sölb bei Raisting

Am nördlichen Rand des Ortes, der nur durch die Bahnlinie von Raisting getrennt ist, steht eine stattliche, der hl. Margareta geweihte **Kapelle**; nach (wenig glaubhafter) Überlieferung auf dem Platz eines Burgstalles. Der Bau scheint im Kern noch der Spätgotik anzugehören; von der Einrichtung, die heute nichts Bemerkenswertes mehr bietet, kamen zwei reizvolle Scagliola-Antependien von *Dominikus Zimmermann* ins Weilheimer Stadtmuseum.

Ramsee
1 km w. Erling ○ STA □ 3.2

Ehem. zw. Erling und dem Ammersee gelegene Einöde von 6 Höfen mit Kapelle (St. Nikolaus), 1860 aufgeforstet. (Ein Kelch und Reliquienkästchen in der Pfarrkirche St. Nikolaus zu → Herrsching erhalten). Die Steine der abgebrochenen Höfe z. T. in der Friedhofsmauer von Erling verbaut. An der betreffenden Stelle ein Gedenkstein. Ramsee ist wie z. B. Kreuzling oder Königswiesen eine moderne Wüstung.

Rauhenlechsberg → Apfeldorf

Reichling ○ LL □ 3.1

Im Ortsbild des 736 ü. d. M. gelegenen Haufendorfes dominiert die **St. Nikolaus-Pfarrkirche** mit ihrem massigen, ehemaligen Chorturm aus dem 14. Jh. Der interessante Kirchenbau ist ein ländlicher Vorläufer des Klassizismus im Gebiet aus den Jahren 1779/80. Baumeister war *Franz Anton Kirchgrabner* aus München, der hier im Auftrag des Klosters Bernried einen zentralisierenden Saalraum mit querschiffartigen Seitenkapellen schuf. Der flach überkuppelte Altarraum ist außen von einem Mansarddach überdeckt (→ Dießen, St. Johann). Die ***Ausstattung*** wurde, z. T. erst nach dem Jahr 1800, in der Mehrzahl von Wessobrunner Künstlern, gestaltet. Das große Deckenbild im Schiff signierte 1805 *Sebastian Jaud* aus Haid b. W., der Hochaltar (1795) enthält ein Bild des gleichen Malers; als Stuckmeister kommt wahrscheinlich *Franz Doll* in Frage. – Der Außenbau ist durch aufgemalte Doppellisenen gegliedert; Kirche und benachbarter ***Pfarrhof*** (ein Bau von *Joseph Schmuzer* um 1730, mit Stuckdecken) wurden vor wenigen Jahren restauriert.

Reisch ○ LL □ 3.1

Ostwärts Landsberg gelegener Ort mit kleiner **Mariae-Himmelfahrtskirche**. Der ursprünglich spätgotische Bau wurde 1732 verlängert, erhöht und neu eingerichtet. Spätbarocker Stuck von *Georg Dötl* aus Obermühlhausen, Deckenbilder von *Caspar Schäffler* aus Oberfinning, Altäre und Gestühl von einem Landsberger Kistler; entzückend-einheitlicher Raumeindruck. Zahlreiche Plastiken der beiden Landsberger Bildhauer *Lorenz* und *Johann Luidl* ergänzen das Bild (darunter als eine der ganz wenigen signierten Arbeiten des erstgenannten ein Relief der 14 Nothelfer, 1704). Etwa die Hälfte des Figurenschmuckes ist von einer älteren Barockausstattung übernommen.

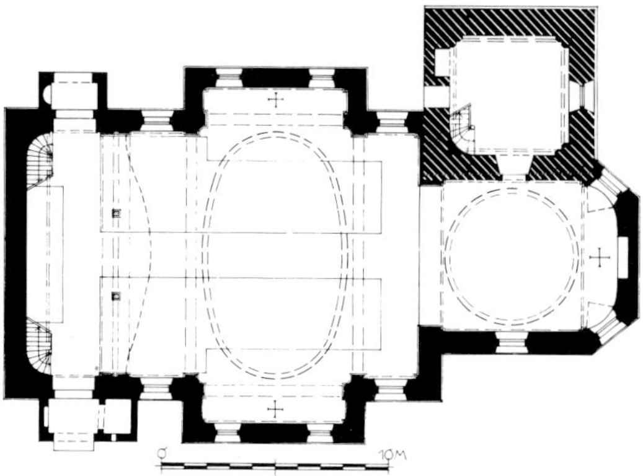

Reichling, Pfarrkirche

Ried 2 km nördlich Herrsching

Ehem. ***Sommersitz*** des Klosters Fürstenfeld. Die Kapelle St. Michael 1572. Im Innern Wappenscheiben des 16. Jhs. mit dem Wappen der Fürstenfelder Äbte.

Rieden

3 km n. Starnberg ○ STA □ 4.1

Das Gut im Besitz der Wittelsbacher; die **Kapelle St. Peter** zeigt ihre Spuren, und zwar im Charakter der Prinzregentenzeit, aus der das schwere, neubarocke Gitter, die neubyzantinischen Ampeln, die Messingleuchter und die Bemalung des Altarraums stammen: für eine ländliche Kapelle ein zu schwerer Prunk, doch typisch für die Zeit und in dieser Form selten. Mitten im Schiff das Grabmal der Mathilde, Prinzessin von Sachsen-Coburg-Gotha (1877–1906, eine Schwester des Kronprinzen Rupprecht), 1906, von *Knut Ackerberg.*
Nachrichten über die frühere Ausstattung der Kapelle gibt es reichlich; sie ist auch noch – eine weitere Seltenheit – zu gewissen Teilen vorhanden. Der ***Choraltar*** von 1669, für den der Kistler *Georg Wunderl* von Wolfratshausen 160 Gulden erhält, steht noch am alten Platz: in der Mitte St. Peter, zu Seiten St. Nikolaus und St. Paul, alle Figuren wohl gleichfalls aus Wolfratshausen. Der Kruzifix von 1729, für den *Joseph Khrinner* 6 Gulden empfängt, ist gleichfalls, wenn auch in schlechtem Stand, noch erhalten. Hinter dem Antependium verbirgt sich eine merkwürdige, offenbar sehr alte Form der Altarstipes, vielleicht vorgotisch.

Auf dem ***Friedhof*** einige Grabstätten aus der bourbonischen Verwandtschaft der Wittelsbacher: Ferdinand, Herzog von Calabrien (†1960), dessen Frau Maria, eine Tochter Ludwigs III. von Bayern, gleichfalls hier begraben liegt (†1954). Ferner: Roger von Bourbon, Prinz beider Sizilien (†1914), Maria Antonetta von Bourbon (†1957). Es ist das ehem. Königshaus beider Sizilien, dessen Chef Herzog Ferdinand gewesen war.

Rieden a. A. ○ LL □ 3.2

Weiler mit drei Höfen und einer spätromanischen **Kapelle St. Georg** auf künstlichem Hügel über der Ammerseestraße, die hier den Verlauf der Römerstraße Augsburg-Brenner überlagert. Der um 1480 und in der 2. Hälfte des 17. Jhs. umgestaltete Bau enthält einen hübschen Ba-

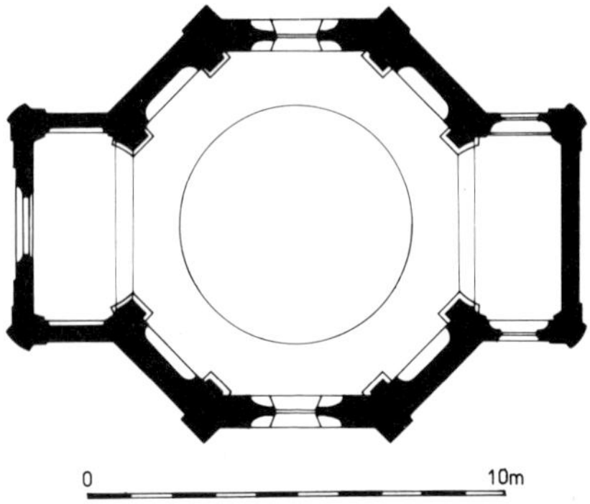

Romenthal, Anna-Kapelle

rockaltar, zwei bemalte Holztafeln um 1625 (aus der Weilheimer *Greither*-Werkstatt) und eine sehr seltene spätgotische Kirchenbank.

Riederau ○ LL □ 3.2

Der heute stark besiedelte Ort zwischen Seeufer und Hochwald bestand ehemals nur aus vier Anwesen mit einer 1796 erbauten **Kapelle Maria Hilf.** – Hier hat der Landkreis Landsberg ein stattliches altes Bauernhaus erworben und mit bäuerlichem Mobiliar, Gebrauchs- und Handwerksgerät eingerichtet. Hinter dem Haus ein wiederaufgestellter Getreidekasten in Blockbau aus dem Jahr 1695.

Rösselsberg 1 km sw Pähl ○ STA □ 3.4

Das ***Schloß*** stammt aus dem 17. Jh., besitzt jedoch noch ältere Teile. Die umgebende Mauer ebenfalls 17. Jh. Ca. 300 m westlich des Schlosses die sog. ***Betsäule,*** ein spätgotischer Bildstock (Ölberg- und Kreuzigungsdarstellung), bezeichnet 1483, Sandstein.

Romenthal 1,5 km n. Dießen ○ LL □ 3.2

Gutshof mit architektonisch bedeutsamer **Anna-Kapelle**, 1757 als achtseitiger ***Zentralbau*** von *Johann Michael Fischer* im Auftrag des Klosters Dießen errichtet; die gleichzeitigen ***Deckenbilder*** von dem Münchner *Franz Kirzinger.* Die Außenrestaurierung – Baukörper weiß mit ockerfarbener Gliederung – wurde vor kurzem abgeschlossen; der qualitätvolle Figurenschmuck (u. a. eine spätgotische Mutter Anna und eine Marienkrönung aus der Weilheimer *Steinle*-Werkstatt, um 1620) noch nicht wieder aufgestellt.

Roseninsel → Feldafing

Rothsee ○ WM □ 3.4

Kapelle bei einem schönen Hof des Klosters Polling (→ Arnried), beide Gebäude aus dem 18. Jh., heute privat und nicht zugänglich. Die Kapelle, ein kleiner Zentralbau, wurde unter dem Pollinger Propst Franz Töpsl 1780 errichtet (Jahreszahl und Wappen am Chorbogen); Baumeister war vielleicht *L. M. Gießl.* Der Grundriß ist dem der Kapelle von → Landstetten verwandt.

Rott ○ LL □ 3.3

Straßenhaufendorf an der Altstraße Landsberg-Weilheim, die sich hier mit der römischen Straßenverbindung Epfach-Raisting kreuzte; nordwestlich, auf dem 753 m ü. d. M. hohen Kalvarienberg Kapelle und mittelalterlicher Burgstall. –
Die neue **Pfarrkirche** wurde 1963/65 zusammen mit dem Pfarrzentrum von Architekt *A. Kratzer* erbaut; ihre Vorgängerin

Rott, Pfarrkirche

steht im Nordteil des alten Dorfes: ein im Kern spätgotischer Bau mit romanischem Westturm. Unter Abt Engelbert Goggl von Wessobrunn (1770–81) erhielt die Kirche ihren feinen Rokoko-Stuck durch den einheimischen Gipsmeister und Tafernwirt *Johann Michael Merck,* der zeitweilig für Friedrich den Großen in Potsdam und Sanssouci tätig war. Die ***Deckengemälde*** (aus der Legende des Kirchenpatrons St. Johannes d. T.) schuf 1779 *Johann Baader* aus Lechmühlen, die Holzfiguren im Chor sind von dem Weilheimer Bildhauer *Franz Xaver Schmädl.* Außen an der Südwand der Kirche eine sehr frühe kleine Tontafel zum Gedenken an den 1503 verstorbenen Peter Bader.
Das alte ***Pfarrhaus*** ist ein hübscher klassizistischer Bau mit Mansard-Walmdach aus dem Jahr 1809.

Außerhalb des Dorfes, an der Straße nach Landsberg steht die spätgotische **Ottilienkapelle**, die ebenfalls unter Abt Goggl ihre elegante, grün gefaßte Stuckdekoration erhielt (im Ornament an *Thassilo Zöpf* erinnernd, aber doch wohl von *Johann Michael Merck*). Das Chordeckenbild mit der Taufe der hl. Ottilia ist ein unsigniertes Werk von *Matthäus Günther*, das schlecht erhaltene Langhausfresko (die Vier Kardinaltugenden) eine späte Arbeit des Wessobrunner Malers und Klosterschreibers *Sebastian Jaud,* 1823. Hochaltar in Stuckmarmor mit vorzüglicher Figur der hl. Ottilia aus der Spätgotik, die Nebenfiguren wohl von *Schmädl.*

Rottmannshöhe 1 km n. Leoni ○ STA □ 4.1

Benannt nach dem Landschaftsmaler *Karl Rottmann* (gest. 1850), der diesen Aussichtspunkt über dem Ostufer des Starnberger Sees bevorzugt hatte. Man errichtete ihm dort 1851 einen Gedenkstein. – Später entstand hier der Bau eines großen Hotels im Stil einer römischen Villa des 17. Jhs., ± 1890. Mehrfacher Wechsel des Zwecks und des Besitzers, u. a. auch Exerzitienhaus der Jesuiten, denen der Kapellenanbau auf der Rückseite verdankt wird. Das Bauwerk – von außen so stattlich – ist innen nüchtern und erweist sich als bloße Kulissenarchitektur. Seit einigen Jahren verwahrlost.

St. Alban
2 km n. Dießen ○ LL □ 3.2

Der ehemals kleine Fischerort ist heute zu einem Kinderheim-Zentrum geworden; seine **Wallfahrtskirche zum hl. Alban** liegt direkt am Ufer und ist daher ein echtes Ammersee-Wahrzeichen. Der im Kern spätgotische Bau enthält eine reizvolle Rokokoausstattung mit Altären von *Thomas Schaidhauf* aus Raisting und Stuckaturen von *Franz Xaver Schmuzer.* An der Westwand hängt ein riesiges barockes Altarbild mit der Himmelfahrt Mariae, das vom früheren Hochaltar der Dießener Klosterkirche herstammt. – Auf die ehemals blühende Wallfahrt weisen eine Reihe von ***Votivtafeln*** und volkskundlich bemerkenswerte ***Devotionalien***; die liebenswerten Täfelchen stammen (in der Mehrzahl aus der späten Biedermeierzeit) aus der Hand des Dießener Malers *Karl Vorhölzer,* der auch den Wallfahrerzug Dießener Bürger an die Emporenbrüstung malte.

St. Georgen → Dießen

St. Heinrich ○ TÖL □ 4.3

Benannt nach dem seliggesprochenen Einsiedler, der hier im 12. Jh. gelebt hat, angeblich ein Graf aus der Familie der Andechs-Meranier.

Kath. Kirche St. Maria, mit eingestelltem Westturm, nach einer Brandkatastrophe von 1902 stark restauriert. Sie zeigt eine in den Putz geritzte Außengliederung (was gut in diese Landschaft passen würde, → Antdorf, Iffeldorf), die allerdings auf einer Darstellung des 18. Jh. im Innern der Kirche nicht zu erkennen ist. Das breite Schiff mit alten, kräftig profilierten Doppelpilastern an den Wänden, verdankt sein Aussehen der Erneuerung nach 1902. Der niedrige Chor dagegen, dessen Substanz noch spätgotisch ist, zeigt mit seiner Pilastergliederung und seinem reichen Rokoko-Stuck einen älteren, originalen Zustand. Die Höhendifferenz zwischen Chor und Schiff ist, wie das prunkvolle Wittelsbacher Wappen an der Stirne zeigt, die ursprüngliche.

Hauptaltar ± 1700 mit einem bäuerlichen, einst wohl bekleideten Vesperbild ± 1400 in der Mitte. Außen die Figuren der Hl. Kleopha und Salome, ± 1700; im Auszug in puppenhafter Kleinheit die Figuren der Kreuzabnahme. – Beide ***Seitenaltäre*** kommen aus der Franziskanerkirche in Mühldorf. Die Altarblätter von etwa 1850 sind signiert: *Glink.* Die jeweils flankierenden Figuren – links Hl. Barbara und Katharina, rechts Hl. Paulus und Franziskus – sind barock. – ***Kanzel*** neubarock. An der Südseite des Chores eine Darstellung des 18. Jh.; Herzog Albrecht übergibt die Kapelle den Chorherren von Beuerberg, 1480, mit einer recht genauen Darstellung der Ortschaft. – Das ***Hochgrab des sel. Heinrich*** steht exzentrisch im Schiff (die

Schallenkam, Kapelle

Stätte also offenbar älter als der Kirchenbau). Die bildliche Darstellung auf der Grabplatte primitiv, 17. Jh., im Dekor mit romanischen Motiven, wie bei primitiven Arbeiten häufig.

Schallenkam

3 km s Holzhausen ○ TÖL □ 4.3

Bei der Einöde dieses Namens steht die ***Kapelle St. Kastulus,*** vor 1687 erneuert, 1708 konsekriert. – Das Türmchen sitzt auf dem Westgiebel. Eine Besonderheit: das hölzerne Profil unter dem Dachansatz, das um die ganze Kirche herumläuft. Von der Bemalung des Mauerwerks bemerkt man nur noch die Eckquaderung in Sgrafittotechnik. – Hochaltar 1757–1762 mit Altarblatt von *Georg Fux,* Eurasburg. Figuren von *Joseph Krinner,* Wolfratshausen. Der linke Seitenaltar zeigt die Verherrlichung Mariä, signiert *Johann Understainer,* 1704; der rechte Seitenaltar zeigt die Verherrlichung Magdalenä von der gleichen Hand. – Die Apostelgruppe von 1701 stammt von *Gallus Mangold.*

Schäftlarn ○ M (Land) □ 4.1

Benediktinerabtei und **-klosterkirche St. Dionys und St. Juliana,** in der 2. Hälfte des 8. Jh. gegründet und dem Bischof zu Freising als Eigenkloster – eine Rechtsform der Frühzeit – überwiesen. Die Gründungszeit wird durch Handschriften aus ehem. Klosterbesitz indirekt bestätigt; sie zeigen die Eigenart des Freisinger Scriptoriums und reichen bis nahe an das

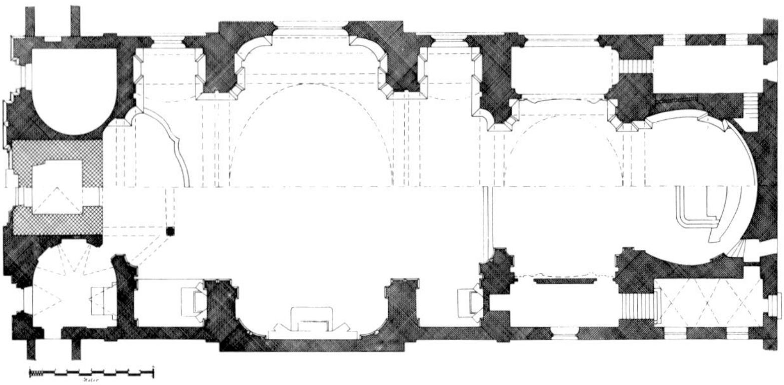

Schäftlarn, ehem. Klosterkirche

überlieferte Gründungsjahr 762 heran. – Trotz seiner ehrwürdigen Tradition ist Schäftlarn nicht unter die eigentlich bedeutenden Klöster zu rechnen. Um die Jahrtausendwende fast erloschen, wurde es 1140 durch Bischof Otto von Freising den Prämonstratensern übergeben, deren strenger, eifriger Geist sich noch aus den Fresken der barocken Klosterkirche ablesen läßt. 1598 Abtei, 1803 Auflösung. 1866 wird das Kloster durch König Ludwig I. als Benediktinerpriorat eingerichtet; seit 1910 ist Schäftlarn wiederum Abtei. Die von den Benediktinern auftragsgemäß unterhaltene Internatsschule konnte kürzlich durch einen Neubau nördlich des Klosters erweitert werden.

Vom hohen Alter dieses Klosters zeugt nur noch seine Situation dicht unter dem Steilufer der Isar; wenig stromabwärts beginnt die Enge, die sich der eiszeitliche Strom durch den Moränenwall gegraben hat (ähnlich der Würm, die auf der gleichen Höhe den Durchbruch bei Leutstetten erzwungen hat). Der Platz ist zwar hochwassergefährdet, aber vor Angriffen sicher (→ Weltenburg). – Die heutige Erscheinung Schäftlarns ist jedoch fast in allen Teilen barock. Sie hat die älteren Zustände so restlos beseitigt, daß diese sich nur noch erschließen lassen. Dies gilt vor allem für den Vorgänger der jetzigen Kirche: einen schmalen, langgestreckten Bau mit einem im Westen vorgestellten Turm und dreiseitigem Chorschluß. Die Bausubstanz vielleicht spätmittelalterlich aus der Zeit des Propstes Leonhard Schmidt (1490–1527), die Ausrüstung etwa aus der Zeit ± 1600; insgesamt ein schlichtes Gebäude, etwa der Pfarrkirche von → Aufkirchen zu vergleichen. Die Breite des alten Schiffes – sicher nur *ein* ungeteilter Raum – läßt sich noch vermuten: der mittlere Risalit des Ostflügels der heutigen Klosteranlage dürfte sich in seiner Breite auf diese ältere Klosterkirche beziehen, ebenso der heutige, schmächtige ***Turm*** von 1710; er gehört seiner Gestalt nach und mit seinen derben Zierformen noch zum älteren Bestand, dessen Schlichtheit das gesamte Klosterviereck beibehält, das von 1702–1707 unter Abt Melchior Schußmann erbaut worden ist. Architekt war *Giovanni Antonio Viscardi,* der Münchner Hofbaumeister. Ob der Hofmaler *Andreas Wolff* am Entwurf der Klostergebäude beteiligt war, ist eine alte, aber angesichts der Einfachheit des Ganzen müßige Frage. Die Anlage hält sich in der Disposition an ein bewährtes Schema; in den einzelnen Formen gibt es hier nichts, was außer der noblen Anständigkeit hervorzuheben wäre. Der zierliche – spä-

Schäftlarn, ehem. Klosterkirche

tere – Stuck vor allem im südwestlichen Pavillon sei jedenfalls erwähnt.

Anders dagegen die ***Kirche.*** Die einfache Fassade, die den älteren Turm geschickt einbindet, verrät vom Reichtum des Inneren nichts. Das breite Dach dahinter zeigt aber schon den mächtigen Baukörper an, der die beiden Klosterhöfe, die für einen schmaleren Kirchenbau berechnet waren, nunmehr stark einengt. Er geht von ganz anderen Maßstäben aus. Architekt war von 1733–1740 der berühmte Hofbaumeister *Jean François Cuvilliés;* doch geriet sein Entwurf nicht über die Chormauern hinaus (Umrisse der Fundamente eines geplanten Querschiffs sollen auf dem Grunde der Höfe im Winter noch immer sichtbar werden). Nach Unterbrechung durch den österreichischen Erbfolgekrieg kam der Bau ab 1751 wieder voran. Architekt war diesmal der Hofbaumeister *Johann Georg Gunezrhainer,* Schwager *Johann Michael Fischers,* dessen Anteil und Einfluß – immer wieder vermutet, obgleich er namentlich hier nur einmal auftritt – schwer zu umgrenzen ist. Es war hier wohl so, wie anderswo auch (→ Inning, Perchting usw.): die prachtvolle Eigenart des großen Baumeisters war gewissermaßen Allgemeingut geworden.

Dem einfachen, rechteckigen Grundriß ist eine rhytmisch abwechselnde Folge von Räumen einbeschrieben, die sich in der Mittelachse der großartigen Perspektive auf den Hochaltar hin unterordnet. Gebildet und geleitet wird diese Perspektive durch die vier schönen Bögen, durch die massiven, aber reich gegliederten Wandpfeiler und das durchlaufende Gebälk mit seinen kräftigen Profilen. Überall die größte Klarheit der Formen und die höchste Qualität! Der Dekor – sparsam eingesetzt – verbirgt den Raum und sein Gerüst keineswegs: die reine, unverstellte Architektur. Dieser Eindruck wird durch eine vornehm-zurückhaltende Farbigkeit unterstützt. Es sind neben verschiedenen Weiß vor allem zarte, gebrochene Grün- und Rosatöne, die mit dem Gold zusammen jenen pastellenen Grundton bewirken, der das Rokoko so sehr kennzeichnet. Dabei fehlen die stärkeren Farben durchaus nicht – prächtige Rot- und Blaufarben z. B. in den Fresken der Decke. Alles ist aber eingebettet in eine farbige Gesamtkonzeption, die – merkwürdig genug – die dunkleren, gegenständlicheren Farben in der Gewölbezone, die lichteren Töne im unteren Aufbau bestimmend sein läßt, typisch für das Wesen barocker Deckenmalerei überhaupt und noch immer ergreifend.

Die Deckengemälde: sie wurden wie auch die Stukkaturen von *Johann Baptist Zimmermann,* 1756 geschaffen. Die Themen stammen aus der Geschichte des Ordens und der des Klosters. Im Gewölbe der Apsis: Engel mit Rosengirlanden. – In der Chorkuppel: Vision des Hl. Norbert; er empfängt durch die Muttergottes das weiße Ordens-Skapulier. Der hl. Augustin weist auf das Regelbuch. In den Gewölbezwickeln vier Heilige des Prämonstratenserordens. – Im Zwischenjoch: Christi Himmelfahrt. – In der Kuppel des Schiffs: die Gründung Schäftlarns 1140. Propst Engelhard vor Bischof Otto von Freising. Auf dem Turm der hl. Norbert, der das Isartal segnet. Im Schiff ein Prämonstratenser. – Über der Musikempore: König David.

Die ***Ausstattung*** entspricht in der Einheitlichkeit der Konzeption und der Qualität der Durchführung durchaus der Bedeutung dieser ganzen Anlage; Das Figürliche stammt zumeist von *J. B. Straub,* die Malerei durchweg von dem Hofmaler, späteren Münchner Galerieinspektor *Balthasar Albrecht,* der aus dem nahen Berg gebürtig war.

Der ***Hochaltar:*** Das Altarblatt zeigt die Himmelfahrt Mariä, 1755. Links und rechts die Figuren der beiden Kirchenpatrone St. Dionys und St. Juliana. Die plastische Giebelgruppe mit der Hl. Dreifaltigkeit bezieht sich auf die Darstellung des Altarbildes.

Die ***Nebenaltäre*** in den vier Seitenkapellen zeigen durchweg plastische Gruppen von der Hand *J. B. Straubs* in vorzüglicher, teils vergoldeter Porzellanfassung vor rotmarmoriertem Hintergrund. Auf der Nordseite 1. der hl. Joseph, 2. der hl. Norbert. – Auf der Südseite 1. der hl. Johannes Nepomuk, 2. der hl. Augustin; hier auch die

Schäftlarn, ehem. Klosterkirche

Grabsteine der beiden ersten Äbte nach der Wiedererrichtung des Klosters im 19. Jh. Die Altäre in den beiden Querarmen sind im Aufbau identisch. Im nördlichen Rosenkranzaltar zeigt das Altarblatt von 1764 Papst Pius V. bei der Meldung des Seesiegs von Lepanto durch Don Juan d'Austria. Links und rechts die Figuren der Hl. Dominikus und Katharina. – Der südliche Kreuzaltar zeigt die Kreuzigung. Links und rechts die Figuren des Hauptmanns Longinus und die des reuigen Schächers. Die seitlich davon aufgestellten Figuren der Mater Dolorosa und des Rastheilands stammen aus den Jahren 1763 und 1764. Die ***Kanzel*** von *J. B. Straub* zeigt auf dem Schalldeckel die Figur der über die Irrlehre triumphierenden Kirche. Ihr zu Füßen die Evangelistensymbole. An der Brüstung des Kanzelkorbs ist Petri Fischzug dargestellt; seitlich die Figuren von Moses und Paulus. Es kommt also auch hier wie im Darstellungsprogramm der gesamten Kirche der alte Reformgeist der Prämonstratenser zu bildlichem Ausdruck. Das ***Chorgestühl*** stammt von *J. B. Straub*. – Die zierliche ***Westempore*** und die ***Orgel*** aus der Erbauungszeit, darüber die Wappen der mit dem Neubau befaßten Äbte Hermann Frey († 1751) und Felix Gege († 1776). Der Taufstein in der südlichen Turmkapelle, 1567 bezeichnet, stammt noch aus dem Vorgängerbau. Vorzüglich sind die für nur ein Beichtkind eingerichteten ***Beichtstühle,*** bekrönt von ornamental gerahmten Darstellungen, die sich auf die Buße beziehen.

Wirtschaftsgebäude nach Süden an das Kloster anschließend und in schöner Vollständigkeit erhalten; der Südtrakt heute – nach kürzlichem Brandschaden – aufgebrochen.

Schellschwang → Haid

Schlagenhofen

2 km nö Breitbrunn ○ STA □ 3.2

Kapelle, ± 1680 v. *K. Feichtmayr*. Das streng architektonische Altärchen darin mit den Figuren der Hll. Michael, Ulrich und Rochus ± 1700. Hübsche Kreuzwegbilder. Das Deckengemälde neu, aber vielleicht auf älterer Grundlage.

Schorn

2 km ö Wangen ○ STA □ 4.1

Gutskapelle St. Maria, kleiner Bau mit dreiseitigem Schluß und Giebeldachreiter, 1759.

Schwifting ○ LL □ 3.1

Pfarrkirche St. Pankraz am Ostrand des Haufendorfes, mit hohem wohlgegliedertem Satteltum der Spätgotik. Der mehrfach barockisierte Kirchenbau wurde 1475 von *Ulrich Kiffhaber* – dem Werkmeister der Landsberger Stadtpfarrkirche – erbaut, wie eine Bauinschrift am Turm bezeugt. Der vor wenigen Jahren restaurierte Innenraum zeichnet sich durch gute spätbarocke Stuckaturen – in einer Mischung aus Bandelwerk und Akanthuslaub – aus, die 1730 von *Georg Dötl* aus Obermühlhausen stammen. Die moderne Umgestaltung hatte außer einigen *Luidl*-Figuren des 18. Jhs. keine alte Ausstattung zu übernehmen, so daß sogar der – etwas zu klein wirkende – barocke Hochaltar aus einer anderen Kirche beschafft werden mußte.

Ein zweiter Sakralbau des Dorfes ist die 1719 erbaute **Margaretenkapelle**, die u. a. ein Altarbild des Rottenbucher Klostermalers *Matthias Pußjäger* enthält (1722; die Pfarrei Schwifting war bis zur Säkularisation diesem Kloster inkorporiert).
Seit langem profaniert ist die kleine ***Jakobskapelle*** am Ortsausgang Richtung Landsberg. Auf einem Ziegelstein an der Außenwand ist zu lesen: „1614. Hanns Sedlmair hat diese Cabel erbaut got zu lob".

Seeburg am Starnberger See

○ STA □ 4.1

1889 von *Friedrich Thiersch* im Auftrag des Münchner Bauunternehmers Heinrich

Schwifting, Pfarrkirche

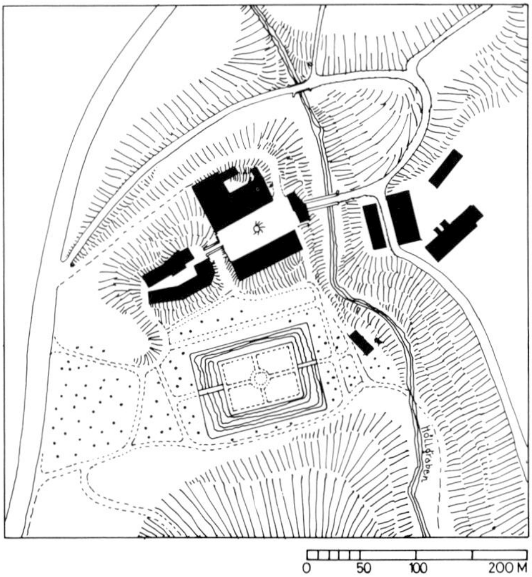

Seefeld,
Plan der Burganlage

Hoech errichtet und zuerst als Schloß Biberkor bezeichnet; der heutige Name „Seeburg" setzte sich allerdings bald durch, da er dem burgartigen Charakter des in romanische Stilformen gekleideten Baus am besten zu entsprechen scheint. Rascher Besitzerwechsel. Der jetzige Eigentümer – Freistaat Bayern – hat die Baulichkeiten zusammen mit Schloß Allmannshausen an die Gesellschaft „Wort des Lebens" verpachtet.

Seefeld ○ STA □ 3.2

Als Mittelpunkt des Gräflich Törring'schen Gebietes – seit Ende des 18. Jhs. „Herrschaft Seefeld" – war Seefeld Hofmarksgerichtsort. Unter den Besitzern sei vor allem Graf Anton († 1812) erwähnt, der die „Seefeldische Feldbausocietät" zur Verbesserung des Landbaues begründete. Von ihm auch die herrliche ***Eichenallee*** (→ Delling). – Das für den Schloßpark geschaffene Dörfchen Eintrachtshausen, 1789 eröffnet, besteht nicht mehr.

Die **Burg** befindet sich in eindrucksvoller Spornlage; sie ist durch einen künstlichen, trockenen Graben von ihrer Vorburg, dem heutigen Wirtschaftshof, getrennt. Seit 1472 im Besitz der Grafen Törring. Die zwei Flügel gruppieren sich um einen engen Hof; am Zugang der mittelalterliche, mächtige Bergfried. Die Arkaden an der südlichen Langseite stammen ebenso wie die Kamine von *Gabriel v. Seidl,* 1897.
Der Zugang zum vorgelagerten ***Wirtschaftshof*** geschieht durch ein entzükkendes ***Torgebäude*** von 1736, das zwar nach der Vor- und Rückseite jeweils symmetrisch ausgebildet ist, nach beiden Seiten jedoch einer raffinierten Achsenverschiebung wegen verschieden. Seine feine Profilierung macht eine gute Architektenhand wahrscheinlich. Inschrift:

M:C. G.	V. T. S.	M:C. G.:
17	36	7

Schloßkapelle St. Johannes Bapt., im Südflügel und von außen nicht zu bemerken. Der kleine Raum zu zwei Jochen mit Westempore und einer Herrschaftsloge auf der Ostseite – die Achse der Kapelle läuft Nordost/Südwest – enthält mittelalterliches Mauerwerk. Ausstattung und Bauzier im Wesentlichen aus dem 17. und 18. Jh.;

Seefeld, Burg

sie ist offenbar so erhalten, wie sie seinerzeit aufgestellt worden war: so etwa muß ein kleiner Kirchenraum jener Zeit ausgesehen haben. Die Kapelle ist das geistliche Zentrum eines Geschlechtes, das in seinem Herrschaftsbereich die bemerkenswertesten Kirchenbauten hatte errichten lassen. – Das ***Fresko*** an der Decke zeigt die Taufe Christi; über der Empore die büßende Magdalena, beides von *Joseph Ott*, signiert und datiert 1776. Aus dieser Zeit auch die Altarmobilien, die aber Stücke aus älteren Epochen einschließen und nur für diese Stücke geschaffen erscheinen. Der ***Hochaltar*** enthält eine ***Gnadenikone*** nach dem Vorbild aus S. Maria del Popolo zu Rom, ein monumentales, hier ganz einzigartiges Gemälde auf Holz aus dem Umkreis des *Hans Holbein d. Ä.*, ± 1500. Links und rechts die Figuren von Maria Magdalena und Johannes d. T., beide in Porzellanfassung, ± 18. Jh. Im ***linken Seitenaltar*** befindet sich die Figur einer sitzenden Muttergottes, wohl ein augsburgisches Stück, vorzügliche Arbeit ± 1450. Im rechten Seitenaltar ein sehr guter Kruzifix, stark gedunkelt, ± 1600/1625; davor steht eine vorzügliche Michaelsgruppe, ± 1600. – An der Brüstung der Herrschaftsloge die Figur eines Hl. Joseph, auch sie sehr gut, um 1750. Gute, alte ***Stationsbilder***. – Am Opferstock eine kleine Blende mit der aufgemalten Darstellung Magdalenens und des Täufers. Insgesamt der Eindruck einer vornehmen, dennoch ländlichen und gnadenbildgläubigen Frömmigkeit.

Seeholzen → Gräfelfing

Seefeld, Eingang zum Wirtschaftshof des Schlosses

Seeseiten
bei Tutzing ○ WM □ 4.3

Kath. Kirche St. Jakob, 1746 erbaut. Die entleerte Altararchitektur Mitte 18. Jh. Das hübsche, spätklassizistische **Schloß** (Le Tanneux-Saint Paul) 1866 für den bayerischen Minister v. d. Pfordten angeblich nach Entwurf von *Leo v. Klenze* errichtet; der Park von *Carl v. Effner* angelegt.

Seeshaupt ○ WM □ 4.3

1815 abgebrannt, nach Plänen von *Gustav Vorherr* wiederaufgebaut. (Vorherr war Architekt unter Maximilian I., von ihm die Erweiterung des südl. Friedhofs in München). 1865 wurde der Ort von der Bahnlinie Tutzing-Penzberg erreicht.

Die Kirche **St. Michael** ging aus der Erweiterung einer älteren (St. Anna) hervor: Altarraum, Chorhaupt und Untergeschoß des Turmes sind wohl noch mittalalterlich. Der Gesamteindruck ist heute jedoch neubarock. 1909 (Inschrift am Chorbogen) wurde der alte Bau um sein heutiges Schiff erweitert, wobei die frühbarocke Stuckdekoration, die im Altarraum vielleicht auf ursprünglichen Resten beruht, auch auf das Schiff ausgedehnt worden ist. – Ausstattung neubarock. Haupt- und Seitenaltäre sowie Kanzel von der Firma *Joseph Elsner,* die um diese Zeit vielbeschäftigt war (Peißenberg, Ingolstadt und anderswo); sie wurden 1913 von Heinrich Dall'armi gestiftet.

Söcking ○ STA □ 4.1

Das alte Dorf, dessen Zentrum die weithin sichtbare, alte Pfarrkirche war, ist zum Wohngebiet ausgewachsen und hat sich mit seinem neuen Rathaus zugleich einen neuen Maßstab gesetzt. Die dicht bebaute Flur geht in die von Starnberg über. Zu rühmen bleibt die Situation hoch auf der Moränenterasse.

St. Stephan, nach dem Bau einer neuen kath. Pfarrkirche der ev. Gemeinde überlassen. Kurzes Schiff, wenig eingezogener und dreiseitig schließender Altarraum. Der Turm, im Westen vorgestellt, schlank und mit vorzüglich gezeichnetem Helm, ist das beste an dieser Kirche. Ihr Mauerwerk enthält mittelalterliche Reste, an den Nischen im Chor innen zu erkennen. Die Erscheinung des sehr verkommenen Bauwerks ist aber im Wesentlichen barock.
Das ***Innere*** mehrfach, zuletzt im 19. Jh. überformt (Dehio nennt ein Datum: 1864, heute nicht mehr sichtbar). Wandgliederung durch Pilasterpaare im Schiff, durch einzelne Pilaster im Chor. Die Fresken im Deckenspiegel möglicherweise von *Joh. Baader,* heute verrestauriert: Golgatha im Schiff, im Chor die Steinigung des Stephanus. Ein Chronostichon mit der Jahreszahl 1764, heute verschwunden, könnte doch etwa die richtige Zeitbestimmung treffen. – Die ***Einrichtung*** großenteils neuromanisch mit Ausnahme der Kanzel und der Gestühlswangen. Die ***Kanzel*** besonders hübsch, ± 1700. An alten Figuren finden sich auf dem ***Hochaltar*** St. Stephan und St. Elisabeth, beide neu gefaßt, 1. Hälfte des 18. Jh. In den Predellen der ***Seitenaltäre*** je ein barockes Relief: Links St. Peter, rechts büßende Magdalena, von gleicher Hand, wenig Qualität. Die Altarblätter sind akademisch. – Die hübsche ***Westempore*** aus dem 18. Jh., in deren Tragpfeiler ein Opferstock eingelassen ist (→ Mörlbach) zeigt an der Brüstung ein Holztafelbild: Kreuzschleppung mit Darstellung der geistlichen Stifterinnen, namentlich benannt, darunter merkwürdigerweise „Katharina Lutterin". Schlecht erhalten, Mitte 16. Jh. – Die Kirchenbänke zeigen die alten Namen dieser Landschaft: Vogl, Dosch, Westenrieder, Deil usw. – Die Urkunden sind grade für die Ausstattung der Söckinger Kirche reichlich. Sie beginnen mit einer im Hauptstaatsarchiv noch erhaltenen Planskizze zum Hochaltar, 1593 von dem Münchner Maler *Sigmund Hebenstreit.* Im 17. und 18. Jh. wurden reichlich Weilheimer und Wolfratshauser Künstler beschäftigt, von deren Werken sich gar nichts erhalten hat.

Kath. Kirche St. Ulrich, 1956–58 von *Georg Werner,* München.

Mausoleum für den Prinzen Karl von Bayern, den Bruder König Ludwigs I. Prinz Karl war Feldmarschall der bayerischen Armee und kommandierte u. a. 1866 die Truppen des Landes gegen Preußen. Er († 1875) und seine Gemahlin z. linken Hand Anna Sophie von Bayrstorff († 1838) liegen in dem neuromanischen Rundbau (± 1850) auf dem Scheitel des Hügels begraben; die Familie der Grafen Almeida, über eine der Töchter des Prinzen Karl mit der Familie Wittelsbach verbunden und heute Besitzer des → Starnberger Almeida-Schlößchens, hat ihren Begräbnisplatz in der tempelartigen Halle links am Weg.

Sölb → Raisting

Stadl ○ LL □ 3.1

Das Dorf besitzt mit seiner weithin sichtbaren **Pfarrkirche St. Johannes d. T.** ein, vor kurzem außen restauriertes, innen aber um die Mitte des 18. Jhs. überdurchschnittlich reich ausgestattetes Gotteshaus. Die feinen Stuckaturen stammen von einem unbekannten Wessobrunner (*Franz Xaver Schmuzer*?), die Deckenfresken (Darstellungen aus dem Leben des Kirchenpatrons) malte 1751 *Johann Baader* aus dem nahegelegenen Lechmühlen, der im gleichen Jahr auch die drei Altarblätter schuf. Die Altarplastiken sind etwas derbe, aber charakteristische Arbeiten aus der Spätzeit des Landsberger Bildhauers *Jo-*

hann Luidl. Nahezu einmalig im Voralpenland ist das vielbesuchte ***Heilige Grab,*** dessen kulissenartiger Aufbau ebenfalls um die Mitte des 18. Jhs. von *Baader* gemalt wurde.
Außen an der im Kern spätgotischen Kirche ein Pfarrergrabstein aus dem Jahr 1538 mit dem Relief des Verstorbenen. – Die Pfarrei gehörte bis zur Säkularisation zum Kloster Andechs.

Der wohlproportionierte ***Pfarrhof*** gegenüber der Kirche wurde um das Jahr 1721 vom Kloster Wessobrunn erbaut.
An der „Nahtstelle" zwischen den beiden früheren Gemeinden Stadl und Pflugdorf steht die ***Leonhardskapelle,*** ein achtekkiger Zentralbau aus dem Jahr 1696 mit einem spätgotischen Kruzifix und Plastiken von *Lorenz Luidl* aus Landsberg.

Starnberg. Kreisstadt ☐ 4.1

Die Burg der Grafen von Andechs-Meranien 1244 erstmals erwähnt; nach deren Sturz bis 1803 im Besitz der Wittelsbacher, die seither immer eine gewisse Zuneigung für diesen Platz, auch für den See bewiesen hatten. Seit der Mitte des 14. Jhs. war Starnberg Sitz des Land-, dann auch des Seegerichts. Der Aufschwung zur Stadt beginnt jedoch erst nach der Eröffnung der Bahnlinie München-Starnberg, 1854. Mit ihr zugleich wurde die Dampfschiffahrt auf dem See eröffnet, dessen Ufer ringsherum seit der Verlängerung der Bahn bis Tutzing (1865) leicht erreichbar geworden waren. Erst jetzt entwickelt sich aus den beiden Ortskernen ein Ganzes; sie sind noch heute im Bereich der Theresien-/Achheimstraße (nach dem Namen der ursprünglichen Siedlung „Aham") und um den Tutzinger Hof (Niederstarnberg) erkennbar. 1865–95 Ausbau der Maximilian- und Kaiser-Wilhelm-Straße, 1905 Seepromenade. Einer unmittelbaren Nachbarschaft von Ort und See steht nun freilich die Bahnlinie, für die das Gelände zum Teil erst durch Anschüttung des Ufers gewonnen werden mußte, im Wege. Seit 1902 ist Starnberg Sitz des Bezirksamtes gewesen; 1912 Erhebung zur Stadt.
Kunst und Handwerk besaßen hier vor dem 18. Jh. nur lokale Bedeutung; noch beim Bau der neuen Pfarrkirche, 1764, holte man sich die Künstler fast alle von anderswo. Die Wandlung vom einfachen Bauern-

Starnberger See, Blick nach Süden.

Unten rechts Starnberg

und Fischerdorf zum Pensionistenort und bevorzugtem Wohnorte des wohlhabenden Bürgertums vollzog sich spät und läßt sich deutlich auf dem Friedhof an der Hanfelder Straße erkennen: Zwischen den Namen der eingesessenen Ökonomen- und Fischerfamilien findet man – an der Schwelle zur Stadtentwicklung – den Namen und Beruf des Hoteliers.
Städtebaulich ist Starnberg ein hervorragender Platz. Die stark zerklüftete, vom Maisinger bzw. Georgenbach zerschnittene Randmoräne gibt dem Ort das besondere Relief; die unverstellte Alpensicht und

Starnberg von Osten

die alles relativierende Fläche des Sees verleihen ihm einen südlich-heiteren Charakter, der erst jüngst und vor allem durch die starke Aufsiedlung des Hinterlandes sowie durch den schrankenlosen Verkehr in Gefahr geraten ist.
Noch immer ist jedoch der Charakter einer vornehmen Villeggiatur des 19. Jh. deutlich, vor allem am See-Ufer, am östlichen Abhang des Schloßbergs und in dem stark ansteigenden Gelände jenseits des Georgenbachs. Es zeigt sich hier wie anderswo (→ Feldafing, Tutzing usw.), daß die frühen Villen nicht in der Nähe des Stadtzentrums, sondern weit ausgreifend auf den extremen Positionen entstanden sind, die erst durch späteren und weiteren Zuzug dem Ortskern angebunden wurden.
Moderne Veränderungen vor allem in Bahnhofsnähe und um den Kirchplatz waren nicht immer glücklich. Die einzigartige Silhouette der Stadt mit der Baumasse des Schlosses und dem Turm der St. Josephskirche bleibt unvergeßlich und darf nicht gefährdet werden.

Kath. Kirche St. Joseph, hoch oben auf der Randmoräne über dem Ort; der bevorzugte Platz war einst der eines kurfürstlichen Sommerhauses, dessen Steine z. T. im neuen Kirchenbau wiederverwendet werden konnten. Der schlichte Bau läßt von außen nicht den freien, reich geschmückten Raum in seinem Inneren vermuten; nur der elegante, zweistöckige Turmhelm deutet hier auf außergewöhnliche Verhältnisse. In der Tat lag ein kurfürstliches Interesse an diesem Bau vor, das sich schon früher, noch unter Kurfürst Ferdinand Maria, an der alten Pfarrkirche geäußert hatte. Diese war um 1750 baufällig geworden. Sie stand – St. Benedikt geweiht – am Hang südwestlich des Achheimer Ortskerns und hatte noch Ende des 17. Jh. eine reiche Ausstattung erhalten. 1741 wurde sie von *Joseph Zwerger*, 1748 von *Joh. Michael Fischer*, schließlich 1763 von *Leonhard Matthäus Giessl* in kurfürstlichem Auftrag besichtigt: sämtlich Hofmaurermeister, wie man sieht. 1764 Grundsteinlegung anstelle des kurfürstlichen

Starnberg, St. Joseph. Hochaltar

Sommerhauses, 1770 Weihe. Obgleich Gießl der Baumeister gewesen ist, dürfte doch auch Joh. Michael Fischer einen indirekten Einfluß auf das Werk ausgeübt haben. Die vorzüglicheren unter den Landkirchen dieser Gegend (→ Inning, Unering, Delling, Perchting z. B.) nennen zwar stets andere Baumeister, doch bestand fast immer ein gewisser Zusammenhang mit dem großen Hofbaumeister Joh. Michael Fischer. Maler der Fresken war *Christian Wink*, Stuckator *F. X. Feichtmayr*. Als Vergolder wird *Andreas Schnabel* – diesmal ein Starnberger – genannt. 1776 setzte *Jakob Bach* den Glockenstuhl der alten Pfarrkirche auf den Turm der neuen. – Das Gestühl stammt von *Balthasar Zwinck*. Die Georgskapelle auf der Höhe wird mit dem Bau der neuen Kirche aufgegeben; sie geht mit ihren Stiftungen darin auf (1804 abgerissen).

Der Eindruck eines Zentralraums wird hier mit einfachsten Mitteln erreicht: das Schiff ist zum Chor hin an den Ecken ausgerundet; der Chorbogen verschleiert Ansatz und Tiefe des Altarraums, dessen Lichtquellen unsichtbar bleiben. Im Grunde wird hier nur der übliche Typ einer Landkirche geistvoll abgewandelt. Qualität und Reichtum der Ausstattung wirken dann allerdings zu einem Eindruck zusammen, der sich grundsätzlich vom Ländlichen unterscheidet. Eine Art Hofkirche ist es, die man erblickt; das kurfürstliche Paar ist denn auch im Altarraum auf dem Deckenfresko erkennbar.
Die ***Fresken*** zeigen die Verherrlichung St. Josefs, wobei – wie stets bei diesem Thema – doch immer die Muttergottes in den Vordergrund tritt. Sehr schön an der Decke des Schiffs: Mariä Verkündigung mit dem nichtsahnenden Nährvater nebenan in der Werkstatt.
Auch der ***Hochaltar*** gilt St. Josef mit der Darstellung der Hl. Familie, ein Meisterwerk von *Ignaz Günther;* Figuren in schöner Porzellanfassung. Günther hat wohl auch die Kanzel geschaffen, deren Schalldeckel in letzter Konsequenz dekorativer Auflösung nur noch aus einer züngelnden Roccaille besteht (Anfang des 19. Jhs. aus München erworben). Man vergleiche dagegen die akademische, neubarocke Dekoration an den Seitenaltären, deren Altarblätter von 1856 stammen, das linke signiert von *Eduard Schwoiser,* das rechte von *Franz Hauschild.* – Am Chorbogen, auf schönem Sockel, ein Kruzifix mit schmerzhafter Muttergottes, Ignaz Günther nahestehend.

Die neue **Katholische Pfarrkirche *St. Maria***, 1932/33 von *Michael Kurz* aus Augsburg, nimmt das Patronat einer Kapelle an der 1849 abgebrochenen alten Pfarrkirche auf. Es ist eine der um diese Zeit (→ Gauting, Wessling usw.) üblichen Scheunenarchitekturen, deren Grundkonzeption hier allerdings schon auf einen Wettbewerb von 1908 zurückgeht (*Richard Berndl,* München). Das Innere, beherrscht von dem künstlerisch bedenklichen Wandbild hinter dem Hauptaltar (*Theo Geyr*) birgt u. a. eine gute und moderne Kopie nach *Tizians* Dornenkrönung aus der Münchner Pinakothek.

Evangelische Kirche, von 1891, die zweite an dieser Stelle; sie ist ein frühes Beispiel für eine eigene evangelische Kirche in dieser Landschaft, zu erklären durch die seit 1854 einsetzende, soziologische Veränderung der hier ansässigen Gesellschaft. Die Architektur ist immer noch den spätesten Teilen der Münchner Ludwigstraße (*Friedrich v. Gärtner*) verpflichtet.

Schloß (heute Finanzamt), durch Herzog Wilhelm IV. nach Abbruch einer mittelalterlichen Burg erbaut, im 16. Jh. vollendet. Von der noch im Stichwerk des *Michael Wenig* sichtbaren Bemalung nichts mehr vorhanden. Das Schloßartige eigentlich nur noch an der beherrschenden Situation, der Baumasse und dem recht schönen Innenhof mit einer Arkatur auf Tuffsteinpfeilern zu erkennen. Der Nordgiebel des Schlosses bei der kürzlichen Restaurierung nach älteren Vorlagen neu geschaffen. – Im Hof allegorische Bronzefigur von *Hans Wimmer.*

Bahnhof. Das Hauptgebäude aus der Gründungszeit der Linie, 1855, erweitert 1865. Schönes Beispiel des sogen. Maximilianstils, einer orientalisch gefärbten Neugotik, die ursprünglich von England gekommen ist. Die Speiseräume der Bahnhofrestauration sehenswert mit ihren hölzernen Rippen im eleganten Tudor, märchenhaft. Die Gleise lagen ursprünglich auf der Stadtseite des Bahnhofs.

Aus dem alten ***Villenbestand*** vor allem erwähnenswert das sogen. ***Almeidaschlößchen,*** das im Südteil der Stadt einen hervorragenden Punkt besetzt, den zuvor die St. Georgenkapelle eingenommen hatte. 1832 durch den Bauinspektor *F. X. Eichheim* für den Prinzen Karl von Bayern (1795–1875) erbaut, heute im Besitz der Grafen Almeida. Das Schlößchen im späteren 19. Jh. aufgestockt und verän-

Starnberg, Bahnhofsgebäude

dert (→ Söcking, Mausoleum). – Die stattlichen Villen entlang der Seepromenade und der Possenhofener Straße zum Teil noch im ursprünglichen Zustand, jedoch der Sicht meist entzogen. – Heute noch auffallend, jedoch 1969 völlig verändert das sogen. ***Mühlberg-Schlößl*** (Riemerschmidstr. 8), Sitz des Max-Planck-Institutes für Erforschung der Lebensbedingungen in der wissenschaftlich-technischen Welt, 1901–02 von *Richard Riemerschmid* erbaut. – Die unauffällige Vornehmheit der alten Villen, z. T. in schlechtem Zustand, noch deutlich vor allem in der Prinz-Karl-Straße und am Fuchsengraben. Auffallend ***Jos.-Fischhaber-Str. 5,*** 1896 von *Emanuel Seidl* (dem Bruder von Gabriel v. Seidl).

Unter den neueren Gebäuden vor allem erwähnenswert das ehem. ***Postamt*** von 1930 (Wittelsbacherstraße) und das vorzügliche, kleine ***Kraftwerk*** der Isar-Amper-Werke an der Mühlbergstraße, Werkshalle ± 1900, Verwaltungsgebäude etwa 1930. Das Gebäude befindet sich am Platz der ehem. Hintermühl am Georgenbach.

Kreissparkasse, 1973–75 von *Michael Eberl* und *Helmut Weippert.*

Am Südende der ***Seepromenade*** wurde der gußeiserne Löwe denkmalhaft aufgestellt, der vom Dampfschiff Bavaria (1878) stammt.

Das ***Heimatmuseum*** besteht aus dem ursprünglichen Blockbau des Lochmannhauses, einem alten Fischerhaus aus dem Anfang des 16. Jhs. Das kleine Fischerhaus daneben (1706) stammt aus Ambach und wurde 1912 an diese Stelle versetzt. Die reiche Sammlung enthält u. a. auch eine Lampe des Buccentaur, des berühmten

Starnberg, Löwenfigur
an der Seepromenade

Lustschiffes aus der 2. Hälfte des 17. Jhs., dessen sich die bayerischen Kurfürsten bedienten. Erwähnenswert eine Heiligenfigur von *Ignaz Günther,* angeblich aus Maising. Die Situation des Museumkomplexes heute unglücklich hinter einer Tankstelle verborgen.

Auf dem ***Friedhof*** an der Hanfelder Straße liegen u. a. begraben: Der ehem. Direktor der Münchner Kammerspiele Otto Falckenberg (gest. 1947), der Schriftsteller Gustav Meyrink (gest. 1932) und die unglücklichen einundzwanzig Opfer der Gegenrevolution von 1919, seinerzeit urteilslos am nördlichen Ortsausgang, dicht bei der Bahnüberführung, erschossen.

Zwischen St. Josefskirche und Schloß ein leeres, zum Teil zinnenbekröntes Mauergeviert: Der ***Schloßgarten;*** vielleicht aus dem 18. Jh., heute wüst.

Staudach

1 km w. Münsing ○ TÖL □ 4.3

St. Veit, ehem. Vierzehn Nothelfer, eine Kapelle, deren Typ in dieser Landschaft häufiger anzutreffen ist (→ Haarkirchen, Percha, Mörlbach): Chor und Schiff gleich breit, spärlich befenstert, Türmchen mit Spitzhelm dem Westgiebel aufsitzend. – Das Ganze 1869 durch den Besitzer des Lehens Ammerland Franz von Pocci, restauriert (Inschrift unter der Empore); es trägt daher – auch in der dichtgedrängten Fülle seiner z. T. alten Ausstattung – durchaus die edlen Züge der Neugotik, wenn auch jetzt dringend der Pflege bedürftig.
Das Schiff ist flach gedeckt, der Chor auf – 1869 erneuerten – Rippen gewölbt. – Der ***Hochaltar*** ist ein neugotisch bearbeiteter Schrein auf nicht zugehöriger Staffel. Im Schrein die Figuren von Joh. Baptista, St. Veit, St. Magdalena, ± 1500. Auf den gemalten Flügeln innen: die Marter St. Veits und seiner Pflege-Eltern (links), die Himmelfahrt der Maria Magdalena (rechts); außen: Maria Magdalena (links), Johannes Bapt. (rechts). Diese Malereien tragen z. T. altertümliche Züge, sind aber doch wohl ± 1480 zu datieren. Die Darstellung der Staffel – Vierzehn Nothelfer – stammt aus der gleichen Zeit, aber von anderer Hand. Im neugotischen Gesprenge vorzügliche Marien- und Engelfiguren, 1869.
Die Vierzehn Nothelfer, als ehemalige Hauptpatrone der Kapelle, finden sich noch auf einem bäuerlichen Gemälde, ± 1700, an der Südwand; vielleicht einst das Bild des Hochaltars. An der Nord- und Südwand ein zusammengehöriges, aber mitten durchgesägtes Holztafelbild von beträchtlichen Ausmaßen: die Vierzehn Nothelfer in der Tracht der Zeit, 1630. Diese Tafel dürfte, wie auch der Schrein des Hochaltars, nachträglich in die Kapelle gekommen sein, wohl durch Franz von Pocci, den Märchendichter. An der Südwand schöne Rosenkranzmadonna, 1663 (Inschrift) gestiftet durch Georg Saurler (?) auf dem „Linderhoff".
Votivbilder für die 14 Nothelfer, z. T. barock, ältestes von 1796. Altes Ziegelpfla-

Steinebach/Wörthsee, Pfarrkirche. Deckengemälde

ster. Auf dem Sakristeischrank aus einem China-Bilderbogen ausgeschnittene Bildchen, reizend, aber verkommen.

Steinebach

am Wörthsee ○ STA □ 3.2

Kath. Kirche St. Martin. Von dem hier üblichen Typ, Turm an der Nordseite des Chores. Der gesamte Bau ± 1735 verändert, Fenster erweitert, im Schiff rhytmisch gegliedert, eingewölbt. Von der mittelalterlichen Substanz sind noch die spitzbogigen Umrisse der alten Chorfenster erkennbar; im Untergeschoß des Turms – jetzt Sakristei – hat sich ein vielteiliges Gratgewölbe erhalten. Das Innere beherrscht von den 1946 erneuerten Deckenbildern von 1736: Darstellungen aus der Lebensgeschichte des Hl. Martin, Verbildlichungen des Paternoster, alles bäuerlich und farbenfroh. Die Malereien im Chor wirken demgegenüber stärker restauriert, waren offenbar schlechter erhalten.

Im ***Hochaltar*** Gemälde mit Hl. Martin von dem Starnberger Maler *Ignaz Biedermann,* flankiert von zwei Figuren, dem Hl. Stephanus und einem Hl. Herzog, vielleicht Sigismund; beide gute Arbeiten ± 1735. – Die ***Seitenaltäre*** besitzen sehr hübsche Predellen. Links die Marter des Hl. Bartholomäus, darüber im Schrein eine Marienfigur in schlechter, moderner Fassung, ± 1420 (wenn überhaupt echt). In der Predella rechts ein Wunder im Beisein eines Hl. Bischofs, darüber im Schrein entzückende Figur einer Hl. Elisabeth, 17. Jh. – Der ***Beichtstuhl*** verrät eine gute Hand, vielleicht *Jacob Leuthner* aus Starnberg. Das übrige Mobiliar – Kanzel, Empore, Bänke – bäuerlich und von seltener Einheitlichkeit, wohl 17. Jh. – An der nördlichen Innenwand guter Kruzifix, 19. Jh.

Kath. Pfarrkircke *zum Hl. Abendmahl*, 1962–64 von *Siegfried Österreicher,* München.

Steinebach

2 km s Windach ○ LL □ 3.1

Reizvoll gelegener Weiler mit **Kapelle St. Franziskus.** Auf einer Tontafel über dem Eingang die Jahrzahl 1619 und die Namen der Erbauer und damaligen Hofbesitzer Melcher, Georg und Johann Michl und Hans Scheffler eingeritzt. Bei der letzten Restaurierung wurden innen seltene Renaissance-Malereien freigelegt.
Durch den kleinen Ort führte die ***Römerstraße*** Augsburg-Brenner, Funde aus der Römerzeit und sogar aus der frühen Bronzezeit weisen auf eine uralte Besiedelung.

Steinkirchen → Planegg

Stockdorf ○ STA □ 4.1

Alte Kirche ± 1270 zum ersten Mal erwähnt; 1803 umfaßte das Dorf nur 7 Häuser. Die alte Kirche wird ± 1705 als kümmerlich bezeichnet. Sie war St. Vitus geweiht; ihr Nachfolger, heute zwischen aufwachsenden Miethausblöcken ganz verloren, wurde 1857 anstelle und unter Verwendung von Bausubstanz der ehem. Pfarrkirche neu erbaut. Seine Situation nahe der Würm ist die für die Kirchen des Würmtalgebiets übliche. Heute als Kriegerehrenmal verwendet. Von der in den Urkunden des 17. und 18. Jhs. erwähnten Ausstattung nichts mehr vorhanden.

Neue Kath. Pfarrkirche St. Vitus 1953 durch *Hans Heps.*
Die ev. Pfarrkirche auf der Westseite der Würm, 1959 von *Joseph Haider.*

Stoffen ○ LL □ 3.1

Im Mittelalter Sitz eines Ortsadels, dessen Burgstall auf dem „Fuchslochberg" am östlichen Ortsrand lag.
Die Pfarrei gehörte seit 1605 zum Kloster Andechs; **Pfarrkirche Mariae Heimsuchung** im Kern spätgotisch, jedoch im 2. Viertel des 18. Jhs. mehrfach um- und ausgestaltet. Die reiche und qualitätvolle Einrichtung beweist, wie auch unscheinbare Landkirchen des Gebiets von der Nähe Wessobrunns und Landsbergs (als Zentren der Stuck- und Bildhauerkunst im 17. und 18. Jh.) profitiert haben. – Im Langhaus ***Deckengemälde*** eines unbekannten Malers (bez. 1739), umgeben von Spätbarockstuck des in der Umgebung mehrfach tätigen *Georg Dötl* aus Obermühlhausen; der Chorstuck etwas später und von anderer Hand. Prächtiger ***Hochaltar*** um 1725 mit gutem Altarblatt Mariae Himmelfahrt und Plastiken von *Johann Luidl;* vom gleichen Meister die Apostelreihe (1743) und die Hl. Georg und Michael im Chor (1745). ***Seitenaltäre*** und ***Kanzel*** barock (um 1680/90), mit Figuren von *Lorenz Luidl.*

Die „***Schwedenkapelle***" am Westrand des Dorfes entstand trotz ihres Namens erst 1697 und erhielt 1862 ihren Anbau mit Turm. Im Chor hübscher Bandelwerkstuck, auf den Altären Figuren von *Lorenz Luidl* und eine modern überarbeitete Muttergottesfigur aus dem 15. Jh.

In der Ortsmitte Bauernhaus mit seltenen Medaillonbildern am Außenbau (Nr. 60) und ehemaliges Gasthaus mit Halbwalmdach (Nr. 63); bemerkenswert auch das um 1680 erbaute Pfarrhaus westlich der Kirche.

Thaining, St. Wolfgang

Thaining ○ LL □ 3.1

Stattliches und gepflegtes Haufendorf mit zwei von ihrer Ausstattung her bedeutenden Kirchen.

Die **Pfarrkirche St. Martin** ist ein einheitlicher Neubau des Landsberger Zimmermann-Schülers *Nikolaus Schütz* (1762/64) mit hohem Spitzhelm. Weiträumiger Saal-

Thaining, St. Wolfgang

bau mit Deckenfresken von *Franz Kirzinger* aus München (1764; Darstellungen aus der Martinslegende) und prunkvollem ***Hochaltar*** aus dem Jahr 1724 von dem Dießener Kistler *Heinrich Hett* (ursprünglich für die Pfarrkirche → Raisting geschaffen); ***Hochaltarblatt*** St. Martin, ebenfalls von *F. Kirzinger*. Die beiden ***Seitenaltäre*** von dem einheimischen Schreiner *Andreas Fichtner* aus dem späten 18. Jh.; zahlreiche, z. T. sehr gute Holzfiguren (so die Hl. Joachim und Anna und die Apostel) von *Lorenz Luidl* um die Wende vom 17. zum 18. Jh.

Hauptanziehungspunkt der ganzen Umgebung ist die vielbesuchte **Nebenkirche St. Wolfgang** am südlichen Ortsausgang, erbaut um 1430 aus einer Stiftung eines vermögenden Wallfahrers aus dem Ort; der dreiseitige Westabschluß der Kirche kam 1711 hinzu. Der Innenraum enthält eine Fülle barocker Figuren, durchsetzt mit spätgotischen Plastiken. Durch die Ausstattung mit – einschließlich des Kreuzaltars – vier Altären, tiefer Westempore, Kanzel und umlaufendem Chorgestühl ergibt sich ein reizvoll-gedrängter Raumeindruck, der – in seiner Art in Altbaiern unübertroffen – aber durchaus überschaubar bleibt: Man glaubt, in einem Museumsraum zu stehen, hat aber nichts anderes als einen Sakralraum vor sich, der seit Jahrhunderten unangetastet geblieben ist.
Auf dem frühbarocken ***Hochaltar*** (1664) in dreipaßförmigem Schrein noch zwei spätgotische Figuren (der Kirchenpatron St. Wolfgang und hl. Johannes d. T.), die übrigen Hochaltarplastiken aus der Zeit des Aufbaus. Auf den beiden Seitenaltären (um 1675) überwiegend Arbeiten der Weilheimer *Degler*-Werkstatt; der Kreuzaltar unter dem Chorbogen mit zahlreichen *Luidl*-Plastiken, die ein Kruzifix aus der 1. Hälfte des 16. Jhs. umrahmen: die ausgezeichnete Gruppe unter dem Kreuz von

Lorenz Luidl, das originelle ***Heilige Grab*** von dessen Sohn *Johann,* der auch die reizenden Putten mit Leidenswerkzeugen über dem ***Chorgestühl*** (mit 22 Sitzen ehemals für Bruderschaftsmitglieder) geschaffen hat. Neben einer Reihe bemerkenswerter *Luidl*figuren (± 1680) sind vor allem die Statuetten der Evangelisten an der ***Kanzel*** zu nennen (bez. 1681); ungefaßt, wie die Kanzel, sind die ***Westempore,*** die Felderdecke und das ***Gestühl*** aus Föhrenholz. An der südlichen Langhauswand erzählen fünf auf Holz gemalte Tafeln die Entstehungsgeschichte der Kirche vor dem Hintergrund einer sorgfältig dargestellten Ortsansicht (gemalt von *Matthias Augustin,* 1657).

Auf dem Anger westlich der **Wolfgangskirche** (heute Kinderspielplatz) fanden im 18. Jh. Passionsspiele statt; die Tradition des Theaterspielens war im Ort bis in unsere Zeit hinein lebendig.
Auf dem 713 m hohen ***Kapellenberg*** nördlich des Ortes bietet sich ein weiter Rundblick auf Hochmoore, Wälder und Hügelketten vor dem Panorama der Alpen. Nordöstlich im Wald der Burgstall „Ödenburg", ein mächtiger Kegel mit Halsgraben, der im Mittelalter Sitz eines Ortsadelsgeschlechtes gewesen war.

Tiefenbrunn

2 km n Unering ○ STA □ 3.2

Gutshof, ursprünglich dem Kloster Benediktbeuren gehörig, ab 1561 im Besitz der Grafen von Törring-Seefeld. Ende des 18. Jh. im Besitz der Familie Westenrieder, seit 1901 in dem des Planegger Landwirts Redenbacher, der den Umbau des Herrenhauses in seine heutige, zinnenbekrönte Gestalt veranlaßt hat. Das Gut gehört jetzt der Familie Schmidt, deren Grabkapelle auf dem Kirchhof des nahen Unering steht.

Traubing ○ STA □ 3.2

Kath. Kirche Mariä Geburt, unter den Kirchen dieses Gebietes eine der stattlichsten, mit kräftigem Turm an der Südseite des Schiffs. In dieser Art mit Spitzhelm muß man sich die Türme vor Einführung der Zwiebelhaube vorstellen (→ Weilheim-St. Pölten, Wielenbach usw. Der Traubinger Turmhelm bereits auf einer Votivtafel von 1822 zu erkennen; er beruht daher kaum auf einer Wiederherstellung des 19. Jh.) Die ältere Bausubstanz wurde 1750 eingreifend erneuert. 1758 werden Gelder für einen neuen Choraltar bewilligt. Um diese Zeit dürfte der ***Chor*** neu errichtet worden sein. Er ist insofern merkwürdig, als er, bei rechteckigem Grundriß, von einer Flachkuppel auf Zwickeln überdeckt ist und dadurch einen Zentralraum bildet. In den Kuppelfeldern Darstellungen der Mariensymbolik mit sinnfälligen, bayerischen Inschriften: im Zentrum die Muttergottes als bekleidetes Gnadenbild. Diese zentrale, für die Mitte des 18. Jh. altertümliche Architekturform, erklärt sich durch die Wallfahrt hierorts. Wallfahrten und die Volksfrömmigkeit überhaupt konservieren vielfach eine ältere Bauweise.
In der Mitte des ***Hochaltars*** eine Muttergottesfigur, ± 1500, offenbar schwäbisch. Links und rechts die Figuren von Joachim und Anna, recht gut, 18. Jh. Die Seitenaltäre, gleichfalls aus der Mitte des 18. Jh., zeigen rechts ein Kruzifix (die Schmerzensmutter dabei ist neu) mit schlafendem Jesse darunter, links einen Hl Nepomuk darunter, liegend den Hl. Rochus, ein Werk von *Gabriel Wagner* aus Weilheim. Das wertvollste Stück: die prächtige ***Kanzel,*** ein lechschwäbisches Werk der besten Zeit, ± 1700. An der Nordwand ein hieratischer ***Kruzifix*** von romanischem Anschein, ± 1400, bäuerlich; stammt aus der berühmten, 1817 abgerissenen Traubinger Kreuzkapelle westlich vom Dorf, bei der eine lebhafte Wallfahrt bestand. Das ***Dekkengemälde*** des Schiffs mit Darstellung der Himmelfahrt Mariä ist neu, 1916 von *Huwiler* geschaffen. Die symbolischen Mariendarstellungen in den Zwickeln wohl gleichfalls neu, aber auf älterer Grundlage. Altes ***Gestühl*** mit originalen Inschriften, z. B. „overtrauwing"; dort hatten also die Leute aus dem nahen Obertraubing ihren Platz.

Tutzing

Monstranz von *Othmar Kipfinger* aus Weilheim.

Westlich auf der Höhe vor dem Dorf eine Schar von ***Grabhügeln.***

Tutzing ○ STA □ 4.3

Ehem. Hofmark. Wie bei Starnberg und den meisten Orten am Westufer des Sees ist auch hier das Wachstum des Ortes mit dem Anschluß an die Bahn nach München verbunden. Der Ortskern des alten Fischerdorfs lag und liegt dicht am See, wie die alte Pfarrkirche noch bezeugt. In der 2. Hälfte des 19. Jhs. wurde Tutzing zur vornehmen Villeggiatur. Durch glückliche Ankäufe ist es der Gemeinde gelungen, große Teile des Ufers (Brahms-Promenade, Kustermann-Park) öffentlich zugänglich zu machen. – Hinter Tutzing gewinnt das an sich regellose, hügelige Moränenland seinen höchsten Punkt in der Ilka-Höhe (728 m), von der sich die beste Übersicht über die südlich anschließende Drumlin-Landschaft ergibt.

Alte Pfarrkirche St. Peter und Paul, inmitten eines alten Kirchhofs, 1738/39 aus der spätmittelalterlichen Kirche umgebaut und innen durch flache Pilaster rhythmisch gegliedert. Der Turm an der Nordseite des Chores wurde 1901 nach Vorbild des alten errichtet. Das Innere, dessen ausgerundete Ecken und dessen Muldengewölbe noch die barocke Substanz anzeigen, ist neu ausgestattet, wenn auch mit alten Kunstwerken. Ursprünglich nur der alte, gute Plattenboden aus Solnhofer Schiefer.

Tutzing, Postamt

Das moderne ***Deckenbild*** mit der Darstellung von Petri Fischzug stammt von *Karl Gries;* von ihm auch der Christopherus draußen und die Stationsbilder. Im ***Hochaltar*** Figur der „Maria vom Siege", Barockfigur aus dem Kunsthandel, Stiftung des ehem. Schloßherren Marcel von Nemeš. Die Figuren von St. Peter und Paul an der Rückwand des Chores stammen aus Ebbs am Wilden Kaiser; ihre Porzellanfassung neu und viel zu gelb. Das ursprüngliche Hochaltarbild heute in der neuen → kath. Pfarrkirche. – Im linken Seitenaltar mäßiges Barbarafigürchen, Anfang 16. Jh.; ursprünglich dort das bekleidete Tragbild der Muttergottes, das heute in der neuen kath. Pfarrkirche aufbewahrt wird. Auf dem rechten Seitenaltar die Figur eines Hl. Stephanus, dem eine alte Wallfahrt galt. Votivbild unter der Westempore (19. Jh.). – Die Orgel, spätes 18. Jh., stammt aus Oberzeismering, die Musikengel daneben stammen aus dem Handel. – Im Chor die ***Rotmarmordenkmäler*** für die hiesigen Hofmarksherren Dichtl: Bernhard († 1599) und Katharina († 1617), deren Geschlecht sich nach diesem Orte nannte (→ auch Gauting, Steinkirchen); unter der Empore Gedenksteine für die letzten Hofmarksherren, die Grafen von Vieregg.
Auf dem ***Kirchhof*** Grabdenkmäler, u. a. für das bekannte Sänger-Ehepaar Heinrich und Therese Vogl, die das nahe Gut Deixlfurt besaßen († 1901 und 1921); für Gitta v. Heymel, Gemahlin des Dichters und Verlegers (Insel-Verlag) Walter v. H.; u. a.

Neue kath. Pfarrkirche St. Joseph, 1928/29 durch *Joseph Steidle,* München, erbaut; eine Musterkarte des langlebigen Neubarock. Die Plastik von *Balthasar Schmitt,* München, die Ornamentik von der Münchner Firma *Finster und Schuhmann,* Fassung durch die Firma *Pfefferle,* München. Der Entwurf des Hochaltars von Prof. *Behr;* der Altar selbst eine Stiftung von Marcel von Nemeš. Das Gemälde ist eine Kopie nach dem Dreikönigsbild von *Tiepolo* in der Münchner Pinakothek. Weitere Stifter u. a. die Familie Frey (Loden-Frey)

Stolberg-Stolberg etc. Alt ist das hübsche Tragbild der Muttergottes unter der Westempore, das 1956 aus der alten Pfarrkirche hierher übertragen wurde. Von dort auch das ehem. Hochaltarbild unter der Empore, ein spätnazarenisches, schönfarbiges Werk von *Hindelang,* 1845.

Schloß. 1803–1816 vom letzten Hofmarksherren, Grafen Friedrich von Vieregg durch den Tiroler Maurermeister *Thomas Ganser* aus älterem Bestand umgebaut, später weiter verändert, vor allem in den 20er Jahren von dem ungarischen Kunsthändler Marcel v. Nemeš durch dessen Freund, den Architekten *Behr.* Heute Tagungsstätte der Evangelischen Akademie. – Das Herrenhaus erhebt sich hinter dem Riegel der Ökonomiegebäude. Das Ganze durch die verschiedenen Besitzer stark überformt, vor allem durch Nemeš, aus dessen Bankrott das Gebäude noch einige Mobilien und Dekorationen gerettet hat. Der Gesamteindruck stilistisch unsicher. Ursprünglich hierhergehörig vielleicht nur die beiden Weilheimer Leuchterengel aus dem 17. Jh., die sich in der modernen Schloßkapelle befinden.

Evangelische Kirche, 1929–31 von *Gustav Reutter,* 1969–71 erweitert von *Theo Steinhauser,* München.

Der neue Friedhof, jenseits der Bahn mit den Gräbern u. a. des Ehepaars Ludendorff, der Pianistin Elly Ney, des Malers Leo v. König.

Im Ortszentrum der ***Guggerhof*** (Hauptstr. 31) aus der Mitte des 16. Jhs. Die Erscheinung des stattlichen Hofs entstammt einer jüngeren Wiederherstellung. – Unter den zahlreichen, gepflegten Landsitzen aus der Zeit vor der Jahrhundertwende nichts von besonderer Bedeutung; das ***Mitgard-Haus*** (am Nordende der Brahms-Promenade, Mitgardstraße), 1850 erbaut, zeigt einigen Aufwand, ist aber an sich eine gesichtslose Belvedere-Architektur. Das Gebäude verfällt; ein Nachfolger müßte sich der städtebaulichen Bedeutung dieses Platzes bewußt sein. – Bemerkenswert das ***Postamt*** (Bahnhofstr. 21), vorzügliche Architektur eines Landpostamtes um 1930. Aus der gleichen Zeit das ***Clubgebäude*** des Deutschen Touring-Yacht-Clubs an der Seestr. 18.

Mariensäule im Garten des Hotels Seehof, 1712 von der Familie der ehem. Hofmarksherren v. Götzengrün gestiftet, 1882 durch eine gußeiserne Figur aus der *Mayer*'schen Hofkunstanstalt ersetzt; Entwurf ± 1840, sehr schön.

Ummendorf ○ LL □ 3.1

Filialkirche St. Michael, kleiner Bau des 14. Jhs., jedoch mehrfach umgestaltet. Im Chor gratiges Sterngewölbe, auf der Langhaus-Südseite kräftige Bohlentür mit Riegelkorb (beides Anfg. 17. Jh.). Die drei Altäre aus der Zeit ± 1730/40 enthalten gefaßte Holzfiguren von *Johann Luidl* aus Landsberg. Kanzel um 1700 mit kleinen Evangelistenfiguren von *Lorenz Luidl;* vom gleichen Bildhauer auch ein großer Kruzifix und die Hl. Katharina und Barbara.
Am südlichen Ortsrand die ***Maria-Hilf-Kapelle*** mit Vorhalle, erbaut 1852.
Auf dem Gelände zwischen Ummendorf, Lengenfeld und Pürgen soll um das Jahr 743 eine Schlacht zwischen Baiern und Franken stattgefunden haben.

Unering ○ STA □ 3.2

Kath. Kirche St. Martin, hoch über dem Dorf auf einem Moränenhügel, eine Kirche des Törring-Seefeld'schen Gebietes; unter ihnen die schönste. Sie entstand – wie so viele Kirchen des 18. Jh. – auf Betreiben ihres Pfarrers. 1730 erhält dieser, Georg Faber von Oberalting, die Abbrucherlaubnis für die ältere Kirche; schon 1731 wird die weitere Erlaubnis erteilt, die neue Kirche zu benedizieren. In dieser kurzen Zeit ist der Neubau sicher nicht vollendet worden. Erst 1746 werden drei ältere Altäre nach Alling verkauft (dort nicht erhalten), 1760 für den Choraltar ein Kruzifix von dem Seefelder Klausner *Joh. Pauliel* erworben. Um diese Zeit dürfte der Bau fertig gewesen sein. Als entwerfender Baumeister gilt *Joh. Michael Fischer. Joh. Baptist Zimmer-*

Unering, St. Martin

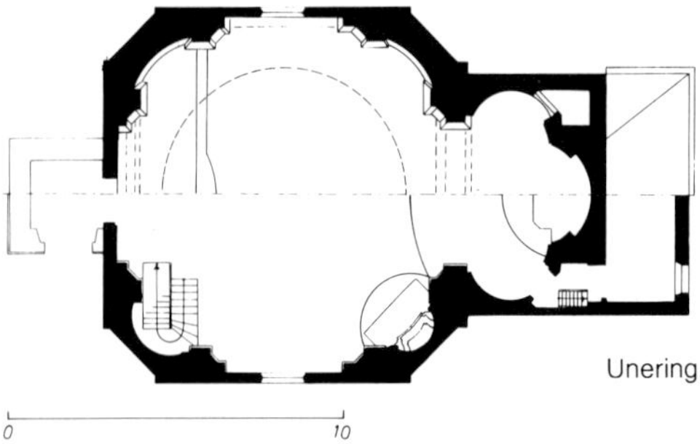

Unering, St. Martin

mann war Stuckator; als Maler der Fresken wird *Johann Georg Sang* genannt, *Joh. Georg Greiff* als Bildhauer, der eingesessene *Jacob Leuthner* als Schreiner: insgesamt eine Schar bedeutender Meister, wenngleich man, was den Entwurf angeht, noch immer auf Vermutung angewiesen bleibt, gestützt vor allem durch den zentralen Grundriß und den reich gegliederten Aufriß. Ein regelmäßiges Achteck, an dessen eine Seite sich der Altarraum anschließt; die Seiten links und rechts davon sind zu Nischen ausgebildet. Vor der Westseite steht der Turm, der 1833 durch die Gräfin von Törring errichtet worden ist. Wie bei vielen Zentralbauten bildet hier der Turm und sein Anschluß an den Baukörper *das* Problem; ursprünglich vielleicht ein Dachreiter über dem Ostgiebel. – Ungelöst blieb das Verhältnis zwischen dem Kirchenbau auf seinem Hügel und dem Dorf zu seinen Füßen. Die steile Holztreppe, die hinaufführt, entspricht ganz sicher nicht der ursprünglichen Konzeption. Aus diesem Grunde ist kaum anzunehmen, daß Fischer am Orte selber als Bauleiter gewirkt hat. Für seine Urheberschaft am Entwurf sprechen allerdings auch die schön gezeichneten, für ihn typischen Fenster.
Die ***Ausstattung*** ist gut, aber sparsam. Auf dem ***Hochaltar*** die Figur des Hl. Martin, in Stulpenstiefeln zu Pferde; in der ***Nische links*** die Figur der Hl. Anna (der Pfarrer hatte sich eine St. Annen-Kirche gewünscht), in der ***rechten Nische*** der Hl. Nepomuk, beide vor gemalten, hübschen Prospekten. Die Mensen in Scagliola, was hier sehr selten vorkommt. – Einige Votivtafeln. – Der Kreuzweg von 1817 wurde aus Oberalting hierher gebracht.
Daß auch die ältere Kirche gut ausgestattet gewesen war, überliefern die Quellen, die u. a. *Georg Ostner* als Maler, *Heinrich Hagn* als Bildhauer – beide aus Weilheim – dazu *Seb. Dosch* als Kistler eines Seitenaltars erwähnen (1694). Eine Grablegung des Landsberger Bildhauers *Lorenz Luidl* von 1714 ist mit dem übrigen verschollen.

Unterbeuern

1 km ö Windach-Speicher ○ LL □ 3.1

Weiler mit stattlicher ***Kapelle St. Magnus*** aus der 1. Hälfte des 18. Jhs.; Hochaltarblatt von dem Landsberger Maler *Joseph Anton Seelig*, 1741. – Vor einigen Jahren fand man neben der Kapelle mehrere (frühchristliche?) Steinkistengräber und die Fundamente eines spätromanischen Vorgängerbaues.

Unterbrunn ○ STA □ 4.1

Kath. Kirche St. Laurentius (ursprünglich Mariä Geburt). Die spätmittelalterliche Kirche von dem hier üblichen, einfachen Typ; im 18. Jh. um zwei Joche nach Westen erweitert; der ehem. rippengewölbte Chor und die alten Fenster barock verändert. Weihe des Neubaus 1759. Der Turm an der Nordseite entweder ganz oder zum großen Teil im 19. Jh. neu errichtet. 1973

Unterbrunn, St. Laurentius. Deckengemälde im Chor

restauriert. Im Inneren überwiegt noch der Eindruck des 18. Jh.
Im ***Chor*** vorzüglicher, à jour gearbeiteter und mit Spiegelscherben versehener Stuck, 1759 von dem Wessobrunner, später im Nymphenburger Schloß beschäftigten *Joh. Heringer.* Das gute Deckenbild mit der Darstellung einer Reiterschlacht vor einer Festung stammt von *J. M. Heigl;* signiert und 1758 datiert. Reiche, stuckverzierte Emporenbrüstung; alles von durchaus höfischem Charakter.
Das Schiff und die mobile Ausstattung hält den großen Rang des Chores nicht. Das Deckenbild im Schiff, Maria als Trösterin der Verdammten, 19. Jh. – Hochaltar mit Figuren ± 1500: Muttergottes mit den Hl. Barbara und Ursula, schlicht. Linker Seitenaltar: Hl. Anna Selbdritt mit Hl. Ulrich und Hl. Dionys, ± 1700 oder ganz neu, jedenfalls durch neue Fassung entstellt. Rechter Seitenaltar: Kreuzigung; die Figuren könnten von *Heinrich Hagn* aus Weilheim stammen, ± 1700. In der Predella Fragment eines Passionsreliefs mit der seltenen Darstellung des Pilatus, der um den

Leichnam Christi gebeten wird, eine qualitätvolle Münchner Arbeit ± 1480. – Unter der modernen Westempore Fegfeuerbild, ± 1600. Die Kreuzwegstationsbilder neubarock.

Schöner gepflegter ***Kirchhof,*** daran barocker ***Zehentstadel.*** Das ***Dorf*** war bis vor kurzem noch wohl erhalten; heute vor allem nach Osten stark verbaut. Der Boden hier gehört zu der stark verwitterten Riss-Moräne und ist fruchtbar. Vor dem Dorf in Richtung Oberpfaffenhofen die ***Laurentiuskapelle;*** ± 1500 erbaut, 1662 und später verändert, heute leer. Die Laurentiusbruderschaft, die der Pfarrkirche schließlich ihren Namen gegeben hat, bestand bis 1922.

Unterfinning ○ LL □ 3.1

Hübsch gelegener Ort im Windachtal, überragt vom spätgotischen Spitzhelm der **Pfarrkirche,** die der Schmerzhaften Muttergottes geweiht ist. Niedriger Chor mit Strebepfeilern (1. Hälfte 15. Jh.) und barockes Langhaus aus den Jahren gegen 1700 mit einer – im Gebiet sonst nirgends vorkommenden – ornamental bemalten Felderdecke.

Hochaltaraufbau um 1770 mit gutem spätgotischem Vesperbild (dahinter befinden sich Wandmalereien aus der Erbauungszeit des Chores); die beiden einfachen Seitenaltäre enthalten Bilder des „Lechmalerhansls" *Johann Baader* (um 1778), darstellend Maria mit ihren Eltern und den hl. Sebastian. Die gute Spätbarockkanzel mit Evangelistenfiguren von *Johann Luidl,* Kruzifix im Langhaus bez. 1618.

Auf dem „Kapellenberg", südlich der Windach, liegt die 1676 erweiterte ***Willibaldskapelle,*** bei der alljährlich noch ein Umritt gehalten wird; der von alten Linden bestandene Hügel ist ein reizvoller Aussichtspunkt auf die drei umliegenden Ortschaften mit ihren drei verschiedenen Kirchturmformen: Spitzhelm (Unterfinning), Satteltum (Oberfinning) und Zwiebelhaube (Entraching).
Zwei Kilometer nördlich, über dem Ostufer der Windach ein umfangreiches zweiteiliges Erdwerk aus der Zeit der Ungarneinfälle.

Unterhausen ○ WM □ 3.4

Kath. Kirche St. Maria Heimsuchung. Das mittelalterliche Mauerwerk der kleinen Landkirche ist auf der Nordseite unverputzt und gibt vorzüglich gefugtes Tuffquaderwerk frei. Einfaches Schiff, leicht eingezogener Chor mit dreiseitigem Schluß, daran noch die alten, zweiteiligen Strebepfeiler. Der Bau gegen Ende des 18. Jhs. um ein Joch nach Westen verlängert. Auffallend der zierliche, jedoch prachtvolle ***Turm:*** auf dem glatten Mauerwerk des unteren Teils sitzt ein achteckiger, reich gezierter Aufsatz mit Kuppelabschluß und Laterne. Dieser Turmaufsatz bietet an Profilen, Ornamenten, Pilastern ziemlich den gesamten Apparat, wie er sich an den Türmen seit dem 16. Jh. ausgebildet hatte. Was vergröbert in der nächsten Nachbarschaft, z. B. → Pähl, wiederkehrt: hier führt es zu einer freien Leichtigkeit, die entzückt; wohl weilheimisch, 1. Hälfte des 17. Jhs.
Das ***Innere*** reich stuckiert und in seiner Buntheit relativ unberührt erhalten. Die Ausmalung der Decke: Himmelfahrt, Tempelgang und Geburt Mariä von *Johann Baader,* 1773 (signiert und datiert über der Orgelempore). Das gleiche Datum findet sich in einem Chronostichon im Scheitel des Bogens, mit dem das neue, später angefügte Joch beginnt:

tVo
VIrgo Mater
honorI
aeDes saCra
pIo reLVCet ornatV

Ganz vortrefflich die ***Marienfigur*** im Hochaltar, unverkennbar von der Hand *Hans Deglers,* 1621. Die Hochaltar-Architektur wirkt neubarock. Ein Votivbild in der Sakristei zeigt den ursprünglichen Altar des 17. Jhs.

Unterhausen, St. Maria Heimsuchung

Unterhausen, St. Maria Heimsuchung. Marienfigur

Ebenso vortrefflich die beiden ***Seitenaltäre,*** deren Architekturen dem Nachbarock ± 1830 angehören: im linken Altar Anna Selbdritt, von *F. X. Schmädl,* jedenfalls den entsprechenden Gruppen in → Leutstetten und → Gauting sehr nahestehend. Rechts, gleichartig, eine kleine Sebastiansfigur. Auf einer Konsole an der Südwand eine Nepomukfigur von einigem Wert. Ferner ein Gemälde von 1693: St. Leonhard, flankiert von den Hl. Coloman und Wendelin, hübsch. – Altes Gitter aus geschmiedetem Rundstab schließt das Schiff nach Westen ab.

Unterschondorf ○ LL □ 3.2

Vielbesuchter Fremden- und Villenort direkt am Ammerseeufer, der seit dem ausgehenden 19. Jh. eine sprunghafte Entwicklung erlebt hat. – Die alten Söldnerhäuser im Ort, deren letztes vor 25 Jahren verschwunden ist, waren Ständerbohlenbauten, entweder mit steilem Strohdach oder flachem Legschindeldach. Wer von den Bewohnern vor Jahrhunderten nicht das Fischrecht ausübte, zog als „Kraxentrager" über Land oder verdingte sich als Tagwerker bei der Hofmarksherrschaft in Greifenberg; größere landwirtschaftliche Anwesen hatte es nie gegeben. – Von 1875 bis 1877 wohnte und arbeitete hier der Maler Wilhelm Leibl als einer der ersten „Sommerfrischler". Hier entstanden seine Bilder „Der Jäger" und „Die Dorfapostel". Später hatte sich auch Hans Pfitzner hier niedergelassen.

Wie aus einer anderen Welt ragt westlich vom Dampfersteg die ± 1150 erbaute romanische **Jakobskirche** auf. Sie ist einer der ganz wenigen, nahezu unberührten Sakralbauten unseres Alpenvorlandes aus so früher Zeit: ein sorgfältig behauener Tuffquaderbau mit zwei quadratischen kreuzgratgewölbten Jochen und einer außen durch Lisenen und Rundbogenfries gegliederter Apsis. Der Dachraum über dem Gewölbe ist von innen durch einen Aufgang in der Mauerdicke zugänglich und war ehemals auch über eine hochliegende (später zugesetzte) Einstiegsöffnung von außen her erreichbar. Er enthielt in der Mitte des 17. Jhs. einen zweiten Altar: Diese archivalisch überlieferte Tatsache bietet einen Anhaltspunkt zur Deutung der Funktion des Dachraumes, der nach weniger stichhaltigen Quellen und Vermutun-

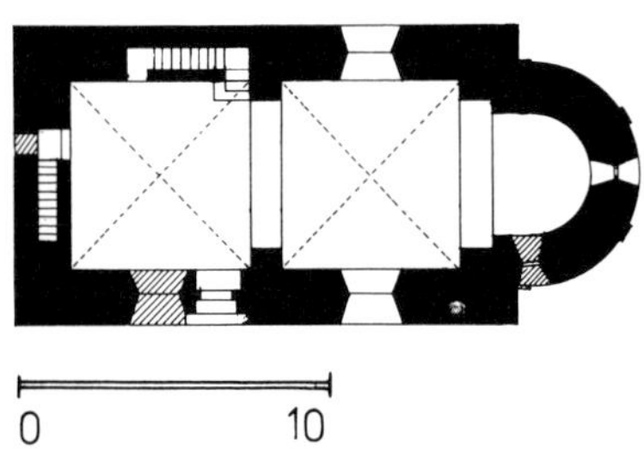

Unterschondorf, Jakobskirche

Unterzeismering, Weberhaus

gen auch als Pilgerherberge, Fluchtraum oder zum Trocknen der Fischernetze gedient haben soll. War die Kirche überhaupt eine ehemalige Schloßkapelle? Nach ihrer Größe zu schließen, doch wohl kaum; außerdem bieten sich bis jetzt keinerlei urkundliche Nachweise für eine Burg oder einen Edelsitz an dieser Stelle, wenn es auch „Herren von Schondorf" im Mittelalter gegeben hat. – Die Kirche enthält einen bemerkenswerten ***Hochaltar*** aus der Zeit um ± 1670, gefertigt von dem einheimischen Kistler *Simon Rhein* mit Plastiken der Hl. Jakobus, Markus und Katharina aus der Weilheimer *Degler*-Werkstatt.

Die **neue Pfarrkirche** für den ganzen Ort Schondorf entstand 1957 (Architekt *Georg Schiener*, Gräfelfing).
Das bekannte ***Landerziehungsheim*** wurde 1905 gegründet, sein Hauptgebäude entstand 1907 nach Plänen von *Friedrich v. Thiersch*.
Zwei Kilometer südlich, am Fußweg nach Utting, wurde 1924 direkt am See ein ***römisches Badegebäude*** ausgegraben, das zu einer „villa rustica" gehörte; der Platz ist längst überwachsen und nicht mehr kenntlich.
Nördlich von Unterschondorf liegt im „Weingarten" ein kleines ***Grabhügelfeld*** der Hallstattzeit (750–450 c. Chr.).

Unterstillern ○ WM □ 3.4

Kleine Ansiedlung 3 km südwestlich von Raisting im Waldtal der Rott, in das die Römerstraße von Epfach her einmündet.
Die 1664 vom Kloster Wessobrunn errichtete ***Stephanskapelle*** besitzt eine einheitliche Ausstattung dieser Zeit. Die Stuckdekoration im Wessobrunner Frühstil zeigt eine Mischung aus geometrischen Elementen mit Engelsköpfchen, Blumenkelchen und Fruchtboschen. – Talauswärts, oberhalb der Mündung des Michelbaches in die Rott, der Burgstall „Mönburg", im Mittelalter Sitz eines Ortsadels.

Unterzeismering ○ STA □ 3.4

Kath. ***Kapelle*** St. Maria aus dem 19. Jh. mit Marienkrönung ± 1500 auf dem Altar. Ausmalung von *Karl Griess.*

Das sogen. ***Weberhaus,*** ein Mittertenn-Typ, großenteils in offener Blockbauweise, 16.–18. Jh.; heute leer und gefährdet. – Haus Nr. 3, Fischer-Wohnhaus; die Südseite in offener Blockbauweise, 16.–17. Jh.

Utting/Ammersee, Pfarrkirche. Mariä Verkündigung

Utting a. A. ○ LL □ 3.2

Großer, aufstrebender Fremdenort am Westufer des Ammersees, als einer der vier ing-Orte eine Gründung der Landnahmezeit. In der westlichen Gemeindeflur deutliche Spuren der Anwesenheit von Kelten und Römern, nämlich eine stattliche Viereckschanze und verschiedene Abschnitte der ± 200 n. Chr. angelegten Römerstraße Augsburg-Brenner. – Die Hofmark Utting gehörte bis 1803 zum Kloster Andechs, während die Pfarrei dem Kloster Dießen inkorporiert war.

Utting/Ammersee, Pfarrkirche. Apostelfigur

Die **Pfarrkirche Mariae Heimsuchung** mit ihrem massigen Zwiebelturm auf der Ostseite des Chores entstand im wesentlichen, d. h. unter Verwendung älterer Bauteile, erst im Jahr 1819 (Baumeister war *Joseph Köpfle* aus Landsberg). ***Hochaltar*** von 1797, die einfachen barocken ***Seitenaltäre*** angeblich aus der abgebrochenen Kapelle Abtsried bei Dießen; ***Kanzel*** um 1700 mit den Statuetten der Evangelisten von *Lorenz Luidl* aus Landsberg. Eine vorzügliche Schöpfung des gleichen Meisters ist die barocke Verkündigungsgruppe, verteilt auf die beiden Nebenaltäre. Die fast lebensgroßen Apostelfiguren, fälschlicherweise ebenfalls dem älteren *Luidl* zugeschrieben, schuf nach neuesten Erkenntnissen der Weilheimer *Heinrich Hagen* (± 1700). Neben der Sakristeitür ist ein Pfarrergrabstein aus dem Jahr 1476 eingelassen, der älteste des Lech-Ammerseegebietes.

Neben der Kirche steht der stattliche, im Jahr 1700 erbaute ***Pfarrhof.***

Die **Filialkirche St. Leonhard** im „Oberdorf“ ist nach Bau und Ausstattung bedeutender als die Pfarrkirche: 1707–12 ließ das Kloster Dießen durch seinen Bau-

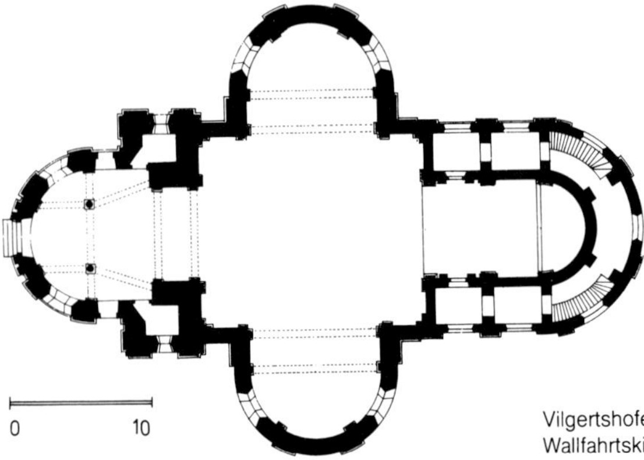

Vilgertshofen,
Wallfahrtskirche

meister *Michael Natter* einen Neubau erstellen, der innen und außen eine Pilastergliederung, einen Westturm mit Zwiebelhaube und eine gemauerte Empore aufweist. Den Stuck schuf *Pontian Finsterwalder* aus Haid bei Wessobrunn, die prächtige ***Altarausstattung*** der Dießener Kistler *Heinrich Hett.* Das Choraltarblatt stellt den hl. Leonhard mit den befreiten Gefangenen dar, an Decke und Emporenbrüstung weitere Ölbilder mit Darstellungen aus der Leonhardslegende. Die Kirche enthält zahlreiche gute Plastiken von *Lorenz* und *Johann Luidl,* darunter eine reizvolle Statuettengruppe am Tabernakel (1712) und eine Schmerzhafte Muttergottes (um 1730/40).
Die ***St. Kastuluskapelle*** im Ortsteil ,,Hofstatt" wird bereits in der Mitte des 17. Jhs. erwähnt.

Vilgertshofen ○ LL □ 3.1

Schon um 940 wird eine Kirche in ,,Viligundenhouen" erwähnt, die damals an das Kloster Wessobrunn kam; ein Neubau ist aus dem Jahr 1281 überliefert. Als Wallfahrtsort war Vilgertshofen schon unter Abt Paulus II. (1460–86) bekannt, doch erst in der 2. Hälfte des 17. Jhs. wuchs der Zulauf so stark an, so daß z. B. im Jahr 1680 bis zu 24000 Kommunikanten gezählt wurden. Unter Abt Leonhard Weiß (1671–96) wurde deshalb ein Neubau erforderlich, den der Wessobrunner Bau- und Gipsmeister *Johann Schmuzer* in den Jahren 1688–92 ausführte. Der Akkord mit Schmuzer vom Mai 1688 lautete auf 2350 Gulden für die Bauarbeiten und auf 900 Gulden für das Ausstuckieren der Kirche (1691). Die Gesamtkosten beliefen sich jedoch, einschließlich der Erstausstattung, auf 30000 Gulden.
Die stattliche, weithin sichtbare **Kirche** präsentiert sich seit einigen Jahren in einer ansprechenden Farbgebung: weiß, mit ziegelroten Gliederungen. Sie ist der bedeutendste Bau *Johann Schmuzers,* der hier einen kreuzförmigen Zentralbau mit betonter Längsachse und halbrunden Querarmen schuf. An die annähernd quadratische Vierung schließt nach Osten der zweigeschossig aufgebaute, halbrunde Altarraum an, dem im Westen die etwas kürzere Vorhalle entspricht; hier zwei flankierende Unterbauten von Türmen, von denen nur der südliche (1732 von *Joseph Schmuzer*) hochgeführt wurde. Außengliederung durch kräftige Pilaster toskanischer Ordnung zwischen jeweils in Nischen zusammengefaßten, oben und unten rundbogi-

Vilgertshofen, Wallfahrtskirche

gen Fensterpaaren mit darüberliegender Kreisöffnung, denen unterhalb ein Vierpaßfenster zugeordnet ist. Hohe Sockelzone und Westportal in rustizierter Einfassung.
Die inneren Raumecken sind mit kannelierten korinthischen Pilastern besetzt, über denen die reich dekorierte Gebälkzone umläuft; darüber (im Langhaus) muschelbekrönte Nischen für zehn überlebensgroße Figuren von Heiligen des Benediktinerordens, die von Inschriftmedaillons bekrönt werden. In der Vierung Loggien mit Durchgängen in Form von Balkonen auf Volutenkonsolen; in gleicher Höhe der dreiseitige Umgang des Chores und der Westempore mit figürlich bemalten Brüstungsfeldern. – Die üppige ***Stuckdekoration*** aus der beginnennden Blütezeit des Wessobrunner Stils besteht an den Hochwänden und in den Gurtbögen überwiegend aus riesigen, stark unterschnittenen Akanthusranken, die füllhornähnlichen Gebilden entwachsen, während die Gewölbezone selbst in kleine, mittlere und große Bildfelder aufgeteilt ist, deren Rahmen aus Blüten-, Blatt- und Volutenranken gebildet werden; am Chorjochgewölbe außerdem sechs plastische Stuckengel. Die Medaillon- und Brüstungsbilder sind ihrem Inhalt nach auf die Schmerzhafte Muttergottes als Patronin der Kirche bezogen und stammen von dem Benediktinerpater *Joseph Zäch*. Das in der Qualität wesentlich bessere ***Chordeckenbild*** (Darstellung der Pieta und Gottvater über dem Kreuz) wurde erst 1734 von *Johann Baptist Zimmermann* gemalt.
Der schlanke Stuckmarmor-Aufbau des ***Hochaltars,*** 1721 von *Franz Schmuzer,* umrahmt das Gnadenbild und ein Altarblatt (Mariae Himmelfahrt) von *Edmund Egg* aus Dießen. Die beiden ***Seitenaltäre*** ebenfalls aus Stuckmarmor, jedoch aus verschiedener Zeit: der nördliche Ulrichsaltar 1718, wohl auch von *Franz Schmuzer;* der südliche Stephansaltar 1751 (von *Tassilo Zöpf*) mit vorzüglichem Bild von *Johann Baader,* 1770. – Alljährlich am Sonntag nach Mariae Himmelfahrt findet hier die „Stumme Prozession" statt, bei der seit nunmehr 100 Jahren Szenen aus der Leidensgeschichte Christi durch Bewohner der umliegenden Ortschaften gestellt werden.
Im ***Gasthaus*** westlich der Kirche malte *Johann Baader* um 1770 drei reizvollbäuerliche Deckenbilder: Das Mahl in Emaus, die Flucht nach Ägypten und die Samariterin am Brunnen sind in Lechrainer Tracht wiedergegeben.

Walchstadt bei Icking
○ TÖL □ 4.1

St. Bartholomäus, Kirchlein mit vorgestelltem Westturm; der dreiseitig geschlossene Chor in der Substanz noch spätgotisch mit den alten, spitzbogigen Fenstern. Alles ± 1740 erneuert; Spitzhelm des Turmes nach Blitzschlag ± 1890. Letzte, durchgreifende Wiederherstellung 1965; dabei das Innere ganz neu geordnet, Fußboden neu gepflastert. Eindruck großer, aber ahistorischer Aufgeräumtheit. – Die recht gute ***Ausstattung*** bei so kleinen Raumverhältnissen gibt der Vermutung, daß es sich hier um eine ehem. Schloßkapelle handelt, einige Wahrscheinlichkeit (→ Haarkirchen, Mörlbach). – ***Hochaltar:*** Abendmahlsbild, links und rechts die Figuren der Hl. Johannes und Paulus. Das Abendmahlsbild bereits 1707 an Ort und Stelle erwähnt. Fegfeuerbild in der Predella. An der Nordwand der Hl. Bartholomäus, flankiert von den Figuren der Hl. Leonhard und Sylvester, umringt von Engeln; vielleicht aus einem ehem. Seitenaltar in dieser Form arrangiert. Südwand ***Schrein*** eines Altars mit Predella (aus → Aufkirchen stammend): Sitzende Hl. Anna mit der Muttergottes, aber ohne Kind; auf der Predella gemalt die Vierzehn Nothelfer, sehr feine Malerei aus dem Ende des 15. Jh. Die Figuren frühestens aus dem 16. Jh., bäuerlich-derb. An den Wänden des Schiffs in zwei gegenüberstehenden Gruppen die Figuren der Apostel, heute in moderner Porzellanfassung, wohl aus dem 18. Jh. – Alter ***Kreuzweg*** in neuer Rahmung, Rosenkranzmadonna. – Bemerkenswert das alte ***Gestühl,*** die Wangen mit geritzter Ornamentik; Brandspuren auf der Frauenseite (→ Bauerbach und anderswo). Armeseelenbrett.

Walchstadt am Wörthsee
○ STA □ 3.2

Kapelle mit Dachreiter auf dem Westgiebel, flach geschlossenem Altarraum, anschließender Sakristei. Im Hauptaltar der Hl. Martin zu Pferde; im linken Seitenaltar Muttergottes, im rechten der Hl. Joseph, alles unter neuen Lüsterfassungen, vielleicht ursprünglich aus dem 18. Jh. – Zum Umbau dieses Kirchleins wurden 1760 Steine der abgetragenen Kirche von Ettenhofen verwendet (→ Delling).

Stattlicher Hof, der sog. ***Schloßbauer,*** anstelle des 1687 durch die Grafen von Törring-Seefeld abgerissenen Schlosses.

Gegenüber der Kapelle skurrile Burg im Tiroler Stil, ins Ungeheuere verzerrte Steingartenarchitektur, ± 1900.

Wangen ○ STA □ 4.1

Kath. Kirche St. Ulrich. Schiff zu drei Achsen, rund geschlossener Chor. Der Turm, ehemals vor der Westseite, steht seit 1908 an der Südseite. Das ganze Gebäude zwar nicht groß, jedoch stattlich, zumal von Osten, wo das Gelände abfällt. Die Inschrift am Chorbogen mit der Jahreszahl 1736 dürfte sich auf diesen Bau beziehen. Als Architekt stand *J. M. Fischer* in Frage. Angesichts der einfachen Anlage erübrigt sich die Antwort, zumal Fischer bessere Freskanten mitgebracht hätte. Die Deckenbilder sind – modern übergangen – bäuerlich, etwa ± 1740. In einfacher, kräftiger Stuckrahmung: Verehrung des Allerheiligsten und Fürbitte für die Armen Seelen. Im Chor: der Hl. Augustin übergibt die Regel einem Augustinermönch. Wangen war Filiale von Aufkirchen, das den Augustiner-Eremiten gehörte.
Hochaltar: Hl. Anna mit Joachim und Maria, wirkungsvolles Gemälde, vielleicht von *Balthasar Albrecht.* Vorzüglich die Altar-Architektur. Alles ± 1740. In jenem Jahr nahm man Geld von Schäftlarn, um einen neuen Choraltar zu errichten. – Die ***Seitenaltäre*** mit identischen, vorzüglichen Schreinarchitekturen, Anfang 17. Jh. Links nicht zugehörige Muttergottes, flankiert von den Hl. Georg und Ulrich; die Georgsfigur 18. Jh. Rechts: Thronender Hl. Augustin, flankiert vom Hl. Nikolaus und Hl. Ottilie. In der Predella Relief: Grablegung, um 1520, gute Arbeit aus dem Umkreis des *Meisters von Rabenden.* Die Figuren im übrigen aus der Zeit der Altararchitekturen, die 1627 gestiftet wurden, und zwar laut Inschrift von Maria Lindauer geb. Ligsalz zum Gedächtnis ihres Mannes Georg Lindauer, Besitzer der Schwaige Freiham. Die erste Frau des Lindauer war eine geb. Weiler, und so hat man hier die Namen des reichen Münchner Patriziates beieinander, das die Hofmarken ringsum besaß. Über der Stifterinschrift die hübschen Bildnisse der Familienmitglieder, fast alle mit Kreuzen in Händen, also damals bereits verstorben. Der Altar stammt aus der Kapelle von → Freiham, von wo er wohl schon im 18. Jh. hierhergeraten ist.
In einem Fenster der Südseite Glasbild von 1912. Kleine Orgel ± 1900. Der Kreuzweg 1893 von der abgerissenen Kirche zu → Biberkor. – Auf dem ***Friedhof*** das Grab der Bäuerin Elisabeth Banzer, die im Wald bei Leutstetten 1919 von den Truppen der Gegenrevolution versehentlich erschossen wurde. (Gedenkkreuz dort an Ort und Steile).

Wartaweil, 3 km s Herrsching
○ STA □ 3.2

Haus Nr. 76, das sog. ***Schloß.*** Als neugotischer Bau 1898 errichtet, um 1960 verändert.

Weilheim Kreisstadt. □ 3.4

Der Name 1010 in einer Urkunde für Kloster Polling zum ersten Mal erwähnt, als Stadt jedoch erst ± 1236. Der heutige Vorort St. Pölten ist älter, worauf auch das hier seltene Patronzinium St. Hippolyth hinweisen dürfte. – Nach dem Sturz der Grafen von Andechs, 1248, kommt Weilheim in

Weilheim, Innenstadt

den Besitz der Wittelsbacher, ein Wechsel, wie er typisch nach den Untergang dieses mächtigen Geschlechtes gewesen ist. Eine eigentlich freie Stadt war Weilheim daher nie. Zu Anfang des 16. Jh. wird das Landgericht von Pähl nach Weilheim verlegt. Weilheims Blüte hing eng mit den nahe liegenden Klöstern Wessobrunn, Polling und Benediktbeuern zusammen, denn die Stadt ist künstlerisch und wirtschaftlich der Hauptort des sog. Pfaffenwinkels gewesen.

Der Strahlungsbereich ihres Kunsthandwerks ging weit über den engeren Bezirk hinaus und reichte u. a. bis nach Augsburg; der Frühbarock ist ohne diese Stadt nicht zu denken (Hans Krumper, Georg Petel u. a. m. waren Weilheimer).
Die alte Stadtgestalt noch an der teilweise erhaltenen, allerdings schwachen Ummauerung gut zu erkennen; die Tortürme 1871–74 abgerissen. Die alte Stadt bedeckt innerhalb ihres Mauerrings ein fast regelmäßiges Quadrat, in dessen Mitte

Weilheim, ehem. Rathaus

sich die Stadtpfarrkirche befindet. Dieser Bereich wird jedoch nicht von einer durchgehenden Straße geschnitten; vielmehr enden die von außen eindringenden Straßen zwar im Zentrum rings um die Pfarrkirche, jedoch blind, was den beiden Plätzen (dem heutigen Marienplatz und dem Kirchplatz) durchaus zugute kommt. – Unter den Vorstädten ist vor allem die Obere Stadt längs des Anger-Baches zu nennen. – Aus Weilheim stammt der Admiral des 1. Weltkriegs, Franz Hipper (Skagerrak-Schlacht), dessen Uniform heute im Weilheimer Museum bewahrt wird. Sein Grab im Friedhof auf dem Betberg.

In dem wohlerhaltenen ***Stadtbild*** ist eigentlich alles bemerkenswert. Dabei fällt auf, wie die weiter zurückliegenden Gassen wieder den dörflich-oberbayerischen Charakter annehmen, z. B. die Ledererstraße. Es läßt sich auch beobachten, daß sich sogar der spröde Stil aus den zwanziger Jahren unseres Jahrhunderts ohne weiteres in die älteren Häuserfronten eingliedert (z. B. Marienplatz, Konditorei Krönner). – Städtebaulich vorzüglich der ***Marienplatz;*** er wirkt völlig geschlossen, weil die vier dort einmündenden Straßen geschickt in die Ecken gesetzt worden sind. Man bemerkt sie gar nicht. Auf dem Marienplatz die ***Mariensäule*** von *Ignaz Degler,* 1698, mehrfach ergänzt. Der Stadtbrunnen daneben trägt Kopien der Putten, die vom Steingadener Klosterbrunnen stammen. Zwei Originalfiguren dieser Putten – vorzügliche Werke – befinden sich neben dem neuen Rathaus in den Anlagen. Marienplatz, Ostseite: das ***alte Rathaus,***

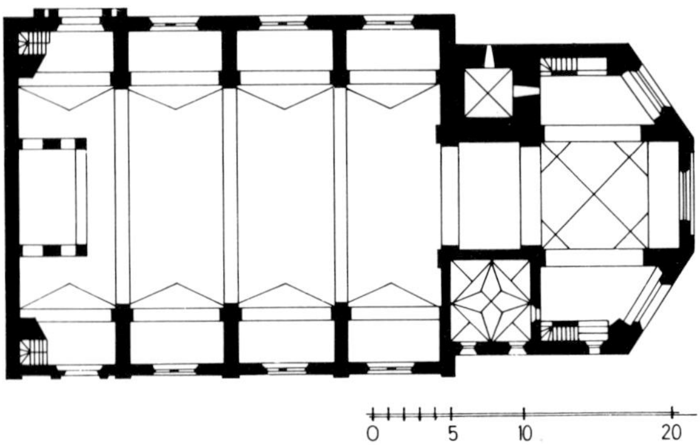

Weilheim, Stadtpfarrkirche

heute Museum, ein Bau von 3 Achsen Breite und 12 Achsen Tiefe; vornehmländlicher Spätbarock.

Hofstraße 22, Platz der ehem. Burg, 1080 gegründet, später Pflegschloß und seit 1803 Rentamt. Der Bau wurde zuletzt 1909 verändert und einem spätmittelalterlichen Zustand angenähert. – ***Schmiedstraße,*** Ecke Cavalier Gasse: drei schöne, jüngst restaurierte Giebelhäuser. – ***Kirchstraße 10,*** hübsche Fassade der späten Gründerzeit. – ***Hipperstraße 13*** (Kath. Pfarramt) in gefälligem Neubarock.
Erwähnenswert die großen Sammler der Dachrinnen vor den Grabendächern, teilweise noch aus dem 19. Jh.

Gefängnis, im Zuge der alten Stadtmauer, Ziegelbau mit Tuffzier, 2. Hälfte des 19. Jh.

Die ***Oberstadt*** zieht sich beiderseits längs des Angerbaches hin. Hier, wie überhaupt in Weilheim, sind prachtvolle Schirmakazien zu bemerken.

Kath. Stadtpfarrkirche Mariä Himmelfahrt. 1624–1631 (Weihe) nach Abbruch einer älteren Kirche errichtet, eines der wenigen und daher kostbaren Beispiele frühbarocker Architektur in Süddeutschland; als selbständige, originelle Leistung der Stadt ebenso ein Beweis für deren zentrale Bedeutung in jener Epoche wie auch dafür, daß es im Anfang des 17. Jh. keine allgemein verbindliche Bautradition mehr gegeben hat. Jeder suchte gewissermaßen auf eigene Faust, wobei der hier als Architekt genannte Bildhauer *Bartholomäus Steinle* ein Werk geschaffen hat (Maurermeister war *Georg Praun* aus Wessobrunn), dem Vorbildlichkeit nicht abzusprechen ist:
An ein frei überwölbtes, also stützenloses Langhaus zu 4 Jochen schließt sich, durch den älteren Turm und durch die Sakristei gegenüber verengt, der ***Chor.*** Das Altarhaus endet mit einem dreiseitigen, seichten Schluß, einer typisch frühbarocken Form. Den gesamten Bau deckt ein gemeinsames, mächtiges Dach, wie dies bei mittelalterlichen Kirchen der Fall gewesen war. Überhaupt verrät er nach außen nur wenig: Bauten dieser Zeit bevorzugen den geschlossenen Umriß. Eine Ausnahme bilden hier die großen Fenster mit ihrer schön gezeichneten Teilung, ferner die zarte Blendengliederung der südlichen Außenwand und der westliche Giebel, dessen feiner, in Stockwerke eingeteilter Profilierung dennoch anzusehen ist, daß man sie in der engen Gasse niemals frontal hat erblicken können – auch dies eine noch mittelalterliche Erinnerung an dieser Kirche.
Der ***Turm*** aus Tuff-Quadern wohl aus der Mitte des 13. Jh.; sein aufgesetztes, achteckiges Obergeschoß aus dem Ende des

Weilheim, Marienplatz. Westseite

Weilheim, Stadtpfarrkirche.
Gabelkruzifix

16. Jh.; der knappe, rassige Turmhelm trägt die Jahreszahl 1573. – Von den ***Portalen*** stammt das südliche mit seinem gebrochenen Giebel – ein Leitmotiv des altbayerischen Frühbarock – noch aus der Erbauungszeit der Kirche. Das entsprechende Portal der Nordseite ist 1794 datiert und in den Formen der spätesten Zopfzeit gehalten, die auch im Inneren ihren Anteil – aber keinen bestimmenden – am Gesamteindruck beansprucht.

Weitläufig verwandt sind dieser Architektur die gleichzeitigen Kirchen von → Dachau (vergleiche den Chorschluß dort. *Hans Krumper* aus Weilheim war entwerfender Architekt) und von → Beuerberg (als Wandpfeilerkirche; offenbar auch von *Bartholomäus Steinle* erbaut). Die Michaelskirche zu München, die gleichfalls unter den verwandten Bauwerken genannt werden muß, ist allerdings sowohl in Anspruch als auch in der Durchführung ungleich qualitätvoller.

Der schöne, ruhige Raum (14 m Gewölbespannung) mit seinem strengen Modelstuck, den kreisrunden Deckenbildern und den kolossalen Pilastern an den Stirnen der Wandpfeiler zeigt noch etwa den ursprünglichen Zustand. Einen selbständigen Vorgriff auf spätere Epochen bietet das mittlere der kreisrunden ***Deckenbilder:*** es faßt – sphärisch gekrümmt – 2 Joche zusammen und bildet dadurch eine merkbare Dominante. Die Darstellung selbst – ein mariologisches Thema – bleibt jedoch noch gänzlich der älteren, römischen Tradition verpflichtet mit ihrer in Zonen zerteilten Bildfläche; sie liegt künstlerisch immer noch „vor Rubens" und beweist, wie isoliert man damals hat arbeiten müssen.

Merkwürdig bleibt die optische Abschnürung des Altarraums; doch auch sie ist nicht ohne Beispiel in jener Frühzeit des Barock. Die muschelförmigen Kalotten in den beiden Seiten des Chorschlusses sind phantastisch und zugleich überraschend; jedoch blieben sie vom eigentlichen Kirchenschiff aus unsichtbar.

Die wichtigste Veränderung fand in der 2. Hälfte und gegen Ende des 18. Jh. statt. Doch war sie nicht grundsätzlich im Sinne einer völligen „Modernisierung" (wie etwa in Dietramszell, Rottenbuch u. a.), sondern bestand nur im Austausch einiger Altäre und in der neuen Stuckierung der östlichen Seitenkapellen. Typisch, aber heute kaum noch zu erkennen, ist die Tatsache, daß die vor den Seitenkapellen grade durchlaufenden Stufen zum Chor hin eingeschwenkt wurden, so daß die Kirche im Sinne des späteren 18. Jh. einen bewegteren Grundriß bekam. Die Seitenaltäre der östlichen Kapellen wurden entsprechend zum Chor hin eingerückt.

Wie streng und würdig der gesamte Raum im 17. Jh. ausgesehen haben mag, zeigt die Mirakeldarstellung in der östlichen Kapelle auf der Nordseite; die schwarzgoldene Altararchitektur auf diesem Bilde läßt es hier wie anderswo bedauern, daß das Rokoko sich ohne Rücksicht an die Stelle der älteren Ausstattungsstücke gedrängt hat. Als Reste sind diese noch sichtbar in den mächtigen Paramentenschränken des Chores.

Der Terrazzoboden ist nicht ursprünglich; die alte Pflasterung war sicherlich aus Solnhofer Schiefer.

Weilheim, Stadtpfarrkirche

Ausstattung: Die Ausstattungsstücke zeigen die Bedeutung Weilheims als Zentrum künstlerischen Handwerks. – ***Hochaltar,*** von 1792. Der Tabernakel 1762 von *F. X. Schmädl.* Das große Altarblatt mit Darstellung der Himmelfahrt Mariä stammt von *Johann Ulrich Loth;* es ist das beste Stück Malerei weit und breit in dieser Gegend, zurückgehend auf einen Stich nach einem Werk von Rubens in der Kathedrale von Antwerpen. Das Bild wurde 1641 von der Gemahlin Maximilians I., einer Habsburgerin, gestiftet.

Die ***Seitenkapellen*** (von Ost nach West, → Grundriß S. 170)
Nordseite:
1. ***Rastaltar,*** ein vorzügliches Werk von *F. X. Schmädl,* 1760; die Figur des Christus in der Rast Anfang 16. Jh. Über ihre Verehrung berichtet das Mirakelbild von 1573 an der Nordwand. (Der ausführlichere Wunderbericht fehlt seit jüngerer Zeit.) – An der Nordwand ein Astkreuz, vorzügliche Arbeit ± 1350. An der Rückwand Grabmal des Wolf Georg Präntl, gestorben 1582, eine dekorativ prachtvolle Arbeit, *Adam Krumper* zugeschrieben. – Am Choreingang, Nordseite, die Figur eines hl. Michael, von *F. X. Schmädl.* – 2. ***Ulrichsaltar,*** 1766, von dem Weilheimer Bildhauer *Greis;* dessen Handschrift zierlicher als die des prachtvoll-fülligen Schmädl. Die Verehrung des hl. Ulrich verweist auf die engen Bindungen Weilheims an Augsburg. – 3. ***Margarethenaltar.*** Das Altarblatt von *Johann Greither,* 1641. Die Altararchitektur schwunglos, aus dem Ende des 18. Jh.

Südseite: Die ***Kanzel*** von 1785. Der prächtige, steinerne Engelskopf am Kanzelfuß stammt offenbar noch aus der Erbauungszeit der Kirche. – 1. ***Kreuz-*** oder schmerzhafter Mutter-***Altar.*** Die Figur der schmerzhaften Mutter, bis 1699 an einer Säule der Orgelempore, angeblich ein Frühwerk von *Bartholomäus Steinle.* Die beiden Seitenfiguren von dem Weilheimer Bildhauer *Joseph Hagn,* 1760. – 2. Der ehem. ***Johann-Nepomuk-Altar;*** das Altarblatt mit Darstellung der Beweinung 1813 aus Kloster Ettal durch einen aus Weilheim stammenden Ettaler Chorherren hierher. Das großartige Bild stammt von *Martin Knoller,* 1799. – 3. ***Johannes der Täufer-Altar*** mit einer Darstellung von *Elias Greither* 1630.
Im Südeingang an der Wand das ***Gedenkbild*** für den Maler *Elias Greither d. Ä.* mit einem Selbstbildnis und Darstellung seiner Frauen und Kinder, 1624.

Deckenmalerei: die kreisrunden, mit einer leichten Andeutung von Scheinarchitektur versehenen Deckenbilder von *Elias* und *Johannes Greither,* ± 1627–28: Über der Empore die drei Erzengel; im Hauptbild Maria und Kampf des hl. Michael; vor dem Chor Gottvater und Erzengel Gabriel. – Die acht Seiten der Kuppel über dem Chor gelten Maria und den sieben Engelsfürsten. – Die einzelnen Leinwandbilder in den Seitenkapellen, meist von *Johannes Baader,* aus dem ehem. Kapitelsaal des Klosters Polling. Das Chorgestühl wurde 1900 nach dem Vorbild des Gestühls der Münchner Michaelskirche geschaffen. – Besonders hübsch ein volkstümlicher Beichtstuhl im späten Zopfstil; der Stuhl steht in der westlichen Seitenkapelle auf der Nordseite.
Die komplette Ausstattung mit Zunftstangen ist besonders sehenswert.

In der ***Sakristei*** werden vorzügliche Goldschmiedearbeiten verwahrt, u. a. eine erstklassige ***Monstranz*** von dem Weilheimer *Joseph Anton Kipfinger,* 1698. – Auf der Nordseite außen eine Ölbergdarstellung, ± 1500. Ebenfalls an der Nordseite, als Erinnerung an den Friedhof: schmiedeeiserne Grabkreuze aus jüngerer Zeit.

Dreifaltigkeitskirche beim Hl. Geist-Spital. Das Spital um 1328 von dem Münchener Patrizier Ludwig Püttrich gestiftet; ehem. an der Nordseite der Stadtpfarrkirche, 1826 abgebrochen. Seine Funktion in das 1639 gegründete Franziskanerkloster an der Münchner Straße verlegt. Die Kirche 1826 von *Leonhard Schmidtner:* ein einfacher Saalbau mit klassizistischer Fassade und aufgesetzte Türmchen. Das Innere zu

Anfang des 20. Jh. stark übergangen. Die Deckenbilder, die sich thematisch auf das Spital beziehen, signiert *I. H.* 1909 (*J. Huber,* Feldkirch). Das linke Altarblatt signiert *Max Colombo,* 1909. In der nördlichen Seitenwand befinden sich ältere, hierher übertragene Gemälde von *Johann Joseph Zwinkh* aus dem 18. Jh. – An der Chornordwand ein Tafelbild mit der Darstellung von Christi Abschied, 16. Jh. – Der Gesamteindruck des Raumes ist kalt und akademisch; er entspricht etwa dem Anblick der alten Glyptothek, München, vor deren Zerstörung im letzten Kriege.

Friedhofskirche St. Salvator und St. Sebastian auf dem Betberg, 1449 aufgrund einer Stiftung errichtet, 1481 um den Chor erweitert. 1584 Turmbau durch *Hans Guggemoos;* seit 1521 Friedhofskirche. Der zierliche, achteckige Bau, dessen vielteilige Gewölbe nur von *einer* Stütze getragen werden, ist ein Muster spätgotisch-feiner Architektur, die ihrerseits nicht ohne Vorbilder und nicht ohne Nachfolger geblieben ist (vgl. die Nikolauskapelle in Bernkastel-Kues a. d. Mosel). ***Ausmalung*** und ***Ausstattung*** im wesentlichen unberührt und als Ganzes sehr kostbar. In den Gewölben des Zentralraums: Passion Christi, von *Elias Greither d. Ä.,* 1591; in den Gewölben des Chors die 12 Apostel ebenfalls von Greither. – Sog. ***Greither-Altärchen*** mit Darstellung der Verkündigung in schönem Schrein von *Barth. Steinle,* 1611. – Im Chor des ***Flügelaltars*** mit Darstellung des Gnadenstuhls vom *sog. Meister der Landsberger Geburt Christi,* ± 1480. – Votivbilder verschiedner Jahrhunderte.

Angerkapelle, ± 1530; darin ein Vesperbild von *Matthias Steinhart;* bei der letzten Erneuerung, 1761, von *Joh. Baader* ausgemalt.

Ev. Apostelkirche, ein 1963 erweiterter Bau des 19. Jh. (beratender Architekt der Erweiterung *Ottmar Schubert*).

Weilheim-Töllern

Kath. Kirche St. Johann, auf einem Hügel südlich der alten Münchner Straße. Sie

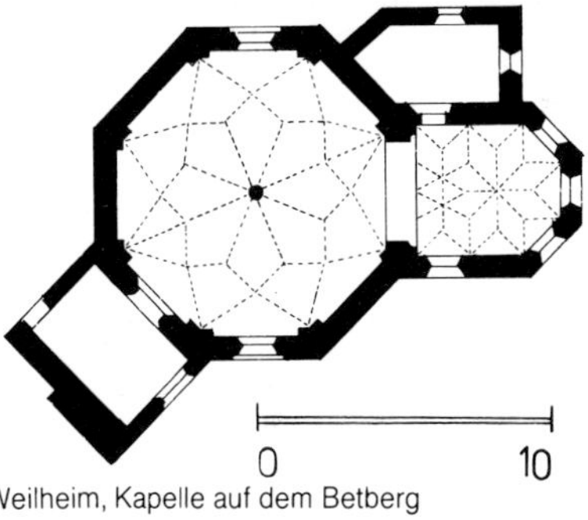

Weilheim, Kapelle auf dem Betberg

diente ebenso wie ihr Friedhof dem Weilheimer Leprosenhaus; die im Chorscheitel, innen, befindliche Jahreszahl 1490 dürfte sich auf das Baujahr beziehen. Der Turm an der Südseite durch *Hans Guggemoos* 1583 (Inschrift) vollendet. Die ursprünglichen Fenster auf der Südseite in späterer Zeit erweitert; die Nordseite des Kirchleins fensterlos, was mit dem Freskenschmuck im Inneren zusammenhängen mag. – Trotz seiner Verkommenheit bietet das kleine Bauwerk den vollständigsten Eindruck einer spätgotischen, netzgewölbten Kapelle; das Innere durch den 1952 freigelegten Freskenschmuck auf das Schönste bereichert: an der Westwand das Jüngste Gericht von *Elias Greither d. Ä.*, an der Nordwand Darstellungen aus dem Leben der beiden Hl. Johannes. An der Nordwand des Chores spätgotische Darstellungen (Mariä Verkündigung, Kreuzigung). Im Chorscheitel unter einer Mariendarstellung des 17. Jh. spätgotische Rötelinschriften und Skizzen. – Der Altar 1680 bezeichnet, aber wohl ± 1650 geschaffen. Das Altarblatt zeigt die beiden Patrone; die flankierenden Skulpturen stellen die Mutter des Täufers Elisabeth und die hl. Afra dar. – Das Chorgestühl 17. Jh. – Bemerkenswert ist der alte Ziegelboden.

Weilheim – St. Pölten

Kath. Kirche St. Hippolyth. Die ursprünglich mittelalterliche Kirche wurde 1782 barockisiert, dabei wohl auch verlängert, wofür die heutige Situation des Turmes spricht. 1967 wurde im Westen ein Rundbau angefügt (Architekt *Hans Strobel*, Söcking), der die alte Pfarrkirche zum bloßen Anhängsel werden ließ. Nur der schöne, schon im 19. Jh. erhöhte Turm schafft zwischen diesen Gegensätzen einen gewissen Ausgleich. – Chor und Schiff wurden 1782 gewölbt und stuckiert (Inschrift am Chorbogen); die Formen – auch die der Altararchitekturen – zeigen die trokkene Handschrift der Spätzeit des Barock. Dennoch ist der Gesamteindruck, auch heute noch, erfreulich. – Das ***Deckengemälde*** mit Darstellung der Marter des Hl. Hippolyth signiert und 1782 datiert, von *Joh. Seb. Troger*. Im Chor wurde die Ausmalung 1957 durch *Andreas Bauer* völlig überarbeitet und verändert. – Von Troger auch die Altarblätter im ***Hochaltar*** und im ***rechten Seitenaltar*** (1789). Auf dem ***linken Seitenaltar*** eine vorzügliche Anna-Selbdritt, wohl Anfang des 14. Jh., sehr frühes Beispiel dieser Darstellung. Kanzel ± 1780; Chorgestühl ± 1620. An der Nordseite des Chores die Votivtafel des Weilheimer Bürgermeisters Martin Pänzinger, 1614 datiert, eine gute Arbeit in der Art des *Elias Greither d. Ä.* – An der Nordwand des Schiffes ein Missionskreuz, davor das bekleidete Bild der Schmerzensmutter, 18. Jh.

Im ***Neubau*** befindet sich die vorzügliche Figur einer sitzenden Muttergottes (früher auf dem alten Hochaltar), ± 1630, dem Weilheimer Bildhauer *Philipp Dirr* zugeschrieben. Zwei lebensgroße, neu vergoldete Heiligenfiguren, 18. Jh., zu Seiten des Eingangs.

Der alte ***Kirchhof*** 1876 aufgelassen. Die ehem. ***Friedhofskapelle*** St. Agatha 1511 (schöne Inschrift über der Tür); ihr Altarschrein von 1674 enthält die Figuren der Heiligen Agatha, Ottilia und Leonhard (um 1500). Die Beweinungsgruppe aus der Predella, ± 1520, heute im Weilheimer Museum. – In der kleinen Kapelle daneben – Stiftung der am Neubau beteiligten Baufirma – ein Geißelheiland, ± 1600.

Weipertshausen ○ TÖL □ 4.1

St. Coloman, Kapelle mit Türmchen auf dem Westgiebel. Das Tonnengewölbe mit Stichkappen tief auf die barocken Fenster herabgezogen. Von den drei um 1705 erwähnten barocken Altären ist nichts erhalten; vielmehr stammen Anstrich und Ausstattung komplett aus der Zeit von ± 1860. Vom älteren Bestand erhalten: Figur des Hl. Leonhard, 18. Jh., ferner ein Rotmarmorstein mit Stifterinschrift ,,Hocce monumentum posuit Osvvaldus Stadler'', datiert 1609, was mit den Bauformen übereingeht.

Wengen → Diessen

Wessling ○ STA □ 3.2

Kath. Kirche St. Maria Himmelfahrt, am Südausgang des Dorfes nahe dem See, eine schmale Kirche mit hohem Vorhaus; von Westen ergibt sich der eindrucksvolle Anblick eines scheinbar fensterlosen, rhythmisch gestaffelten Gebäudes, dem der Turm auf der Nordseite sekundiert. Der Turm, sicherlich der älteste Bauteil, wirkt stark erneuert. Blendbögen und Treppengiebel wären hier an sich nicht ungewöhnlich, auch zeigen die Ziegel im Inneren das

Wessobrunn, Idealplan von Michael Wening, ± 1700

alte Format, zu schweigen von den Schildbogen im Untergeschoß, die auf beabsichtigte Wölbung deuten. Doch ist die Verfugung durchweg neu, das Ganze zu „malerisch". Die Glocken stammen von 1492 und 1499; die Substanz des Turmes wohl aus dieser Zeit.
Das Schiff auch im Innern schmal, durch Pilaster gegliedert, zum Chor hin ausgerundet. Es wurde 1773 neu erbaut, ein spätbarocker Raum, der rhythmische Eigenarten (Anordnung der Fenster!) besitzt und mit einfachsten Mitteln doch etwas Besonderes erreicht. Deckengemälde fehlt hier wie im Altarraum, der ähnlich gegliedert ist. Das Solnhofer Pflaster alt.
Die Kirche seit langem leer. Eine Ausnahme bildet das Skelett des ehem. Hochaltars, ein Meisterstück des zweiten Rokoko, wohl aus einer Hofschreinerei ± 1875. Gestühl und beide Beichtstühle aus dem Ende des 18. Jh., Empore ± 1800. Eine vornehme Besonderheit ist die Uhr über dem Aufgang zum Turm.
An der Nordwand des Schiffes Kopie nach *Rubens:* Mariä Himmelfahrt, ± 1890. Mächtiger Opferstock mit angearbeitetem Weihwassergefäß, wohl noch 16. Jh. – Von den urkundlich überlieferten Altären des *F. X. Feichtmayer* nichts erhalten.
Neue kath. Kirche, 1939 von dem Augsburger Architekten *Thomas Wechs* (→ Oberpfaffenhofen), eine der beliebten Scheunenarchitekturen. In den Seitenaltären je ein mittelalterliches Bildwerk: Muttergottes und Hl. Anna, beide in ihrer Umgebung wie gefälscht wirkend, jedoch um 1500. Bäuerliche Barockfiguren an der Nordwand: St. Michael und Kreuzgruppe, vielleicht aus der alten Pfarrkirche hierher.

In Wessling hielt sich Renoir auf, 1910. Die Mutter Thomas Manns ist hier gestorben.

Wessobrunn ○ WM □ 3.3

Als ehemaliges Benediktinerkloster 753 von Herzog Thassilo II. gegründet. Der Ortsname leitet sich von dem Brunnen des Wezzo ab, einem herzoglichen Jäger der nach der Legende auf der Jagd einen dreifachen Quellbrunnen entdeckt hatte. Wenig später – aber wohl nicht am Ort aufgeschrieben – entstand mit dem „Wessobrunner Gebet" eines der ältesten deutschen Sprachdenkmäler (Gedenkstein mit

Wessobrunn, Pfarrkirche und Glockenturm

eingemeißeltem Text bei der Lindengruppe vor dem Gasthaus zur Post). – Das ursprüngliche Rodungskloster – ±955 bei den Ungarneinfällen zerstört – hundert Jahre später wieder gegründet und mit Mönchen aus Regensburg-St. Emmeram besetzt.
1810 wurden die ***Klosterkirche*** und ein Teil der Gebäude abgebrochen. Das Abbruchmaterial verwendete man zum Wiederaufbau der abgebrannten Oberen Stadt in Weilheim, Teile der Ausstattung (vor allem Altäre) wurden von umliegenden Kirchen erworben. Vom einstigen Baukomplex des Klosters – der bei Wening 1701 gestochene Idealplan ist in diesem Umfang nie ausgeführt worden – stehen heute noch drei Flügel und der romanische ***Glokkenturm,*** außerdem die ***Pfarrkirche,*** das ***Brunnenhaus*** und einige Nebengebäude (ehemals für Klosterbedienstete und -handwerker). Baumeister der mit dem Fürsten- oder Gasttrakt (Südflügel) ± 1680 begonnenen Anlage war *Johann Schmuzer.* Nach dessen Tod 1701 führte der Sohn *Joseph Schmuzer* die Bauarbeiten fort, die mit der 1721–25 erfolgten Umgestaltung der Klosterkirche Höhepunkt und Vollendung erlebten. (Die Stelle des ehemaligen Hochaltars ist durch einen Gedenkstein im Klostergarten markiert).
Die drei erhaltenen Flügel sind schlichte Zweckbauten, deren Inneres – Gang im Obergeschoß, Treppenhaus und einzelne Räume – jedoch durch die Qualität ihrer Stuckarbeiten besticht, die den charakteristischen Dekorationsstil der Wessobrunner Blütezeit repräsentieren und der *Schmuzer*werkstatt entstammen. Besonders eindrucksvoll die Flucht des Ganges

Wessobrunn, Gang im ehem. Klostergebäude

im Südflügel (Obergeschoß), 25 Fensterachsen und 57 Gewölbejoche umfassend und mit alternierenden Bildfeldern versehen (Entstehungszeit um 1690). Der Gang im Pfarrhaustrakt (Ostflügel) und der Thassilo-Saal (Südostecke 1. Obergeschoß) enthalten Stuckaturen aus der Zeit um 1700; deutlich ablesbar ist der Stilwandel am wichtigsten Wessobrunner Dekorationsmotiv, dem Akanthus, der sich im Lauf weniger Jahre vom gezackten Blatt ohne sichtbaren Stengel zum eichenblattförmigen Zweig gewandelt hat. In der Aula Thassilonis sind zusätzlich figürliche Ornamente verwendet (Tierszenen, Putten und Masken), die von Blattranken reizvoll überspielt werden (→ St. Ottilien, ehm. Schloß Emming). In einzelnen Räumen auch Régence- und Rokokostuck. Deckenbilder im Treppenhaus wohl von *Karl Stauder*, im Gang *P. Joseph Zäch* zugeschrieben.

Zwischen Ostflügel und Chor der Pfarrkirche der „Graue Herzog", ein freistehender ***Glockenturm*** aus sorgfältig behauenen Tuffquadern mit Satteldach (um einige Geschosse erniedrigt) als Überbleibsel der 1285 geweihten, spätromanischen Klosterkirche.

Die nördliche Platzwand des Klosterhofes bildet die 1757/58 erbaute **Pfarrkirche St. Johannes d. T.**, deren Planung sicher noch auf den 1753 verstorbenen *Joseph Schmuzer* zurückgeht. Schlichter Außenbau mit Pilastergliederung und Dachreiter, der feine Rokoko-Innenraum von Meistern aus Wessobrunn und Umgebung ausgestaltet: Deckenstuck und Stuckmarmoraltäre von *Thassilo Zöpf*, Hochaltarblatt und Deckenbilder vom „Lechmaler" *Johann Baader* (im Chor der Nebenpatron St. Johannes Ev., im Langhaus Szenen aus dem Leben des Titelheiligen), Plastiken von

Franz Xaver Schmädl. Auf dem linken Seitenaltar Gnadenbild der „Mutter der schönen Liebe" (im 18. Jahrhundert häufig kopiert), im Langhaus bedeutender spätromanischer Kruzifix, um 1250.

Ostwärts der Kirche ***Brunnenhaus,*** 1735 von *Joseph Schmuzer* erbaut.

Im Saal des ***Gasthauses zur Post*** bemerkenswerte barocke Kassettendecke aus dem ehemaligen Theatersaal (Westflügel).

Ein Kilometer westlich an der Straße nach Rott die ***Kreuzbergkapelle,*** erbaut 1595 zum Gedächtnis an die 955 von den Ungarn zusammen mit dem Abt Thiento ermordeten Mönche. Die Kapelle 1771 von *Thassilo Zöpf* stuckiert und von *Matthäus Günther* ausgemalt.

Die Orte ***Gaispoint*** (früherer Name des Klosterdorfes Wessobronn) und → ***Haid*** waren von ca. 1600 bis nach 1800 Ausgangs- und Mittelpunkt der „größten und anerkanntesten Stuckatorengemeinschaft Europas" (H. Schnell), von der rund 600 Namen bekannt sind. In alle Nachbarorte ausstrahlend – auch in → Apfeldorf und → Rott, in → Raisting, → Polling und in der Gemeinde Forst saßen angesehene Mitglieder – formten die Wessobrunner Stukkatoren in der Barock- und Rokokozeit die Kirchenräume nicht nur des Pfaffenwinkels und in Bayerisch-Schwaben, sondern weit darüber hinaus in vielen Orten Mitteleuropas.
Aus archivalischen Forschungen der letzten Jahre zur Häusergeschichte ihres Heimatdorfes lassen sich alle berühmten Stuckatorenfamilien nunmehr ihrer Herkunft nach lokalisieren. Die Gemeinde hat darüber hinaus, um die große Tradition wieder aufleben zu lassen, ihre Straßen nach den bekanntesten Meisternamen – seien es die Schmuzer und Zimmermann, Zöpf und Feichtmayer, Merk und Üblhör, Walser und Schaidhauf – benannt.

Widdersberg ○ STA □ 3.2

Kath. Kirche St. Michael, spätmittelalterliches, barock verändertes Kirchlein; vielleicht ± 1500 von Andechs aus errichtet. Der achteckige Turmaufsatz aus dem 17. Jh. Der Zustand, der heute im Inneren begegnet, stammt im Wesentlichen von der jüngsten Wiederherstellung. Ein Rest der Ausstattung des 19. Jh. ist der Beichtstuhl. – Das stark restaurierte ***Deckenbild*** zeigt den Sturz des Ketzers Tanchelin (→ Schäftlarn und Hohenschäftlarn), eine Legende aus dem Leben des Prämonstratenserheiligen Norbert, die man hier nicht erwartet, nach 1767. An der Zwickeln und über den Fenstern recht guter, zarter Dekkenstuck von *Thass. Zöpf,* ± 1770. – ***Hochaltar:*** stark erneuert oder neubarock. In der Mitte St. Michael, ± 1620 und recht gut. Links und rechts die Figuren der Hl. Elisabeth und Johannis d. T., beide gut, ± 1520. An der Wand des Altarraums die Figürchen der Kirchenväter, offenbar von einer Kanzel, Mitte des 18. Jh. Pietâ, 18. Jh., silbernes Vortragekreuz von guter Qualität. Im Chor eine Wappenscheibe des Abtes David Aichler, 1590.
Außen in die Chorwand eingemauert ein römischer Grabstein. Auf dem ***Friedhof*** das Grab des ehem. deutschen Botschafters in Moskau Kroll († 1967), ferner das Grab eines Omar al Raschid (†1912) und seiner Frau, der Schriftstellerin Helene Böhlau.

Gegenüber der Kirche die ehem. ***Mönchsstallung,*** ein stattlicher, heute bewohnter Bau des 18. Jh. Die Umgebung der Kirche im übrigen durch einen Autofriedhof und schlechte Neubauten beeinträchtigt.

Wielenbach ○ WM □ 3.4

Kath. Kirche St. Peter. Einfaches Schiff mit gotischem Chor, an dessen Haupt noch die Strebepfeiler stehen; 1723 von *Jos. Schmuzer* erhöht. Schöner Turm an der Südseite, mit Spitzhelm (→ Traubing, aber auch St. Pölten bei Weilheim usw.).
Das Ganze heute völlig umgebaut: Seitenwände herausgeschoben, mit Betonwa-

benarchitektur geschlossen. Der ursprünglich freistehende Turm heute durch Zungen mit dem Kirchenbau verbunden. Architekt dieses Umbaus ist *Theo Wieland* aus Weilheim.
Immerhin kamen im Chor, Nordseite, recht gute ***Fresken*** heraus. Eine Kreuzigungsgruppe aus dem Ende des 15. Jh. sogar vorzüglich.

Wieling ○ STA □ 3.2

Im 16. Jh. bei den Herren von Garatshausen, den Weiler, die auch Hofmarksherren von Feldafing und dem entfernten → Fronloh waren.
St. Nikolauskapelle, mit dreiseitig geschlossenem Altarraum; Chor nicht eingezogen; Turm im Westen vorgestellt, mit achteckigem Aufsatz in den Formen um 1700. – Gutes Beispiel einer einheitlichen Ausstattung ± 1830, und zwar mit allen Eigenschaften noch des 18. Jh. Das Ganze 1946 restauriert. – Barockes Vortragekreuz mit romanischem (?) Korpus. Die Figuren der Hl. Anton und Stephan auf dem Hauptaltar recht hübsch, offenbar noch aus dem 18. Jh.

Wilzhofen ○ WM □ 3.4

Kath. Kirche St. Valentin. Am Hang über dem Dorf gelegen; einfacher Bau zu drei Achsen mit kaum eingezogenem Chor. Turm an der Südseite.
Das Innere durchweg stuckiert in der kräftigen Wessobrunner Art von 1700, mit Ranken, Früchten, Engelsfiguren. Der Deckenspiegel in kleine Gemäldefelder aufgeteilt, die sämtlich neu ausgemalt sind, ± 1893. Diese Malerei fügt sich aber gut in die leichte Farbigkeit des Raumes ein, die auf hellgelb, rosa, grün gestimmt ist und nur durch die viel zu bunten Glasfenster aus dem Ende des 19. Jh. gestört wird (Firma *Dorn,* München, die auch die Fenster in → Pähl hergestellt hat). Gute Mobilien. Der ***Hochaltar*** ist eine vorzügliche Architektur, ± 1750. Links und rechts die Hl. Bischöfe Ulrich und Augustin, von *F. X. Schmädl.* Von der gleichen Hand die Kanzel, die von außen bestiegen wird. Die Nachricht von 1750, daß man für drei Gulden einem Kraxentrager „schön geschnitzte hölzerne Bilten" abgekauft habe, bezieht sich kaum auf diese Figuren, ist aber für den Erwerb von kirchlicher Ausstattung recht typisch. Sehr hübsche Kreuzwegstationen, in Dreiergruppen zusammengefaßt, ± 1750. Ländliche ***Taufe,*** von einem Putto gehalten, um 1750. Dies alles kürzlich restauriert und erfreulich. Von der Kirche nach Westen herrlicher Blick auf den Hohenpeißenberg und die Ammersee-Senke.
Im Dorfe unten, kurz vor der Brücke, noch ein alter, gußeiserner Wegweiser.

Windach ○ LL □ 3.1

Das Pfarrdorf Unterwindach mit seiner auffallenden zeltförmigen Kirche „Maria am Wege" (1968–71 von *Joseph Wiedemann*) liegt südlich der heutigen Bundesstraße, während die Altstraße München-Landsberg durch den Ort und über den gefürchteten „Windacher Berg" führte. Ostwärts, bei der unteren Mühle, überwand die Römerstraße Tal und Uferhang der Windach; eine Abzweigung mag auf einer der drei heute benutzten Straßenrampen auf das südliche Hochufer geführt haben. – Windach war Sitz einer gleichnamigen Hofmark, deren Inhaber seit 1596 die vornehme Münchner Familie Füll war. Franz Füll erbaute ± 1600 das heute noch erhaltene Schloß, dessen mittelalterlicher Vorläufer auf dem gut erhaltenen Burgstall Mitterwindach gestanden ist.
Die ehemalige **Pfarrkirche St. Peter und Paul** ist ein im Kern aus der 1. Hälfte des 16. Jhs. stammender Bau, der 1699 im Chor mit einer ausgezeichneten Stuckdekoration versehen wurde. Der Meister – es war sicher *Johann Schmuzer* aus Wessobrunn – hat den ebenfalls aus Stuck gefertigten Hochaltar in eine wandhohe Muschelnische hineingestellt; Hochaltarblatt mit den beiden Titelheiligen um 1600. Die beiden Seitenaltäre enthalten duftige Rokokobilder (die Hl. Sebastian und Johannes) eines unbekannten Malers. Einzigartig (aber auffallend artfremd) sind ***Antependium*** und ***Tabernakel*** aus bemaltem

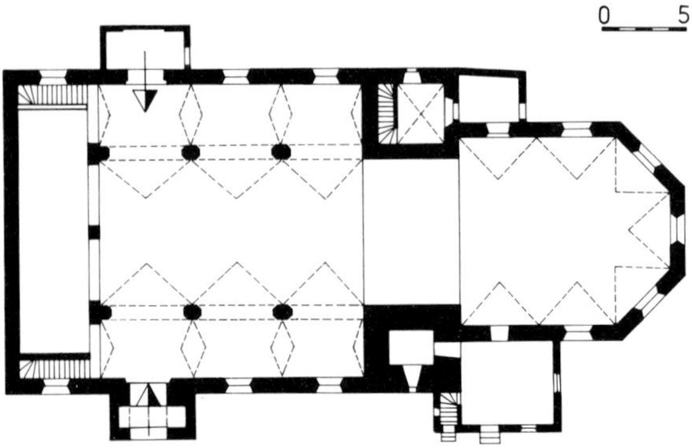

Wolfratshausen, Pfarrkirche

Holz, 1955 gestiftete Arbeiten der italienischen Spätrenaissance, ± 1580.

Oben auf dem Talrand über der Windach die kleine **Filialkirche St. Vitus** in **Oberwindach,** ein einheitlicher Tuffquaderbau von 1631. Gratgewölbe im Chor und flachgedecktes Langhaus, barocker Hochaltar mit einem Bild des Kirchenpatrons von *Melchior Steidl,* 1697. Die beiden Seitenaltäre sind durch zwei Ölbilder – links hl. Laurentius von *B. Hauber* (1848), rechts hl. Sebastian von *Sebastian Jaud* (1795) – anstelle von abgegangenen Aufbauten markiert.

Wörth im Wörthsee
○ STA □ 3.2

1900 wird noch eine Johannis-Kapelle erwähnt, deren Weihe mit 1452 überliefert ist. Die Mobilien nach der Profanierung angeblich in die Schloßkapelle von Seefeld übertragen, deren Kaplane auch den Gottesdienst in Wörth zu versehen hatten.

Wolfgrub → Dettenschwang

Wolfratshausen ○ TÖL □ 4.3

Die Burg der Grafen von Andechs-Meran mehrfach zerstört, 1734 gänzlich; die Steine u. a. für den Bau des Turms an der Pfarrkirche von Aufkirchen verwendet. Nach dem Erlöschen der Andechs-Meranier kam Wolfratshausen an die Wittelsbacher, die ja nicht nur hier ihre Erben geworden sind (→ Andechs, Weilheim). Die Stadt entwickelte sich entlang ihrer Hauptstraße, die mit ihren z. T. gut erhaltenen Häusern noch immer das Rückgrat ihrer Erscheinung bildet. – Wie andere kleine Plätze (z. B. Weilheim) war auch Wolfratshausen vor allem im 17. und 18. Jh. ein Kunstzentrum mit beträchtlichem Einzugsbereich. – Der Sitz des Pfarramtes alternierte bis zum 18. Jh. mit Thanning. 1891 Bahnlinie Thalkirchen-Wolfratshausen; Weiterführung bis Bichl 1897. 1911 Ausbau der Gasteigstraße, 1929 Fertigstellung der Loisach-Regulierung.

Kath. Kirche St. Andreas, eine der ganz wenigen dreischiffigen Hallenkirchen des weiteren Gebiets (→ Andechs und Polling); Turm an der Südseite zwischen Chor und Schiff. Die Kirche ist ein wenig aus der Flucht der Häuser nach Westen zurückgesetzt.
Das Schiff besitzt vier Joche, ist fast quadratisch im Grundriß und wirkt daher weit.

Wolfratshausen, Hauptstraße

Die beträchtliche äußere Höhe des Baus kommt im Inneren nicht zur Geltung, da ein Blindgeschoß in der Gewölbezone eingefügt ist. Zwischen Chor und Schiff ein tiefer Einzug, an den sich südlich der Turm anlehnt. Der entsprechende Anbau auf der Nordseite ist nicht über Traufenhöhe hinausgediehen; ob dort ein zweiter Turm entstehen sollte, nicht mehr festzustellen.
Der Bau stammt in seiner Substanz von 1484. Nach Brand 1619 wurde er 1621 unter Leitung des Hofmaurermeisters *Georg Graf* wieder aufgebaut, wobei die alten, achteckigen Pfeiler der Kirche erhalten blieben. 1631 wurde der Turm erhöht (Daten nach der Inschrift an der Außenseite des Turms). Geblieben ist der spätgotische Eindruck des Raums, zu dem die Ausstattung des 17. Jh. so gut paßt. Halle und Chor sind mit Tonne auf Stichkappen gewölbt; der strenge Modelstuck folgt den Kanten und Zwickeln. Er stammt wohl von 1621, ist aber 1906 durchgreifend restauriert worden.
Hochaltar von *Lukas Herle,* 1659–61, schwarz und golden, mit seinen gewundenen Säulen breit ausladend, auf den Auslegern die Figuren der Hl. Katharina und Petrus von *Kaspar Niederreither* aus Dietramszell; vorzüglich. Der Auszug 1897 von *Riesenhuber* erneuert, das Tabernakel und die Mensa aus dem Ende des 18. Jh. Insgesamt ein hochbarockes Ensemble, wie es in dieser Gegend und in solcher Pracht selten ist. Die in Silber getriebenen Ampeln im Chor 1776 von *Karl Rettenböck.*
Seitenaltäre nach dem Muster des Hochaltars 1901 geschaffen, im linken Muttergottes, im rechten, St. Sebastian. Die Mensen neubarock verblendet. Die ***Kanzel*** ein üppiges Werk von ± 1680, 1703 durch *Anton Khrinner* überarbeitet.
An den Wänden von Vorchor und Schiff die lebensgroßen Figuren der ***Apostel,*** neu

und recht schlecht gefaßt, aber alle aus dem 17. Jh. und zum Teil – Hl. Jacobus, Petrus, Matthias – vorzüglich. – ***Gestühl*** von 1797 mit den alten Türen und Platznummern.

Sehr schön die reiche ***Westempore*** mit ihren stuckgerahmten Bildfeldern an der Brüstung. Es sind Stiftungen einheimischer Bürger und Zünfte seit 1680, gemalt von *Kaspar Albrecht*. Der mittlere Teil im Obergeschoß ist wegen Einbau einer neuen Orgel verlorengegangen, die Reste der oberen Gemälde im 19. Jh. übermalt. – Ein wesentlicher Zug der Wolfratshauser Kunst kommt hier zum Vorschein: die in der 2. Hälfte des 16. Jhs. schon altmodische Abhängigkeit von venezianischen Vorbildern.
Kreuzweg modern und häßlich, Ersatz für den weit häßlicheren von 1906.
An einem der südlichen Pfeiler alter ***Wachsstock,*** 1739.

Wolfratshausen-Nantwein

St. Nantwein, der Kirchenpatron, war ein Rompilger, angeblich 1286 aus Habgier umgebracht, bereits 1297 heiliggesprochen. Seine silbergefaßte Hirnschale heute im Münchner Stadtmuseum. Die Kirche ist jetzt Friedhofskapelle (jenseits der Loisach); Schiff zu drei Achsen, das mittlere Joch durch ein Rundfenster beiderseits ausgezeichnet. Chor mit dreiseitigem Schluß. Der Turm zwar nicht klein, dennoch als Dachreiter auf dem Westgiebel, mit grün eingedeckter Haube.
Im Chor ist mittelalterliches Mauerwerk erhalten, das Schiff stammt von 1624; die Bedeutung dieses an sich nicht hervorragenden Gebäudes liegt vor allem in seiner reichen ***Ausstattung*** aus dem 17. Jh.: zart geschnittene Altarmobilien und vielerlei Verstreutes an den Wänden ringsum. Alles ist im 19. Jh. neu gefaßt worden. Die unterschiedliche Verwitterung der Farben läßt heute ein kaltes Blau, ein helles Braun und Goldbronze hervorscheinen. – An der Wölbung feiner Modelstuck mit figürlichen Füllungen in den Feldern, ± 1620.
Hochaltar mit der Darstellung der Marter des Hl. Nantwein; kräftige, lokalfarbene Malerei ± 1630, vielleicht von *Leonhard Griesmann* aus Wolfratshausen. Links und rechts die Figuren der Hl. Johannes und Paulus, 1672 von dem Weilheimer *Ambros Degler*. – ***Linker Seitenaltar:*** Anna Selbdritt, flankiert von den Hl. Heinrich und Jakobus; bieder, aber völlig original. – ***Rechter Seitenaltar:*** Gnadenstuhl, flankiert von den Figürchen zweier Bischöfe. In der Predella Darstellung der fürchterlichen Marter des Hl. Emmeran in den zarten Farben der *Elsheimerzeit* (± 1610).
Im ***Chor*** figurierter Stein eingemauert: Darstellung eines an Händen und Armen gefesselten Mannes, volkstümlich, 16. Jh. – An der Nordwand des Chores ***Gedenkgemälde*** für den Bürgermeister Melchior Keller († 1643) von 1653 mit Darstellung der 14 Nothelfer; darunter die Anbetung der Könige; recht verkommen, wohl von *Adam Griesmann*. – Großer ***Triumphkruzifix*** mit Engeln, ± 1650. Die Magdalenenfigur an der Südwand oben hat vielleicht einst zu diesem Kreuz gehört. Angeblich früher auf dem Schalldeckel der Kanzel. Beide Werke sehr qualitätvoll.
In der Nordwand ***gläserner Schrein,*** darin als Puppe die bekleidete Figur des Hl. Nantwein. Auf diesem Kasten Christus an der Geißelsäule, flankiert von zwei Engeln mit den Leidenswerkzeugen, ± 1650. – Große Sitzfigur der Schmerzensmutter an der Nordwand, an der Konsole bezeichnet. – Gegenüber, von der gleichen Hand, Nährvater Joseph, an der Konsole bezeichnet: 1797. – Altes Solnhofer Pflaster.
Der ausgedehnte ***Friedhof*** erinnert in seiner majestätischen Kahlheit an den Weilheimer. Guter gußeiserner Brunnen vor der Kirche im *Kustermann*-Stil. Anständige, neugotische Leichenhalle. – Auf den älteren Grabsteinen viel Erinnerungen an die Zeit der Flößerei.

Zell → Ebenhausen

Wolfratshausen, Pfarrkirche

Katalog Teil II ◐

(nördlich der Bundesstraße 12)

Adelshausen → Beuerbach

Adelshofen ○ FFB □ 1.4

Kath. Kirche St. Michael. Eine Eigenkirche dieses Orts 782 an den Freisinger Bischof Arbeo übergeben. Ein gotischer Bau, angeblich von 1452, wurde im 18. Jh. barockisiert, später noch nach Westen erweitert.
Der nicht eingezogene Chor schließt dreiseitig, im Kern vielleicht noch gotisch; seine flache Stichkappentonne auf Konsolen mit einfachen Stuckstäben des 17. Jh. Der Turm mit Zwiebelhaube und schlanker Laterne an der Nordseite. Das Schiff ursprünglich nur mit zwei Jochen; das korbbogige Kreuzgewölbe mit Gurten auf flachen Pilastern. Die tiefe Empore entstand durch die Erweiterung.
Die im Chor freigelegten Deckenbilder, kleine Medaillons, noch 17. Jh., bescheiden und übermalt. – Neugotischer Hochaltar, mit Sitzmadonna. Anstelle des rechten Seitenaltars Kruzifix, Mitte 18. Jh. – An der Emporenbrüstung feine nazarenische Figuren in Flachrelief, 1837 von dem Münchener *Joseph Otto Entres.* – Im Chor der Wappengrabstein des Ulrich von Adeltzhoffen, gestorben 1452, Feldhauptmann Herzog Albrechts III. in der Schlacht bei Alling-Hoflach 1422. Die Rotmarmorsteine außen an der Westseite (1612 und 1613) für Glieder der Familie Fugger-Kirchberg stammen noch von der 1792 abgebrochenen „Bergkirche", die zum Schloß gehörte.

Ehem. Schloßrichterhaus, jetzt Wohnhaus und Kindergarten der Armen Schulschwestern (Fuggerstraße 2 – stark erneuert und erweitert). Der hochgieblige Bau ist der letzte Rest der alten Hofmarksherrschaft mit Schloß und allem Zubehör: die Burg des Ortsadels befand sich an der freien Stelle östlich des ehem. Richterhauses, die noch das Viereck des ehem. nassen Grabens erkennen läßt. Sie war 1580 durch Kauf an die Freiherrn und späteren Grafen Fugger zu Kirchberg und Weißenhorn gekommen; die Burg wich Anfang des 18. Jhs. einem neuen Schloßbau mit Kapelle, der nach 1829 mit Aufhebung der Hofmarksgerichte abgebrochen wurde.

Südlich der Kirche noch zwei prächtige, riesige ***Linden,*** die den Gerichtsplatz der Hofmark bezeichnen.

Aich ○ FFB □ 1.4

Das sanfte Tal, in dem der Ort liegt, ist in die verfestigte Schotterdecke von Altmoränen, d. h. Überresten einer älteren Vereisung (Rißeiszeit) eingeschnitten. Dieser zu Nagelfluh verfestigte Konglomeratstein tritt am Ortsrand mehrfach zu Tage. Auch die Kirche steht auf einer Nagelfluh-Terrasse.

Der Ort ist 1164 erstmals genannt, aber sicher älter. Kirchlich gehörte er in den Anfängen zur Urpfarrei Mammendorf, doch schon ± 1300 gehörte die hiesige Kirche zur Pfarrei → Jesenwang, die 1314 Bischof Gottfried von Freising der Abtei Fürstenfeld schenkte; seit 1921 Expositur. Kloster Wessobrunn war hier schon sehr früh begütert: Noch im 18. Jh. gehörten zehn von 37 Anwesen dorthin; zehn weitere gehörten zu Fürstenfeld; in die übrigen teilten sich zwischen dem 16. und 18. Jh. viele Besitzer.

Kirche St. Peter. Die jetzige Anlage im wesentlichen Neubau von 1731 unter Verwendung älterer Teile. Eingezogener, rund geschlossener Chor mit Stichkappentonne. Der Satteltarm auf der Nordseite im Kern spätgotisch, wohl 15. Jh.; er zeigt Reste eines Maßwerkfrieses. Von den fünf Achsen des Schiffs sind zwei Ergebnis einer Erweiterung des 19. Jh. Es ist wie der Chor außen durch toskanische Pilaster gegliedert, innen flach gedeckt. ***Hochaltar*** um 1670/80 mit Figur des Titelheiligen; seitlich die Hl. Franz Xaver und Johann Nepomuk. Bescheidene Seitenaltäre, klassizistisch Ende 18. Jh. Kanzel ± 1680. – Eichenes Chorgestühl mit Bandelwerk in Flachschnitzerei. Die schön geschnitzten Docken des ***Laiengestühls*** dagegen um 1700. – Die Dolorosa bei dem Kruzifix in-

Ainhofen, Gnadenbild

nen spätgotisch, beginnendes 16. Jh. Außen am Chor lebensgroßer Kruzifixus, Mitte 17. Jh.

Ainhofen ○ DAH □ 2.1

Erstmals 837 Eiinhofa genannt, als hier Gaugraf Luitpold mit den königlichen Sendboten Antemar und den Grafen Rathold, Engilhard und Riho zum Gericht zusammenkam. Die Kirche der Tradition nach seit 1229 zu Indersdorf. Seit 1519 Marienwallfahrt zu dem wundertätigen Gnadenbild der Muttergottes, das zeitweise seinen Gesichtsausdruck verändert haben soll.

Kirche St. Maria. Sie bestand mindestens seit 1229; der heutige Bau enthält mittelalterliches Mauerwerk in den Langhausmauern, in den unteren Teilen des 5/8-Chors und dem Unterbau des Turms. 1682 wurde das Langhaus um 5,20 m nach Westen verlängert, 1687 der Chor erhöht und gewölbt. 1717, in einer Zeit, da die Wallfahrten ihren Höhepunkt erreicht hatten (jährlich 200–300 Votivmessen) wurde die Kirche vollständig renoviert. Die Fenster wurden vergrößert, die alte Flachdekke durch eine stuckierte Decke ersetzt. 1764 erhielt der Turm statt des alten Satteldaches eine Zwiebelkuppel durch *Balthasar Mich. Zimmerer, A. Regauer* und Kupferschmied *J. G. Sepp.* Erneute Renovierung 1875.

Der ***Hochaltar*** stammt von 1732. Er trägt das Gnadenbild aus der Mitte des 12. Jh. – das älteste der Erzdiözese – und die Figuren der Hl. Barbara und Dorothea, 17 Engel und drei Puttenköpfe; sämtlich um 1732. Der ***linke Seitenaltar*** ersetzt einen älteren, der 1719 in die Kapelle zu Harreszell kam (1791 abgebrochen). Der jetzige kam 1720 neu in die Kirche. Er trägt Figuren des Hl. Petrus (± 1720), der Mater Dolorosa und die eines Geißelheilandes aus dem 17. Jh., ein Madonnenbild des 16. Jh. und im Auszug eines des Hl. Petrus (um 1800). Der ***rechte Seitenaltar*** 1719 (sein Vorgänger kam im gleichen Jahr durch Schenkung in die Kirche von Langenpettenbach). Er trägt die Figuren eines Hl. Nikolaus (um 1500), ferner die eines Hl. Paulus und Johann Nepomuk, im Auszug ein Bild des Hl. Sebastian, alles ± 1719. – Die Kanzel 1720. Das Gestühl 1717 ersetzt und dem in → Bergkirchen, einer Stiftung der Familie Prugger, ähnlich. Der Kreuzweg von 1795, die Apostelleuchter aus Schmiedeeisen um 1717.

Schloß Ainhofen noch bei Wening um 1700 abgebildet.

Albersbach

2 km w Markt Indersdorf. ○ DAH □ 2.1

Erstmals ± 1200 mit einem Heinrich von Algotisbach als Ortsadligem genannt, später beim Kloster Indersdorf; 1375 an das Münchner Patriziergeschlecht der Impler, später wieder bei Kloster Indersdorf, bei dem der Ort bis zur Auflösung des Klosters verblieb.

Kirche Heilige Kreuzauffindung. Schon vor 1481 bestand eine Heilige Kreuzkapelle. Die heutige Kirche zwischen 1728 und 1738 neu erbaut. Der einzige Altar stammt aus der Erbauungszeit und trägt die Figuren des Hl. Augustin und Hl. Franz Xaver. Das Altarbild stellt Christus mit dem Kreuz dar. Kanzel um 1730. Das Gestühl dem von → Bergkirchen gleich, um 1730.

Albertshof

1 km s Weichs. ○ DAH □ 2.1

937 erstmals als Alpolteshova genannt. Von der 1315 erwähnten Kirche, die als Filiale zu Vierkirchen gehörte, ist nichts mehr bekannt.

Zwischen Albertshof und Weichs befindet sich ein älteres ***Feldkreuz*** mit Marterwerkzeugen.

Albertshofen ○ FFB □ 1.4

Kapelle St. Lorenz. Rechteckbau um 1700 mit dreiseitigem Chorschluß und spitzem Dachreiter über dem Westgiebel, innen flach gedeckt. Hochaltar der Bauzeit mit guten Figuren. Die Seitenaltäre mit Gemälden des 18. Jh.

Algertshausen → Beuern

Alling ○ FFB □ 2.3

Um 780 als Schlehdorfer Besitz genannt, im 14. Jh. größtenteils in der Hand des Klosters Benediktbeuern.

In der weiten Ebene zwischen Alling, → Puchheim und → Hoflach kam es 1422 zwischen den Wittelsbacher Herzögen Ernst von Bayern-München und Ludwig dem Gebarteten von Ingolstadt zu einer erbitterten Schlacht, die Herzog Ernst mit tatkräftiger Hilfe der Münchener Bürger siegreich beendete (→ Hoflach).

Kath. Kirche St. Mariä Geburt. In charakteristischer Lage an einem Abhang über dem Ort und der weiten Ebene. Spätgotischer Bau mit eingezogenem, dreiseitig geschlossenen Chor. Langhaus flach gedeckt. Der um 1739 barockisierte Raum wurde 1865 regotisiert mit Erneuerung der Gewölberippen im Chor. Der stattliche Turm auf der Südseite, im Unterteil Rest einer älteren Chorturmanlage mit Kreuzgewölbe und schweren Rippen im Erdgeschoß; gegen Westen der vermauerte ehemalige Chorbogen. An der Ostwand bescheidener Rest eines Wandgemäldes, Anbetung des Kindes (?), wohl Ende 14. Jh. Turmoberteil mit Gliederung im Augsburger Turmschema und Zwiebel, um 1700.
Hochaltar und zwei ***Seitenaltäre*** neugotisch mit reichem Sprengwerk und Figuren. Im linken Seitenaltar Holzfigur der Pieta, Anfang 17. Jh. An der Emporenbrüstung zwischen gedrehten Säulen auf Holz gemalt die zwölf Apostel, 3. Viertel 17. Jh. – an der Nordwand freigelegtes Wandbild eines Schmerzensmanns, von dessen Seitenwunde Blutstrahlen zu sieben kleinen Bildern führen mit Darstellung der Sakramente, wohl 18. Jh., vielleicht auf älterer Grundlage.

Althegnenberg ○ FFB □ 1.3

Der Ort gehörte zu den welfischen Gütern am Lechrain, kam damit 1191 an die Staufer und mit König Konradins Erbe 1268 an den bayerischen Herzog. Der schon unter welfischer Herrschaft bezeugte Ortsadel hatte seine Burg auf dem künstlich

Althegnenberg, Burghügel und Kapelle St. Maria

angelegten Hügel beim südöstlichen Ortsausgang, eine sogenannte „Motte", damals mit einem hohen Turm und Palisadenwehr. Das nicht unbedeutende Geschlecht ist mit den Herren von → Wildenrot eng verwandt. Ende des 13. Jh. scheint es seinen Hauptsitz nach → Hofhegnenberg verlegt zu haben. Das Dorf bekam damit seine jetzige Bezeichnung Althegnenberg.

Kath. Pfarrkirche St. Johannes d. T. Ein mittelalterlicher Bau in Tuffquadern, wohl 12./13. Jh. mit spätgotischem Chor wich 1938 einem Neubau von *Thomas Wechs*. Ein breites Schiff zu fünf Achsen mit eingezogenem Chor und 7/12 Schluß.

Unter dem westlichen Vorzeichen mit Pultdach ein alter Inschriftenstein des 12./13. Jh.: PAX HVIC DOMVI VDALRIC[V]S DNO. S. M[A]RIE. JOH. BAPT. Z (=et) JOH. EV. Der hier genannte Udalricus ist wohl der sonst nicht bekannte Erbauer oder Stifter der mittelalterlichen Kirche. – Das Innere mit tonnenartig gewölbter Holzriemendecke enthält Teile der historischen Ausstattung: drei Altäre des 18. Jh., die Gemälde von *Ferdinand Wagner* d. Ä. (signiert das rechte Altarblatt, 1856).

Auf dem oben genannten Burghügel heute eine Kapelle, geweiht der Muttergottes von Altötting: **Kath. Kapelle St. Maria.** Oktogonbau, errichtet 1676 von Friedrich Peter Freiherr von Hegnenberg-Dux. Später erweitert durch kurzes Schiff und östlich angefügten Rechteckchor, daneben kleiner Achteckturm.

Altomünster ○ DAH □ 1.2

Die Anfänge des Klosters und Ortes gehen bis in das 8. Jh. zurück: Alto, ein irischer oder schottischer Einsiedler, habe ± 740 das Kloster gegründet, und zwar unter ausdrücklichem Schutz des fränkischen Königs Pipin des Jüngeren. Ein Alto begegnet tatsächlich in einer Schenkungsurkunde jener Frühzeit, die ja keine heidnische mehr gewesen ist; denn die Bistümer Augsburg und Freising bestanden bereits seit Jahrzehnten. Immerhin spiegelt die Legende der Gründung die allgemeine Ge-

Altomünster, Maierbräu

schichte wider: Die Ausweitung fränkischer Macht und Organisation im bajuwarischen Bereich. Das Kloster steht am Beginn jener politisch-kirchlichen Ordnung, die das Hochmittelalter einleitet. Nach den Ungarneinfällen des 10. Jhs. kommt das Kloster offenbar unter die Herrschaft der Welfen; aus dem Benediktinerkloster wird auf deren Geheiß eines der Benediktinerinnen, das dann bis zum Ende des 15. Jhs. bestand. Hz. Georg d. Reiche von Bayern-Landshut war es dann, der hier 1485 ein Birgittenkloster stiftete, das bis zur Säkularisation 1803 und dann wieder seit 1841 bis auf den heutigen Tag als solches erhalten geblieben ist, nun aber nicht mehr als Doppelkloster – für Mönche und Nonnen zugleich, wie sonst beim Birgittenorden üblich – sondern nur noch für Birgittinen. – Der Wechsel der Schutzherren von den fränkischen Pipiniden über die Welfen bis zu den Wittelsbachern – letztere auf Anraten der Grafen von Sandizell – entspricht den Machtverhältnissen, wie sie einander im Laufe der Jahrhunderte ablösten. Man vergißt allzu leicht, daß auch die Welfen – eines der großen, überterritorialen Geschlechter des Hohen Mittelalters – für unser Gebiet einmal maßgebend gewesen waren. Zeuge dieser mehr als tausendjährigen Tradition ist das Kloster, das mit der beim Kloster entstandenen Ortschaft dem Namen seines legendären Gründers (als Patron selten, → Leutstetten, übrigens auch im Bereich der Pipiniden gelegen) bis heute treu geblieben ist, wie es auch als kostbare Reliquie seiner Frühzeit das sogen. Messer des Hl. Alto bewahrt, mit dem er einst die Bäume, die zu fällen seien, bezeichnet habe (Fassung 18. Jh.). – Das schöne ***Ortsbild*** dieses traditionsreichen Platzes wohl erhalten; im einzelnen hervorzuheben die Wirtschaften der beiden würdigen Brauereien: Der ***Maierbräu*** am Marktplatz (18. Jh.) und der ***Kapplerbräu*** südlich des Klosters mit seinen giebelbekrönten Erkern (18. Jh.). Selbst die moderne Betonarchitektur einer neu errichteten Sparkasse wird von der schönen Situation des ansteigenden Geländes und vor der Kulisse des herrlichen Kirchturms durchaus ertragen.

Ehem. Klosterkirche und Birgittenklo-

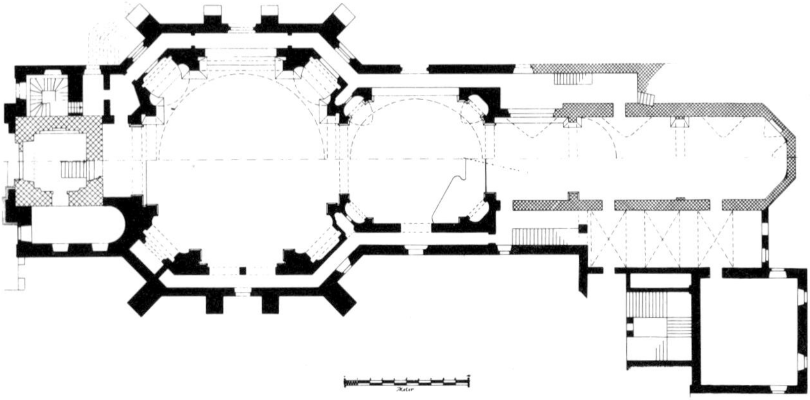

Altomünster, Klosterkirche. Die schraffierten Partien zeigen älteres Mauerwerk an

ster. Der Gepflogenheit des Ordens entsprechend in zwei Trakte geteilt: Südlich der Kirche der Bau für die Mönche, nördlich der für die Nonnen. Beide schließen den Kirchenbau in ihre Mitte, eine Anordnung, die als durchaus barock erscheint, hier jedoch auf mittelalterliche Grundlagen zurückgeht. Von der alten, dreischiffigen Kirche des 13. Jhs. ist allerdings nichts mehr erhalten, wenn auch die Fassade in ihrer Schlankheit den romanischen Fundamenten der alten Westfront entspricht. Von einem Umbau des 17. Jhs. blieben Mauern des Chors erhalten, dazu der an ihnen entlangführende sogen. „finstere Gang". Der Herrenstock auf der Südseite wurde 1723–29 von *Johann Mayr,* dem Schwiegervater des Baumeisters *Johann Michael Fischer* errichtet, und Fischer ist es dann, dem das Wesentliche, die ***Klosterkirche*** verdankt wird; eines seiner letzten Werke († 1766): Am 9. 9. 1766 wurde das Kreuz auf dem Turmhelm errichtet. Die Ausstattung der Kirche hat sich dann bis zur Weihe 1773 hingezogen.

Gegeben war dem großen Baumeister die Lage auf ansteigendem Gelände, ferner das alte Fundament im Westen und die Mauern des Altarraums im Osten, beide schmal ausgelegt und den zentralen Tendenzen barocker, vor allem Fischer'scher Architektur ganz entgegengesetzt. Gegeben war auch die Notwendigkeit, sowohl einen Mönchs- als auch einen Nonnenchor unterzubringen, nicht der pfarrlichen Funktion für den Ort selbst zu vergessen: Auch die Laien brauchten ihren Platz. Fischer ist diesen Problemen mit einer Abfolge verschiedenster Räume auf einer Gesamtlänge von ± 60 m begegnet. Der Besucher bemerkt die außerordentliche Länge des Gebäudes nur aus der Ferne, von Norden her, während er im Inneren zwei hintereinander liegende Zentralräume verschiedener Höhe und einen daran anschließenden, scheinbar kurzen Chor vorfindet; mannigfaltige, von Emporen umstellte und ganz unterschiedlich beleuchtete Räume, die ihn vergessen lassen, daß er schon im Eingang eine erhebliche Steigung hatte überwinden müssen. Der Herrenchor liegt *hinter* dem Hochaltar, mehr zu ahnen als zu sehen. Der Nonnenchor ist *über* dem zweiten, niedrigen Zentralraum untergebracht und wird – sieht man von dem schönen, geschnitzten Holzgitter ab – überhaupt nicht wahrgenommen.

Die geniale Kompliziertheit der Anlage mit

Altomünster, Klosterkirche

Altomünster, Klosterkirche. Deckengemälde im Hauptraum

Ampermoching, St. Peter

ihren ringsum begehbaren, aber vergitterten Emporen, mit den „finsteren Gängen", den verhohlenen Chören und Lichtquellen wird der uralten Tradition des Klosters, seiner merkwürdigen Ordens-Struktur, ja sogar seiner legendären Abkunft von einer Eremitenklause auf unbegreifliche Weise gerecht. Trotz aller sichtbaren Pracht teilt sich dem Besucher auch etwas von der enormen Strenge des Ordens mit, dessen Mitglieder die Gebäude auch heute noch in tiefster Zurückgezogenheit bewohnen. – Der bauliche Leib des Ganzen dagegen ist als solcher eigentlich nur von Westen in der Fassade mit dem rassigen, schlanken ***Turm*** sichtbar und zu greifen, ebenso von Osten in dem erstaunlich schmalen Chorhaupt.

Die ***Ausstattung*** ist reich; sie ist auch bis auf einige jüngere Veränderungen am zweigeschossigen Hochaltar gut erhalten. Die ***Ausmalung*** stammt von dem Tiroler, in Augsburg tätigen Meister *Joseph Mages* (1768), der Stuck von dem Augsburger Meister *Jakob Rauch*. Die meisten der Bildhauerarbeiten, vor allem die beiden Altäre der Laienkirche (→ Schäftlarn) und die Apostelfiguren wurden von *Johann Baptist*

Straub und seiner Werkstatt geschaffen. Aber auch lokalere Künstler erscheinen hier, wie z. B. *Franz Arnold* aus Dachau, der die Figur des Patrons in der Turmfassade geschaffen hat, oder *Ignaz Baldauf* aus Inchenhofen, von dem das obere Hochaltarbild stammt (Salvator). Eine Darstellung des Hl. Alto von *Andreas Wolf*, 1693, aus der älteren Kirche ist verschwunden. Verschwunden ist auch eine Dismaskapelle; das Andenken des guten Schächers, der hier verehrt wurde, hat sich in einem Gemälde der Sakristei erhalten (1677).

Altstetten

3 km ö Wiedenzhausen. ○ DAH □ 2.1

Die Einöde 950 erstmals als Altolvesteti genannt. Beim Ort steht ein ***Feldkreuz,*** wo ehemals Totenbretter aufgestellt wurden.

Ampermoching ○ DAH □ 2.1

Urkundlich erstmals 748 als Machinga genannt. Im Gegensatz zu Feldmoching wird der Ort 826 Holzmochinga geschrieben. Die **Kirche St. Peter** erstmals 1315 erwähnt. Der jetzige Bau Ende des 15. Jhs.: einschiffig, wenig eingezogener Chor von zwei Jochen mit 3/8-Schluß. Das Langhaus flach gedeckt, der Chor netzgewölbt. 1630 Erweiterung der Sakristei und Vergrößerung der Fenster. 1839 Verlängerung der Kirche nach Westen, 1868 vollständige Erneuerung, wobei die Gewölbedienste im unteren Teil abgeschlagen wurden. Der Glockenstuhl 1862 durch *Schmid* aus Indersdorf.
1671 wurden vier Altäre geweiht. Heute besitzt die Kirche nur den ***Hochaltar,*** der um 1670 angeschafft wurde. Er trägt in der Mitte die Figur des thronenden Petrus von 1670. Die Seitenfiguren: der Hl. Franz von Assisi und Antonius von Padua stammen aus dem 18. Jh. Das Tabernakel von 1953. Die Kanzel von 1670, 1953 verändert. Das Gestühl um 1670 und um 1800, renoviert 1953. Der Taufstein um 1670 mit einer Täufergruppe auf dem Deckel, um 1800. – An einzelnen Figuren finden sich Maria und Johannes, um 1530; eine sitzende Madonna aus der gleichen Zeit. – Das Deckenfresko von *Huber*, Dachau, 1953: Christus übergibt Petrus die Schlüssel. – Die Glocke, 1664 von *Bernhard Ernst* gegossen, jetzt in → Prittlbach. Die ***Friedhofskapelle*** St. Hypolitus, 1781 als ruinös bezeichnet, um 1810 abgebrochen.

An einem ***Stadel*** südlich der Kirche in der Giebelnische die Figur eines Hl. Isidor, 17. Jh.

Amperpettenbach ○ DAH □ 2.2

793 genannt als Petinpah in der Schreibweise nicht unterschieden von dem 773 zuerst erwähnten Langenpettenbach. In dem Ort waren die Klöster Indersdorf und Scheyern besitzend.

Kirche St. Martin. Der romanische Backsteinbau um 1500 gotisiert und zu Ende des 17. Jhs. wiederum verändert. Die romanische Substanz noch an den Bogenblenden am Äußeren der Kirche zu erkennen. – Die Kirche ist netzgewölbt; die Dienste auf figurierten Konsolen; auch die Schlußsteine sind figuriert. 1953 wurde das Vorhaus erneuert. Der ***Hochaltar*** 1677 auf Veranlassung von Pfarrer Welsch (Inschriftentafel mit Wappen) mit den Figuren der Hl. Kosmas und Damian. Die Leuchter und Kanontafeln Ende 18. Jh. Der ***linke Seitenaltar*** mit den Figuren der Hl. Barbara und Margarethe aus dem späten 15. Jh. und einem Gemälde der Hl. Ursula mit ihren Gefährtinnen, Ende des 18. Jhs. Der ***rechte Seitenaltar*** von 1717, eine Stiftung des kaiserlichen Rechnungsoffiziers Franz Lorenz Italus aus Wien (Gedenkplatte) trägt die Figur einer Muttergottes aus dem späten 15. Jh. – An einzelnen Figuren findet sich ein Christus, 1516 von der Münchner Patrizierfamilie Ligsalz gestiftet. Eine kleine, bäuerliche Kreuzgruppe, vielleicht aus dem 17. Jh. Ein Glasbild mit Darstellung der Segnung des Stifters stammt vom Ratsherrn Hans Ligsalz, 1516. Es ist dem Stil der Glasbilder in der → Gautinger Pfarrkirche verwandt. – Ein Kelch von 1642 trägt die Meistermarke WR (*Wolf Rieder*).

Ein ***Bauernhaus*** mit barock geschweiftem Giebel und Laube aus dem 18. Jh., früher dem Hochstift Freising gehörend.

Angerhof ○ FFB □ 1.4

Der stattliche ***Einödhof*** – 1346 erstmals genannt –, gehörte ehemals dem Kloster Fürstenfeld, das hier einen schon in der Barockzeit großzügig angelegten Wirtschaftshof unterhielt. Die bescheidene Marienkapelle mit Lourdes-Grotte errichtet 1898.

Anzhofen ○ FFB □ 1.4

Der Name der Einöde erscheint schon 829; die Kirche ist 1524 erstmals erwähnt.

Kapelle St. Ulrich. Der im Kern spätgotische Bau steht auf einem sandigen Hügel über den Häusern. Ganz schlicht, mit dreiseitigem Chorschluß und in die westliche Giebelwand eingestelltem Satteldachtürmchen, innen durchgehend Flachdecke. Der Hauptaltar aus dem fortgeschrittenen 16. Jh. in eigenwilligen Formen deutscher Spätrenaissance. Seitlich an den Chorschrägen die Schnitzfiguren der Heiligen Vitus und Sebastian, Mitte 17. Jh. Ein Seitenaltar des späten 17. Jhs. war für eine spätgotische Madonna bestimmt, die schon lange verkauft ist.

Argelsried ○ STA □ 2.3

Mit seinen stattlichen Höfen liegt das Dorf im Bereich der fruchtbaren Altmöräne. Es wird 1145 erstmals genannt (arnissesriet). Pfarrlich seit je von → Gilching abhängig erscheint die hiesige Kirche 1315 als Filiale ohne Sepultur in der ältesten Freisinger Matrikel. In der Mitte des 18. Jhs. gehörten alle elf damals vorhandenen Anwesen dem Chorherrenstift Polling. – Der Zug der Römerstraße, der schnurgerade von → Gauting kommend ebenso nach Gilching weiterführte, bildet noch heute eine Hauptachse des Ortes.

Kath. Kirche St. Nikolaus. Die alte Kirche stand in der Ortsmitte; sie wurde 1932 abgebrochen. An ihrer Stelle steht ein hölzernes Gedenkkreuz. – Die neue Nikolaus-Kirche wurde 1931 geweiht. Ein Saalbau mit gedrückter Holztonne und Rechteckchor. – Für die ***Ausstattung*** wurden wesentliche Teile aus der alten Kirche übernommen: Hochaltar 2. Hälfte 19. Jh. in Neurenaissance-Formen mit z. T. recht guten, nazarenisch-neugotischen Figuren und Gemälde, bezeichnet *Albert Figel* 1931. An der Chorwand zwei tüchtig geschnitzte Figuren von hl. Bischöfen, Ende 17. Jh. – Die beiden Seitenaltäre spätes 17. Jh., der linke mit den Figuren der Madonna und den Hll. Joseph und Leonhard, vielleicht von einer Weilheimer Werkstatt; ebenso rechts die Figuren einer Anna Selbdritt und Hl. Joachim; das Gemälde des Hl. Konrad v. Parzham von *A. Figel.* – Kanzel um 1740, hübsch bemalt. An der Südwand monumentale Kreuzgruppe, der Kruzifixus Ende 17. Jh., die Assistenzfiguren wohl ± 1900.

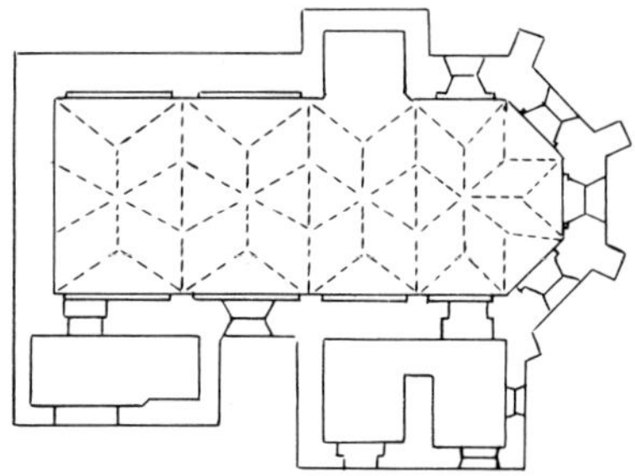

Amperpettenbach, St. Martin

Armetshofen

1 km w Schwabhausen ○ DAH □ 2.1

Urkundlich erstmals 1314 als Ernprehtzhoven genannt.

Die **Kirche St. Gabinus,** später St. Sebastian, wird erstmals 1707 erwähnt. Um 1800 angeblich in Verfall; sie sollte daher 1801 abgebrochen werden. Hof (Bergmayr) und Grund gehörte dem Angerkloster in München. Nachdem sie zeitweise als Schafstall benutzt wurde, ist sie jetzt wieder Kapelle.

Arnbach, St. Nikolaus. Beweinung ± 1500

Arnbach ○ DAH □ 2.1

851 zuerst als Arechpach genannt. Später im Besitz eines Ortsadels, im 14. Jh. beim Geschlecht der Eisenhofer. Unter anderen war das Kloster Indersdorf im Orte besitzend. Seit dem 16. Jh. das Geschlecht der Gepeckh (später: von Geböck) bei dem die Hofmark Arnbach bis 1781 verblieb. In diesem Jahre wurde das Schloß abgebrochen, dessen Nachfolger – auch als Schloß bezeichnet – seit 1927 bei den Franziskanerinnen ist.

Kirche St. Nikolaus von Myra. Erstmals 1388 genannt. Die mittelalterliche Kirche 1740 renoviert und 1868 restauriert. Das Langhaus ungegliedert und flachgedeckt, der Chor tonnengewölbt und mit $^5/_8$-Schluß. Der Satteldachturm an der Nordseite des Chors. Der Hochaltar, ± 1740, wurde 1967 entfernt, statt dessen eine barocke Büste des Hl. Nikolaus unter Baldachin. Der ***rechte Seitenaltar*** zeigt einen Auferstehungschristus aus dem 16. Jh. In der Predella Relief mit Beweinung Christi, ± 1500. Der ***linke Seitenaltar***, wie der rechte von 1704, trägt eine gotische Madonnenhalbfigur, in der Predella ein Relief mit dem Tod Mariens ± 1500. Die Kanzel ± 1740. Das Gestühl ebenfalls ± 1740. Auf dem Taufstein eine Täufergruppe aus dem 17. Jh. Von den einzelnen Figuren, die einer Erwähnung wert sind, sei eine Pieta um 1750 genannt. – Mehrere ***Grabplatten,*** darunter: 1443 für Wilhelm Läntsidler; nach 1485 für Jörg Urfarer zu Arnbach und Anna Annazellerin; 1604 Adam Gepeckh zu Arnbach, außerdem weitere Steine bis 1780. – Das ***Deckenfresko*** im Chor mit St. Michael und Posaunenengel aus dem 18. Jh.; das im Langhaus mit Maria und Christus, 1859 von *W. Kraft,* Pfaffenhofen. – Die Glocken, 1527 und 1551 von *Wolfgang Stöger.*

Arnzell ○ DAH □ 2.1

Nördlich des Ortes befindet sich eine keltische ***Viereckschanze*** aus dem 1. Jh. v. Chr. Der Ort erstmals 1364 als Aernzelle mit einer Kirche zum Hl. Vitus genannt, was Anlaß gibt, ein bereits 860 genanntes Klösterchen dieses Heiligen hier zu vermuten.

Kirche St. Vitus, wohl aus dem 14. Jh. Das Langhaus ist flachgedeckt, der Chor besitzt ein flaches Tonnengewölbe und

Arzbach, St. Johannes und Paulus

schließt gerade. Der nördlich des Chors stehende Satteldachturm wurde 1770 durch den Zimmerer *August Regauer* repariert. Weitere Renovationen 1862, 1903, 1928, 1950. Die neuromanischen Altäre wurden um 1970 durch moderne ersetzt. Das Gestühl stammt aus dem 18. Jh. Eine Rosenkranzmadonna um 1650.

Arzbach ○ DAH □ 2.1

Im Wald nordöstlich des Ortes zwei Hügelgräber. Der Ort erstmals 779 mit Marienkirche als im Huosigau liegend erwähnt (Aruzzabah).

Kirche St. Johannis und Paulus. Die Kirche soll der Sage nach auf den Mauern eines römischen Wachturms erbaut worden sein. Der jetzige Bau aus dem 13. Jh.; er trägt an der Außenseite romanische Blenden und einen Rundbogenfries, an der Chornordseite Rundbogennischen. Der Chor liegt im Untergeschoß des Satteldachturms, ist gewölbt und eingezogen, das Langhaus ist flachgedeckt. 1775 Renovierung der Kirche. Ein Neubau unterblieb der hohen Kosten wegen. Letzte Restaurierung 1953 und 1958. Alle Fenster bis auf das östliche Chorfenster wurden dabei erweitert. Der ursprünglich auf der Nordseite gelegene Eingang wurde auf die Westseite verlegt und mit einem kleinen Vorraum versehen. – Der heutige ***Hochaltar*** stammt vielleicht mit Teilen vom ehemaligen Seitenaltar, der 1630 nach einem Entwurf von *Konstantin Pader* hergestellt worden war. Die Figuren der beiden Titelheiligen darauf stammen aus dem 18. Jh. – Die beiden Seitenaltäre sind neuromanisch.

Arzla

2,5 km n. Inning. ○ STA □ 1.4

Heute ein stattlicher, moderner ***Gutshof.*** Er gehörte um 1700 zur Hofmark → Seefeld. Die damalige Schwaige besaß neben den Wohn- und Wirtschaftsgebäuden auch eine Kapelle ähnlich jener im nahegelegenen Mauern.
In älteren Beschreibungen wird der Ortsname gerne auf das römische „arcella“

(Sennhütte) bezogen. Dem ist jedoch der alte Name Ertzlach aus dem 16. Jh. entgegenzuhalten (bei Apian 1568).

Etwa 1200 m nordöstlich am Waldrand ist der größte ***Findling*** der Gegend zu sehen, ein erratischer Block aus Gneis, ca. 3,5 m breit und 1,2 m hoch, eine Hinterlassenschaft der Eiszeit.

Asbach ○ DAH □ 2.1

Um 1100 zuerst genannt. Ein Ortsadel dieses Namens noch im 14. Jh. nachweisbar. Seit dem Ende des 17. Jhs. Hofmark des Klosters Indersdorf. ,,Schloß und Hofmark Asbach'' bei Wening um 1700 abgebildet; der Schloßbau jedoch offenbar nie ausgeführt.

Kirche St. Peter und Paul. Das Langhaus flachgedeckt; der mit einem Kreuzgewölbe aus dem 18. Jh. gedeckte Chor schließt gerade. Darüber erhebt sich der romanische Turm, dessen Oberbau mit der Zwiebelkuppel aus dem 18. Jh. stammt. Chorturmkirchen in dieser Gegend selten, wenn auch vorhanden (vergleiche → Hechendorf, → Arzbach u. a.). Das Innere der Kirche wurde im 18. Jh. umgestaltet. – Die kleinen ***Deckenbilder*** stammen aus der Mitte des 18. Jhs., der Kreuzweg von 1757.

Das Altarblatt des ***Hochaltars*** zeigt Christus in der Glorie. Links und rechts davon die Figuren der Titelheiligen St. Peter und Paul. – Der linke Seitenaltar zeigt die Dreifaltigkeit, der rechte Seitenaltar Christus und den verehrenden heiligen Augustinus. – Die Kanzel aus der Mitte des 18. Jhs., ebenso der Taufstein. – An einzelnen Figuren finden sich u. a. eine kleine Schutzmantelmadonna um 1700, ein Hl. Leonhard aus der gleichen Zeit. Außerdem weitere Figuren aus dem 17. und 18. Jh. – ***Grabplatten:*** 1440 für Ulrich Eysenreich und seine Frau Anna Flitzer. – 1480 für Pfarrer Paulus. – Aus dem 15. Jh. Wilhelm und Hermann Geroldshauser mit Frau Anna Neuchinger. – 1691 Pfarrer Joh. Baptist Sturm. – Der Kelch ist eine Münchner Arbeit, 18. Jh. Ein schöner Tabernakel um 1630, gestiftet von Ferdinand Hund von Lauterbach befindet sich jetzt im Nationalmuseum in München, ebenso eine Kerzenkrone aus Schmiedeeisen, frühes 16. Jh.

Der ***Pfarrhof*** stammt in seiner heutigen Gestalt von 1755. – Die ***Mühle*** – schon 1140 genannt – entstand um 1700.

Assenhausen

1 km w Pellheim. ○ DAH □ 2.1

Erstmals 817 als Asinhusun genannt. Die Edlen von Eisenhofen waren hier im Mittelalter besitzend, ebenso wie das Kloster Indersdorf und das Kloster Scheyern. Nach dem Dreißigjährigen Krieg machten sich hier verschiedene Tiroler Familien ansässig.

Aubing ○ M □ 2.3

In der ältesten Form des Ortsnamens, wie er 1010 als ,,ubingon'' zum ersten Mal erscheint, kann der Name eines Sippenältesten oder Ortsgründers Ubo enthalten sein. Gesicherten Boden betreten wir erst mit der Urkunde von 1010, in der Kaiser Heinrich II. dem Stift Polling entfremdeten alten Besitz, darunter Aubing, mit dem Zehent zurückgibt. Daneben scheint in früher Zeit auch Kloster Tegernsee hier Einfluß (Grundbesitz?) gehabt zu haben, wie aus dem seltenen Patrozinium St. Quirin der Pfarrkirche zu vermuten ist. Den Kirchenzehent konnte Polling bis ins 15. Jh. halten; der Grundbesitz kam, wohl im 12. Jh., an die bayerischen Herzöge aus dem Welfenhause, deren Ministerialen seit Mitte 12. Jh. hier nachweisbar sind. Nachkommen dieser Herrn von Aubing gibt es bis Mitte 14. Jh. Zur Gründungsausstattung des Klosters Ettal bald nach 1330 durch Kaiser Ludwig d. Bayern gehörte auch das Dorf Aubing mit seinen zugehörigen Höfen zu → Lochhausen und → Überacker. Durch Erwerbung weiterer Rechte und Grundstücke konnte das Kloster den Besitz zu einer geschlossenen Hofmark ausbauen, die im 16. und 17. Jh. vom Kloster-

Aubing, St. Quirin

richter zu Maisach mitverwaltet wurde und nach Verkauf der Hofmark → Maisach einen eigenen, ettalischen Klosterrichter hatte bis zur Säkularisation 1803.

Kath. Pfarrkirche St. Quirin. Die Bedeutung der hiesigen Kirche im Hochmittelalter als Sitz einer großen Urpfarrei zeigte sich in der Zahl ihrer Filialen, zu denen bis zum 18. Jh. die Kirchen in Pasing, Allach, Ober- und Untermenzing, Blutenburg, Pipping und Laim gehörten. Aus diesem ursprünglichen Pfarrverband stammt auch die schon früh, vor 1315, abgetrennte Kirche in → Lochhausen. Die Pfarrei galt auch als bevorzugte Pfründe, ihre Inhaber waren häufig Hofkapläne der bairischen Herzöge. Anfang des 16. Jhs. war hier Kirchherr der Freisinger Domherr und Generalvicar Stephan Sunderndorffer, der Verfasser der Matrikel von 1524. Im Krieg der bairischen Herzöge 1422 ließ Ludwig der Gebartete von Ingolstadt auch Aubing niederbrennen; dabei wird die alte Kirche auch Schaden gelitten haben. Wir haben die Überlieferung einer Meßstiftung für den Hochaltar 1448, aber keine eigentliche Baunachricht. Erst für 1480 ist die Neuweihe des Altars bekannt (1967 wurde die Urkunde mit Siegel des Freisinger Weihbischofs Ulrich, Titularbischof von Salona, eingemauert gefunden), dazu passen im wesentlichen auch die Architekturformen.
Zwischen 1580 und 1594 wurde die Kirche ausgemalt, nach dem 30jährigen Krieg ab 1668 neu ausgestattet. 1724 und 1787 gab es Reparaturen. 1740 erfolgte die Barockisierung des Chorinneren. 1913 Erweiterungspläne durch ein nördliches Seitenschiff von *Michael Kurz,* die nach dem 1. Weltkrieg wegen des Neubaues einer Kirche in Neuaubing fallen gelassen wurden. 1936/37 Erweiterung nach Westen nach Plan von *Kurz.*
Dem eingezogenen, dreiseitig geschlossenen Chor mit Strebepfeilern und spätgo-

tischer Wölbung fehlen heute wegen der Barockisierung von 1740 die ursprünglichen Rippen. Das Langhaus ehemals zu vier Jochen, auch mit Strebepfeilern und leicht zugespitztem Tonnengewölbe (das westliche 5. Joch von 1936 gut angepaßt); hier ist die schöne Netzrippenfiguration über halbrunden Diensten mit flacher Pfeilervorlage erhalten. Der leicht in den Innenraum eingreifende Satteltum an der Südseite, einst an der Südwestecke des spätgotischen Baus, wird von einer spätgotischen gewölbten Vorhalle flankiert. Der Turm gilt als romanisch, jedoch sind seine Detailformen, die Rundbogenfriese mit ,,Deutschem Band" und abgetreppten Konsolen in der Ziegelarchitektur Altbayerns durchaus bis ins 15. Jh. geläufig, ja, der aus Ziegeln gebildete doppelte Bogenfries der Südseite spricht eher für das späte Datum, ebenso die zugespitzten Schallarkaden. Auch die zweigeschossigen Anbauten beiderseits des Chors sind aus dem späten 15. Jh.

Im Chorgewölbe ornamentale ***Malerei*** und kleines Fresko mit Verehrung des Lammes, ± 1740. An der Nordwand wurde ein von der Familie Gotzmann gestiftetes Wandbild des Jüngsten Gerichts aus dem späten 16. Jh. aufgedeckt; dieser Familie gehörte auch Georg Gotzmann gen. Theander, Rektor der Universität Ingolstadt, an (± 1570). Auf der Südseite Reste der Ausmalung von 1594.

Hochaltar von 1668; zweisäuliger Aufbau in strengeren Formen des Frühbarock mit der gekrönten Hauptfigur des Titelheiligen und seitlichen Konsolfiguren (die Hll. Sylvester und Margareth). – Die etwas jüngeren ***Seitenaltäre*** mit weinlaubumrankten Säulen und Gemälden; rechts das Wunder des hl. Sylvester, ist gezeichnet *Johann Pichler* 1675, links Darstellung der hl. Familie auf dem Weg nach Jerusalem, wohl auch von Pichler. Diese Darstellung des ,,hl. Wandels" erinnert an die damals weitverbreitete besondere Wandelandacht (→ Aufkirchen, Lks. FFB). Neben den Seitenaltären weitere Teile der freigelegten ***Wandmalereien*** des späten 16. Jhs., darunter auf der Südseite eine Verkündigung, ferner die Kirchenlehrer Gregor und Hieronymus.

An den Langhauswänden eindrucksvoll die überlebensgroßen, bewegten ***Figuren der Apostel*** aus dem 2. Viertel des 18. Jhs., zugeschrieben *Joseph Prötzner* d. Ä., aber eher besser und früher als dessen Figuren in St. Peter zu München. – Im westlichen Anbau recht gut erhaltener ***Schreinaltar*** von 1499 mit fünf hübschen Figuren der hl. Ursula und Gefährtinnen, die sich wie Geschwister gleichen.

Augustenfeld → Dachau

Aufhausen ○ DAH □ 2.1

Urkundlich zwischen 956/93 als Uufhusa genannt. Im 12. Jh. wird hier ein Ortsadel erwähnt. Seit dem 15. Jh. waren die von Weichs hier besitzend, zu deren Hofmark der Ort mindestens seit dem 17. Jh. gehörte.

Kirche St. Stephanus. Die spätgotische Kirche war 1713 baufällig; aus dem gleichen Jahr stammt ein Kostenanschlag des *Hans Maurer* zum Neubau ,,von Grund aus und in neuer Form". 1719 erfolgte die Weihe; doch dürfte dieser Neubau noch Teile des mittelalterlichen Mauerwerks, vor allem im Chor, enthalten. – Das Langhaus ist flach gedeckt, der Chor schließt mit $^3/_8$ und wird von einer barocken Tonne auf Stichkappen überwölbt. Der Deckenstuck um 1715, die Deckenfresken aus dem 20. Jh. Der ***Hochaltar*** um 1715, das Altarblatt mit der Steinigung des Hl. Stephan aus dem 19. Jh. Links und rechts davon die spätgotischen Figuren der Hl. Sebastian und Laurentius. – Der Entwurf für den linken Seitenaltar befindet sich im Ordinariatsarchiv München (1656), das Altarblatt mit Darstellung der Maria stammt aus dem 19. Jh. Spätgotische Sitzfigur der Anna Selbdritt. – Der rechte Seitenaltar zeigt auf dem Altarblatt den Hl. Hieronymus. – Das Gestühl 18. Jh. – Unter den einzelnen Figuren finden sich ein Hl. Stephanus wie ihn der o. g. Altarentwurf von 1656 als zum Altar gehörig abbildet. Vielleicht stammte er aus dem Zusammenhang des linken Seitenaltars. – Zwei ***gotische Altarflügel*** um 1520/30 mit Darstellung der Kreuzabnahme und Beweinung. – Bilder der zwölf Apostel, dazu Christus, Maria, Johannes Baptista und Evangelista, aus dem 17. Jh.

Zwischen Aufhausen und Weichs ein ***Bildstock*** mit Dreifaltigkeitsfigur, Steinguß um 1700.

Aufkirchen ○ FFB □ 1.4

Der Ort erscheint 1017 zum ersten Mal und nach dem Namen zu schließen (uffkiricha) hatte er schon damals eine Kirche. 1315 wird er als Pfarrsitz mit vier Filialen aufgeführt. Hier ansässigen Ortsadel gab es offenbar nicht; erst Ende des 15. Jhs. wird ein Ansitz im Besitz der Herren von Penzing an der Stelle des jetzigen Pfarrhofs erwähnt. Der Grundbesitz des kleinen Ortes, im 18. Jh. 14 Anwesen, war zersplittert in vieler Herren Hände.

Kath. Pfarrkirche St. Georg. An höchster Stelle des Ortes in ummauertem Friedhof, wohl spätgotische Anlage barock überarbeitet und ± 1903 nach Westen erweitert. – Chor eingezogen mit dreiseitigem Schluß und Turm an der Nordseite, der im Unterteil noch gotisch, bis 1860 angeblich noch mit Satteldach gedeckt war; heute mit Oktogonteil und Zwiebelhaube. Das Langhaus mit neubarockem, westlichen Volutengiebel.
Der Chor mit Stichkappentonne und etwas verwaschenem Akantusstuck ± 1710, der ein sehr übermaltes Fresko (Maria und hl. Georg als Fürsprecher) umrahmt. Langhaus mit ähnlichem Stuck, das Deckenbild der Auferstehung Christi bezeichnet *Joseph Albrecht* 1903. – Tüchtiger ***Hochaltar,*** viersäuliger Aufbau, Anfang 18. Jh. mit Reiterfigur des Titelheiligen; seitlich die Figuren der hl. Katharina und Barbara. – Linker Seitenaltar aus gleicher Zeit, das Mittelbild mit hl. Nikolaus, vielleicht 17. Jh., seitlich die Figuren der hl. Florian und Johannes des Täufers. Der rechte Altar mit älteren, doch sehr gefälligen Seitenfiguren (Apollonia und Margareth) aus der Mitte des 17. Jhs. – Prächtige ***Kanzel*** in kräftigen Formen der Zeit ± 1700. Am Korpus u.a. eingelassen jüngere Gemälde des „Guten Hirten" und „Gleichnis vom Sämann". An der Nordwand öffnet sich weit der Anbau einer Kapelle, jetzt als ***Taufkapelle*** genutzt, ursprünglich für den Altar der Bruderschaft zu Ehren Jesu, Mariä und Joseph, ± 1660/70 mit Gemälde des „hl. Wandels". An der Wand hier Rotmarmorepitaph für Pfarrer Wolfgang Stromair, ausgeführt 1636 bei seinen Lebzeiten, mit Hochrelief der Grablegung Christi. Im hier anschließenden Turmuntergeschoß noch gotisches Rippengewölbe mit Vierrautenstern. – Außen am Chor Epitaph für Dekan Dr. Johann Eberwein ± 1666, mit Mondsichelmadonna.

Babenried

1 km n Landsberied. ○ FFB □ 1.4

Der Ortsname taucht zum ersten Mal unter Bischof Otto von Freising (1137–1158) auf. In der Conradinischen Matrikel von 1315 ist die hiesige Kirche mit ihrem Friedhof als Filiale von → Jesenwang aufgeführt. Mit dem Nachbarort → Landsberied ist der Ort schon lange grundherrschaftlich verbunden; allerdings war der Besitz sehr zersplittert: für die insgesamt 65 Anwesen im 18. Jh. gab es ca. 15 Besitzer, darunter fast alle Klöster der weiteren Umgebung. Im Zuge der gegenwärtigen Entwicklung wachsen die Orte immer mehr zusammen.

Kath. Kirche St. Johannes Baptist. Im Kern spätgotischer Bau um 1500, der um 1770 erneuert und 1962/63 restauriert wurde. Nicht eingezogener Chor mit dreiseitigem Schluß und Sattelturm an der Nordseite. Chorgewölbe mit zugespitzter Tonne und Stichkappen noch gotisch, Rippen abgeschlagen. Langhaus flachgedeckt mit westlicher Erweiterung, ehemals mit Empore. – Klassizistischer ***Hochaltar*** mit Säulen und Gebälk, ohne Auszug. Das Gemälde der Taufe Christi bezeichnet von „*Isfried Jaud* v. Wessobrunn bey Weilheim pinxit 1823". Seitenaltäre bei der letzten Restaurierung entfernt, ihre Gemälde an der Westwand; links jetzt eine sitzende

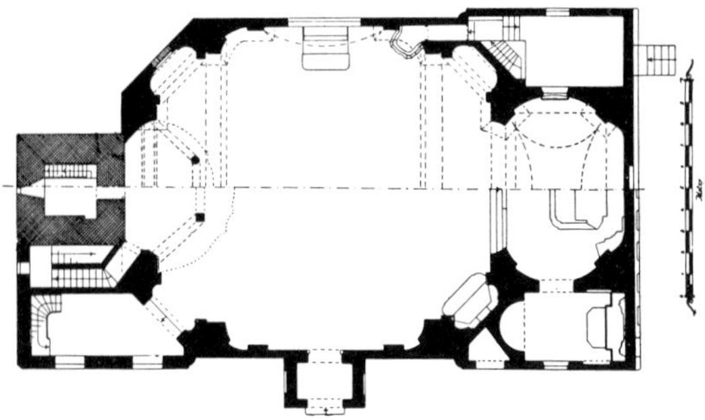

Bergkirchen, ◯ Dachau. St. Johannes Baptista

Madonna, ± 1480 (Kopf und Kind neu), rechts Figur des hl. Joseph, 1. Hälfte 18. Jh. – Die alten Altargemälde: nach der Mitte 17. Jh. das eine mit den Hll. Sylvester, Blasius und Lambert; das andere mehrfigurige Kreuzigungsdarstellung, eher gegen Ende des 17. Jhs.

Bergkirchen ◯ DAH ◻ 2.3

Im Ort wurden 1976 römische Siedlungsreste gefunden. – Urkundlich zum ersten Mal 814 als Percchiricha (Kirche auf dem Berg) erwähnt. 842 besitzt die Kirche drei Altäre; ihr reiches Inventar ist aufgezeichnet. Im 12. Jh. tritt ein Ministerialengeschlecht von Pörkürchen auf, das auch eine Burg besaß; offenbar gehörten dazu die Steine, die 1954 in der Böschung nördlich des Schulhauses gefunden wurden. Dieses Geschlecht saß später in Sielenbach, wo der letzte Sproß 1516 verstarb. Im 15. Jh. waren hier Münchner Bürger begütert, u. a. die Witwe des Kammermeisters Paul Aresinger (1477). Doktor Ulrich Aresinger war 1464 Pfarrer von Bergkirchen; sein figurierter, berühmter Grabstein, ein Werk von *Erasmus Grasser,* befindet sich in der Peterskirche zu München (± 1482).

Kirche St. Johannes Baptista. Es ist möglich, daß sich an dieser hervorragenden Stelle des Kirchbergs über der Maisach bereits zu Römerzeiten ein Gotteshaus befunden hat, das zur Keimzelle der Urpfarrei mit dem Täuferpatrozinium geworden ist. Schon 836 als Pfarrkirche genannt. – Der Visitationsbericht von 836 führt u. a. auf: an vergoldeten Dingen ein Kreuz, einen Kelch, eine Krone, ein Kästchen; einen zinnenen Kelch, ein Kreuz, eine Glocke aus Erz und eine aus Eisen; ein Meßbuch und ein Pult; 13 Altartücher, eine Albe, ein Meßkleid. Die Reihe der namentlich genannten Pfarrherren beginnt 1153 mit dem Dekan Altmann.

Von den Vorgängern der heutigen Kirche wird ein Bau 1560 als neu erwähnt; von ihm ist noch der bis zur alten Glockenstube hinauf gotische Westturm erhalten. In seinem Erdgeschoß einige Tuffquadern, die von einer noch älteren Kirche stammen können. Auf der Ostseite der Turmobergeschosse ist – heute innerhalb des Kirchendachs – auf den Putz die Quaderung aufgemalt, was darauf schließen läßt, daß diese Teile früher vom Langhaus aus sichtbar gewesen sein müssen. Das Langhaus hat also einen offenen Dachstuhl besessen. Um 1590 wird die sogen. Lutherkapelle, Um 1630 die Jobkapelle genannt. Der ***Turm*** erhielt seine heutige Höhe wahrscheinlich 1695.

Der Zustand dieses Kirchenbaus machte jedoch bald einen Neubau notwendig. Wie so oft, war auch in diesem Fall der Pfarrer selbst Initiator des Neubaues: Johann Georg Schäffler (± 1737). 1731 wird mit *Johann Michael Fischer* der Bauvertrag ge-

Bergkirchen, ◯ Dachau. St. Johannes Baptista

schlossen. Die Bauausführung übergibt man *Gregor Glonner* und *Joseph Falter.* Noch im September 1731 wurde der Dachstuhl aufgestellt. 1738 und 1739 erfolgten Abschlußzahlungen an Fischer. Fischers Parlier beim Bau war 1731 *Melchior Streicher.* Die Parliere von Glonner waren 1731 *Johann Lettner,* 1732 *Hans Winterholler* und *Joseph Huber.* Die Bauakten nennen noch eine Menge anderer Namen von Handwerkern, die als Schreiner, Schmiede, Maurer und Schlosser am Neubau tätig gewesen waren.
1735 wurde ein Vertrag mit *Johannes Zick* wegen der ***Deckenausmalung*** abgeschlossen. Auf den Fresken war die Predigt des Täufers in der Wüste dargestellt, ferner seine Enthauptung, die Hl. Isidor und Wendelin, schließlich Kain und Abel. Zick erhielt lange Zeit kein Geld; seine Schuldklage lief von 1738–1742. Die Malereien wurden samt ihrem Stuck anläßlich einer Kirchenrenovierung 1884 abgeschlagen. Reste fanden sich noch 1937 in einem Feld über dem Eingang zur Job-Kapelle, wurden jedoch übertüncht.

Die außerordentlich schöne Situation auf dem Abhang über dem Ampermoos läßt diesen Kirchenbau mit seinem zartgliedrigen Turm und dem weitläufigen, üppigen, 1977 neu verputzten Mauerwerk des barocken Schiffs schon von ferne sichtbar werden. Das Innere enttäuscht ein wenig, vor allem der Ausstattung wegen, die dem nicht ganz entspricht, was man sonst in Werken des bedeutenden Baumeisters zu finden gewohnt ist. An einen achteckig gestalteten, zentralen Raum schließt sich im Osten das Altarhaus an, im Westen wird der ältere Turm mit einbezogen, so daß in den Zwickeln zwischen Schiff und Turm auf der Südseite eine Empore Platz finden konnte. Daß das alte Deckengemälde heute fehlt, ist unter den Beeinträchtigungen des Eindrucks nicht die geringste.
Der Stuck in Chor und Langhaus stammt im wesentlichen von *Max Härtl* und seinen Gesellen *August Pältl* und *Ignaz Fritz* (?). Ab 1734 stuckierte *Alex Pader* mit *Martin Hörmannstorffer.*

Der ***Hochaltar*** ± 1760 aus dem Kreis von *Johann Baptist Straub;* die 1. Fassung sehr viel später in Weiß, 1791 von *Anton Held,* die jetzige bei der Kirchenrenovierung 1937. Der Altar trägt die Figuren der Hl. Anna, der Hln. Joachim, Christophorus, Dismas, Michael, Raphael, u. a., sämtliche aus dem 18. Jh. Die Madonna 1937 von *Schrott* in München. Die Engel am Tabernakel stammen von *August Arnold* (1792). Der ***linke Seitenaltar*** zeigt als Altarblatt St. Sebastian von *Johann Georg Hörmann,* 1731. Die Figuren des Hl. Florian und Hl. Donatus stammen von 1735. – Der ***rechte Seitenaltar*** mit dem Altarblatt des Hl. Johann Nepomuk (von Hörmann) trägt die Figuren des Hl. Johannes Sarcander und Johannes Rusea, die dem wahrscheinlichen Stifter, Pfarrer von Froschheim, auf seinen Reisen bekannt geworden sein mochten. Alles ± 1735. – Der ***Kreuzaltar*** mit der Stuckumrahmung von *Alex Pader,* 1736; er trägt ein Kruzifix, Johannes und Maria und die knieende Maria Magdalena, sämtlich von *Bartholomäus Schuhpaur* und seinem Sohn *Johann Georg,* 1737.

Kapelle neben dem Chor. Der alte Jobaltar wurde nach → Oberbachern gegeben. Den neuen lieferte *Alex Pader* 1737 aus München. Das vom alten Altar zurückbehaltene Jobbild ist eine interessante Darstellung des heiligen Dulders mit der Stifterfamilie v. Hundt ± 1650 von *Johann Wilhelm Holzmayr* (signiert).
Die ***Kanzel*** 1735 von *Alex Pader* und *M. Hörmannstorffer.* – Der ***Taufstein,*** Rotmarmor, wohl 12. Jh. Die Figur auf dem Deckel 18. Jh. Das Kruzifix der 1676 errichteten Corpus-Christi-Bruderschaft um 1736 von *Bartholomäus Schuhpaur* und seinem Sohn, ebenso wie die Zwölf-Apostel-Leuchter. Zahlreiche weitere Figuren stammen aus dem 18. Jh.

Das ***Gestühl*** im Chor 1735–37 von *F. A. Pfeil* und *M. Wexlberger.* Die geschnitzten Stuhlwangen im Schiff von *Simon* und *Nikolaus Prugger,* 1732 aus Eichen von

Puchschlagen geschnitzt. Die ***Orgel*** von 1777 (*Philip Rädler* Sen. und Jun.) wurde 1921 stark erneuert; Teile des alten Gehäuses wurden wieder verwendet. Die heutige Orgelempore urspr. an Stelle der 1921 eingebauten unteren Empore.
Beim Neubau der Kirche wurden die älteren ***Grabplatten*** aufgerichtet. Im Vorhaus: Margaretha von Eisolzried (gestorben 1308), der älteste datierte Stein des Landkreises. – Ulrich der Stätzlinger (gestorben 1471). – An der östlichen Außenmauer der Kirche zahlreiche weitere Grabsteine, u. a. für Johann Schäffler, den Erbauer der Kirche (gestorben 1737).

Der ***Pfarrhof*** ist 1853 durch Pfarrer Joseph Dietmayer erbaut worden, anstelle älterer Pfarrhöfe, die mehrfach durch Flammen zerstört wurden. Die Schule 1901/02, bis 1976 erweitert.

Bergkirchen

bei Jesenwang ○ FFB □ 1.4

Kath. Kirche St. Maria. Die Kirche gehörte zusammen mit Jesenwang seit dem 14. Jh. zum Kloster Fürstenfeld. – Einfacher, isoliert stehender Bau, spätgotisch, mit nicht eingezogenem, dreiseitig geschlossenem Chor; innen beide Raumteile mit erneuerter Flachdecke von 1957. Auch der Turm bis in sein Achteckoberteil spätgotisch mit Sterngewölbe im Untergeschoß und barocker Zwiebelhaube. Von der ursprünglichen, gotischen Ausstattung bescheidene Wandgemälde mit Passionsszenen an der Nordwand freigelegt. Ferner in der Kirche eine geschnitzte Marienkrönung, Anfang 16. Jh. und eine Kreuzigungsgruppe um 1500, wohl Münchener Arbeit. Im Hochaltar ein gutes Gemälde der Kreuzigung, undeutlich bezeichnet *G. A. Riegl* (?).

Beuerbach ○ LL □ 1.3

Die Pfarrei wurde 1223 dem Kloster Benediktbeuern inkorporiert, gehörte jedoch – nach Meichelböck – schon seit der Klostergründung dazu.
Im Jahr 1700 erbaute der Landsberger Maurermeister *Michael Beer* (der Sohn des gleichnamigen bedeutenden Vorarlberger Baumeisters) eine neue **Pfarrkirche,** wobei allerdings Chorschluß und Sattelturm aus der Spätgotik beibehalten wurden. Außer der prächtig geschnitzten Barockkanzel des Landsberger Bildhauers *Lorenz Luidl* aus dem Jahre 1700 bietet die Ausstattung wenig Bemerkenswertes.

Am Ostrand des „Westerholzes" die ***Holzkapelle,*** ein runder Zentralbau aus dem Jahr 1687, der seinen Ursprung der Aufstellung eines Vesperbildes verdankt und 1824 seinen Anbau erhielt.
Die ***Martinskapelle*** im Weiler Adelshausen (2 km o) entstand in den Jahren 1678/79 aus einer Stiftung des Bauern Jakob Friedl.

Beuern ○ LL □ 3.2

Die Pfarrei war dem Kloster Wessobrunn inkorporiert, die **Kirche St. Michael** war und ist heute noch die Begräbnisstätte der Familie v. Perfall, der ehemaligen Hofmarksherrschaft auf Schloß Greifenberg. – Der massige, kraftvoll gegliederte Sattelturm ist kaum höher als der First der 1725 neu gebauten Kirche. Ihr Baumeister, *Joseph Schmuzer* aus Wessobrunn, ließ sich hier 1713 von seinem Bruder Michael (Ortspfarrer 1712–17) trauen. Eine der wenigen Wessobrunner Kirchen ohne Stuck (vgl. Issing, Ramsach), dafür mit gutem ***Deckenbild*** von *Johann Schöpf* (Darstellung des Engelssturzes, 1759), die von 1858 bis 1906 von Dekorationsmalereien überdeckt waren; die damalige (1851–58), sehr schädigende Innenrestaurierung ist heute z. T. noch erkennbar. Außer einigen *Luidl*-Figuren bemerkenswerte Apostelreihe von dem Türkheimer Bildhauer *Ignaz Hillebrand,* 1739. In der nördlich angebauten ***Grabkapelle*** einige gute Epitaphien des 16. und 17. Jhs.; von besonderer Qualität die Grabplatte des Erhard v. Perfall (± 1522) aus Rotmarmor.

Beuern, St. Michael

Beim Gut ***Algertshausen,*** das jetzt dem Collegium Augustinum in München gehört, eine 1819 erbaute Kapelle mit zahlreichen Votivtafeln als Zeugen einer längst erloschenen ,,Privat-Wallfahrtsstätte".

Biberbach ○ DAH □ 2.2

Als Piparabach Mitte des 8. Jhs. erstmals genannt. Es führte hier schon eine Römerstraße vorbei. Von einer Kirche wird bereits aus der Mitte des 8. Jhs. berichtet. Die längst verfallene Burg des Ortsadels stand einige hundert Schritt südlich von der Kirche auf der Anhöhe.

Kirche St. Martin. Aus der Mitte des 8. Jhs. Der heutige Bau hat ein flachgedecktes Langhaus, einen eingezogenen, gotisch überwölbten und mit 3/8 schließenden Chor. – Die Langhausdecke trug ein Fresko von *Deyrer,* 1786: St. Martin empfiehlt den Ort der Heiligen Dreifaltigkeit; das Bild wurde offenbar übertüncht. – Ein älterer Hochaltar von dem Maler *Thomas Holtzmair* und dem Bildhauer *Constantin Pader* ist nebst zwei weiteren von 1658 verschwunden. Der heutige Hochaltar neugotisch mit den gotischen Figuren der Hl. Martin und Nikolaus und dem aus dem 18. Jh. stammenden Heiligen Corbinian.

Das ehemalige Altarbild mit dem Hl. Martin von *Deyrer* um 1920 nach → Giebing. – Die ***Kanzel*** um 1710. Einzelne Figuren in der Kirche aus dem 16. bis 18. Jh.

Bibereck
1 km n Bergkirchen. ○ DAH □ 2.3

Urkundlich bis in das 18. Jh. Biburg, erstmals 807 genannt. Die Erdwälle einer ***Verschanzung,*** von denen der Ort seinen Namen hat, sind teilweise noch sichtbar. Nordwestlich des Ortes wurde 1911 eine römische Ziegelbrennerei ausgegraben. Die Funde im Dachauer Heimatmuseum. Eine 1771 genannte Kapelle ist seit langem verschwunden. Am Kastulus-Tag gingen die Biberecker mit dem Bergkirchner Cooperator wegen eines uralten Gelübdes nach St. Kastulus in Puchschlagen wallfahren.

Biburg ○ FFB □ 1.4

Eine Kirchenweihe zur Zeit des Bischofs Arbeo von Freising (764–83) ist überliefert. Eine ortsansässige Adels- oder Ministerialenfamilie taucht in den Urkunden des 12. Jhs. auf; die letzten ziehen nach Verkauf 1391 nach München. Im 14. Jh. ist auch ein Dorfgericht der Herren von Gegenpoint genannt, deren Rechte sowie einen größeren Sedlhof Kloster Fürstenfeld aus verschiedenem Besitz erwirbt. 1850 großer Ortsbrand.

Kath. Pfarrkirche St. Mariae Geburt. Ursprünglich Filiale der alten Pfarrei Pfaffing, dann von Bruck, seit 1903 Pfarrei Biburg-Pfaffing. – Von einem spätgotischen Bau erhalten der eingezogene Chor mit dreiseitigem Schluß, dem 1883 ein neues, höheres Langhaus mit Blendengliederung und Rundbogenfriesen angefügt wurde. Spätgotischer Satteltturm südlich des Chors. – Im Inneren mußten die Rippen des gotischen Chorgewölbes barocken Deckenfresken des 18. Jhs. weichen. Das Langhaus ist flachgedeckt. Die komplette Neuausstattung mit drei Altären, Chorgestühl, Kreuzweg und großem Kruzifix in „romanischem Styl" lieferte 1883 die Werkstatt des Kirchenmalers *Sebastian Steiner* in Bruck.

Bogenried ○ DAH □ 1.2

1383 erstmals genannt. Der Name bedeutet „gerodetes Dickicht".

Kirche St. Michael, 1614 neu erbaut, 1709/10 stark erneuert. – Ein älterer Altar von 1614 auf dem Stifterbild. Der jetzige um 1710 mit der Figur des Hl. Michael, beiderseits flankiert von den Figuren des Hl. Nikolaus und Stephan. An einzelnen Figuren findet sich ein Kruzifix und Steinfiguren der Hl. Petrus und Paulus (um 1614). – Das Stifterbild von 1614, jüngst gestohlen, nennt: „Steffan Plaichshirn des Raths und Burger zu Münichen und seine Hausfrau Benigna Herlin" als Stifter des Altars.

Brandenberg
3 km sö Moorenweis. ○ FFB □ 1.4

Der Ort ist 1140 genannt.

Kapelle St. Mariä Heimsuchung. Errichtet 1880, neugotisch mit rundem, gewölbtem Chorschluß und Giebeldachreiter. Drei neugotische Altäre; im Hauptaltar gute Madonnenfigur um 1490 mit neuer Fassung.

Breitenau ○ DAH □ 2.1

Urkundlich erstmals 1171 zusammen mit dem Ortsadel genannt. Heute zur Gemeinde Oberbachern gehörig. Durch weitverstreute Grundmauernfunde gestützt hat sich die Sage erhalten, daß Breitenau einstmals ein größerer Ort gewesen sei. Auch zahlreiche kleine Hufeisen wurden gefunden, die von Beutepferden Max Emanuels aus dem Türkenkriege stammen. – In der Nähe befinden sich Hügelgräber aus der Zeit um 300 v. Chr.

Kirche St. Bartholomäus. 1315 genannt, 1504 erneuert. Der Chor befindet sich im Untergeschoß des Turms. Chor und Langhaus sind kreuzgewölbt. – Der ***Hochaltar***

in seiner Architektur 1746 von *Johann Georg Prugger* (signiert). Auf dem Altarblatt aus dem 20. Jh. der Kirchenpatron, links und rechts die spätgotischen Figuren der Hl. Jakobus und Barholomäus (?). – Der ***linke Seitenaltar*** 1740 von *Simon Prugger,* die Figuren aus dem 17. und 18. Jh. Der ***rechte Seitenaltar*** aus der gleichen Zeit; er zeigt eine spätgotische Marienfigur.

Dachau ○ DAH □ 2.3

Als Dahauua erstmals 805 erwähnt (= lehmige Aue), damals anscheinend nur Flurname. Das Stadtgebiet war jedoch schon seit langem besiedelt. Funde aus der Steinzeit an der Etzenhauser Straße und an der Mauer des ehem. Pfarrfriedhofes; aus der späten Bronzezeit auf der Pollnwiese; aus der Römerzeit ebenfalls an der Etzenhauser Straße. Eine Römerstraße ging am Ostrand des heutigen Stadtgebiets zur Würmmühle. Um 790 unterstand das Dachauer Gebiet den Luitpoldingern, Gaugrafen an Glonn und Amper; deren Verwandte, die Aribonen, treten als Grundbesitzer in und um Dachau auf. Die Grafen von Scheyern, die späteren Wittelsbacher, entsprossen wahrscheinlich dieser Familie, und von ihnen stammen die Grafen von Dachau her. Über die früheste Burg nichts bekannt; der Patron der späteren Schloßkapelle, der Hl. Nikolaus, dürfte jedoch von einer solchen frühen Burgkapelle übernommen worden sein (→ Andechs). Nach dem Tode des letzten Grafen von Dachau, 1182, ging der Besitz an den Herzog von Bayern über.

Aus der Ursiedlung entwickelten sich im Laufe der Zeit drei Orte: Unter-, Mittern- und Oberndorf. Die Anlage zunächst nicht befestigt; erst nach der Erhebung zum Markt um 1288 Ummauerung. Die ehem. Stadttore sind verschwunden: Das seit 1498 bekannte Kuepergtor wurde 1790 beim Karlsbergbau abgetragen. Das 1421 genannte Nyder Tor (bei der Freisinger Landstraße Nr. 31) wurde 1862 abgebrochen. Das Mitterntor – schon 1390 genannt – stand bei der Augsburger Str. Nr. 14 und wurde als letztes der Stadttore 1891 abgebrochen. Zwischen diesen Toren lag der Markt Dachau. Um die Jahrhundertwende bildete sich in Dachau eine Künstler-Kolonie, die bei aller Verschiedenheit doch in der eigenartigen Schönheit der Moorlandschaft eine gemeinsame Grundlage fand. – Stadterhebung 1933. – Die vorzügliche Situation auf dem von der Amper umflossenen Berg noch immer vollständig deutlich und vor allem von Südosten besonders eindrucksvoll. Durch Eingemeindungen und starke Aufsiedlung der Ebene zu Füßen der Altstadt ist das Gebiet allerdings heute weit auseinandergeflossen. Dachau zählt heute fast 40000 Einwohner. Nach Süden – in Richtung auf München – ist die einsame Moorlandschaft einem Häusermeer gewichen, zumal sich zwischen Dachau und dem Stadtgebiet von München noch der dichtbevölkerte Ort → Karlsfeld eingeschoben hat. – Daß bei Dachau eines der berüchtigten Konzentrationslager gestanden hat, was den Ruf des schönen und für die Geschichte der Wittelsbacher so bedeutenden Platzes beeinträchtigen mußte, darf billig nicht der Gemeinde-, sondern muß unserer Gesamtgeschichte angelastet werden. – Durch die Ebene zu Füßen der Altstadt fließt nicht nur die Amper, sondern neben zahllosen Auen und Kanälen auch die Würm, die – nachdem sie die Wasserspiele von Schloß Nymphenburg und Schloß Schleißheim gespeist hat – schließlich auch noch den Wassergraben um das ehem. Konzentrationslager füllen mußte, ehe sie hinter der Würmmühle der Amper zustrebt.

Das Schloß. Die alte Dachauer Burg 1143 im Kampf der Welfen gegen die Hohenstaufen zerstört. Aufbau durch die bayerischen Herzöge nach 1182. Diese Burg 1403 wahrscheinlich in dem großen Ortsbrand zerstört. 1435 errichtete Herzog Ernst auf dem jetzigen Schloßberg die neue Veste. Die Herzöge Wilhelm IV. und Albrecht V. bauten dann seit 1558 die großzügige Vier-Flügelanlage mit Ecktürmen an der Ummauerung, wie sie auf dem Fresko im Antiquarium der Münchner Resi-

Dachau von Osten. Links das neue Rathaus

Dachau, Schloß. Unten der Grundriß des Obergeschosses

denz noch zu sehen ist. Die Pläne stammen von *H. Schöttl;* ab 1570 hatte die Bauleitung *W. Egckhl.* Von diesem umfangreichen Bau, der 108 bewohnbare Zimmer besessen haben soll, stammt noch die ***Holzdecke*** des großen Saals, die 1977 an der alten Stelle wieder eingesetzt wurde, die *Hans Wissreither* ab 1566 geschaffen hat. Die Fresken stammten von *Hans Thonauer* d. Ä., 1567.
Aus den Bauakten sind uns zahlreiche Dachauer und Münchner Handwerker und Künstler bekannt geworden. 1647 wurden bereits größere Reparaturen notwendig. Ab 1715 wurde das Schloß durch *Joseph Effner* verändert, vor allem an den Fassaden und im Treppenhaus des Westflügels. Nachdem es in den napoleonischen Kriegen zuletzt als Lazarett gedient hatte, wurden 1806–1809 drei Flügel abgebrochen. Erhalten blieb nur der westliche mit zweien der ehemals vier Zwingertürme. Aus den Steinen des Abbruchs wurden die Häuser für die neuen Moorkolonien Augustenfeld und Karlsfeld gewonnen. Der Gemäldebesitz verteilte sich auf verschiedene Museen. – Die ***Schloßkapelle*** St. Nikolaus befand sich einst über dem Nordportal. Erhalten blieb daraus nur die Kreuzigungsgrup-

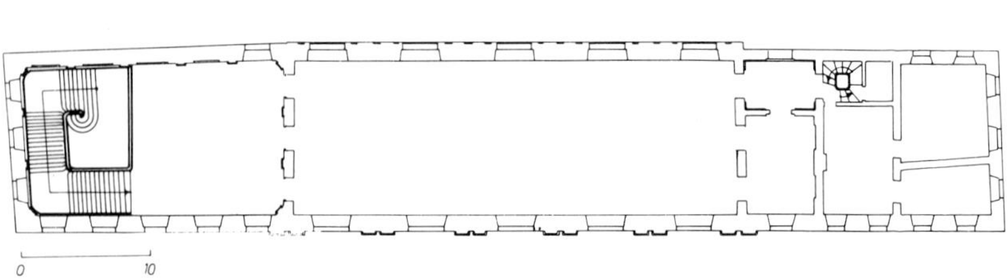

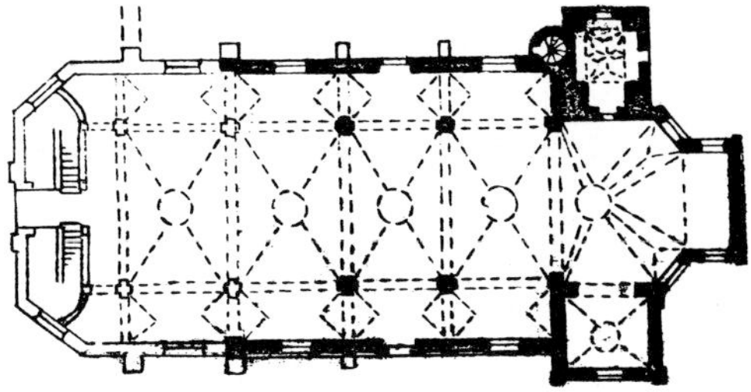

Dachau,
Pfarrkirche St. Jakob 0 20

pe von *Adam Krumpper,* die sich heute in der → Pfarrkirche befindet (1562–1567). Eine Steinplatte mit Reliefs kam nach München, Schellingstraße 1 und nach Zerstörung dieses Hauses wieder nach Dachau zurück; sie soll wieder im Schloß aufbewahrt werden.
Das Schloß dient heute Ausstellungszwekken. Der weite Blick aus dem ländlichen, gepflegten Schloßgarten hinter dem immer noch stattlichen ***Westflügel*** vermittelt ein wenig von dem Gefühl, das seine einstigen Besitzer, die bayerischen Herzöge, bei der Inbesitznahme empfunden haben müssen.

Pfarrkirche St. Jakob. 1315 zuerst genannt, mit dem heutigen Patron erstmals 1390. Spätgotisch ist jedoch nur das Untergeschoß des Turmes. Die heutige Gestalt der Kirche wird im wesentlichen dem Neubau vor 1624/25 verdankt. Die Pläne stammen von *Hans Krumpper,* die Ausführung lag in den Händen des Maurermeisters *Georg Ernst* aus München. 1629 wurde die Jocher-Kapelle an die Südseite des Chores angebaut; im gleichen Jahre erfolgte die Weihe. Seit dem Ende des 19. Jhs. trug man sich mit Erweiterungsabsichten, die 1926/27 nach Plänen von *Paul* und *Hans Gedon* zur Ausführung kamen. Dabei wurde vor allem der Westteil der Kirche verändert: die Westfassade mit den abgeschrägten Ecken des Langhauses stammt von diesem Erweiterungsbau – so ist auch in diesem Falle die Idee des großen, frühbarocken Architekten *Hans Krumpper* nur in starker Veränderung auf uns gekommen. (→ Polling) Wie weit er schon damals an die Gestalt des Vorgängerbaus anknüpfen mußte, ist nicht bekannt. Die dreischiffige Halle mit überbreitem Mittelschiff und schmalen Seitenschiffen ist in dieser Form nicht altbayerische Tradition, sondern durchaus frühbarock. Das noch etwas unsichere, für jene Zeit typische Raumempfinden zeigt sich vor allem am Grundriß; der Chor ist breiter als das Mittelschiff und schließt mit abgeschrägten Ecken, an denen wiederum ein flach schließendes Altarhaus angeschoben ist. Diese Uneinheitlichkeit steht noch am Anfang der vielgliedrigen Entwicklung des süddeutschen, barocken Kirchenbaus. Der Modelstuck beschränkt sich auf feste, beschlagwerkartige Bahnen.
Der achteckige Oberbau des Turmes stammt von 1676 bis 1678.
Die Kirche besaß ursprünglich sechs, seit 1678 acht Altäre. Der heutige ***Hochaltar*** 1939 von *G. Mattes* unter Verwendung älterer Teile. Das Altarbild mit Enthauptung des Hl. Jakob 1816 von *Joseph Hauber.* Das ***Tabernakel*** aus dem 18. Jh., die Seitenfiguren 1939. Der ***linke Seitenaltar*** 1686; die Muttergottes zwischen den Säulen stammt aus dem Konzentrationslager Dachau. Der ***rechte Seitenaltar*** gleichfalls 1686. Die Figur des Hl. Joseph von *J.*

Wolf (um 1949). Die alten Altarbilder von *Joseph Hauber* befinden sich jetzt auf dem Oratorium.

Kanzel 1672. Der Deckel des spätgotischen Taufsteins unter der Empore durch *A. Luidl* 1675 geschnitzt. Die Reliefs der Kirchentüren um 1625; die Türen selber 1898 verändert. Die ***Kreuzigungsgruppe*** an der Nordwand des Chors von *A. Krumpper,* 1562–67, aus der ehem. Schloßkapelle. Die vorzüglichen ***Figuren*** der zwölf Apostel und Christi (im Scheitel des Hochaltars) um 1625. Kruzifix mit der Mater Dolorosa der Kanzel gegenüber um 1730 (von *Schuhpaur*?). Eine silbergetriebene Jakobsbüste 1696 von *Johann Georg Oxner.* Das Hl. Blut-Reliquiar bezeichnet „*MW*" mit Münchner Beschau von 1774.

Zahlreiche ***Grabplatten*** außen und innen an der Kirche, darunter auch solche aus dem 16. Jh. Vorzüglich der Rotmarmorstein für Wilhelm Jocher, ± 1635, und Büste des Wirtes Johann Schmetterer, 1801 (*von R. A. Boos*?)

Friedhofskapelle Hl. Kreuz, eine Stiftung des Kirchenpflegers Wilhelm Jocher von Eggersberg, der auch die Initiative zum Neubau der Pfarrkirche 1625 gegeben hatte. Stiftungsinschrift von 1627 auf der Marmorplatte über dem Eingang. Der achteckige Bau wohl nach Plänen von *Hans Krumpper* erbaut. Ein Kruzifix mit einer Marienfigur erste Hälfte des 17. Jhs. Die Johann-Nepomukfigur mit ihrer Umrahmung 1790. Der Altar neuromanisch. In den Gehäusen an den Ecken der Friedhofsmauer stehen folgende Gruppen: Verkündigung (Nordostecke), Schmerzhafte Maria (Nordwestecke), beide wahrscheinlich von *B. Schuhpaur* aus dem 18. Jh.

Pfarrkirche St. Johannes. Nach Plänen von *Ernst Jaeger,* 1933 geweiht, die Fresken 1935 von *Ernst Fischer.*

Pfarrkirche Hl. Kreuz Erhöhung in Dachau Ost, 1945 erbaut.

Pfarrkirche Mariä Himmelfahrt, 1956 geweiht.

Ev. Pfarrkirche, 1954/55 nach Plänen von *Gustav Gsänger.*

Von den öffentlichen Gebäuden und ***Bürgerhäusern*** in den alten Straßen besteht nicht mehr viel im urspr. Zustand, wenn auch der Gesamteindruck der Altstadt noch immer erfreulich erhalten ist. Merkwürdig, daß sich diese Altstadt weniger in Richtung München oder Freising, sondern viel mehr in Richtung Augsburg zu öffnen scheint (Augsburger Straße). Dort auch ehemals die Stätten der alten Märkte (Viehmarkt, Oberer Markt). In ihrer Gesamtheit gut erhalten die Augsburger Straße, die Wieningerstraße und der Schrannenplatz. Im einzelnen nennen wir: ***Augsburger Straße.*** Das alte „Hafenhaus", jetzt ***Landratsamt,*** das schon vor 1632 die Landrichter beherbergte. – Palais Minucci, Winterwohnung der Hofmarksherren von Odelzhausen, zuletzt im Ende des 18. Jhs. umgebaut, seit 1808 Königliches Rentamt, jetzt ***Finanzamt.*** – Das ***Stieglbäckhaus,*** 1704. – Der ***Kochwirt*** mit dem schönen Wirtshausschild, seit 1616 bekannt; das bestehende Gebäude wohl aus dem 18. Jh. mit schönem Erker und Auslugen. – In ***Nr. 13*** hatte Ludwig Thoma seine Anwaltspraxis.

Konrad-Adenauer-Straße. Hörhammer-Bräu, langgestrecktes, gut gegliedertes Barockgebäude mit Wirtshausschild von 1837.

Rathaus. Es bestand schon vor 1486 und wich 1935 einem Neubau. Die ***Holzdecke*** des Sitzungssaals von 1615 ist noch vorhanden. Ferner das Bild mit dem Urteil Salomos, 1699 *von Johann Georg Hörmann,* samt dem Gegenstück, dem Kindermord von Bethlehem. – Der Erweiterungsbau von 1976 von *Fauser* und *Kriegisch.* – Im Hof eine Burgfriedenssäule von 1819.

Schrannenplatz. Das ***Schulhaus*** von 1852, das unmittelbar an die Nordseite der Jakobskirche angebaut wurde, zeigt den schönen, amtlichen Stil eines öffentlichen bayerischen Gebäudes aus der Mitte des 19. Jhs.

Dachau, Schrannenplatz mit Pfarrkirche und ehem. Schulhaus

Ober- und ***Unteraugustenfeld,*** heute Stadtteile Dachaus, wurden 1802 als Kolonie gegründet und nach den bayerischen Prinzessinnen Augusta Amalia und Charlotte Augusta benannt.

Die **Kirche St. Peter und Paul** ist 1937/38 nach Plänen von *Franz Xaver Huf* durch die Firma Vitus Lachner erbaut. Die Ausstattung gleichzeitig, Fresken von 1955.

Karmel.-Sühnekloster „Hl. Blut", am Nordrand des ehem. Konzentrationslagers, 1964 von *Josef Wiedemann.*

Ev. Versöhnungskirche, am Nordrand des ehem. Konzentrationslagers, 1965 von *Hellmuth Striffler.*

Die ungeheure, heute fast leere Fläche des ehem. ***Konzentrationslagers*** durch die Fundamente der zahllosen Häftlingsbaracken gekennzeichnet. Die wenigen, noch bestehenden Gebäude meist Rekonstruktion. Das Ganze aber noch immer ein erschütterndes Zeugnis der Schreckensherrschaft. – Auf dem ***Leitenberg*** nördlich der Stadt Gedenkstätte für die ermordeten Häftlinge, dabei auch ein Kreuzweg und eine Marienkapelle.

Dachau-Eisingertshofen
○ DAH □ 2.1

Die ehem. Einöde gehört heute zu Dachau. Sie wird um 1170 als Isingershoven genannt. Besitzer war ein Ministeriale des Grafen Konrad von Valley. Interessant, weil im 19. Jh. die dortigen Teiche zur Blutegelzucht dienten.

Dachau-Etzenhausen
→ Etzenhausen

Dachau-Mitterndorf ○ DAH □ 2.3

Der Sage nach soll ein Schimmel in Vollmondnächten den Giglberg (östlich der Kirche) verlassen, um sich in der Amper zu baden. Wer ihn sieht, hat Glück und Segen

bei der Arbeit. Auch soll auf dem Gigerlberg ein Schloß gestanden haben, das versunken ist. Aus einem unterirdischen Gang ertönt der Sage nach Gesang von Nonnen, die samt ihrem Kloster ebenfalls in diesem Berg versunken sind.
Der Mitterndorfer Pfarrer, Joseph Stöger (gestorben 1816) ist zu seiner Zeit als Schriftsteller bekannt gewesen.

Pfarrkirche St. Nikolaus (Nebenpatronin Hl. Maria). Zuerst 1315 erwähnt. Der Chor lt. Inschrift 1496 von *Hans Widerl.* Er schließt mit fünf Achteckseiten, der Turm steht an der Nordseite. In der Ostwand des Turms eine Büste (Baumeister?). – Der gesamte Bau netzgewölbt. Veränderungen 1630. – ***Hochaltar*** 1630 mit Figuren von *Konstantin Pader.* Die Marienfigur ± 1460. Die Seitenaltäre und die Kanzel ± 1630. – Verschiedene Heiligenfiguren aus dem Anfang des 16. Jhs.; das Relief mit einer Christgeburt, um 1500, befindet sich im Pfarrhof. – Die Empore trägt auf der Vorderseite Bilder aus dem Marienleben, 17. Jh. Auf ihrer Rückwand befinden sich Schwarzmalereien, gotisch?

Der ***Pfarrhof*** 1752 durch *Anton Glonner* erbaut.

Dachau-Steinkirchen ○ DAH □ 2.3

804 als Steinininchiricha erstmals genannt. Wie auch anderen Ortes hatte hier die Tatsache einer Kirche aus Stein den Namen veranlaßt (→ Steinkirchen, ○ M-Land).

Kirche St. Stefanus. Der spätgotische Bau mit einem gerade schließenden Chor mit Netzgewölbe. Der Altar vielleicht mit dem 1630 durch *Konstantin Pader* umgebauten Altar identisch.

Auf dem jetzt aufgelassenen ***Friedhof*** wurden viele der an ihren in der Schlacht von Austerlitz empfangenen Wunden verstorbenen Russen und Franzosen begraben. Sie hatten in dem als Notlazarett eingerichteten Dachauer Schloß Unterkunft gefunden.

Dachau-Udlding

Der zu Dachau gehörende Ortsteil war früher eine eigene Hofmark mit Schloß und Meierhof, deren Besitzer bis ± 1400 die Dachauer von Lauterbach waren.

Für die Sage vom feurigen Roß → Dachau-Mitterndorf.

Daxberg

1 km w Pasenbach ○ DAH □ 2.1

Mit seinem Ortsadel 1197 erstmals genannt, später zu Kloster Indersdorf gehörig. 1847 stiftete der Bauer Joseph Osterauer eine ***Feldkapelle.***

Deutenhausen ○ DAH □ 2.3

Erstmals 775 als Tetinhusir genannt.

Kirche St. Nikolaus 1315 genannt. Von dem mittelalterlichen Mauerwerk der mit drei Achteckseiten schließende Chor erhalten. Im 18. Jh., vielleicht 1792, verändert. Die Rippen des gotischen Chorgewölbes abgeschlagen, die Dienste zum Teil samt den Konsolen erhalten.
Die ***Ausstattung*** wirkt einheitlich ± 1670, umschließt aber ältere, z. T. vorzügliche Figuren. – Im ***Hochaltar*** eine Marienfigur und die Figuren der Heiligen Sebastian und Nikolaus, gute Münchener Arbeiten aus dem Ende des 15. Jhs. Im ***linken Seitenaltar*** um 1670, Figuren der Heiligen Magdalena, Johannes und Paulus, gleichfalls sehr gute Münchener Arbeiten um 1520. Der ***rechte Seitenaltar*** ist mit dem linken identisch; die Figur des Hl. Leonhard aus dem 18. Jh. stammt vielleicht aus der aufgelassenen Schloßkapelle zu Eisolzried. – ***Kanzel*** aus dem 18. Jh. – Ein Kelch um 1700, Augsburger Arbeit, bezeichnet *I. M.* – Das Deckenbild 1947 von *R. Holzner,* München.

Deutenhofen ○ DAH □ 2.1

Auf frühe Besiedlung verweist ein hier gefundenes Bronzeschwert der Bronzezeit. Der Ort urkundlich erstmals 789 als Tetinhova genannt. Im ausgehenden Mittelalter zum Teil im Besitz von Münchner Patrizierfamilien, 1627 zur Hofmark erhoben und im Besitz der Nachkommen des Hofkammerrates Johann Mandl.

Das Schloß zeigt starken Besitzerwechsel. Von den Mandl über die Grafen von Spreti kam es um 1900 an den Architekten *Ziebland.* 1916 wurde es durch *Franz Rank* stark verändert, nach dem Kriege Hilfskrankenhaus, heute Kreisaltenheim. – Von der ehem. ***Schloßkapelle*** ist in einem der jetzigen Krankenzimmer noch der Deckenstuck aus dem 17. Jh. zu erkennen. Der Altar aus dem 18. Jh. offenbar heute in der Wegkapelle, die beim Schloß liegt.

Diepoldshofen

1 km n Maisach. ○ FFB □ 1.4

Kapelle St. Leonhard. Der spätgotische, verputzte Ziegelbau ist der Chor einer um 1770/80 eingestürzten Kirche, außen mit Strebepfeilern, Kreuzrippengewölbe auf Spitzkonsolen und 5/8-Schluß; durchaus beachtliche Detailformen. In dem tüchtigen Barockaltar drei treffliche Figuren um 1480/90: eine Madonna zwischen den Heiligen Leonhard und Wolfgang. In einer Nische Figur des Heiligen Ulrich der gleichen Zeit (wegen Diebstahlsgefahr jetzt geborgen).

Dietenhausen

1 km s Odelzhausen. ○ DAH □ 1.2

Vor 1242 als Tutenhusen erwähnt.

Kapelle St. Lantbert, wohl aus dem 17. Jh. wie auch ihr Altar ± 1660. Der Kruzifix mit der Mater Dolorosa ± 1700.

Dünzelbach ○ FFB □ 1.3

Der in seiner altertümlichen Form „Tinzelbach" im 12. Jh. mehrfach genannte Ort war im 13. bis Anfang 14. Jh. die Heimat eines adeligen Geschlechts, das sich Vogt von Tinzelbach nannte. Nach 1330 mehrfach wechselnde Besitzer. 1367 verkaufte Herrmann Judmann seine Veste zu Dünzelbach an den Ritter Hylpolt von Stein zu → Seefeld, mit dessen Herrschaft, die 1472 die Herren von Toerring geerbt hatten, der Ort bis zur Aufhebung der Patrimonialgerichtsbarkeit 1848 verbunden blieb. – Ein bewohnbarer Turm der genannten „Veste" stand noch bis zu seinem Abbruch 1765 im Pfarrgarten westlich der Kirche. Mit dem Kirchensatz stand der Herrschaft Seefeld auch das Patronatsrecht an der Pfarrkirche zu.

Kath. Pfarrkirche St. Nikolaus. Im Kern spätgotischer Bau mit eingezogenem Chor, 5/8-Schluß und Sattelturm auf der Nordseite. Die Giebel des ***Turms*** mit je 5 Fialenaufsätzen geziert (→ Mittelstetten, Pfaffing), die Geschoßgliederung mit Resten von Stabwerk; sein Untergeschoß gewölbt und mit gemauerter Treppenspindel. Chorgewölbe noch gotisch, Rippen abgeschlagen und mit gefälligem Bandelwerkstuck ± 1720 geziert, der aber ältere Motive weiter verwendet. Das Langhaus flachgedeckt, mit dem gleichen Stuck, dann verlängert und der ehemalige Eingang auf der Südseite mit dem Vorhaus nach Westen verlegt. ***Deckengemälde*** mit Verherrlichung des Titelheiligen und Medaillonbilder der Evangelisten stark erneuert, ebenso die Marienkrönung im Chor. Die Allegorien auf die Sakramente an den Wänden Ende 19. Jh. Am Scheitel des Chorbogens im Stuckdekor das Allianzwappen von Max Cajetan, Graf von Törring, geziert mit der Ordenskette des Goldenen Vlieses, dessen Ritter er 1706 geworden war. – ***Hochaltar*** frühes Rokoko mit Gemälde des hl. Nikolaus; seitlich die Figuren der Apostelfürsten, 2. Viertel 18. Jh. An der Chorwand Figur einer Mondsichelmadonna ± 1660/70. ***Seitenaltäre*** Rokoko, rechts mit Gemälde der hl. Anna, die Maria das Lesen lehrt (Ende 19. Jh.) und seitlichen Figuren; links Gemälde der Immaculata mit den Seitenfiguren der Hll. Afra und Katharina. – Marmorierte ***Kanzel*** des Rokoko. – An der Südwand tüchtiger Kruzifixus mit Dolorosa, wohl *Johann Luidl* um 1720. – Schönes, eichenes Patronatsgestühl des Rokoko.

Pfarrhof (südlich der Kirche, Nr. 10). Errichtet 1822, schlichter Bau mit Satteldach. Sehr hübsch das zugehörige Wasch- und Backhaus rückwärts im Garten, mit Walmdach.
Graf zu Toerring'sches ***Forstamt*** (Erstes Haus nördlich der Kirche). Der einfache Giebelbau des 18. Jhs. könnte als Ersatz des 1765 abgebrochenen letzten Turmes der Burg errichtet worden sein, der mit Stube, Küche und Kammer bis dahin Wohnung der Jäger gewesen war.

Unterirdische Gänge. 1860 stieß man bei Grabarbeiten im Grundstück des Moßerwirts (Nr. 38) auf einen unterirdischen Gang, der in den sehr verfestigten Sand des Abhangs gegen Westen gegraben war. Er erstreckte sich beträchtlich in die Tiefe, besaß seitliche Verzweigungen, Nischen und Engstellen ganz ähnlich wie die Anlagen in → Roggenstein oder → Nannhofen und → Ueberacker. Das Alter und der eigentliche Zweck sind unbekannt.

Dürabuch
1 km s Wenigmünchen. ○ FFB □ 1.4

Zu dem Bauernhof Nr. 2 gehörte bis 1974 ein stattliches Wohnhaus, ein zweigeschossiger Giebelbau mit ungewöhnlicher Gliederung des Erdgeschosses durch Pilaster mit Rundbogen. Leider ist nichts über den ursprünglichen Besitzer oder Bauherrn dieses sicher ins 18. Jh. zurückreichenden Baues bekannt, der über das Übliche eines Bauernhofes dieser Zeit hinaus geht.

Ebersbach ○ DAH □ 2.1

853 als Eparespah erwähnt.

Kirche St. Georg. Schon 1158 genannt. Der Chor spätgotisch, das Langhaus aus dem 17./18. Jh. ist flach gedeckt. Der ***Hochaltar*** aus dem Ende des 17. Jhs. mit einer gotischen Marienfigur in der Mitte und an den Seiten mit den Hl. Petrus, Paulus, Florian und Georg. Der linke Seitenaltar aus der selben Zeit. Eine Christophorusfigur aus dem 16. Jh. Der rechte Seitenaltar trägt eine bäuerliche Silvesterfigur des 16. Jhs. – Glocken 1640 von *Matthias Schneider* und 1714 von *M. Langenegger.*

Ebertshausen ○ DAH □ 1.2

Der Ort ist schon 769 als im Huosigau gelegen erwähnt. 1315 hatte er eine Kirche mit Friedhof. In der Barockzeit war vor allem das Domkapitel von Freising begütert.

Pfarrkirche St. Benedikt. Ein älterer Bau war gegen 1708 verändert und neu geweiht worden. Er hatte einen Sattelturm. Ab 1863 ein stark eingreifender Umbau mit Erweiterung, der sich länger hinzieht; 1876 neu geweiht. 1896 Neubau des Turms. – Eingezogener Chor mit 5/8-Schluß. Der Turm an seiner Nordseite mit achtseitigem Spitzhelm über vier Giebeln. Langhaus zu vier Jochen. Der einheitlich wirkende Bau in verputztem Ziegelmauerwerk zeigt zurückhaltende neugotische Zierformen. Der Chor mit dünnen Kreuzrippen und Gewölbe mit starker Busung. Chor- und Gurtbogen rund geschlossen, wie auch die Fenster. Ebenso im Langhaus Kreuzrippengewölbe zwischen Gurtbogen. In der Westwand Rosenfenster mit Maßwerk. – Einheitliche ***Ausstattung*** in neuromanischen Mischformen: drei Altäre mit Figuren, Kanzel, Chorgestühl. Zwei bunte Glasfenster zum Kriegergedenken 1918 nach Entwurf von Professor *Stockmann,* ausgeführt von *Jos. Eberle,* Dachau. Kreuzweg von *H. Dagn,* 1874.

Eching ○ LL □ 3.2

Bis zur Aufhebung der Patrimonialgerichte gehörte Eching zur Hofmark Greifenberg, kirchlich jedoch bereits seit dem Jahr 1107 zum Kloster Scheyern und seit 1390 dem Bischof von Freising.

Die **Pfarrkirche St. Peter und Paul** mit älterem Westturm (15./16. Jh.) ist ein Saalbau mit einer geschmackvoll-einheitlichen Rokokoausstattung, 1766 durch den Münchner Hofmaurermeister *Leonhard Matthäus Gießl* errichtet; die Bau- und Einrichtungskosten konnten aus einem Legat

Eching, St. Peter und Paul

des Ortspfarrers Johann Jakob Schorer (1707–60) bestritten werden. 1770 schuf *Christian Winckh* die ***Deckengemälde:*** Übergabe der Schlüsselgewalt an Petrus, Bekehrung des Paulus und das Martyrium der beiden Apostelfürsten.

Zwischen 1768 und 1773 entstanden ***Altäre, Kanzel*** und ***Chorgestühl*** als elegante Kunstschreinerarbeiten des Kistlers *Joseph Gruber* aus Unterschondorf. Zwei Altarbilder (am Hochaltar und rechtem Seitenaltar) malte *Christian Winckh* 1770 und 1774, während das linke Altarblatt von dem Weilheimer *Sebastian Troger* stammt (1776), der auch die Fassung der Altäre besorgte. Die feinen Apostelfiguren von *Lorenz Luidl* aus dem Anfang des 18. Jhs.

Eine Besonderheit der Kirche ist das Marmordenkmal für den Wohltäter der Kirche, Pfarrer Schorer, das 1767 der Münchner Hofbildhauer *Johann Baptist Straub* lieferte.

Am Südrand eines noch unverfälschten Dorfangers die 1651 erbaute ***Sebastianskapelle;*** auf einer Holztafel im Inneren ist das Gelöbnis der Gemeinde nach einer schweren Pestzeit aufgeschrieben. Hochaltar 1754 mit den Figuren der Hl. Rochus, Sebastian und Wendelin und zahlreichen Engeln und Puttenköpfen als Spätwerk von *Johann Luidl* aus Landsberg; der zarte Stuck in der Art *Franz Xaver Schmuzers.* – Neben der Kapelle ein im Gebiet seltener

Bildstock aus Tuffstein mit der (vor 50 Jahren noch lesbaren) Jahreszahl 1548.

Edenholzhausen
1 km s Ainhofen ○ DAH □ 2.1

Im späten Mittelalter auch Ödenholzhausen. Östlich des Ortes befinden sich Hochäcker. Die ***Kirche St. Georg*** erstmals 1477 genannt, 1803 abgebrochen.

Edenholzhausen
Gde. Schwabhausen ○ DAH □ 2.1

Urkundlich 1330 als Holtzhousn.

Kirche St. Peter. Wohl aus dem 17. Jh. Chor und Langhaus flach gedeckt, der Chor mit 5/8-Schluß. Auf dem westlichen Giebel ein Dachreiter. Der einzige Altar wurde 1707 geweiht, entstand jedoch Mitte des 17. Jhs. Er trägt die Figur eines sitzenden Petrus, flankiert von einer Marienfigur und einem Hl. Sebastian, die aus dem 16. Jh. stammen. Das Deckenbild aus dem 19. Jh., der Kreuzweg von 1858.

Kapelle St. Maria im Wald „Ganterholz“, 1945 in Erfüllung eines Gelübdes von Josef Haas aus Oberroth erbaut.

Egenburg ○ DAH □ 1.2

Kath. Kirche St. Stefan. Der im Kern wohl spätgotische Bau ± 1730 barock verändert und dabei vollständig – auch an den Wänden – ausgemalt. Die Restaurierung war 1977 noch im Gange. Im ***Hochaltar*** die Figur des Titelheiligen, im linken ***Seitenaltar*** St. Ottilie, im rechten die Muttergottes, allesamt in dem schwungvollen Stil des *Johann Luidl.* Die Altararchitekturen vorzüglich, die Ausstattung insgesamt wohl einheitlich ± 1730 zu datieren. – Das ***Deckengemälde*** zeigt im Schiff die Steinigung des Hl. Stefan, im Chor seine Predigt. Die Ausmalung wird *Johann Nepomuk Schöpf* zugeschrieben. Sie ist jedoch stark erneuert; über der Empore ist sie völlig neu und frei erfunden. – Im Chorhaupt – ein Unikum – die gemalten Gedenksteine für die Pfarrer dieser Kirche. – Große Holzfigur des Hl. Johann Nepomuk im südlichen Anbau, eine tüchtige Arbeit des 18. Jhs., die sich offenbar lange im Freien befunden hat.

Der ***Pfarrhof,*** stattliches Gebäude des 18. Jhs.

Das ***Schulhaus*** aus dem 19. Jh. steht leer; es zeigt den schönen, amtlichen Stil aus der Mitte des 19. Jhs.

Egenhofen ○ FFB □ 1.2

Alter Sitz eines Dekanats im Glonntal, dessen kirchliche Tradition an anderer Stelle bis ins 8. Jh. zurückreicht. Der Ort selbst ist 855 erstmals genannt.

Kath. Pfarrkirche St. Leodegar. Eine Kirche für das 12. Jh. ist bezeugt, 1264 Erhebung zur Pfarrei. Im 15. Jh. ist ein Neubau erfolgt, nach Kriegsschäden 1704–1707 erneuert. 1921 nach Westen verlängert. – Der eingezogene Chor mit dreikantigen Eckstreben im Kern spätgotisch. Ebenso der untere Teil des Turms an seiner Nordseite; darauf vierseitige Zwiebelhaube mit Laterne. Innen im Chor flache Wandpfeiler mit Schildbogen. Im Gewölbe die Rippen abgeschlagen; der Felderstuck zeigt die Spuren einer ersten Barockisierung um 1611, aufgefüllt mit jüngeren Motiven bald nach 1704. Im Langhaus zu fünf Jochen Flachtonne und tiefe Empore. Stuckierung des 2. Rokoko (1921), kleine Deckenbilder zur Legende des Titelheiligen und die vier Kirchenväter. – ***Hochaltar*** des 2. Rokoko mit älteren Teilen. Zwei Seitenaltäre Ende 17. Jh. mit neuen Figuren. Kanzel bewegtes Rokoko Mitte 18. Jh. In der großen Seitenkapelle der Nordseite, 1726 gestiftet als Grabkapelle von Johann Baptist Freiherr von Ruffin auf → Weyhern. Treffliche, lebensgroße ***Holzgruppe*** der Grablegung Christi.

Egg
2 km s Mammendorf. ○ FFB □ 1.4

Der Weiler bereits 1157 genannt. **Kapelle St. Maria.** Schlichter Bau des 19. Jhs. mit

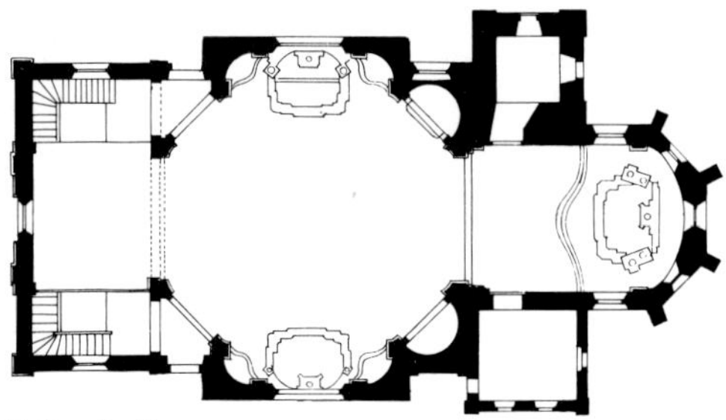

Egling, St. Vitus

dreiseitigem Schluß und spitzem Giebeldachreiter. Innen einfacher Altar mit Reliquien in Klosterarbeit.

Eglersried ○ DAH □ 2.1

Urkundlich erstmals 1147 in Zusammenhang mit einem Ortsadligen genannt.

Kirche St. Katharina (und Anna). Eine 1690 als baufällig erwähnte Kirche wird im gleichen Jahr neu errichtet, 1694 geweiht. Der Chor schließt dreiseitig; das Langhaus ist zu drei Jochen gewölbt, das Gewölbe ruht auf toskanischen Pilastern über einem Gesims. Auf dem westlichen Giebel ein Dachreiter. – Der ***Hochaltar*** ± 1690. Darauf stehen: eine Marienfigur (verändert aus einer Anna Selbdritt), ferner die Figur der Hl. Katharina und Barbara. Auf der Altarrückwand die Jahreszahlen „1703, 1853, 1945 renov. *A. K.*". Der linke Seitenaltar um 1690 mit einer Marienfigur. Der rechte Seitenaltar, identisch mit einer Sebastianfigur. Große Marienfigur und ein Kruzifix aus dem 16. Jh.

Egling ○ LL □ 1.3

Langgestreckter Ort im Paartal, 1065 als Egilingen erstmals erwähnt. 1339 schenkte Kaiser Ludwig der Bayer den Kirchensatz an das Kloster Ettal, das von da an die Pfarrei – zeitweilig mit Konventualen – besetzte.

Die **Pfarrkirche St. Vitus,** ein blockhafter Spätrokokobau des Münchner Hofmaurermeisters *Franz Anton Kirchgrabner* aus den Jahren 1769–73, überragt den Nordteil des Dorfes. Außen am Chor Strebepfeiler als Reste des spätgotischen Altarraumes; der Außenbau läßt im übrigen schon den verhärteten Stil des beginnenden Klassizismus ahnen. Weiträumiges Langhaus mit riesigem ***Kuppelfresko*** des Münchner Hofmalers *Christian Winck* (1773), darstellend das Martyrium des hl. Vitus; das Deckenbild im Chor zeigt den Kirchenpatron in der Verklärung. Die Fresken von maßvoll gesetzten Stuckornamenten des Wessobrunners *Thassilo Zöpf* umgeben.
Die Kirche besitzt fünf Altäre aus der Erbauungszeit, geschaffen von dem bedeutenden einheimischen Kunstschreiner *Maximilian Gruber:* Auf dem ***Hochaltar*** die Figuren der Hl. Petrus und Paulus von *Franz Xaver Schmädl* aus Weilheim; die beiden ***vorderen Seitenaltäre*** stehen in halbrunden Nischen der abgeschrägten Langhausecken, die beiden rückwärtigen in den flachen Kreuzarmen des zentralisierenden Hauptraumes, der im Grundriß deutliche Anklänge an Kirchenbauten *Johann Michael Fischers* zeigt.

Egling besitzt zwei stattliche spätromanische Kapellen, von denen die ***Blasiuskapelle*** in der Ortsmitte besondere historische Bedeutung hat. Unverputzter Tuff-

Egling, St. Vitus

quaderbau mit rechteckigem, eingezogenem Chor, in der 1. Hälfte des 15. Jhs. in Backstein erhöht. Im Inneren hübscher Barockaltar mit einer Holzfigur des hl. Blasius.

Die ***Ulrichskapelle*** im südlichen Ortsteil weist den gleichen Grundriß auf, der Außenbau ist jedoch verputzt. Der barockisierte Innenraum enthält frühbarocke Plastiken und eine reizvolle Emporenmalerei aus dem späten 18. Jh. darstellend die Ungarnschlacht auf dem Lechfeld in der Uniform französischer Soldaten, vielleicht von *Johann Baptist Anwander* aus Augsburg.

Im nahen Weiler ***Hattenhofen*** steht eine 1689 erbaute ***Magnuskapelle*** mit gleichzeitigem Altar und einer spätgotischen Muttergottesfigur.

Eichenau ○ FFB □ 2.3

Die heute stark angewachsene Siedlung beginnt erst um 1905 mit bescheidenen Anfängen.

Kath. Pfarrkirche zu den Heiligen Schutzengeln. Neubau zusammen mit dem Pfarrhaus 1926 nach Plänen von *Franz Huf* aus München. In vereinfachten, neubarocken Formen mit eingezogenem Chor, stattlichem Schiff und Zwiebelturm. Der Chor gewölbt mit Stichkappentonne, im Langhaus Holztonne auf Konsolen; auf der Nordseite niedrige, seitenschiffartige Marienkapelle.

Ev. Friedenskirche (Flurstraße 8). Errichtet 1970 von *Gustav Gsaenger* aus

Einsbach, Wallfahrtskirche Heilig Blut und (im Hintergrund) Pfarrkirche St. Margarethe

München. Schlichter Bau in Ziegel mit Giebeldach, dazu ein rechtwinklig angefügter Querflügel (Gemeindesaal) mit Schopfwalmdach; freistehender, offener Kampanile.

Eichstock

1 km w Ainhofen. ○ DAH □ 2.1

1345 erstmals erwähnt. Der Name bedeutet ein Stück ehemaliges Waldland, dessen Wurzelstöcke nicht gerodet wurden. ***Kirche*** und Begräbnis: 1841 erhielten die Mennoniten von König Ludwig I. die Erlaubnis, in Eichstock ein Bethaus zu bauen und ihren Begräbnisplatz von Wagenried hierher zu verlegen. Es hatten sich seit 1818 mehrere mennonitische Familien in der Gegend angesiedelt (Hammerhof, Eichstock, Wagenried, Lanzenried, Riedhof, Rettenbach, Harreszell, Goppertshofen, Tafern, Fränking, Weißbrunn, Kleinschwabhausen). Zwischen 1844/56 wanderten jedoch 22 Familien wieder ab (nach Amerika). Der ***Begräbnisplatz*** wurde jedoch für weit außerhalb des Landkreises verstorbene Mennoniten ebenfalls benutzt; die ***Kirche*** 1955 erneuert.

Einsbach ○ DAH □ 1.4

Im 8. Jh. unter Tassilo II. Anisbach genannt. Im Walde Hügelgräber aus der Zeit um 300 v. Chr. Im nördlichen Wald noch erkennbare Reste einer Fliehburg aus dem 10. Jh. Der Ort im Besitz von Scheyern-Wittelsbachischen Ministerialen, die ihre Burg südlich von Einsbach beim Zötzelhof besaßen.

Pfarrkirche St. Margarethe. Schon 1004 erwähnt. Die Untergeschosse des Chorturms wahrscheinlich noch romanisch. Das gotische Langhaus 1688/90 erhöht und mit einem Gewölbe versehen, das 1691 und 1698 stuckiert wurde. Eine westliche Erweiterung erfolgte 1850 nach Plänen des Dachauer Baumeisters *Hergl.* – ***Hochaltar*** 1697 durch den Kistler *F. Prugger,* den Bildhauer *Ulrich Gailler* und den Maler *J. G. Hörmann* erstellt. – Der ***linke Seitenaltar*** bis 1712 entstanden. Das Altarbild eine Stiftung des Pfarrers Widmann, 1722. Die Immaculata des 18. Jhs. könnte eine Arbeit von *B. Schuhpaur* sein. Der ***rechte Seitenaltar*** entstanden wie der linke. Das Dreikönigsbild malte *J. G. Hörmann* 1713. – Der ***Kapellenaltar*** von 1692/93 trägt die Büsten des Hl. Augustin und Hl. Urban; eine Stiftung des Pfarrers Urban Widmann von 1682. Die übrigen Figuren entstanden 1887. – Die ***Kanzel*** ± 1690. Opferstock 1693. Taufstein aus dem 17. Jh. mit einem auf Blech gemalten Bild der Taufe Christi als Deckelbekrönung. Kelch um 1700, eine Augsburger Arbeit mit der Marke *CK (Wolfg. Caspar Kolb)*

Wallfahrtskirche Heilig Blut. Die Wallfahrt angeblich seit 1004, wahrscheinlich aber erst seit dem 12. Jh. Die Kirche sollte 1804 abgebrochen und versteigert werden. – Zusammen mit der Pfarrkirche St. Margarethe bildet sie in dem kleinen Ort eine eindrucksvolle Gruppe. Die Baufälligkeit und die Verwahrlosung sind soweit fortgeschritten, daß große Zuganker eingebracht werden mußten. – Vor allem sehenswert der ***Turm,*** der achteckig und unverjüngt in einen Spitzhelm ausläuft. Er zeigt eine zarte, durchlaufende Blendengliederung, die ihn gänzlich bedeckt, ein Unikum, an dem noch zu erkennen ist, wie man sich etwa einen reich verzierten, spätgotisch-ländlichen Turm vorzustellen hat. Vergleichbares gibt es weit und breit nicht. – Um 1680 wurde die Kirche umgebaut. Das Tonnengewölbe des Langhauses wurde 1954 durch eine flache Holzdecke ersetzt.

Der ***Hochaltar*** ist vielleicht eine Umarbeitung eines alten aus dem 17. Jh. Er trägt ein Altarblatt mit der Darstellung des Hl. Sebastian von *Johann Baader,* 18. Jh. Die beiden Nebenaltäre nicht erwähnenswert. Der Brunnen mit seinen hübschen Eisengittern entstand 1688. Der Sage nach hatte ein Bauer bei einer Osterwallfahrt nach Heilig Blut die Absicht, die geweihte Hostie mit nach Hause zu nehmen. Das Heilige Brot sprang ihm jedoch davon und fuhr wie ein Blitz in den Steinboden des Gotteshauses, aus dessen Öffnung seitdem ein Quell hervorsprang. Dieser Quell

Einsbach, St. Margarethe. Hochaltar

durch den Brunnen von 1688 gefaßt. Das Wasser, das mit einem Holzkübel heraufbefördert wird, wurde gegen Augenkrankheiten benutzt.
Votivbilder ab 1696. Eine gefaßte Kreuzpartikel von 1732 mit der Münchner Marke *ICS (Johann Christian Steinbacher),* eine Stiftung des Pfarrers Franz Sales Schwaiger.
Der ***Pfarrhof*** von 1735 wurde 1956 dem Verkehr geopfert und abgebrochen.

Eisenhofen ○ DAH □ 2.1

In der Nähe vorgeschichtliche Gräber; südlich zog die Römerstraße vorbei. 802 die Erwähnung von Usinhusun. Im 11. Jh. als Edelmannssitz bekannt. Die Hofmark zuletzt bei Freising, 1803 versteigert.

Kirche St. Alban. 1101 zum ersten Mal genannt. Der Chor spätgotisch mit Tonnengewölbe auf Stichkappen. Das Langhaus 1865 nach Westen verlängert. An der Nordseite des Chors ein Satteldachturm mit auf der Südseite abgetrepptem Giebel. – Das ***Deckenfresko*** zeigt die Enthauptung des Hl. Alban und seine Aufnahme in den Himmel, 1761 von *Johann Georg Dieffenbrunner* (bezeichnet).
Der ***Hochaltar*** um 1740 mit einem Kruzifix und den Figuren der Hl. Sebastian und Johannes Ev. Auf dem rechten Seitenaltar ein Marienbild aus dem 17. Jh. Der linke Seitenaltar aus dem 18. Jh.

Eisingertshofen → Dachau

Eismerszell ○ FFB □ 1.3

Der Name des Ortes erscheint zum ersten Mal als Isinbrechteszella 1159.

Kath. Kirche St. Georg. Auf gotischer Grundlage 1739 fast völlig neu erbaut von dem Wessobrunner *Joseph Schmuzer.* Eingezogener, runder Chorschluß und Schiff zu vier Achsen. In den Westgiebel eingestellter schlanker Turm mit Zwiebelhaube und Eingang durch das Erdgeschoß. Tüchtiger Stuckdekor von *Franz Xaver Schmuzer.* Die Gemälde der Altäre 1741 von *Joseph Wolcker.*

Kapelle St. Margareth. Nordöstlich außerhalb des Ortes in Richtung Moorenweis auf einer sanften Anhöhe an der Stelle eines längst abgegangenen Klösterchens aus dem 9. bis 10. Jh. Kleiner Barockbau mit knapp abgesetztem runden Chorschluß, Westturm mit Achteckoberteil und Zwiebel. – Das Hochaltarblatt von dem Cornelius-Schüler *Georg Lacher* 1835.

Eisolzried ○ DAH □ 2.3

Urkundlich erstmals Anfang des 13. Jhs. genannt, wahrscheinlich eine Rodung von Deutenhausen, 8. Jh. Die Herren von Isoltsried waren Wittelsbachische Ministerialen. Spätere Grabsteine dieses Geschlechts an der Vorhalle der Kirche zu → Bergkirchen. Schloß und Hofmark in wechselnden Besitz. 1478 durch Herzog Albrecht IV an Georg von Eisenhofen und später, im Erbgang, an das Geschlecht derer von Bern (della Scala), einem Zweig des alten Veroneser Scaliger-Geschlechts. Später war die Hofmark bei dem Grafen Hundt, bei den Ruffini und bis 1916 bei den Lotzbeck.

Das Schloß aus dem 17. Jh. bei Wening abgebildet. Es wurde 1889 bis auf den Gutshof abgebrochen. Die alte Kücheneinrichtung im Dachauer Heimatmuseum. Die ehem. Schloßkapelle St. Leonhard wurde 1889 profaniert. Die Ausstattung der Kapelle St. Leonhard wohl zum Teil nach Bergkirchen und nach Deutenhausen gelangt.

Westlich des Gutes eine ca. 800 Jahre alte Eiche mit einem Umfang von über 10 Metern.

Eitelsried
1,5 km w Aich. ○ FFB □ 1.4

Südöstlich der beiden Einödshöfe eine ***„Pestkapelle“.*** Einfacher Giebelbau, im Kern wohl 17.–18. Jh. und erneuert. Innen hübscher Altar aus der ersten Hälfte des 17. Jhs. mit gebrochenem Giebel, darin bäuerliche Figur einer Pietà.

Eismerszell, Kapelle St. Margareth

Emmering ○ FFB □ 2.3

Der Ort gehörte 740 zur ersten Ausstattung des Klosters Benediktbeuern mit Grundbesitz durch einen der Gründer aus der Uradelsfamilie der Huosi, Lantfried, damals „emheringas", im 9. Jh. auch „emheringon" genannt. Im 14. Jh. gab es hier ein Dorfgericht der Herren von Gegenpoint, das 1340 Kloster Fürstenfeld zusammen mit dem Brückenrecht erwarb, dem auch die sehr alte Pfarrei bis 1803 inkorporiert war.

Kath. Pfarrkirche St. Johannes Baptist und Johannes Evangelist. Ein älterer Bau ging 1809 durch Brand zu Grunde, der unzureichende Ersatz von 1810/11 wich 1928 einem Neubau mit eingezogenem, dreiseitig geschlossenem Chor und weiträumigem Schiff, unter der Bauleitung des einheimischen Baumeisters *Ludwig Scheidner* errichtet. Dazu Turm mit Spitzhelm. 1961 nochmals verändert. Im Chor Kreuzgewölbe, Langhaus mit Kreuztonne auf weit vorkragenden Konsolen mit waagrechtem Wandanschluß. – Nach dem Brand von 1809 war die Kirche mit zahlreichen Stücken aus der ehem. Fürstenfeldischen Propstei Inchenhofen ausgestattet worden, was sicher einen Hinweis für die Herkunft einiger der noch in der Kirche erhaltenen, älteren Figuren gibt: eine Folge der zwölf Apostel, Holzfiguren ± 1700; aus gleicher Zeit ein hl. Ritter mit Fürstenhut (hl. Rasso?) und hl. Florian. – Eine Madonna vom Ende des 17. Jhs. ist überarbeitet (neubarock?). – Am neubarocken Hochaltar von *Franz Paul Scheiber* überlebensgroße Figuren des Sämanns und des Guten Hirten, die das Gemälde der Taufe Jesu flankieren; letzteres wie die temperamentvollen Fresken im Stil des 18. Jhs. von *Ri-*

Epfenhausen, St. Mariä Himmelfahrt

chard Holzner. Ein Kreuzweg mit expressionistischer Note signiert von *Albert Figel* 1933.

Pfarrhof (am Kirchplatz südwestlich der Kirche). Zweigeschossiger Bau mit Halbwalmdach, neu erbaut 1756.

Englertshofen
1 km nordöstl. Aufkirchen. ○ FFB □ 1.4

Der Ort mit Kirche 823 genannt.

Kath. Kirche St. Ulrich. Westlich des Orts auf einem steilen Hügel. Wohl ein Bau des 18. Jhs. Eingezogener, rundgeschlossener Chor mit Zwiebelturm auf der Südseite, Langhaus zu drei Achsen. Innen beide Raumteile mit Flachdecke, der Chor mit Korbbogen. – Der ***Hochaltar*** recht beachtlich mit gedrehten Säulen und guter Figur des Hl. Ulrich, wohl Münchener Arbeit 1730–1750; seitlich die beiden Wetterheiligen Johannes und Paulus. Die Seitenaltäre etwas älter, gegen 1700, links mit Madonnenfigur, rechts Heiliger Leonhard.

Epfenhausen ○ LL □ 1.3

Das Patronatsrecht auf die Pfarrei gehörte seit dem späten Mittelalter bis zum Jahr 1852 den Grafen Hundt auf Lauterbach.

Die **Maria-Himmelfahrts-Kirche** hoch über dem Südteil des Straßendorfes ist ein barocker Saalbau aus dem Jahr 1715, errichtet von *Joseph Schmuzer* aus Wessobrunn. Der kräftig gegliederte Satteltturm – ein ehemaliger Chorturm mit gotischen Freskenresten – stammt im unteren Teil

Erdweg, Gasthaus

aus dem späten 14. Jh., darüber aus dem Ende des 15. Jhs. Das Kircheninnere enthält entwicklungsgeschichtlich interessante Stuckaturen aus der Erbauungszeit (ebenfalls von *Joseph Schmuzer*) und prächtige ***Altäre:*** Hochaltar 1738 mit Hauptbild von *Caspar Schäffler* aus Oberfinning; die Seitenaltäre 1765 mit Faßmalersignatur von *Franz Anton Anwander* aus Landsberg. Besonders fein die barokke Stuckkanzel mit den Statuetten der Evangelisten von *Johann Luidl,* aus dessen Werkstatt die Kirche eine Reihe weiterer Plastiken – z. T. von guter Qualität – besitzt.

Erdweg ○ DAH □ 2.1

Hier wurde ein Getreidemahlstein und die Hörner des Urrindes gefunden (aus der Hallstattzeit, 1200 bis 1000 v. Chr.). Der Ortsname wahrscheinlich von Hertweg = Steinweg, was auf die vorüberziehende Römerstraße hindeutet. Angeblich schon um 820 an dieser Stelle ein Oratorium.

Das Gasthaus ,,Am Erdweg" gotisch, mit Schwalbenschwanzzinnen.

Eine ***Kapelle*** bei der Taferne, 1848 erbaut und 1955 abgebrochen.

Eresing ○ LL □ 3.1

Die gleichnamige Hofmark war seit 1598 im Besitz der Familie Füll in Windach, die auch das Patronatsrecht innehatten. – Eresing 1126 als ,,Argisingen" erstmals urkundlich erwähnt, liegt an der alten Römerstraße Augsburg-Brenner, die noch im Mittelalter auf zahlreichen Italienfahrten und Heerzügen deutscher Kaiser benutzt wurde. Der

Eresing, Pfarrkirche St. Ulrich. Prozessionsbild

Burgstall „Burgleiten", südlich der Ulrichskapelle, mag der Stammsitz eines Ortsadels gewesen sein.

Die **Pfarrkirche St. Ulrich** gehört zu den bedeutendsten Sakralbauten des Lech-Ammersee-Gebietes, ihre wechselhafte Geschichte weist mindestens fünf heute noch ablesbare Bauperioden aus. Chor und Teile des Langhauses entstanden im Jahr 1488; um 1620 wurde die Kirche auf die heutige Größe erweitert und mit einer Unterkapelle (Wallfahrtskapelle) versehen. Um 1690 erfolgte der Anbau der Füll'schen Gruftkapelle (Frauenkapelle) auf der Südseite, 1718 die Turmerhöhung durch *Joseph Schmuzer.* Die reizvolle Architekturmalerei am Außenbau (vor einigen Jahren restauriert) und die geschweiften Gruppenfenster gehen auf die Umgestaltung 1756/57 unter Leitung von *Dominikus Zimmermann* durch seinen Mitarbeiter, den Landsberger Baumeister und Stuckator *Nikolaus Schütz,* zurück. Der festlich und reich dekorierte Saalraum enthält noch ganz von Zimmermann beeinflußte Stuckornamente und prächtige ***Deckenfresken*** von *Franz Martin Kuen* aus Weißenhorn: Dargestellt sind die Ungarnschlacht auf dem Lechfeld; vor dem Chorbogen das Fischwunder des hl. Ulrich, über der Orgel der selige Karmelitergeneral Simon Stock, das Skapulier empfangend. Das Deckenbild im Chor, die Gründung der Skapulierbruderschaft, ist 1756 signiert.
Prächtiger barocker ***Hochaltar*** von *Jörg Pfeiffer* aus Bernbeuern (1687) mit zwei goldgefaßten Bischofsfiguren des Landsberger Bildhauers *Lorenz Luidl,* gutes Hochaltarblatt mit der Ulrichsmesse; im

Eresing, St. Ulrich

Auszug kleine spätgotische Muttergottes. ***Seitenaltäre*** und ***Kanzel*** von dem Kistler *Johann Weigl* aus Windach, 1763/66; die zugehörigen Plastiken von *Johann Chrisostomus Leuthner* aus Landsberg, die Altarblätter von *Franz Kirzinger,* München (1766). Gute einheimische Schreinerarbeit verraten auch Gestühl, Beichtstühle und Empore. – In der ***Unterkapelle*** (1738 umgebaut) einige Holzfiguren von *Johann Luidl* und ein spätgotisches Kruzifix (das alte Gnadenbild der einstmals blühenden Wallfahrtsstätte).

Die ***Ulrichskapelle*** mit eingebauter Klausnerwohnung südlich des Ortes verdankt ihr Entstehen dem Ulrichsbrunnen, dessen Wasser eine heilkräftige Wirkung nachgesagt wird. Der für eine Kapelle stattliche Bau entstand im Jahr 1618 aus einer Stiftung des Hofmarksherren Franz Füll; nördlich vor der Kapelle die Quellfassung mit einem neuromanischen Brunnenhaus.

Das ***Pfarrhaus*** südlich der Kirche ist ein durch zwei Eckerker hervorgehobener Bau, errichtet 1698 von *Johann Schmuzer* aus Wessobrunn. Die ansprechende Baugruppe wird seit einigen Jahren durch einen neuen Dorfbrunnen mit einer aus dem Jahr 1776 stammenden ***Mariensäule*** bereichert. Von einem schon 1746 abgegangenen ***Wasserschlößchen*** ist der grabenumzogene Hügel im Südteil des Ortes erhalten.
Bekanntester Sohn des Ortes ist der Kirchenmusiker Kaspar Ett (1788–1847), 31 Jahre Organist an der Münchner Michaelskirche.

Eresried ○ AIC □ 1.3

Kurz vor 1177 werden die Güter dieses Ortes mit der Kirche, damals in der Grafschaft Andechs gelegen und „armisrieth" genannt, an das Stift St. Ulrich und Afra in Augsburg geschenkt. Die Grundherrschaft und das Kirchenpatronat blieben im Besitz dieses Reichsstiftes bis 1803 (im 18. Jh. die zwölf größeren von 17 Anwesen). Im 13. Jh. gehörte zu den Abgaben an das Kloster neben Getreide und Kraut auch Wein.

Kath. Pfarrkirche St. Georg. An Stelle eines älteren Baus Neubau 1707, wohl unter Verwendung älterer Teile (Turmunterteil). Eingezogener, rund geschlossener Chor mit Zwiebelturm an der Nordseite; kurzes Langhaus zu drei Achsen. Der Außenbau durch flache Pilaster gegliedert. Der Chor im Inneren mit Stichkappentonne und 3/8-Schluß. Die Stichkappentonne des Langhauses etwas höher, Wandgliederung durch kräftige Pilaster. Deckengemälde erste Hälfte 18. Jh., im Chor Glorie des hl. Georg, an den Seitenwänden links hl. Joseph mit Jesuskind, rechts hl. Anna mit Maria als Kind; im Schiff Martyrium (Enthauptung) des Titelheiligen und vier Medaillonbilder der Kirchenväter; über der Orgelempore hl. Barbara als Fürsprecherin der Kranken. – Altaraufbauten alle entfernt; von der Kirchenausstattung der Spätgotik sind aber eine bemerkenswerte Anzahl Figuren verschiedener Hände erhalten: an Stelle des Hochaltars im Chor die Figuren des stehenden Ritters Georg mit Fahne zwischen den Hll. Leonhard und Sebastian, ± 1480/90. Ferner die bescheidenen Figuren der Hll. Florian, Barbara, Papst Urban (mit Traube) und Ulrich, auch Ende 15. Jh. Als linke Seitenaltarfigur eine Madonna ± 1470/80. Zu einem barocken Kruzifix Anfang 18. Jh. abgelaugte Assistenzfiguren ± 1500.

Eschenried
3 km s Dachau. ○ DAH □ 2.3

Die ***Kirche Unserer Lieben Frau im Moos,*** 1932 erbaut, 1941 ausgebaut. Der Turm 1957 von *Max Gruber,* Bergkirchen.

Essenbach
1,5 km ö Odelzhausen ○ DAH □ 1.2

1022 Ocinpach genannt.

Kapelle St. Johann und Paul vor 1546 erbaut. Auf dem Westgiebel ein Dachreiter. Der Altar aus dem Ende des 17. Jhs. – Zwei Glasbilder von 1462 heute im Bayerischen Nationalmuseum zu München.

Eresried, St. Georg. Deckenfresko

Esting, Schloßkapelle

Esting ○ FFB □ 2.3

Früheste Nennung 793 und wieder 806 (als Ehstingas). Im Hochmittelalter urkundet ein eigenes Geschlecht der Estinger, das nach Aussage der Besitzverhältnisse Beziehungen zu den Edelfreien von Maisach hatte. Hier erwartete 1322 Erzherzog Leopold vergeblich Kaiser Ludwig den Bayern, welcher ihn, von Fürstenfelder Mönchen gewarnt, umgehen konnte, um dann mit weiteren Truppenteilen vereint die Österreicher in der Schlacht von Ampfing-Mühldorf entscheidend zu schlagen. Später der Sitz eines der vier Ämter im alten Landgericht zu Dachau; nicht zu verwechseln mit dem hier für das 16. und 17. Jh. überlieferten gefreiten Sitz einer Hofmark des Klosters Ettal. Nach 1688 rasch wechselnde Besitzer, unter ihnen der kurfürstliche Kammerrat Johann Senser, der, durch Tabakhandel reich geworden, 1698 den Schloßbau erneuerte.

Schloß mit Kapelle Mariä Himmelfahrt. 1606 bezeichnet als „ein kleines Sizl oder gemauertes Hauß, . . . darzue einen Hofbau, . . . sambt ainem gartten und wißmedern", deren Grundzüge wir noch vorfinden. Der Ansitz geht vermutlich zurück auf die Mitte des 14. Jhs. ausgestorbenen Estinger; dann Besitz der Preysing und Hechenkircher. Das Schloß 1698 von Johann Senser weitgehend erneuert. Im 19. Jh. neugotisch verändert (Neubau?). – Die ***Kapelle*** 1666 benediziert, im 18. Jh. erweitert und neu eingerichtet. 1738 Errichtung eines eigenen Benefiziums durch die Schloßherrschaft. – Die Kapelle ist Teil von verschiedenen Nebengebäuden („Vorwerk") des weiter rückwärts stehenden Schlosses mit Treppengiebel. Entlang der Straße folgen einander mit leichter Krümmung ein Torbau mit Rustikagliedern, dann die Kapelle aus verschiedenen Teilen, die lange Front außen mit Blendbogen gegliedert, in deren Feldern Wandgemälde eines

Prozessionszuges und Heiligenfiguren; sie wurden 1925 nach Resten von 1734 erneuert von dem Olchinger Maler *Karl Sonner*. Am Ostende runder Turm mit Zwiebelhaube, dann Gartentor. Der schmale Innenraum mit gradem Schluß. Im Hauptaltar überarbeitete Madonnenfigur des beginnenden 16. Jhs.; ferner kleiner Kreuzaltar des Rokoko.

Kirche St. Stephan. Anlage des 12./13. Jhs. mit Chorturm, 1939 erweitert und stark verändert. Der Altarraum im Turm mit Kreuzgewölbe. – Im Schiff an der Südwand bescheidene Fresken des fortgeschrittenen 16. Jhs., wohl schon 3. Viertel, Anbetung der Könige, Gethsemane und Gefangennahme Jesu. – Drei neuromanische Altäre mit Gemälden, seitlich des Hochaltars tüchtige Figuren ± 1460/70, die Hll. Katharina und Barbara. Barocke Kanzel um 1660/80 mit Gemälden am Korpus (ein Salvator und die vier Evangelisten). Aus gleicher Zeit Brüstung der Empore mit drei Gemälden. – An der Nordwand Figur des hl. Stephan ± 1480/90, von anderer Hand als die Figuren des Hochaltars. Im Chorbogen hängt eine gute Rosenkranzmadonna mit zwei Engeln, um 1490.

Etterschlag ○ STA □ 3.2

Um 810 ist der Ort zum ersten Mal unter dem Namen „ettinesloh" genannt. Im 12. Jh. ist er Sitz eines andechsischen Ministerialen. Später war der Besitz sehr zersplittert, im 18. Jh. für 19 Anwesen acht Grundeigentümer, davon gehörten sieben einschichtig zur Hofmark → Delling, die im Besitz der Grafen Toerring war.

Kath. Kirche St. Nikolaus. Die zur Pfarrei Weßling gehörende Kirche liegt in der Ortsmitte etwas erhöht in alt ummauertem Friedhof. Der jetzige Bau ist im wesentlichen das Ergebnis einer durchgreifenden Erneuerung von 1758, bei der mit sparsamsten Mitteln den beiden Raumteilen eine Andeutung von Zentralraum vermittelt werden sollte. Der eingezogene, rund geschlossene Chor innen mit Flachkuppel und Gliederung durch gemalte Doppelpilaster mit Kämpferstücken. Das Langhaus mit abgerundeten Ecken zum Chorbogen hin und Gliederung wie im Chor, dazu Flachtonne über hoher Kehle (Lattengewölbe). Vorgesetzter Westturm mit eingezogenem, geschweiftem Pyramidenhelm. – Neubarocke Altäre im Stil des späten 17. Jhs. Der Hochaltar im Auszug mit Figuren der Werkstatt des *Lorenz Luidl* aus Landsberg, gegen 1700 (hl. Leonhard zwischen Engeln); Gemälde des Titelheiligen datiert 1886. – Beide Seitenaltargemälde bezeichnet *Joseph Schäfer,* München 1890.

Etzenhausen ○ DAH □ 2.1

Bereits Ende des 8. Jhs. soll eine Taufkirche hier gestanden haben.

Kirche St. Lorenz. Der mittelalterliche Bau hat einen spätgotischen Chor mit 3/8-Schluß und einem Tonnengewölbe auf Stichkappen. Der gotische Turm an der Nordseite des Chors. Der ***Hochaltar*** 1740 von *Nikolaus Prugger,* die Bildhauerarbeit von *Bartholomäus Schuhpaur.* Das Laurentiusbild von *Franz Mair.* Die beiden ***Seitenaltäre*** von der Art des Hochaltars. Auf dem linken eine Anna Selbdritt, aus dem 16. Jh. und die Figuren der Hl. Sebastian und Rochus aus dem 18. Jh. Auf dem rechten die Figuren der Hl. Florian, Wolfgang und Stephan (?), aus dem 18. Jh. Fesko an der Außenseite von *L. v. Herterich,* ebenso die Kriegerdenkstätte im Ort.

Bauernhaus mit Lauben „zum Welsch" (Böswirth), wohl noch aus dem 18. Jh.

Feldgeding ○ DAH □ 2.3

836 genannt. In der Nähe wurden Urnenscherben, ein Bronzeschwert, ferner Hügelgräber aus der Bronzezeit und bajuwarische Reihengräber gefunden.

Kirche St. Augustinus. Der Sage nach von Herzog Sigismund erbaut. Er hatte jedenfalls 1477 als Besitzer der Hofmark Eisolzried eine Wochenmesse hierher gestiftet, die als Jahrtag bis 1920 noch gehalten wurde. Der Kirchturm aus dem Ende des 15. Jhs., das Schiff wahrscheinlich 1561

Feldgeding,
St. Augustinus von Norden

umgebaut. – ***Hochaltar*** ± 1670 mit den Figuren der Hl. Nikolaus und Silvester um 1480. Das Altarbild mit dem Hl. Augustin von *Joseph Hauber,* um 1820. Der rechte und linke Seitenaltar gleichfalls um 1670. Das Altarbild mit Darstellung des Kindermordes links ± 1700. – Die Figur einer Anna Selbdritt an der Chornordwand um 1430.

Fränking

1 km ö Ainhofen ○ DAH □ 2.1

Kapelle 1867 vom Grafen Spreti aus Weilbach gebaut und der Jungfrau Maria geweiht, renoviert 1957.

Frauenberg

1 km nordöstl. Germerswang
○ FFB □ 1.4

Der Ort mit seiner ersten Erwähnung 819 wird bis ins späte Mittelalter Perwines genannt. Ob dies mit hier gepflegtem Weinbau zu tun hat, sei dahin gestellt (→ auch Fußberg Lkr. FFB). Der jetzige Name „Frauenberg" taucht 1330 erstmals auf. Als Ettaler Besitz kam der Ort mit Maisach 1746 durch Tausch an Kloster Fürstenfeld.

Kath. Kirche St. Mariä Himmelfahrt. Kleine Chorturmanlage, im Kern wohl hochmittelalterlich, in alt ummauertem Friedhof auf einem Hügel. Der massige Turm mit Satteldach, Schiff zu zwei Achsen mit gedrückter Stichkappentonne, die Fenster barock erweitert. Seitlich im Chor sitzende Madonna, gute Arbeit gegen Ende 15. Jh.
Im Hause des Mesners hübsche kleine Madonna in einem Wolkenkranz mit Engeln, auf einer Art Monstranzfuß, geschnitzt um die Mitte 17. Jh.

Freiham ○ M □ 2.3

Kath. Kirche Hl. Kreuz, der ehem. Schwaige Freiham. Diese einst im Besitz der Münchner Patrizier-Geschlechter Ligsalz und Pütrich, im 17. Jh. in dem der Familie Lindauer, denen die Reichsgrafen von Yrsch folgten. Zuletzt im Besitz der Familie von Maffei. Der Westturm mit Blendgliederung stammt aus der Mitte des 15. Jhs. Das einfache Schiff und der Chor sind frühbarock und besitzen noch den schönen, geometrischen Modelstuck aus der Zeit ± 1620. Bei der eingreifenden Überformung 1781 (Inschrift am Chorbogen) wurde die ältere Ausstattung zerstreut; ein Altar mit Stifterinschrift der Lindauer hat sich in → Wangen bei Starnberg gefunden. Die heutige Ausstattung in einheitlich spätbarocker Architektur, sehr hübsch und wohlerhalten. ***Hauptaltar:*** Kreuzigungsgruppe, flankiert von den Figuren der Hl. Konstantin und Helena, wie es dem Titel der Kirche entspricht, beide in Porzellanfassung und recht hübsch. Das Altarblatt modern übergangen, ursprünglich vielleicht von *Franz Kirzinger*. Die ***Seitenaltäre*** links Hl. Leonhard, rechts Schmerzensmutter, letzterer modern, der andere wohl auch von *Franz Kirzinger*. Vorzüglich geschnitzte Altarachitekturen im spätesten Rokoko.
Links und rechts im Altarraum zwei ungefaßte ***Reliefs*** hinter Glas: Johannespredigt und Tod des Hl. Nepomuk, von der gleichen Hand wie das Relief mit der Flucht nach Ägypten am Fuß des kleinen Orgel-Rückpositivs, Ende 18. Jh. und qualitätsvoll. – Die ***Apostelfiguren,*** typisch für eine Schloßkapelle (→ Haarkirchen), an den Wänden ringsum stammen wohl aus dem Ende des 18. Jhs., stehen aber auf neuen Rokoko-Konsolen. – In der Sakristei mehrere Fatschenkinder. – Altes, gutes Solnhofer Pflaster.

Herrenhaus, im Besitz der Familie von Maffei, einheitlich aus dem 19. Jh. in recht edler Neugotik der Maximilianszeit. Die übrigen Gutsgebäude teils barock (Gasthaus), teils neu. Es wird in Freiham Spiritus gebrannt. Schöne Lindenallee nach ***Streiflach,*** daran eine Säule aus dem 18. Jh. (Meilenstein?, Grenzmarke?), und eine ***Kapelle*** des 19. Jhs. mit Christusbild um 1500.

Fürstenfeldbruck

Kreisstadt. □ 1.4

Viele Orte des Ampertales in der näheren Umgebung sind weitaus älter als die jetzige Kreisstadt, deren Ortskern mit dem alten Namen Bruck aber dennoch älter ist als das erst im späteren 13. Jh. gegründete Kloster → Fürstenfeld, dessen Ruhm und Bedeutung ihn zunächst überflügelte. Beide Namen vereint erscheinen erst im 18. Jh. und werden im frühen 19. Jh. in dieser Form amtlich eingeführt.

Die Gründung und älteste Entwicklung des Ortes ***Bruck*** im 12. und 13. Jh. kann nur mit guten Gründen aus den ältesten Besitzverhältnissen erschlossen werden. Danach könnte der Ort bei der namengebenden Brücke von Heinrich d. Löwen im Zuge des Ausbaus einer neuen Handelsstraße auf dem Wege von der 1158 neu gegründeten Stadt München nach Landsberg angelegt worden sein (Straßenführung und Anlage des Marktplatzes sprechen durchaus für planmäßige Gründung). 1306 wird der Ort erstmals als Markt genannt, damals im Besitz der Herren von Geggenpoint, die merkwürdigerweise Brückenzoll, Kirchenvogtei und sogar Blutgericht als Reichslehen innehaben. Diese Geggenpointer tauchen erstmals um 1150 im Gefolge der Welfenherzoge auf und saßen auf einer Burg jenseits der Amper auf dem jetzt „Ludwigshöhe" genannten Berg. Anscheinend war es ihnen nach dem Sturz Heinrich d. Löwen gelungen, diese Reichslehen an sich zu bringen. Die Grundherrenrechte – Steuer und Dorfgericht – waren unmittelbarer Besitz des Geschlechtes, das sie nach und nach an das inzwischen blühende Kloster Fürstenfeld oder anderweitig verkaufte. Nach ihrem Aussterben erwarb das Kloster 1425 noch von den Erben, den Herren von Pellheim, den Brückenzoll. Das Hochgericht hatte der Herzog an sich gezogen und dem Landgericht Dachau zugeteilt. Bis zur Aufhebung 1803 teilte dann Bruck als Hauptort der Klosterhofmark die Geschicke der Abtei Fürstenfeld und war auch Sitz des Hofmarkrichters. Der Markt hatte nur bescheidene Rechte der Selbstverwaltung. 1823 wurde er Sitz eines, aus den alten Landgerichten Dachau, Landsberg und Starnberg ausgegliederten Teilbereichs, zunächst königliches Landgericht, dann Bezirksamt genannt. Damit begann der Aufstieg zur Kreisstadt.

Kath. Pfarrkirche St. Magdalena. Die älteste Geschichte ist nicht überliefert, sie hängt sicher mit der Marktgründung im 12. Jh. zusammen. 1270 wird die Kirche als Filiale der Mutterpfarrei Pfaffing genannt und mit dieser dem Kloster Fürstenfeld inkorporiert; 1315 hat sie eigene Sepultur. Bis zur Reformationszeit wurde die Pfarrei durch vom Kloster eingesetzte Weltgeistliche versehen, die aber wohl seit dem 15. Jh. in Bruck wohnten. Ein spätgotischer, vielleicht von 1468 stammender, geosteter Bau, mit dreiseitigem Chorschluß und Turm auf der Nordseite, wurde ab 1673 auf Betreiben der hier 1642 gegründeten Rosenkranzbruderschaft durch einen Neubau ersetzt. Dabei wurden Teile des alten Schiffs, in dem nunmehr nach Süden gerichteten Chor einbezogen und der alte Turmunterbau mitverwendet. Als Baumeister ist aufgrund stilisierter Merkmale (Emporenumgang im Chor, ähnlicher Aufriß in der Pfarrkirche zu Deggendorf/ Niederbayern), *Konstantin Pader* aus München zu vermuten. 1675 Weihe. 1764 erfolgte eine durchgreifende Neuausstattung im Sinne des entwickelten Rokoko, im Chor stuckiert von *Anton Sießmayr* aus Augsburg, im Schiff von dem Wessobrunner *Thassilo Zöpf,* alles dann freskiert von *Ignaz Baldauf.* Die übrige Ausstattung fiel weitgehend zweimaligen Änderungen des 19. Jhs. zum Opfer, die ihrerseits durch Bereinigungen unserer Tage entfernt wurde, mit Ausnahme der durchaus ansehnlichen Neustuckierung des Chorgewölbes 1912, mit Fresken von *A. Ranzinger* 1913. Das Chorgewölbe war schon 1860 ausgewechselt worden. 1965 Abbruch des alten Turms, der in Anlehnung an den gotischen Unterbau und an einen Stich von Michael Wening (um 1700) mit barocker Zwiebel neu errichtet werden mußte. Letzte Restaurierung 1970/72.
Auffallend ist die Lage abseits vom Getriebe des Marktes am Amperufer, die sich jedoch auch bei anderen altbairischen Märkten findet. Der etwas eingezogene Chor war ursprünglich mit dreigeschossiger Fensterordnung errichtet und wohl im 18. Jh. mit den jetzigen langbahnigen Fenstern ausgestattet worden. Nur in der Mittelachse, hinter dem Hochaltar, ist die alte Anordnung erhalten. Das Innere bietet eine überraschende Weiträumigkeit. Das Schiff mit Wandpfeilern und mächtigem Tonnengewölbe, die niedrigeren Seitenkapellen mit Quertonnen. Der Chor im Aufriß etwas bereichert durch die Zweigeschossigkeit der Seitenkapellen mit einem Emporenumgang, ein Motiv, das die Herkunft aus dem 17. Jh. verrät.
Der Aufbau des ***Hochaltars*** mit zwei gedrehten Säulen, wohl um 1688. Er enthält heute als Leihgabe der Bayerischen Staatsgemäldesammlungen ein gutes Leinwandbild mit der büßenden Magdalena von einem unbekannten Maler des 17. Jhs. (das ursprüngliche Gemälde von 1688 ging verloren). – Die derben Apostelfürsten zu beiden Seiten sind 1690 von dem einheimischen Bildhauer *Melchior Seidl.* Ebenfalls aus einer einheimischen Werkstatt des späten 17. Jhs. die Reihe der ***Apostel*** an den Wandpfeilern. Das neubarocke ***Hauptfresko*** im Chor (1912) bringt die seit gotischer Zeit volkstümliche und beliebte Szene des ,,Noli me tangere" aus der Legende der Kirchenpatronin. Auch die restaurierten, aber auf das 18. Jh. zurückgehenden Bilder über den Chorkapellen sind der Magdalenenlegende gewidmet.
Das ***Hauptfresko*** im Schiff zeigt Maria als Königin des Rosenkranzes: Sie fährt über den Himmel in einem festlichen Triumphwagen, der von Adler und Löwe, den Wappentieren Polens und Bayerns, gezogen

Fürstenfeldbruck, Pfarrkirche

wird; der Kampf christlicher Soldaten gegen die Reiter mit Turban spielt an auf die Türkenkriege und besonders den Sieg des polnischen und bayerischen Heeres in der Schlacht am Kahlenberg bei der Entsetzung Wiens 1683, welcher der Hilfe der Rosenkranzmuttergottes zugeschrieben wurde. Auch die übrigen kleineren Darstellungen gehören in diesen Themenkreis (Marienleben bzw. Geheimnisse des freudenreichen, schmerzhaften und glorreichen Rosenkranzes). Der ***Sakramentsaltar,*** Neurokoko, auf der Nordseite mit Herzjesugemälde, 1913 von *Ranzinger;* er trägt im Bereich des Auszugs noch ältere Putten aus dem 17. Jh. Der südliche Seitenaltar ist dem hl. Antonius geweiht; der überarbeitete Aufbau stammt aus St. Leonhard in Inchenhofen. Die neubarocke ***Kanzel*** enthält auch originale barocke Teile, vor allem die ungewöhnliche Figur des Gottvaters, die aus Rottenbuch stammen soll. Von besonderer Qualität die sehr schöne Marienfigur in der zweiten Seiten-

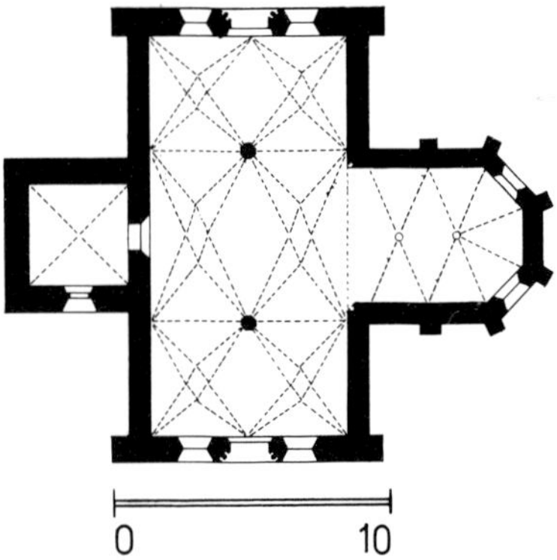

Fürstenfeldbruck, St. Leonhard

kapelle der Nordseite, in neuerer Zeit als Immakulata restauriert; sie ist einer Münchner Bildhauerwerkstatt des späten 15. Jhs. zuzuweisen. – Ein spätgotischer Kruzifixus am Standkreuz neben dem Zelebrationsaltar stammt aus dem Kloster Fürstenfeld. – Die Pieta des 17. Jhs. auf der Südseite wurde von auswärts erworben. – Zum barocken ***Taufstein,*** der aus der alten Pfarrkirche zu → Pfaffing hierher übertragen wurde, gehört als ältester Besitz der Pfarrei eine schöne Taufschale aus der Mitte des 15. Jhs. mit in Messing getriebener Darstellung der Verkündigung und einem Fries von Hirschen auf dem Rand.

Unter den ***Grabsteinen*** innen und außen an der Kirche sei hervorgehoben jener des Dekans Bernhard Weixner, gestorben 1515, in Sandstein mit ganzer Priesterfigur. Doch auch die übrigen, zum Teil in Rotmarmor, sind für die Ortsgeschichte bedeutsam und spiegeln mit der Angabe von Beruf und Amt (Richter, Bierbräu etc.) viel vom vergangenen Leben dieses Ortes. – Im Friedhof sei auf das Grab mit Figur des segnenden Christus nach *Thorwaldsen* verwiesen, das der Münchner Erzgießer *Ferdinand von Miller* seinem Vater errichtete.

St. Leonhard. Bei der für den Ort namengebenden Brücke steht ein kleiner gotischer Bau, dessen Gründung dem Kloster Fürstenfeld zu danken ist, das mit der Betreuung der bedeutenden Leonhards-Wallfahrt zu Inchenhofen eine besondere Zuneigung zu diesem Heiligen hegte. Er wurde 1440 geweiht, 1452 war die Ausstattung noch nicht vollendet. Der Turm hatte im 18. Jh. bei einer Barockisierung eine Zwiebelhaube erhalten, 1854 erfolgte die Regotisierung mit Errichtung des jetzigen Spitzhelms. – Die Kirche war im 18. Jh. auch Mittelpunkt einer lokalen Wallfahrt, die 1743 bei einer Viehseuche ihren Anfang nahm. Es scheint auch den Brauch des Durchreitens (St. Willibald bei → Jesenwang) gegeben zu haben. Durch Verbote im frühen 19. Jh. zum Erliegen gekommen, gab es 1921–1925 erste Versuche einer Neubelebung. Seit 1966 wird regelmäßig eine Leonhardifahrt von der Stadt veranstaltet.

Ungewöhnlich ist die Gestalt. Am dreiseitig geschlossenen rippengewölbten Chor ein querliegendes Schiff mit Rippengewölbe auf zwei Rundpfeilern, die den Raum zweischiffig erscheinen lassen. In der Achse des Chors dann ein für die Proportionen des Baues stattlicher Turm, dessen Geschosse mit Kielbogenmaßwerk gegliedert sind. – Die gotische und die barocke Ausstattung ist weitgehend verloren. Bedeutsam die bei der Restaurierung 1928 aufgedeckten Gewölbemalereien. Ein Zyklus von Heiligen und Apostelfiguren im Schiff, dazu im Chor Engel mit Leidenswerkzeugen, stilistisch in das späte 16. Jh. einzuordnen. – An der Westwand eine tüchtige Figur des gegeißelten Heilands, um 1530.

Die Hauptstraße. Die Hauptstraße, noch heute Zentrum der Stadt, ist auf die Brücke ausgerichtet und spiegelt noch immer viel vom Charakter eines altbayerischen Straßenmarkts mit behäbigen Giebelhäusern,

Fürstenfeldbruck, St. Leonhard von Norden

unter denen einst die zahlreichen Gasthäuser und Brauereien hervorragten. Er ist in seiner Gesamtheit empfindlich gestört durch die Maßstablosigkeit und ortsfremde Struktur des Neubaus der Sparkasse von 1975. Im Norden quer zur Achse des Platzes liegt das ehemalige Amtshaus der klösterlichen Verwaltung, Zwerchhaus genannt, später Landratsamt und heute Rathaus. Bei neubarocker Gestaltung der Fassade enthält es noch einen alten Kern der Zeit ± 1700.

Altes Rathaus, heute Heimatmuseum. Im Süden des Platzes, ein historistischer Bau von 1866/68, nach Plan von *Johann Marggraff.* Die gegossenen Medaillonsreliefs an der Fassade mit Köpfen Kaiser Ludwig des Bayern und Ludwig des Strengen sind von *Ferdinand von Miller* d. J.

Gasthof Post. Im Kern ein Bau ± 1840, seit über 300 Jahren in Besitz der Familie Weiß, die in besonderer Weise mit der Geschichte der Stadt verbunden ist. Sie hatte im 17. und 18. Jh. das Amt des Posthalters im Ort. – Das Haus (Nr. 9) daneben war Sitz des Fürstenfelder Klosterrichters. Es wurde 1626 unter Abt Leonhard erbaut („Sanctae iustitiae domum et sedem"). – ***Café Brameshuber.*** (etwas weiter oben, Nr. 13). Auch ein traditionsreiches Haus als Lebzelterei und Wachszieherei, ferner Geburtshaus des Erzgießers *Ferdinand von Miller.*

Evangelische Pfarrkirche. Südlich des Ortskerns am Weg zum Bahnhof. Neubau 1925/27 nach Plan von *German Bestelmeyer,* Saalbau mit Quersattelturm in modernisierend und zurückhaltend spätgotischen Formen.

Kath. Pfarrkirche St. Bernhard. Im neuen Siedlungsgebiet im Westen der Stadt, Ecke Rothschwaiger Straße – Richard Higginsstraße. Neubau 1962/64 von *Franz Berberich* aus München, 1965 zur Pfarrkirche erhoben. Betonskelettbau auf rautenförmigem Grundriß mit Giebeldach.

Evangelische Kirche und Gemeindezentrum Fürstenfeldbruck-West, Am Sulzbogen. Errichtet 1973/74 nach Plan von *Theo Steinhauser* aus Gräfelfing.

Ehemalige Zisterzienserkirche und Kloster Fürstenfeld

Geschichte

Durch Verwechslung zweier Briefe war 1256 Maria von Brabant Gemahlin von Herzog dem Zweiten von Bayern in den Verdacht der Untreue geraten. Der Herzog ließ sie übereilt in Donauwörth hinrichten, dazu offenbar eine Hofdame und den Burgvogt. Schon bald scheint sich die Gewißheit der Unschuld der unglücklichen Herzogin durchgesetzt zu haben. Der Herzog unternahm große Anstrengungen, sich durch die Kirche von der Blutschuld freisprechen zu lassen. Er wandte sich an den Papst Alexander IV. der ihm als Buße eine Wallfahrt ins Heilige Land oder die Stiftung eines Kartäuserklosters auferlegte. Da es in bayerischen Landen kein Kartäuserkloster gab, wurde gestattet, dafür Zisterziensermönche zu berufen, die dann aus Aldersbach in Niederbayern kamen.

1258 erste Gründung unter dem Namen Seldenthal bei Aibling, die wegen verschiedener Unzulänglichkeit des Ortes in die Amperniederung von Olching verlegt wurde. Hier aber stellte sich heraus, daß die zugewiesenen Gründe nicht dem Herzog allein unterstanden und er verlegte 1263 den Sitz abermals, etwas weiter flußaufwärts auf des „Fürsten Feld" bei dem Ort Bruck. Schon in Olching waren es 12 Mönche gewesen, wie es die Zisterzienserregel für eine Neugründung vorsieht; diese wählten dort ihren ersten Abt Anselm. 1266 Bestätigung der Gründungsausstattung mit Grundbesitz und Privilegien (freie Vogtwahl) durch den Herzog. 1269 weitere Schenkungen an die junge Gründung, die ihrem Stifter, der 1296 hier begraben wurde, sowie dem herzoglichen Haus eng verbunden blieb. Das gilt besonders für den großen Sohn Ludwig des Strengen, dem späteren deutschen König und Kaiser Ludwig den Bayern, der im Kloster wie ein zweiter Stifter verehrt wurde.

Fürstenfeld erlebte im 14. Jh. seine erste Blüte: Wirtschaftlich wurde es wohlhabend durch straffe Organisation großer Höfe (diese Grangien genannten, in eigener Regie geführten großen Güter, hier z. B. in Puch oder in Roggenstein, waren eine spezielle Eigenheit der Zisterzienser). Das Kloster hatte sich eine ansehnliche Bibliothek geschaffen, in der bedeutende Chronisten wiederum die enge Verbundenheit mit dem Herrscherhaus und dem Lande dokumentierten. (Fürstenfelder Annalen des 14. Jhs. und Bayerische Fürstenchronik). – 1441 erhält Abt Andreas auf dem Konzil zu Basel das Recht der Pontifikalien. Das Ansehen des Klosters wird auch darin ersichtlich, daß die Äbte Ulrich (1457–67) und Jodok (1467–80) vom Generalkapitel zu Visitatoren anderer Ordenshäuser bestellt wurden. Zu deren Zeit erhielt die Klosterkirche auch eine bedeutende neue Ausstattung. Die Unruhe und die Probleme der Reformationszeit gingen auch an Fürstenfeld nicht vorüber, das zeitweilig unter

Fürstenfeldbruck, ehem. Klosterkirche von Westen

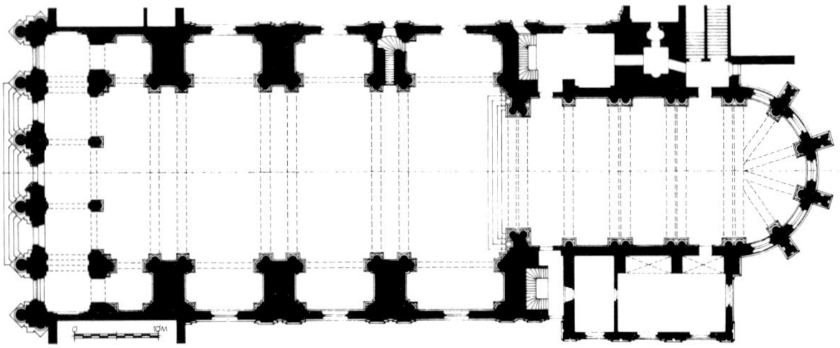

Fürstenfeldbruck, ehem. Klosterkirche

weltliche Administration gestellt werden mußte. Mit der Wahl des Abtes Leonhard Paumann (1556) kam es rasch wieder in geordnete Bahnen. Schwere Schäden erlitt das Kloster beim Einfall der Schweden 1632. Unter Leitung des 1640 in trostloser Lage gewählten Abtes Martin Dallmayr, der bis 1690 regierte, wurde zielstrebig wieder ein geordneter Besitzstand mit hergestellten Baulichkeiten und einer großen Zahl von Mönchen erreicht; sogar die Neubesiedlung des Klosters Waldsassen im Zuge der Rekatholisierung der Oberpfalz konnte verwirklicht werden (1669). Unter seinem Nachfolger Balduin Helm erfolgte der Neubau der Klostergebäude (ab 1691) und die Grundsteinlegung zum Chor der Kirche 1700, deren Bau dann bis 1716 liegenblieb und erst unter Abt Liebhard Kellerer weitergeführt werden konnte. Die unglücklichen Kriege der bayerischen Kurfürsten gegen Österreich in der ersten Hälfte des 18. Jhs. brachten dem Kloster auch große Nöte. Der letzte Abt Gerhard Führer war Mitglied der Akademie der Wissenschaften und hatte besonderes Interesse an der Geschichte des Klosters. Er hinterließ eine bedeutende Chronik. – Die Gebäude und Liegenschaften wurden zunächst wie üblich versteigert, dann vom Staat zurückerworben, der in der Abtei verschiedene militärische Institutionen unterbrachte. Gegenwärtig ist hier die bayerische Beamtenfachhochschule der Polizei. Die Kirche selbst wurde 1816 zur königlichen Landhofkirche erklärt und blieb somit erhalten.

Baugeschichte

Die zunächst in provisorischen Holzbauten untergebrachten Mönche begannen ab 1270 mit der Errichtung von Kloster und Kirche in Backstein. Grundsteinlegung der Kirche unter Abt Anselm 1270. Der Chor der Kirche war zunächst mit Stroh gedeckt worden. ± 1290 scheint sie jedoch soweit fertiggestellt, daß Bestattungen in ihr vorgenommen werden konnten. Die Gestalt des 1. Baues ist nur in ihren Grundzügen bekannt, die den allgemeinen Gepflogenheiten der Zisterzienser folgten: dreischiffige Pfeilerbasilika ohne Querschiff, die wohl ältere einheimische Traditionen mit ausgesprochen zisterziensischen Baugewohnheiten verband; letzteres zeigt sich besonders im geraden Chorschluß und dem Dachreiter, ferner in der Trennung von Mönchschor und Schiff für die Laienbrüder (Fratres barbati). Nach 1363 Umbau der Ostteile (rechteckiger Chorumgang); ferner werden, wohl im Verlauf des 14. Jhs., auf der Südseite 11 Kapellen angefügt und die Altäre vermehrt. Die die heutige Umgebung des Klosters prägenden Nebenarme der Amper sind schon für das 14. Jh. belegt. Mit ihnen wollte man die Wasserkraft für die Mühle des Klosters und andere

Zwecke ausnützen. Unter Abt Ulrich (1457–67) Herstellung der Klosterbaulichkeiten. Danach erfolgt unter Abt Jodok (1467–80) eine Neuausstattung mit Altären. Dabei Errichtung eines bedeutenden Hochaltars von über 12 Meter Höhe und fast 7 Meter Breite, dessen verlorene Pracht noch die allein erhaltene ***thronende Madonna*** mit ihren Seitenfiguren eindrucksvoll zeigen kann. Für die Zeit des Abtes Georg Menrad (1522–31) ist die Erneuerung des Stiftergrabes mit Holzfiguren überliefert, dessen Reste sich im Bayerischen Nationalmuseum bzw. im Brucker Heimatmuseum befinden. 1615 stürzte nach Blitzschlag der Dachreiter in den Chor; schlimmere Verwüstungen brachte der 30-jährige Krieg. Dessen Schäden ließ in einer durchgreifenden Reparatur Abt Martin Dallmayer (1640–90) zunächst für das Kloster und ab 1661–1664 an der Kirche herstellen. Nach Abbruch des Chorumgangs, des Lettners und der meisten Seitenkapellen erfolgte eine Neuordnung des so vereinheitlichten Kirchenraumes im Sinne des Hochbarock. 1690 jedoch entschied sich Abt Balduin Helm (1690–1705) für einen grundlegenden Neubau von Kloster und Kirche. 1691 Grundsteinlegung für die neuen Abteigebäude, die nach Plan von *Giovanni Antonio Viscardi* bis 1695 ausgeführt wurden. Ihre Ausstattung zog sich noch bis gegen 1697/98 hin. 1699 entwarf Viscardi einen Plan zum Neubau der Kirche, der vorsieht, wesentliche Teile des ersten Baues für das Langhaus zu übernehmen. Am 5. August 1700 feierliche Grundsteinlegung zum Chor östlich der alten Kirche. Der Ausbau bleibt aber gleich aus verschiedenen Gründen liegen. Erst nach Beendigung des Spanischen Erbfolgekrieges 1714 *konnte* an ein Weiterbauen gedacht werden. Ein Projekt der Gebrüder *Egid Quirin* und *Cosmas Damian Asam* kam nicht zur Durchführung. Abt Liebhard Kellerer beruft 1716 den Pallier des 1713 verstorbenen Viscardi, *Johann Georg Ettenhofer,* welcher bis 1718 den Chor auf den 1700 gelegten Fundamenten errichtete. Bereits 1717 Abbruch der alten Kirche. Der Rohbau des Langhauses ab 1718. Nach Fertigstellung der Stuckierung im Chor 1723 Beginn der Einwölbung des Langhauses, die sich nach Einsturz eines Joches 1727 bis 1728 hinzieht. Stuckierung und Ausmalung sind 1734 im wesentlichen abgeschlossen, aber die Ausstattung zieht sich bis in die 2. Hälfte des 18. Jhs. hin. 1741 feierliche Weihe durch Johann Theodor von Bayern, Fürstbischof von Freising. – Restaurierung ab 1898 und ab 1934. Nach grundbautechnischen Untersuchungen infolge von statischen Schäden 1965 Beginn umfangreicher Sanierungsarbeiten mit Restaurierungen, die 1977 einen vorläufigen Abschluß fanden.

Außenbau: Der stattliche, weithin im Ampertal sichtbare Bau überragt seine Umgebung beträchtlich. Nach dem Bautyp eine Wandpfeileranlage mit stark eingezogenem Chor, rundem Schluß und Turm auf der Nordseite. Langhaus und Chor zu je 4 Jochen mit insgesamt 87 m Länge und 32 m größter Breite (innen 80 m : 28,50 m). Firsthöhe 43 m, Gewölbescheitel im Schiff 28,20 m. Ein einheitliches Dach überspannt Chor und Schiff unter *einem* First. Der eingezogene Chor ist bei höherer Trauflinie schmal und steil in der Proportion; seine pilasterbesetzten Strebepfeiler sind über Voluten abgestuft und fügen sich in der Nachfolge von St. Michael in München zu einer zweigeschossigen Ordnung mit hoher Attika. Auch die Langhauswände sind etwas trocken mit zweigeschossiger Pilasterordnung und verkröpftem Dachgesims gegliedert. Der vierseitige Turm mit geschweifter Haube und Laterne wirkt bei 70 m Höhe dennoch nicht übermäßig stattlich. Von großer Wirkung dagegen die breite Schauwand der ***Fassade.*** Sie springt leicht vor die Flucht der Klostergebäude. Reich durchfenstert, ist sie durch je 6 pilasterhinterlegte Säulen in der kanonischen Abfolge der Ordnungen – dorisch, jonisch, korinthisch – mit verkröpftem Gebälk in 2 Geschossen plastisch durchgebildet. Über einer Blendbalustrade folgt der Volutengiebel mit nochmals 2 Säulen. Hier die Figuren des Salvator zwischen den Hl. Benedikt und Bernhard, in Kupfer getrieben. Bis auf die gesprengten

Giebel in den drei Mittelintervallen bringt die Fassade wenig Abwechslung; vor allem erstaunt die Vermeidung jeglicher Kurvatur im Grundriß. Die orthogonale und additive Häufung der Säulen und Gesimse wird eher Ettenhofer als Viscardi zuzuschreiben sein. Die 1965 erneuerte Farbigkeit folgte festgestellten Spuren des 18. Jhs. Durch drei Portale in Rotmarmor, nach Entwurf von *Leonhard Matthäus Gießl*, ausgeführt von dem Münchener Steinmetzen *Johann Michael Mattheo* (1747, Seitenportale 1750/53), betritt man das Innere.

Der besonders bei guten Lichtverhältnissen sehr farbige Eindruck des gewaltigen Raumes gehört zu den stärksten Architekturbildern Süddeutschlands. Nicht nur der Grundriß, auch die aufgehende Gliederung steht in der Nachfolge von St. Michael in München. Aber der Raum wirkt weiter und höher, auch stärker plastisch akzentuiert. Vor allem die Gliederung und die sehr geschickte Dekoration, im Detail oft vorzüglich, verhelfen dem Raum zu seiner Wirkung. Ein einheitliches System von großen Halbsäulen in rotem Stuckmarmor, paarweise angeordnet, mit verkröpftem Gebälk und darüber eine hohe Attika verbindet den um 4 Stufen erhöhten Chor und das Schiff zu einem geschlossenen Bild. Das kräftig ausladende Kranzgesims über den korinthischen Kapitellen umzieht in genau der halben Höhe des Raumes den Bau, wodurch die Attika der Wölbungszone zugeteilt wird. Die dadurch gestelzte Halbkreistonne erhält besonderes Gewicht. Ungewöhnlich und für den Raum vorteilhaft ist die Höhe der Seitenkapellen, deren Quertonnen über der Attika ansetzen. Noch darüber dann die eigenartig abgedrängten Seitenemporen, von denen breite Stichkappen in die Haupttonne des Schiffs eingreifen, die durch doppelte Gurte rhythmisch unterteilt ist. Die in 3 Reihen übereinander angeordneten Fenster bringen von allen Seiten flutendes Licht. Im Westen ist in das erste Joch eine doppelte Emporenanlage fest in den Bau verspannt und verkürzt dieses mit der darunter liegenden Vorhalle zu einem halben Auftaktjoch.

Ausstattung: Die treffliche Dekoration belebt durch Formenreichtum und stark farbige Akzente den Raum. Der Stuck im 1723 vollendeten Chor von *Pietro Francesco Appiani*, im Schiff (dekoriert ab 1729) von dessen Bruder *Jacopo Appiani*. Neben den damals modernen Motiven des Band- und Gitterwerks stehen noch kräftige Akanthusranken, Blattstäbe und Laubwerk älterer Tradition.

Den ***Fresken,*** gemalt zwischen 1730 und 1734, wurde noch nicht der breite Raum zugemessen wie es dann in der Mitte des Jahrhunderts mehr und mehr üblich wurde. Aber *Cosmas Damian Asam* leistete mit ihnen doch einen wesentlichen Beitrag zum Eindruck des Ganzen. Ein kompliziertes Programm verteilt sich auf viele Bildfelder. Die Hauptbilder im Chor gelten der Patronin Maria und ihren verschiedenen ikonologischen Aspekten, u. a. als Mittlerin für den bußfertigen Stifter. Im Schiff bringen die Hauptbilder eine Verknüpfung der Hauptgeschehnisse aus der Legende des Ordenspatrons St. Bernhard mit wichtigen Ereignissen aus der christlichen Heilsgeschichte. Die gedanklich zum Teil stark befrachteten großen Bilder werden von kleineren begleitet, die auf den vielschichtigen Sinn der ersteren hinweisen sollen. Besonders reizvoll die Darstellungen in den Abseiten mit Legenden aus dem Ordensleben der Zisterzienser (Maria hilft beim Arbeiten in der Küche oder auf dem Feld; sie speist selbst die Mönche.).

Der das ganze Chorrund ausfüllende ***Hochaltar,*** erst 1760/62 ausgeführt, zeigt so offensichtlich Züge der Vorstellungswelt *Egid Quirin Asams* († 1750) wie die gegen das Licht der Fenster gestellten Figuren, daß ihm wohl ein posthum ausgeführter Entwurf zugrundeliegen mag. Das Mittelbild (Himmelfahrt Mariä) ebenso wie die vier großen Gemälde der lateinischen Kirchenväter an den Chorseitenwänden von dem Hofmaler *Johann Nepomuk Schöpf*. Die Figuren werden neuerdings der Werkstatt des Weilheimer Bildhauers *Franz Xaver Schmädl* unter wesentlicher Beteiligung von *Thomas Schaidhauf* zugeschrieben. Das schöne ***Chorgestühl*** 1729 von

Fürstenfeldbruck, ehem. Klosterkirche. Muttergottes vom ehem. Hochaltar, ± 1480

◐ 249

Fürstenfeldbruck, Klosterkirche. Fresko im östlichen Joch des Langhauses

Fürstenfeldbruck, ehem. Klosterkirche und Kloster von Norden

Friedrich Schwertfiehrer unter Verwendung älterer Teile. Die vier Oratorienbalkone mit Rocaillestuck 1760 von *Tassilo Zöpf*. Unter den ***Altären*** im Schiff fallen die der zweiten Seitenkapellen von Osten rechts und links auf, typische Werke von *E. Q. Asam* 1736/37 und 1746.
Der Sebastiansaltar mit gutem älteren Bild des Münchner Hofmalers *Andreas Wolf* (gestorben 1716).
Die Gemälde der beiden ersten Seitenaltäre sowie das des vierten Altars der Südseite sind von *Schöpf*.
Die Hauptbilder des zweiten und dritten Altars der Südseite sowie des dritten und vierten Altars der Nordseite von *Ignaz Baldauf*. Die teilweise recht guten Figuren dieser Altäre – mit Ausnahme der von Asam –, der Werkstatt von *F. X. Schmädl* zugeschrieben, bei entscheidender Beteiligung von *Schaidhauf*, welcher damals Geselle bei Schmädl war. Letzterer ist für die Folge der Apostel (1760/63) an den Wänden auch namentlich genannt.
Weniger gefällig wirken die beiden Kolossalfiguren von *Roman Anton Boos* zu seiten des Chorbogens (1766): Herzog Ludwig der Strenge und dessen Sohn Kaiser Ludwig der Bayer.
Die auf der oberen Westempore freistehende ***Orgel*** 1733/35 noch mit altem Werk von dem berühmten Orgelbauer *Johann Fux* aus Donauwörth, der Prospekt mit zahlreichen musizierenden Engelfiguren von *Johann Georg Greiff*. Das tüchtige ***Eingangsgitter*** 1775 von dem einheimischen Schmied *Oberögger*. In der Kapelle südlich der Vorhalle bemerkenswerte

Sandsteinfigur einer stehenden Muttergottes Mitte 14. Jh.
In der Sakristei (zuweilen in der Kirche) lebensgroße Schnitzfiguren einer vortrefflichen thronenden Madonna mit den Ordenspatronen St. Benedikt und St. Bernhard, vom gotischen Hochaltar um 1470/80 und wohl von einem bedeutenden Münchner Meister; desweiteren auch Fragmente zweier Altarflügel dieser Zeit, Tafelbilder mit Geburt Christi und Ausgießung des Hl. Geistes, *Gabriel Mäleßkircher* zugeschrieben.

Die ***Klosteranlage*** (jetzt Polizeischule). Der Erneuerung der Kirche war mit kurfürstlicher Zustimmung der Neubau des Klosters vorausgegangen. 1691 Baubeginn durch den bauerfahrenen Abt Balduin nach Plänen von *Viscardi.* Zunächst Wirtschaftsgebäude, Bräuhaus und Torhaus gegenüber der Kirche (1693); dann von Osten her die neuen Abteigebäude außerhalb der alten, die erst 1695 abgebrochen werden mußten, um die jetzige Anlage mit den zwei geschlossenen Innenhöfen zu komplettieren. Ab 1696 Stuckierung durch *Giovanni Nicolo Perti* und Freskierung von *Hans Georg Asam.* 1697/98 Fortsetzung der Stuckarbeiten von *Pietro Francesco Appiani,* dessen Bruder *Andrea* und *Pietro Martinetti.* Dazu weitere Fresken von Asam. Von der Stuckierung sind bemerkenswerte Teile auf den Gängen und in mehreren Treppenhäusern erhalten, die Fresken großenteils verloren. Der Fürstensaal ist leider durch eine Zwischendecke unterteilt. In den ehemaligen Zimmern für den kurfürstlichen Hof noch zwei Deckenbilder H. G. Asams ,,Justitia" und ,,Apoll mit den Musen". In der zu diesem Teil gehörenden ehemaligen Hauskapelle noch der beschädigte Stuckmarmoraltar mit schöner eingelegter Scagliolaarbeit.

Als Rest der ***Gartenanlagen*** westlich der Abtei noch ein Springbrunnen mit Marmorputto von *Roman Anton Boos.*

Furtmühle

1 km sö Pfaffenhofen/Glonn ○ FFB □ 1.2

Die einsam gelegene ***Mühle*** an der Glonn liegt an einer alten Gerichtsgrenze mit Zollstätte an einer Furt. Auf einer Landkarte von 1812 ,,Wagenfurthmühle" genannt. Sie gehörte zur Hofmark Weyhern-Egenhofen.

Die alte ***Getreidemühle,*** ein schöner klassizistischer Walmdachbau der Zeit um 1800 (Dachbalken bezeichnet 1806). Parallel danebenstehend die Sägemühle, ein vielleicht etwas älterer Bau mit Krüppelwalmdach.

Fußberg

1 km ö Überacker ○ FFB □ 2.3

Die Ortsgeschichte im Hochmittelalter ist nicht leicht zu klären, da der Ort unter verschiedenen Namen auftaucht. In der Freisinger Matrikel von 1315 als ,,Berg mit seiner Kirche" genannt, die schon damals Filiale der Pfarrei → Kreuzholzhausen war. Das Reichsstift St. Ulrich in Augsburg vertauschte ihn an das Kollegiatstift U. L. Frauen in München, dabei wurde er Ulreichsperg genannt. Dann gab es noch das Geschlecht der Fußberger, deren Wappenzeichen, ein Fuß, namengebend gewesen zu sein schien. Ferner ist zu erwähnen, daß das 1242 genannte Perweinchirchen vielleicht hier zu lokalisieren ist (→ Frauenberg).

Kath. Kirche St. Ulrich. Kleiner, sehr altertümlich erscheinender Bau. Der kräftige Chorturm mit Satteldach, daran das gedrungene Schiff, wohl barock verändert, aber die leicht zugespitzten Fenster vielleicht frühgotisch 13./14. Jh. Der Chor mit Kreuzgratgewölbe. Im Hochaltar gute, stehende Holzfigur des Hl. Ulrich um 1500/1510. Als Predella Tafelbild des Kindermordes mit thronendem Herodes, Ende 16. Jh. In dem linken Seitenaltar Sitzmadonna um 1460/70 (Kopf und Kind neu).

Galgen

1 km sw Malching, ○ FFB □ 1.4

Schon in den Gutsbeschreibungen des

Geiselbullach, St. Johann Nepomuk. Deckenbild

18. Jhs. erscheint der Weiler mit vier ganzen, d. h. ungeteilten Höfen.

Kapelle St. Maria. Kleiner Bau mit offener Vorhalle, errichtet bald nach 1918. Innen neugotische Pieta und kleine Kreuzgruppe, wohl Anfang 19. Jh.

Geiselbullach, ○ FFB □ 2.3

Die Geschichte des nicht sehr alten Orts berichtet die Stifterinschrift der Kapelle. Der kurfürstliche Hofkammerrat Johann Adam Geisler hatte 1724 die öde Moorgegend erworben, urbar machen lassen und sich ein Schlößchen mit Hofgut errichtet. Die entstandene Siedlung wurde zur Unterscheidung von anderen Bullach-Orten „Geislbuellach" genannt.

Kapelle St. Johann Nepomuk. Errichtet 1726/27. Der ansprechende Bau zu zwei Achsen mit knapp eingezogenem runden Chorschluß wendet sich mit geschweifter Giebelfront zur Straße. Der vorgelegte Turm mit welscher Haube und offener Erdgeschoßvorhalle bereichert geschickt das Bild. Das Innere überrascht mit schwungvollem ***Deckenbild*** der Apotheose des Titelheiligen; das erst um die Mitte des 18. Jhs. mit der Rokoko-Dekoration entstand.

Gegenüber der Kirche das ***Schloß,*** zweigeschossig mit Mansardwalmdach. Der ehemals gefreite Sitz ist noch von der barocken Gartenmauer umgeben.

Geiselwies

1 km n Rossbach ○ DAH □ 1.2

Wallfahrtskapelle aus dem 18. Jh., der Umgang erneuert; das Gnadenbild offen-

Geiselwies, Wallfahrtskapelle

bar auch. Die Situation aber auf der einsamen Waldlichtung ist in ihrer Unberührtheit noch ganz ursprünglich. Die Votivbilder im Umgang reichen bis in die Mitte des 19. Jhs. zurück; zahlreiche Stücke aus der Gegenwart zeigen, daß es eine echte Votivmalerei durchaus auch heute noch gibt. – Die Gnadenkapelle von Geiselwies hat im 18. Jh. die Marienwallfahrt von → Pfaffenhofen an der Glonn auf sich gezogen, so daß sie dort erloschen ist.

Geltendorf ○ LL □ 1.3

Auf die Pfarrei hatte der Magistrat der Stadt Friedberg seit 1409 das Präsentationsrecht.

Die alte **Pfarrkirche St. Stephan** – vor einigen Jahren ist an der Straße zum Bahnhof ein neues Pfarrzentrum entstanden – stammt im Mauerwerk aus dem Jahr 1493; 1694 wurde sie nach Westen verlängert, erhöht und mit einem barocken Turmoberteil versehen (die Doppelzwiebelhaube in alter Form modern nachgebaut). Von guter Qualität ist die gesamte Ausstattung der Rokokozeit aus der Mitte des 18. Jhs. Wessobrunner Stuck, ***Dekkenbilder*** im Langhaus von *Johann Georg Dieffenbrunner* aus Mittenwald (Martyrium des hl. Stephanus, bez. 1754); das Chorfresko ist eine neu entdeckte Arbeit des bedeutenden *Matthäus Günther* etwa aus der gleichen Zeit (Apotheose des Titelheiligen). Am barocken ***Hochaltar*** die Figuren der Hl. Augustinus und Ulrich, die zu den besten Arbeiten *Lorenz Luidls* gehören

Germering, Alte Pfarrkirche St. Martin

(Ende 17. Jh.), die Plastiken der ***Nebenaltäre*** aus der Friedberger *Eberl*-Werkstatt.

Der steilgiebelige ***Pfarrhof*** ostwärts der Kirche wurde um 1740 erbaut und vor kurzem sachgemäß restauriert. An der Straße nach Hausen eine Pestkapelle aus dem Jahr 1646.

Geretshausen ○ LL □ 1.3

Das Dorf, beiderseits des „Verlorenen Baches" gelegen, wird 1033 urkundlich als Gerinshusin genannt; die Pfarrei gehörte seit 1179 zum Kloster Wessobrunn.
Chor und Turm der hochgelegenen **Pfarrkirche St. Johannes d. T.** entstanden 1737 (vielleicht unter Leitung von *Joseph Schmuzer*), das Langhaus stammt aus der 2. Hälfte des 17. Jhs. (1662?) und wurde 1790 erhöht und verlängert. Der barocke ***Hochaltar*** kam 1930 aus einer Allgäuer Kirche hierher. Bemerkenswert einige Plastiken aus der Landsberger *Luidl*-Werkstatt – darunter die gute Apostelreihe von *Lorenz Luidl,* Ende 17. Jh. – und eine Schutzengelgruppe.

Germering ○ FFB □ 2.3

Ehemals ein bäuerliches Straßendorf an der Poststraße von München nach Augsburg, die vom Mittelalter bis zum 18. Jh. von hier über den Parsberg Alling und Biburg und Bruck erreichte. Erst nach der Mitte des 18. Jhs. wurde der bequemere Weg über → Puchheim ausgebaut, was dem Ort die Entwicklung zum Haufendorf brachte. Alles jedoch nicht zu vergleichen mit der Ausdehnung seit dem 2. Weltkrieg. (→ Unterpfaffenhofen). – Der Ort wird schon um 770 und 859 („kermaringon") erwähnt; im 12. Jh. nennt sich eine sonst nicht weiter hervorgetretene edle Familie nach ihm. 1422 ist er unter den im Kriege der bairischen Herzöge niedergebrannten Dörfern (→ Alling). Ebenso durch Kriegsereignisse Ortsbrand 1798.

Alte kath. Pfarrkirche St. Martin, jetzt Friedhofskirche. 1315 als Filiale der Pfarrei Pfaffenhofen aufgeführt, erst seit 1946 selbständig. – Bei noch in Gang befindlichen Restaurierungsarbeiten konnte ein romanischer Kern des flachgedeckten Schiffs festgestellt werden, an den der Satteturm an der Nordseite angebaut wurde. Die romanische Apsis (nach 1422?) durch nichteingezogenen Chor mit dreiseitigem Schluß und Netzgewölbe ersetzt und das Schiff etwas verlängert. 1898 nochmals nach Westen verlängert und das Innere regotisiert. – Bemerkenswerte, einheitliche ***Ausstattung*** der Neugotik. Der Hochaltar in der Mitte mit Tabernakelturm und Figuren, die seitlichen Flügel mit Reliefs. Die farbigen Glasfenster aus der Hofkunstanstalt *F. X. Zettler* in München. Wandgemälde im Chor nach gotischen Resten erneuert von *Jos. Mairle* 1896. Seitenaltäre mit reichem Gesprenge und Gemälden von *Georg Lacher* (signiert 1854). – Am Nordausgang des Friedhofs ***Gedächtniskapelle*** für den nichtkanonisierten Einsiedler Marquart († 1432), gestiftet 1776, erneuert 1925, jetzt verkommen. Daneben gute ***Kriegerehrung*** von *Georg Brenninger* 1962.

Kath. Pfarrkirche St. Martin (Joseph-Kistler-Straße). Rechteckiger Bau mit flachem Dach und niedrigem Umgang; freistehender Kampanile aus zwei Betonscheiben. Architekt: *Hubert Gais.*

Ev. Pfarrkirche (Dietrich Bonhöfferkirche). 1972 nach Plänen von *Adolf Seifert* erbaut.

Mariensäule. (Am Dorfplatz nördlich der alten Pfarrkirche). Errichtet 1938 mit Figur in Muschelkalk, anläßlich der 300jahrfeier der Münchener Mariensäule (Entwurf von *Georg Mattes*).

Germerswang ○ FFB □ 1.4

Um 780 ist die Weihe einer Kirche St. Michael in Kermareswanc überliefert. Der Ort gehörte zur Gründungsausstattung von Kloster Ettal im 14. Jh. 1746 kam er mit der Hofmark Maisach an Kloster Fürstenfeld.

Kath. Kirche St. Michael. Ein erneuerter Bau von 1737 auf alten Fundamenten wurde nach Einsturz des Zwiebelturms 1947 abgetragen und als schlichter Saalbau mit zeltdachgekröntem Chorturm völlig neu aufgeführt. Das Innere zeigt den Rechteckchor mit einer in das Schiff übergehenden einheitlichen Flachdecke. – Am modernen Hochaltar mit Kruzifix eine Dolorosa des 18. Jhs., am linken Seitenaltar bewegte Figur des hl. Michael, Anfang 18. Jh. Die Madonnenfigur rechts wohl gotisch, im 18. Jh. überarbeitet. – An der Nordwand, wohl als Gegenstücke, ein hl. Bischof (Karl Borromäus?) und hl. Johann Nepomuk, Mitte 18. Jh.; ferner hl. Rochus und hl. Barbara, beide Anfang 18. Jh.

Gernlinden ○ FFB □ 2.3

Im 18. Jh. eine Einöde mit einem Kloster Ettal gehörigen ganzen Hof. Noch 1870 gab es hier nur acht Einwohner in zwei Häusern. Die umfangreiche Siedlung nahm ihren Aufschwung erst nach dem 1. Weltkrieg nach großzügiger Freigabe von Bauland durch Graf Törring.

Kath. Kirche St. Konrad von Parzham. Kleiner Bau mit Zwiebelturm, Neubau 1964 nach Plan von *Karl Helmut Bayer,* München. Die Kirche nach Süden gerichtet, mit hohem Giebeldach; freistehendes Betongerüst als Kampanile. Die weiteren Gebäude des Pfarrzentrums gruppieren sich um einen Innenhof.

Giebing ○ DAH □ 2.1

802 als Kupingas genannt. Das Schloß kam, nachdem der Ortsadel im 14. Jh. erloschen war, an den Herzog, der verschiedene Geschlechter damit belehnte. Es wurde 1803 abgebrochen, die Hofmark aufgehoben. Abbildung von Schloß und Dorfgericht um 1700 bei Wening.

Pfarrkirche St. Michael. Der Chor und der nördlich daran gebaute Satteldachturm sind mittelalterlich; das Langhaus stammt aus dem 19. Jh. Die Einrichtung ist im wesentlichen neu. Das Bild hinter dem Altartisch, ein Hl. Michael, wurde 1787 von *Johann Baptist Deyrer* geschaffen und kam aus der Kirche von Biberbach hierher. Teile des alten Hochaltares stehen auf dem Kirchenspeicher in Viehbach; der Tabernakel kam nach Weng.

Marienkapelle bei Giebing, 1920, von Georg und Therese Hellmeier errichtet.

Gilching ○ STA □ 2.3

Im Jahre 804 wurde eine feierliche Schenkung zu Gunsten des Klosters Schlehdorf in dem Ort „kiltoahinga" vollzogen. Im 11. Jh. nennt sich eine Ahne der Andechser, ein Graf Meginhard „de Giltichinga". ± 1170 schenkt Arnold von Giltihingen, der Stifter der berühmten Glocke (→ unten), zusammen mit seinem Bruder Wernher Güter und viele Leibeigene an Kloster Polling. Bischof Albrecht II. von Freising überließ 1358 die Pfarrei Gilching, die aber stets mit einem Weltpriester zu besetzen war, dem Kloster Fürstenfeld; das Patronatsrecht stand jedoch den Herrn von Bayerbrunn zu, es konnte dann 1378 für 100 fl in Gold hinzu erworben werden. Für das erst in der 1. Hälfte des 14. Jhs. organisierte Landgericht Starnberg gab es hier ein Schergenamt und Schranne. Der Besitz an den im 18. Jh. überlieferten 55 Anwesen war sehr zersplittert; die größten Anteile besaßen Kloster Fürstenfeld (11) und Kloster Schäftlarn (19). Auffallend ist der starke Anteil der Pfarrkirche selbst am Grundbesitz (16 Anwesen).

Alte kath. Pfarrkirche St. Vitus. Von früheren Kirchenbauten dieser sehr alten Pfarrei ist nichts überliefert. Von einem Bau des frühen 16. Jhs. stammt der Chor und der Sattelturm. Das Langhaus 1836–38 dreischiffig erweitert und nach Kriegsschäden von 1944 stark erneuert. – Der dreiseitig geschlossene Chor mit Netzgewölbe, in dessen Feldern Rankenmalereien freigelegt sind. – Auf dem ***Altar*** im nördlichen Seitenschiff thronende Muttergottes, Anfang 17. Jh. – Unter den Priestergrabsteinen in der Westwand sind bemerkenswert die Sandsteinplatte des Pfarrers Michael Weichsner bez. 1400, aber um 1470 zu datieren (wohl bei Lebzeiten gefertigt und Todesjahr nicht nachgetragen). Ferner ein Rotmarmorstein mit Ritzzeichnung, bezeichnet 1442. – Hervorzuheben ist eine der ältesten datierbaren Glocken in Bayern, die jetzt im Chor als ***Meßglocke*** dient. Ihre Majuskelinschrift *„Arnoldus sacerdos de Giltekin me fundi fecit"* bezieht sich auf den mehrfach zwischen 1170 und 1190 nachweisbaren adligen Priester, der offenbar von hier stammte.

Neue Pfarrkirche St. Sebastian (Hochstift-Freising-Platz, südwestlich des alten Ortskerns). Quadratischer Baukörper mit Zeltdach und freistehendem Kampanile, geweiht 1963; *Architekt Jontsch,* München. Im Inneren eine etwas überlebensgroße Figur des hl. Sebastian ± 1670, wohl aus der alten Pfarrkirche übernommen.

Ev. Pfarrkirche St. Johannes (Karolingerstraße, westlich des alten Ortskerns). Nach Osten orientierter Saalbau mit Giebeldach und modern gestaltetem dreiseitigem Chorschluß; der Turm auf der Südseite mit Quersatteldach. Errichtet 1962 nach Plan von *Fr. Adolf Gürtner.*

Römerstraße. Der Zug der Römerstraße, der in grader Linie von → Gauting kommend, beim Bahnhof Gilching-Argelsried die Bahnlinie überquert, bildet noch heute eine Hauptachse des Orts, bis er westlich des alten Ortskerns nach → Schöngeising weiterzieht. Die Richtung der Straßen in den Neubaugebieten wird durch diesen Zug bestimmt.

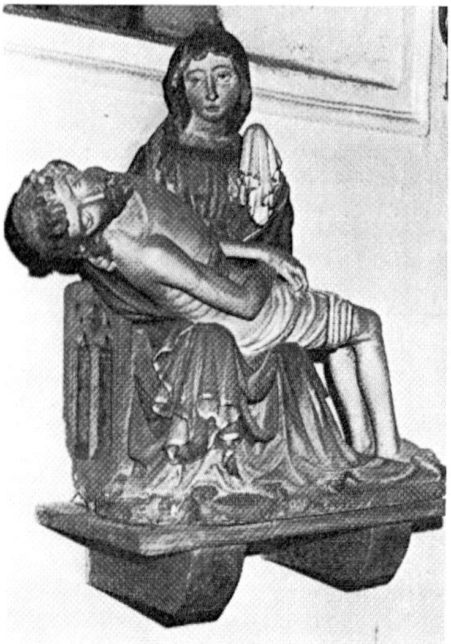

Glonn, St. Emmeram.
Vesperbild ± 1400

Glonn ○ DAH □ 2.1

Schon 773 wird der Ort als locus clane im Huosigau genannt.

Kirche St. Emmeram. Der gewölbte Chor hat noch mittelalterliches Mauerwerk und schließt mit 3/8. Er ist gegenüber dem Langhaus stark eingezogen; dieses ist flach gedeckt. Der in seinen unteren Teilen noch spätgotische Turm steht nördlich des Chores. Im 19. Jh. wurde die Kirche nach Westen erweitert. – ***Hochaltar:*** 1741 werden der Kistler *Rochus Emaus* und der Friedberger Hofbildhauer *Johann Martin Sailler* bezahlt. Von Sailler sind die beiden Seitenfiguren der Hl. Emmeram und Georg erhalten geblieben. Die ***Seitenaltäre*** 1745 von einem Indersdorfer Kistler; die Figuren von einem Dachauer Bildhauer (*Arnoldt?*). – ***Kanzel*** um 1745. – Zwölf Apostelleuchter von einem Dachauer Bildhauer, 1753. 1757 wurden vier noch am Ort befindliche Bildnisse erworben (Katharina, eine Heilige mit Palme und Schwert, zwei weitere Heilige mit Palmen). Die weiteren, einzelnen Stücke stammen meist aus dem 18. Jh. mit Ausnahme eines Vesperbildes, um 1400 in neuerer Fassung.

Die ***Hammerschmiede*** seit ca. 1550 in Besitz der Familie Ehrenleitner.

Glonnbercha ○ DAH □ 2.1

Im Walde südlich des Ortes viele vorgeschichtliche Grabhügel. Um 780 wird Perahhah erstmals erwähnt. Bis 1751 lebte hier als Pfarrvikar des Klosters Indersdorf der Schriftsteller Augustin Michel (Kirchenrecht und Homiletik).

Filialkirche Mariä Verkündigung. Sie hat einen gotischen Chor mit Sterngewölbe und 3/8-Schluß. Das Langhaus ist flachgedeckt. Auf dem Westgiebel ein Dachreiter. Ende des 17. Jhs. wurde die Kirche umgestaltet. – Die ***Fresken*** im Altarraum von ca. 1465 wurden 1965 wieder von darüber lagernden Putzschichten befreit und restauriert. Der ***Hochaltar*** um 1660 mit einer Marienfigur um 1500 und den Figuren der Hl. Franziskus und Antonius aus dem 18. Jh. Der linke Seitenaltar um 1660 mit den Figuren der Hl. Sebastian und Leonhard (?). Das Altarbild mit Anna Selbdritt aus der gleichen Zeit. – Der rechte ***Seitenaltar*** entspricht dem linken und trägt die Figuren des Rochus und der knieenden Maria. Kanzel um 1660. Kruzifix von 1662. Die Malerei auf der Empore ist 1577 bezeichnet. Der Kreuzweg wurde 1795 erneuert.

Goppertshofen ○ DAH □ 2.1

925 als Gumpertzhof erwähnt. Die Römerstraße zog südlich vorbei.

Kirche St. Nikolaus; sie enthält mittelalterliches Mauerwerk im Chor und in dem östlich anschließenden Satteldachturm. Mitte des 17. Jhs. stark erneuert. ***Hochaltar*** um 1650 mit den Figuren des Hl. Nikolaus, Franz Xaver, Antonius. Der Seitenal-

Glonn, St. Emmeram. Deckenstuck im Chor

tar links von 1697 mit einer Marienfigur. Er ist eine Stiftung des Bauers Georg Perckmayr zu Eisingertshofen. Der rechte Seitenaltar mit Figuren aus dem 18. Jh. – Die ***Glocken*** von 1655 (*Bernhard Ernst*) und 1707 (*J. M. Langenegger*).

Grafrath ○ FFB □ 1.4

Wallfahrtskirche St. Rasso. Die historisch belegbare Überlieferung des früher einsam auf einer flachen Erhebung im Ampermoor gelegenen Kirchleins reicht weit zurück. 1132 bei der Gründung des Augustinerchorherrenstifts Diessen wird es bereits erwähnt. Damals wurde die Sorge für die schon länger bestehende Kirche „auf dem werth" mit den Titeln St. Salvator, Philippus und Jakobus dem Diessener Stift anvertraut. Diessener Aufzeichnungen berichten dann, daß sie der erste Propst Hartwig herstellen und erweitern ließ. Propst Konrad (1496–1512) errichtete vor der Westwand eine Wohnung für den Wallfahrtspriester und Mesner. Ende des 16. Jhs. erneuerte und erweiterte Propst Balthasar Günther den Kirchenbau (Weihe 1593). 1688 Grundsteinlegung zum jetzigen Bau, nachdem schon 1677/78 unter dem gleichen Propst Renatus Sonntag das neue Klösterchen auf der anderen Straßenseite errichtet worden war. Baumeister war der Vorarlberger *Michael Thumb*. Weihe 1695 mit fünf Altären. Mitte des 18. Jhs. wurde die Innenausstattung erneut in Angriff genommen bis gegen 1771. In eine tiefere Schicht kommen wir mit der Heranziehung der lokalen legendären Tra-

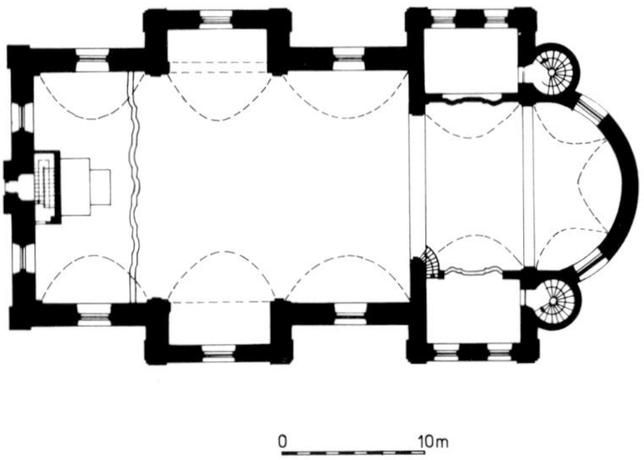

Grafrath, Wallfahrtskirche

dition, die ohne Zweifel einen geschichtlichen Kern hat. Ohne sie ist außerdem das ganze Bauwerk und seine Ausstattung unverständlich. Die lokale Überlieferung bezeichnet die Kirche als die uralte Grabstätte ihres Gründers, des hl. Rasso oder Graf Rath, der zu den nicht eindeutig nachweisbaren Ahnen der Grafen von Diessen-Andechs gehört. Er habe hier um die Mitte des 10. Jhs. ein Klösterchen mit Kirche gegründet, wo er selbst als Mönch eingetreten und 953 gestorben sei. Quellen hierfür sind Diessener und Andechser Aufzeichnungen, aber erst aus dem 13. und 14. Jh., vor allem der Diessener Nekrolog von 1224.

Das Problem liegt vor allem in der Schwierigkeit, unter den im 10. Jh. überaus häufig vorkommenden Personen mit Namen Ratholdus, Ratho, Razzo, deren Rechtsgeschäfte überliefert sind, den Stifter von Grafrath ausfindig zu machen. An dem Zusammenhang mit den Grafen von Diessen ist eigentlich nicht zu zweifeln, da die ausdrückliche Sorge für die Kirche bei der Übergabe an das Stift dafür spricht.

Für die übrigen Berichte der Legende – der Anteil des Heiligen am Kampf gegen Ungarn, seine Wallfahrt ins Heilige Land mit der bayerischen Herzogin Judith und die erste Sammlung von Reliquien, die dann später nach Andechs verbracht worden sei als Grundstock für den dortigen Schatz – lassen sich nur Vermutungen anstellen.

Bei der Betrachtung der Ausstattung sollte man sich dieser Berichte erinnern. Von der Wallfahrt zum Grabe des Heiligen berichten vier handgeschriebene Bände mit ca. 17000 Wunderheilungen aus der Zeit zwischen 1444 und 1778. Die Menschen kamen hierher, vor allem bei Unterleibsleiden, speziell Steinleiden, und viele erhaltene Votivtafeln erzählen von den erlangten Heilungen.

Die heutige ***Kirche*** stellt sich dar als Saalbau von drei Jochen, von denen sich das mittlere querhausartig erweitert, wie dies bei *Thumb* nur noch an der Stiftskirche von Wettenhausen (ab 1670) vorkommt. Der eingezogene Chor mit weit gerundeter Apsis, im Westen eine Empore auf drei Arkaden. Flache Wandpilaster mit korinthisierenden Kapitellen und verkröpften Gebälkstücken, darüber Stichkappentonne. Der Außenbau läßt fast zwei Querschiffe und einen Dreiapsidenchor vermuten; aber der zweite östliche Ausbau enthält beiderseits Sakristeiräume mit zwei halbrunden Treppentürmchen für die Choremporen. Das Äußere imponiert auch durch klare Gliederung mit Pilastern, Gesims und Giebeln. In der Westwand ein schlankes Türmchen mit gestuftem Spitzhelm von 1817.

Die Strenge der Architekturformen des 17. Jhs. wird gemildert durch die treffliche Stuckdekoration des Rokoko, die den Wessobrunnern *Franz Xaver* und *Johann Michael Feichtmayr* zusammen mit *Johann*

Grafrath, Wallfahrtskirche von Süden (oben) und Innenansicht

Georg Üblhör zugeschrieben wird. ***Dekkenfresken*** von dem Augsburger Akademiedirektor *Johann Georg Bergmiller,* bezeichnet 1753 durch Chronogramm. Sie erläutern in mehreren Bildern die Legende des Hl. Rasso: über der Orgel als Kriegsheld im Kampf gegen die Ungarn (auch die Stuckembleme im Gewölbe spielen darauf an), dann folgt die Rückkehr des Pilgers aus dem heiligen Land, der die Kirche bauen läßt und das Ordensgewand nimmt; im Chor die Glorie des Heiligen, an den sich die Kranken wenden.
Der prunkvolle ***Hochaltar*** nach Entwürfen von *Johann Baptist Straub* und *Ignaz Günther* um 1759, ausgeführt erst 1765–1768 im Auftrag der Stadt München. In einem Glasschrein die Gebeine des Heiligen, darüber ein grabmalartiger Pfeiler mit Kriegstrophäen; seitlich die weiß gefaßten Figuren der Nebenpatrone Philippus und Jakobus.
Die beiden vorderen Seitenaltäre mit Aufbauten vom Ende des 17. Jhs. und Gemälden wohl aus der Zeit der Weihe von 1593. Links Geburt, rechts Taufe Christi. Auch die Aufbauten der rückwärtigen Seitenaltäre Ende 17. Jh., deren Hauptgemälde aber Anfang 20. Jh. Auf dem südlichen gutes ***Vesperbild*** der Zeit um 1500, das aus der abgebrochenen Gruftkirche in München stammt. Kanzel mit Schnitzereien und Stuckmarmor von *Thomas Schaidhauf,* 1771. – Vorne in der Mitte des Schiffs von einem schmiedeeisernen Gitter umgeben der Deckel der mittelalterlichen Stiftertumba von 1468, Rotmarmor, mit der Ritterfigur des Heiligen Rasso, wohl von dem Münchner Bildhauer *Hans Halder.* – Orgelgehäuse von 1749, die dort aufgestellte Marienfigur 1. Hälfte 17. Jh.

Graßlfing

1 km sö Geiselbullach. ○ FFB □ 2.3.

An der Stelle des heutigen stattlichen Gutshofs ist schon 1193 ein Bauernhof genannt, dessen wechselvolle Besitzgeschichte bis 1600 zu verfolgen ist, ohne Spuren zu hinterlassen. Damals von Herzog Maximilian erworben und ausgebaut; 1609 ist eine Marienkapelle überliefert, die 1681 mit der ganzen Schwaige abgebrannt ist. Nach der Herstellung erscheint sie als Antonius-Kapelle, die jedoch in dem Bau eines der langen Flügel der heutigen einheitlichen Anlage aufgegangen ist.

Hier lebte um 1872 bis 1874 *Wilhelm Leibl,* der damals seine Dachauer Bäuerinnen, jetzt in der Nationalgalerie in West-Berlin, malte.

Gröbenzell ○ FFB □ 2.3

Der Name kommt nicht, wie man vielleicht annehmen könnte, von einem alten klösterlichen Siedlungskern, sondern er führt zurück auf ein herzogliches Zollhaus (Grabenzoll), das 1571 genannt, 1675 erneuert werden mußte. Noch 1820 ist es das einzige Haus hier in der Gegend, damals Gasthaus. Erst mit dem Bau der Eisenbahn und unter dem Druck der rapiden Entwicklung Münchens erfolgte der Ausbau zur Siedlung.

Kath. Pfarrkirche St. Johann Baptist. Neubarocker Saalbau von 1925. Der eingezogene, rundgeschlossene Chor außen mit strenger Blendarkadengliederung und Turm auf der Südseite mit Zwiebelhaube. Die Deckengemälde von *Georg Gschwendtner* aus Karlstein, um 1940/41, sind gleichfalls barocker Tradition verpflichtet. – Im Chor drei Glasgemälde von *Jos. Peter Bockhorni.* Drei geschnitzte Altäre des einheimischen Bildhauers *Rummer.*

Grossberghofen ○ DAH □ 2.1

Westlich vom Ort wurden vorrömische Einzelfunde gemacht, nordöstlich vom Ort vorrömische Grabhügel entdeckt. In Grossberghofen selbst und im Völlerholz wurden römische Siedlungsreste aufgedeckt. 809 wird ein Priester Landpercht von Berghofen genannt. Geburtsort des Jesuiten Vitus Pichler (+ 1736 in München), eines bekannten Autors im kanonischen Recht.

Grafrath, Wallfahrtskirche. Fresko mit der Glorie des Heiligen

Kirche St. Georg. Die Langhausmauern sind in Teilen noch romanisch; 1953 kam bei Erneuerung der Sonnenuhr eine Nische mit Rundbogen zum Vorschein. Der Chor schließt mit 3/8 und ist, ebenso wie der Unterbau des nördlich anschließenden Turmes, noch mittelalterlich. – Die Einrichtung ist neugotisch nach einem Entwurf des Münchner Malers *Zumbusch*; Hochaltar 1859, Seitenaltäre 1870, der Kreuzweg 1866. Von der älteren Ausstattung gibt es noch den Taufstein von 1709. Ein Kruzifix mit einer Marienfigur stammt aus dem 18. Jh. Der Auferstehungschristus wurde vom Landesamt für Denkmalpflege überlassen; die Wolken und die Gloriole sind neu. – Von einer ***Ausmalung*** um 1560 wurden in neuerer Zeit Reste aufgedeckt, die ihrer Zerstörung wegen wieder übertüncht wurden. 1791 wurde die Kirche erneut ausgemalt durch den Hollenbacher Maler *Kasimir Pfaffenzeller*, dessen Dreifaltigkeitsfresko über dem Hochaltar 1921 wieder aufgedeckt. Die Bemalung des Langhausgewölbes von 1888 wurde 1954 überdeckt. – Die ***Monstranz*** ist eine Augsburger Arbeit des 18. Jhs. Die Figur des Geißelheilandes in dem 1950 erbauten Leichenhaus vielleicht aus der um 1803 abgerissenen Kapelle zum gegeißelten Heiland, die 1747 vor dem südlichen Ortsausgang errichtet worden war.

Hutterhaus mit Sammlungen der Vorgeschichte und Volkskunde des 1955 verstorbenen Schuhmachermeisters Simon Hutter, dessen Geschlecht ununterbrochen mindestens seit dem 30-jährigen Krieg das Handwerk auf diesem Hause betrieben hat.

Die ***Haustafeln*** des Dachauer Landes (meist Kreuzigungen) gehen auf den hier wohnhaft gewesenen *Lorenz Strasser* (1795–1866, beim Maurerlenz) zurück, und auf seine Tochter *Maria Anna Strasser* (1832–1894); beide fertigten diese Flachreliefs aus Solnhofer Platten zwischen 1833 und 1852.

Grossinzemoos ○ DAH □ 2.1

779 wird der Ort als Sitz der Edlen von Incinmoos im Huosigau genannt. Die **Kirche St. Georg** wurde 1859 neu erbaut; nur der Chor und der östlich stehende Sattendachturm sind vielleicht ± 1300 entstanden. Die Einrichtung neugotisch. Ein Kreuzweg wurde 1851 der Kirche zu Kleininzemoos überlassen.

Grunertshofen ○ FFB □ 1.4

Im 12. Jh. Sitz eines edelfreien Geschlechts, das mit jenem von Maisach eines Stammes ist (Siehe dort); als es um 1400 ausstarb, kam der Besitz durch Lucia Grunartzhoverin an deren Gemahl, den fränkischen Ritter Hanns von Egloffstein und deren Nachkommen bis kurz nach 1500. Im 16. Jh. mehrfach wechselnde Besitzer. Im Jahre 1600 erwarb der Münchner Bürger und Handelsmann Franz Füll die Hofmark, in dessen Familie sie blieb bis 1825, in weiblicher Erbfolge (von Pfetten-Füll) bis 1885.

Kath. Pfarrkirche St. Laurentius. Die älteste Notiz einer Kirche findet sich in der Matrikel von 1315, wo sie als Pfarrkirche angeführt ist. Der bestehende Bau weist sich deutlich als spätgotisch aus, mit eingezogenem Chor und dreiseitigem Schluß, der im Kern wohl eher dem 15. Jh. angehört als der Zeit des Freisinger Generalvikars Conrad von Grunartshofen (1371–91), die gern dafür in Anspruch genommen wird. 1603 gründlich umgebaut, wird der Bau um 1756 im Sinne des Rokoko neu ausgestattet. Der Turm an der Nordseite zeigt in der Gliederung des Achteckoberteils Anklänge an Lösungen *Joseph Schmuzers.* – Chor und Langhaus mit Stichkappentonne und Gliederung durch flache Vandpilaster. Der flächige Roccaille-Stuck ist teilweise vergoldet. Er umspielt die Fresken, die *Joh. B. Anwander* aus Landsberg 1756 bezeichnet hat. Die großen Deckenbilder bringen Hauptstationen der Legende des Hl. Laurentius, in den Lunetten Medaillonbilder Christi und der Apostel. – Drei ***Altäre*** des Rokoko; der Hochaltar mit Gemälden des 19. Jhs., die seitlichen mit Gemälden der Zeit um 1600, bemerkenswert die Taufe Kaiser Konstantins der rechten Seite. ***Kanzel*** des Rokoko mit plastischen Putten und Gemälden zum Thema des „Guten Hirten". – An der Nordwand ferner eine Wiederholung des Innsbrucker Maria-Hilf-Bildes, bezeichnet 1710. Auffallend früh ist die von Felix Georg Wilhelm Freiherr v. Füll zu Windach 1718 gestiftete Figur des Hl. Johann Nepomuk, also vor der Heiligsprechung 1729.

Ehem. Schloß, jetzt katholisches Landschulheim. Von einer anzunehmenden Burganlage der Grunertshofer und Egloffsteiner hat sich nichts erhalten. Nach der Erwerbung durch Franz Füll 1600 entstand eine größere Anlage mit vier zwiebelgekrönten Ecktürmen unmittelbar nördlich der Kirche; zusammen mit der Pfarrkirche muß es eine imponierende Baugruppe gewesen sein. – Der Ausbau des Landschulheims brachte starke Veränderungen; alter Bestand nur der etwas niedrigere Südostteil mit bescheidenem barocken Treppenhaus des 18. Jh.

Günding ○ DAH □ 2.3

Im Gündinger Moos wurden zwei Jungsteinzeitalterliche Steinäxte gefunden. 1140 wird ein Heinrich von Gundigen erwähnt.

Kirche St. Vitus. Der gedrungene Chorturm im Osten vielleicht ± 1300; die Kreuzgewölbe später. Die Einrichtung im wesentlichen neuromanisch. Der Kruzifix und die Mater Dolorosa in der Kriegerkapelle um 1730. Vier Holzreliefs ± 1500, vier Figuren der Münchner Schule ± 1470 wurden 1972 geraubt.

Günzelhofen, Ortsschild

Das ***Deckenbild*** im Chor, die Heilige Dreieinigkeit, vielleicht ± 1700, jedoch stark übermalt. Die Glocke, 1485 von *Ulrich von der Rosen,* heute im Bayerischen Nationalmuseum zu München.

Gundackersdorf ○ DAH □ 2.1

828 erstmals als Cundachresdorf erwähnt.

Kirche St. Andreas aus dem Ende des 16. Jhs. – Der Hochaltar von 1719; die Figur des sitzenden Andreas um 1550 (?). Der linke Seitenaltar von 1656 zeigt ein Altarblatt mit dem Hl. Joseph, ± 1900. Der rechte Seitenaltar aus der gleichen Zeit trägt ein Vesperbild ± 1500 (?); das Altarblatt ± 1900. – Die Empore 1579 bemalt. Glocken 1687 von *Paul Kopp* in München, 1712 von *Abraham Brandmeier* in Augsburg.

Altes ***Hirtenhaus.***

Günzelhofen ○ FFB □ 1.4

793 als Cundinchofa erstmals und bereits mit Kirche genannt. 1172/73 werden Ritter aus diesem Ort genannt, die um 1240 im Gefolge des Herzogs Otto von Andechs-Meranien erscheinen; sie sind nachweisbar bis ins 15. Jh. – 1480 kommt durch Heirat der „Thurn" (die Burg) an die Perwanger, aus deren Familie 1523 zwei Brüder als „Wiedertäufer" in München hingerichtet werden – 1595 kommt die Hofmark an die Augsburger Ratsbürgerfamilie Imhof (bis 1825). Das Hofmarksschloß, das ungewöhnlich dicke Mauern hatte, wurde im 19. Jh. abgebrochen; es stand am Platz der alten Schule.

Kath. Pfarrkirche St. Margareth. Als Sitz einer Pfarrei im 13. Jh. bereits bezeugt. Der im Kern spätgotische Bau barock überarbeitet. Eingezogener Chor mit dreiseitigem Schluß und Turm an seiner Nordseite, dessen Achteckoberteil mit fertiger Gliederung im Augsburger Turmschema und Zwiebelhaube. Das Schiff 1921 nach Westen verlängert mit neubarocker Westfassade. Im geschweiften Giebel Wiederholung der Patrona Bavariae der Münchener Residenz. Auf der Südseite noch das alte Vorhaus mit gotischem Sternrippengewölbe (Tür vermauert). – Der ***Hochaltar*** mit komplizierter Pilasterarchitektur stammt angeblich aus der Klosterkirche Wessobrunn. – Auf dem rechten Seitenaltar sitzende Madonna auf Mondsichel, Ende 15. Jh. Die Seitenfiguren Ende 19. Jh. – Im Chor heraldische Grabsteine in Rotmarmor von verschiedenen Familien der Hofmarksbesitzer (1570, 1571 1582, 1734). In der Seitenkapelle der Nordseite bemerkenswerter ***Rotmarmorgrabstein*** mit Totengerippe für Anna Perwangerin 1488, ferner ein Rittergrabstein von 1507.

Ehemaliger ***Pfarrhof.*** Westlich der Kirche stattliches Wohnhaus mit eigenem Stallgebäude, um 1800 errichtet von Pfarrer Heibler, wie auf dessen Grabstein an der Kirche zu lesen.

Hackermoos, 3 km ö Dachau. ○ DAH □ 2.1

Lourdes-Kapelle, 1918 als Votivkapelle erbaut.

Haimhausen ○ DAH □ 2.2

Die Römerstraße Petersberg-Freising zog nördlich des Ortes vorbei. 772 wird Hemminhusir genannt. Nach dem Aussterben eines Ministerialengeschlechts der Grafen von Scheyern-Dachau war der Ort längere Zeit in herzoglichem Besitz; 1593 durch Herzog Wilhelm V. an den Rentmeister und Hofkammerrat Theodor Viehbeck verliehen, dem Stammvater der späteren Grafen von Haimhausen. 1793 durch Erbgang an die Grafen Butler-Cloneborough, 1892 an die Familie Haniel. Heute Ausstellungsräume einer Gemeinschaft von Antiquitätenhändlern.

Von dem alten **Schloß** aus dem 17. Jh., bei dessen Bau der Münchner Hofmaler *Andreas Wolf* mitgewirkt hatte, sind noch Teile an den jetzigen Wirtschaftsgebäuden erhalten. Ab 1747 wurde das Schloß durch *François Cuvillies d. Ä.* neu gebaut: der

Haimhausen, Schloß

stattliche, dreigeschossige Hauptbau und die niedrigeren Seitenflügel umfassen einen Ehrenhof; an der Gartenfront eine doppelläufige Freitreppe. Eindrucksvoll das Treppenhaus, das sich im 2. Obergeschoß zu einer lichten Halle öffnet. Dort die Figuren von Apollo und Diana, 1783 von *Roman Anton Boos.* Die ***Deckengemälde*** im 2. Obergeschoß von *J. G. Bergmüller*, 1747 datiert, außerdem feine Stuckaturen und zwei klassizistische große Öfen. – Die bronzenen ***Türzieher*** am Hauptportal wohl von *Egidius Verhelst.*

Schloßkapelle. Sie befindet sich im linken Seitenflügel und war dem Geißelheiland geweiht. Jetzt evangelischer Beetsaal. Der Stuck und die drei Altäre von *Egidius Verhelst* und seinen Söhnen um 1748 geschaffen. Das Deckenbild 1748 von *Johann Georg Bergmüller.* Hier auch das Grabmal Karl Josephs von Haimhausen, des Schöpfers dieser Kirche, 1775.

Kirche St. Nikolaus. ± 900 erstmals genannt. Der Chor spätgotisch, doch beim Neubau des Langhauses 1698/1701 mit umgestaltet. Im südlichen Anbau befand sich die Gruft der Grafen von Haimhausen. – Der Aufbau des alten ***Hochaltars*** wurde 1958 bei einer Umgestaltung entfernt. Das an dieser Stelle befindliche Kruzifix mit den flankierenden Figuren der Hl. Sebastian und Corbinian vielleicht von *Egidius Verhelst.* Die Deckenbilder und die Kreuzwegstationen 1958 von *Michael Weingartner.* Die Seitenaltäre angeblich 1683. Die Kanzel ± 1730. Die schöne Gruppe auf dem Taufsteindeckel aus der Mitte des 18. Jhs. von *Josef Bonaventura Mutschele.* Das

Haimhausen, Schloß. Türzieher

Holzepitaph des Grafen Maximilian von Haimhausen stammt aus dem Jahre 1681. Weitere Grabdenkmäler aus dem 16. und 17. Jh.

Die ***Klausenkapelle*** in einem Schloßnebengebäude, jetzt Gastwirtschaft. Bauinschrift 1701. Sechseckiger Zentralraum, innen Baumrindenverkleidung.

Brünndl-Kapelle im Wald nordöstlich des Ortes an der Amper mit Wallfahrt zu Unserer Lieben Frau seit 1734. Die Kapelle entstand am Anfang des 18. Jh. in Holz und wurde 1734 durch die Grafen von Haimhausen in Stein erneuert. Einfacher, rechteckiger Bau mit Dachreiter. Fast gänzlich ausgeraubt.

Mausoleum der Haniel von Haimhausen.

Haltenberg ○ LL □ 1.3

Eine der ganz wenigen ***Burgruinen*** des Lechrains mit romanischem Bergfried aus Nagelfluhquadern (bis auf acht Meter Höhe erhalten) und ummauerten Geviert, auf der Nord- und Ostseite von tiefem Halsgraben umgeben. Südlich vor der Burg Kapellenruine aus der 1. Hälfte des 15. Jhs. 1260 Konrad I. von Haltenberg erwähnt, die Familie noch Anfang des 15. Jhs. im Besitz der Burg, die 1425 an die Rehlinger aus Augsburg übergeht; damals dürfte ein teilweiser Wiederaufbau erfolgt sein. 1612 erwarb Kurfürst Maximilian I. das Schloß samt Stadel, Stallungen, Hofmarksgericht, Fischrecht im Lech und 530 Tagwerk Grund. 1795 bis 1802 die Anlage zum großen Teil abgebrochen, der zugehörige Bauhof noch erhalten. Etwa ein Kilometer südlich wurde 1889 eine großartig ausgestattete ***römische villa rustica*** ergraben.

Hanshofen

3 km ö Mittelstetten. ○ FFB □ 1.4

Der Ort bestand schon im 12. Jh.; er kam 1159 an Kloster Scheyern. 1440 gehörte er zur Klosterhofmark Fürstenfeld bis zur Säkularisation.

Kath. Kirche St. Mariä Himmelfahrt (ehemals St. Katharina). Spätgotisch, im letzten Viertel des 17. Jhs. nach Brand barock hergestellt. Kleiner Rechteckbau, im Osten angesetzter Turm mit Achteckoberteil und Zwiebel. Innen flach gedeckt, die Deckenbilder stark erneuert (Marienkrönung). – Tüchtiger ***Hochaltar*** um 1670/80 mit guter Hochrelieffigur der Maria der Himmelfahrt und seitlich Heilige Katharina und eine weitere weibliche Heilige. – An den Seitenwänden die Figuren der Apostel Petrus und Paulus aus gleicher Zeit.

Hattenhofen ○ FFB □ 1.4

Von hier stammt ein römischer Meilenstein im Bayerischen Nationalmuseum aus der Zeit des Kaisers Caracalla.
Der Ortsname taucht 1080 als Sitz des edelfreien Ozzi von Hattanhovan erstmals auf, dessen Geschlecht auch im 12. und

Haimhausen, Schloßkapelle. Deckenbild

Haltenberg, Burgruine

13. Jh. noch genannt wird. Seit dem Spätmittelalter sind die Besitzverhältnisse sehr zersplittert (u. a. Kloster Altomünster, Kloster Fürstenfeld, Hofmark Günzlhofen).

Kath. Kirche St. Johann Baptist. Im Kern spätgotischer Bau mit knapp eingezogenem Chor und dreiseitigem Schluß; Turm mit Achteckteil und Zwiebel von 1780 an der Nordseite. Am Langhaus mit neuerem westlichen Anbau (1920), einmal gestufte Strebepfeiler. Nach 1702 barockisiert, 1950 restauriert. Fenster mit Vorhangbogenschluß, der im Chor reichere Stuck noch ohne Rocaillemotive. Die Seitenaltäre mit klassizistischen Gemälden Ende 18. Jh.; an der Nordwand Figur der Immaculata, nach Mitte 18. Jh.

Hattenhofen → Egling

Hausen b. Geltendorf ○ LL □ 1.3

Die Pfarrei gehörte seit dem späten Mittelalter verschiedenen Herrschaften, wie den Adelshofen, den Fuggern und Dünnenfeld. → Die Unserer Lieben Frau geweihte **Pfarrkirche** geht im Kern auf die 2. Hälfte des 16. Jhs. zurück, wie die Architekturfor-

Hausen, Pfarrkirche. Deckenbild

men des hohen Satteltурmes andeuten. Das Langhaus wurde 1741 barockisiert (Jahrzahl am Dachstuhl), der Innenraum 1791 von *Johann Baptist Anwander* aus Augsburg ausgemalt. Die ***Deckenbilder*** zeigen im Chor Christus und Maria mit einem Kranken, im Langhaus die Glorifikation des hl. Nikolaus. Die Stuckaturen im Altarraum in späten Rokokoformen sind zweifellos Wessobrunner Art (*Fr. X. Schmuzer*), im Langhaus klassizistische Stuckornamente des ausgehenden 18. Jhs. – Die drei ***Altäre*** 2. Hälfte 18. Jh. mit barocken Seitenaltarbildern der Hl. Nikolaus und Sylvester; reizvoller klassizistische Kanzel um 1800. Im Chor zwei spätgotische weibliche Heiligenfiguren.

Hausen

bei Hofhegnenberg ○ FDB □ 1.3

Der Ort ist alter Bestandteil der Hofmark Hofhegnenberg, zu der schon im 14. Jh. mehrere Höfe von hier und 1442 das ganze Dorf gehörten. Die frühere Geschichte ist wegen der vielen, leicht zu verwechseln-

Hebertshausen, St. Georg.
Georgsfigur ± 1480

den Orte dieses Namens nicht ganz klar. Im frühen 13. Jh. gab es hier Gefolgsleute der Grafen von Diessen-Andechs, ebenso einen Schultheißen, der für sie Gericht halten konnte.

Kath. Kirche St. Peter und Paul. Der Saalbau mit eingezogenem, rundgeschlossenen Chor ein Frühwerk des *Leonhard Matthäus Gießl,* 1749–1750. Der Turm mit Achteckteil und Zwiebel an der Nordseite wurde bereits 1712 von dem Diessener Maurermeister *Michael Natter* neu gebaut. Die Deckengemälde von *Ignaz Paur* 1762, etwas zu stark restauriert. Gefälliger Rokokostuck mit späten Bandwerkmotiven. Das Hochaltargemälde von 1723 sei von der Pfarrkirche in Steindorf 1867 übernommen.

Hebertshausen ○ DAH □ 2.1

Ende des 8. Jhs. als Heriperhteshusun genannt. Seit der bajuwarischen Einwanderung sind hier die Hörl (=Heribert) nachweisbar.

Kirche St. Georg, mit St. Sebastian als zweiten Patron. Teile des Kirchenschiffes, das 1880 nach Westen verlängert wurde, wahrscheinlich noch spätromanisch (siehe den Rundbogenfries außen). Der Chor schließt mit fünf Achteckseiten und ist netzgewölbt, spätgotisch wie der nördlich davon stehende Turm. Bei der Renovierung 1952 wurde das barocke Spiegelgewölbe durch eine flache Holzdecke ersetzt. Altäre und Kanzel bei der Renovierung 1952 entfernt. Sie stammten aus dem Ende des 17. Jhs. An einzelnen Figuren ein Kruzifix mit Johannes und Maria Magdalena auf dem Hochaltartisch, um 1650. Auf dem linken Seitenaltar Mater Dolorosa um 1700, auf dem rechten eine Georgsfigur aus dem 15. Jh., Leihgabe des Nationalmuseums in München. Z. Zt. noch in Renovierung. – Ein ***Glasfenster*** bezeichnet „Johann Mandl, Herr von Deitenhofen, 1666".
Neues Kirchen- und Schulzentrum.

Heinrichshofen ○ LL □ 1.3

Nördlichster Ort des Landkreises Landsberg, in dessen östlicher Umgebung (im Streitheimer Forst) sich ausgedehnte Grabhügelfelder der Hallstattzeit befinden. Nordostwärts des Ortes gabelten sich zwei wichtige römische Straßenverbindungen: die über Gauting nach Salzburg führende Konsularstraße und die in südlicher Richtung ziehende Brennerstraße.

Die **St. Andreas-Kirche**, eine Filiale von Egling, innerhalb des Friedhofs in der Ortsmitte, zu dem ein überdeckter Treppenaufgang heraufführt. Chor im Kern spätgotisch, das Langhaus 1751 auf den alten Fundamenten neu erbaut. Die gleichzeitige Ausmalung von *Franz Martin Kuen* aus Weißenhorn zeigt Darstellungen aus dem Leben des Titelheiligen; Rocaillemalereien ersetzen die sonst üblichen Stuckdekoration.

Herrnzell

2 km w Unterschweinbach. ○ FFB □ 1.4

Die frühe Geschichte einer klösterlichen Niederlassung des 8. Jhs. ist mehr oder weniger legendär. Im 14. Jh. nannte sich ein Geschlecht nach diesem Ort (die Herren von Zell), das vielfach urkundet, auch in die Pfarrkirche zu Günzlhofen stiftet. 1440 bereits als Dorfgericht Bestandteil der Klosterhofmark Fürstenfeld bis zur Säkularisation.

Kath. Kirche St. Clemens. Kleiner, spätgotischer Bau, um 1720/30 barock verändert. Zwei Joche mit nicht eingezogenem Chor, dreiseitig geschlossen. Turm mit Achteckoberteil und Zwiebel an der Nordseite. Spiegeldecke über hoher Schräge und Gesims. Dazu später Arkantusstuck mit ersten Bandelwerkmotiven. – ***Hochaltar*** um 1680/90 mit guter Sitzfigur des Titelheiligen und zwei Seitenfiguren (Heiliger Franz Xaver und Heiliger Soldat im Kettenhemd). Zwei spätgotische männliche Heilige um 1490 (mit Stab und Hut, heilige Pilger?).

Hilgertshausen ○ DAH □ 2.1

Am Talrand der Ilm gelegen; im Grund des Tals der mächtige Baukörper der **katholischen Kirche St. Stephan**, 1666 durch *Caspar Zuccalli* errichtet; eine Stiftung des Frhr. Albrecht Wilhelm Lösch von Hilgertshausen, dessen Geschlecht im Dienste der bayerischen Kurfürsten stand.
Das schmucklose Innere zeigt eine tonnengewölbte Wandpfeilerkirche mit eingezogenem, dreiseitig schließendem Chor. Der Raum – seiner Mobilien heute weitgehend beraubt – wirkt in seiner Kahlheit doppelt eindrucksvoll. Das Fehlen jeglichen Stuckzierats ist aber wohl nur dadurch zu erklären, daß die Kirche unvollendet geblieben ist.
Die beiden Reste der alten Ausstattung daher von doppeltem Wert. Am Eingang zum Chor, Nordseite, das ***Bronzedenkmal*** für Georg Sigismund Lösch von Hilgertshausen, gest. 1615; im Mittelfeld die Darstellung der Beweinung Christi, ein vorzügliches Werk ganz aus dem Geist der Münchner Michaelskirche, dem ja auch der Bau insgesamt verpflichtet ist. Einzigartig die sorgfältig gepunzten Gewänder der Engel. Das Denkmal stammt aus der ehem. Franziskanerkirche, München. – An der Südwand das Denkmal für den Gründer der Kirche, Albrecht Wilhelm Lösch und seine beiden Ehefrauen, aus Rotmarmor mit Kalksteinfiguren, ± 1660; es ist zwar von geringerer Qualität, jedoch durch die historisierende Darstellung einer Marienfigur im Weichen Stil – offenbar nach einem Gnadenbild – von großem Interesse. – Die Kreuzgruppe im Chorscheitel stammt von einem lokalen Meister des 18. Jhs. – Das übrige Inventar ist mit Ausnahme einiger Figuren des 18. Jhs. von jener erschreckenden Modernität, wie sie heute von den kirchlichen Einrichtungsfirmen per Katalog angeboten wird.
Der stattliche Turm steht an der Südseite des Chors. Die bedeutende Höhe der Außenwände und das mächtige Dach sind durch die Tonnenwölbung des Inneren bedingt; das Mauerwerk über der Kämpferzone übrigens schmächtig, wie sich an den Laibungen der Zierfenster des Chorhaupts leicht erkennen läßt.
Insgesamt beweist dieser erstaunliche Bau die konservative Haltung seines Stifters, der – als Hofbeamter – die gleichzeitigen und völlig andersartigen Möglichkeiten gekannt haben muß, die mit dem Bau der Münchner Theatinerkirche eröffnet worden waren.

Am Dorfeingang ein schöner, dreikantiger ***Grenzstein*** aus Rotmarmor von 1727; 1921 an diese Stelle verbracht.

Hilpertsried
2 km w Einsbach ○ DAH □ 1.4

Nordwestlich des Ortes drei Schanzen des 10. Jh.

Kapelle St. Leonhard und St. Sebastian. Die Genehmigung zur Erbauung wurde 1734 erteilt. Auf dem Altartisch ein Gehäuse des 18. Jh. Die Figuren ebenfalls aus dem 18. Jh., alle bäuerlich.

Hirschtürl, ○ FFB □ 1.4

Bereits 1130 genannt. Der Weiler mit zwei Höfen war einst größer, im 18. Jh. fünf Anwesen.

Kapelle Mariä Heimsuchung. Neubau 1969 zum Ersatz einer barocken, weiter östlich stehenden Anlage.

Hirtlbach ○ DAH □ 2.1

Mitte des 12. Jh. wird ein Heinrich von Hartlbach genannt. Die Burg des Ortsadels auf dem Bibereggerberg ist längst verschwunden. Dort eine dreieckige, nicht römische Schanze. In der Nähe Grabhügel.

Kirche St. Valentin. Die Grundmauern des Chors und des südlich anschließenden Turms spätgotisch. Das aufgehende Mauerwerk von Chor und Langhaus ± 1715. – Die Altäre aus dem 20. Jh. Die ***Kanzel*** ± 1715, der Deckenstuck ebenfalls, wahrscheinlich von *N. Liechtenfurtner* (vergleiche Burgrain). – Verschiedene, einzelne Figuren aus dem 17. und 18. Jh. Das Marienbild wahrscheinlich 1803 aus dem Schloß Eisenhofen ersteigert (→ Hof b. Eisenhofen). – Deckenbilder und Kreuzweg 1865. – Das alte Hochaltarbild aus dem 17. Jh. im Pfarrhof.

Höfen ○ FFB □ 1.4

Am Platz der Kirche soll die Rassoburg gelegen haben, von der aus der Gründer des Klösterchens von Grafrath den in der Legende erzählten Speerwurf auf die Insel im Ampermoor richtete (→ Grafrath); sie ist im Gelände archäologisch nicht nachgewiesen. 1230 nennt sich ein Andechser Ministeriale Konrad von Hoven, das wohl hier zu suchen ist. 1322 kam die Kirche mit dem Ort und der Burg Wildenroth durch Kaiser Ludwig den Bayern an Kloster Fürstenfeld. Die Pfarrei war später diesem Kloster inkorporiert.

Kath. Pfarrkirche St. Mariä Himmelfahrt. Spätgotischer Putzbau des 15. Jh., barock verändert. Wenig eingezogener Chor mit Stichkappengewölbe (wohl auch gotisch, Rippen abgeschlagen). An seiner Nordseite der ungewöhnlich stattliche, weithin sichtbare Turm mit achtseitigem Spitzhelm über vier Giebeln; seine Geschosse mit Stabwerk- und Maßwerkbogenfriesen reich gegliedert, dazu Masken an den Lisenenansätzen. Das Langhaus mit neuer Flachdecke der Restaurierung von 1971. – Auf dem ***Hochaltar*** tüchtiger Kruzifixus, seitlich Maria und Johannes, alle Figuren nach Mitte 17. Jh. Schöne Immakulata des Rokoko in der Sakristei. Rotmarmorgrabstein des Philipp Diringer und seiner beiden Frauen 1522.

Hörbach ○ FFB □ 1.4

Der Ort wurde früher Hürben genannt. Er taucht um 1100 und nochmals 1140 erstmals bei Stiftungen des Ortsadels auf. Später Teil der Hofmark Hofhegnenberg.

Kath. Kirche St. Andreas. Nach der Überlieferung vielleicht Sitz einer alten Pfarrei, die später, jedenfalls bereits Anfang des 16. Jh. nach Hochdorf verlegt war, wobei wesentliche Rechte der Kirche verblieben (Taufe, Sepultur, Messen an allen Hochfesten). – Im Langhaus mittelalterliche Teile enthalten (an der Südseite romanischer Bogenfries), im 17. Jh. umgebaut, 1909 nach Westen verlängert. Chor nicht eingezogen mit dreiseitigem Schluß. Turm von 1718 mit Achteckteil und doppelter Zwiebelhaube an der Südseite. Im Inneren bemerkenswerter ***Kruzifix,*** Anfang 16. Jh. Ferner im Vorzeichen Fragment eines römischen Grabsteins aus Jurakalk (mit Brustbild), gefunden 1909 im Fundament der alten Westwand.

Hörbach, St. Andreas

Hof

1 km n Eisenhofen. ○ DAH □ 2.1

Auf der ehemaligen Burg der Eisenhofer bei Eisenhofen errichteten die Freisinger Bischöfe, die durch Kauf in den Besitz der Hofmark gekommen waren, in der 1. Hälfte des 17. Jh. ein Schloß. 1803 fiel es der Säkularisation zum Opfer samt der 1698 genannten Schloßkapelle (Hl. Corbinian). Die Paramente, die Altarleuchter und ein Marienbild ersteigerte der Pfarrer von → Hirtlbach. Der alte Befestigungsturm wurde zu einer Schule umgebaut und ist jetzt privat genutzt.

Dorfkapelle des 19. Jh. mit einer guten Marienfigur aus der zweiten Hälfte des 16. Jh.

Hofhegnenberg ○ FFB □ 1.3

Über die ältere Geschichte dieses Orts und der nach Mitte des 13. Jh. in der Burg hier ansässigen staufischen Reichsministerialen vergleiche → Althegnenberg. Das Geschlecht teilte sich später in Linien der Herren von Wildenroth und der von Haltenberg (→ dort). Ab Mitte 14. Jh. im Besitz der Herren von Rohrbach, später der von Kamer, die 1399 die Burg mit einem Grundbesitz verkaufen, der die Umrisse der späteren Hofmark erstmals erkennen läßt (u. a. Güter in Hausen, Steindorf und Althegnenberg). Gegen 1420 kommt sie in Besitz Herzog Wilhelm III. von Bayern-München, der der Feste eine wichtige Rolle in der Verteidigung gegen die Angriffe Herzog Ludwigs des Gebarteten zudachte. Reste der Schanzen und Erdwerke seien bis ins vorige Jahrhundert noch erkennbar gewesen. Mit kurzer Unterbrechung dann in der Hand der bayerischen Herzöge bis 1542; damals belehnte Wilhelm IV. seinen illegitimen Sohn Georg, welcher sich dann von und zu Hegnenberg-Dux nannte, mit der Burg und Hofmark. Dieser war ein bedeutender Kriegsmann; beteiligt an der Gefangennahme König Franz I. von Frankreich in der Schlacht von Pavia 1525, später Begleiter Kaiser Karls V. auf dem Kriegszug gegen Tunis, welcher ihn auch 1554 in die Schar der „goldenen Ritter" aufnahm (im Schloßarchiv noch die Originalurkunde der Ernennung zum „Goldenen Ritter", ausgestellt in Brüssel). Das Schloß im Besitz seiner Nachkommen, der Freiherrn von Hegnenberg genannt Dux, seit 1790 Reichsgrafen (bis 1902), dann auf dem Erbwege Freiherrn von Gebsattel bis heute.

Schloß. Umfangreiche Anlage mit mehreren Flügeln um einen rechteckigen Hof, auf flachen Hügeln in beherrschender Lage. Der Zugang von Westen durch einen Torbau mit zwei Türmchen. Der Hauptbau an der Südseite in der Anlage noch mittelalterlich, was deutlich nur noch an den mächtigen, hochmittelalterlichen Buckelquadern an der Südwestecke sichtbar wird (Rest eines staufischen Bergfrieds?). Der heutige Zustand wesentlich bestimmt durch den Umbau des Georg von Hegnenberg-Dux, am Wappen des Torwegs bezeichnet 1557, doch im 19. Jh. überarbeitet (Treppengiebel und Zinnen). Im Obergeschloß ehemals ein Laufgang, Rundbogen und Säulchen, später vermauert. An der Ostseite zwei Türme, der südliche mit Zinnen des 19. Jh.; der nördliche mit Achteckoberteil und Haube des 17. Jh.
Im Südflügel die ***Schloßkapelle St. Maria,*** früher St. Wilgefortis. Eine Kapelle, schon 1354 genannt. Der heutige ältere Teil ein quadratischer Raum mit vier, wohl aus dem 16. Jh. stammenden Kreuzgewölben auf einer Mittelsäule. Ehemals mit Empore (vermauert). 1751 nach Süden erweitert. Im Anbau seit dem 19. Jh. der sehr bemerkenswerte Rotmarmorgrabstein des Georg Hegnenberg-Dux, gestorben 1589 in Ingolstadt als Herzoglicher Statthalter und ehemals begraben in der abgebrochenen Franziskanerkirche in München; eine Aedikula in deutschen Renaissanceformen, Standfigur in Lebensgröße, deren zweizipfeliger Bart bis zum Gürtel reicht.

Westlich des Schlosses an der Straße gegenüber dem Gasthof schönes ***Steinkreuz*** (sogenanntes Sühnekreuz, ehemals in der Flur).

Hoflach

1 km n Alling. ○ FFB □ 2.3

In der weiten Ebene, die sich von hier bzw. Alling ostwärts gegen den Parsberg und die Ortschaft Puchheim hinzieht, tobte am 19. September 1422 eine heiße Schlacht. Schon tags zuvor war Herzog Ludwig der Gebartete von Bayern-Ingolstadt mit großer Heeresmacht gegen seine Münchener Vettern wegen Erbstreitigkeiten zu Felde gezogen; er hatte Gauting, Germering, Aubing und Pasing niedergebrannt. Durch das entschlossene Eingreifen der Münchener Bürgerschaft für ihre Herzoge konnte gegen eine fast dreifache Übermacht ein glänzender Sieg errungen werden. Zum Dank dafür, zugleich für die Errettung seines SohnesAlbrecht, der sich zu weit in die feindliche Schaar vorgewagt hatte und in Bedrängnis geraten war, stiftete Herzog Ernst von Bayern-München die noch erhaltene Kapelle.

Hoflach, Votivkirche

Votivkirche St. Maria und Georg. Bald nach 1422 errichtet. Schlichter Putzbau, innen mit flacher Decke, der nicht eingezogen in den dreiseitig geschlossenen Chor übergeht. Auf der Nordseite relativ stattlicher Satteltrum mit Fialenaufsätzen. Bescheidener Altar des späten 17. Jh. mit Seitenfiguren der Ritterheiligen Georg und Florian, dazu Madonnenfigur Anfang 16. Jh. Hervorzuheben das große ***Wandgemälde*** der Erbauungszeit, sozusagen ein monumentales Votivbild: vor der stehenden Madonna mit Mutter Anna und anderen heiligen Frauen kniet das siegreiche Heer, angeführt von den Herzögen Ernst, Wilhelm und Albrecht im Schutze des Hl. Georg; ferner die Feldhauptleute mit ihren Fähnlein. Viele der Ritter sind durch Wappen gekennzeichnet, unter denen eine ganze Anzahl der Münchener Patriziergeschlechter zu erkennen sind (1843 restauriert).

Das westlich angebaute Haus ehemals für den Benefiziaten der Messestiftung.

Hohenzell ○ DAH □ 1.2

Kath. Kirche St. Stephan; sie stammt – trotz des barocken Äußeren und des ele-

Hohenzell, ○ Dachau, Haus Nr. 24

ganten Barock-Turms – von 1926. Alt ist nur der spätmittelalterliche Chor mit seinen schönen Rippengewölben. – Auch die Altarmobilien stammen von 1928; aus dem gleichen Jahr die Ausmalung der Decke von *Oswald Völkel* und *W. Lessig.* – Unter der Empore ein hübsches Totentanz-Gemälde, ± 1800, Stiftung aus dem Ort.

Im ***Dorf*** haben sich einige für hier typische Höfe erhalten.

Hohenzell

3 km s Moorenweis. ○ FFB □ 1.4

Gleich südlich des Weilers eine jener ***Viereckschanzen,*** auch Keltenschanzen genannt, die jetzt als Kultplätze der Kelten gedeutet werden können. – Der Weiler war weitgehend Besitz des Klosters Wessobrunn vielleicht schon als welfische Stiftung des 12. Jh., (→ Moorenweis).

Kapelle St. Mariä Heimsuchung. Der kleine Bau mit eingezogenem Chor und dreiseitigem Schluß im Kern einheitlich spätgotisch, barock (1751?) verändert, mit westlichem Dachreiter. Innen flach gedeckt. – Auffallend ist die Erhaltung der Ausstattung mit Holzplastik, wie sie etwa im 16. Jh. bestand, nun verteilt auf die Barockaltäre aus der 2. Hälfte des 17. Jh. und leider nicht durchweg vorteilhaft restauriert. Hervorzuheben wäre ein ***Hochrelief,*** Maria mit den vierzehn Nothelfern, Ende 15. Jh., dem sogenannten ,,Obermenzinger Meister'' zugeschrieben. Ferner eine Tafel mit zwölf Passionsszenen, gegen Ende 16. Jh.

Holzhausen ○ FFB □ 1.4

Eine Kirche in ,,holzhusir'' wird bereits um 770 anläßlich ihrer Weihe durch Bischof Arbeo von Freising genannt. Der Ort seit 1366 zum Teil Besitz des Klosters Fürstenfeld. – Ehemalige lokale Wallfahrt.

Kath. Pfarrkirche Heilig Kreuz. Spätgotischer Bau vom Anfang des 15. Jh., 1697 barockisiert, 1831/32 überarbeitet. – Eingezogener Chor mit dreiseitigem Schluß und Turm an der Nordseite; dieser 1727/28 neu gerichtet mit Achteckoberteil und Zwiebelhaube. Langhaus zu drei Achsen mit Empore. – Die spitzbogige Tonne mit Stichkappen im Chor zeigt noch Spuren der Netzrippen, sie wurde 1697 stukkiert mit prächtigen Wessobrunner Akantusranken und Laubwerkstäben (Decken-

Holzkirchen, ○ Fürstenfeldbruck, St. Peter und Paul. Glasgemälde

gemälde neu). – Drei neuromanische Altäre 1832 mit nazarenischen Gemälden.

Holzkirchen

1 km s Alling. ○ FFB □ 2.3

Im 13. Jh. Sitz eines Ritter- oder Edelgeschlechts. Eine Kirche 1315 als Filiale von Pfaffenhofen genannt. 1687 zusammen mit Nebel zur Hofmark erhoben für den Hofkammerrat von Hufnagel; im 18. Jh. wechselnde Besitzer der Hofmark, neben denen es andere Grundbesitzer gab, unter anderem das Jesuitenkolleg in München. In dem stattlichen Hof westlich der Kirche mit vierseitig angelegten Wirtschaftsgebäuden sind Teile des alten Hofmarksgutes enthalten.

Kath. Kirche St. Peter und Paul. Als Rohziegelbau errichtet wohl im späteren 15. Jh. unter Verwendung älterer Quadermauerteile. Eingezogener Chor zu zwei Jochen 5/8-Schluß. Netzrippengewölbe mit figürlichen Schlußsteinen auf Runddiensten mit Rücklagen, die Kapitelle mit Wappenschilden. Auf der Nordseite der Satteltum mit Sterngewölbe im Erdgeschoß und Patronatsempore. Schlichtes Langhaus mit barocker Flachdecke; der ehemals südliche Eingang vermauert, das gotische Vorhaus noch erhalten. Wohl im 19. Jh. die Tür auf die Westseite verlegt. – Drei Altäre des spätesten 18. Jh.; den ***Hochaltar*** flankieren lebensgroße Figuren der Patrone Peter und Paul, zusammen mit dem Gottvater im Auszug, vielleicht Umkreis des *Roman Anton Boos.* Im rechten Seitenaltar Gemälde der heiligen Familie, 1831 von *Kleiber,* im linken Gemälde mit Hl. Sebastian, 1871, von *Georg Lacher.* – Hervorzuheben sind die ***Glasgemälde*** im Chor, Christus in der Rast mit dem Stifter Pfarrer Ulrich Marschalck, Münchener Arbeiten um 1520. Ferner vier Wappenscheiben, 1522 und 1524 (verwandte Scheiben in → Amperpettenbach und → Gauting).

Indersdorf Kloster

○ DAH □ 2.1.

Den Ort Markt I. → unter M.

Der Klosterbereich auch räumlich noch heute deutlich vom Markt Indersdorf ge-

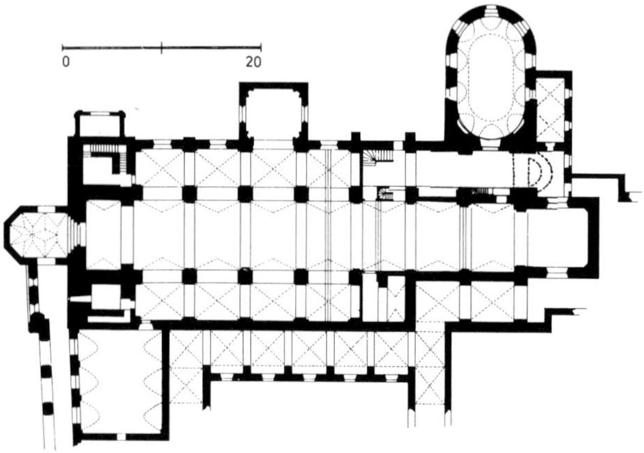

Kloster Indersdorf. Gestrichelt die ergrabene Nordapsis

schieden. Der ***Schneiderturm,*** der den Klosterbezirk nach Norden abschließt, bezeichnet die Grenze.
1120 stiftete Pfalzgraf Otto IV. von Scheyern-Wittelsbach als Sühne für seine Beteiligung an der Gefangennahme des Papstes Paschalis II. durch Kaiser Heinrich V. das Kloster. Es wurde 1126 durch Augustiner unter Propst Rupert besiedelt; die Mönche kamen aus Marbach im Elsaß (das Mutterkloster dort seit dem 17. Jh. zerstört). 1264 brannten die Klostergebäude ab; sie wurden bis 1273 wieder aufgebaut. – 1695 wurden die Konventgebäude neu errichtet. 1783 wegen angeblicher Überschuldung aufgehoben und dem Stift Unserer Lieben Frau in München überwiesen; mit diesem zusammen 1803 säkularisiert. Von 1784–1820 benutzten die Salesianerinnen die Klosterbaulichkeiten. Seit 1856 besteht hier eine Schule unter Leitung der Barmherzigen Schwestern.
In der Klosterkirche befand sich die ***Grablege*** der frühen Wittelsbacher, von denen sieben mit vielen ihrer Ministerialen hier begraben liegen. – Chronist des Klosters ist vor allem der gelehrte Propst Gelasius Morhardt, der 1762 ein mit Kupferstichen illustriertes Werk zur Geschichte herausgegeben hat. – In I. wird z. ersten Mal der Gebrauch von Backstein in Altbayern erwähnt.

Klosterkirche Mariä Himmelfahrt. 1128 geweiht. Die Grundform – eine dreischiffige Pfeilerbasilika ohne Querschiff nach bayerischer Art – ist noch im heutigen Gebäude deutlich sichtbar. Die gesamte Arkatur, die steilen Proportionen des Schiffs, die beiden Westtürme und nicht zuletzt das spätromanische Kirchenportal entstammen dem Neubau, der 1264 nach einem Brand des Klosters errichtet worden war. Der nördliche Turm wurde unter Propst Johannes Rothuet (1442–1470) zusammen mit dem südlichen Turm auf seine heutige Höhe gebracht. Die Rosenkranzkapelle auf der Südseite entstammt der gleichen Zeit, während erst zwischen 1673 und 1693 die Anna-Kapelle auf der Nordseite und die Sakristei erbaut worden sind, der erste Schritt zur Barockisierung, dem ein weiterer mit der Errichtung der Chorkuppel 1691 folgte. 1752 wurde die neue Sakristei erbaut, anschließend erfolgte die Überformung des gesamten Kirchenraumes im Sinne des späten Rokokos. Wie in Dietramszell, Freising, in Rottenbuch und in

Kloster Indersdorf mit Schneiderturm (links)

anderen mittelalterlichen Kirchen gelang es auch hier, die streng mönchische Architektur mit den reichen und auflösenden Formen des ausgehenden Barock zu verkleiden. Der asketische Kern des ursprünglichen Baus macht sich nur in der schachtartigen Enge des Gesamtraums bemerkbar, die vorgegeben war und die auch durch die vorzügliche Kunst der späten Meister nicht mehr zu ändern ging.
Die Barockisierung erfolgte, wie schon gesagt, von langer Hand. Mit dem Umbau des Chors, 1691, wurde auch der großartige ***Hochaltar*** aufgerichtet. Das Altarbild mit der Darstellung von Mariä Himmelfahrt stammt von dem Münchner Hofmaler *Andreas Wolf*. Die überlebensgroßen Holzfiguren der Hl. Petrus, Paulus, Johannes Baptista und Evangelista, ferner die Hl. Katharina und Juliana sind in der Art des *Andreas Faistenberger*. Die prunkvolle Architektur dieses Hochaltars zieht mit ihrem gedeckten Gold, Blau und dunkleren Tönen den Blick schon des Eintretenden auf sich. Es war klar, daß dieser Chorumbau eine Umgestaltung des Schiffes nach sich ziehen mußte. Der Eindruck ist auch jetzt noch überwältigend; er ist es trotz des Reichtums der Formen vor allem durch die vornehme Zurückhaltung der Farben, in denen gedecktes Gold, Altrosa, zarte Rot- und Rosatöne sowie Weiß überwiegen. Das Licht fällt vor allem durch die Chorkuppel auf den Hochaltar, während unter dem hellen Obergaden das Schiff mit seiner verhaltenen Farbenpracht im Dämmern

Kloster Indersdorf.
Stammbaum Christi am St. Antonius-Altar

liegt. Zwar wurden die Fenster 1752 außerordentlich vergrößert, jedoch blieb die Lichtführung eine durchaus mittelalterliche, was ja nach der Sachlage kein Wunder ist.
An der Umgestaltung von 1752 war vor allem *Mattäus Günther* als Maler der Wand- und Deckenfresken und *Franz Xaver Feichtmayr* I. als Schöpfer des reichen Stuckwerks beteiligt. – Im einzelnen:
Die ***Seitenaltäre,*** Nordseite von Ost nach West:
1. St. Augustinus-Altar, 1754–1755 mit dem Augustinus-Bild von *Franz Joseph Winter.* – 2. Maria-Hilf-Altar mit einem Passauer Maria-Hilf-Bild, 1754/55. – 3. St. Ursula-Altar, 1754/55 mit Ursula-Bild von *Franz Joseph Winter.* Auf der Mensa das Bild des Hl. Johann Nepomuk auf dem Totenbett.
Südseite:
1. St. Nikolaus-Altar, 1754/55 mit Bild des Klosterstifters Otto IV. vor St. Nikolaus. Dem Hl. Nikolaus ist – wie so oft in den Klöstern und Burgen des frühen Mittelalters (→ Dachau, Andechs) – die Nikolaus-Kapelle im Kloster geweiht, in der die Wittelsbacher Gruft sich ursprünglich befunden hat. An der Südwand hängen beim Altar die nachgeschaffenen Ovalbilder der hier bestatteten Wittelsbacher, 18. Jh. – 2. St. Antonius-Altar, 1754/55. Unter dem früher hier vorhanden gewesenen Altarblatt mit dem Hl. Antonius kam ein spätgotisches Wandbild mit dem Stammbaum Christi zum Vorschein, Mitte 15. Jh. – 3. St. Barbara-Altar, 1754/55 mit dem Bild der Heiligen von *Andreas Wolf.* Auf der Mensa das Bild des Hl. Augustinus auf dem Totenbett.
Die ***Deckenfresken*** und die Fresken an der Wand des Langchors behandeln die Geschichte des Hl. Augustinus. Nur die Chorkuppel macht eine Ausnahme mit ihrer Scheinarchitektur und der Darstellung des apokalyptischen Lammes. Im Langchor von Ost nach West an der Wand (***Nordseite***): Aufbruch des Heiligen vor seiner Bekehrung nach Rom bis zu seiner Bekehrung. Auf der ***Südseite:*** Augustin als Lehrer der Rhetorik bis zu seiner schließlichen Taufe durch Ambrosius im Jahre 387. Im ***Gewölbe:*** Augustinus als Heiliger und Fürbitter seines Ordens; Augustinus in Betrachtung; Augustinus mit den geistlichen Orden und Ständen vor Gottes Thron; die Welteile huldigen ihm; die Hölle muß ihm weichen, sein Herz lodert zur Dreifaltigkeit empor, Augustinus als Kirchenlehrer und Papst Gregor der Große.
An den Wänden des Mittelschiffs, ***Nordseite:*** weitere Laufbahn des Heiligen bis zu seiner Erkrankung. Auf der ***Südseite:*** Einführung des gemeinsamen Lebens der

Kloster Indersdorf, ehem. Klosterkirche

Priester durch Augustin bis zu seinem Sterbelager in der Stadt Hippo, die von den Vandalen belagert wird. Die Seitenschiffe enthalten weitere Einzelheiten aus dem Leben des Heiligen. – Das große Deckenfresko im Mittelschiff trägt Signatur und Datum des *Matthäus Günther.*
Das ***Chorgestühl*** einfach mit vorzüglich ornamentierten Rändern 1760. Die ***Kanzel*** 1721–1728. – Das ***Orgelgehäuse*** 18. Jh. Da die Empore in neuerer Zeit nach Osten erweitert wurde, liegt die Orgel heute für den Blick zu weit in der Tiefe. Es ist dies die einzige Veränderung des barocken Bestandes, die man als beeinträchtigend bezeichnen könnte.
Die ***Grabplatten,*** die mit der Barockisierung des Kirchenraumes aus ihrem Verband gelöst worden sind, befinden sich heute zumeist in der ***Nikolaus-Kapelle*** im Kloster.
Rosenkranz-Kapelle an der Südseite. Die vorzügliche Rokokoausstattung wird *Matthäus Günther,* vielleicht unter teilweiser Mitwirkung von *Johann Georg Dieffenbrunner,* verdankt: 1758. Der Rosenkranzaltar, ein üppiges Werk aus der zweiten Hälfte des 18. Jh., umfaßt ein Altarbild mit Darstellung der Mutter Gottes, des Hl. Dominikus und der Katharina von Siena, 1631 von *Wilhelm Schöpfer* geschaffen. Die Balustrade, ein Unikum, läßt sich aufschieben und verschwindet in den Seitenteilen. Das vergoldete Antependium ist zum Aufklappen und verbirgt auf der alten Altarstipes die Darstellung des Marientodes, zwischen 1442/50 entstanden.
Die ***Anna-Kapelle*** auf der Nordseite enthält einen Altar von 1721/28 mit der Darstellung der Hl. Anna und der Mutter Gottes, von *Andreas Wolf* geschaffen.
Die ***Schmiedearbeiten:*** Gitter unter der Orgelempore und Gittertür zur Rosenkranzkapelle, beide 17. Jg. Die reichen, geschnitzten, hölzernen Gitter der Oratorien im Langchor und an der Empore aus dem Anfang und der Mitte des 18. Jh.
Immer wieder bemerkenswert, wenn auch an anderen Kirchen ebenso aufzuweisen, ist die lange Tradition der verschiedenen Altarpatrozinien. So ist z. B. das Patrozinium des Hl. Nikolaus aus der Gründungszeit der Kirche herzuleiten, das der Hl. Katharina (heutiger Hochaltar) und der Elftausend Jungfrauen (westlichster Seitenaltar auf der Nordseite) wird bereits im 14. Jh. erwähnt. Dies gilt auch für den Hl. Johannes Bapt. und für die Hl. Maria Magdalena, ebenso wie für den Hl. Johannes Ev. Der geistliche Reichtum eines solchen Kirchengebäudes war also schon von Beginn an im wesentlichen vorhanden.

Die ***Klostergebäude*** auf der Nordseite. Der gotische Kreuzgang wurde im 18. Jh. umgebaut. Im ***unteren Refektorium*** Stuck im Stil der Kirche. Die Fresken zeigen im Sinne dieses Raums Jesus im Haus des Reichen; Jesus am Brunnen; die Jünger in Emmaus. Das ***obere Refektorium,*** jetzt Hauskapelle, mit flacher Stuckdecke um 1700 in Wessobrunner Art. Am Ostflügel des ehem. Kreuzganges befindet sich die ***Nikolaus-Kapelle,*** um die herum das Kloster einst gebaut worden ist. Sie stammt aus dem Ende des 11. Jh. und wurde zeitweilig als Kapitelsaal verwendet. Heute zeigt sie ***Fresken*** in der Art des *Matthäus Günther* aus der Mitte des 18. Jh. mit Darstellung der Klosterstiftung. Wesentlich ist hier die vollständige Präsentation der im Kloster gefundenen ***Grabsteine,*** und zwar in barocker Holzumrahmung. Die Grabplatten, meist heraldisch verziert, gehen von der Mitte des 13. Jh. bis zur Mitte des 16. Jh. und sind von vorzüglicher Handwerklichkeit. Unter einem gemalten Deckel das völlig verstümmelte Grabmal des Stifters Otto IV. von Scheyern-Wittelsbach. Die barocke Darstellung auf dem Holzdeckel bemüht sich, den mittelalterlichen Charakter des Reliefs wiederzugeben.

Inhausen ○ DAH □ 2.2

Eine Kirche wird bereits im 9. Jh. erwähnt 1457 stiftete Herzog Albrecht ein Benefizium hierher, offenbar im Zusammenhang mit der Wallfahrt zu einem wundertätigen Muttergottesbild. Dieses im 19. Jh. entfernt.

Inhausen, Hochaltar

Kirche St. Maria um 1450; 1761 umgestaltet. Chor und Langhaus außen durch Strebepfeiler gegliedert, wie überhaupt das gesamte Mauerwerk einschließlich des Turmunterbaus spätmittelalterlich ist. – Die ***Altäre*** ± 1659/60. Die Anschaffung durch den Pfarrer von Haimhausen wegen des wundertätigen Muttergottesbildes veranlaßt und mit Hilfe des Hofmarksherrn Franz Albrecht von und zu Haimhausen durchgeführt. Die Malerarbeiten stammen von *Georg Ellinger,* Moosburg; die Bildhauerarbeiten von *Paul Hierndle* aus Freising; das Kistlerwerk von *Hans Taubmayr* aus Freising. Das Muttergottesbild aus dem Hochaltar ist modern, nachdem im 19. Jh. das wundertätige, gotische Bild entfernt worden war. – Die ***Deckenfresken*** mit der Huldigung der Erdteile vor Maria 1761 von *Johann Georg Dieffenbrunner.* Kanzel und Orgelgehäuse um 1720 in der Art des *Aegidius Verhelst.* Zwei Kelche: einer von 1692, ein anderer mit der Marke *I L,* Augsburg. Drei weitere Kelche wurden 1955 gestohlen.

Jedelstetten ○ LL □ 1.3

Stattliche **Kapelle St. Nikolaus**, Ba-

Inhausen, St. Maria. Deckenbild

rockbau über älterem Kern. Sakristei 1768 angebaut, der Westturm aus der 2. Hälfte des 19. Jh. Das ***Altarbild*** mit dem Titelheiligen schuf 1780 der Münchner Maler *Wenzeslaus Albert*, das ***Deckenbild*** im Langhaus (hl. Nikolaus) 1775 vom „Lechmalerhansl" *Johann Baptist Bader.*

Jedenhofen

2 km ö Weichs. ○ DAH □ 2.1

Kirche St. Nikolaus ± 1480. Der Chor schließt mit 3/8. Auf dem Westgiebel ein Dachreiter. Der Befehl zu ihrer Aufhebung 1804 wurde nicht ausgeführt. Die Ausstattung um 1660, Kreuzweg 1787.

Jesenwang ○ FFB □ 1.4

Der Ort hat eine sehr alte Überlieferung, er erscheint in alten Freisinger Urkunden 773 als Oasinvanc (wenig später 791 Osinwanc) mit einem Adeligen namens Oaso, der Stiftungen an die Freisinger Domkirche machte (→ Rottbach). Ob sich in dem Namen eine Beziehung zu den Huosi (Osi) ausdrückt, zu deren Gebiet gesichert das nahe Landsberied gehörte, sei als vage Vermutung erwähnt.

Die Pfarrei kam 1314 durch Bischof Gottfried an Kloster Fürstenfeld, das hier auch begütert war. Das Dorfgericht verkauften 1331 die During von Türkenfeld an einen Estinger. Spätestens seit dem 16. Jh. lag die Gerichtsbarkeit beim Landgericht Landsberg.

Kath. Pfarrkirche St. Michael. Bereits für das 8. Jh. ist eine Michaelskirche überliefert. Von einem Bau des späten Mittelalters stammt der eingezogene, dreiseitig geschlossene Chor mit zugespitzter Stichkappentonne (Rippen abgeschlagen), im frühen 18. Jh. mit Akantus- und Blütenranken stuckiert. Der Turm an der Nordseite mit Achteckoberteil und Haube. Das Schiff 1922/23 nach Westen erweitert mit Dekkenbildern von *Waldemar Kolmsperger* (1936). Viersäuliger ***Hochaltar*** vom Anfang des 18. Jh. mit seitlichen Schnitzfiguren der Heiligen Petrus und Paulus, das

St. Willibald bei Jesenwang, Wallfahrtskirche. Hochaltar

etwas ältere Gemälde, Sieg des Hl. Michael über den Satan, von einem tüchtigen Maler des späten 17. Jh. Zwei ***Seitenaltäre*** mit Figuren, spätes Rokoko, die Gemälde erneuert. – Rokokokanzel am Chorbogen.

Pestkapelle Mariae Trost. Am südlichen Ortsausgang. Als Votivkapelle an die Mutter Gottes, die Heiligen Sebastian, Rochus und Leonhard. Errichtet 1651; 1751 weitgehend erneuert. Kuppelgedeckter Rundbau mit Vorhaus an der östlichen Eingangsseite.

St. Willibald. Östlich außerhalb des Ortes Jesenwang auf freiem Felde: **Wallfahrts-**

St. Willibald bei Jesenwang, Wallfahrtskirche

kirche St. Willibald. Grundsteinlegung 1414 durch Johann II. von Bibrach, Abt von Fürstenfeld (Inschrift an der Nordseite). 1478 durch Abt Jodok um das Langhaus erweitert. Restauriert 1872 und 1910. – Eingezogener Chor zu zwei Jochen mit 5/8-Schluß. Sternrippengewölbe auf Wandpfeilern und Runddiensten. Dazu nach Westen ergänzte Rankenbemalung. Langhaus von breiten Verhältnissen, seine flache Holzdecke zeigt freigelegte ursprüngliche Bemalung und Maßwerkfriese an den Stößen. Dazu eine gleichartig behandelte Holzempore. Je ein verhältnismäßig großes Spitzbogenportal an Nord- und Südseite diente auch zum Durchreiten oder -führen der Tiere, um sie zu segnen, (Roßweihe). – Westlicher Giebeldachreiter. An der Westwand angebaut Wohnhaus für den Wallfahrtspriester. – ***Hochaltar*** von 1617 in strenger Schwarzgoldfassung (erneuert) mit der thronenden Figur des Hl. Willibald um 1490/1500. Im Auszug Marienfigur der gleichen Zeit. – Seitenaltäre mit Gemälden. Links St. Bernhard, rechts Mondsichelmadonna, um 1620 mit dem Stifter-Abt. – An der Nordwand großes ***Votivbild***, dem Titelheiligen mit Datum 1712 von der Gemeinde Jesenwang gewidmet. (Der gegenwärtige trostlose Zustand des Inneren wurde durch mehrere Einbrüche verursacht, welche die Ausstattung erheblich dezimierten; die Reste sind geborgen.)

Römerstraße. Östlich der Kirche kreuzte die Römerstraße, die von → Gauting nach Augsburg führte, die spätere Landstraße

Kaufering, Pfarrkirche

nach Fürstenfeldbruck (Gedenkstein von 1963, → Argelsried, Schöngeising, Zellhof, Gilching)

Kaltenberg ○ LL □ 1.3

1292 erste Erwähnung der von Herzog Rudolf erbauten **Burg** hoch über dem Paartal. Um 1327 sind Hermann von Rohrbach und 1425 Peter Rehlinger von Augsburg Besitzer; damals Wiederaufbau der zerstörten Anlage, die seit 1612 in den Besitz der Landsberger Jesuiten kommt. Zerstörungen im 30jährigen Krieg, anschließend Wiederherstellung: aus dieser Zeit stammt der Kernbau des Westflügels. 1773 ging das Schloß an den Landsberger Malteserorden über. Unter den häufig wechselnden Inhabern des 19. Jh. ist Hauptmann Sommer zu erwähnen, der die Gebäude 1845 zum großen Teil im neugotischen Stil erneuern ließ, was dem Komplex (heute mit Brauerei) sein Gepräge gibt. – Auf Schloß Kaltenberg wurde 1514 der berühmte Gelehrte Dr. Wiguläus Hundt geboren.

Die 1901 erbaute ***Elisabethkapelle*** im Dorf enthält wertvolle Ausstattungsstücke aus der abgegangenen Schloßkapelle: Besonders zu nennen der barocke ***Hochaltar*** (um 1680) mit gleichzeitigem Bild der hl. Elisabeth, die Kreuzwegtafeln, die schöne Emporenbrüstung und einige Plastiken von *Lorenz Luidl* (Muttergottes und Kruzifix ± 1700) und ein Hl. Sebastian ± 1530).

Karlsfeld ○ DAH □ 2.3

1802 als Mooskolonie gegründet. Die **St. Anna-Kirche**, 1953 errichtet, 1957 zur Pfarrkirche erhoben. Eine neugotische Kapelle um 1900, nach dem Stifter „Ludl-Kapelle" genannt, seit 1924 Filialkirche.

Östlich der Straße München-Dachau zog die ***Römerstraße*** vom Petersberg nach Oberföhring.

Kaufering ○ LL □ 3.1

Als Wahrzeichen des Mittleren Lechrains erhebt sich weithin sichtbar über dem alten Ortsteil Kaufering-Ost die **Pfarrkirche St. Johannes d. T.** Das Kloster Dießen, dem die Pfarrei seit 1342 inkorporiert war, ließ 1699 durch seinen Baumeister *Michael Natter* einen stattlichen Neubau errichten, wobei der spätgotische Chor (um 1520) übernommen und erhöht wurde. Turm und Fassadengliederung mit Pilastern und Fensterbekrönungen weisen ebenso wie die Raumanlage mit tiefen Wandpfeilern und gemauerter Westempore auf einen Bau der Vorarlberger Schule: der Baumeister stammte aus Schoppernau im Bregenzer Wald und war Palier *Michael Thumbs* in Grafrath und am Dießener Klosterbau. Ein hervorragender Schmuck der Kirche ist die ungewöhnlich reiche ***Stuckdekoration*** – eine erstrangige Arbeit der Wessobrunner *Johann* und *Joseph Schmuzer* – die im Chor etwas früher als im Langhaus entstanden ist; gut ablesbar ist dabei der Stilwandel vom ausgehenden 17. zum frühen 18. Jh. (Entstehungszeit 1699 bis 1704). Die ***Deckengemälde*** ebenfalls von verschiedener Hand: Im Chor drei am Gewölbescheitel eingelassene Ölbilder italienisierender Art und von bester Qualität, darstellend Szenen aus dem Leben des hl. Johannes des Täufers (um 1700); im Langhaus vier große Bildfelder und acht Medaillons mit Fresken eines unbekannten, weniger bedeutenden Malers (*Bartholomäus Bernhard* aus Wessobrunn?), deren Inhalt sich ebenfalls auf den Kirchenpatron beziehen. – ***Hochaltar:*** prunkvoller Spätbarockaufbau mit Haupt- und Auszugsbild von *Johann Georg Bergmüller* (Taufe Jesu und Himmelfahrt Mariae); die beiden ***vorderen Seitenaltäre*** und die Kanzel um 1730/40, während die beiden ***rückwärtigen Seitenaltäre*** mit Ölbildern des Münchner Hofmalers *Franz Kirzinger* erst 1765 entstanden.
Die Fülle ausgezeichneter ***Skulpturen*** aus Landsberger und Weilheimer Bildhauerwerkstätten kann nur angedeutet werden: Die vier Hauptfiguren des Hochaltars (die Hl. Ulrich und Afra, Augustinus und Johannes Ev.) wahrscheinlich von *Hans Degler* als Teile eines früheren Altars um 1620. Der im Zuge der Restaurierung 1973/74 wiederaufgestellte Kreuzaltar setzt sich aus einem bedeutenden Renaissance-Kruzifix (Weilheimer *Steinle*- oder *Degler*-werkstatt) und den beiden Assistenzfiguren von *Lorenz Luidl* (Ende 17. Jh.) zusammen. Vom älteren *Luidl* eine Reihe weiterer Figuren, so die Apostelreihe, eine hl. Agatha, die Ölbergfiguren (außen) und eine Pietà; von dessen Sohn *Johann* unter anderen die Hl. Florian und Johann Nepomuk, Franziskus und Donatus.
Wie in mehreren Orten der Umgebung führt ein gedeckter Treppenaufgang zur Kirche herauf, an dessen oberem Ausgang einige ortsgeschichtlich wertvolle ***Gedenktafeln*** aus dem späten 18. und früheren 19. Jh. angebracht sind. Südlich gegenüber von Kirchberg ein wohlerhaltener ***Burgstall,*** Standort der bereits 1021 erwähnten Welfenburg, die bis zur Gründung der Stadt Landsberg und dortigen Anlage eines neuen Flußübergangs den Schutz der Kauferinger Lechbrücke übernommen hatte. Im Südteil des großen Ortes stand seit 1558 ein zweites Schloß als Sitz der Hofmarksherren, von denen die Haidenbucher und Donnersberg die bedeutendsten waren.

Kaufering, Pfarrkirche. Hochaltar

Kleininzemoos,
St. Margareth.
Muttergottesfigur ± 1520

Die ***Leonhardskapelle*** südlich der Bahnlinie wurde 1715 ebenfalls von *Michael Natter* als stattlicher, pilastergegliederter Bau errichtet. Umgestaltung 1765; aus dieser Zeit der Hochaltar und das Deckenbild im Langhaus („Fürbitte des hl. Bernhard"), wohl von *Franz Kirzinger.* Plastiken von *Lorenz* und *Johann Luidl.* – Die Kapelle bis 1975 aus Mitteln einer vorbildlichen Aktion restauriert.

Nordöstlich auf freiem Feld die ehemalige ***Pestkapelle*** St. Walburg, von einer niedrigen Mauer umgeben. Der Bau mit quadratischem Chor und Kreuzrippengewölbe stammt aus dem 14. Jh. und wurde um 1650 erneuert; er ist seit vielen Jahrzehnten profaniert, sieht jedoch einer Wiederherstellung entgegen.

Kiemertshofen ○ DAH □ 1.2

Kath. Kirche St. Nikolaus, kleiner spätmittelalterlicher Bau mit barocker Ausstattung, ± 1700. Auf den Seitenaltären zwei gute Büsten der Hl. Stephanus und Laurentius, ± 1730, vielleicht von *Joh. Christian Eberle.* Der Raum jüngst, jedoch nicht gut, restauriert.

Stattliche, wohlerhaltene ***Höfe.*** Dicht bei der Kirche der Hartl-Hof von 1926, kürzlich wiederhergestellt.

Kienaden

am Ortsrand von Günding.
○ DAH □ 2.3

Hier wurden ***römische Mauerreste*** ge-

Kottgeisering, St. Valentin. Chorfresko

funden; 855 erstmals als Keminatun genannt. Die Einöde hatte durch die Jahrhunderte wechselnde Besitzer. Im 19. Jh. gelangte der Hof in den Besitz der Familie Heitmeier, die ihn noch heute bewirtschaftet.

Die ***Hofkapelle*** vielleicht aus dem 18. Jh.

Kleininzemoos ○ DAH □ 2.1

Erst 1446 wird dieser Ort vom 779 genannten Incinmoos als Clainen Intzenmosen unterschieden.

Kirche St. Margareth. Der spätgotische, gewölbte Chor schließt mit fünf Achteckseiten. Der Turm steht an der Westseite des Langhauses. Hochaltar ± 1670. Der linke und der rechte Seitenaltar beide um 1710. Der Kruzifix mit Mater Dolorosa möglicherweise von *Konstantin Pader,* 1630.

Kollbach ○ DAH □ 2.1

Um 1020 als Kolapach erstmals genannt; später im Besitz des Klosters Ilmmünster, seit 1498 beim Liebfrauenstift zu München.

Pfarrkirche St. Martin. Vielleicht auf dem Platz der ehemaligen Burg. Chor und Turm spätmittelalterlich; das Schiff um 1650 erneuert und im 19. Jh. nach Westen verlängert. – Der Hochaltar neuromanisch mit den Figuren der Mater Dolorosa und des Geißelheilandes ± 1700. Die Seitenaltäre ± 1700, später hierher übertragen. Die Kanzel 1947 entfernt; sie war 1650 aus Vierkirchen hierher gekommen. Das Deckenbild im Chor ± 1700 (?), im Langhaus ± 1900. Das Bild des Hl. Martin mit der Pfarrkirche aus dem 18. Jh., vielleicht vom alten Hochaltar.

Wallfahrtskirche Mariä Geburt. 1288 als Weihedatum überliefert, spätgotisch überarbeitet und innen ± 1709 barock verändert. Das Chorgewölbe ist noch gotisch mit Kreuzrippen. – ***Hochaltar*** 1709 mit einer Marienfigur, einem Hl. Donatus von 1716 und weiteren Figuren. Die beiden Seitenaltäre ebenfalls um 1709 mit Figuren und Bildern von verschiedenen Zeiten. Z. Zt. in umfassender Renovierung.

Kottgeisering ○ FFB □ 1.4

Erste Nennung 829 als kysalheringa, später nur Geisering oder Geising genannt. Schließlich zur Unterscheidung von dem nahe gelegenen anderen Ort Schöngeising wegen der tieferen Lage am Moor Kottgeisering. – Größter Grundbesitzer war Kloster Fürstenfeld, ferner das Chorherrnstift Diessen.

Kath. Pfarrkirche St. Valentin. 1563 eine Weihe überliefert, in der Mitte des 18. Jhs. umgebaut und neu ausgestattet, 1842 nach Westen verlängert. – Chor knapp eingezogen mit dreiseitigem Schluß Turm auf der Südseite, dessen Oberteil mit Oktogon und Zwiebel wohl um 1700 erneuert wurde. Das Schiff gegen Westen mit abgewalmtem Dach die Fenster mit geschweiftem Umriss.
Der Haupteindruck des Inneren von der Umgestaltung im Sinne des Rokoko bestimmt. Die stark gedrückte Tonne mit ***Deckengemälden,*** die dem bedeutenden Freskanten *Matthäus Günther* unter Beteiligung der Werkstatt zuzuschreiben sind. Das Hauptbild vermengt die Legenden von zwei Heiligen Valentin: einer ist als römischer Märtyrer überliefert, der andere war Bischof von Passau, der bei Krämpfen („Fraisen") als Fürsprecher angegangen wurde. Im Chor Gemälde „des göttlichen Ratschlusses der Erlösung" unter Einbeziehung der Verkündigung. Alle Deckengemälde wie die Altäre wohl 60-er Jahre des 18. Jhs. Die Figuren der Altäre dagegen sind älter. Sie zeigen deutlichen Zusammenhang mit der *Luidl*-Werkstatt in Landsberg, die Hauptfiguren wohl dem Hauptmeister *Lorenz Luidl,* die Reihe der Apostel an den Seitenwänden eher *Johann Luidl* zuzuweisen.

Kreuzholzhausen ○ DAH □ 2.1

Die Pfarrei wird 1315 genannt. Hauptpatrozinium ist die **Hl. Kreuzauffindung,** Nebenpatronin die Hl. Helena. Bei der Kirche bestand eine Wallfahrt, aus der sich die beträchtliche Länge des Schiffs erklärt. Das ursprünglich spätgotische Mauerwerk wurde im Barock, jedoch zu verschiedenen Zeiten verändert. Im Inneren des Chors sieht man eine Pilastergliederung mit Kapitellen ± 1620. Die heutige Erscheinung des Bauwerks mit der reich gegliederten Südfront der Sakristei stammt wohl aus dem 18. Jh.
Der ältere ***Hochaltar*** kam 1740 nach → Puchschlagen; der jetzige wurde durch den Kistler *Nikolaus Prugger,* den Bildhauer *Bartholomäus Schuhpaur* und den Maler *Franz Mayr* geschaffen. Die ***Seitenaltäre*** wurden in jüngster Zeit neu arrangiert. Die Gruppe des Hl. Wandels im linken Seitenaltar stammt aus der Südfassade (→ die drei Nischen dort), der Kruzifix von 1642 im rechten Seitenaltar ist eine freie Nachbildung des Forstenrieder Kreuzes, vielleicht zur Bruderschaftsgründung vom Hl. Kreuz angeschafft. Zu diesem Kreuz gehören die vorzüglichen Figuren von Maria und Johannes, die sich heute im Altarraum links und rechts an der Wand befinden, 18. Jh. – Die schöne ***Kanzel*** um 1750. Die ländlichen Fresken um 1721: Vision Konstantins, Kampf an der milvischen Brücke u. a. Die zweistöckige Westempore ist mit hübschen Bildern geschmückt.
Insgesamt hat sich an dieser nicht unbedeutenden Kirche der Eindruck lebendiger Frömmigkeit gut zu erhalten gewußt. Hierzu gehört auch, daß in einer eigens dafür geschaffenen Nische an der äußeren Südwand ein Abbild des Kreuzes zu sehen ist, welches im Inneren verehrt wurde.

Kumpfmühle
1 km w Unterschweinbach.
○ FFB □ 1.4

Etwa einen Kilometer westlich außerhalb von Unterschweinbach, heute ein etwas abseits am Bach gelegener Hof. Eine Mühle war hier schon 1554 anläßlich einer

Kreuzholzhausen, Pfarrkirche von Süden

Erneuerung erwähnt. Nur noch der Name erinnert daran, daß ihr Rad mit Schöpfbechern („Kumpf") besetzt war.

Längenmoos

2 km sö Mittelstetten. ○ FFB □ 1.4

Der Ort 1085 genannt. Im 15. Jh. Teil des Dorfgerichts Mittelstetten im Landgericht Dachau. Mitten im Dorf **Kapelle St. Maria,** vielleicht 17. Jh. Kleiner Bau mit rundem Schluß, Giebeldachreiter mit Satteldach. – Im Altar des 19. Jhs. Figur der Muttergottes von Altötting.

Landsberied ○ FFB □ 1.4

Der 853 genannte Ort ist der einzige im Bereich nördlich des Ammersees, von dem ausdrücklich bezeugt ist, daß er im Gebiet des Uradelsgeschlechts der Huosi liegt (→ Jesenwang). – Schon im 16. Jh. war der Grundbesitz stark aufgeteilt an viele Besitzer (→ Babenried).

Kath. Kirche St. Johann Baptist. Neubau in gemäßigt neubarocken Formen 1931/33 nach Plan v. *Joseph Schormüller* aus Pasing. Eingezogener gewölbter Chor mit dreiseitigem Schluß und Turm an der Südseite mit kleiner Zwiebelhaube. Das Schiff zu vier Achsen mit Eingang von Westen, Holztonne. – Hochaltar Neubarock, 1933 mit den geschnitzten Figuren des Hl. Johannes d. T., Katharina und Elisabeth. Zwei Seitenaltäre v. *Konrad Ledermann,* ± 1948.

In der Bahnhofstraße beim „Alten Wirt" kleine ***Marienkapelle,*** schlichter Bau mit rundem Schluß, wohl 18. Jh. – In der Altarnische etwas derbe Figur der Madonna, ± 1500, flankiert von zwei weiteren Holzfiguren der Hl. Paulus und Florian, um 1480–1490.

Langengern

2,5 km n Sittenbach. ○ DAH □ 1.2

Der Ort gehört zur Gemeinde Unterweikertshofen. Hier tritt die Römerstraße von Augsburg in den Landkreis Dachau ein; in Erdweg zweigt sie nach Freising und Oberföhring ab.

In „Gern“ wurde 1700 eine ***Kapelle*** erbaut, ein einfacher Bau mit dreiseitigem Schluß und Dachreiter. Von der alten Ausstattung ist nichts mehr vorhanden.

Langenpettenbach ○DAH□2.1

773 als Petinpach mit seiner Michaelskirche erwähnt. Um 1221 zu Kloster Indersdorf. Es wird namentlich nicht von Amperpettenbach unterschieden.

Pfarrkirche St. Michael. Die heutige Kirche enthält den spätgotischen Bau als Querschiff; das jetzige Hauptschiff 1848. Der neue Chor ist deshalb nach Süden gerichtet. Der alte rechteckige Chor liegt im Untergeschoß des Turms und ist gewölbt. – Der alte ***Hochaltar*** vom Ende des 17. Jhs. steht im ehemaligen Chor. Der heutige Hochaltar neugotisch mit einer Verkündigung ± 1700. Seitenaltäre wie auch die übrige Einrichtung 20. Jh. Die Apostelfiguren sind neuere Nachbildungen der Blutenburger Apostel. In der Sakristei ein Lavabo ± 1750, sehr gute Arbeit.

Der ***Pfarrhof*** mit großem Walmdach und sieben Fensterachsen, zwischen 1728 und 1748 erbaut, wurde 1965 abgerissen.

Langwied ○ FFB □ 1.4

1 km s. v. Grunertshofen

In der 2. Hälfte des 12. Jhs. sind Ministerialen der Grafen von Andechs aus diesem Ort mehrfach genannt. – Um 1470 ist er als kleine Hofmark im Besitz der Schondorfer zu Pähl, von denen er im 16. Jh. an die Perndorfer zu Pähl übergeht. Sie legen ihn zu ihrer Hofmark Steinbach, deren Geschichte er seit 1558 teilt.

Kath. Kirche St. Peter und Paul. Der eingezogene Chor mit dreiseitigem Schluß und Strebepfeilern könnte im Kern gotisch sein; kurzes Schiff zu zwei Achsen mit westlichem Giebeldachreiter, dessen Zwiebel einen noch 1870 genannten Spitzhelm ersetzt. – Der gewölbte Chor sowie die Flachdecke des Schiffs mit schlichtem Felderstuck der Mitte des 17. Jhs., die Ansätze im Chor auf Konsolen mit geflügelten Engelsköpfen. – Hauptaltar des fortgeschrittenen 19. Jhs. mit älteren Teilen. Darin Holzrelief-Figur des hl. Petrus, Ende 15. Jh. Die Seitenfiguren der Hl. Johannes Ev. und Paulus sind Anfang 17. Jh. – Anstelle des verlorenen Seitenaltars rechts einfache, doch sehr bemerkenswerte Holzfigur einer stehenden Madonna um 1360, zwischen Leuchterengeln des 17. Jhs. – An der Nordwand die spätbarokken Gemälde von den verlorenen Nebenaltären.

Lauterbach ○ DAH □ 2.1

Anfang des 9. Jhs. hieß der Ort Chlutrinspach. Zwischen 1224 und 1334 kam Lauterbach mit Palsweis an die Dachauer von Lauterbach, Ministerialen der Grafen von Dachau. Durch Heirat an das Geschlecht der Hundt, später Herren von Hundt, die ursprünglich aus einem Dorf im Pinzgau stammen. Der letzte Dachauer von Lauterbach, Ulrich, wurde 1437 in Fürstenfeld begraben. Friedrich Hektor von Hundt war als Mitglied der Bayerischen Akademie der Wissenschaften und Vorstand des Historischen Vereins von Oberbayern, auch als Autor innerhalb der Lokalgeschichte verdient. Der bayerische Geschichtsschreiber Wiguläus von Hundt war Besitzer der Hofmark Sulzemoos 1557 bis 1571. 1 km nordwestlich des Schlosses sechs ***Grabhügel;*** nördlich im Stuhlholz noch sieben Grabhügel sichtbar.

Kirche St. Jakob. Mit einem spätgotischen Chor, der ± 1670 samt dem Schiff umgestaltet wurde. In der südlichen Seitenkapelle die Gruft der Hundt von Lauterbach, darin der Gedenkstein für Jörg Hundt

Lauterbach (s. Seite 296), St. Jakob

(gestorben 1566), der beim Entsatz von Wien 1529 im Türkenkrieg ruhmreich gekämpft haben soll.
Das Innere der Kirche offenbart ein vorzüglich erhaltenes Ensemble, das vom 17.–19. Jh. reicht und noch Teile der älteren Epoche einschließt. Die Wölbung ist ganz von einem zarten ***Stuck*** in Miesbacher Art, ± 1680, übersponnen. Die Altäre stammen aus dem 18. Jh., ebenso die hübsche Kanzel. An den Wänden des Langhauses zwei recht gute Heiligenfiguren aus der Werkstatt von *Lorenz Luidl.*
Die ***Grabplatten*** reichen von 1466 bis zum Ende des 16. Jhs. Die Grabplatte des Wiguläus von Hundt (gestorben 1588) stammt aus der Münchner Franziskanerkirche. – Hinter dem ***Hochaltar*** befinden sich noch im alten Maßwerk vier vorzügliche ***Glasbilder,*** Stiftungen des Veit von Eggloffstein zwischen 1437 und 1449.

Unter dem schönen Baumbestand des hochgelegenen ***Friedhofes*** ist eine mächtige Silberpappel neben dem Kirchturm der Erwähnung wert.

Schloß. Im 16. Jh. von Jörg Hundt von Grund aus neu erbaut, im 19. Jh. zum Teil erneuert. Im Inneren zum Teil alte Balkendecken und gewölbte Gänge; außen geschnitzte Erker; im Schloßhof der sogenannte ***Prügelturm.*** Die Schloßkapelle 1666 der Heiligen Familie geweiht. Darin ein Alabasterrelief aus dem 17. Jh. mit Darstellung der Beweinung in der Art des *Christoph Angermayr.* – Die übrige Einrichtung 19. Jh.

Lauterbach bei Tandern.
○ DAH □ 1.2

Kath. Kirche St. Maria, ein spätmittelalterlicher, barock überformter Bau, ausge-

Lauterbach (s. Seite 296), Glasfenster hinter dem Hochaltar

stattet in der letzten, schon klassizistisch erstarrenden Phase dieser Epoche, völlig erhalten, ausgemalt und ausgerüstet, was in dieser Landschaft nicht selten, aber doch immer überraschend ist. Das ***Deckengemälde*** stammt von *Ignaz Baldauf,* ± 1780: im Schiff Maria als Trost der Kranken, im Altarraum David und Abigail, beide Darstellungen volkstümlich und hübsch, typisch für den Künstler. Der in seiner Architektur ausgebreitete ***Hochaltar*** mit einer Marienfigur im Zentrum 1794 von *Jos. Wolgemuth,* Schrobenhausen, gefaßt (Inschr. auf der Rückseite). An den Wänden links und rechts die Figuren der Hl. Sebastian und Stephanus, ± 1480. Barocke Leuchterengel, hübsche Kanzel, recht gute Seitenaltäre und altes Gestühl.

Lichtenberg ○ LL □ 1.3

Ehemals Burg der Edlen von Lichtenberg, 1223 erstmals erwähnt. Ab 1334 sind die Freiberger, seit 1386 die bayerischen Herzöge Besitzer des Schlosses, das 1514 herzogliches Lehen wird. 1687 Neubau unter Kurfürst Max Emanuel nach einem Riß des Hofbaumeisters *Giovanni Antonio Viscardi* – der Hauptbau, so wird überliefert, zählte so viele Fenster wie das Jahr Tage – 1808 Abbruch bis auf den letzten Stein unter General Wrede, um mit dem

Material Militärgebäude in Augsburg zu errichten. *J. M. Fischer* hatte hier – als Palier seines Schwiegervaters *J. Mayr* – 1721 einen Pferdestall, sein erstes Werk, errichtet.

Lindach

2 km sö Malching. ○ FFB □ 1.4

Für das kleine Dorf nordwestlich von Fürstenfeldbruck, 819 als lintacha erwähnt, wird 1440 ein Dorfgericht des Klosters Ettal genannt, später ist es Teil der Hofmark Maisach und kam 1746 mit dieser durch Tausch von Kloster Ettal an Fürstenfeld.

Kapelle St. Rupert. Nördlich des Orts auf der Höhe. Schlichter Bau mit dreiseitigem Chorschluß und Giebeldachreiter. Der östliche Teil im Kern spätgotisch, das Gewölbe des Chorjochs mit dem Schluß zeigt Spuren der Rippen; sonst flachgedeckt. – Altar ± 1680/90 mit geschnitzter Sitzfigur des Titelheiligen und kleiner thronender Madonna, außen die kleineren Figuren der Hl. Jakobus und Sebastian.

Lindach

2 km w Petershausen. ○ DAH □ 2.1

Die ***Hofkapelle*** 1872 vom Lindachbauern Bernhard Reichel gestiftet. Der Altar durch Vermittlung eines Münchner Domherrn aus einer Münchner Hauskapelle, um 1750 mit gutem Bild des Todes Josephs.

Lochhausen ○ M □ 2.3

Bischof Lantpert v. Freising (938–57) vertauscht diesen Ort, damals lohhusa genannt, zusammen mit → Malching gegen ein anderes Dorf. Ein Ortsadel erscheint Ende des 11. Jhs.; im 12. Jh. sind Ministerialen der Grafen von Dachau, später der wittelsbachischen Herzöge öfter genannt. Wohl dieser Familie entstammt Gotpold, der 1197 auf Pilgerfahrt ins Heilige Land geht. Im frühen 14. Jh. hat das angesehene, siegelfähige Münchner Bürgergeschlecht der Kuchenmeister hier zwei der drei größten Anwesen vom Kloster Ettal zu Lehen (→ Aubing und → Roggenstein). Die Pfarrei ist vor 1315 schon selbständig, aber die ehemalige Abhängigkeit von Aubing zeigt sich noch in gewissen Rechten des dortigen Pfarrers, der z. B. die Patroziniumsfeier und die Messe am Kirchweihtag hielt, bis ins 18. Jh. – Die vorzügliche Ertragsfähigkeit des hiesigen Ackerbodens im Gegensatz zu jener von Aubing wird bis ins 18. Jh. gerühmt.

Kath. Pfarrkirche St. Michael. Eine Kirche wird 1170 erwähnt. 1449 Renovierungsarbeiten überliefert; 1713 barockisiert. Der eingezogene Chor mit 5/8-Schluß und dreimal gestuften Strebepfeilern spätgotisch. Im 18. Jh. die Rippen abgeschlagen, ebenso z. T. die ehem. halbrunden Dienste auf Vorlagen. An der Nordseite Turm mit Satteldach. Das Langhaus von einer Erweiterung 1926/27 nach Plan von *Franz Xaver Bemmel* in zurückhaltend neubarocken Formen. Der in die Tiefe gestaffelte ***Hochaltar*** neubarock mit alten Teilen. Von hier wurde leider eine hübsche spätgotische Madonna, wohl Münchener Arbeit ± 1500 in der Art der fünf Figuren des Ursula-Altars in → Aubing gestohlen. – An der Nordwand des Chors Fresko, Votivbild der Herz-Jesu-Bruderschaft, Anfang 18. Jh.

Luidenhofen

1 km s Dünzelbach. ○ FFB □ 1.3

Die heutige Einöde mit Kapelle bestand ehemals aus mehreren Anwesen, die mindestens seit dem 16. Jh. zur Hofmark Dünzelbach gehörten, welche seit dem 15. Jh. im Besitz der Herrn von Törring auf Seefeld war. Der Ort ist jedoch schon im 12. Jh. genannt mit Besitz der Grafen von Diessen.

Kapelle St. Michael. (Ehem. St. Maria). Anstelle eines älteren neugotischer Bau von 1866, zu zwei Achsen mit dreiseitigem Schluß, vorgesetztem Westturm mit Spitzhelm. Der Barockaltar mit Figur des hl. Michael vom Beginn des 18. Jhs. stammt angeblich aus der Gegend von Landsberg (überarbeitet?). – An der Wand geschnitzte Schutzengelgruppe, auch Anfang 18. Jh.

Luttenwang ○ FFB □ 1.4

Schon 755 genannt mit einer Eigenkirche, die dem Freisinger Bischof Joseph übergeben wurde. Dabei gab es hier eine der ältesten überlieferten Kirchenweihen im Bistum Freising. Im 12. und 13. Jh. gibt es ein anscheinend hier ansässiges Edelgeschlecht, von dem mehrere Glieder genannt sind, zuletzt 1325. Später wechselvolle Besitzergeschichte; in der Barockzeit war das Kloster Wessobrunn hier der größte Grundherr.

Kath. Kirche St. Mariae Himmelfahrt. Stattlicher Chorturm, im Kern romanisch mit späterem Glockengeschoß und hohem Spitzhelm über vier Giebeln. Das schmale Langhaus zu sechs Achsen besaß ursprünglich nur vier; um 1875 ist es verlängert worden. – Die ***Ausstattung*** spiegelt die Formen des spätesten Rokoko in verschiedener Weise. Die ***Deckengemälde*** sind bezeichnet von *Ignaz Paur* 1780: im Chor Mariae Heimsuchung, im Schiff Mariae Himmelfahrt und Maria als Hoffnung der Kranken; einfache, ländliche Bilder. Der ***Hochaltar*** enthält Teile eines älteren vom Beginn des 18. Jhs.; dazu die schöne Madonna der Zeit um 1425, die als Gnaden-Bild Ziel einer lokalen Wallfahrt war (bis ins 19. Jh.). ***Seitenaltäre:*** Rechts mit Gemälde des hl. Franz Xaver und Seitenfiguren der Pestheiligen Sebastian und Rochus; links mit Gemälde der Taufe Christi und Seitenfiguren des 19. Jhs. (Hll. Nepomuk und Antonius).

Gasthof Frietinger (Haus Nr. 9). Stattlicher Giebelbau von 4:8 Achsen mit profilierten Gesimsen. – Im 1. Stock große Stube mit spätem Bandelwerk-Stuck (um 1730/40) an der Decke; dazu Kreismedaillon mit stark übermaltem Gemälde der Immaculata. – Die ehemals vorhandenen geschnitzten Türen leider verkauft.

Machtenstein

2 km nw Kreuzholzhausen.
○ DAH □ 2.1

Das einfache ***Kirchlein*** enthält spätmittelalterliches Mauerwerk. Altar 1719 mit einem Vesperbild ± 1550 und einer Hl. Barbara ± 1600. Die Figur des Hl. Sebastian, Anfang des 17. Jhs., angeblich aus Großberghofen.

Maisach ○ FFB □ 1.4

Der Ort ist schon in karolingischer Zeit mit einer Kirche St. Laurentius genannt, der Grundstücke im nahen Esting zugeeignet werden. 806 wird diese Eigenkirche an Bischof Atto von Freising übergeben. Dann ist wieder ab dem späten 11. Jh. von einem ortsansässigen Edelgeschlecht die Rede. Dieser Familie entstammten im 12. Jh. zwei Äbte des berühmten Reichsklosters St. Ulrich und Afra in Augsburg, Udalschalk und Heinrich von Maisach. Verwandtschaftliche Bindungen müssen zu den Hochfreien Herren von Weilheim bestanden haben, denn diese erbten nach dem Aussterben der Maisacher um 1200 die hiesigen Güter; nach deren Erlöschen um 1320 zog Kaiser Ludwig der Bayer einen Großteil des Erbes an sich, um es schon bald dem von ihm 1330 gestifteten Kloster Ettal zu übergeben. Der Ort blieb als geschlossene Hofmark Ettaler Besitz bis 1746; damals kam er durch Tausch an Kloster Fürstenfeld. Zum Sprengel des 1343 erstmals genannten Ettaler Hofmarksrichters gehörten auch → Esting, → Germerswang, → Lindach und Felden. Diesem Dorfgericht stand auch die Schrannengerechtigkeit zu. Diese teilweise Exemption vom herzoglichen Landgericht bis ins 18. Jh. kann auf Sonderrechte der alten Maisacher zurückgehen.

Kath. Pfarrkirche St. Vitus. Von den sicher überlieferten Vorgängerbauten seit karolingischer Zeit hat sich nichts erhalten; nur das ursprüngliche und für die frühe Zeit vielsagende Patrozinium St. Laurentius ist bekannt. Wir wissen nicht, wann dieses abgekommen ist. Die im Kriege der bairischen Herzöge 1422 sehr mitgenommene Kirche wurde anscheinend um 1425 neu gebaut. Aus dieser Zeit erhalten der eingezogene Chor mit dreiseitigem Schluß und Strebepfeilern; ferner geringe Teile des

Luttenwang, Mariä Himmelfahrt. Deckenfresko

ehem. Langhauses, jetzt eine Art Vorchor, der zum stattlichen Neubau von 1909 überleitet. Dieser errichtet nach Plan von *Joseph Elsner* aus München, weiträumig mit sechs Jochen und abgeflachter Stichkappentonne. Der Turm auf der Nordseite 1759, er wurde 1929 erhöht und mit neuer Zwiebel versehen. Im Chor am wohl noch gotischen Gewölbe eine Stuckierung von *Benedikt Heiß* aus Dachau (1721/22) die Flächen dicht mit schlanken Akanthusranken gefüllt; dazu Putti, die Medaillons tragen, in denen die Legende des hl. Veit gemalt ist. (Von dem Brucker Maler *Krenauer*). Die Deckengemälde des Langhauses 1910 von *Joseph Kögl* aus Pasing. Am Hochaltar vom Anfang des 18. Jhs. mit vier gedrehten Säulen die Figuren der Hll. Petrus und Paulus gegen Mitte des 18. Jhs. – Die ***Seitenaltäre*** mit z. T. guten Figuren, um 1670/80: links Marienaltar mit Figur der Madonna, rechts Hauptfigur der hl. Katharina. Außen am Chor in einer aus Strebepfeilern gebildeten Ädikula bewegte Figurengruppe mit drei Kreuzen und hl. Magdalena, um 1720.

Malching ○ FFB □ 1.4

Die vielfach zitierten Nennungen des Orts im 8. und 9. Jh. in den Freisinger Traditionsbüchern beziehen sich größtenteils auf Malching bei Griesbach in Niederbayern. Höchstwahrscheinlich gehört der Ort zur ersten Ausstattung des Augustiner-Chorherrnstifts Bernried bei seiner Gründung 1121. Die Vogteirechte kommen 1206 an die Estinger. Die Pfarrei wurde im 15. Jh. dem Kloster inkorporiert (1456 mit päpstlicher Bestätigung). 1440 werden noch zwei Dorfgerichte in Ober- und Untermalching aufgeführt, die dem Propst in Bernried zustehen. Ab dem 16. Jh. jedoch als geschlossene Hofmark, die bei Bernried bleibt bis zur Säkularisation 1803.

Kath. Pfarrkirche St. Margareth. Von einem gotischen Bau des 15. Jhs. stammt noch der Chor mit 5/8-Schluß und Netzrippengewölbe (Rippen ursprünglich?), dazu wesentliche Teile des breiteren Langhauses und des Turmes auf der Nordseite. Letzterer mit hohem Sockel, zwei Geschossen, Stabwerkgliederung und steilem Satteldach. Die Schallarkaden, unterteilt mit kräftiger Rundstütze, deuten auf 2. Hälfte 15. Jh. Der gotische Bau hatte 1675 eine barocke Umgestaltung erfahren. – Bei einer Erweiterung 1883/85 regotisiert und einheitlich neugotisch ausgestattet von der Firma *Sebastian Steiner* in Fürstenfeldbruck. – Hochaltar mit Gemälde, Figuren und Flügelreliefs. Dazu die Kanzel und der Kruzifix mit Dolorosa. Deckengemälde der Himmelfahrt Christi bezeichnet von *Reimann* an der Flachdecke des Schiffs.

Mammendorf ○ FFB □ 1.4

Der Ort wird schon sehr früh, unter Bischof Joseph von Freising (749–64) genannt, und als im Huosigau gelegen bezeichnet. Er besaß 835 mit Sicherheit eine Kirche und war zu diesem Zeitpunkt schon eine größere Siedlung. Durch das Gemeindegebiet lief im 12. Jh. die Nordgrenze der Grafschaft Andechs; im Ort gab es einen Andechser Schergen. Die noch heute auffallende langgestreckte Ausdehnung ergab sich durch das Zusammenwachsen zweier Siedlungskerne im hohen Mittelalter, die als Ober- und Untermammendorf noch lange unterschieden wurden, und sich heute noch durch zwei Kirchen dokumentieren. Die im 10. und 11. Jh. mehrfach genannten, von hier stammenden Adligen sind nicht zu verwechseln mit dem ab dem 13. Jh. bekannten Geschlecht der Haldenberger, die westlich des Orts auf dem Biberg einen festen Platz hatten. Ihnen gehörte um 1440 das Dorfgericht in Obermammendorf, das nach Besitzwechsel indessen nicht für längere Zeit zur Hofmarksgerechtigkeit ausgebaut werden konnte; die niedere Gerichtsbarkeit wurde dem herzoglichen Landgericht in Dachau zugeschlagen.

Kath. Pfarrkirche St. Jakob. Die Ostteile gehen im Kern auf eine gotische Anlage zurück, die mehrfache Änderungen erfuhr. 1796 Umbau im Sinne des Klassizismus unter dem Pfarrherrn Franz Xaver Therer. 1903 um zwei Joche nach Westen erwei-

tert. – Stark eingezogener Chor mit dreiseitigem Schluß und Stichkappentonne über kräftiger Gliederung durch Dreiviertelsäulen. Der Turm an seiner Nordseite mit hohem quadratischem Unterteil, Achteckoberteil und flacher Haube, an der Südseite bezeichnet 1688. Das weite, lichte Schiff mit gedrückter Stichkappentonne über ionischen Pilastern mit Gebälkstützen. Karge Verwendung von Stuck weist die Hauptrolle der Dekoration der Malerei zu; angeblich von *Richard Purnikel.* Das große Hauptbild im Schiff zeigt die Glorie des hl. Jakob.
Vornehme klassizistische ***Ausstattung*** mit drei Altären und Kanzel mit gutem Emmaus-Relief in der Art des *R. A. Boos.* An der Südseite des Schiffs halbrunder Kapellenanbau, darin Kruzifix und Mater Dolorosa des 18. Jhs. – An der Wand zwei ***Reliquienschreine*** des 18. Jhs. mit Flügelgemälden der Mitte 16. Jh. (leider übermalt): Geheimnisse des freudenreichen, schmerzhaften und glorreichen Rosenkranzes. – Folge von Figuren der Apostel 1. Hälfte 18. Jh. – Unter den Epitaphien und Grabsteinen bemerkenswert die Platte für Pfarrer Matthias Höchstetter, 2. Viertel 16. Jh., dessen Name in der Inschrift verborgen ist (außen an der Südseite).

Kirche St. Nikolaus. Von älteren, in Obermammendorf anzunehmenden Kirchen ist nichts näher bekannt. Die jetzige ist ein Neubau von 1763 durch *Lorenz Sappl* mit einem 1856 erneuerten Turm und eigenem Friedhof. Eingezogener, rund geschlossener Chor an einem Saalbau mit abgerundeten Ecken und gedrücktem Tonnengewölbe. Östlich am Chor der Turm mit schlankem Spitzhelm. – Zweisäuliger ***Hochaltar*** aus dem ehem. Kloster → Taxa bei Odelzhausen mit tüchtigem Gemälde, 1711 von *Georg Degler* (Madonna verehrt von den Hll. Dominikus und Katharina). Auf dem südlichen ***Seitenaltar*** in derb-kräftigen Formen der Zeit um 1700 thronende Madonna Anfang 16. Jh. – Vom Chorbogen hängt in herzförmig gestaltetem Rosenkranzrahmen eine Krönung Mariens, Anfang 18. Jh.

Mariabrunn

Pfarrhof (Münchner Straße 1). Erbaut 1733 anstelle eines Holzhauses. Stattliches Gebäude, 7:6 Achsen mit Walmdach und Ecklisenen.

Gasthof Giggenbach (Münchener Straße 6). Gleichfalls ein schöner Walmdachbau des 18. Jhs. mit 7:5 Achsen und übergiebelter Aufzugsgaube. Er dokumentiert mit dem Pfarrhof die etwas gehobeneren Ansprüche dieser Zeit. – In der Wirtsstube typischer Wandschrank mit einfacher Schnitzerei des Louis-Seize.

Mariabrunn ○ DAH □ 2.1

Angeblich das schon um 800 genannte Prunna; seit 1670 als Heilbad bekannt, nachdem die Quelle 1662 von Stephan Schleierbeck, Ampermoching, entdeckt worden war. 1725 als Edelsitz an Hans Joseph von Unertl verliehen und nach häufigem Besitzerwechsel durch den Wagnerbauer Benedikt Hohenester von Deisenhofen erworben, dessen Frau Amalie als „Doktorbäuerin" Weltruf erlangte. Ein Jahr vor ihrem Tode (gestorben 1878) kamen rund 1900 Gäste aus aller Welt in ihren Badebetrieb.

Kirche Mariä Verkündigung, ein ovaler Zentralbau ± 1670, erbaut von dem Dachauer Pfleger Georg Teisinger (1663–1670), der auch die Heilquelle fassen ließ. Der Hochaltar enthält eine Kopie des wundertätigen Gnadenbildes der SS. Annunziata in Florenz. Zahlreiche Votivbilder und Votivgaben.

Markt Indersdorf ○ DAH □ 2.1

Hier wurden Römerfunde gemacht, da in der Nähe eine Römerstraße vorbeiführte. Totenhügel befinden sich im Walde. Zuerst im 9. Jh. als Undiesdorf erwähnt. Ende des 19. Jhs. zum Markt erhoben. 1130 schenkt Otto von Undiesdorf seinen Besitz dem Kloster mit der Auflage, daß dieses künftig seinen Namen und sein Wappen trage. Sein Grabstein in der Nikolaus-Kapelle des Klosters. Seine Burg, in der Nähe der Marktkirche, wurde durch Propst Theoderich abgetragen.

Kirche St. Bartholomäus. Zuerst im 10. Jh. erwähnt. 1711–1716 erneuert. Der Bau enthält wohl mittelalterliches Mauerwerk. Bei der Renovierung von 1972 kamen ein romanisches und ein gotisches Portal zum Vorschein. Die Einrichtung der Kirche wurde dabei umgeordnet. – ***Hochaltar*** vor 1741. Die Seitenaltäre ± 1740. – Der ***Deckenstuck*** ± 1715. Die Fresken zeigen das Abendmahl und die Marter des Hl. Bartholomäus. Als Maler wird *Johann Georg Vogt* in den Abrechnungen genannt, was sich vielleicht auch auf die Fassung der Altäre beziehen könnte. Eine Glocke von 1487, von *Ulrich von der Rosen,* der im Bruderschaftsbuch des Klosters Indersdorf eingetragen war.

Im Markt ein schönes ***Ladengebäude*** in dem heimatverbundenen, aber durchaus eigenständigen Stil, wie er um 1900 propagiert wurde. (Marktplatz 12)

Mauern

2 km sö Unteralting. ○ FFB □ 1.4

1151 als „muron" genannt. Der Name, der zu einer Zeit, als dies noch nicht der Normalfall war, auf gemauerte Gebäude zu weisen scheint, hat Anlaß zu vielen Vermutungen gegeben, die bis in römische Zeit reichen. Davon ist nichts bewiesen. An diesen Überlegungen sind die in der Umgebung auffallend zahlreichen Zeugnisse vorgeschichtlicher Besiedelung nicht unbeteiligt: Westlich und nordwestlich im Wald, im sog. Mühlhart finden sich zahlreiche ***Hügelgräber*** der späteren Bronzezeit (1500–1250 v. Chr.) und vor allem der frühen Eisenzeit (Hallstadt-Periode, 700–500 v. Chr., über 200). Es gibt hier aber keine römischen Funde oder Spuren wie im nahen Schöngeising (→ Arzla). – Im 13. Jh. Besitz der Herren von Greifenberg, die 1314 ihre Rechte im Tausch an Kloster Fürstenfeld abtraten, das noch im 18. Jh. bei 14 von 17 Anwesen Grundherr war. Die niedere Gerichtsbarkeit lag bis 1848 bei der Herrschaft Seefeld.

Kapelle St. Georg. Spätgotisch, um 1500. Einfacher Bau mit nicht eingezogenem, dreiseitigem Chorschluß und spitzbogigen Fenstern. Zwiebeldachreiter. Innen durchgehende ursprüngliche Flachdecke in Holz, die z. T. noch Maßwerkzier und unter der blauen Farbe des 19. Jhs. Spuren spätgotischen Laubwerks erkennen läßt. ***Altar*** um 1660/70 mit volkstümlichem Gemälde des Titelheiligen. An der Wand tüchtige Holzfigur der hl. Helena um 1510. Kanzel um 1700 mit dem nicht ursprünglich daran angebrachten Wappen des Abtes Lienhard (1713–34) von Fürstenfeld.

Mittelstetten ○ FFB □ 1.4

Im 12. Jh. genannt „muotelsteten" mit hier ansässigen Ministerialen aus dem Gefolge der Grafen von Dachau. Um 1440 wird ein Dorfgericht überliefert, das den Haldenbergern, später den Gundelfingern gehörte. – Vom 16. Jh. bis 1724 besaßen die Hofmarksherrn von Lauterbach, die Freiherrn von Hundt, das Präsentationsrecht der Pfarrei, dann die Freiherrn von Ruffini zu Egenhofen, ab 1792 der Kurfürst von Bayern.

Kath. Pfarrkirche St. Sylvester. Im Kern spätgotischer Bau des 15. Jhs. Davon weitgehend erhalten der Chor in Breite des Schiffs mit kräftigen, gestuften Strebepfeilern und 5/8-Schluß. Die Gewölbe mit Netzrippen auf runden Wanddiensten, meist ohne Kapitelle; nur zwei von diesen an den Seitenwänden mit Laubwerkmasken ausgestaltet. Gleichfalls spätgotisch der Satteltturm an der Nordseite, der leider vor nicht langer Zeit seine fialenartigen Aufsätze an den Giebelkanten verloren hat (→ Dünzelbach, → Pfaffing). Im Langhaus, das 1895 nach Westen erweitert wurde, leicht zugespitzte Holztonne, ursprünglich flachgedeckt. 1895 auch mit einem ansprechenden neugotischen Flügelaltar (die Figuren bezeichnet *Kopp jun.*, München) und zwei Seitenaltären ausgestattet; dazu Glasgemälde der Hofkunstanstalt *F. Xaver Zettler* in München. Im Schiff an der Nordwand Gemälde mit h. Sylvester, Anfang 18. Jh., wohl ehem. Hochaltarbild von einer barocken Neuausstattung nach Zerstörung im Kriege 1704, von der sonst wenig erhalten ist.

Mittermarbach ○ DAH □ 2.1

Kirche zum Heiligen Geist, im Kern spätmittelalterlich, im 17. Jh. umgestaltet. Der kreuzgewölbte Chor schließt gerade, das Langhaus ist flach gedeckt. Die Sakristei östlich an den Chor mit fünf Achteckseiten gebildet; sie könnte der frühere Chor gewesen sein. – Der Hochaltar um 1665; das Bild der Pieta angeblich 1670 von einem Münchner Maler und eigentlich für einen Seitenaltar in Hohenkammer bestimmt. Die Seitenaltäre 1720 von Kistler *Andreas Ströber* aus Kranzberg, Bildhauer *F. A. Mallstedt* von Freising und Maler *Thaddäus Kärpf* aus Kranzberg.

Bei Mittermarbach vorgeschichtliche ***Grabhügel.***

Mitterndorf → Dachau

Moorenweis ○ FFB □ 1.4

Der Ort gehörte im 11. und 12. Jh. zu den welfischen Gütern am Lechrain. Im 12. Jh. kam der Kirchensatz durch Herzog Welf an Kloster Wessobrunn, das in der Folge auch weitere Rechte und Güter im Ort erwarb. Es blieb bis zur Säkularisation 1803 hier der größte Grundbesitzer. (Ein im 14. Jh. überliefertes Dorfgericht der Herrn von Wildenroth, das diese an Kloster Fürstenfeld gaben, kam 1405 auch an Wessobrunn, konnte aber nicht zur vollen Hofmarksgerechtigkeit entwickelt werden). – Vom Mittelalter bis Anfang 18. Jh. gab es im Ort zwei Kirchen: die Pfarrkirche und eine Filiale St. Ulrich mit eigener Sepultur. Im Zuge des Neubaus der Pfarrkirche ab 1718 wurden die Vermögen zusammengelegt und die Ulrichskirche im nördlichen Ortsteil schließlich abgebrochen.

Kath. Pfarrkirche St. Sixtus. Neubau ab 1718 durch *Joseph Schmuzer* im Auftrag des Klosters Wessobrunn. 1719 der Chor fertig, anschließend das Langhaus. Turm 1727/29. Die Weihe erst 1742. Die erneute Vervollständigung der Innenausstattung mit Stuck und Fresken 1775 unter Abt Engelbert Goggl machte aus dem Bau eine der ansprechendsten Landkirchen der Gegend.
Der stark eingezogene Chor mit außen stattlich wirkendem, runden Schluß und Turm an der Nordseite; dessen Oberteil achteckig mit gestreckter Zwiebelhaube (nach Brand 1811). Weiträumiges Schiff zu vier Jochen mit hohen Rundbogenfenstern und doppelter Westempore; an seiner Nordseite Kapellenanbau mit Empore, der

Moorenweis, St. Sixtus

außen wie ein Querschiff mit Zwerchgiebel wirkt. Wandgliederung durch schlichte Pilaster. Die Stichkappentonne in Chor und Schiff dekoriert mit maßvoll oder fast schon zurückhaltend verteilter, leicht grüngetönter Stuckierung von *Thassilo Zöpf* in eleganten Roccailleformen. Diese bilden den noblen Rahmen für die farbstarke ***Freskierung*** von *Matthäus Günther:* im Chor die Wahl des hl. Sixtus zum Papst (unter Kaiser Valerian); das Hauptbild im Schiff mit dem Martyrium dieses Papstes, da er der Statue des Kaisers das Opfer verweigert (mit prächtiger Architekturkulisse). Für Stuck und Fresken gilt gleichermaßen das Datum 1775 an dem stuckierten Doppelwappen am Chorbogen (Kloster Wessobrunn mit dem des Abtes Goggl).
Die Altäre 1722–27 in Stuckmarmor von *Franz Schmuzer* ***Hochaltar*** mit Gemälde der Hll. Sixtus und Laurentius, 1721 angeblich von *Karl Stauder.* Auf dem Tabernakel die sehr feine Halbfigur einer Madonna, vermutlich der abgesägte Teil einer Figur aus dem Umkreis des *Gregor Erhard,* Ende 15. Jh. – Der ***nördliche Seitenaltar*** mit Gemälde und Seitenfiguren der 1. Hälfte 18. Jh. (Hll. Afra und Magdalena). – Der ***südliche Seitenaltar*** mit Gemälde des hl. Leonhard und Figuren, hier *Johann Luidl* aus Landsberg zuzuschreiben. Auch die Kanzel mit Figuren noch in die Zeit der ersten Ausstattung um 1720/30 gehörig. – In der Emporenkapelle auf der Nordseite der vermutliche Hochaltar der alten Kirche mit Sitzfigur des hl. Papstes Sixtus, um 1670/80.

Ehem. Pfarrhof (Ringstraße 26). Das äußerlich schlichte Wohnhaus mit Giebeldach zierte bis vor nicht allzulanger Zeit ein von *Mattäus Günther* freskiertes Madonnenbild. Der Bau bildete mit den auf der Nordseite liegenden barocken Wirtschaftsgebäuden und dem originellen Wasch- und Backhaus auf der Ostseite einen durch Mauer- und Torpfeiler abgeschlossenen Hof; der Stadel nach Einsturz 1975 abgebrochen.

Mühldorf ○ DAH □ 2.1

Kirche St. Ulrich mit alter Wallfahrt. Das Mauerwerk ist mittelalterlich, ± 1480, wie noch deutlich an den Strebepfeilern und an dem Netzgewölbe im Innern zu erkennen ist. – ***Hochaltar*** 1658, auf der Rückseite bezeichnet *„Parageniges Max"*. – Die Seitenaltäre aus dem 19. Jh. mit Figuren aus dem 18. Jh.

Nannhofen ○ FFB □ 1.4

Im 12. Jh. saß hier ein freisingisches Ministerialengeschlecht; 1300 verkauften deren Nachkommen ihre Besitzungen, u. a. das Dorfgericht an die Eisenhofer. Über mehrere andere Besitzer kam der Ort mit Burg an Herzog Ludwig den Gebarteten, der letztere zu einem festen Stützpunkt ausbaute. Die „Veste" wurde jedoch 1422 im „bairischen Krieg" von den Münchener Herzögen gestürmt und geschleift, aber dennoch darauf im Auftrag des Münchener Herzogs Wilhelm III. „noch schöner" hergestellt. Der Ort wurde als herzogliche Hofmark nur pflegsweise vergeben (d. h. durch beamtete Pfleger verwaltet), erst ab 1562 auch auf Erbrecht an verschiedene Hofbeamte als Lehen. So 1585 an den Hofkanzler Dr. Elsenheimer und dessen Nachkommen. 1726 kam sie an Hofkammerrat Joh. Bapt. Ruffin. 1826 erwarben die Freiherren von Lotzbeck, denen es noch gehört, das Schloß mit Patrimonialgericht (letzteres bis 1848).

Kath. Kirche St. Peter und Paul. Zur hiesigen Burg gehörte schon länger eine Kapelle. Der jetzige Bau im wesentlichen eine Erneuerung nach den Schäden des 30-jährigen Krieges. – Wenig eingezogener Chor mit dreiseitigem Schluß. Vor dem Westgiebel des Schiffs zu drei Jochen der Turm mit Achteckoberteil und Zwiebel. Das Innere mit korinthischen Pilastern gegliedert, der Stuck der Stichkappentonne mit Felderteilung. – Der Altar mit Gemälde und recht guten Schnitzfiguren der Hll. Peter und Paul ist 1678 bezeichnet.

Moorenweis, St. Sixtus.
Hl. Magdalena vom nördlichen Seitenaltar

Schloß. Östlich der Kirche in einer englischen Parkanlage. Nach den Zerstörungen des 30-jährigen Krieges wies die Burg 1701 noch Schäden auf und wich 1752 dem im Kern noch erhaltenen Bau: Stattlich mit drei Geschossen und Walmdach, 1840–48 von *Jean Bapt. Métivier* neugotisch überarbeitet, 1925 restauriert. – Die mehrfach bei Grabarbeiten entdeckten unterirdischen Gänge in Schloßnähe und im Ort sind nicht prähistorisch, sondern spätmittelalterliche oder jüngere Bergungs- und Fluchtgelegenheiten (→ Roggenstein, Dünzelbach).

Nassenhausen

2 km n Adelshofen. ○ FFB □ 1.4

Eine schon bestehende Eigenkirche wurde hier 814 durch Bischof Hitto von Freising bei der Übergabe geweiht. Ein mehrfach genannter Ortsadel stirbt Mitte 14. Jh. aus, der Besitz geht durch Erbschaft an die Herrn von Adelshofen und teilt bis ins frühe 19. Jh. die Schicksale der Hofmark → Adelshofen.

Kirche St. Martin. Ein in Teilen noch romanischer Bau, 1315 genannt, der die üblichen gotischen (nach 1422) und barocken Veränderungen erfahren hatte, wird 1914 wegen Baufälligkeit niedergelegt und mit Mitteln großzügiger Stiftungen der von hier stammenden Priesterbrüder Hartl, die beide Domherrn zu München waren, von Grund auf neu gebaut (Weihbischof Dr. Alois Hartl und Domdekan Martin Hartl), Weihe 1917. Neubarocker Saalbau nach Plänen von *Hans Schurr.* Der in zurückhaltender Anlehnung an den ernsten Stil des fortgeschrittenen 17. Jhs. entwickelte Bau erhielt auch eine einheitliche Ausstattung in hochbarocken Formen durch gute Münchener Kräfte: Stuckierung von *Karl Blersch,* drei Altäre, Kanzel und Orgelgehäuse in Schwarz-Goldfassung zusammen mit den Figuren von der Firma *Elsner.* Die Gemälde der Seitenaltäre von *Ludwig Bockhorni* 1917.

Nebel

2 km w. Unterpfaffenhofen.
○ FFB □ 2.3

Der Weiler am Südostabhang des Parsberges wird 1173 als ,,nebilriet" und 1424 als ,,nybel" überliefert. Er gehört seit alter Zeit kirchlich zur Pfarrei Unterpfaffenhofen.

Kapelle St. Maria. Kleiner Rechteckbau mit rundem Schluß; der westliche Dachreiter mit geschweifter Haube. Innen Pilastergliederung mit einfachen Kämpfern und korbbogenartige Blenden. Das Tonnengewölbe geht in die Apsis über: Die Architekturformen sprechen für spätes 18. Jh. – Der neugotische Altar mit Gemälde des 20. Jhs. Die rechts und links an der Wand angebrachten spätgotischen Figuren, Johannes und trauernde Maria, von einer Kreuzigungsgruppe ± 1470/80 sind Abgüsse der aus Sicherheitsgründen in die Pfarrkirche verbrachten Originale.

Neuaubing ○ M □ 2.3

Der alte Ortskern des Dorfes → Aubing wurde schon vor der Jahrhundertwende nach Süden, jenseits der Bahnlinie München-Lindau (eröffnet 1.5.1873) stark erweitert und dehnte sich aus bis zur jetzigen Bundesstraße 12, bzw. der Bahnlinie München-Herrsching (Ammersee), die am 1.7.1903 eröffnet wurde.

Kath. Pfarrkirche St. Konrad v. Parzham (Freienfelsstraße 7). Nach dem 1. Weltkrieg zunächst Errichtung einer Notkirche. Neubau 1955 nach Plan von *Georg Maria* und *Christian Kronenbitter.* Weihe 1956. – In der Kirche treffliche Figur einer sitzenden Madonna, Holz gefaßt. Datiert 1603 und dem schwäbischen Meister *Christoph Rodt* aus Neuburg an der Kammel zugeschrieben.

Ev. Adventskirche (Limesstraße 85). Erbaut 1938–40 nach Entwurf von *Horst Schwabe.*

Kath. Pfarrkirche St. Markus mit Pfarrzentrum in Neuaubing-West (Wiesentfelser Str. 49). Neubau 1970–74 nach Plan von *Joseph Jechart.*

Niederoth ○ DAH □ 2.1

774 wird Rota mit einer Marienkirche genannt. Der Ort hat später (bis 1803) zum Kloster Rott am Inn gehört.

Pfarrkirche St. Georg. Das Mauerwerk im Kern wohl noch romanisch, im 18. Jh. verändert. Der flachschließende Chor ist spätgotisch und hat ein Netzgewölbe. ***Hochaltar*** 1794. Die Figuren St. Isidor, Notburga, die Engel und Putten und die Darstellung des Hl. Georg stammen alle aus dem 18. Jh. Beide Seitenaltäre sowie die Kanzel ebenfalls aus dem 18. Jh.

Der alte ***Pfarrhof*** aus dem Anfang des 18. Jhs. wurde 1953 abgerissen.

Oberbachern ○ DAH □ 2.1

765 wurde Pahhara (nicht unterschieden von Unter- und anderen -bachern) erstmals genannt. Im 9. Jh. bestand hier bereits eine Kirche. 1605 zur Hofmark erhoben; nach wechselnden Besitzern zuletzt bei den Baronen von Ruffini. – Unter den Dörfern des Landkreises ist Oberbachern mit seinen schönen, im Viereck angelegten Höfen sicherlich das stattlichste.

Kirche St. Jakob maior. Von den älteren Bauten nichts mehr vorhanden; der jetzt bestehende Bau 1722–1726. Baumeister war *Gregor Glonner.* – Der ***Hochaltar*** stammt aus der Job-Kapelle in → Bergkirchen und wurde 1726 von *Bartholomäus Schuhpaur* hier aufgestellt, durch *Johann Friedrich Scheffler* neu gefaßt. Er trägt die Figuren des Hl. Sebastian und Hl. Rochus aus dem 16. Jh. Neugestaltung durch *Max Gruber* 1963, das Altarbild von *R. Huber* ebenfalls 1963, ebenso das Deckenfresko. – Die ***Seitenaltäre*** aus dem 17. Jh., wurden um 1725 durch *Schuhpaur* überarbeitet. Die Kanzel aus dem Ende des 17. Jhs. – *Augustin Pältl* aus Bergkirchen fertigte 1726 den einfachen ***Deckenstuck.***

Die ***Tavernwirtschaft*** gegenüber der Kirche stattlich und mit erneuerter Putzfelderteilung, die dem Zustand des 17. Jhs. in etwa entspricht.

Oberbergen ○ LL □ 3.1

Kleines Dorf am Südhang einer Altmoräne, überragt von der **Pfarrkirche St. Magnus,** deren Langhaus trotz seiner geringen Größe sieben Fensterachsen aufweist, – ein Unikum wohl in ganz Südbayern. Die Kirche gehört zum Typ der im Gebiet seltenen Chorturmanlagen und ist daher mittelalterlichen Ursprungs. Turmoberbau Anfg. 17. Jh., Langhaus um 1718 barockisiert und verlängert. Hochaltar aus der Mitte des 18. Jhs., Emporenbemalung um 1718. Zur ***Ausstattung*** gehören einige hübsche Holzfiguren des Landsbergers *Johann Luidl* (um 1720/40) und eine seltene Stiftertafel des Pfarrers Melchior Baur (1607) mit Darstellung der Gregorsmesse.

Oberdorf, 1,5 km w Mittelstetten. ○ FFB □ 1.4

Ein Ortsadel ist mehrfach im 13. und 14. Jh. genannt, bis 1366, von dem mehrere Angehörige das das Marschallamt am Hofe des Bischofs von Augsburg inne hatten. Verwaltungsmäßig zum Landgericht Mering gehörig, war doch bedeutendster Grundherr Kloster Fürstenfeld, das wesentliche Steuerrechte hatte.

Kath. Kirche St. Sebastian. Schlichter, 1690 errichteter Bau an der Straße nach Althegnenberg, dessen Vorgänger außerhalb des Dorfes abgebrochen worden war. 1704 nach Kriegsschäden hergestellt. – 3-seitiger Chorschluß am kurzen Schiff, Turm an der Südseite mit Achteckoberteil und Zwiebelhaube. Inneres flachgedeckt. Ein Altarschrein, neuromanisch-historistische Mischformen, mit drei Figuren um 1860/80: Hl. Stephan, Rochus und Leonhard. – An der Wand bäuerliche Madonnenfigur, wohl 2. Hälfte 17. Jh.

Oberhandenzhofen 1 km Welshofen ○ DAH □ 1.2

Der Ort 820 als anthadeshusir mit einer Kirche genannt.

Die **Kirche St. Antonius von Padua,** vielleicht früher unter dem Patrozinium des Hl. Johannes Baptista. 1683–89 erbaut.

Der ***Hochaltar*** 1694. Der Stuck aus der gleichen Zeit.

Kapelle bei der Mühle aus dem späten 19. Jh. mit einer Marienfigur des 17. Jhs.

Kapelle im Wald aus dem 18. Jh. (?) mit einem Laurentiusfresko von *Richard Huber*, Dachau, 20. Jh.

Oberhausen ○ DAH □ 2.1

In der Nähe eine römische Verschanzung und einige Grabhügel. Der Weiler soll mit dem auf dem Berg befindlichen Burgstall durch unterirdische Gänge verbunden gewesen sein.

Kirche St. Georg, Stefan und Leonhard. Der Chor noch spätgotisch; er schließt gerade und ist netzgewölbt. Das flachgedeckte Langhaus aus dem 18. Jh.; der Turm südlich am Chor. – ***Hochaltar*** 1720 durch den Kistler *Andreas Ströber* (Rückwand des Altars bezeichnet mit *„A. S."*) errichtet. Die Figuren der Hl. Georg und Stefan durch den Bildhauer *Anton Mahlstedt* geliefert. Beide Seitenaltäre aus dem 17. Jh. Auf dem linken Seitenaltar eine Marienfigur ± 1500. Die Figur des Hl. Georg und die des Hl. Leonhard auf dem rechten Seitenaltar 1772 von *Anton Herzensfroh* geliefert.

Kapelle beim Sägewerk wohl ± 1800 mit älteren Figuren.

Alter Stadel von 1757 beim Hintermeierhof.

Oberlappach → Unterlappach

Obermarbach ○ DAH □ 2.1

Um 900 wird der Ort ad Madrinpah erwähnt.

Pfarrkirche St. Vitus. Der spätgotische Chor ist netzgewölbt und schließt mit fünf Achteckseiten. Das Langhaus im 18. Jh. verändert. Der Turm südlich des Chors. – Hochaltar ± 1730 mit Figuren der Hl. Rochus und Sebastian aus dem 17. Jh. Die Seitenaltäre und die Kanzel sind neugotisch. – Die Figur eines sitzenden Hl. Vitus um 1530. Im Vorhaus zwei Armeseelen-Bilder aus dem 18. Jh.

Oberroth ○ DAH □ 2.1

Der Ort wird Ende des 9. Jhs. als ad Hrotam erwähnt.

Pfarrkirche St. Peter und Paul. Die einschiffige Kirche mit ihrer halbrunden Apsis steht auf romanischen Grundlagen. Sie wurde 1684–86 umgebaut und 1952 nach Westen verlängert. Die Seitenkapelle ist von *Hans Maurer* (→ Unterwikertshofen), 1699. Der Turm steht über der Apsis. – Die Einrichtung ist bis auf den Hochaltar von 1686 und dem Taufstein aus dem 17. Jh. im wesentlichen neu.

Alter ***Blockbau*** „beim Garaus", kürzlich abgebrochen.

Oberschleißheim
○ M (Land) □ 2.4

Der Ort ehemals in Feldmoching, seit 1790 in Mittenheim eingepfarrt, seit 1922 eigene Pfarrei. Der heutige Friedhof im südwestlich gelegenen Hochmutting, wo auch Max Schönleithner begraben liegt, dem die königlichen Güter des Schlosses zu Anfang des 19. Jhs. ihren Aufschwung verdanken.

Katholische Pfarrkirche St. Maria Patrona Bavariae, 1934 erbaut.

Evangelische Kirche St. Trinitatis, 1963/64 von *Georg Metzger*, München.

Parksiedlung, 1965/67 nach Plänen von *Georg Köhler*, Oberschleißheim, errichtet.

Schloß Schleißheim. Herzog Wilhelm V. (regierte 1579–1597) hatte seinem Sohn Maximilian I. die Regierung übergeben, um sich nach Schleißheim zurückzuziehen und dort seinen frommen Neigungen zu leben. Die Schwaige Schleißheim hatte er

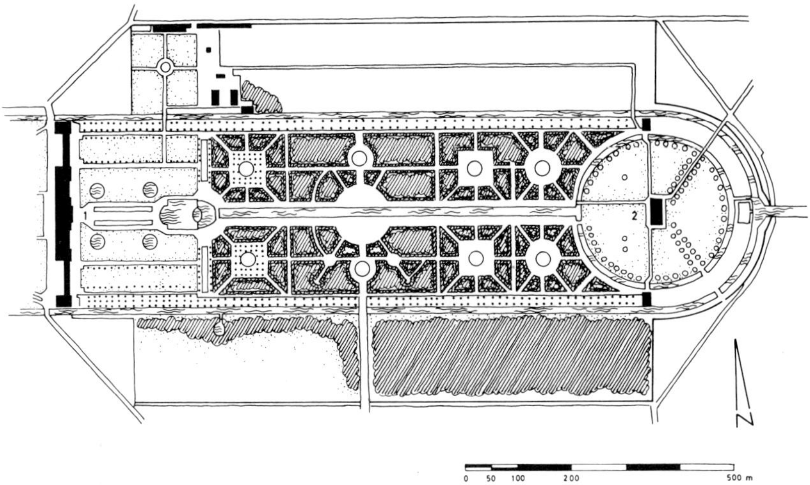

Schleißheim. Plan von Schloß und Gartenanlage.
1 Neues Schloß. 2 Schloß Lustheim

dem Freisinger Domkapitel abgekauft, dazu weitere, nahegelegene Klausen, so daß unter ihm aus Schleißheim ein Zentrum frommer Meditation geworden war. Das Ganze wurde 1616 durch Maximilian I. erworben, aus dessen Zeit die heute noch erhaltenen Wirtschaftshöfe stammen, vor allem aber das sog. Alte Schloß, 1617 begonnen und um 1623 vollendet.

War bis dahin der Platz Schleißheim eher ein ländliches Refugium erst des Herzogs, dann später des Kurfürsten gewesen, so änderte sich dieser Charakter grundlegend gegen Ende des 17. Jhs., als Kurfürst Max Emanuel (regierte von 1679–1726) mit weiter ausgreifenden Absichten als Bauherr auftrat. Er hat die ausgedehnte Anlage, wie sie sich heute darbietet, recht eigentlich geschaffen; daß sie schließlich unvollendet geblieben ist, hängt im wesentlichen mit dem Schicksal dieses Kurfürsten zusammen. Freilich spürt dies nur der aufmerksame Besucher, der sich z. B. fragen müßte, weshalb er sich in die großartige und so weiträumig dimensionierte Anlage gleichsam von der Seite hineinstehlen muß; denn der Komplex hat gewissermaßen keine Front und keinen Haupteingang. Die Abfolge der einzelnen Bauten ist, wie sie heute besteht, ein beredtes Zeugnis ihres eigenen, historischen Werdeprozesses.

Die Gesamtanlage erstreckt sich unter Einschluß der Gutsgebäude über eine Länge von rund 1800 Metern. Die Entfernung zwischen dem Neuen Schloß und Schloß Lustheim beträgt etwa 1,5 km. Dem Auge werden also Ausblicke in gestaltete Landschaft gewährt, wie sie in solcher Schönheit selten sind.

Bemerkenswert ist übrigens die Tatsache, daß Max Emanuel für seine Pläne das von der Natur an sich nicht bevorzugte Land im Norden der Stadt München gewählt hat. Die Bürger der Stadt und die späteren Regenten Bayerns wandten sich ja fast ausschließlich dem Alpenvorland im Süden zu. Im Fall von Schleißheim hat ganz sicher allein das ebene Gelände für die Wahl des Standortes den Ausschlag gegeben. Was etwa im Park von Schleißheim an schwachem Bodenrelief hier und da begegnet,

dürfte dem Aushub zu verdanken sein, der bei den Schloß- und Kanalbauten angefallen ist. Die Nachfolger des Kurfürsten Max Emanuel haben wenig mehr am Ganzen geändert. Es finden sich noch Spuren aus der Epoche König Ludwigs I. An der Bepflanzung hat das 19. Jh. dies und jenes hinzugetan. Wesentliches ist hier aber nicht mehr geschehen. Die Zerstörungen des letzten Krieges wurden inzwischen beseitigt, zuletzt noch am Alten Schloß, dessen Äußeres heute dem alten Zustand wieder entspricht.
Für die Einzelheiten des Inneren vor allem im Neuen Schloß wird der Besucher an den preiswerten Schloßführer verwiesen, der an der Schloßkasse erhältlich ist. Wir wollen im Folgenden die Baugeschichte nur in großen Zügen wiedergeben.

Das Alte Schloß

Es führt eine schlichte, von Oberitalien bestimmte Bauweise vor Augen. Die Zierelemente sind etwa die, die gleichzeitig an der Münchner Stadtresidenz erscheinen; sie treten bescheiden auf und bestehen im wesentlichen aus genuteten Wandstreifen, Segment- bzw. Dreiecksgiebeln über den Fenstern und der Anlage einer kleinen Freitreppe in der Mitte des Gebäudes (vgl. auch das Schlösschen Laufzorn, von Wilhelm V. errichtet). Dieses ist im übrigen nach alter Manier über Treppentürme zugänglich, die, von hölzernen Aufsätzen bekrönt, sich links und rechts an den Schmalseiten befinden. Das Innere wurde nach der Zerstörung des letzten Krieges ungestaltet gelassen; geringe Reste der originalen Wandverzierung wurden dabei konserviert. Im Keller befinden sich noch einige, gewölbte Räume. Im Südflügel des Schlößchens blieb die Wilhelmskapelle z. T. erhalten. – Auch Kurfürst Ferdinand Maria, der Sohn Maximilians (regierte 1651–1679) ist gern im Alten Schlosse abgestiegen. In der Schwaige an der Südseite, an deren Stirnseite sich noch ein Erker seiner ehemaligen Wohnung befindet, ist er verstorben (Gedenktafel). – Insgesamt hat das Alte Schloß zusammen mit der Anlage der Ökonomiegebäude, dem kleinen – längst verschwundenen – Schloßgärtchen und den neun Klausen ringsum, die ja hier das älteste Wohnrecht besaßen, einen frommen, jedoch heiteren Landsitz repräsentiert, wie er für die Zeit kurz vor dem Dreißigjährigen Krieg und in dem geistigen Klima der Gegenreformation typisch gewesen ist. (Bis 1934 diente das Schloß der Kath. Gemeinde als Kirche).

Schloß Lustheim,

Gegen Ende des 17. Jhs. sollte sich – wie eingangs erwähnt – die Abgeschlossenheit des frommen, kurfürstlichen Landaufenthaltes grundsätzlich ändern. Kurfürst Max Emanuel, der über seine erste Gemahlin Maria Antonia, die Tochter des Kaisers Leopold I., Aussichten auf die spanische Krone zu haben glaubte, plante den Bau einer fürstlichen Residenz. Mit dem Bau des Schlosses Lustheim steckte er gewissermaßen die Distanz ab, in der das weitere Baugeschehen stattfinden sollte. Mit der Planung schmückender Kanalanlagen mußte er anderseits um die nötige Wasserzufuhr besorgt sein, deren genauere Beschreibung von Interesse ist. Wir bringen sie schon hier, obgleich der Bau des Schlosses Lustheim den Bewässerungsarbeiten teils vorangegangen und teils gleichgelaufen ist.

Die Kanalanlagen

Der Plan eines barocken Lustgartens – vorerst zwischen dem alten Schloß und Schloß Lustheim – bedingte umfangreiche Kanalanlagen, die 1689 begonnen und in kürzester Zeit fertiggestellt worden sind. Ob nun der Bauherr damit beabsichtigte, der Mooslandschaft zwischen Dachau und Schleißheim und der Schotterebene zwischen Schleißheim und der Isar einen holländischen Charakter zu geben, mag angesichts der Tatsache dahingestellt bleiben, daß er diese Kanäle zur Bewässerung seines Gartens ohnehin gebraucht hätte. Das damals angelegte System funktioniert noch heute, und es ist noch immer lohnend, seine Spuren im Gelände aufzusuchen und ihnen zu folgen, um dann mit

Schleißheim. Im Vordergrund links das Alte Schloß

Bewunderung festzustellen, in welch raffinierter Weise das Gefälle ausgenutzt worden ist. Am deutlichsten ist der Tribut der Würm, der in der Nähe des Bahnhofs Karlsfeld (493 m über dem Meere) nach Schleißheim abgeleitet wird (485 m über dem Meere), um dort in den Kanal einzumünden, der den Park auf seiner Südseite begleitet. Er umfließt auch das Schloß Lustheim und verläßt den Park beim sogen. Lustheimer Weiher in Richtung Westen zur Isar hin, der er sich, von einer schönen und noch aus der Bauzeit stammenden ***Lindenallee*** begleitet, südlich Garching nähert, um dort im rechten Winkel nach Süden umzubiegen. Wenig später trifft er, etwa in der Höhe von Großlappen, auf den lebhaft nach Norden fließenden Schwabinger Bach, so daß die Wasser aus Lustheim und die über den Schwabinger Bach aus der Isar kommenden Gewässer sich entgegenlaufen.

Das Würmwasser des Südkanals fließt außerdem mittels eines kleinen Stichbachs in einen weiteren Kanal, der Schloß Lustheim völlig umrundet, um in der großen, mittleren Wasserbahn nach Osten zu laufen, über die Kaskade zu fallen, hinter der er unterirdisch verschwindet, um wiederum in den Kreislauf einzutreten, und zwar je nach Schleusenstellung entweder wieder in den Südkanal, oder in den nördlichen, der als sogen. Schleißheimer Kanal in Richtung Dachau läuft, um bei Meereshöhe 482 wieder in die Würm zurückzumünden.

Dient also der Kanal zwischen Karlsfeld

und Schleißheim (der Würmkanal) im wesentlichen der Wasserzufuhr, so dienen die Kanäle zwischen Isar und Schleißheim bzw. Schleißheim und Dachau in der Hauptsache der Wasserabfuhr, wobei sich das Verhältnis für den Isar-Schleißheimkanal je nach Schleusenstellung umkehren läßt.
Die Anlage gestattet übrigens auch, den einen oder den anderen der den Park flankierenden Kanäle zwecks Säuberung stillzulegen, ohne daß deshalb das System als Ganzes aussetzen müßte.

Lustheim

Mit der Errichtung des Schlosses Lustheim (seit 1684) beginnt die Tätigkeit des Graubündner Architekten *Enrico Zuccalli,* der für die Anlage des gesamten Areals überhaupt bestimmend werden sollte. 1690 dürfte der Bau im wesentlichen vollendet gewesen sein; die Ausstattung des Inneren reicht allerdings bis in die Zeit um 1720. Im Halbkreis um das Schlößchen gruppierte Zuccalli sogenannte Zirkelbauten, die bereits im 18. Jh. dem Verfalle preisgegeben waren, so daß heute nur noch die Eckpavillons bestehen, mit denen der Zirkel nördlich und südlich des Schlößchens begann bzw. endete; im südlichen Pavillon die ***Renatus-Kapelle,*** deren ursprüngl. Standort sich auf dem Platz des Schlößchens selber befunden hatte; sie war – dem Patron seiner Gemahlin Renata geweiht – von Herzog Wilhelm V. erbaut worden. Schloß Lustheim, das heute die Porzellansammlung Schneider enthält und präsentiert, zeigt sich nach der Restaurierung in seinem alten Glanze. Obgleich die Dekorationselemente seiner Fassaden sich gar nicht wesentlich von denen des Alten Schlosses, auch nicht von denen des Neuen Schlosses unterscheiden, ist der Baukörper als Ganzes – zwar heiter und beschwingt – doch merkwürdig zusammengesetzt und gewissermaßen ohne einheitliche Verbindung. Die interessanten Seitenansichten zeigen auf engstem Raum eine Musterkarte der verschiedensten Fenster- und Loggienformen; die beiden Hauptfronten lassen den H-förmigen Grundriß des Gebäudes erkennen.
Der schöne, alte Baumbestand um Schloß Lustheim entstammt dem Beginn des 19. Jhs., als man das Rondell zur Baumschule – der Englische Garten in München ist z. T. mit Bäumen aus dieser Pflanzanstalt besetzt – eingerichtet hatte. Die doppelte, zwischen äußerem und inneren Kanal im Halbkreis geführte Hainbuchenhekke besetzt ungefähr den Platz der verschwundenen Zirkelbauten. – Der große Mittelkanal verläuft von Schloß Lustheim aus nach Westen ohne Gefälle; nur der Sog der ***Kaskade*** bringt das Wasser vom äußeren Ringkanal über den Mittelkanal überhaupt zum Fließen.

Das Neue Schloß

Kurz nach Fertigstellung von Lustheim trug sich der Kurfürst mit dem Gedanken, im Westen des Gartenareals ein großes Residenzschloß zu errichten. Die ersten Pläne des *Enrico Zuccalli* stammen von 1693. Man dachte damals daran, das Alte Schloß mit dem neu zu errichtenden zu einer gemeinsamen Hofanlage zu verbinden. Die Pläne erfuhren mehrere Modifikationen; 1701 konnte endlich der Grundstein zum Neuen Schloß gelegt werden. Der Rohbau entstand unter der Leitung des Bauführers *Philipp Zwerger* bis 1704, verlief auch nicht ohne Unglück und mußte dann liegen bleiben, da die Niederlage des Kurfürsten bei Höchstädt (1704) ihn nicht nur seiner Stammlande, sondern überhaupt aller Aussichten für die Zukunft zu berauben schien. Erst nach dem Frieden von Rastatt (1714) konnte er nach Bayern zurückkehren, und so ist das Bauunternehmen schließlich ein halbes Menschenalter nach Vollendung des Rohbaues wieder in Gang gekommen. Die Leitung wurde *Joseph Effner* übertragen.
Was damals beabsichtigt war, läßt sich noch an dem großen Holzmodell von *Nikolaus Gottfried Stuber* erkennen, das – um 1725 geschaffen – im Neuen Schloß aufbewahrt wird. Effner übernahm demnach wesentliche Elemente aus den Entwürfen von Zuccalli, krönte den Mittelbau beider-

Schleißheim, Schloß. Weißer Saal

Schleißheim, Neues Schloß.
Hauptportal

seits durch einen Dreiecksgiebel, die Seitenpavillons durch Segmentgiebel, und wenn er auch offenbar mittels offener Arkaden den Hof zum Alten Schloß hin zu umgrenzen trachtete, so ist deren Ausführung doch nicht über die Fundamente hinaus gediehen; das Alte Schloß blieb, wie es zuvor gewesen.
Die durch die Breite der Gartenanlage vorgegebene, außerordentliche Ausdehnung des Neuen Schlosses (330 m) wurde dadurch bewältigt, daß man den mittleren Hauptbau nach Norden und nach Süden durch Arkadengänge mit den Pavillons verbunden hat, welche die äußersten Positionen im Norden und Süden besetzt halten (der nördliche Arkadengang erst im 19. Jh. durch *Klenze* vollendet).
Die Einteilung des Schloß-Grundrisses ist fast genau symmetrisch. Im Nordflügel wohnte die Kurfürstin, in den ganz entsprechenden Räumen des Südflügels wohnte der Kurfürst; beide Flügel werden durch die große Galerie des Mittelbaues miteinander verbunden. Jüngst wiederhergestellt und von Außen nicht zu bemerken ist die ***Schloßkapelle*** im Südflügel.
Es versteht sich, daß dieses Bauvorhaben die besten Meister auch für die innere Ausstattung auf den Plan gerufen hat. Das prächtige ***Treppenhaus*** wurde von Effner entworfen; über die Stuckierung wurde 1720 mit *Johann Bapt. Zimmermann* kontraktiert, der die Wanddekoration zusammen mit *Charles Dubut* ausgeführt hat. *Francois Cuvilliès d. Ä.* gehörte ebenfalls zu den hier konkurrierenden Künstlern. Die Werkstatt der Holzbildhauer wurde von *Johann Adam Pichler* geleitet. Als Maler fungierte *Jacopo Amigoni;* für dekorative, ornamentale Aufgaben, wie sie z. B. in der illusionistischen Malerei der Einganshalle benötigt wurden, wurde *Nikolas Gottfried Stuber* herangezogen. *Cosmas Damias Asam* finden wir mit der Ausmalung der Laterne über dem Treppenhaus beschäftigt.
Von den älteren, schon mit dem Rohbau entstandenen Dekorationen existieren noch die beiden Schlachtengemälde im ***Großen Saal,*** die der Hofmaler *Franz Joachim Beich* 1702–1704 geschaffen hatte. Sie verkünden im Verein mit den Schlachtengemälden des Viktoriensaals den Ruhm des kurfürstlichen Feldherren zu einem Zeitpunkt, als dieser längst – ein zwar kühner, aber immer dilettierender Soldat – von den Schlachtfeldern abgetreten war.
Von den späteren Veränderungen nannten wir bereits die Vereinfachung der Fassade durch *Leo von Klenze* im 19. Jh., der auch die Giebel über dem Mittelbau und den Seitenpavillons zum Opfer gefallen sind. Eine Bereicherung von kleinem Ausmaß, aber großer Kostbarkeit ist die ***Flügeltür*** des Mittelpavillons von *Ignaz Günther,* die erst durch Kurfürst Max Joseph veranlaßt worden ist, der auch sonst im Inneren einige Dekorationen durchgeführt hat. Die

Oberweikertshofen, Pfarrkirche

schwere Marmorbalustrade der Treppe stammt von Leo von Klenze; das ursprüngliche Treppengeländer hätte wohl in Schmiedeeisen ausgeführt werden sollen, wie es die Brüstung noch zeigt, die aus dem Großen Saal auf das Treppenhaus hinaus geht.
Nach der jüngsten Wiederherstellung des in späteren Zeiten verkommenen Schlosses, zeigt sich dessen stattliche Front nach beiden Seiten nicht nur gänzlich bewältigt und einheitlich gegliedert; sie verrät auch kaum noch etwas von den vielen, verschiedenen Stadien ihres Werdegangs; wahrhaft strahlend steht sie vor uns, die Dachfirste belebt von den schönen, geschweiften venezianischen Kaminen, der Mittelbau trotz seiner Stattlichkeit durchsichtig wie eine Laterne und im Schmuck seiner wiederhergestellten Sprossenfenster.
Der erst nach dem letzten Krieg wiederhergestellte ***Schloßgarten*** hält sich etwa an das ursprüngliche Konzept, das noch auf die Pläne des *Enrico Zuccalli* zurückgeht, aber durch *Dominique Girard* ausgeführt worden ist.

Oberumbach ○ DAH □ 1.2

Kath. Kirche St. Ulrich, von den Höfen so dicht umstellt, daß der Zugang nur schwer zu finden. Das mittelalterliche Bauwerk, wohl ± 1480, an den flachen Strebepfeilern des Chors, dem fein gegliederten Turm (→ Turm der Kirche von Germering) und am umlaufenden sog. Deutschen Band erkennbar. Fenster barock, mit häßlichen eisernen Sprossen von 1930. – Die ***Ausstattung*** ± 1700: im Hochaltar die große Figur des Titelheiligen, von der gleichen Hand die Rosenkranzmadonna am Chorbogen. Kräftiger Modelstuck am Chorgewölbe, gleichfalls ± 1700. Auf dem linken Seitenaltar plastische, alt gefaßte Gruppe der Beweinung, sehr hübsch, um 1740.

Oberschweinbach ○ FFB □ 1.4

Ab 1126/27 sind hier ansässige Ministerialen der Grafen von Dachau bekannt, die im 14. Jh. ihren Besitz verkauften. 1440 ist das hiesige Dorfgericht in der Hand der Pelhaimer; seit 1517 als Hofmark. 1570 erworben von Hans Welser, ging sie durch Heirat an die Imhoff und 1640 durch Kauf an die Herrn von Lerchenfeld bis 1820. Im übrigen → Spielberg.

Oberweikertshofen

○ FFB □ 1.4

Der im 12. Jh. genannte Ort ist 1315 als eigene Pfarrei ausgewiesen. Auch eine von hier stammende Familie des niederen Adels ist 1236 nachzuweisen. Der Besitz der Höfe war allerdings stets sehr aufgeteilt, u. a. auf die Klöster Indersdorf, Schäftlarn und Scheyern.

Kath. Pfarrkirche St. Johann Baptist. Der nicht sehr große, im Kern spätgotische Bau erfuhr die übliche barocke Umgestaltung mit Erweiterung nach Westen. – Eingezogener Chor mit 5/8 Schluß und Stichkappentonne auf Gesimskonsolen. Das flachgedeckte Schiff hatte ursprünglich nur drei Joche; Fenster oben und unten abgerundet. Der Turm an der Chornordseite mit Satteldach und fialenartigen Aufsätzen an den Giebelschrägen. – Besonders im Chor recht guter Stuckdekor des ersten Viertels 18. Jh. mit Blumenschnüren, Engelsköpfen zwischen Akanthusranken und Reliefs von Christus, Maria. Im Langhaus ***Dekkenbild,*** Enthauptung Johannes des Täufers bez. 1778 von *Georg Dieffenbrunner.* Altäre neuromanisch. Im Hochaltar Figur des Täufers Anfang 18. Jh.

Oberweilbach

1 km w Unterweilbach. ○ DAH □ 2.1

Kirche St. Johannes Baptista, 1711 durch den Pellheimer Maurermeister *Carl Carlinger* erbaut. – Der Altar stammt aus dem 17. Jh.; seine Rückwand ist bemalt. Die Figuren des Hl. Nikolaus und Johannes Baptista stammen aus dem Ende des 15. Jhs.; die Bilder der Predella ebenfalls.

Odelzhausen ○ DAH □ 1.2

811 als Otoleshusir mit eigener Kirche erwähnt. Um 1457 zur Hofmark erhoben, später im Besitz verschiedenster Adelsgeschlechter, u. a. der Hundt. Als letzte adelige Besitzerin des Schlosses erscheint eine Freifrau von Metting.

Pfarrkirche St. Benedikt. Die Kirche liegt eindrucksvoll über dem Ort. An den gotischen, ± 1700 umgestalteten Chor schließt sich ein Langhaus an, dessen Architektur, 1891/92, in merkwürdig hartem Gegensatz zu dem zarten Stuckdekor steht, der sich durchaus an den echten Rokoko-Stuck des Chores anlehnt. Allein deswegen ist die Kirche bemerkenswert. Sie versucht mit Mitteln des ausgehenden 19. Jhs., aber ohne jegliche Einfühlung in den Geist des 18. ein einheitliches Ganzes herzustellen. Schon die üppigen Granitsäulen bedeuten hier einen Mißgriff, immerhin aber einen interessanten. – Die Außengliederung auch der neueren Teile lehnt sich an die Gliederung der älteren an. Die oberen Teile des Turms stammen aus der Bauzeit des Langhauses. – In den Architekturen der Altäre befinden sich offenbar Reste der alten ***Ausstattung.*** Der Hochaltar aus dem 17. Jh. trägt ein Gnadenbild von 1618, das bei der Säkularisation des Klosters → Taxa hierher übertragen wurde. Die Figuren der Hll. Joachim und Anna stammen aus der Zeit ± 1500. – Die Seitenaltäre, die im Stil dem Hochaltar verwandt sind, enthalten Bilder aus dem 19. Jh. – Die kleinen Ölbilder links und rechts im Chor mit Wunderdarstellungen beziehen sich auf die Marienkapelle bei Kloster Taxa und stammen von dort. Die Fresken im Chor mit Ansichten des Schlosses Odelzhausen wurden ± 1720 geschaffen. – Die Wandbilder im Langhaus und der Kreuzweg aus dem 19. Jh.

Das Schloß. Die alte Burg aus dem 12. Jh. wurde 1457 und Ende des 17. Jhs. umge-

Odelzhausen, Pfarrkirche

baut. Ihr schloßartiges Aussehen wurde durch die Umbauten des Grafen Minucci, 1720–1730, verursacht. Doch zeigt auch der Stich bei Wening ± 1700 schon eine große, vielgiebelige Anlage. Von den beiden Rundtürmen, die seitlich der Ostseite stehen, nur noch einer erhalten. Vom übrigen Schloß nurmehr der Südwest- und Nordwestflügel und ein Teil des Nordostflügels erhalten. Das übrige 1936 durch einen Erdrutsch zerstört. – Das Schloß, das bis 1837 in privater Hand gewesen war, 1848 durch die Stadt Augsburg erworben; heute Schloßhotel, z. T. verfallen.

Olching ○ FFB □ 2.3

1052 urkundlich erwähnt, 1315 mit einer Filialkirche der Pfarrei Emmering. Im 12./13. Jh. als Lehen in Besitz der Herrn von Gegenpoint, wird ab 1304 der größte Teil der Anwesen Fürstenfelder Besitz. Hier war auch der erste Versuch der Gründung eines Klosters für Karthäuser durch Herzog Ludwig den Strengen um 1258/60, dann für Zisterzienser 1261, die in Thal bei Bad Aibling schon einen ungünstigen Platz aufgegeben hatten, um dann 1263 ihre endgültige Niederlassung in Fürstenfeld zu finden. – Die Änderung des Ortscharakters vom reinen Bauerndorf zum Vorort der rasch wachsenden Landeshauptstadt München begann 1839 mit dem Bau der Bahnlinie nach Augsburg. Einen wesentlichen Abschnitt dokumentiert die neuromanische Kirche von 1900, seit 1909 Pfarrkirche.

Kath. Pfarrkirche St. Peter und Paul. Ein altes, im Kern romanisches Dorfkirchlein mit Chorturm stand bis 1901 inmitten eines Friedhofs südwestlich des jetzigen Baus etwa an der Stelle des Kriegerdenkmals. Dieser wurde 1899–1901 als neuromanische Basilika nach Entwurf des königlichen Kreisbaumeisters *Max v. Horstig* durch *Jos. Schormüller,* Pasing, errichtet. Im Äußeren ein Rohziegelbau mit Putzgliederung durch Blenden und Bogenfriese, dazu Stufenportal in Sandstein und Turm mit achtseitigem Spitzhelm über vier Giebeln. Im Inneren dreischiffig mit ausgeschiedenem Presbyterium und großer, gewölbter Apsis; sonst alle Raumteile flach gedeckt. Monolithe Granitsäulen mit schlichten Würfelkapitellen geben dem Raum eine gewisse Monumentalität. Seine besondere Note erhält er durch einen großen ***Wandmalerei-Zyklus,*** der 1920 von *Joseph Bergmann* in allen Hauptteilen der Kirche gestaltet wurde, angelehnt an die großen Programme frühchristlicher römischer Basiliken, jedoch in expressiv-moderner Weise stilisiert. – Im linken Seitenschiff steht der ehem. ***Hochaltar*** der alten Kirche: Aufbau um 1670/80 mit guter Madonnenfigur um 1490, flankiert von den Apostelfürsten der gleichen Zeit (z. T. mit Ergänzungen).

Ev. Johannes-Kirche (Wolfstraße 13). Erbaut 1952/53 nach Entwurf von Architekt *Handel* aus Peißenberg. 1962 umgebaut nach Plan von *Franz Alfred Gürtner* aus München, 1975 Erweiterung.

Orthofen

1 km n Wiedenzhausen. ○ DAH □ 1.2

Kirche Heilige Kreuz Erhöhung. Der Chor noch spätgotisch. Die Einrichtung neugotisch. Das Deckenfresko 1747 bezeichnet *„F. M."* (Franz Mayr?) mit der Darstellung der Kreuzauffindung. Unter der Empore ein Gemälde: das Christkind zwischen seinen Eltern, wie *Korbmann,* 1847 (?)

Osterholzen

2 km ö Egenhofen. ○ FFB □ 1.2

Die Einöde, ehemals Teil der Hofmark Weyhern-Egenhofen, ist 1495 erstmals erwähnt.

Kapelle St. Anna. Kleiner Barockbau mit rundem Chorschluß und Zwiebeldachreiter über dem geschweiften Westgiebel, an den sich auch ein niedriges Vorhaus mit Walmdach lehnt. Innen flachgedeckt. – Zierlicher Altar des Rokoko, um 1750, mit Figur der hl. Anna Selbdritt, Anfang 18. Jh. und den Seitenfiguren der Hll. Joachim und Johannes d. T. – An der Westwand

Olching, Pfarrkirche St. Peter und Paul

vierzehn derbe, aber nicht uninteressante Tafelbilder mit den Aposteln, Christust und Maria, 2. Hälfte 17. Jh. – Ferner ein tüchtiges Gemälde mit Geburt Mariae, um 1700.

Ottershausen

2 km sw Haimhausen ○ DAH □ 2.2

Kirche St. Jakob und Stephan. Der netzgewölbte Chor noch gotisch. Darüber der 1757 erneuerte Turm. – ***Hochaltar*** ± 1757, die Seitenaltäre aus dem gleichen Jahr. Die Altarbilder beider Seitenaltäre aus dem 19. Jh.

Ottmarshart

1,5 km ö Arnbach. ○ DAH □ 2.1

Ad Otmareshard wird bereits im 9. Jh. genannt. Bis 1168 gehörte der Ort dem Templerorden.

Kirche St. Mauritius. 1738 an Stelle einer alten Kirche errichtet. Chor und Langhaus werden außen durch Pilaster gegliedert. – Der ***Hochaltar*** ± 1738, ebenfalls flache Stuckdecke mit Felderteilung.

Palsweis ○ DAH □ 2.3

Um 1185 wird der Ort erstmals urkundlich genannt.

Kirche St. Urban. Die spätromanische Anlage mit ihrem Chorturm zeigt außen noch die Rundbogengliederung. Der Chor ist kreuzgewölbt auf Graten. (Rom. Chortürme in näherer Umgebung → Schwab-

Palsweis, St. Urban

hausen ○ DAH, Unterschweinbach, Rumeltshausen, Tegernbach). – ***Hochaltar*** ± 1710. Die Seitenaltäre aus der gleichen Zeit. Ebenso die Kanzel. Die Glasmalereien aus dem 20. Jh. von *Syrius Eberle,* Dachau.

Wegkapelle am nordwestlichen Ortsausgang aus dem 18. Jh. mit bäuerlicher Marienfigur ± 1700.

Pasenbach ○ DAH □ 2.1

Zwischen 784 und 810 als Pasinpah genannt. Die Hofmark im 15. Jh. im Besitz der Münchener Patrizier Barth. Hügelgräber aus der Zeit ± 300 v. Chr. befinden sich nördlich der Straße Indersdorf – Pasenbach.

Kirche St. Leonhard und Anna. Wahrscheinlich im 17. Jh. von Grund auf erneuert. Das Deckenfresko mit Darstellung der heiligen Familie 1842 von *A. Huber,* Dachau. – Der ***Hochaltar*** von 1678, die Seitenaltäre aus dem gleichen Jahr. Unter den zahlreichen ***Grabplatten,*** die vom Ende des 15. Jhs. bis zur Mitte des 18. Jhs. reichen, zahlreiche des ansässigen Ortsadels derer von Barth. Totenschilde aus dem 17. und 18. Jh. Glasfenster von 1584 und 1590 als Stiftungen des Ortsadels. Eine Casel aus dem 18. Jh. trägt das Barth-Wappen. – St. Leonhards-Wallfahrt (Votivgaben)

Das Schloß ging 1843 aus dem Besitz des Hofmarksherren Grafen Spreti an den Schloßbauern Franz Frahamer über, der das Schloß samt der Kapelle abgetragen hat. Die Schloßkapelle St. Anna bestand bis zum Jahr des Abbruchs. Der Kelch und die Paramente kamen nach Abbruch an die Dorfkirche.

Von den alten ***Holzhäusern,*** deren mehrere noch im 19. Jh. standen, ist nur noch das strohgedeckte „Beim Schuster" übriggeblieben. (Abgebrochen, zum Wiederaufbau in → Schönbrunn bestimmt).

Pellheim ○ DAH □ 2.1

807 zuerst als Pelaheim genannt. Der Ortsadel, seit 1030 nachweisbar, ist hier unter dem Namen der Pelhaimer bis zum Ende des 15. Jhs. bekannt; die Mutter des Dachauer Richters und Pflegers Hans Pelhaimer hat ihren Grabstein am Hauptportal der Münchner Frauenkirche (gestorben 1414). Im 17. und 18. Jh. verschiedene Adelsfamilien als Hofmarksherren, seit 1819 die Grafen von Spreti.

Pfarrkirche St. Ursula Die heutige Kirche 1688/89 durch den Hofmarksherrn Freiherrn von Milan erbaut; im Untergeschoß des Turms jedoch noch mittelalterliches Mauerwerk. Der ***Hochaltar*** ± 1740. Die beiden ***Seitenaltäre*** aus dem 17. Jh.; auf dem rechten Seitenaltar ein Altarbild mit St. Florian, Leonhard, Wolfgang und eine Ansicht der Kirche ± 1770. Das Deckenfresko ± 1800 (?), der Stuck an der Decke ± 1690. An der Empore sechs Darstellungen von Ordensheiligen aus dem 18. Jh.; ein Glasfenster mit Lamm und dem Wappen der von Barth, 1618. Einzelne figürliche Reste früherer Ausstattung, u. a. zwei Sandsteinreliefs mit Sebastian und Wolfgang aus dem 15. Jh., wahrscheinlich ehemals Gewölbeschlußsteine. Die Statuetten der zwölf Apostel stammen aus dem 17. Jh.

Das ***Schloß*** wurde 1689 durch Freiherrn Paul von Milan restauriert; ± 1750 wurden die beiden oberen Stockwerke abgetragen. Jetzt ist nach verschiedenen Veränderungen eine Gastwirtschaft darin untergebracht. Die Schloßkapelle 1853 abgebrannt.

Penzing ○ LL □ 3.1

Stattliches Dorf, 740 als Pancinga schon sehr früh urkundlich erwähnt; seit 1935 durch seinen Fliegerhorst (und heutigen Bundeswehr-Flugplatz) bekannt. – Das Patronatsrecht auf die schon sehr alte Pfarrei üben seit dem späten Mittelalter die Freiherren von Pfetten aus.

Die **Pfarrkirche St. Martin** ist ein im Kern gotischer Bau, deren Turm vor kurzem wieder sein früheres steiles Satteldach erhielt. Das Innere 1719 barockisiert, dabei das Langhaus nach Westen verlängert. Drei spätbarocke ***Altäre,*** die Seitenaltarbilder St. Florian und St. Wendelin von *Kaspar Schäffler* aus Oberfinning, 1772. Das ***Chordeckenbild*** vom gleichen Maler zeigt den hl. Joseph in der Verklärung

Palsweis, St. Urban. Hochaltar

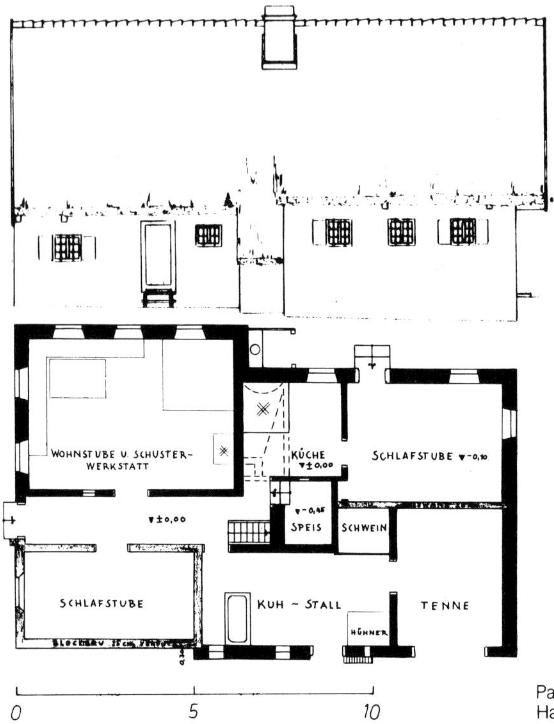

Pasenbach, Haus „Beim Schuster"

(Hinweis auf die seit 1712 bestehende Josephs-Bruderschaft); zur Einrichtung gehören einige bemerkenswerte Holzfiguren, so eine Kreuzgruppe mit spätgotischem Kruzifix und Nebenfiguren von *Johann Luidl,* außerdem zahlreiche weitere Plastiken dieses vielbeschäftigten Landsberger Meisters aus dem 2. Viertel des 18. Jhs.

Die Baugeschichte der ***St. Anna-Kapelle*** im südlichen Ortsteil konnte bei der vor einigen Jahren durchgeführten Restaurierung geklärt werden: Das Langhaus aus dem 14. Jh. (Portalbogen mit Deutschem Band auf der Nordseite) wurde in spätgotischer Zeit erhöht, der halbrunde Chor mit Zwiebeldachreiter gehört der späten Barockzeit an (sein Vorgängerbau hatte gotische Strebepfeiler). Innenraum mit drei einfachen Barockaltären (um 1680) und einer Anzahl bemerkenswerter Holzfiguren aus dem 15. und 18. Jh.

Peretshofen

1 km w Mammendorf. ○ FFB □ 1.4

Um 1440 ist ein Dorfgericht des Klosters Altomünster überliefert, das bis 1803 größter Grundbesitzer blieb. Daneben gab es im 15. Jh. Rechte der Haldenberger (→ das nahe Mammendorf). 1801 großer Ortsbrand durch Blitzschlag.

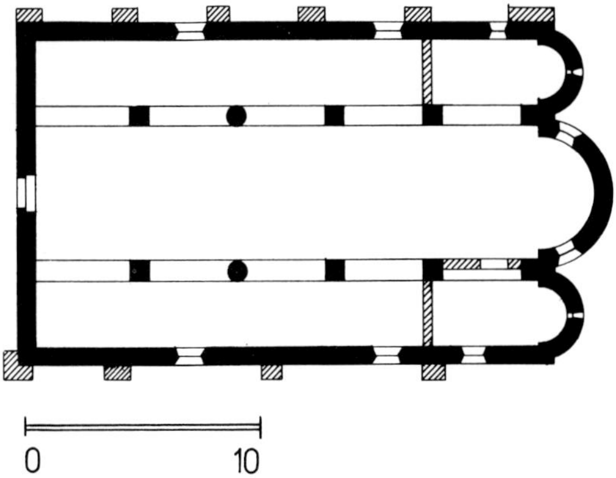

Petersberg,
ehem. Klosterkirche

Kirche St. Michael. Ein im Kern vielleicht gotischer Bau, barock überarbeitet, der 1801 schwere Schäden erlitt. – Eingezogener Chor mit dreiseitigem Schluß. Am Schiff zu zwei Achsen in den Westgiebel eingestellter Turm mit Oktogonteil und Haube. Innen beide Raumteile flachgedeckt. Neugotischer Hochaltar mit bescheidenen Sitzfiguren der Apostel Petrus und Paulus, um 1480/90. An Stelle des rechten Seitenaltars Pietà um 1510, und links Figur der hl. Ottilia 1480/90. Im Chor an der Wand Figur eines hl. Pilgers, 2. Hälfte 17. Jh.

Pestenacker ○ LL □ 1.3

Der Name des Dorfes leitet sich nicht von der Pestzeit, sondern von „bösem“, d. h. schlechtem sumpfigem Acker her. Erste urkundliche Nennung im 12. Jh. als „Pessinacher“. In merkwürdigem Gegensatz zu dieser Namensherkunft steht das heute überaus fruchtbare Ackerland gerade in diesem Teil des Landkreises Landsberg.

Zeitweilig zum Kloster Polling gehörende Pfarrei, heute Filiale nach Walleshausen. Die vor einigen Jahren restaurierte **Ulrichskirche** hat einen massigen Zwiebelturm auf der Langhaus-Nordseite, der in seinem unteren Teil – hier interessante Gliederung aus Giebelbogen und Zackenfriesen – dem späten 14. Jh. angehört. Der barocke Aufbau um 1710, um diese Zeit auch Barockisierung des Innenraumes mit freigelegten Medaillonmalereien und eigenwilligen Stuckornamenten des Pollinger Gipsmeisters *Benedikt Perghofer.* – Gute ***Altaraufbauten*** der frühen Rokokozeit, Hochaltarblatt von *Wenzeslaus Albert* aus München; an den Seitenaltären zwei Jesuitenheilige von *Lorenz Luidl* (Anf. 18. Jh.). Eine Kostbarkeit der Kirche sind zwei spätgotische Tragfigürchen der Hl. Ulrich und Georg.

Südlich des Ortes wurde 1934 ein umfangreicher ***Siedlungsplatz der Jungsteinzeit*** aufgedeckt, neben den Fundorten auf der Roseninsel im Starnbergersee und bei Polling der einzige in weitem Umkreis.

Petersberg ○ DAH □ 2.1

In der Nähe Hügelgräber, ca. 300 v. Chr. Um den Petersberg wurden mehrere römische Gebäudereste gefunden. – 1104 gründeten hier die Benediktiner, die von Fischbachau gekommen waren und den Berg samt seiner Burg von Graf Otto III. von Scheyern und dessen Onkel zum Geschenk erhalten hatten, das Kloster St. Peter. Schon 1120 zogen die Mönche nach Scheyern; die letzten zwei Patres übersiedelten 1340. Seit 1952/53 besteht bei der

Petersberg, Marienfigur ± 1500

Kirche die Landvolkshochschule und ein Jugendheim.

Kirche St. Peter. Zwischen 1104 und 1107 als Benediktinerklosterkirche erbaut. Die dreischiffige Pfeilerbasilika ohne Querhaus besitzt drei Apsiden; das zweite Stützenpaar von Westen besteht nicht aus Pfeilern, sondern aus Säulen. Das Material ist insgesamt verputztes Bruchsteinmauerwerk. Im 18. Jh. wurde die Kirche leicht verändert. Das Satteldachtürmchen auf der südlichen Apside dürfte aus dieser Zeit stammen. Die heutige Flachdecke liegt tiefer als die ursprüngliche.

Die Kirche 1107 durch den Freisinger Bischof Heinrich von Eberstein-Tengling geweiht; da jedoch der Bischof als Kaisertreuer dem Päpstlichen Bann verfallen war, mußte die Weihe 1120 durch den Erzbischof Konrad von Salzburg wiederholt werden. Der heutige, so überraschend „romanische" Bau zeigt wieder den ungefähren Zustand aus der Gründungszeit, allerdings nach zahlreichen Veränderungen; die eingreifendste erfuhr die Kirche 1730. Damals wurden alle drei Schiffe unter ein Dach gebracht und der Obergaden teilweise abgetragen. An Stelle der romanischen Seitenschiffsfenster wurden große, geschweifte Barockfenster, statt der beiden Seiteneingänge ein Portal in die Westwand eingebrochen; hölzerne Barockaltäre veränderten die Ausstattung. Nach einer umfassenden Reparatur 1869 wurde der romanische Zustand 1906 wieder hergestellt. Die letzte Instandsetzung fand 1947 statt, wobei das Mauerwerk der Pfeiler und Säulen wieder freigelegt worden ist und der am Ort gewonnene Molasse-Sandstein zutage trat.

Die ***Fresken*** in der Apsis ± 1110, 1907 wieder entdeckt und teilweise ergänzt. In der Hauptapsis Christkönig, darunter das Martyrium der Apostelfürsten Petrus und Paulus.

Vorzügliche ***Muttergottesfigur*** ± 1500 nach dem Vorbild der Blutenburger Marienfigur an der inneren Nordwand.

Glaneck. Die auf dem Petersberg an der Gabelung der Römerstraße gelegene Burg

Petersberg, ehem. Klosterkirche

Petershausen, Gasthof

der Grafen von Scheyern wurde von diesen um 1100 den Mönchen als Kloster überlassen. Diese verließen den Platz 1119, um nach Scheyern zu ziehen. 1340 gingen die letzten zwei Patres nach dort. Von der alten Burg ist nichts mehr zu sehen.

Petershausen ○ DAH □ 2.1

Beim Ort befinden sich alte Grabhügel. Schon ± 700 wird Petriheshusun genannt. Im 18./19. Jh. war Petershausen Sitz eines Dachauer Unteramtes.

Kirche St. Laurentius. Der Chor und der Satteldachturm nördlich daran enthalten noch mittelalterliches Mauerwerk. 1741–1752 fanden Erneuerungen statt; die Kirche wurde im 19. Jh. erweitert. – Der ***Hochaltar*** ± 1680; beide Seitenaltäre aus dem 19. Jh. Das Deckenfresko im Chor mit der Darstellung der Laurentiusmarter 18. Jh. Die Apostelbilder an der Empore ebenfalls 18. Jh.

Der ***Gasthof*** „Petrichhof", 1971 renoviert, stammt aus dem 18. Jh.

Petzenhausen ○ LL □ 1.3

Das kleine Dorf mit seiner ehemals dem Kloster Wessobrunn inkorporierten Pfarrei besitzt zwei bemerkenswerte Kirchenbauten, die beide in den letzten Jahren restauriert wurden.

Die **Pfarrkirche St. Petrus** im nördlichen Ortsteil hat einen auffallend hohen, reich gegliederten Turm mit geschweiften Satteltgiebeln, erbaut um 1725 von *Joseph Schmuzer* aus Wessobrunn. Chor und Langhaus im Kern spätgotisch, im Inneren eleganter Rokokostuck um 1750 von *Franz Xaver Schmuzer* und Stuckmarmor-***Hochaltar*** des gleichen Meisters mit guten (leider ungünstig gefaßten) Holzfiguren der Hl. Petrus und Paulus von *Franz Xaver Schmädl* (1757). Die ***Deckenbilder*** – Martyrium der beiden Heiligen und Sendung des Heiligen Geistes – schuf 1802 *Sebastian Jaud* aus Wessobrunn, die beiden klassizistischen Seitenaltäre aus Stuckmarmor ebenfalls von einem Wessobrunner (1801 von *Michael Sporer*).

Baulich interessanter und älter ist die ***Frauenkirche*** am südlichen Ortsrand, eine kleine Chorturmanlage des späten 14. Jhs. Turmgliederung der unteren Geschosse ähnlich wie in Pestenacker (Deutsches Band und Giebelbogenfries), der Aufbau aus der Zeit um 1600. 1736 erhielt die Kirche ihren reizvollen ***Stuckmarmoraltar*** und den gefälligen Chorstuck, beides archivalisch gesicherte Arbeiten von *Franz Schmuzer* aus Wessobrunn. Der feine Langhausstuck ähnlich und gleichzeitig wie in der Pfarrkirche (1749 von *Franz Xaver Schmuzer*), die Seitenaltarbilder von *Kaspar Schäffler* aus Oberfinning, 1747.

Petzenhofen → Walleshausen

Pfaffenhofen a. d. Glonn ○ DAH □ 1.2

Kath. Kirche St. Michael, Barockbau zu drei Achsen von erstaunlicher Stattlichkeit; 1928 um ein Joch nach Westen verlängert,

der Eingang von Norden nach Westen verlegt. Die Kirche – 1171 vom Ortsadel an das Kloster St. Ulrich und Afra in Augsburg übertragen – blieb jedoch stets zur Diözese Freising gehörig. Reichtum und Schönheit der Ausstattung erklären sich aus dem Zusammenhang mit dem großen Augsburger Reichskloster.
Der kräftige Turm spätgotisch mit barokkem Aufsatz. Die übrige Bausubstanz im wesentlichen barock, wobei aber auf die Gedenksteine des 16. Jhs. verwiesen sei, die sich im Chorhaupt befinden und offenbar aus einem Vorgängerbau stammen. – Das große ***Deckengemälde,*** das merkwürdigerweise von den amtlichen Kunstinventaren bis zum heutigen Tag nicht erwähnt worden ist, füllt den gesamten Dekkenspiegel: Höllensturz im Schiff; Anbetung des Lammes im Chor. Es handelt sich um eine gute Malerei in schweren, hochbarocken Formen, die mit einiger Wahrscheinlichkeit dem *Melchior Steidl* zugeschrieben werden kann, ± 1720. – Der prachtvolle Hochaltar enthält die Kopie des Gnadenbildes der ,,Muttergottes vom guten Rat'', ebenfalls ± 1720 (wenngleich eine Altarweihe für 1706 überliefert ist). Rings an den Wänden hübsche Apostelleuchter mit den reliefierten Apostelbüsten. Von der gleichen Hand die Reliefbüsten an der Emporenbrüstung, die allerdings bei der Erweiterung des Schiffs einmal versetzt worden ist. – Ab 1750 Wallfahrt zu einem tönernen, angeblich in einem Baum gefundenen Marienbild; diese Wallfahrt ging später auf die → Geiselwieskapelle über. – Der gesamte Bau wurde 1976/77 vollständig restauriert. Die Dekkengemälde – vielleicht ± 1850 einmal übertüncht – stark restauriert.

Großer schöner ***Pfarrhof*** mit zwei zu Türmchen ausgebildeten Eckerkern; um 1620 erbaut, ± 1720 stark erneuert.

Pfaffenhofen ○ FFB □ 1.4

Im 9. Jh. wird der Ort zusammen mit Mammendorf als im Huosigau gelegen bezeichnet. 1315 ist die Kirche als Filiale der Pfarrei Mammendorf aufgeführt. Ein von hier stammendes Geschlecht war um 1400 nach München verzogen, damals war der Ort Teil der Hofmark Adelshofen und blieb es bis in das 19. Jh.

Kath. Kirche St. Georg. Ein im Kern spätgotischer Bau mit nicht eingezogenem Chor, dreiseitig geschlossen; der Turm an dessen Nordseite mit barockem Achteckoberteil (um 1680?) und Zwiebelhaube. – Das Langhaus ± 1870 nach Westen verlängert, mit gewalmtem Dach, an seiner Südseite ein sätgotisches Vorhaus mit ehem. Sternrippengewölbe (Rippen abgeschlagen). Hier ein bescheidenes Kruzifix, Anfang 15. Jh. und bemerkenswertes Tafelbild des 17. Jhs. mit Jüngstem Gericht (Traum eines Mannes vom Tod mit Stundenglas und Hippe). – Das Innere ist um 1680/90 etwas derb, doch ansprechend stuckiert, vor allem im Chor, dessen Gewölbe wohl noch gotisch ist; hier der Akanthusstuck etwas reicher, in Feldern mit Rosetten, Engelsköpfen und Fruchtgehängen. Aus gleicher Zeit der ***Hochaltar*** mit Figuren: In der Mitte der Titelheilige als Reiter, links Kaiser Heinrich der Heilige, rechts dessen Gemahlin Kunigunde. Die Seitenaltäre zu Seiten des leicht zugespitzten Chorbogens mit klassizistischen Aufbauten, links mit Madonnenfigur und rechts mit hl. Anna und Marienkind, beide Anfang 18. Jh. – Von der verlorenen Kanzel stammen wohl die vier Evangelistenfigürchen, Anfang 18. Jh., an der Nordwand.

Pfaffing ○ FFB □ 1.4

1270 wird der sicher ältere Ort mit einer Taufkirche, d. h. mit Rechten, die jenen einer Pfarrkirche entsprechen, von Herzog Ludwig an Kloster Fürstenfeld geschenkt und mit bischöflicher Bestätigung (1271) dem Kloster inkorporiert. 1315 wird sie als Mutterkirche der Filialen in Bruck, Zell, Schöngeising und Biburg bezeichnet. Selbst als die regulären Pfarrgottesdienste 1673/75 in die Magdalenenkirche des Marktes Bruck verlegt wurden, blieb ihr der Rang einer Pfarrkirche bis Anfang des 19. Jh.

Ehem. Kath. Pfarrkirche St. Stephan. Idyllische Lage inmitten des alten Friedhofs an einem baumbestandenen Weiher. Der im Kern spätgotische Bau des 15. Jhs. erfuhr die übliche Barockisierung mit Abschlagen der Gewölberippen und wurde 1861/62 regotisiert. – Eingezogener Chor mit 5/8-Schluß und erneuerten dünnen Rippen am vielleicht ursprünglichen Gewölbe. Satteltum mit Bogenblenden, einfachem Stabwerk und Kreuzbogenfriesen an der Nordseite; die zinnenartigen Eckaufsätze vielleicht erneuert, möglicherweise ursprünglich (→ Dünzelbach oder Oberweikertshofen). Langhaus flachgedeckt. – Neugotische ***Ausstattung*** mit drei Altären, Kanzel und Kreuzweg; Zwei Glasgemälde im Chor 1879 von *A. Raderer* aus München. – An der Südwand Kruzifix um 1530 (die schmerzhafte Muttergottes, Gipsabguß der berühmten Figur in Blutenburg). Am Holzpfeiler der Empore primitive, doch bemerkenswerte Holzfigur des hl. Stephan, Anfang 15. Jh. An deren Brüstung als Rest der barocken Ausstattung vier Gemälde zur Legende des Titelheiligen. Unter der Kanzel Grabstein mit Inschrift für Margreth Feslin zu Gagers 1525.

Pflaumdorf ○ LL □ 3.1

Am Südrand des kleinen Dorfes die malerische **St. Georgskirche,** ein 1676 umgestalteter, im Kern spätgotischer Bau. Sie enthält eine figürlich bemalte Felderdecke und Altarfiguren von *Johann Luidl* (1740). Bemerkenswert auch eine spätgotische Muttergottes und ein Ölbild des Münchner Hofmalers *Georges Desmarées,* bez. 1739.

Piflitz

3 km nö Vierkirchen ○ DAH □ 2.2

Kapelle St. Antonius von Padua wurde 1869 durch den Bauern Nikolaus Angermeier errichtet. Der Altar stammt aus dem 18. Jh. Das ehemalige Altarbild mit der Kreuzabnahme ist nicht mehr vorhanden.

Noch 1580 wird durch Apian hier eine Burg erwähnt.

Pipinsried ○ DAH □ 2.1

Die Römerstraße Dasing-Tandern zog im Norden des Ortes vorbei. Ortsname und der Kirchenpatron Dionys weisen auf eine Karolingergründung hin. König Pipin soll hier ein Jagdhaus und eine noch vom hl. Bonifatius geweihte Kapelle besessen haben, aus der die Pfarrkirche hervorgegangen ist. Als einzige Pfarrei des alten Landkreises Dachau gehört Pipinsried zum Bistum Augsburg.

Pfarrkirche St. Dionys. Chor und Turm spätgotisch; das Langhaus wurde 1729 neu errichtet und 1741 gewölbt. Der ***Hochaltar*** und die beiden Seitenaltäre ± 1770, auf dem rechten Seitenaltar Kopie des Gnadenbildes aus Sta. Maria del popolo, Rom. Das Gestühl aus dem 18. Jh. Die ***Deckenfresken*** zeigen vier Medaillonbilder mit Darstellungen aus dem Leben des Kirchenpatrons, 18. Jh. Die Krönung Mariä und die Pauluspredigt in Athen wurden 1908 von *Wirsching* gemalt. – Die Glocken 1484 und 1487 von *Stefan Wiggard,* Augsburg.

Pleitmannswang

2 km ö Türkenfeld. ○ FFB □ 1.4

Im späten Mittelalter gab es hier ein Dorfgericht der Herrn von Türkenfeld, das 1359 verkauft wurde, noch 1450 erscheint und dann abgegangen ist. Der Ort gehörte später nicht zur Hofmark Türkenfeld, die hier nur einen Hof besaß, ebenso nicht zur Hofmark Zankenhausen. Größter Grundbesitzer war Kloster Andechs.

Kath. Kapelle St. Rochus und Sebastian. Schlichter Saalbau, 1806 stark erneuert, 1873 verlängert. Westlicher Dachreiter mit Spitzhelm. Der kleine Rokoko-Altar mit Gemälde der Vermählung Mariae.

Poigern

1 km s Egenhofen ○ FFB □ 1.4

Das kleine Dorf an der Glonn wird 1152 erstmals erwähnt; 1315 erscheint seine Kirche als Filiale von Egenhofen. Um 1440

Poigern, St. Nikolaus

Prittriching, Pfarrkirche St. Peter und Paul

ist ein Dorfgericht genannt, das sich im Besitz eines Münchner Bürgers befindet. Im 18. Jh. gehörte etwa die Hälfte der Anwesen der Hofmarksherrschaft Sulzemoos. Ein Ortsbrand im Kriege 1704.

Kath. Kirche St. Nikolaus. Kleine spätgotische Chorturmanlage, vielleicht auf älterer Grundlage. Der relativ stattliche Turm mit schlichter Gliederung durch Ecklisenen, eine Mittellisene und Geschoßbänder, die rundbogigen Schallarkaden vielleicht nicht ursprünglich; dazu steiles Satteldach mit vier Eckfialen und zwei an den Giebelspitzen. Das kurze, schlichte Langhaus mit barock veränderten Fenstern, aber erhaltener spitzbogiger Türöffnung. Östlich am Turm Sakristeianbau mit Giebeldach. – Das angrenzende Innere im 18. Jh. erneuert. Im Chor stark abgeflachte Kuppel mit Deckengemälde: originelle Darstellung des Titelheiligen, verehrt von den bäuerlichen Stiftern mit ihrem Pfarrherrn, die sehr schön die Tracht dieser Gegend um die Mitte des 18. Jh. zeigen. Im Schiff Flachdecke mit Gemälde, der hl. Nikolaus als Helfer der Kranken. – ***Hauptaltar*** frühes 18. Jh. mit vier gedrehten Säu-

Prittriching, Pfarrkirche St. Peter und Paul

len und Zutaten des Rokoko. Die Mittelfigur des hl. Nikolaus spätgotisch um 1510; Seitenfiguren sind die Wetterheiligen Johannes und Paulus, römische Märtyrer und nicht zu verwechseln mit den Aposteln, geschnitzt um 1700. – Die ***Seitenaltäre*** gleichfalls um 1700, links mit Figur eines hl. Bischofs um 1510. – Kanzel tüchtiges Rokoko mit gemaltem Guten Hirten an der Rückwand, am Corpus der Titelheilige. – Im Chorbogen eine Rosenkranzmadonna.

Prack, 2 km n Rottbach. ○ FFB □ 1.4

Einöde nördlich von Rottbach, wohl eine hochmittelalterliche Rodung, 1298 genannt. Später Teil der Hofmark Sulzemoos.

Am Ortseingang ein schöner, profilierter ***Bildstock*** des 16. Jhs. aus Tuffstein. Leider verrät der gemeißelte Wappenschild (wegen der längst abgewitterten Farbe) nicht mehr seine Herkunft.

Prittlbach ○ DAH □ 2.1

Unter Bischof Atto von Freising Ende des 8. Jhs. erwähnt.

Kirche St. Kastulus und Allerseelen. Die spätgotische Kirche von 1524 wurde 1775 umgestaltet. Der Chor schließt mit fünf Achteckseiten und trägt ein Netzgewölbe; das Langhaus ist flach gedeckt. – Der ***Hochaltar,*** spätes 17. Jh., war schon von Anfang an dem hl. Kastulus geweiht. Die Seitenaltäre 1672/73, das Magdalenen-Bild auf dem linken Altar 1848 von *Anton Huber,* das Altarblatt auf dem rechten Seitenaltar mit der Himmelfahrt Mariä um 1800.

Prittriching ○ LL □ 1.3

Das ausgedehnte, ursprünglich aus zwei Ansiedlungen mit je einer Kirche bestehende Dorf wird im 12. Jh. erstmals urkundlich erwähnt. Die Pfarrei gelangte schon 1248 durch Schenkung an das Kloster Dießen; erster bezeugter Pfarrer war Ortlieb (seit ca. 1180), der später Propst des Klosters wurde.

Die **Pfarrkirche St. Peter und Paul** überragt den südlichen Teil des Ortes, ihre Bauzeit fällt in die 2. Hälfte des 15. Jhs. Der durchgehend spätgotisch gewölbte Bau wurde 1753 ausgestattet. Bemerkenswert die kraftvolle Gliederung des Außenbaus durch Strebepfeiler (am Langhaus) und Lisenen mit gestelztem Kleeblattbogenfries (am Chor); der Turm hat als eine Seltenheit im Gebiet einen niedrigen achteckigen Aufsatz aus der Erbauungszeit mit Zwiebelhaube (→ Eching, St. Alban, St. Georgen). – Der ***Innenraum*** einheitlich qualitätvolles Rokoko: Fresken und Brokatmalereien von *Johann Anwander* aus Lauingen: Im Langhaus riesiges ***Deckenbild*** in geschweiftem Stuckrahmen mit Darstellung des Martyriums der Kirchenpatrone, im Chor die beiden Heiligen in der Glorie, an den Emporenbrüstungen ebenfalls Szenen aus dem Leben der beiden Apostelfürsten. Der elegante Stuck in der Art *Franz Xaver Feichtmayers* zeigt voll entwickelte Wessobrunner Rokokoformen und ordnet sich – der Entstehungszeit gemäß – schon ganz dem umfangreichen Bildprogramm unter. Über dem Chorbogen Chronogramm in Stuckkartusche (1753). ***Altäre*** und ***Kanzel*** aus der gleichen Zeit; Hochaltarbilder St. Petrus und Paulus und Hl. Dreifaltigkeit (im Auszug) von *Johann Georg Bergmüller,* die Seitenaltarblätter von dem Nazarener *Ferdinand Wagner* aus Schwabmünchen, 1853. – Die bedeutendsten Holzfiguren in der Kirche sind die hl. Anna mit Maria auf dem linken und eine Pietà (als Gegenstück) auf dem rechten Seitenaltar, beides unbekannte Arbeiten des Weilheimer Bildhauers *Franz Xaver Schmädl.*

Eine für das westliche Oberbayern einzigartige Baugruppe bildet die einheitlich spätgotische **Frauenkirche** (im nördlichen Ortsteil) und der davor stehende Wehrturm der ehemaligen Friedhofsbefestigung mit hohem Spitzhelm und vier übereck stehenden Dacherkern. Kirche und Torturm sind gegen 1500 erbaut wor-

Prittriching, Frauenkirche

Prittriching, Frauenkirche. Hochaltar

den. Durchgehend gewölbter Bau mit Strebepfeilern, der Kirchturm mit steilem Spitzhelm über vier Giebeln, durch Kaffsimse und Kleeblattbogenfriese gegliedert. Bei der Barockisierung um 1730/40 wurden – wie im Gebiet üblich – die Gewölberippen entfernt und die Stichkappen verschliffen. Die zahlreichen ***Deckenbildfelder*** werden von eigenwilligem Régencestuck eingerahmt: der unbekannte Wessobrunner Stuckator verwendet dabei überdurchschnittlich zahlreiche figürliche Motive. Die Deckenbilder mit Szenen aus dem Marienleben und der Leidensgeschichte Christi sind gute, allerdings im 19. Jh. übergangene Arbeiten eines bis jetzt nicht bekannten Malers. ***Altäre*** und ***Kanzel*** in schwarz-goldener Fassung 1695, mit zahlreichen guten Holzfiguren des Landsbergers *Lorenz Luidl,* die Seitenaltarbilder

(St. Nikolaus und Sylvester) im Nazarenerstil von *Ferdinand Wagner*.
Vom Durchgang des Torturmes zugänglich eine 1739 eingerichtete ***Kerkerkapelle*** mit origineller Deckenbemalung von 1827: Sie besteht aus konzentrischen, hölzernen Soffitten, die eine Himmelsdarstellung mit herausschauenden Engelchen hervorzaubern. – ***Jakobuskapelle*** in der Ortsmitte, errichtet 1756 als acheckiger Zentralbau mit Pilastergliederung, Vierpaßfenstern und geschweiftem Portal, dessen Form auf den Landsberger Zimmermanschüler *Nikolaus Schütz* schließen läßt.

Puch ○ FFB □ 1.4

Der Ort erscheint um die Mitte des 8. Jhs. mit seinem jetzigen Namen (pohhe); um 770 mit einer Kirche bei deren Übergabe an Bischof Aribo von Freising. Ortsansässige Ministerialen der Grafen von Dachau, dann der Pfalzgrafen von Wittelsbach und der bairischen Herzöge werden im 12. und 13. Jh. genannt. Ein Burgstall hinter dem heutigen Gutshof wird auf sie bezogen. – Fünf Bauernhöfe von hier gehörten zur Gründungsausstattung des Klosters Fürstenfeld 1265, dem der Ort verbunden blieb bis 1803 (doch nicht als Teil der Klosterhofmark). Als Rache für die Parteinahme der Mönche für Kaiser Ludwig den Bayern wurde der Ort 1322 von Leopold von Oesterreich niedergebrannt. Abgesehen vom 30-jährigen Krieg große Schäden im Erbfolgekrieg 1704.
Lokale Berühmtheit erlangte das Grab der sel. Edigna. Nach der Legende war diese eine Tochter König Heinrich I. von Frankreich, die vor dem Zwang zur Ehe floh. Tief in einen Wald verirrt trifft sie einen alten Fuhrmann mit einem Ochsenkarren, der sie einlädt, aufzusteigen. Auf dem Wagen sind noch ein Hahn und eine Glocke. Nach langer Reise, einem vollen Jahr, bleiben die Ochsen in Puch bei der alten Linde stehen, der Hahn krähte und die Glocke läutete und bestätigte das Besondere des Ortes. Hier blieb Edigna dann 35 Jahre in einer Höhlung des Baumes, der nach ihrem Tod ein wunderkräftiges Öl spendete, bis man begann, es zu verkaufen.
Die Legende zeigt in märchenhaftem Gewande urtümliche Züge, die auf sehr alte Traditionen weisen. Man glaubte hier Spuren oder Erinnerungen an vorchristliche Fruchtbarkeitskulte der Germanen zu erkennen, wie die Nerthusumfahrt die Tacitus schilderte, aber auch zu den nicht weniger aus kultischer Wurzel genährten Königsumfahrten der Merowinger, bei denen ein Hahn mitgeführt wurde. Letzteres birgt vielleicht einen Hinweis auf einen echten historischen Kern. Der Kundige findet aber auch fein verwoben archetypische Bilder von großer Symbolkraft.
Im Jahre 1600 wurden ihre Gebeine erhoben; die bairische Herzogin Elisabeth von Lothringen stiftete dazu einen silbernen Schrein, den dann die Schweden raubten. Leonore, Gemahlin Kaiser Ferdinand II., auch aus dem Hause Lothringen, verlobte sich hierher (wegen eines verlorenen Schmuckstückes) und stiftete einen Kelch und Messkännchen, die noch vorhanden sind. – Die Selige wird bei allerlei Krankheiten angerufen und gilt als Wiederfinderin verlorenen Gutes.
Hier in der Nähe auf dem sog. „Kaiseranger" starb 1347 Ludwig der Baier, auf der Bärenjagd vom Schlag getroffen. – Noch heute gibt es in der Umgebung Ziegeleien. Diese gehen zurück auf die Brennöfen, der Fürstenfelder Zisterziensermönche, die hier im späten 13. Jh. anfingen, Ziegel zu brennen. Der Abbau des Lehms veränderte z. T. erheblich die Bodenoberfläche.

Kath. Pfarrkriche St. Sebastian. Der wenig eingezogene Chor im Kern spätgotisch, wie auch der Unterteil des hohen Turms an der Nordseite, sein Achteckaufsatz mit Zwiebel 1765. Auch das stärker erneuerte Langhaus im Mauerwerk noch gotisch. – Im Chorgewölbe Rippen abgeschlagen; derbe, aber origineller Stuckierung ± 1720; vegetabile Formen mit Bändern, Engelputten und Draperien. Im flachgedeckten Langhaus Pilaster mit durchlaufendem Gebälk, darüber Muscheln und Vasen (Deckenfresko 1930). Am zugespitzten Chorbogen Stuckreliefs, ferner Wappen des Fürstenfelder Hofmarksrichters

Georg Roth (Richter 1687–1724). – Drei Altäre Ende 19. Jh., seitlich im Chor die Statuetten der Hll. Edigna und Sebastian. Im Westen der Kirche die Reste der uralten ***Linde.*** Daneben das Grab von *Julius Langbehn,* genannt der „Rembrandtdeutsche" (1852–1907. Sein Buch „Rembrandt als Erzieher" hatte um 1900 gewissen Einfluß auf die idealistische Grundströmung der Jugendbewegung). Das Grabkreuz 1933 von dem Hildebrandschüler *Theodor Georgii.*

Denkmal für Kaiser Ludwig den Bayern. Östlich unterhalb des Ortes an der Straße nach Fürstenfeldbruck. Geplant und begonnen 1796/97 auf Betreiben des letzten Fürstenfelder Abtes Gerhard Fülzer für eine Aufstellung am Kaiseranger, wo Ludwig der Bayer 1347 starb. Der Obelisk mit Bildnisrelief von *Roman Anton Boos* wurde 1811/12 dann an der Straße in einer kleinen englischen Gartenanlage aufgestellt, die *Sckell* entworfen hatte, welche aber längst verwildert ist.

Puchheim ○ FFB □ 2.3

Eine Kirchenweihe durch Bischof Aribo von Freising ist ± 770 überliefert. Dieser Bau war der hl. Dreifaltigkeit gewidmet. Im späteren Mittelalter war der Titel der Kirche Mariä Himmelfahrt. – Im Krieg der bayerischen Herzöge 1422 gehörte der Ort zu den vielen westlich von München, die in Flammen aufgingen. Durch den Ausbau der Bahnlinie München-Lindau 1870/73 änderte er seinen ländlichen Charakter durch rasches Wachstum und Ansiedlung von Industrie. Der Ortsteil Puchheim-Bahnhof entwickelte sich ganz im Sinne einer Stadtrandsiedlung von München.

Kath. Pfarrkirche Mariä Himmelfahrt. Unter einem Pfarrer Konrad von Egenhofen erfolgte ± 1480 ein Neubau, eine Chorturmanlage, von der der bestehende Turm stammt. 1783 erfolgte durch den Münchner Baumeister *Franz Anton Kirchgrabner* östlich davon wiederum ein Neubau, der den bestehenden Turm, nunmehr mit Erdgeschoßvorhalle, auf seiner Westseite beibehielt. 1928 wurde das bestehende Langhaus nach Plänen von *Franz Xaver Boland* errichtet und das ältere Langhaus abgebrochen. – Saalbau mit stark eingezogenem Chor, der gerade geschlossen und mit Kreuzgewölbe ausgestattet ist. An seiner Südwestecke ungegliederter Sattelturm mit erneuerten doppelten Schallarkaden. Unter den Glocken noch eine gotische von 1487, gegossen von *Ulrich von Rosen* aus München. – ***Inneres:*** an der Ostwand des Chores großes Wandgemälde der Kreuzigung, 1953 von *Michael P. Weingartner* aus Pfaffenhofen/Ilm. – In der Kirche verteilt Reste der barocken Ausstattung, zum Teil recht ansehnliche Figuren. Unter anderem am ***linken Seitenaltar*** ein hl. Laurentius (umgewandelt als hl. Isidor), um 1690; ferner eine Madonna Anfang 18. Jh. An der Nordwand links daneben hl. Anna Selbdritt, ± 1700. Am ***rechten Seitenaltar*** hl. Sebastian und Pieta, beide ± 1700. Über der südlichen Eingangstür Halbfigur des Gottvater, Ende 17. Jh., ehemals wohl im Auszug eines Altars. Beim westlichen Eingang die bescheidenen Priestergrabsteine von Konrad Egenhofer, Ende 15. Jh., und des Pfarrers Leonhard, gestorben 1566.

Pfarrkirche und Pfarrzentrum St. Joseph. Im Ortsteil Puchheim-Bahnhof. Neubau 1966 durch *Günther Eisele.* Farbverglasung von *Baumgartner.* – Die Teile des Pfarrzentrums umschließen einen Hof, dazu freistehender Kampanile. Torgitter von dem trefflichen Kunstschmied *M. Bergmeister* aus Ebersberg.

Puchheim – Bahnhof
Im Bereich nördlich des Bahnhofs entstand einer der ersten ***Flugplätze*** Deutschlands, eröffnet 1910. Die dabei errichteten Baracken dienten 1914/18 als Gefangenenlager. Daran erinnert die Lagerstraße. Hier nach Nr. 95, hinter begrünter Betonmauer mit enger Bogentür (Gitter von *Manfred Bergmeister,* Ebersberg) kleiner Friedhof für über 300 russische Kriegsgefangene des

Puchschlagen, St. Kastulus

1. Weltkrieges. (Die Toten der gefangenen Engländer und Franzosen sind exhumiert worden).

Puchschlagen ○ DAH □ 2.1

In der Nähe eine wahrscheinlich vorgeschichtliche Befestigung. Der Ort als Puhsolagan 814 erstmals genannt (= Sumpflache bei den Buchen).

Die **Kirche St. Kastulus** steht weit außerhalb des Dorfes. Der Sage nach wollten sie die Dorfbewohner nach dem 30jährigen Krieg inmitten des Ortes errichten. Jedoch habe sich alles Baumaterial über Nacht an anderer Stelle, nämlich dort, wo die Kirche heute steht, wieder gefunden. Dies wurde als Fingerzeig des Himmels aufgefaßt.

Das Mauerwerk spätgotisch. Der prachtvolle ***Turm*** mit einer Gesamthöhe von 52 m reich gegliedert und auffallend hoch. Sein Obergeschoß 1695, vielleicht von dem gleichen Meister, der auch den → Wiedenzhausener Turm 1696 errichtet hat. – Der ***Hochaltar*** kam 1740 aus → Kreuzholzhausen hierher; er stammt aus der Zeit ± 1670; die Figur des Hl. Kastulus ± 1470, alles ausgebessert von *Schuhpaur* bei Gelegenheit der Übertragung. Die beiden Seitenaltäre ± 1730. Sie trugen zwei Figuren der Hl. Blasius und Egidius, ± 1470, die 1973 gestohlen worden sind. ***Kanzel*** um 1730, ähnlich der von Bergkirchen. Die ***Deckenfresken*** 1729 bezeichnet „17 *M.S.P.ae C.*29" (über der Orgel mit einem Wappen). Dargestellt ist im Chor St. Kastulus in der Glorie; seitlich davon sein Martyrium; in zwei Medaillons der Heilige als Patron gegen Unwetter und Krankheit. Am Chorbogen St. Johann Nepomuk. Im Langhaus die Marienkrönung; über der Orgel Maria und Kastulus als Fürbitter, darunter das Dorf Puchschlagen, ein sog. Pestbild also. An der Empore weitere Darstellungen mit dem Monogramm *O.Z.* – Eine Glocke 1670 von *Bernhard Miller*, eine zweite 1671 von Bernhard Ernst, beide München.

Purk ○ FFB □ 1.4

Der Ort leitet seinen Namen ab von einer schon seit dem 14. Jh. abgegangenen Burg; sie lag auf der Anhöhe über dem Dorf. Adlige, die sich nach diesem Ort nennen, tauchen mehrfach im 12. und 13. Jh. auf. Auf viel ältere Bewohner weisen in der Nähe aufgedeckte Reste römischer Gebäude. Auch führte die Römerstraße, die von Schöngeising her dem Paartal zustrebte, hier vorüber. – Patron der Kirche war ursprünglich St. Andreas. Erst nach der Mitte des 17. Jhs. von Hl. Kreuz verdrängt, als eine ursprünglich auf einen Seitenaltar gehörende Reliquie für eine lokale Wallfahrt Bedeutung erlangte. Das Patronat der Kirche war von den Vogt zu Oberfinning 1602 an Kloster Wessobrunn gekommen, das es aber 1722 an das Hochstift Augsburg vertauschte. Der wichtigste Grundherr des Orts war im 18. Jh. die Hofmark Grunertshofen (11 von 17 Anwesen).

Kath. Pfarrkirche Hl. Kreuz. Ein spätgotischer Bau wird Anfang 18. Jh. barockisiert; im 19. Jh. überarbeitet. Eingezogener Chor mit dreiseitigem Schluß; Langhaus zu vier Achsen. Vor der Westfassade der angebaute Sattelturm, dessen leicht zugespitzte Schallarkaden mit runder Mittelstütze wohl ins 15. Jh. gehören. ***Inneres:*** Im stark eingezogenen Chor Stichkappengewölbe mit $^5/_8$-Schluß. Auch das korbbogige Lattengewölbe im Schiff mit Stichen, doch alles ohne Dekor. Gliederung durch toskanische Doppelpilaster. – An Stelle des Hochaltars nur noch eine Pietà, Anfang 18. Jh., mit erneuerter Fassung. Auch die Seitenaltäre entfernt. An der Nordwand schöner Kruzifixus mit Dolorosa, erstes Viertel 18. Jh.

Putzmühle

2 km w Steinach. ○ FDB □ 1.3

Ein Müller von hier schon 1336 genannt. Die Mühle gehörte zur Hofmark Hegnenberg. Ein wichtiger Teil des Betriebes war der „Ölschlegel". – In der Nähe kam einer der schönsten Bodenfunde der Gegend, eine römische Bronzestatuette der Minerva zu Tage.

Das Hauptgebäude der ***Mühle*** mit Teilen aus verschiedenen Zeiten (über einer Tür bezeichnet 1813), doch im wesentlichen 2. Hälfte 19. Jh. Im Haus ein Kruzifix, bezeichnet 1761.

Privatkapelle St. Mariä Opferung. Unverputzter Ziegelbau mit dreiseitigem Schluß, errichtet 1885, wohl für einen älteren Bau an anderer Stelle. Neubarocker Altar mit Gemälde.

Rammertshofen

2 km s Aufkirchen. ○ FFB □ 1.4

Der Weiler erscheint 1060 unter dem Namen Regimundishoven. In der ältesten Freisinger Matrikel von 1315 ist eine Kirche bereits aufgeführt. Von den in der Barockzeit aufgeführten sieben Anwesen gehörten vier dem Chorherrenstift Bernried.

Kath. Kirche Hl. Kreuz. Spätgotischer Bau mit eingezogenem dreiseitig geschlossenen Chor und relativ stattlichem Satteltum an dessen Nordseite. Kurzes Schiff. Das Innere zeigt beide Raumteile flachgedeckt; die gute Stuckzier mit Felderteilung und spätem Akanthus, der ebenso wie die übrige Ausstattung großenteils zu dem am Chorbogen vermerkten Datum 1729 paßt. (1961 restauriert). Das Deckengemälde stark erneuert.
Die tüchtigen ***Altäre*** wirken für die Zeit um 1729 nicht fortschrittlich; sie sind wohl der Werkstatt des Landsberger *Johann Luidl* zuzuschreiben, dem der Kruzifixus mit knieender Magdalena im Hochaltar zuzuweisen ist; dazu Maria und Johannes. Im rechten Seitenaltar eine Piëta, auch *Luidl*-Werkstatt, im linken Christus in der Rast. – Der Raum im Untergeschoß des Turms zeigt noch ein gotisches Gratgewölbe mit Vierrautenstern ohne Rippen.

Ramsach ○ LL □ 3.1

Die kleine **Filialkirche St. Pankraz** ist ein einheitlicher Bau aus dem Jahr 1719. Ihre charakteristische Wandgliederung – große Rechteckblenden und die Rundbogenfenster mit gestuften Laibungen – weist eindeutig auf den Wessobrunner *Joseph Schmuzer* als Baumeister (→ Beuern und → Issing, → Moorenweis und → Pähl). Der Innenraum ist weder ausgemalt noch stukkiert (was im Lech-Ammerseegebiet ganz selten vorkommt); er enthält einen bemerkenswerten ***Hochaltar*** um 1670 des Landsberger Kistlers *Andreas Rem* mit ausdrucksvollen Frühwerken von *Lorenz Luidl* (die Hl. Johannes der Täufer und Evangelist). Der Aufbau wurde um 1710/20 vergrößert und mit zahlreichen weiteren Figuren der *Luidl*werkstatt bereichert. Arbeiten des jüngeren *Luidl* sind außerdem die Hl. Johann Nepomuk und Franz Xaver am Chorbogen, eine Schmerzhafte Muttergottes und ein Schulterwundenchristus im Langhaus.

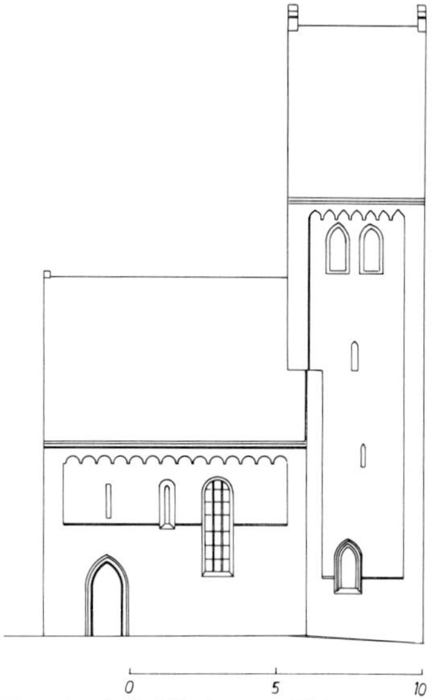

Rettenbach, St. Nikolaus von Süden

Rettenbach ○ DAH □ 2.2

Kirche St. Nikolaus. Der Chor frühgotisch, vielleicht ± 1300. Er schließt gerade und liegt im Untergeschoß des Turms. Das Langhaus im 17. Jh. erweitert. An den Außenwänden ein Rundbogenfries. – Der ***Hochaltar*** ist neugotisch mit den Figuren der hl. Nikolaus und Magdalena, ± 1500.

Ried

2 km s Markt Indersdorf. ○ DAH □ 2.1

Haus Nr. 9 ist ein alter Blockbau von 1646, der bis ungefähr 1921 noch ein Strohdach besaß.

Riedenzhofen ○ DAH □ 2.1

Zwei Kilometer südöstlich des Dorfes zwanzig Grabhügel im Wald, ungefähr 300 v. Chr.

Kirche St. Lampert. Der spätgotische Chor schließt mit fünf Achteckseiten. Der Turm an der Südseite des Chores. – Die drei ***Altäre*** etwa aus der Mitte des 17. Jhs.

Riedhof

1 km w Eichhofen. ○ DAH □ 2.1

Die Einöde gehört zur Gemeinde Eichhofen. Die Kapelle 1882 von dem Riedhofbauer Johann Arnold erbaut. Darin die Figuren einer Maria und eines Rastheilands, wohl aus dem 17. Jh.

Röhrmoos ○ DAH □ 2.1

Schon 774 wird Roraga Mussea mit einer Kirche genannt. Bis zum Ende des 18. Jhs. war Röhrmoos Sitz eines Dachauer Unteramtes.

Pfarrkirche St. Johannes Bapt. und Ev. Von der heutigen Kirche sind Chor und Satteldachturm (dieser wie in Bergkirchen) spätgotisch. Das Langhaus im 17. Jh. umgebaut, die Sakristei 1730 neu errichtet. 1846 erfolgte eine Erweiterung. – Der ***Hochaltar*** ± 1690, die beiden Seitenaltäre ebenfalls. Die Deckenfresken mit Darstellung der Himmelfahrt Mariä wohl an Stelle eines älteren Freskos im 20. Jh. von *Hoferer* nach dem Vorbild der Fresken von Altenburg (Kreis Ebersberg). – Chor und Langhaus zeigen reichen Stuck des 17. Jhs. vielleicht durch einen Graubündener 1692. – Zwei silbergetriebene Reliefs aus dem Anfang des 18. Jhs. mit Darstellung der Fußwaschung und des Abendmahls gehören mit zwei weiteren Reliefs in Sigmertshausen zusammen.

Römertshofen

3 km nö Moorenweis. ○ FFB □ 1.4

Der Weiler wird 1179 bereits genannt, damals ,,Reimartshoven" bezeichnet, wie er mundartlich noch bis in unsere Zeit gesprochen wurde.

Kapelle St. Maria. Kleiner neugotischer Bau von 1858 mit dreiseitigem Schluß und westlichem Giebeldachreiter; Spitzhelm. – Ein neugotischer Altar umschließt ein buntverglastes Fenster als Gemälde mit Darstellung der Immaculata. Seitlich die Figuren der Hll. Joseph und Antonius.

Roggenstein

1 km w Eichenau. ○ FFB □ 2.3

Am Ostende des waldigen Höhenzuges, der sich von der ehemaligen Abtei Fürstenfeld bis gegen Eichenau hinzieht, liegt auf dem letzten Ausläufer der Burgstall einer längst abgegangenen Burg, von der nur eine Kapelle erhalten ist. 1317 in Besitz von Engelmar dem Chuchenmaister und seiner Frau Agnes von Gegenpoint (→ Fürstenfeldbruck). 1347 in der Hand der Herren von Eisenhofen. 1371 erwarb Kloster Fürstenfeld die Burg mit der zugehörigen Meierei. Die offenbar schon in Verfall befindliche Burg wurde abgebrochen und der zu ihren Füßen liegende Gutshof ausgebaut, als ein für die Wirtschaftsweise der Zisterzienser typischer großer Sedelhof. Er galt 1695 ,,als einer der besten Gutshöfe in den bayerischen Landen". Ab 1816 Militär-Fohlenhof (Remontendepot) bis 1919. Heute Lehr- und Forschungsinstitut der Landwirtschaftlichen Hochschule in Weihenstephan.

Roggenstein, ehem. Burgkapelle. Wandbild

Ehemalige Burgkapelle St. Georg. Schlichter Rechteckbau mit aufgesetztem, dachreiterartigen, offenem Glockenstuhl auf der Ostwand. Das Innere mit niedriger, flacher Holzdecke. – Höchst bemerkenswert wegen ihrer Seltenheit ist die Ausstattung mit ***Wandgemälden*** der Zeit ± 1400, die Anfang dieses Jhs. freigelegt wurden. Über der Sockelzone mit gemalter Wandbespannung eine Bilderfolge mit Szenen der Passion (Kreuztragung, Kreuzigung, Grablegung, Auferstehung), ferner Reiterbild des hl. Georg und großer St. Christophorus. Auch die Decke zeigt noch Spuren der Ornamentbemalung. Somit gewinnt man hier eine Ahnung von der Farbigkeit gotischer Innenräume dieser Zeit. – Ferner ein ***Altar*** von 1686, ein etwas derber Aufbau mit seitlichen Figurengruppen und Gemälde des Titelheiligen in der Mitte. – Ein kleines Madonnenfigürchen an der Wand, gegen 1600, leider mit abgespaltenem Gesicht.

Unter der Burgstelle wurden 1843/44 niedrige verzweigte ***Gänge*** entdeckt, die sich vom Abhang in den aus festem Sand bestehenden Berg erstreckten. Von der vielfach behaupteten Ausdehnung dieser

Gänge bis Fürstenfeld oder bis zum benachbarten Burgstall von Gegenpoint, wo gleichartige Gänge gefunden wurden, kann keine Rede sein. Eine zeitliche Einordnung ist bis jetzt nicht möglich gewesen, da hier wie anderen Orts diese „Erdställe" wie sie auch genannt werden, ohne Begleitfunde sind. (Die 1843 angeblich gefundenen „römischen" Gefäße sind nicht sicher überliefert). Ähnliche Anlagen sind in unserem Gebiet mehrfach bezeugt, so u. a. ehemals in → Nannhofen, → Ueberacker und → Hofhegnenberg.

Rossbach ○ DAH □ 1.2

Kath. Kirche St. Leonhard. Der hübsche, außen kräftig gegliederte Bau besitzt eine romanische, mit Deutschem Band und Rundbogenfries verzierte Apsis, auf der das Westtürmchen aufsitzt. Das Schiff stammt mit samt seiner ländlichen, einheitlichen Ausstattung aus der Zeit ± 1680.

Rothschwaige

s Ortsrand Dachau ○ DAH □ 2.3

1126 wurde Graf Arnulf II. von Dachau auf der Jagd von unbekannter Hand ermordet. Der Sage nach soll ein Jagdhund des Grafen dessen abgehackte Hand auf das Dachauer Schloß gebracht haben, wo der Ermordete durch den noch am Finger steckenden Ring offenbar wurde. Konrad I., sein Bruder, stiftete zu dessen Seelenheil ein Gut an das Kloster Geisenfeld. Beider Mutter Beatrix ließ an der Mordstelle um 1128 eine ***Kapelle*** errichten, die samt dem umliegenden Forst dem Kloster Indersdorf geschenkt wurde. In der Nähe lag die schon 1125 genannte „Swaiga". – 1454 wurde die Kapelle abgebrochen und durch den Indersdorfer Propst Johannes Rothuet an der Straße von München nach Dachau neu aufgebaut, in der Nähe der Schwaige, die fortan nach dem Propst Rothschwaige genannt wurde. 1766 wurde sie durch Propst Gelasius Morhart neu erbaut und mit Fresken geschmückt, die den Grafenmord darstellen. Diese Fresken stammten von *Johann Georg Dieffenbrunner.* 1802 wurde die Kapelle abgebrochen.

Bis 1527 hieß die Schwaige „Wegkirchenschwaige" oder „Moosschwaige". Seitdem der neue Name.

Rottbach ○ FFB □ 1.4

Der Ort erscheint schon früh, zur Zeit des Bischofs Atto (785–811), in den ältesten Freisinger Traditionen mit seinem jetzigen Namen (rotapach), als ein gewisser Oasc, der hier eine Kirche gebaut hatte, diese durch den Bischof „in honorem sanctae Mariae und sancto Michahelis" weihen ließ, diese dann mit Gütern ausstattete und dem Bischof übergab. Zur gleichen Zeit stiftete der Priester Tuotilo, der vielleicht ein Sohn des Oaso war, Kelch und Meßbuch dieser Kirche. (Oaso taucht auch auf in der Frühgeschichte von → Jesenwang). Im 12. Jh. gibt es hier oft genannte Ministerialen der Grafen von Dachau, deren Familie bis ins 14. Jh. nachweisbar bleibt. Sie saßen auf der Burg Altrotbach, deren Burgstall am Fuchsberg bei Deisenhofen vermutet wird. Im 14. Jh. gab es östlich des Orts in Richtung Zötzelshofen eine weitere Burg der Eisenhofer, die hier auch Grundbesitz hatten, den sie 1389 verkauften. 1402 erwarben die Zisterzienser von Fürstenfeld Burg, Grundbesitz und Dorfgericht und schufen die Grundlage zu ihrer Hofmark, die sie hielten bis 1803 (zusammen mit → Eisenhofen). – 1485 großer Ortsbrand.

Kath. Pfarrkirche St. Michael. Von einer spätgotischen Anlage blieb nur der Chor im Untergeschoß des Turms, von deren Barockisierung Ende 17. Jh. das Chorgewölbe und die Dekoration stammt. Die Änderungen 1849, 1869 und 87 haben geringe Spuren hinterlassen, da 1911 das Langhaus nach Plan von *Jos. Elsner* neu aufgeführt wurde. 1912 Stuckierung von *Franz Wild* aus München und zur Anpassung an die neuen Proportionen auch der Turm erhöht. – Von der alten ***Ausstattung*** wurden zwei Seitenaltäre des 18. Jhs. übernommen. Ferner am Chorbogen zwei spätgotische Figuren, ein trefflicher hl. Michael und eine etwas überarbeitete Rosenkranz-

Rumeltshausen, St. Laurentius

madonna, ± 1470/80. Unter den Grabsteinen einer für Johann Hochreiter, der kniend vor dem Kruzifixus dargestellt ist, Anfang 17. Jh. in Rotmarmor; außen an der Südseite schöner klassizistischer Stein für den 1800 erschossenen Pfarrer Dr. Max Joseph Huber, mit trauernder Frau an gebrochener Säule.

Rudelzhofen ○ DAH □ 2.2

Kirche St. Peter und Paul, 1315 als Filialkirche genannt. Zwischen 1735 und 1750 durch *Gregor Glonner,* nach dessen Tod durch *Michael Pröpstl* neu errichtet. Der ***Hochaltar*** 1750 von *Nikolaus Prugger;* als Bildhauer wird *Barth. Schuhpaur,* als Faßmaler *Franz Mayr* genannt. Die beiden Seitenaltäre sowie die Kanzel ebenfalls um 1750. Aus dieser Zeit auch Chor- und Beichtstühle, die von *Simon Prugger* geschaffen wurden.

Rumeltshausen ○ DAH □ 2.1

865 als Rumaneshusir erstmals genannt. Die Pfarrei gehörte von 1128–1725 zum Kloster Scheyern.

Kirche St. Laurentius Das Mauerwerk ist, wie der Blendbogenfries an der Südseite zeigt, im wesentlichen noch romanisch. Bestimmend für den Eindruck dieses wohlerhaltenen, jüngst restaurierten Bauwerks ist der schlanke Chorturm, dessen zierlicher, achteckiger Aufsatz eine im Verhältnis dazu überdimensionierte Zwiebelkuppel trägt, was dem Ganzen einen ebenso behaglichen wie kühnen Ausdruck verleiht. – Das Innere im wesentlichen aus dem 18. Jh. 1868 wurde die Kirche nach Westen verlängert, wobei man sich dem romanischen Grundcharakter (→ die neueren Blendbogen) geschickt angepaßt hat. – Im Chor, dessen Rippen im 18. Jh. entfernt worden waren, sind ***Fresken*** aus der Zeit ± 1400, wohlerhalten, entdeckt worden. Die Deckenfresken um 1750 von *Franz Mayr.* – ***Hochaltar*** ± 1650, der linke Seitenaltar wohl aus der gleichen Zeit. Ebenso der rechte, während die von beiden Seitenaltären getragenen Figuren aus dem 18. Jh. stammen (sie sind wahrscheinlich von *Barth. Schuhpaur*). – Am ***Turm*** die Bezeichnung 1694.

St. Gilgen

1 km w Argelsried. ○ STA □ 2.3

Der kleine Weiler, bei Gilching, dessen Ortsbild noch ganz von bäuerlichen Anwesen um die Kapelle bestimmt ist, hieß früher Sparrenfluck: die Conradinische Matrikel von 1315 bringt bereits die Kapelle in „sparfluchen" als Filiale von Gilching. Im 18. Jh. gab es nur einen einzigen großen Hof, der Kloster Dietramszell gehörte.

Kapelle St. Ägydius. Der kleine, wohlgestaltete Bau mit oben und unten abgerundeten Fenstern, rundem Chorschluß und Giebeldachreiter ist nach Süden orientiert. Nach der Überlieferung Neubau ± 1730. – Hauptaltar ± 1660/70 mit Tafelbild der Krönung Mariae, seitlich unter Bögen die Figuren der Hll. Markus und Katharina. Im Auszug St. Ägydius mit Hirschkuh. Am linken Seitenaltar Figur des Titelheiligen ± 1450, rechts eine Madonna des fortgeschrittenen 17. Jhs. Im Chorbogen Rosenkranzmadonna angeblich datiert 1723. Ferner ein Kruzifix 2. Viertel 16. Jh.

Westlich St. Gilgen, im Mischenrieder Wald, Fund einer ***Römersiedlung*** (1975).

St. Johann

bei Sixtnitgern. ○ DAH □ 1.2

Großer Hof mit spätgotischer Kapelle. Der Hof 1950 von *Karl Eckstein* neu erbaut; die Kapelle spätgotisch, 1977 in Wiederherstellung. Das Innere des erstaunlich weiträumigen Baus geht übergangslos in den mit 3/8 schließenden Chor über. Die Ausstattung war barock, um 1750; das Altarblatt mit Darstellung der Taufe Christi 1835 von *Korbmann.* – Auf dem Hof lebte der Bauer und Heimatdichter Leonhard Huber.

Der nahegelegene Ort ***Sixtnitgern*** heute parzelliert und modern aufgesiedelt; der Ortsname bisher nicht einleuchtend zu erklären. [„Gern" bedeutet: unregelmäßig geschnittenes Grundstück].

St. Margareth → Eismerszell

St. Ottilien ○ LL □ 3.1

Auf dem Gelände des Weilers Emming, dessen Häuser einst Hofmarksschloß und Wallfahrtskapelle umrahmten, entstand seit dem Jahr 1876 ein Missionshaus der Benediktiner, aus dem sich nach und nach der heute größte Klosterkomplex Süddeutschlands entwickelte: Ordenshochschule, Gymnasium, Berufsschule, Landwirtschaftsschule, Gärtnerei und Ökonomie; das Stammhaus der Missionsbenediktiner, Erzabtei vieler Niederlassungen in Ostasien und -afrika.
Die „Keimzelle" der gesamten Anlage ist die im Kern spätgotische, 1627 erneuerte **Ottilienkapelle.** Im Chor hervorragend durchgebildeter Wessobrunner Stuck (*Johann Schmuzer*, 1686), beiderseits des barocken ***Hochaltars*** zwei spätgotische weibliche Heiligenfiguren. Die Seitenaltäre von 1691 mit guten Plastiken der Hl. Florian und Bartholomäus von *Lorenz Luidl*; im Langhaus eine spätgotische Muttergottes, die guten Scagliola-Antependien (in

der Art Dominikus Zimmermanns) sind modern.
Die bedeutende neugotische **Abteikirche** 1897/99 von *Hans Schurr*, München; der ältere Klosterbau 1893; 1911 von *Michael Kurz* aus Augsburg erweitert.
Das im Jahr 1700 westlich der Kapelle erbaute ***Schlößchen*** ist nur noch zum Teil erhalten: Im „Rittersaal" ausgezeichneter Stuck von *Johann Schmuzer*.

St. Willibald → Jesenwang

St. Wolfgang

1 km sw Pipinsried ○ DAH □ 2.1

Wallfahrtskirche, 1693/94 unter Probst Georg von Kloster Indersdorf erbaut, 1746 und 1879 verändert; letzte Renovierung 1959. *Hochaltar* 1755; Kanzel 1746–47 von *Franz Xaver Feichtmayer,* ebenso der Stuck. Ausmalung 1879, renoviert von *Karl Glocker*.

Scheuring ○ LL □ 1.3

Als einzige Pfarrei in weitem Umkreis gehörte Scheuring (1150 Sciringen) zum Kloster Schäftlarn. Auch dieser große Ort dürfte aus zwei mittelalterlichen Ortsteilen zusammengewachsen sein, die beide um eine eigene Kirche gruppiert waren (vgl. Prittriching).
Die **Pfarrkirche St. Martin** im südlichen Ortsteil ist ein spätgotischer Bau, der im 30jährigen Krieg stark verwüstet und anschließend wieder aufgebaut wurde. Sattelturm im südlichen Chorwinkel mit Kleeblattbögen, der Chor durch Strebepfeiler gegliedert. Umgestaltung des Innenraumes 1753, Langhaus***fresko*** von *Franz Martin Kuen* aus Weißenhorn, darstellend die Skapulierbruderschaft (bez. Martin Kuen pinxit 1753), und eleganter Wessobrunner Stuck von *F. X. Feichtmayr*. Die ursprüngl. Ausstattung ist um 1855 entfernt worden. – Im Vorzeichen des Nordportals Teile eines früheren Sakramentshäuschens aus dem Chor eingelassen: seltene Augsburger Arbeit, gestiftet 1522 von der Patrizierfamilie Regel. An der Nordwand des Chores befindet sich der

Scheuring, Pfarrkirche

älteste Grabstein des Gebiets aus dem Jahr 1334, für Katharina Gräfin von Seefeld. – In der Südwestecke des Friedhofs ein ***Beinhaus*** mit Ölberg, 1618 in nachgotischen Formen von Abt Leonhard von Schäftlarn erbaut.

Die hochgelegene **Johanneskirche** im Norden des Dorfes ist der architektonisch bedeutendste spätgotische Sakralbau des Landkreises Landsberg (Baubeginn 1472). Durchgehend gewölbt, mit mehrfach gestuften Strebepfeilern, die Choraußenwände durch gestelzten Blendfries mit Kielbogenschluß unter dem Dachansatz belebt. Der Turm gleicht in Aufbau und Gliederung

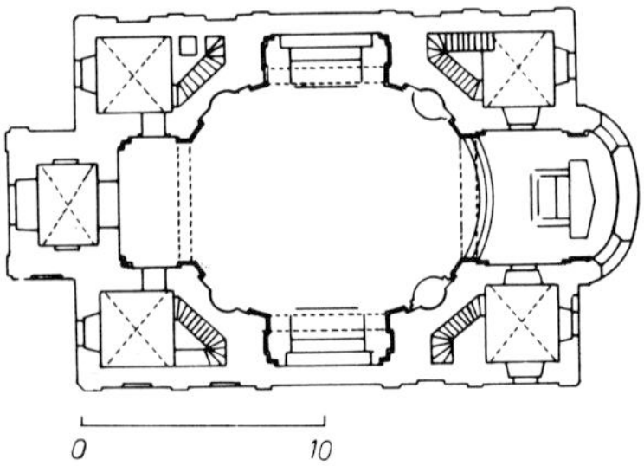

Schönbrunn, Kirche

dem der Prittrichinger Frauenkirche. – Innenraum praktisch ohne alte Einrichtung, vor einigen Jahrzehnten nüchtern restauriert. Der Besucher wird jedoch durch eine Reihe lebensgroßer Plastiken *Lorenz Luidls* entschädigt, die zu den besten Werken des außerordentlich fruchtbaren Landsberger Bildhauers zählen: eine Regina coeli (anstelle des Hochaltars), ein Kruzifix, St. Michael und Sylvester; alle aus der Zeit um 1680/90.

Schleißheim → Oberschleißheim

Schöffelding ○ LL □ 3.1

Einer der zahlreichen ing-Orte im Gebiet, dessen Name sich vom ahd.scaft, „Speerschaft" herleitet und 1065 als Scephaltingen erstmals erwähnt wird. Das Patronatsrecht auf die Pfarrei hatte seit 1431 das Kloster Wessobrunn inne.
Hoch über dem Ort die **St. Urbans-Pfarrkirche,** deren Chor aus der Zeit um 1480 stammt, während das Langhaus 1828 verlängert und erhöht wurde; der Turm in schlichten nachgotischen Formen 1556 errichtet. Bei der Restaurierung vor einigen Jahren wurde der Altarraum nach neuen liturgischen Gesichtspunkten gestaltet. Im Langhaus und an der Emporenbrüstung Malereien des früheren 19. Jhs. und einige Figuren der Landsberger *Luidl*-Werkstatt. Das ***Pfarrhaus*** unterhalb der Kirche aus dem Jahr 1717, mit hohem Untergeschoß und Walmdach, ist ein im Ortsbild auffallender Bau an der alten Durchgangsstraße.

Schönbrunn ○ DAH □ 2.1

Zwischen Schönbrunn und Biberbach verlief die Römerstraße Immendorf – Zwillingshof. Der Ort wird 1224 Schonenprunnen genannt. 1672 kauft der Ratskanzler Freiherr von Schmid die Hofmark; er schrieb hier 1688–1693 seinen berühmten Kommentar zum bayerischen Landrecht.

Kirche Hl. Kreuzauffindung. Die alte Katharinenkirche wurde auf Geheiß des Hofmarkbesitzers Baron von Unertl wohl aufgrund eines Gelübdes abgerissen; der Neubau 1723/24 wahrscheinlich durch *Johann Baptist Gunetzrhainer.* Als Zentralbau (genordet) bildet er eine interessante Vorstufe zu Johann Michael Fischers klassischen Zentralbauten. Der Bau von außen rechteckig; diesem Rechteckgrundriß ist der elliptische Hauptraum samt seinen Anräumen eingeschrieben. Vom Schloß her führte ein gedeckter Gang bis zum Turm, von wo aus man in das Oratorium gelangte. Der ***Stuck*** und das Deckenfresko mit der Kreuzauffindung von *J. B. Zimmermann.* – Auf dem ***Hochaltar*** Kruzifix und Mater Dolorosa (*Joachim Dietrich*?), dahinter ein Altarblatt (*Balth. Augustin*?) mit Engelsdarstellungen. Der Tabernakel stammt aus der Herzog-Spital-Kirche zu München. – Auf dem linken ***Seitenaltar*** die Figuren der Hll. Leonhard, Wolfgang und Franz Xaver; das Altarblatt zeigt die Patronin der vorangehenden Kirche: die hl. Katharina. Auf dem rechten Seitenaltar die Figuren der Hll. Rochus und Sebastian, auf dem Altarblatt die hl. Anna. Unter den einzelnen Figuren seien die Gruppen mit der Verspottung und Geißelung Christi (mit echten Haaren) erwähnt, vielleicht aus dem 19. Jh.

Das **Schloß,** 1688 neu erbaut und ± 1724 erweitert, wobei die alte Schloßkapelle abgebrochen worden ist. ± 1835 wurde ein

Schönbrunn, Kirche zur Hl. Kreuzauffindung

großer Teil dieses Bauwerks abgerissen. Seit 1862 beherbergt das Schloß eine Krankenanstalt der „Assoziation der Diener und Dienerinnen der göttlichen Vorsehung". Die neue Schloßkapelle stammt von 1862.
Im Schloßhof eine Mariensäule mit Brunnen, um 1724.

Klosterkirche St. Joseph, ± 1930, moderne Einrichtung; der Turm 1956 erhöht.

Schöngeising ○ FFB □ 1.4

Der Ort besitzt eine reiche geschichtliche Überlieferung. Bereits aus vorgeschichtlicher Zeit gibt es in der Flur mannigfaltige Zeugnisse, so jenseits der Amper, östlich des weithin sichtbaren Fernmeldeturms vier sogenannte ***„Keltenschanzen"***, d. h. die Reste der Umwallungen keltischer

Kultstätten; nördlich des Orts wurde ein Reihengräberfeld aus merowingischer Zeit aufgedeckt. Am meisten beschäftigte die Forschung seit langem der Verlauf der ***Römerstraße,*** die von Gauting kommend hier die Amper überquerte, um weiter nach Nordwesten Richtung Augsburg zu führen. Bei der Amperbrücke ist die Station „ad Ambre" aus römischer Zeit überliefert. Doch ist dieser Ort nicht sicher zu lokalisieren, nur Streufunde (Münzen der Kaiser Tiberius, Titus und Hadrian, dazu Terra-sigillata-Scherben) bestätigen die Anwesenheit der Römer. Der Zug der Straße dagegen ist durch Grabungen sicher festgestellt. Er lief nördlich des jetzigen Ortes und kreuzt etwa beim Bahnhof die Bahnlinie. Die Brücke lag also nicht, wie lange angenommen, bei der Turminsel in der Amper, sondern etwas weiter nördlich davon (→ Zellhof).

Erste Nennung des Ortes 763, als Reginpert aus der Familie der Huosi am Peterstag dem von ihm gegründeten Kloster Scarbia (Scharnitz) Güter in „kisinga" schenkt. In den ältesten Freisinger Traditionsbüchern ist dieser Ort dann im 9. Jh. mehrfach genannt. Auch von einer Kirche ist z. Zt. des Bischofs Lantpert (937–957) die Rede. – Im hohen und späten Mittelalter Geisingen bzw. Geysing genannt, bekommt der Ort seinen jetzigen Namen erst in der Barockzeit zum Unterschied von Kottgeisering. – Im späten 15. Jh. und Anfang des 16. Jh. hatten die bayerischen Herzöge hier ein Jagdhaus. 1587 schenkte Herzog Wilhelm V. seinem Obristkapellmeister Orlando di Lasso (1532–1594) hier im Ort ein Landgut mit Garten. Es stand anstelle des jetzigen Hauses Brucker Straße 11; Orlando di Lasso kaufte noch weitere Liegenschaften dazu.

Größter Grundbesitzer war das Kloster → Fürstenfeld, daneben tauchen auch die Namen der Herren von Türkenfeld, von Eresing und von Pflaundorf auf. Im 16. Jh. gibt es hier eine Nebenlinie der Hundt von Lauterbach. Ab 1693 erwirbt das kleine Schloß und weiteren Grundbesitz der kurfürstliche Hofkammerrat Johann Senser (→ Esting), der versuchte, den Tabakbau einzuführen. 1763 kauft das Schlößchen Graf Hieronymus von Spreti, der es als gefreiten Sitz eintragen läßt. Das Herrenhaus lag wohl anstelle des jetzigen Pfarrhauses (Amperstraße 2). Es war von einer Mauer umgeben, die an einer Ecke einen runden Turm hatte (Reste bei Grabarbeiten festgestellt). Eine Besonderheit des Ortes sind die sog. „Heigensäulen". Sie wurden vielfach für römische Überreste gehalten. Ihr eigentlicher Sinn ist nicht eindeutig festzustellen, doch sind sie eher für Bildstöcke oder Grenzsteine zu halten. Von ursprünglich fünf im Ort und in der Umgebung sind zwei erhalten: eine mit einem Schaft aus vier Rundstützen beim Pfarrhaus (stark restauriert); eine einfachere steht gegenüber der Gemeindeverwaltung.

Kath. Pfarrkirche St. Johannes Baptist. Ein Gotteshaus (domus dei) dieses Ortes ist für das späte 9. und für das 10. Jh. überliefert. 1315 ist eine Kirche mit Sepultur als Filiale von Pfaffing genannt – 1683 Abbruch eines älteren Baus bis auf die Grundmauern. Nachfolgend Neubau, dieser jedoch erst 1790 geweiht. – Wenig eingezogener Chor mit dreiseitigem Schluß, Langhaus zu vier Jochen. Beide Raumteile mit Stichkappentonne, Fenster oben und unten abgerundet. Auf der Nordseite Turm mit Achteckoberteil und Zwiebelhaube. Deckengemälde von *G. Lacher,* Mitte 19. Jh. – Der Aufbau des ***Hochaltares*** stamme aus der säkularisierten Klosterkirche zu → Taxa, die Seitenfiguren seien übernommen; tüchtige, lebensgroße Figuren des Täufers und Johannes Evangelist, ± 1690. Die Mittelfigur, eine Madonna, sei aus Tirol gekauft. – Unter den Figuren an den Seitenwänden noch nennenswert ein hl. Erasmus und hl. Nikolaus, beide Mitte 18. Jh., ferner eine schmerzhafte Muttergottes, wohl München um 1740 (Umkreis *Johann B. Straub).*

Kriegerkapelle. (An der Amperbrücke). In dem modernen Bau mit geschweiftem Dach gute Figur der Maria vom Siege, ehemals in der Kirche und leider von dort entfernt. Sie wurde 1691 von *Melchior Seidl* aus Bruck geschaffen und mit 30 Gulden bezahlt.

Zellhof → unter Z

Schwabhausen ○ LL □ 1.3

Die Pfarrei war seit dem Jahr 1393 dem Kloster Benediktbeuern inkorporiert, ihre dem Hl. Kreuz geweihte **Kirche** stand ehemals nordwestlich außerhalb des Dorfes und wurde erst in den Jahren nach 1701 an ihren heutigen Platz transferiert.
Den Neubau führte der Landsberger Maurermeister *Michael Beer* II., der Sohn des gleichnamigen Begründers der „Vorarlberger Bauschule". Die aparte Farbgebung am Außenbau – weiß, mit grüner Architekturgliederung – geht auf die letzte Restaurierung vor einigen Jahren zurück. – Erst 1779 erfolgte die ***Ausmalung*** der Kirche von *Vitus Felix Rigl* aus Augsburg (als dessen letztes Werk): Dargestellt sind im Langhaus der Engelssturz, die Kreuzerprobung durch die hl. Helena und die Schlacht an der Milvischen Brücke; seitlich sechs Bildmedaillons, deren Inhalt sich auf das Kreuz Christi beziehen. Das Chorfresko zeigt die Abendmahlsszene, an Stelle des plastischen Stucks illusionistische und dekorative Malereien der späten Rokokozeit. – Der gute spätbarocke ***Hochaltar*** um 1735 mit zahlreichen Holzfiguren von *Johann Luidl* aus Landsberg, die einfachen Seitenaltäre um 1780 mit Bildern des sonst unbekannten Augsburger Malers *N. Mozert* (Vesperbild und hl. Anna).
Am Südostende des typischen Straßendorfes die 1478 erbaute und in der Neugotik um ein Joch verlängerte ***Leonhardskapelle.*** Am Außenbau Kleeblattbogenfries und Bauinschrift, innen 8 Bilder mit der Leonhardslegende in bäuerlichem Rokoko.

Schwabhausen ○ DAH □ 2.1

In der Nähe befinden sich Hockäcker; 1831 wurde hier eine römische Münze des Antoninus Pius gefunden. ± 1135 wird der Ortsadel genannt. Schwabhausen war bis in das 19. Jh. Poststation an der Straße nach Augsburg.

Kirche St. Michael. Von der romanischen Kirche steht nur mehr der Satteldachturm, in dessen Erdgeschoß sich der Chor befindet. Der übrige Bau durch den Architekten *Baumgartner* aus Schwabhausen nach Abbruch der Kirche (1940) neu errichtet. Im Chor noch Kreuzgewölbe aus dem 17. Jh.; am Turm außen noch Rundbogenfriese. – Das Deckenfresko von *Grau*, 1947 zeigt den Abschied des Kurfürsten Karl-Theodor von Papst Pius VI. in Schwabhausen.

Am alten ***Wirtshaus*** eine Gedenktafel auf Papst Pius VI., der 1782 durch Schwabhausen zur Kaiserkrönung nach Frankfurt gereist war. Der alte Poststadel von 1679 ist 1973 abgebrochen worden.

Sickertshofen

1 km s Schwabhausen. ○ DAH □ 2.1

Kapelle Hl. Dreifaltigkeit, spätgotisch. Von der alten Einrichtung ist nichts mehr vorhanden; die jetzige ist neugotisch.

Sigmertshausen ○ DAH □ 2.1

Die Kirche 855 durch Bischof Anno von Freising bestätigt. Nach dem Aussterben des Ortsadels geriet die Hofmark an verschiedene Adelsgeschlechter. Bis zum Ende des 18. Jhs. befand sie sich schließlich bei den Frhrn. von Ruffini.

Kirche St. Vitalis. Nach 1700 entstand hier eine Marienwallfahrt, da auf dem nahen Sandberg eine spannenlange Marienfigur aus Ton gefunden worden war (eine Kopie nach einem Gnadenbild aus der Zeit des 30-jährigen Krieges). Dieser Fund wurde zuerst auf einem Baum und dann, wegen des großen Zulaufs, auf einem Seitenaltar der alten Kirche aufgestellt. Des Zulaufs wegen auch entschloß sich dann der Hofmarksherr, die Sigmertshausener Kirche von Grund auf neu errichten zu lassen. Diesem Entschluß wird der heutige Bau verdankt: Eine Dorfkirche zwar, jedoch von keinem geringeren als *Johann Michael Fischer* 1754/55, errichtet.
Einzigartig ist die Geschlossenheit des Baukörpers, dem sich im Westen selbst der Kirchturm einzufügen hat. Lediglich der

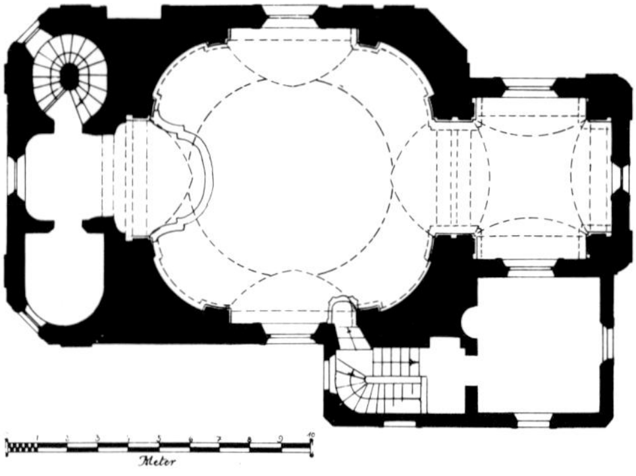

Sigmertshausen, St. Vitalis

schön geschwungene, schindelgedeckte Turmhelm verrät etwas von der Außerordentlichkeit, die dann vor allem im Inneren der Kirche begegnet. – Durch Abschrägen der Ecken ist das Schiff im Inneren zu einem Zentralbau gestaltet, und zwar wesentlich einfacher noch als in → Bergkirchen. Die Westwand öffnet sich erstaunlich hoch in den Turm und zeigt eine kleine, ebenfalls sehr hochgelegene Orgelempore. Die Ruhe, die von diesem Raum ausgeht, entspricht durchaus der monumentalen Geschlossenheit des Baukörpers von außen.
Die ***Ausstattung*** stammt aus der Zeit des Neubaus und entspricht ihr auch in der Qualität. Vor allem wichtig die ***Deckenfresken,*** 1755 von *Franz Joseph Degle* gemalt (und signiert): Im Chor die Anbetung der Hl. Dreifaltigkeit; im Langhaus die Wallfahrer und das Gnadenbild, außerdem das Selbstbildnis des Künstlers mit der Rechnung in der Hand. Auch die Hofmarksherrn, die Ruffini, deren Wappen am Triumphbogen steht, sind zu sehen, ferner Kurfürst Karl Albrecht und seine Gemahlin, Maria Amalia, die schon 1731 die Wallfahrt besucht hatten. – Auf dem ***Hochaltar*** steht das bekleidete Gnadenbild. Die Altarblätter der Seitenaltäre stammen aus dem 19. Jh. – In der Sakristei werden noch ***Votivbilder*** aufbewahrt, darunter auch Stiftungen des Kurfürstenpaars, die älter sind als die Kirche selber.
Als Dorfkirche ist ein solch vorbildliches Bauwerk nur durch die Hofmarksherren zu verstehen. Man kann sie durchaus mit den Werken vergleichen, die auf dem Gebiet der Grafen von Toerring zu gleicher Zeit entstanden waren (→ Perchting, → Unering).

Das ***Schloß*** wurde vor 1800 abgerissen; es stand südwestlich der Kirche.

An der Zufahrt von Süden herrliche ***Allee*** von Pappeln und Fichten, regelmäßig gemischt, in seltenen und schönen Exemplaren.

Sittenbach ○ DAH □ 1.2

Kath. Kirche St. Laurentius, eindrucksvoll über dem Glonntal gelegen. Der Bau von 1464, 1680 verlängert, verrät von außen nicht die reiche Auszierung, die er im 18. Jh. erfahren hat. Überhaupt ist das gesamte Gebäude – 1928 restauriert und 1932 nochmals verlängert – im Äußeren durch Restaurierungen verdorben, gewissermaßen ermordet worden.
Um so überraschender das ***Innere:*** Die schöne und rassige Stukkatur im Chor und Schiff stammt von *F. X. Feichtmayr,* 1760.

Sigmertshausen, St. Vitalis

Aus der gleichen Zeit die gesamte Umgestaltung und Ausmalung, auch der Anbau von zwei querschiffartigen Anräumen im Norden und Süden. – Das ***Deckengemälde*** mit Darstellung der Marter des Titelheiligen in einer ovalen Flachkuppel über abgesetztem Stuckrahmen, 1760 von *Joh. Georg Dieffenbrunner.* Im Schiff ist die Malerei noch original erhalten, im Chor und in den Anbauten stark restauriert. – Prachtvoller ***Hochaltar,*** 1755/56, mit der Figur des hl. Laurentius, darüber hl. Michael, beide mit starken Anklängen an die Werkstatt der *Luidl,* vielleicht aus älteren Zusammenhängen. – Die beiden Seitenaltäre in der Architektur vielleicht alt, im Figürlichen von 1928. – Prachtvolle ***Schiffskanzel,*** des seltenen Typs wegen dem *Christian Jorhan* aus Landshut zugeschrieben. – An der Südwand des Chores zwei Heiligenfiguren ± 1520, darunter ein hl. Stephanus. – In der nördlichen Seitenkapelle ein vorzügliches ***Vesperbild*** ± 1520.
Das Wappen am Ostende des Deckenovals bezeichnet den Bauherrn, war aber bisher nicht zu deuten.

Der stattliche Hof vor der Kirche gehörte zu einer Gastwirtschaft, deren Hauptgebäude (1872) wenn auch verlassen auf der Westseite noch besteht.

Sixtnitgern → St. Johann

Spielberg

am Ortsrand von Oberschweinbach.
○ FFB □ 1.4

Die ältere Geschichte des Schlosses und seiner Hofmark verläuft unter dem Namen Oberschweinbach. 1126/27 werden erstmals Herren von Sueinenbach genannt. 1352 ist der Besitz in der Hand der Pellheimer. 1440 erscheint ein Dorfgericht in Ober Swainpach. – Ob die im 11. und frühen 12. Jh. auftretenden Herren von Spielberg von hier oder dem gleichnamigen Ort bei Bad Aibling stammen, bedarf der Klärung. Sicher ist erst, daß sich der Freisinger Domherr Christoph Pellheimer 1548 „von Spillesberg" nennt. Damals scheint das Schloß neu erbaut worden zu sein. 1570 Verkauf an Johann Welser, der 1588 für die Kapelle ein Benefizium stiftete. Um 1600 geht der Besitz durch Heirat an Hieronymus Imhoff von Augsburg, 1640 an Georg von Lerchenfeld, in dessen Familie er bis nach 1820 bleibt. 1899 erwarben die Franziskanerinnen von Reutberg das Schloß, die gegenwärtig darin ein Altersheim (St. Cajetanstift) unterhalten.

Schloßkapelle (profaniert, ehem. Patrozinium der hl. Familie). Erbaut wohl ± 1588, barock verändert um 1690. – Schmaler Saalbau mit außen dreiseitigem Chorschluß, Kreuzgewölbe. An der Westfront in die Fassade eingestellter 6-seitiger Turm mit Spitzhelm, durch den der Eingang führt. Rechts und links vom Chor spätere Kapellenanbauten. Der Chor innen mit Muschelkonche. Drei Altäre ± 1690 ohne Gemälde. Drei Epitaphien der Familie von Lerchenfeld Ende 17. und 18. Jh., für die um 1690 eine Gruft eingerichtet worden war; damals auch Aufbesserung des Schloßbenefiziums für die Kapelle durch Freifrau Maria Helene von Lerchenfeld.

Schloß. Der spätgotische Bau wurde anscheinend 1624 durch Hieronymus Imhof abgebrochen und neu gebaut; 1695 erweitert. Der Bau hatte Ecktürmchen. Mitte 18. Jh. Brand des Obergeschosses. Die Herstellung bestimmt das Aussehen des jetzigen Baus: Walmdach, 7:4 Achsen, ganz flache Seitenrisalite und (erneuerte) Freitreppe auf der Nordseite. Gliederung durch Rustikapilaster. Nach Süden in der Mitte Giebelrisalit mit großem Stuckwappen der Familie Lerchenfeld (Rokoko). Innen weitgehend erneuert mit modernem Kapellenanbau an der Westseite und über niedrige Flügel gegen Süden der Klostertrakt.

Steinbach ○ FFB □ 1.3

Mit dem Anfang des 12. Jh. tritt ein von hier stammendes edelfreies Geschlecht auf, das mehrfach bezeugt ist und engere Beziehungen zum Reichsstift St. Ulrich in Augsburg hatte. Die Steinbacher waren

Sigmertshausen, St. Vitalis. Chorfresko

höchstwahrscheinlich Lehensleute der Grafen und Herzöge von Andechs. Ob der Edle Walchun von Steinbach, 1243–54 Abt von Wessobrunn, mit dem hiesigen Geschlecht zusammenhängt, ist nicht sicher. Um 1258/62 ist es ausgestorben. Im 15. Jh. gehörte der Ort mit einem Dorfgericht den Aresingern von Türkenfeld; 1506 als Hofmark bezeichnet, zu der 1558 auch Langwied gehört. Seit der Mitte des 16. Jh. Besitz der Berndorfer zu Pähl, die ab Ende 17. Jh. ihre Rechte nach und nach verkaufen; im 18. und 19. Jh. wechselnder Besitz. Ein Schloß oder Ansitz gab es hier nicht.

Kath. Pfarrkirche St. Bartholomäus. Etwas erhöhte Lage in ummauerten Friedhof im Nordteil des Dorfes. – Von einem Neubau ± 1484 stammen noch Chor und Unterteil des Turms an dessen Südseite (ehemals Inschrift am Turm). Das um weniges breitere Langhaus wohl von einer barocken Erneuerung Ende 17. Jh. – Chor außen mit Strebepfeilern, gewölbt; im Langhaus Flachdecke. Beide Raumteile mit Stuckdekor um 1680/90; derbe, krautige Ranken mit Relieffiguren von Engeln, die Festons tragen, verleihen dem Raum einen originell-ländlichen Charakter. – Die barocke Altarausstattung weitgehend verloren. Anstelle des Hochaltars ein moderner Schrein unter Verwendung zweier Gemälde aus der Mitte des 18. Jh., Predigt und Martyrium des hl. Bartholomäus, *Johann B. Anwander* zugeschrieben, in der Mitte die Figur des Auferstehungsheilands, ± 1500 (Kopf überarbeitet). Im gemauerten Altarstipes vorn Nische mit Ölberggruppe aus 5 Figuren, Anfang 16. Jh. (früher im Vorhaus der Kirche). – Vom Chorgewölbe hängt eine Rosenkranzmadonna mit restaurierter, nicht ganz lesbarer Inschrift; das Bildwerk wohl ± 1600 und mehrfach restauriert.

Am südwestlichen Ortsausgang in Richtung Dünzelbach eine ***Feldkapelle*** mit fast lebensgroßer Schnitzfigur des hl. Ulrich, Ende 17. Jh.

Pfarrhof (Haus Nr. 36). Etwas abseits der Kirche. Ein 1724 errichteter Bau mit Giebeldach, schlichtem Ortgangprofil und bemerkenswertem Dachstuhl. Erneuerungsarbeiten von 1793 sind überliefert.

Haus Nr. 27, Wohnhaus eines ehem. großen Bauernhofs, der 1902 aufgeteilt wurde. Seltenes Beispiel eines Bauernhauses aus dem 18. Jh. – im Dachstuhl sei ein Balken bezeichnet 1731 – das zudem den im Grenzgebiet des Lechrains auch anderweitig spürbaren schwäbischen Einfluß spiegelt: der hohe Giebel des eingädigen, gemauerten Hauses ist mit Geschoßbändern gegliedert.

Steindorf ○ FDB □ 1.3

Der Ort im Steinbachtal wird 1056 erstmals erwähnt. Schon im 11. Jh. gibt es hier Besitz des Augsburger Domstifts, im 12. Jh. Güter der Abtei St. Ulrich sowie des Stifts Rottenbuch, z. T. Stiftungen der Welfen. Die Vogteirechte und der Kirchensatz gehörten zu → Hofhegnenberg. 1354 sind diese Rechte zusammen mit der Pfarrkirche ausdrücklich bezeugt, die dabei erstmals genannt ist. Damals Besitz der Herren von Rohrbach, Nachfolger der Haldenberger, mit denen sie verwandt waren. Anfang 15. Jh. kam Steindorf mit anderen zum Besitz der Burg Hofhegnenberg gehörigen Dörfern durch Kauf an Herzog Wilhelm III. von Bayern-München, der 1420 den Kirchensatz an das Stift Rottenbuch schenkte. 1460 war die Pfarrei diesem Kloster inkorporiert, das die Pfarrei behielt bis 1803.

Kath. Pfarrkirche St. Stephan. Der spätgotische Vorgängerbau (angeblich von 1467) wird 1614 als baufällig überliefert, ohne daß es zu einem Neubau kommt. 1664 eine Herstellung und Barockisierung durch den Hofmarksherrn Friedrich Peter Freiherr von Hegnenberg-Dux. 1685 erste Neubauabsichten, da der alte Bau zu klein sei. 1699 bischöfliche Genehmigung zum Abbruch. 1700 Berufung von *Giovanni Antonio Viscardi* und Grundsteinlegung; noch im gleichen Jahre Aufstellung des Dachstuhles durch einen einheimischen Zimmermeister. Die Bauleitung hatte Viscardies Parlier *Antonio Coralla.* 1701 Stuckierung durch *Pietro Martinetti.* – 1869 Verlängerung nach Westen um ein Joch. Der einfache, im Äußeren betont schlichte Bau ragt nicht über das Übliche einer Landkirche hinaus. Viscardi ist hier eher als Unternehmer anzusehen, der die Details den Leuten seines Bautrupps überließ. – Kurzer Chor mit halbrundem Schluß und Turm auf der Südseite, dessen Oberteil mit abgeschrägten Ecken und Zwiebelhaube. Das Äußere erhält seine Gliederung durch doppelt gestufte Blendfelder. Im Inneren beide Raumteile mit Doppelpilastern, Gesimsstücken und etwas gedrückter Stichkappentonne, unterteilt von breiten Gurten. Der kräftige Akantusstuck Marinettis mit Putten und Girlanden nur noch am Chorbogen, seitlich im Chor und, mit Ergänzungen, an den Fensterrahmungen. Im Übrigen flaches Bandelwerk einer Erneuerung von 1912. – Die alte Ausstattung weitgehend verloren. Die Altargemälde aus der Mitte des 19. Jh.; vom Choraltar Steinigung des hl. Stephan von *Hermann Sagstätter* aus München (1848); Auffindung des Hl. Kreuzes und Immaculata 1851 von *Ferdinand Wagner* aus Augsburg.

Außen an der Südwand der Kirche trefflicher, großer Bronzekruzifixus von der Grablege der Hofmarksherrschaft den Grafen Hegnenberg-Dux bzw. den Freiherrn von Gebsattel, wohl Ende 19. Jh.

Steinkirchen → Dachau

Stephansberg ○ FFB □ 1.4

1260 zum ersten Mal genannt. Es gab auch ein Ministerialengeschlecht, das sich nach dem hiesigen Ort nannte und dessen Spuren sich ± 1480 als Bürger zu München verlieren. Der Grundbesitz der 14 Anwesen im 17. /18. Jh. verteilte sich auf etwa zehn Besitzer.

Kirche St. Stephan. Die Lage auf einem allseits abgeböschten Hügel könnte auf einen mittelalterlichen Ansitz deuten. 1477 ist ein Kirchlein genannt. – Kleiner Bau mit nicht eingezogenem Chor und dreiseitigem Schluß; an der Nordseite Turm mit Achteckoberteil und Zwiebelhaube. Letztere wohl Ende 17. Jh. Sonst könnten in dem Bau spätmittelalterliche Teile enthalten sein. Später barockisiert, angeblich 1728. – Außer der sehr bescheidenen barocken Ausstattung derbe Madonnenfigur Anfang 16. Jh. im Chor. Nördlich neben der Kirche prächtige alte Linde.

Strassbach ○ DAH □ 2.1

Um 845 als Strazpach erstmals genannt; 1775 gehörte der Weiler zur Hofmark Indersdorf.

Wallfahrtskirche St. Ottilia – ± 1650 erbaut und durch Propst Georg II. von Indersdorf erneuert und erweitert, 1721 geweiht. – Der Chor ist merkwürdigerweise etwas breiter als das Langhaus; der gesamte Kirchenraum durchgehend mit einem Tonnengewölbe auf Stichkappen bedeckt. Der Turm steht vor der Westwand. – Der ***Hochaltar*** auf der Rückseite bezeichnet „GP 1717" = Georgius Präpositus, der Indersdorfer Propst also. Die beiden Seitenaltäre ± 1721, die Kanzel ± 1740. – Die ***Fresken*** an der Decke zeigen Darstellungen aus der Legende der hl. Ottilia um 1720, denen zu Ainhofen verwandt.

Nordwestlich des Ortes der ***Maroldusstein;*** er bezeichnet die Sterbestelle des sel. Bruders Marold von Indersdorf.

Streiflach → Freiham

Sulzemoos ○ DAH □ 1.2

Am Klausenbach befindet sich eine vorrömische Schanze, ferner Grabhügel aus der Bronzezeit und Fundstätten von Münzen römischer Herkunft. Der Ort wird 815 genannt. Bis 1478 waren hier die Sendlinger, ein Münchner Patriziergeschlecht, begütert. Im 16. und Beginn des 17. Jhs. waren die Hundt Hofmarksherren (u. a. Wiguläus H., der bayerische Historiker). Seit 1822 bei den Freiherrn von Schaezler, die noch heute auf dem Schlosse sitzen.

Pfarrkirche St. Johannes Bapt. Das aus großen Nagelfluhquadern erbaute Langhaus stammt vom Ende des 12. Jhs.; der Chor schließt mit fünf Achteckseiten und ist ebenso wie der Unterteil des Turmes ein spätgotischer Backsteinbau. Alles ± 1716 umgestaltet; der Turmoberbau samt seiner Kuppel 1732. – Unter dem Chordach befinden sich am Ostgiebel des Langhauses in den Putz eingeritzte Zeichnungen aus der zweiten Hälfte des 12. Jhs., teils in freier Ornamentik, teils geometrische Mosaikverkleidung imitierend. – Die ***Altäre*** sämtlich aus dem 18. Jh. mit Ergänzungen des 19. Jhs. – Grabplatten der Hofmarksherren aus dem 17. bis zum Ende des 18. Jhs. – Die ***Deckenbilder*** stammen aus dem 19. Jh. ***Monstranz*** mit dem Wappen der Geböck, Stiftung des Johann Sigmund Maximilian (gestorben 1747).

Das **Schloß** wurde durch Wiguläus Hundt im 16. Jh. errichtet und im 17. erneuert. Ehemals besaß es Treppengiebel und vier Erkertürmchen mit Zwiebelkuppeln, die jetzt bis zum Dachansatz abgetragen sind.

Sulzrain, 2 km w Hainhausen.
○ DAH □ 2.2

Kirche St. Nikolaus. Der mit 3/8 schließende Chor ist spätgotisch; der Turm vor dem Westgiebel stammt aus dem 17. Jh. Der Altar von 1749 ist bezeichnet „*FM, NP, Mi,* renoviert *1849 ML*(?) und *1923*". Die beiden ersten Monogramme lassen sich als *Franz Mayr* und *Nikolaus Prugger* auflösen. – Ein kleiner Bronzeleuchter, angeblich aus dem 13. Jh., ist 1945 abhanden gekommen.

Die Sunderburg
1,5 km s Schöngeising. ○ FFB □ 1.4

Zwischen Wildenroth und Schöngeising liegt auf dem rechten (südlichen) Hofufer der Amper ein besonders einprägsamer ***Burgstall.*** Etwa 1200 m südwestlich von Schöngeising wird die Anlage durch ein Trockental von der Hochebene gegen Norden abgetrennt. Die südliche Bergseite ist durch doppelte Gräben mit Wällen geschützt; im Inneren ein über 7 m hoher Turmhügel. Nach Anlage und Bautyp gehört die Burg in die Zeit vor oder um die Jahrtausendwende. Von ihren Erbauern ist nichts überliefert; es wird vermutet, daß sie unter den in der Gegend begüterten Huosi zu suchen wären, oder unter den unmittelbaren Vorfahren der Grafen von Diessen-Andechs. Nur ihr Name ist sicher aus späteren Urkunden bekannt; 1147 erstmals genannt, und noch ± 1568 als herzogliches Jagdhaus bei Apian in dessen „bairischen Landtafeln" erwähnt.

Tandern ○ DAH □ 2.1

Alte Hofmark im sog. Holzland; im 9. Jh. Besitz der Freisinger Bischöfe, heute kirchlich zum Bistum Augsburg gehörend. Über die späteren Hofmarkbesitzer, die Grafen von Scheyern, die Kemater, Lung, Mändl, Lippert geben die bis in das 15. Jh. zurückreichenden Grabplatten und Denkmäler in den beiden Kirchen des Ortes Auskunft; ihr Sitz, bis vor kurzem noch Mütterheim, z. Zt. leer. Das gepflegte Ortsbild mit seinen stattlichen Gasthäusern und Höfen zeigt eine besondere Würde.

Die Modernität und Größe der **kath. Kirche St. Peter und Paul** (mit Pfarrzentrum) dennoch überraschend. Der Neubau von 1972/74 hat die barocke Substanz von um 1750 gewissermaßen aufgefressen und umorientiert; nur der spätmittelalterliche Turm – Aufsatz ± 1900 – und der alte Chor blieben erhalten: das Ganze nicht ohne Monumentalität, alles unter einem gewaltigen Zeltdach (Architekten *Kreutzer/ Knopp,* Augsburg und München).
Im ***Inneren*** des modernen Teils einzelne Stücke der alten Ausstattung, teils noch aus dem Vorgänger des Barockbaus, z. B. die primitiven Tafelbilder mit Stifterinschriften und Darstellungen aus dem Leben des Hl. Petrus, ± 1650, aus unbekanntem Zusammenhang. – Der alte, heute abgeschnürte Altarraum zeigt schönsten Bandelwerkstuck (Deckengemälde modern, *Michael Weingartner,* 1959) und den prachtvollen ***Hochaltar*** mit der Darstellung des Hl. Nepomuk von *J. G. Kogler* und den porzellangefaßten, vorzüglichen Figuren der Hl. Johannes Bapt., Petrus, Paulus und Christopherus, ± 1750. An den Wänden die ***Grabdenkmäler*** der Hofmarksherren, darunter der letzte, ein Lippert, 1901 in der Straße von Korea ertrunken ist. Im ursprünglichen Chorbogen die Platte für den Pfarrer Joh. Bapt. Harter, † 1748, der – als „restaurator" bezeichnet – wohl den Anlaß zum Bau des 18. Jh. gegeben hat, worauf auch die Figur seines Namenspatrons auf dem Hochaltar hinzudeuten scheint.– Die ursprünglichen Seitenaltäre heute im neuen Kirchenraum. Dort auch hervorragender ***Kruzifix*** mit Mater Dolorosa, beide ± 1750.

Ehem. Bruderschaftskapelle, westlich der Pfarrkirche, ± 1750 ausgestattet; der

Tandern, Pfarrzentrum und Kirche

häßliche Turm aus dem 19. Jh. ersetzt einen Dachreiter, wie aus den primitiven, aber hübschen Wandgemälden des Inneren hervorgeht. Das Deckengemälde 1926 von *O. Hämmerle,* sicherlich Ersatz oder Erneuerung eines älteren. Die Altäre aus der Erbauungszeit, auch der ***Kreuzweg*** (selten!). Am Chorbogen das Wappen der Mändl; an der Westseite innen die alten Grabplatten der Hofmarksherren.

Taxa ○ DAH □ 1.2

1606 gelobte der Hofmarksherr von Odelzhausen, Wilhelm von Hundt für Errettung aus Seenot die Erbauung einer Marienkapelle. Er vergaß sein Gelöbnis und wurde erst 1616 wieder daran erinnert, als am Ostermontag jenes Jahres ein Hühnerei mit dem Relief eines Frauenkopfes gefunden wurde, das ein schwarzes Huhn auf einen neuen Ziegelstein gelegt hatte, obgleich es schwarze Hühner und neue Ziegelsteine hier nicht gegeben hatte. Das Gelöbnis wurde nun 1618 eingelöst und eine Kapelle im nahen Taxa erbaut und zwar in Sternform. 1660 errichteten die Augustinereremiten dabei ein Kloster (Abbildung ± 1700 bei Wening); von 1667–1669 weilte auch Abraham a Santa Clara dort, dem die wunderbare Geschichte der Kirchengründung Anlaß zu einer Schrift gewesen ist („Gack gack gack einer wunderseltsamen Hennen"). 1802 wurde das Kloster säkularisiert; die Gebäude wurden versteigert, Teile der Einrichtung gerieten in die Kirche von → Odelzhausen oder (wie die Orgel) nach Altomünster. 1802 bis 1803 wurden die Gebäude sämtlich abgerissen.

Anstelle des Klosters wurde 1848 eine ***Kapelle*** der seligsten Jungfrau im neuromanischen Stil errichtet. Der Hochaltar stammt aus dem 17. Jh. Die Seitenaltäre stammen aus dem 18. Jh. Wahrscheinlich handelt es sich hier noch großenteils um Reste aus der alten Kirche.

Tegernbach ○ FFB □ 1.4

Höfe aus diesem Ort gehörten mit jenen aus dem nahe gelegenen Vogach zu den Gütern, mit denen Herzog Welf VI. 1147 seine Klostergründung in Steingaden ausstattete; sie werden noch im 13. Jh. aufgeführt. Ferner gab es hier zu dieser Zeit einen Ansitz, dessen Herren (Ministerialen?) bis ins 14. Jh. genannt werden. 1331 wird der Burgstall und ein zugehöriger Hof durch Kloster Fürstenfeld, welches hier noch weitere Güter besaß und bis 1803 behielt, von Friedrich von Herrnzell gekauft. Die Vogtei- und Gerichtsrechte lagen bei den Burgherrn von Hofhegnenberg.

Einer der Zweige der Poststraße von München nach Augsburg führte durch den Ort; die Thurn- und Taxi'sche Post unterhielt hier eine Station zum Pferdewechseln.

Kath. Kirche St. Stephan und Magdalena. Romanische Chorturmanlage, etwas erhöht auf einem kleinen Hügel. Das kräftige Turmgeviert erhielt 1774 ein Achteckoberteil mit Zwiebelhaube. Der Chor mit wohl noch ursprünglichem Kreuzgratgewölbe, im Langhaus ***Deckengemälde*** 1774 von *Georg Baur.* Das Äußere zeigt noch wesentliche Zierelemente des romanischen Baus: am Langhaus Bogenfriese, die an der Ostseite des Chors ein Blendfeld in eigenartiger, sonst nicht üblicher Weise in steigender Dreiecksform gliedern; dazu sogenanntes Deutsches Band. – Auf den einfachen ***Altären*** des Rokoko z. T. spätgotische Figuren: am Hochaltar die Hl. Magdalena und Markus, Ende 15. Jh.; am linken Seitenaltar stoffbekleidete Madonna, Ende 15. Jh. und hl. Stephan, Anfang 16. Jh.

Tiefenlachen

1 km nw Eichhofen. ○ DAH □ 2.1

Kapelle St. Maria ± 1800; die Einrichtung neuromanisch.

Türkenfeld ○ FFB □ 1.4

Der Ort ist in alten Traditionen schon früh genannt: 762 duringeveld, das 788 als im Augstgau gelegen bezeichnet wird. Im 12. Jh. tritt uns ein Ortsadel aus den Quellen entgegen, die Duringe von Durggenfeldt, die den Ort mit einer Burg (1150) bis zum Ende des 14. Jh. behielten. 1393 verkauft Konrad Durggenfelder, Propst des Chorherrenstifts Dießen, diese „veste" an Arnold von Camer zu Jetzendorf, von dem sie 1410 wiederum Georg Aresinger, Ritter und herzoglicher Pfleger zu Wolfratshausen (gestorben 1467) erkaufte. Um 1440 wird Türkenfeld als Hofmark angesehen, deren Herren die Aresinger zu Turgenfeldt bis ins 16. Jh. bleiben. 1496 belehnt Herzog Albrecht IV. den Wolfgang Aresinger mit dem Kirchensatz und Gericht zu Turgenfeldt und Steinbach. Mit dessen Tod 1509 wird der Besitz und seine Rechte aufgeteilt. Neben verschiedenen Aresingern (oder Eresinger) tauchen u. a. die Hundt zu Lauterbach auf, später (1569) aus deren Verwandtschaft Hans Staudinger, Pfleger zu Friedberg, der die Hofmarksrechte samt Lehen 1598 an Marx Fugger, Freiherrn zu Kirchberg und Weißenhorn, verkauft. Diese hielten die Hofmark bis 1789; dann kam sie an die Freiherrn von Lösch zu Hilgertshausen, die schon vorher wesentlichen Grundbesitz im Ort besessen hatten.

Tegernbach, St. Stephan und Magdalena

Türkenfeld, St. Maria

Kath. Pfarrkirche Mariae Himmelfahrt (ehemals St. Katharina und Sylvester). Ein Neubau 1489 z. Zt. Wilhelms von Aresing ist überliefert, dem der jetzige Bau in großen Zügen entspricht und der zwischen 1754 und 1766 barockisiert wurde. 1766 Anbau der nördlichen, 1805 der südlichen Seitenkapelle. Eingreifende Restaurierungen 1843, 1889 mit westlicher Verlängerung und 1909. – Stattlicher Saalbau, im Kern spätgotisch, mit eingezogenem Chor, 5/8 Schluß und Satteltum an der Nordseite. Der Chor mit zweimal gestuften Strebepfeilern. Der wuchtige Turm mit vier Geschossen über dem glatten Sockel und Gliederung durch Stabwerk und Bogenfriese aus Formziegeln; die Gewölbe in beiden Raumteilen wohl noch gotisch, Rippen abgeschlagen. Einheitlicher Dekor mit gutem Rocaillestuck von *F. X. Schmuzer.* Im Chor ***Deckenfresko*** von *Christian Thomas Scheffler* (bezeichnet und datiert 1754), Maria als Rosenkranzkönigin. Im Langhaus sind in einem Deckenbild mehrere Szenen zusammengefaßt, die auch aufeinander zu beziehen sind: Übergabe des Rosenkranzes an den Hl. Dominikus in der Hauptachse; rechts davon die Vision des Papstes Pius V. vom Seesieg der christlichen Flotte 1571 bei Lepanto; links die triumphierende Judith als typologische Vorläuferin des Alten Testaments; 1766 von *Johann Baader.* – Der stattliche ***Hochaltar*** in Stuckmarmor 1804 mit älteren Figuren aus dem frühen 18. Jh., in der Mitte recht gute Madonna zwischen den knienden Heiligen Dominikus und Katharina. Der Aufbau wohl ebenso wie jener der Seitenaltäre von 1810 von dem Wessobrunner *Michael Sporer,* der durchaus noch die spätbarocke Tradition und Leistungsfähigkeit in klassizistischem Gewand beweist. –

Türkenfeld, St. Maria von Osten

In der nördlichen ***Seitenkapelle*** eine thronende Maria, von *Joh. Luidl,* die beiden Engel von *F. X. Schmädl.* In der südlichen ***Kreuzkapelle*** treffliche, spätgotische Kreuzigungsgruppe, die beiden Schächer und Maria mit Johannes um 1500, der Kruzifixus wohl etwas fortgeschrittener. – In der Vorhalle Rotmarmorgrabstein der Gemahlin Wolfgang Aresingers, der Anna Hesseloher von Rösselsberg.

Schloß (Schloß-Str. 2, Gemeindeverwaltung). Anstelle der mittelalterlichen Burg war schon um 1600 durch die Fuggerische Hofmarksverwaltung ein einfacher Giebelbau getreten. Um 1725 Neubau, zweigeschossig mit sieben Achsen in der Front und Walmdach (Dachbalken bezeichnet 1725). Ein rund vorgewölbtes Mittelrisalit mit flachem Giebel gibt dem Schlößchen einen noblen Akzent. Im Inneren führt noch eine schöne, breite Treppe in Halbkreisbogen zum Obergeschoß.

Der sog. Dreiherrnstein. Westlich des Orts im Wald, alter dreikantiger Grenzstein in Rotmarmor, an der Stelle des Zusammentreffens der Waldungen des bayrischen Kurfürsten, des Jesuitenkollegs in Landsberg und des Klosters Benediktbeuern. Bezeichnet 1692 und mit Wappen geziert.

Udlding → Dachau

Überacker ○ FFB □ 2.3

Der Ort erscheint in den Freisinger Traditionen zur Zeit des Bischofs Hitto 819 als ,,uparacha" mit einem Priester Pernwin. Ob dieser die Kirche bauen ließ, ist nicht überliefert; jedenfalls im 13. Jh. wird sie auch ,,Perweinchirchen" genannt. Ortsadelige von hier sind im späteren Mittelalter öfter erwähnt (bis 1459), zum Teil nennen sie sich auch Kopfsberger im Gegensatz zum nahe gelegenen Fußberg. – Im 18. Jh. war mit 19 von 42 Anwesen Kloster Ettal der größte Grundherr dieses sonst dem Landgericht unterstehenden Ortes.

Kath. Kirche St. Bartholomäus (Nebenpatron St. Valentin). In schöner Lage mit hoch ummauertem Friedhof auf einer Sandkuppe über dem Maisachtal. Chorturmanlage wohl des 13. Jh. In der Matrikel von 1315 als Filiale von Einsbach mit Sepultur erwähnt. Der im Unterteil noch romanische Turm zeigt auf der Ostseite den Rest einer Blende mit gestuftem Rundbogenfries ähnlich jenen in → Tegernbach. – Im Inneren des Chores mit Kreuzgewölbe an der Nordwand Fragmente einer Bemalung der Mitte des 13. Jh. freigelegt. (Einzelne Köpfe mit Heiligenscheinen in roter Linienzeichnung). Turmoberteil 17. Jh. mit Spitzhelm von 1830. – Das flachgedeckte Langhaus 1961 nach Westen verlängert. – Drei Altäre des 18. Jh. mit jüngeren Gemälden. – Madonna im Rosenkranz, nach Mitte 17. Jh.

Kapelle St. Wolfgang (am Ortsausgang in Richtung Maisach). Der nach Westen mit dreiseitigem Schluß orientierte Bau 1700/01 errichtet an Stelle einer Einsiedelei. Über dem Giebel der Eingangsseite Dachreiter mit Spitzhelm. Das Innere mit Stichkappentonne und den gemalten zwölf Aposteln. Bescheidener Altar ± 1700 mit erloschenem Gemälde. – Gegen Osten Wandgemälde, Verehrung des Gnadenbildes von Maria-Einsiedel.

Unfriedshausen → Walleshausen

Unteralting ○ FFB □ 1.4

Der sich auf einer Erhebung südlich der Amper hinziehende Ort ist 805 als ,,almuntinga" genannt, wenn das nicht auf Oberalting zu beziehen ist; im 14. Jh. wird es zum Unterschied zu diesem Niederalting, später wegen des nahen, sumpfigen Ampermooses bis Ende 19. Jh. Kottalting genannt.

Nach der weltlichen Verwaltungseinteilung gehörte der Ort bis 1803 zum Landgericht Weilheim, dann kurz zu Starnberg und seit 1862 zum Kreis Fürstenfeldbruck. Daneben bestand bis 1818 die Patrimonialgerichtsbarkeit der Herrschaft → Seefeld. Auch wenn hier seit alter Zeit Sitz der Pfarrei ist (siehe unten), blieb der Rang der Pfarrkirche bei St. Maria in → Höfen, und die hiesige ist als Filialkirche zu betrachten.

Die Kirche unterstand bis 1322 dem Kloster Dießen und gehörte damit zum Bistum Augsburg. Dann kam sie mit einem Teil des Orts an Kloster Fürstenfeld und so zur Diözese Freising.

Kath. Kirche St. Mauritius. In schöner Lage über dem Ampertal, inmitten eines altummauerten Friedhofs; im Südosten davor eine mächtige alte Dorflinde. Der im Kern noch spätgotische Bau angeblich nach der Mitte des 16. Jh. neu errichtet, ± 1768 barockisiert, 1825 verändert und ± 1970 durchgreifend restauriert. – We-

Unterlappach, St. Mariä Himmelfahrt

nig eingezogener Chor mit dreiseitigem Schluß und etwas abgeflachter Stichkappentonne. Schiff zu zwei Jochen mit Flachdecke, die seitlich etwas herabgezogen ist. Deckengemälde neu. Der der Westwand vorgesetzte Turm mit Spitzhelm über vier Giebeln; der Helm 1946 nach Sturmschaden. Nach den Eingriffen des letzten und dieses Jh. ist der jetzt nüchterne Raum ohne Stuck und ohne Altaraufbauten. Anstelle des Hochaltars tüchtiges Kruzifix mit Assistenzfiguren, wohl von *Lorenz Luidl* ± 1710. Im Schiff links des Chorbogens Figur der hl. Margareth, neubarock, rechts Madonna auf der Weltkugel 1. Hälfte 18. Jh. An der Nordwand ehemaliges Altargemälde mit Glorie eines Märtyrers (Mauritius?) ± 1700. (Vergleiche auch die Pfarrkirche in → Höfen).

Pfarrhof (östlich der Kirche, Haus Nr. 2). Neu erbaut 1756 mit 3:5 Achsen und hohem Giebeldach.

Unterbachern ○ DAH □ 2.1

Pahara wurde schon im 8. Jh. genannt, aber erst 1315 als Niederpachern von Oberpachern unterschieden.

Kirche St. Martin. Apsis und Chor wohl noch romanisch– . das Schiff mit dem südlich davon stehenden, romanisierenden Turm aus dem 18. und 19. Jh. Der ***Hochaltar*** ± 1650(?) mit der Darstellung des reitenden Hl. Martin. Die Seitenaltäre wahrscheinlich um 1630 von *Konstantin Pader*. – Die ***Deckenfresken*** von 1952.

Unterlappach

3 km w Überacker. ○ FFB □ 1.4

Auch einer der sehr früh in Freisinger Traditionen genannten Orte: 807 wird die Kirche durch die adligen Schwestern Ellanpurc und Engilpurc mit Eigenpriester dem Bischof übergeben. Schon im 12. Jh. werden Ober- und Unterlappach unterschieden. Im späteren Mittelalter war das Dorfgericht beider Ortsteile mit Vogteirechten als Lehen an verschiedene Münchner Bürger vergeben, so 1468 an die Püttrich. Später gehörte einer der beiden Höfe bei der Kirche zum Kreuzaltar-Benefizium an St. Peter in München. Von den größten Höfen zu Oberlappach gehörten drei zum Kastenamt Dachau, einer Kloster Scheyern und einer dem Domkapitel zu Freising.

Kath. Kirche St. Mariä Himmelfahrt. (Nebenpatrone St. Sylvester und St. Blasius). Eingezogener Chor mit dreiseitigem Schluß und Satteltum an der Nordseite, dazu Schiff von drei Achsen; beide Raumteile mit Stichkappentonne. Der im Kern wohl spätgotische Bau in der 2. Hälfte des 17. Jh. durchgreifend barockisiert mit Veränderung der jetzt oben und unten abgerundeten Fenster und Stuckierung. In den Stuckfeldern der Decke sind mit Initialen und Buchstaben neben Maria und Jesus die Nebenpatrone aufgeführt. – ***Hochaltar*** spätes 18. Jh. mit Gemälde der Himmelfahrt Mariä von *Richard Victor Purnickel* 1799, auf den seitlichen Durchgängen Figuren. Seitenaltäre spätes 17. Jh., im rechten Hochrelief der hl. Anna Selbdritt, im linken Figur des hl. Sylvester zwischen Petrus und Paulus. Im Chor tüchtige Mondsichelmadonna, Ende 17. Jh., wie auch die Kanzel.

Freitag-Hof. Westlich der Kirche großer Bauernhof mit freistehendem Wohnhaus, bezeichnet 1799. – Die Familie Freitag gehört zu den ältesten Hofbesitzern im ganzen Gebiet, deren Tradition bis ins 14. Jh. zurück zu verfolgen ist (1316 auf diesem Freibauernhof genannt).

Untermühlhausen ○ LL □ 3.1

Einer der schon sehr früh urkundlich genannten Orte im Gebiet (740 Moulihousa), dessen Pfarrei 1391 an das Kloster Benediktbeuern gelangte. Spätgotische **Pfarrkirche St. Benedikt,** bis auf den Satteltum mit Kleeblattbogenfriesen barockisiert und 1962 verlängert. Im Chor guter Wessobrunner Stuck um 1740, ein Dekkenbild des Württemberger Malers *Franz Xaver Forchner* (St. Benedikt in der Verklärung) umrahmend. Drei ***Altäre*** aus der Mitte des 18. Jh.; Hochaltarblatt ,,Tod des hl. Benedikt'', auf den Seitenaltären zwei erstrangige *Luidlfiguren* (Muttergottes und hl. Anna selbdritt) um 1690. Von *Lorenz Luidl* auch die Statuetten der Kirchenväter an der Barockkanzel; im Vorzeichen Pfarrergrabstein aus dem 16. Jh. In der Gemeindekiesgrube wurde 1957 ein unversehrter spätrömischer Tonkrug gefunden. Nordostwärts frühmittelalterlicher Burgstall, 1872 beim Bahnbau der Strecke München-Buchloe durchschnitten.

Unterpfaffenhofen ○ FFB □ 2.3

Die beiden ursprünglich bäuerlichen Gemeinden Unterpfaffenhofen und → Germering liegen im Bereich der tief verwitterten, fruchtbaren Altmoräne, die im Parsberg noch deutlich sichtbar ist; ihre Grenzen sind heute durch die enorme Bautätigkeit seit dem letzten Kriege unkenntlich geworden, jedoch haben sich die alten Ortskerne durchaus erhalten. Der von Unterpfaffenhofen liegt am Westrand des Siedlungsgebiets um die alte Pfarrkirche St. Jakob, der von Germering am Nordrand, an der Straße nach Fürstenfeldbruck bei der alten Pfarrkirche St. Martin. Südlich der Bundesstraße 12 entstand auf Unterpfaffenhofener Flur eine ausgedehnte, städtebaulich unglückliche Siedlung, vorwiegend mit Einzelhäusern, während die ungeheure Erweiterung von Germering – (im südlichen Teil gegen die B 12 Neugermering genannt) vorwiegend in Wohnblocks errichtet – durch Siedlungsgesellschaften erfolgte. Das gesamte Areal zählt – politisch noch nicht zusammengehörig – ca. 32 000 Einwohner. Zu Germering im einzelnen → dort.

Der Ort, der bis ins 19. Jh. Pfaffenhofen am Parsberg heißt, ist 957 erstmals genannt (hier: „phaphinhovan"). 1050 schenkt der Edle Rathis ein Gut von hier an Kloster Benediktbeuren, das in vielen Nachbarorten begütert war. Ab dem 12. Jh. tritt ein Rittergeschlecht auf, das sich nach Pfaffenhofen nennt. Ab 1295 bis 1324 verkaufen die Letzten ihre Besitzungen an Kloster Fürstenfeld. Die Vogteirechte waren damals in der Hand der Herren von Seefeld, ab 1324 kamen sie durch Heirat an Arnold von Massenhausen. Der Grundbesitz war immer sehr zersplittert. Der Zehnt kam im 17. /18. Jh. je zu einem Drittel an den Pfarrer und an die Klöster Schlehdorf und Altomünster.

Kath. Pfarrkirche St. Jakob. Die in der Matrikel von 1315 erstmals genannte Kirche – schon damals Pfarrsitz – hatte aber zu der Zeit keinen Friedhof dabei. Daß an der Stelle sehr viel länger ein Sakralbau steht, konnte durch Grabung gesichert werden: der östliche Teil des Langhauses mit der etwa bei der Einziehung des Chores ansetzenden Apsis, die ergraben wurde, entspricht einem hochromanischen Bau etwa des 12./13. Jh. Darunter liegen die Fundamente eines älteren, gleichfalls geosteten und vorromanischen Kirchleins, das sich, wie überraschend festgestellt wurde, über ***römische Mauerreste*** einer Hypokaustenanlage erstreckt, in denen ein schöner Doppelhenkelkrug (± 2. bis 3. Jh.) versteckt war. Um 1500 erhielt das romanische Schiff den jetzigen Chor mit Netzrippengewölbe einschließlich der Chorbogenpfeiler. Das flachgedeckte Langhaus wurde 1903/04 nach Westen um ein Joch verlängert, nachdem der Bau 1665 und 1740 barock überformt worden war. – Der dreiseitig geschlossene, eingezogene Chor hat noch seine Netzrippen, die Dienstkonsolen sowie die Schlußsteine um 1665 mit Engelsköpfen und Rosetten figuriert, die Fenster verändert. Das schöne, schlichte Gestühl um 1740 ebenso die hübschen Figuren der Seitenaltäre. Diese vielleicht von *Franz Schmidt* aus Alling, verwandt den Apostelfiguren von Freiham. Die Altararchitektur des 18. Jh. stark überarbeitet. Im Hochaltar Kopie nach Veronese (1951). Die Seitenaltarblätter signiert von dem Corneliusschüler *Georg Lacher,* Mitte 19. Jh. – Innen an der Nordwand recht gute Kreuzgruppe gegen 1500, die ursprünglich in die Kapelle von → Nebel gehörte.

Kath. Pfarrkirche St. Johannes Bosco. Erbaut 1956 von dem hier ansässigen Architekten *Walter Ehm.*

Ev. Jesus Christus Kirche, (Hartstraße, südlich der Bahn). Erbaut 1957/58 nach Plänen von *Wilhelm Becker* aus München.

Unterschweinbach ○ FFB □ 1.4

Der Edle Hunipert übergibt z. Zt. des Bischof Arbeo 773 Güter aus diesem Ort an die Domkirche zu Freising, die diesen Besitz bis ins 18. Jh. behielt. Im 12. Jh. urkunden Ministerialen der Pfalzgrafen von Wittelsbach, die sich „von sveinpah" nennen; 1336 dann „nidernsweinpach" genannt. Von 42 Anwesen im 18. Jh. gehörten 17 der Ortskirche bzw. der Pfarrkirche in Aufkirchen; 8 weitere anderen Kirchen u. a. dem Dom zu Freising. 11 gehörten zur Hofmark → Spielberg.

Kath. Kirche Mariä Himmelfahrt. Im Kern wohl romanische Chorturmanlage, deren Satteltrum im späteren Mittelalter erhöht und deren Inneres im 18. Jh. überarbeitet wurde, dazu ein Kapellenanbau auf der Nordseite errichtet. Außen am Turm Blendengliederung mit Stufenfriesen. Die Flachdecke im Chor mit spätem Arkantusstuck und Muschelwerk 1. Viertel 18. Jh. Jene im Schiff mit Rocaillestuck und Gemälde der Himmelfahrt Mariä nach Mitte 18. Jh. – auf dem ***Hochaltar*** sitzende Madonna ± 1480 (restauriert), die im 18. Jh. als Gnadenbild Ziel einer kleinen Wallfahrt war, wovon noch etwa zehn Votivbilder zeugen. Die Seitenaltäre ± 1700 ebenso der AntoniusAltar in der Nebenkapelle. Kanzel gutes Rokoko. Die Eingangstür mit hübscher Flachschnitzerei bezeichnet 1819.

Sühnekreuze. Am Ortsausgang nach Aufkirchen steht ein stark verwittertes, etwa 1 m hohes Steinkreuz. Ein weiteres westlich der Kirche beim Maibaum. Ein drittes weiter nördlich davon ist überliefert, aber verloren. An diese 3 Kreuze knüpft sich die Sage von 2 Brüdern, die sich im Zweikampf erschlugen, während der dritte Bruder vor Gram eines plötzlichen Todes starb.

Tafernwirtschaft. Im nördlichen Ortsteil war ehemals ein Gasthof (Haus Nr. 41). Der Giebelbau zeigte auf der Südseite noch zwei eckige Erkertürmchen, wohl 2. Hälfte 17. Jh., 1975 leider abgebrochen; nur eine Votivtafel der Kirche zeigt noch seine Gestalt.

Unterumbach ○ DAH □ 1.2

Kath. Kirche St. Martin, Architektur und Ausstattung ± 1780; 1927 um ein Joch nach Westen verlängert. Das Türmchen sitzt heute auf dem Westgiebel, besaß aber schon vor der Erweiterung eine ähnliche Position. Im Inneren großes bäuerliches ***Deckengemälde*** von *Johann Leibrecht,* 1777: Tod des Hl. Martin (die Gans, sein Attribut, schwebt schon im Himmel). Hochaltar und Seitenaltäre aus der gleichen Zeit. Im Hochaltar bäuerliche Martinsfigur, flankiert von zwei neugotischen Heiligenfiguren: Hieronymus (?) und Korbinian. – Die Altarblätter beiderseits verkommen (Wessobrunner Gnadenbild und Kindermord). Hübsche Kanzel. Im Eingang eine hölzerne Gedächtnistafel für die Gefallenen von 1870/71.

Unterweikertshofen
○ DAH □ 2.1

Zuerst 1126 zusammen mit dem Ortsadel genannt. Die Hofmark seit 1803 bei den Grafen Hundt, später bei deren Erben. – In Unterweikertshofen – in der heutigen Wirtschaft ,,Heinrich" – wurde 1875 Mathias Kneißl, der ,,Räuber", geboren.

Kirche St. Gabinus. 1608 von Philip Adelzhauser, einem Mitglied der damaligen Hofmarksherrschaft und Domherr in Eichstätt erbaut. Durch *Johann Maurer* 1709 erweitert. Der Turm 1840 nach Blitzschlag neu erbaut. Das Langhaus wurde 1910 um ein Joch nach Westen erweitert. – Die ***Ausstattung*** im wesentlichen aus der Zeit ± 1700. Die Grabplatten gelten den Hofmarktsherren und stammen aus dem 17. sowie 18. Jh.

Das **Schloß** wurde im 12. Jh. angelegt, 1597 als alter Burgstall genannt und 1616 von Sebastian Adelzhauser mit Erkertürmchen und Zwiebelhauben umgestaltet.

Unterweilbach ○ DAH □ 2.1

Hier wurden Reste eines römischen Gutshofes freigelegt. Schloß- und Hofmark hatten später viele Besitzer; seit 1771 bei den Grafen Spreti, die hier noch heute ansässig sind.

Kirche Mariä Geburt. Ein Saalbau mit halbrunder Apsis, 1741 erneuert. Der ***Hochaltar*** und die beiden Seitenaltäre aus dem 18. Jh. Auf dem Hochaltar eine Marienfigur aus dem 15. Jh. Die Figuren auf den Altären offenbar nicht mehr im ursprünglichen Zusammenhang. Unter den übrigen Figuren befindet sich eine des hl. Nepomuk ± 1740; vorzügliche Arbeit.

Das **Schloß,** 1692 neu erbaut durch den Hofmarksherrn Johann von Mändl, im 18. Jh. leicht verändert. Die ***Schloßkapelle St. Martin,*** in ihrem Ursprung spätgotisch, wurde zuletzt 1845 erneuert; der Deckenstuck und das Ölbild mit der Krönung Mariä stammen beide aus dem Ende des 17. Jh.

Vierkirchen ○ DAH □ 2.1

± 820 wird Feothkircha erstmals erwähnt, als hier der Gaugraf Luitpold Gericht hielt. Die Pfarrei hatte 1315 neun Filialen. Nach Erlöschen des Ortsadels wurde Vierkirchen im 15. Jh. landesherrliches Lehen.

Pfarrkirche St. Jakob major. Die alte, offenbar spätgotische Kirche stürzte 1759 ein; ihre Beschreibung bei *Anton Glonner,* der 1753 den Plan für ihren Neubau verfaßte. Dieser Neubau wurde dann 1763–89 (Inschrift auf der Oratorienbrüstung) durchgeführt; nur der Unterbau des Turmes blieb vom Vorgängerbau erhalten. Der geräumige Saalbau hat einen eingezogenen, halbrund geschlossenen Chor. Über den rundbogigen Fenstern befinden sich noch Dreipassöffnungen; die Gliederung der Mauern innen und außen durch Pilaster. Das Deckenfresko 1767 von *Johann Georg Dieffenbrunner.* Der ***Hochaltar*** um 1710 mit späteren Hinzufügungen. Das gleiche gilt für die beiden Seitenaltäre. Ein Steinrelief mit Darstellung des Kruzifixes, ± 1500. Ein Kruzifix mit der Mater dolorosa, ± 1765, von *Ignaz Günther.* Das Orgelgehäuse und die Oratoriengitter aus dem 18. Jh.

Vierkirchen, St. Jakobus major. Mater Dolorosa

Vogach
2 km nw Mittelstetten. ○ FFB □ 1.4

Zusammen mit → Tegernbach gehörte dieser Ort zur ersten Ausstattung des Prämonstratenserstiftes Steingaden mit Gütern (1147), durch dessen Stifter Herzog Welf VI. Das Michaelskirchlein 1361 erstmals erwähnt. – 1557/58 war der Ort im Besitz der Perwanger, die aufgrund der Edelmannsfreiheit die niedere Gerichtsbarkeit ausübten. 1596 mit voller Hofmarksgerechtigkeit ausgestattet und kurz darauf an das aufblühende Jesuitenkolleg in Landsberg verkauft. Nach dessen Aufhebung 1773 ab 1781 – 1808 Besitz der Malteserkommende, der die Güter der Jesuiten überwiesen worden waren. – Das mehrfach überlieferte Hofmarksschlößchen existiert schon lange nicht mehr, es wird an der Stelle des Bauernhauses östlich der Kirche vermutet.

Kath. Kirche St. Michael und Johannes der Täufer. Der jetzige Bau im Kern wohl einheitlich spätgotisch in verputztem Ziegel mit eingezogenem, dreiseitig geschlossenen Chor und kurzem Langhaus zu zwei Achsen. Einheitliches Dach mit einer Firsthöhe; ehemals über dem Chor Zwiebeltürmchen. Der jetzige Turm auf der Nordseite mit ungegliedertem Achteckoberteil und Spitzhelm 1875. Bei einer ersten Barockisierung Ende 17. Jh. das Chorgewölbe stuckiert mit Rankenblütengehängen und Engelsköpfen in Feldern; ferner die Fenster mit rundem Schluß versehen. Die Flachdecke im Schiff mit Gemälde der Enthauptung des Täufers von einer weiteren Erneuerung, die für 1766 überliefert ist. Der ***Hauptaltar*** der 2. Hälfte des 17. Jh. ehemals mit noch vorhandenem Gemälde des Sieges des Erzengels Michael über den Teufel in Anlehnung an *Guido Reni,* jetzt mit Kreuzgruppe und Putten aus der Mitte des 18. Jh. – Anstelle der Seitenaltäre klassizistische Konsolen, rechts mit schöner geschnitzter Pieta um 1500/10, links die Figuren der Hl. Florian und Sebastian Mitte 18. Jh. Rokokogestühl, nur eine Bank mit Akantusranken der Zeit ± 1700.

Wabern → Walleshausen

Wagelsried

1 km ö Biburg. ○ FFB □ 2.3

Abseits, südlich der Münchner Straße, zwischen Alling und Biburg gelegener Weiler, 1554 „Weigelsriedt" genannt. Beim Müllerhof ***Kapelle St. Georg.*** Schlichter Bau mit kleiner Apsis, vielleicht 18. Jh. Die ehemals vorhandene spätgotische Holzfigur einer hl. Anna Selbdritt ± 1965 gestohlen. Die zweite Hofkapelle St. Maria, mit offener Vorhalle auf hölzernen Ballustersäulen 2. Hälfte 19. Jh.

Wagenhofen ○ DAH □ 1.3

Die Kapelle im Dorf wurde 1840 beantragt. 1977 völlig ausgeräumt und im Umbau begriffen.

Wagenried

2 km ö Pipinsried. ○ DAH □ 2.1

In einer Kapelle ± 1940 die Figur eines Christus, um 1800 (?).

Die ***Fallkapelle*** im Wald südlich des Ortes wohl aus dem 18. Jh., um 1890 der Muttergottes geweiht. Früher befand sich in ihr die Figur des Erlösers, die vielleicht mit der identisch ist, die heute in der o. g. Ortskapelle steht.

Walkertshofen ○ DAH □ 2.1

Bereits im 8. Jh. erwähnt, im 10. Jh. mit einer Kirche genannt. 1550 wurden hier Heilquellen entdeckt, die einen großen Badebetrieb nach sich zogen, der bis zum 30jährigen Krieg anhielt. Über der Heilquelle die Klausenkapelle (siehe unten).

Pfarrkirche St. Katharina. Das frühere Patrozinium St. Maria wurde im 18. Jh. auf einen Seitenaltar transferiert, die hl. Katharina zur Hauptpatronin erhoben. Die ursprünglich spätgotische Kirche mehrfach verändert. Eine Verlängerung stammt wohl aus dem 18./19. Jh. – ***Hochaltar*** ± 1760, die Seitenaltäre aus der gleichen Zeit. – Die ***Deckenfresken*** bezeichnet *„Mangold 1802",* zeigen Heilungen in der Klausenkapelle und die Enthauptung der hl. Katharina. Die Bilder an der Empore zeigen Darstellungen aus der Katharinenlegende.

Klausenkapelle St. Maria und Anna. Bereits 1630 ist eine Kapelle vorhanden gewesen. Sie wird 1643 als neu erbaut anläßlich einer Wunderheilung bei der nahe gelegenen Heilquelle erwähnt. 1706 wurde die Klause des Eremiten aus dem 3. Orden wenige Schritte von der Kapelle entfernt errichtet. – An den Chorraum, der aus fünf Seiten des Achtecks gebildet wird, ist ein Oktogon angebaut, das einen Dachreiter mit Zwiebelhaube trägt. Der Altar aus dem 18. Jh. mit den Figuren der hl. Joachim und Anna, (1910 aus der Kirche auf dem Pe-

Walleshausen, Pfarrkirche und Pfarrhof

tersberg hierher) trägt das Gnadenbild. – Das ***Deckenfresko*** aus dem 18. Jh. Zahlreiche Votivbilder.

Walleshausen ○ LL □ 1.3

Stattliches Dorf am Westrand des Paartales mit reicher prähistorischer und frühmittelalterlicher Geschichte, dokumentiert durch bronze- und hallstattzeitliche Fundstellen und Grabhügel, die nahe Römerstraße Augsburg-Brenner und zwei Erdwerke (Burgstall und Fliehburg) jenseits der Paar. – Seit der Mitte des 14. Jh. war das Kloster Polling Patronatsherr, die Pfarrei wurde ein Jh. später dorthin inkorporiert. 1466/72 wurde die **Pfarrkirche zu Unserer Lieben Frau** als durchgehend gewölbter Bau errichtet; der wohl noch ältere Turm (seine Achse weicht gegenüber der Kirche etwas ab) erhielt 1695 durch den Baumeister *Michael Natter* den Barockaufbau. Der qualitätvoll ausgestattete Raum 1732 barockisiert und dabei mit Stuckaturen von *Franz Xaver Feichtmayer* und Deckenbildern von *Johann Georg Wolcker* (beides Augsburger Meister) versehen. Das ***Hauptfresko*** im Langhaus zeigt die Aufnahme der hl. Maria in den Himmel, umrahmt von zwei kleineren Scheitelbildern und 14 Medaillons, auf denen Szenen aus dem Leben der hl. Magdalena und Beispiele der Barmherzigkeit Gottes gegenüber den Menschen dargestellt sind. ***Chorfresko*** mit der Himmelfahrt Mariae, umgeben von acht Bildkartuschen mit Motiven aus dem Alten Testament. Altäre und Kanzel reifes Rokoko: Der ***Hochaltar*** mit einer im Kunsthandel erworbenen spätgotischen Marienfigur; die Sebastiansfigur auf dem rechten Seitenaltar gilt als ein Werk des Augsburgers Ehrgott *Bernhard Bendel* (1734?). Auf der Nordseite der Magdalenen- und Augustinusaltar mit Plastiken Weilheimer Meister des 18. Jh., Kanzel 1774 von dem Kunstschreiner *Maximilian Gruber* aus dem benachbarten Egling. An der Emporenbrüstung die Statuetten der zwölf Apostel von *Heinrich Hagen* aus Weilheim, Ende 17. Jh. Bemerkenswerte Einzeldenkmäler sind das Stifterbild des Pfarrers Mang Stiglmayr im Chor (Öl auf Holz, 1567), sowie die Epitaphien des Pfarrers Christian Arbisser († 1491) und der Angehörigen des Historikers Dr. Wiguläus Hundt (Mitte 16. Jh.). Im ehemals befestigten ***Friedhof*** (Torhaus an der Südostecke und spitzbogige Pforte in der Westmauer) ein in seiner Art sehr seltenes ***Beinhaus*** mit Ölbergfiguren des 16. Jh.

Der dreigeschossige, schloßartige ***Pfarrhof*** unterhalb der Kirche bildet zusammen mit dem Gotteshaus eine für ländliche Verhältnisse erstrangige Baugruppe. Er wurde um 1710 wesentlich umgestaltet, mit einem Querflügel versehen und diente zeitweilig als Sommersitz der Pollinger Pröpste. Im Inneren einige Stuckdecken des Klostergipsmeisters *Benedikt Perghofer*, bemalte Türen und schönes Treppengeländer; am Außenbau fällt das prächtig geschnitzte frühklassizistische Portal mit dem Wappen des bedeutendsten Pollinger Propstes Franz Töpsl und die wohlgelungene Farbgebung der letzten Restaurierung (1972) auf; selten auch die giebelbekrönte barocke Toranlage mit Fußgängerpforte.

Die **Jakobskapelle** im Weiler ***Petzenhofen*** (1.5 km o) wird schon 1476 im Zusammenhang mit einem Neubau genannt; aus dieser Zeit mag der Kern des jetzigen Bauwerks stammen. Barockaltar um 1680, im Auszug zierliche Schnitzgruppe der Marienkrönung (spätgotisch); an der Südwand bemerkenswerte Votivtafel von 1696.

Kapelle St. Petrus unmittelbar südlich des Weilers ***Unfriedshausen,*** (2 km sw), im Mittelalter mit pfarrlichen Rechten ausgestattet und 1219 dem Kloster Rottenbuch inkorporiert. Langhaus im Kern romanisch, Umgestaltung und Altar mit dem Ölbild des Kirchenpatrons um 1755.

Die kleine **Filialkirche St. Pankratius** in ***Wabern*** (2 km n) ist spätgotisch (Spitzbogenportal in Vorhangbogenblende auf der Südseite) und wurde 1707, sowie im späteren 18. Jh. umgebaut. Innen hübscher Spätrokokoaltar in Wessobrunner Stuckmarmor, der Außenbau vor kurzem nach altem Befund ansprechend bemalt.

Walpertshofen,
Ortsrand Prittlbach. ○ DAH □ 2.1

Kapelle St. Maria, ein Zentralbau um 1890.

Waltenhofen,
1 km w Wenigmünchen. ○ FFB □ 1.4

Der ehemals dem Landgericht Dachau unterstehende Ort zwischen Wenigmünchen und Oberweigertshofen ist 1226 erstmals genannt. Er gehörte größtenteils dem Hl. Geist Spital zu München (10 von 12 Anwesen im 18. Jh.).

Waltenhofen, Hl. Dreifaltigkeit

Kath. Kirche Hl. Dreifaltigkeit. Der nach der Überlieferung 1612 errichtete Bau zeigt noch deutlich spätgotische Züge, was in der Zeit ± 1600 in dieser Gegend durchaus möglich wäre. Eingezogener Chor gewölbt, mit dreiseitigem Schluß, darüber Dachreiter mit Satteldach. Im Sakristeianbau an der Nordseite Obergeschoß mit Loge zum Chor. Schiff flachgedeckt; die Fenster auffallend unterschiedlich, teils spitzbogig, teils mit Stichbogen. Das Innere ± 1700 einheitlich stuckiert mit zierlichen Akantusranken, die Felder der Dekkengemälde übertüncht. ***Hochaltar*** um 1680/90 mit Hochreliefgruppe der Marienkrönung, d. h. Darstellung der Dreifaltigkeit in dieser Weise. Zu beiden Seiten die vollrunden Figuren der Hl. Petrus und Paulus auf Durchgangsbögen. Aus gleicher Zeit an der Chorwand die Figuren der Hl. Sebastian und Johannes dem Täufer. – Die ***Seitenaltäre*** etwas später gegen Ende des 17. Jh. mit Figur des hl. Franz rechts und Bartholomäus links. Ein Kruzifixus mit Dolorosa Anfang 18. Jh. Die Ausstattung von ländlichen Meistern überzeugt dennoch durch ihre schöne Einheitlichkeit. – Bemerkenswert an der Nordwand das Stifter-Epitaph des Bauern Hans Schädel von → Roggenstein, der die Kirche hatte bauen lassen und hiier begraben sein wollte, wohl um 1612.

Wandlheim

1 km sw Unterpfaffenhofen.
○ FFB □ 2.3

Einödhof südlich von Unterpfaffenhofen, 1242 als „andelheim", 1524 in der jetzigen Form genannt. – Hinter dem Gutshof doku-

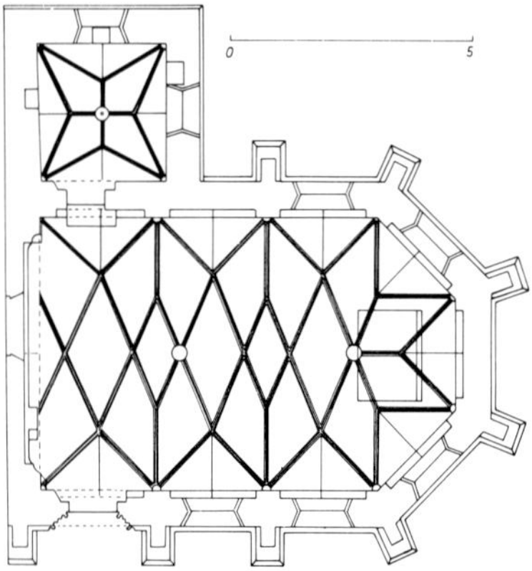

Webling, St. Leonhard

mentiert eine ehemalige ***Kapelle*** (profaniert), ein kleiner Bau des 18. Jh. mit vierseitigem Zeltdach und profiliertem Traufgesims, den Verlauf der alten Straße München - Landsberg vor dem Ausbau der Bundesstraße 12, da diese direkt davor vorbeiführte.

Webling

nw Ortsrand Dachau. ○ DAH □ 2.1

± 1300 gab es hier schon Ziegeleien.

Kirche St. Leonhard. Der spätgotische Bau ± 1500, vielleicht von *Hans Widerl* errichtet, der auch die → Mitterndorfer Pfarrkirche erbaut hat. Chor und Schiff sind von einem Sterngewölbe überdeckt. – Der Altar 1654; aus dem Altarbild der Titelheilige mit der Weblinger Kirche.

Von dieser Kirche wird dieselbe Sage berichtet wie von der in → Steinkirchen (DAH). Im Ort stand bis 1956 eine mächtige Lyra-Fichte, die einzige im Landkreis. Sie wurde dem Verkehr geopfert.

Weichs ○ DAH □ 2.1

Schon im 8. Jh. erwähnt, wohl vom Lateinischen vicus. Der Ortsadel derer von Weichs seit dem 10. Jh. bekannt; die Familie heute noch vorhanden, wenn auch nicht mehr hier, wo das Schloß seit mehr als 100 Jahren ein Kloster der Armen Schulschwestern beherbergt.

Kirche St. Martin. Der Chor und das Untergeschoß des Turmes auf der Südseite des Chors enthalten mittelalterliches Mauerwerk. Der Gesamteindruck wird vor allem im Inneren von der barocken Veränderung des 18. Jh. bestimmt. Aus dieser Zeit der zarte und dichte Deckenstuck, der die 1974 aufgefrischten ***Deckengemälde*** im Chor und im Schiff umgibt. Im Chor St. Martin, der Patron; im Schiff die zwölf Apostel. Der ländliche Charakter dieser Darstellungen stark von den Überarbeitungen geprägt und, wenn auch frisch, im merkwürdigen Gegensatz zu der Feinheit des Stucks. – Das Schiff wurde 1874 erheblich nach Westen verlängert; die alte Begrenzung des Langhauses deutlich am Deckenspiegel sichtbar. – Der ***Hochaltar*** und die Seitenaltäre ± 1750. Die Altarblätter bescheiden. – Der Spitzhelm des Turms wurde mit der Erweiterung der Kirche aufgesetzt. Im Untergeschoß außen ein Tonrelief mit dem Schmerzensmann aus dem Anfang des 15. Jh.

Die ***Klosterkapelle*** 1906. ***Friedhofskapelle*** mit der Lourdes-Grotte 1891.

Weil

2 km ö Altomünster. ○ DAH □ 2.1

Kapelle St. Mariä mit Einrichtung aus dem 18. Jh.

Weil ○ LL □ 1.3

Stattliches Dorf, 912 erstmals beurkundet und seit 1260 als Hofmark und Pfarrei zur Deutschordens-Kommende Blumenthal gehörig. Das Langhaus der **Mauritiuskirche** im Kern spätgotisch (im Dachboden sichtbarer Oberteil eines riesenhaften Christophorusfresko mit Jahrzahl 1500), Chor und Turm wurden 1715 neu gebaut, vielleicht von *Joseph Schmuzer.* Die vorzügliche ***Altareinrichtung*** 1742–54 von Türkheimer Kunstschreinern *(Simon Gantner* und *Dominikus Bergmüller),* die Altarblätter von *Johann Georg Wolcker* aus Augsburg und *Johann Anwander* aus Laugingen. ***Deckenbilder*** eines unbekannten Malers *(J. G. Wolcker?):* im Langhaus die Kreuzerhöhung, im Chor den Kirchenpatron in der Verklärung darstellend. Die Stuckdekoration aus drei verschiedenen Perioden, ihre Meister sind in den Kirchenrechungen ebenfalls nicht genannt. Stuck in der Sakristei um 1715 (wohl *Benedikt Perghofer),* in Langhaus und Altarraum Wessobrunner Frührokoko-Ornamentik. Der Apostelzyklus stammt – wie in vielen Kirchen des Landsberger Umlandes – aus der *Luidlwerkstatt* (1. Viertel 18. Jh.).

Der Ort besitzt zwei weitere sakrale Baudenkmäler, von denen die aus spätromanischer Zeit stammende ***Rupertuskapelle*** leider in schlechtem Bauzustand und seit langem profaniert ist. – Die ***Wolfgangskapelle*** am westlichen Ortsrand gehört dem späten 15. Jh. an, ihre zahlreichen *Luidl*-Plastiken mußten aus Sicherheitsgründen ausgelagert werden. Der Kapellenbau, umgeben von gemauerten Stationshäuschen des 18. Jh., zeigt mit dem alten Baumbestand ein Bild reizvoll-ländlicher Abgeschiedenheit.

Weitenried ○ DAH □ 1.2

Kapelle 1734 durch den Bauern Joseph Strixner erbaut und dotiert.

Welshofen ○ DAH □ 1.2

Das nach einem Welf benannte Welfishoven wurde erstmals 1074 erwähnt.

Kirche St. Peter. Die Ansätze eines halbrunden (romanischen?) Chorschlusses noch unter dem Chordach zu sehen. Der heutige Chorschluß besteht aus $^3/_8$ und ist spätgotisch. Die Kirche wurde im 18. Jh. und später verändert. Der nördlich des Chors stehende Satteldachturm ist in seinen unteren Teilen wohl noch spätgotisch. Ein Balken im Oberteil trägt die Aufschrift 1747. – Der ***Hochaltar*** ± 1720 mit der Figur eines Hl. Petrus, ± 1500. Auch beide Seitenaltäre stammen aus dem 18. Jh.

Wenigmünchen ○ FFB □ 1.4

Auf diesen Ort wird eine Schenkung des Bischofs Arbeo von Freising (764-84) bezogen, der aus einer Adelsfamilie der Gegend stammte; er schenkte Güter aus „mantechinga", an das Kloster Weihenstephan. Im 10. Jh. Muenechin genannt und 1315 dann Wenignmünchen, mit Kirche und Friedhof.

Die Besitzgeschichte des Orts ist typisch für die oft verwickelten Rechtsverhältnisse des Mittelalters, die zum Teil bis ins 18. Jh. weiter bestanden. Seit der Zeit ± 1400 gehörte er zur Hofmark → Lauterbach, die 1439 von den Dachauern von Lauterbach an die Herren von Hundt gekommen war, und denen somit die niedere Gerichtsbarkeit zustand. Daneben bestand aber noch ein Dorfgericht, das dem Kloster Hohenwarth zusammen mit dem Präsentationsrecht für die Pfarrer der Kirche gehörte. Dessen Besitz im Ort geht wohl zurück bis in die Zeit seiner Gründung 1074 durch die Grafen von Hohenwarth als deren Haupterben die Welfen auftraten. Seit dem 16. Jh. übte nur noch der Hofmarksrichter zu Lauterbach die niedere Gerichtsbarkeit aus. Um die hohe Gerichtsbarkeit gab es 1429/31 einen bitteren Streit zwischen Herzog Ludwig dem Gebarteten von Ingolstadt und seinen Vettern zu München. – Von 20 Anwesen gehörten im 18. Jh. 13 der Hofmarksherrschaft und vier von den größeren dem Benediktinerinnenkloster Hohenwarth.

Kath. Pfarrkirche St. Michael. Der in wesentlichen Teilen im Kern noch spätgotische Bau wurde 1613, dann nach 30-jährigem Krieg (1668) und ± 1730 barock überarbeitet; 1932/33 nach Westen verlängert. Eingezogener Chor mit dreiseitigem Schluß; die leicht zugespitzte Tonnenwölbung zeigt noch Spuren der ehem. Rippen.

Jetzt mit Felderstuck aus Eierstäben mit Laubwerk. Der Sattelturm an der Nordseite gehört mit seinen Zierformen zu den originellsten dieser Art im Landkreis: seine Giebel sind mit 2 mal 5 profilierten, über Eck gestellten Fialenaufsätzen geziert, die bei vielen anderen Türmen verloren sind (aber → Dünzelbach, Pfaffing). Im Langhaus zu fünf Achsen wohl etwas jüngeres Tonnengewölbe mit ähnlichem Stuck. – ***Hochaltar*** des Rokoko Mitte 18. Jh. ehem. mit Seitenbögen, die um 1884 entfernt wurden, (von dem 1668 in Tölz gekauften Altar nichts erhalten); in der Mitte bewegte Figur des Titelheiligen, seitlich die Figuren der Hl. Leonhard und Johann Nepomuk, die etwas älter wirken. – Die ***Seitenaltäre*** mit Aufbauten des 17. Jh. aber Auszügen des Rokoko; links mit Figur der Patrona Bavariae ± 1620, rechts Figur des hl. Achatius, Werkstatt des Landsberger Meisters *L. Luidl,* Anfang 18. Jh. – Kanzel des Rokoko. – An der Nordwand Gemälde des frühen 18. Jh., eine Verkündigung.

Kalvarienberg. Südwestlich der Pfarrkirche auf der abgeflachten, niedrigen Erhebung eines alten Burgstalls, 1740 errichtet, auf Betreiben des Pfarrherrn Jos. Wenig. Die Figuren wurden von einem lokalen Steinmetz bei Neuburg/Donau um 102 fl. gefertigt und mit dem Fuhrwerk gebracht. Gegen Osten die leicht unterlebensgroße Kreuzigungsgruppe, Freifiguren in Jura-Kalkstein: die drei Kreuze, Maria, Johannes und zu Füßen des Kreuzes Christi die kniende Magdalena, dazu der Hauptmann Longinus zu Pferd (1741). Am Rande des Plateaus verteilt zwölf kleine Stationshäuschen (die Bildnischen leer), die 13. und 14. Station am und im Vorhaus der Kapelle am Westrand, welche von einem Zwiebeltürmchen bekrönt im Inneren einen Grabchristus birgt.

Westerholzhausen

○ DAH □ 2.1

791 kam die Basilika zu Holzhusir an das Hochstift Freising. ± 1225 wurde die Pfarrei mit dem Patrozinium St. Maria genannt, welches sie bis 1707 beibehielt. Erst 1454 wurde der Ort von anderen gleichen Namens durch die Bezeichnung Westerholzhausen geschieden. – Südlich des Ortes eine Doppelschanze; auch Münzfunde aus der Römerzeit wurden hier am Hügel Buchscharn gemacht.

Pfarrkirche St. Korbinian. Der spätgotische Chor war gewölbt; die Rippen wurden später abgeschlagen. Die Kirche nach 1750 verändert, 1861 um 4 m nach Westen verlängert und mehrfach restauriert. – Der ***Hochaltar*** von 1764 mit einer Marienfigur aus dem Ende des 15. Jh. Die Seitenaltäre aus der gleichen Zeit. Ebenso die ***Kanzel.*** – Die ***Deckenfresken*** im Chor 1764 von *Dieffenbrunner* mit der Darstellung des hl. Korbinian; im Langhaus mit der Darstellung der Himmelfahrt Mariä, 1953 von *Joseph Wittmann.*

Im Pfarrsprengel viele ***Feldkreuze*** und einige Marterln. Der Glasbauernhof- Stadel von 1696.

Westerndorf ○ DAH □ 2.2

Kirche St. Peter und Paul. Schon 1315 als Filiale genannt. Der spätgotische Chor, dessen Gewölberippen abgeschlagen wurden, schließt mit drei Seiten des Achtecks. Der Turm nördlich vom Chor ebenfalls spätgotisch. Das Langhaus im 17. und 18. Jh. verändert, flach gedeckt. – Der ***Hochaltar*** ± 1700 mit Ergänzungen um 1730. Darauf eine Marienfigur aus dem Ende des 15. Jh. Beide Seitenaltäre ebenfalls ± 1730; auf dem rechten zeigt das Altarblatt die Verlobung Mariä, 1819 von *M. Huber,* Schleißheim. – Die ***Fresken*** im Chor zeigen Mariä Verkündigung, bezeichnet „ex voto G. E."; im Langhaus die Krönung Mariä, beide aus dem 18. Jh. – Armeseelenbild und Kreuzweg aus dem 17. Jh.

Schloß Weyhern

Sehr schöne, alte ***Bauernhäuser*** „beim Kuttenthreuer" ± 1700, und „beim Mesner", Anfang des 18. Jh.

Weyhern ○ DAH □ 2.1

Kirche, ehemalige Wallfahrtskirche **St. Martin.** Noch 1758 lautete das Patrozinium auf Unser Lieben Frauen. Die gotische Kirche 1772 wieder hergestellt, 1856 renoviert. 1836 wurden die alten (wohl barocken) Gewölbe herausgeschlagen und die Seitenwände um 4 Schuh erhöht. – ***Hochaltar*** ± 1650. Die Seitenaltäre aus der gleichen Zeit; auf dem rechten ein Altarbild von *B. Kraft,* 1858. – Die ***Kanzel*** ± 1740 mit dem Bild des guten Hirten aus dem 19. Jh. Der Kreuzweg von 1858.

Kapelle westlich des Ortes mit gotischer Madonna; die Figur stand ehemals als Gnadenbild in der Dorfkirche; jetzt dort wieder aufgestellt.

Schloß Weyhern

1 km w Egenhofen. ○ FFB □ 1.2

Anstelle des Schlosses stand bereits eine mittelalterliche Burg des Ortsadels, der 1190 erstmals genannt, Anfang des 13. Jh. sich im Gefolge der Herzöge von Andechs-Meranien findet. 1298 war die Burg als herzogliches Lehen bereits an die Eisenhofer übergegangen. 1365 gibt es hier ein Dorfgericht in ihrem Besitz. 1431 Bau von Straße und Brücke über die Glonn. 1440 als Hofmark genannt; zumeist von herzoglichen Pflegern verwaltet, erst ab dem 16. Jh. wieder als Lehen vergeben. 1597 sind neben dem Schloß die „Tafern" und die „Weiher" genannt. 1617 ließ Hans Christof Neuburger die Kapelle einbauen. Vor 1720 ist der Komplex im Besitz des Hofkammerrats Johann B. Ruffini. 1826 erkaufte Ludwig Karl Freiherr v. Lotzbeck das Schloß mit Patrimonialgericht, dessen Familie es noch besitzt.

Der jetzige Bau nach Brand 1704 hergestellt (der Dachstuhl bezeichnet 1721 und 1722), 1726 der rückwärtige Teil mit der Kapelle neu gebaut. 1796 durch französische Truppen ausgeplündert. 1827 Überarbeitung der Fassade durch *Johann B. Metivier,* der 1842 auch das Innere teilweise umgestaltete. – Stattlicher, schlichter Bau von drei Geschossen und Front zu sieben Achsen, mit betonter Mittelachse durch Säulenportikus, darüber Balkon und kleiner Zwerchgiebel im Walmdach. In der völlig eingebauten Kapelle (1726) gute Ausstattung mit drei Altären, z. T. in Intarsia. An der Empore auf Holz gemaltes Epitaph von 1536. – Im Obergeschoß ein Saal mit Arkadenbögen, ornamentiertem Parkett und romanisch-neugotischer Dekoration. Unter den Zimmern auch eines in klassizistisch-pompejanischem Stil.

Vor dem Schloß durch seitliche Flügelbauten des 18. und 19. Jhs. gebildeter, geräumiger Hof, dahinter gegen Süden ein verwilderter, englischer Park; hier Denkmal für Karl Ludwig Freiherr v. Lotzbeck † 1826), errichtet von seinem Sohn 1859, mit Relief in Zinkguß.

Nördlich etwas abseits des Schlosses die ***Wirtschaft,*** ein Walmdachbau mit geschnitztem Portal, bezeichnet 1793. Auch die Wirtsstube noch mit Resten der alten Ausstattung des spätesten Rokoko im Übergang zum Klassizismus. Ebenso die Treppe und viele bemalte Türblätter.

Wiedenzhausen ○ DAH □ 1.2

1954 wurden hier an der Stelle, wo einst die Burg der Grafen von Nordhofen stand, Zähne von Urwelttieren gefunden. Der Ort wird 805 als Winemuteshusir genannt.

Kath. Kirche St. Florian, ehem. Wallfahrtskirche; sie besaß ursprünglich das Patrozinium Mariä Himmelfahrt und gehörte zur Pfarrei Einsbach. – Die in der Substanz spätgotische Chorturmkirche wurde 1666/67 um ein Joch nach Westen verlängert (heute durch einen großen Riß im Gewölbe angezeigt); sie wurde dabei gleichzeitig erhöht und eingewölbt. Die ursprüngliche Höhe noch deutlich an den gotischen Lünettenfresken, die im Untergeschoß des Chorturms hinter dem Hochaltar aufgedeckt worden sind. – Der über dem Chor sich erhebende Turm wurde erst 1696 vollendet; er gehört mit seiner reichen Blendzier zu den schönsten im weiten Umkreis und läßt sich – auch in der erstaunlichen Disproportion zu dem relativ kurzen Kirchenschiff – nur mit dem Turm der Kirche von → Puchschlagen vergleichen.

Das Innere zeigt sich mit seiner Ausstattung und dem kräftigen, naiv-plastischen Modelstuck in seiner ursprünglichen Schönheit. Die Medaillons an den Decken nennen die Muttergottes und die vier Evangelisten. Der ***Hochaltar*** 1654 von *Konstantin Pader* geschaffen; das Marienbild darin offenbar im Anfang 16. Jh., angeblich aus demselben Holz, aus dem das Tuntenhauser Gnadenbild geschnitzt worden ist. Die Figuren: Im Hochaltar außen die Hl. St. Georg und Florian, innen neben dem Marienbild die Hl. Katharina und Barbara. Im rechten Seitenaltar Gerichtschristus und St. Joseph, im linken Anna Selbdritt und Joachim. – Die beiden ***Seitenaltäre*** 1666, wahrscheinlich auch von Konstantin Pader. Bei einer Restaurierung vor 1720 werden *Johann Georg Hörmann, Michael Prugger* und *Bartholomäus Schuhpaur* als Mitarbeiter genannt. Lt. Inschrift auf dem Hochaltar wurde 1938 eine weitere Restaurierung

Wiedenzhausen, St. Florian

durchgeführt, deren Farbstellung wohl heute noch vor Augen steht.

Das Wappen am Chorbogen deutet auf den Fürstbischof Albrecht Sigmund v. Freising (1652–85), unter dessen Regierung die Barockisierung der Kirche vorgenommen worden war.

Auf einem Hof südlich der Kirche steht das ***Modell von Neuschwanstein,*** etwa 1:50; dabei eine Marmorbüste Ludwigs II.

Wildenmoos

2 km n Markt Indersdorf. ○ DAH □ 2.1

Hofkapelle 1938 erbaut; Einrichtung des 18. Jhs. Im Giebel der Scheune die Figur eines reitenden hl. Georg, die vom Hochaltar der Großberghofener Kirche stammen soll.

Wildenroth ○ FFB □ 1.4

Das Gebiet nördlich des Ammersees kam offenbar mit dem zunächst von den Staufern erworbenen Welfenerbe über König Konradin an die bayerischen Herzöge: 1260 hören wir hier erstmals von der Burg Wildenroth, nach der sich ein Sohn Konrad des staufischen Ministerialen Engelschalk von → Hegnenberg nannte. Sie war aber offensichtlich nicht Eigenbesitz dieses Geschlechts, da die bayerischen Herzöge mehrfach darüber verfügten, so als sie der spätere Kaiser Ludwig 1311 an den Marschall Konrad von Wildenroth verpfändete, der sie an seinen Oheim, den Truchseß Berthold v. Kühlenthal weitergab. 1322 schenkte sie dann der Kaiser an Kloster Fürstenfeld mit zahlreichen Zugehörungen; aber noch 1330 vergleicht sich der Truchseß von Kühlenthal wegen des Pfandbesitzes mit seinem Neffen. Doch schon um die Mitte des 14. Jh. scheint das Kloster die Burg abgebrochen zu haben, nur eine Kapelle blieb bis 1778 erhalten; (im 18. Jh. galt der Burgstall als Rest der Rasso-Burg, → Grafrath) diese wurde nach Abbruch an der Amperbrücke neu errichtet. Die Güter der Burg und der Ort blieben als geschlossene Hofmark bis 1803 Besitz des Klosters.

Kath. Kapelle St. Nikolaus. Neubau um 1778 auf der Insel zwischen zwei Flußarmen der Amper als Ersatz der abgebrochenen Burgkapelle. – Schlichter, nach Norden gerichteter Bau mit rundem Schluß und Giebeldachreiter, flachgedeckt. Altar der Zeit ± 1700 mit Gemälde des hl. Nikolaus und seitlichen Figuren. – Ausmalung Ende 19. Jh.

Ev. Michaels-Kirche, Jesenwanger Str. 2 (Richtung Bahnhof Grafrath). Quadratischer Grundriß mit Zeltdach, errichtet 1964 nach Plänen von *Fischer.*

Burgstall. Nordwestlich über der Kapelle auf dem steilen Höhenrücken, hinter dem die neue Umgehungsstraße verläuft. Im Gelände ist noch deutlich der Halsgraben kenntlich, der die Vorburg von der sicher nicht kleinen Hauptburg trennte. – ± 1900 wurde der Gedenkstein und eine Privatkapelle St. Leonhard errichtet.

Windach

1 km n Moorenweis. ○ FFB □ 1.4

Der einen guten Kilometer nördlich von Moorenweis an der Straße nach Steinbach liegende Weiler erscheint erstmals als „wineden" im 12. Jh. bei einer Stiftung für St. Ulrich in Augsburg. 1280 im herzoglichen Salbuch für das Landgericht Landsberg als Winden, im 14. Jh. auch Gramanswinden genannt. 1552 besitzt das Kloster Wessobrunn hier 4 Anwesen, die ihm im 18. Jh. noch gehören. Die Kapelle wird erst 1622 als schon länger bestehend erwähnt.

Kath. Kirche St. Johann Baptist. Kleiner Saalbau mit dreiseitigem Schluß auf der Höhe nördlich über den Häusern, der im Kern wohl noch spätgotisch ist. Westlich vorgelegter, jüngerer Turm mit Spitzhelm. Auf der Nordseite im ¾-Kreis angebaut eine Nebenkapelle, deren Stiftung wohl mit der außen eingelassenen Tontafel „1678 Martin Gelp" bezeichnet ist (der Name kommt noch heute in der Gegend, z. B. in Dünzelbach, vor). – Das Innere mit durchgehender Flachdecke und darauf bescheidene Deckenbilder. – ***Hochaltar*** nach der Mitte des 19. Jh. mit Gemälde der Taufe Christi. Kanzel spätes Rokoko. – In der ***Seitenkapelle*** Marienaltar neubarock im Stil des 17. Jh. Darauf kleine Pietà Anfang 16. Jh., daneben die Figuren der Anna Selbdritt und hl. Bischof. – Interessant größeres Votivbild, das den Ort 1816 bei einem Brand zeigt mit noch strohgedeckten Häusern, z. T. in Holzbauweise; auch schöne Wiedergabe der Tracht.

Winkl ○ LL □ 1.3

Kleines Pfarrdorf im nördlichen Landsberger Kreisgebiet, 1229 als „Wincheln" genannt. Ostwärts in den fruchtbaren Äckern wurden 1952 vier spätrömische Brandgräber aufgedeckt. – Hofmark und Pfarrei gelangten 1621 an das Landsberger Jesuitenkolleg und nach dessen Aufhebung an die dortige Malteserkommende.

Die kleine **Pfarrkirche St. Peter und Paul** ist von ihrer ursprünglich frühgotischen Anlage her als Chorturmkirche und durch ihre Rokokoausstattung recht bemerkenswert. Stuck wohl von *Franz Xaver Schmuzer,* die Deckenbilder 1748 von dem Augsburger *Johann Georg Wolcker,* Altäre um 1755. Während der Maler des Hochaltarbildes (beide Kirchenpatrone) unbekannt ist, stammt das linke Seitenaltarblatt mit der Hl. Familie von *Johann Georg Bergmüller* und das rechte (Mutter Anna mit Maria) von *Balthasar Augustin Albrecht.* Im Vorzeichen Pfarrergrabstein von 1610. – An den überdeckten Friedhofsaufgang angebaut ein Ölberghäuschen mit Figuren des 16. /17. Jh. Die ***Philomenakapelle*** über dem Talhang nördlich des Dorfes ist ein origineller Bau aus dem Jahr 1846.

Würmmühle

Ortsrand Dachau-Ost. ○ DAH □ 2.1

Die ***Feldkapelle*** wurde 1693 erweitert. Stuck und Deckenfresko ± 1800. Der Altar ± 1693 mit bäuerlicher Madonna; 1972 ausgeraubt.

Zankenhausen

1 km ö Türkenfeld. ○ FFB □ 1.4

Im 14. Jh. Besitz der Greifen zu → Greifenberg; nach deren Aussterben erbten um 1400 die Herrn von Gundelfingen auf → Seefeld diesen Ort, von denen er mit Seefeld 1472 an die Herrn von Törring kam. Das 1450 erwähnte Dorfgericht wird zur Hofmark ausgebaut. 1580 vertauscht Georg von Törring diese an die Schöttl, Bürger zu München, die sie aber 1598 an das Jesuitenkolleg zu Landsberg verkaufen. Mit dessen Besitz kam die Hofmark 1783 an die neu geschaffene Malteserkommende Kaltenberg bis 1808.

Kath. Pfarrkirche St. Johann Baptist. Ein spätgotischer Bau wurde Mitte 18. Jh. unter Verwendung des Turms und größerer Mauerteile umgestaltet. – Ein quadratischer Chor mit angefügter halbrunder Apsis wurde außen mit dem Schiff mittels Trompen unter ein Dach mit dreiseitigem östlichen Abschluß gebracht. Auf der Nordseite der spätgotische Turm; das Unterteil ungegliedert bis auf zwei Kielbogenblenden der Ostseite, quadratisches Oberteil mit Bogenblenden und achteckiger Zwiebelhaube. – Der flach gedeckte Chorraum sowie das Langhaus mit Spiegelgewölbe mit elegantem Stuck von *F. X. Schmuzer.* ***Deckengemälde*** signiert 1757 von *Franz Kirzinger* aus München; im Chor Hl. Sippe, im Schiff Predigt Johannes des Täufers. – ***Hochaltar*** mit Gemälde 1857 von *Joh. Stegmüller,* Taufe Christi. – An der Wand zu beiden Seiten 2 ehemalige Altarflügel, Tafelbilder gegen Mitte 16. Jh.: Zacharias und der Engel im Tempel und Taufe Christi. Seitenaltäre Ende 17. Jh., der rechte mit tüchtiger Figur der Hl. Margareth ± 1630. Im Schiff bemerkenswertes vielfiguriges Holzrelief des Marientodes, um die Mitte 15. Jh. An den Wänden eine Folge von Apostelfiguren ± 1720, wohl der *Luidl-Werkstatt* zuzuweisen. – Ein Votivbild des Jahres 1706 ist ein volkstümliches Dokument eines Ortsbrandes, bei dem alle Häuser mit Ausnahme des Pfarrhofs und der Kirche niederbrannten; man gewinnt einen lebendigen Eindruck des Dorfes mit den strohgedeckten Holzbauten.

Zell

1 km nw Dünzelbach. ○ FFB □ 1.3

Der kleine Weiler liegt zwischen Dünzelbach und Egling an der Paar. Seine frühe Besitzgeschichte (Eigentum des Klosters Benediktbeuren!) ist nicht geklärt. 1361 ist der Verkauf eines Gutes an Schweiker von Gundolfing, Herr auf → Seefeld überliefert. Von dieser Zeit bis zum beginnenden 19. Jh. teilte er die Schicksale der Hofmark → Dünzelbach, die 1472 an die Herren, später Grafen von Toerring, gekommen war.

Kath. Kirche St. Sebastian. Ein Neubau 1688 ist überliefert und es ist nicht erkennbar, ob dabei ältere Teile wieder verwendet wurden. – Eingezogener Chor mit dreiseitigem Schluß und Stichkappentonne. Das flachgedeckte Langhaus zu zwei Fensterachsen mit dem Chor unter einem Dachfirst. Vorgelegter Westturm mit Achteckoberteil und Spitzhelm. – Das Innere mit bescheidenen ***Deckenbildern*** (im Chor Verkündigung, im Schiff Verehrung des hl. Sebastian und Medaillonbilder der Kirchenväter). ***Hochaltar*** ± 1690/1700, die Figuren zeigen eine gewisse Verwandtschaft mit der *Luidl-Werkstatt* (als Hauptfiguren der Titelheilige zwischen St. Ulrich und St. Silvester). Auch die etwas jüngeren Seitenaltäre (± 1700) mit Figuren: rechts hl. Antonius, links stehende Muttergottes.

Zellhof

1 km ö Schöngeising. ○ FFB □ 1.4

Ein in den Freisinger Traditionen zur Zeit Bischof Arnolds (876–83) genannter Ort Lantpertcella wird mit diesem Gutshof in Verbindung gebracht; auch das Veitspatrozinium weist auf Beziehung zu Freising. Ende 12. Jh. im Besitz der Herrn von Gegenpoint (→ Fürstenfeldbruck), Anfang des 14. Jh. waren hier die Punharter ansässig, die 1320 schon die Vogteirechte, 1388 schließlich den vom Herzog lehnbaren Sedlhof an Kloster Fürstenfeld verkauften. 1315 ist das Kirchlein als Filiale von Pfaffing mit eigenem Friedhof erwähnt.

Kath. Kirche St. Veit. Kleiner Bau mit Rechteckchor und westlichem Giebeldachreiter. Bei einer durchgreifenden Restaurierung 1971/72 konnte die frühe Überlieferung durch eine Grabung und Untersuchung des Mauerwerks ergänzt werden. Durch Freilegung romanischer Fensterchen erwies sich der wenig eingezogene Rechteckchor als vorgotischer Bestand, wohl 12. /13. Jh., der nach Aussage des gotisch profilierten Chorbogens im 15. Jh. verändert wurde. Die flache Kassettendekke des Schiffs stammt aus der Zeit ± 1600. – Überraschend war die Freilegung eines ungewöhnlich großen, quaderförmig zugerichteten Sandsteinblocks unter dem Sokkel des Hochaltars (durch Glasplatten sichtbar gelassen). Aus dem Boden kamen auch römische Ziegel- und Scherbenstücke. – Schöner ***Hauptaltar*** ± 1670 mit Mittelfigur des Titelheiligen und Engelsfiguren auf dem gesprengten Giebel, unter den seitlichen Bögen fehlen die Figuren. – Im Schiff spätgotischer Kruzifixus um 1520/40. – In den Feldern der Kassettendecke wurde die Malerei freigelegt, Engel mit Leidenswerkzeugen.

Römerstraße: Bei dem kleinen Wohnhaus südlich an der Straße nach Schöngeising Gedenkstein, der den Verlauf der Römerstraße an diesem Punkt markiert, die von hier gradlinig zur Amperbrücke und in Richtung Augsburg weiterführte. (→ Schöngeising)

Zillhofen

1 km s Weichs. ○ DAH □ 2.1

Kapelle ± 1700; 1971 ihrer Figuren zum Teil beraubt. Auf dem Altar des 16. Jh. befinden sich noch zwei Heiligenfiguren, identifizierbar ein hl. Stefan ± 1520.

Verzeichnisse und Karten

Personenverzeichnis

Die Schreibweise ist in den Quellen unterschiedlich; sie wurde für die Zwecke dieses Registers jedoch vereinheitlicht. Man suche daher z. B. „P" auch unter „B", „Mayr" auch unter „Mair", „ei" auch unter „ai" usw.

Aufnahmen und Pläne

Die Ziffern verweisen auf die Seiten

Aufnahmen:

A. F. Kersting, London 3, 7, 33, 34, 35, 131, 133, 214, 245, 251, 316
Pressebild Poss, Siegsdorf 9, 282
Christa Koppermann, Gauting 11, 12, 15, 36, 37, 39, 41, 46, 48, 52, 53, 54, 61, 63, 73, 87, 100, 103, 109, 111, 113, 135, 138, 142, 143, 145, 151/152, 155, 159, 165, 169, 171, 183, 185, 192, 203, 207, 210, 213, 216, 221, 225, 231, 243, 270, 281, 289, 291, 295, 319, 321, 326, 343, 345, 347, 349, 353, 361, 371, 377
Corpus der barocken Deckenmalerei 13, 18, 55, 57, 71, 83, 105, 147, 157, 235, 253, 263, 269, 286, 293, 301, 355
Albrecht Miller, München 14, 45
Zannantonio, Starnberg 19, 94, 95, 146
Zentralinstitut für Kunstgeschichte (Thyssen-Stiftung), München 21, 22, 26, 50 links, 249, 283, 297, 303, 336
Landesamt für Denkmalpflege, München 44, 50 rechts, 51, 64, 65, 66, 68, 69, 70, 75, 80 unten, 89, 91, 107, 116, 118, 119, 121, 123, 127, 129, 149, 150, 160, 161, 162, 172, 178, 179, 190, 197, 201, 224, 227, 229, 230, 232, 233, 236, 261, 271, 272, 277, 279, 285, 297, 288, 292, 306, 307, 322, 323, 327, 328, 332, 333, 335, 339, 362, 363, 379
Foto Marburg 23, 79, 81, 85, 173
Albrecht Brugger, Stuttgart 30/31. Freigegeben vom Innenministerium Baden-Württ. Nr. 2/9784
Wilhelm Neu, Holzhausen 40, 163
Hartwig Koppermann, Gauting 49
Werner Neumeister, München 80 oben, 114, 175, 196, 241, 265, 275, 317, 331, 365, 373
Elisabeth Drave, München 86
Retzlaff/Bavaria, Gauting 117
Schmidt/Pauly, Pullach 120
Helga Schmidt-Glassner, Stuttgart 137, 267, 268, 315
Luftbild Hans Bertram, München 140/141, 168, 313. Freigegeben von Reg. v. Obb. G 4/5429, 5798, 30886
Michael Meier, Gauting 193, 278, 359
Deutscher Kunstverlag GmbH, München 195, 250
A. Kitzberger, Hebertshausen 200, 258, 259, 298, 369

Grundrisse, Schnitte und Pläne:

Landesamt für Denkmalpflege, München 5, 24, 28, 67, 72, 78, 82, 84, 88, 112, 125, 126, 160, 164, 170, 175, 182, 223, 242, 260, 280, 325
Max Gruber, Bergkirchen 11, 32, 130, 156, 194, 199, 206, 214, 215, 238, 246, 324, 341, 348, 352, 374
Michael Meier, Gauting 17
Kath. Pfarramt Pullach 122
Nach Katasterplan 136
Eugen Ulmer Verlag, Stuttgart 311

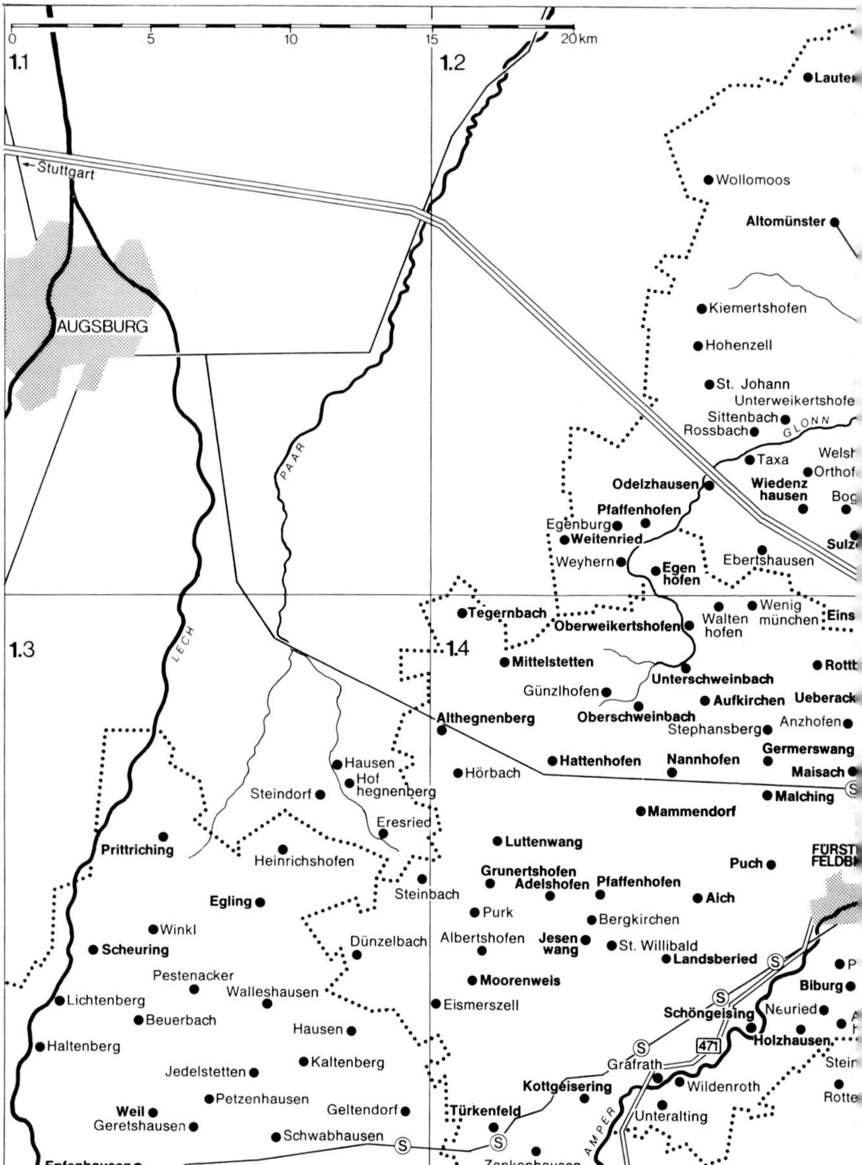

0
5
10
15
20 km
1.1
1.2
1.3
1.4
Stuttgart
AUGSBURG
LECH
PAAR
GLONN
AMPER
Wollomoos
Altomünster
Kiemertshofen
Hohenzell
St. Johann
Sittenbach
Rossbach
Taxa
Orthof
Odelzhausen
Wiedenz hausen
Pfaffenhofen
Egenburg
Weitenried
Weyhern
Egen hofen
Ebertshausen
Wenig münchen
Walten hofen
Tegernbach
Oberweikertshofen
Mittelstetten
Unterschweinbach
Günzlhofen
Aufkirchen
Oberschweinbach
Stephansberg
Anzhofen
Althegnenberg
Germerswang
Hattenhofen
Nannhofen
Maisach
Malching
Mammendorf
Hausen
Hof hegnenberg
Hörbach
Steindorf
Eresried
Luttenwang
Prittriching
Heinrichshofen
Puch
Grunertshofen
Adelshofen
Pfaffenhofen
Aich
Steinbach
Egling
Purk
Bergkirchen
Winkl
Albertshofen
Jesen wang
St. Willibald
Scheuring
Dünzelbach
Landsberied
Pestenacker
Moorenweis
Biburg
Walleshausen
Lichtenberg
Eismerszell
Schöngeising
Neuried
Beuerbach
Holzhausen
Hausen
Haltenberg
471
Kaltenberg
Grafrath
Jedelstetten
Wildenroth
Kottgeisering
Petzenhausen
Weil
Geltendorf
Türkenfeld
Unteralting
Geretshausen
Schwabhausen
Epfenhausen
Zankenhausen
S

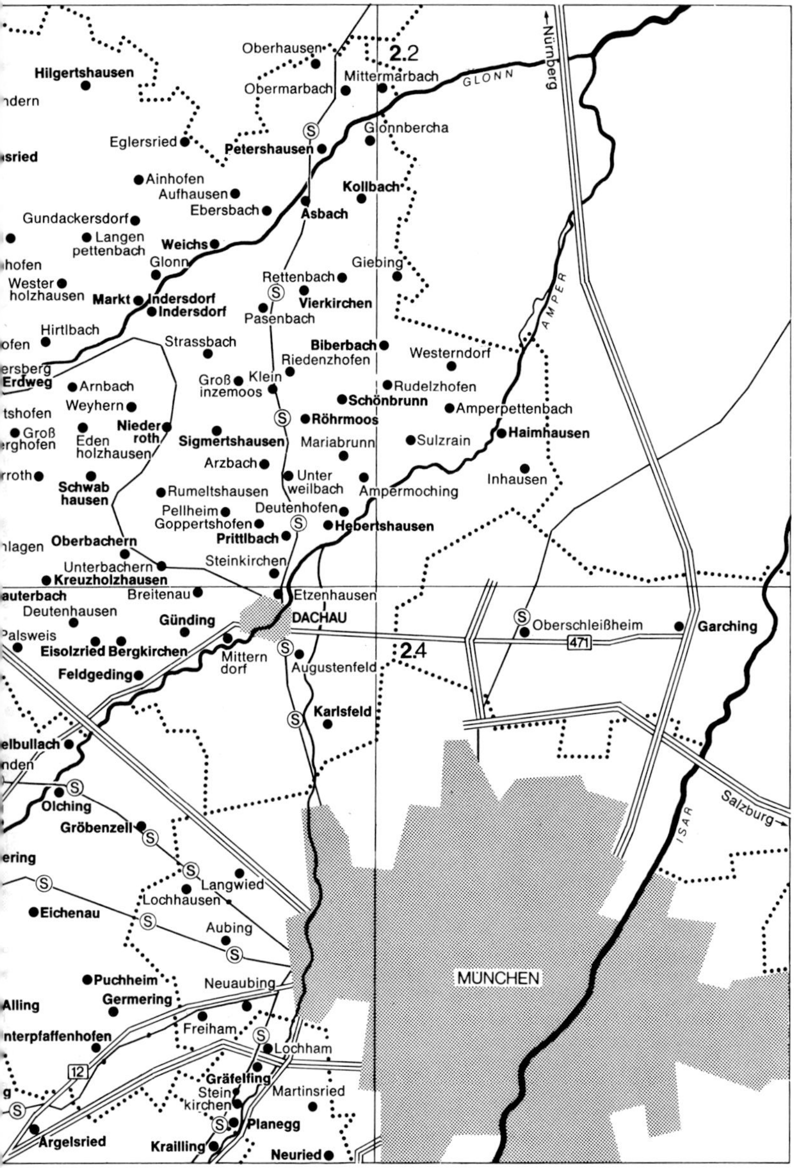

2.2
2.4
Nürnberg
Salzburg
GLONN
AMPER
ISAR
471
12
MÜNCHEN
DACHAU
Hilgertshausen
Oberhausen
Obermarbach
Mittermarbach
Glonnbercha
Eglersried
Petershausen
Ainhofen
Aufhausen
Ebersbach
Asbach
Kollbach
Gundackersdorf
Langen pettenbach
Weichs
Glonn
Giebing
Rettenbach
Wester holzhausen
Markt Indersdorf
Indersdorf
Vierkirchen
Pasenbach
Hirtlbach
Strassbach
Biberbach
Riedenzhofen
Westerndorf
Erdweg
Arnbach
Groß inzemoos
Klein
Rudelzhofen
Schönbrunn
Weyhern
Amperpettenbach
Röhrmoos
Nieder roth
Eden holzhausen
Sigmertshausen
Mariabrunn
Sulzrain
Haimhausen
Arzbach
Unter weilbach
Inhausen
Schwab hausen
Rumeltshausen
Ampermoching
Pellheim
Deutenhofen
Goppertshofen
Hebertshausen
Oberbachern
Prittlbach
Unterbachern
Steinkirchen
Kreuzholzhausen
Breitenau
Etzenhausen
Deutenhausen
Günding
Oberschleißheim
Garching
Eisolzried
Bergkirchen
Mittern dorf
Augustenfeld
Feldgeding
Karlsfeld
Olching
Gröbenzell
Langwied
Lochhausen
Eichenau
Aubing
Puchheim
Neuaubing
Germering
Alling
Freiham
Lochham
Gräfelfing
Martinsried
Stein kirchen
Planegg
Argelsried
Krailling
Neuried

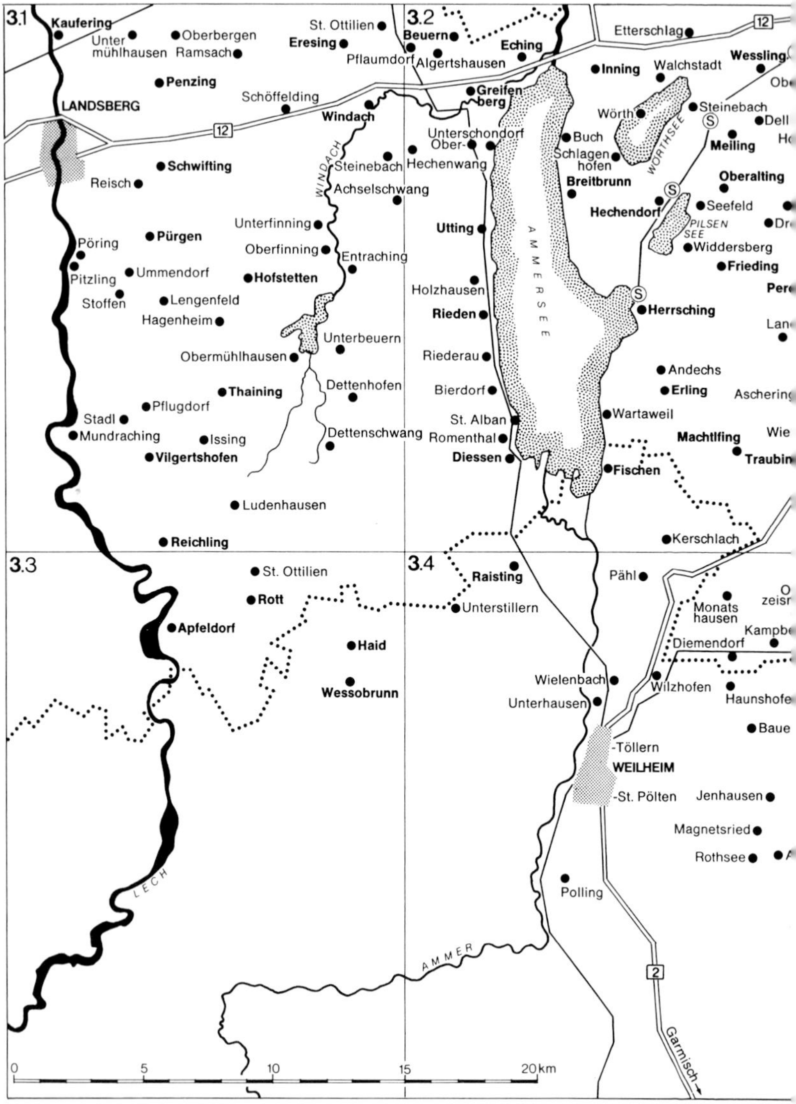
3.1
Kaufering
Unter mühlhausen
Oberbergen
Ramsach
Penzing
LANDSBERG
12
Schwifting
Reisch
Pöring
Pürgen
Pitzling
Ummendorf
Stoffen
Lengenfeld
Hagenheim
Stadl
Pflugdorf
Mundraching
Issing
Vilgertshofen
Ludenhausen
Reichling
St. Ottilien
Eresing
Schöffelding
Windach
WINDACH
Steinebach
Achselschwang
Unterfinning
Oberfinning
Hofstetten
Entraching
Unterbeuern
Obermühlhausen
Thaining
Dettenhofen
Dettenschwang
3.2
Beuern
Pflaumdorf
Algertshausen
Eching
Greifenberg
Unterschondorf
Ober-
Hechenwang
Utting
Holzhausen
Rieden
Riederau
Bierdorf
St. Alban
Romenthal
Diessen
AMMERSEE
Etterschlag
Inning
Walchstadt
Wessling
Wörth
Steinebach
WÖRTHSEE
Buch
Schlagenhofen
Meiling
Breitbrunn
Oberalting
Hechendorf
Seefeld
PILSEN SEE
Widdersberg
Frieding
Herrsching
Andechs
Erling
Wartaweil
Machtlfing
Fischen
Kerschlach
3.3
St. Ottilien
Rott
Apfeldorf
Haid
Wessobrunn
LECH
3.4
Raisting
Unterstillern
Pähl
Monats hausen
Diemendorf
Wielenbach
Wilzhofen
Unterhausen
Töllern
WEILHEIM
St. Pölten
Jenhausen
Magnetsried
Rothsee
Polling
AMMER
2
Garmisch
0
5
10
15
20 km

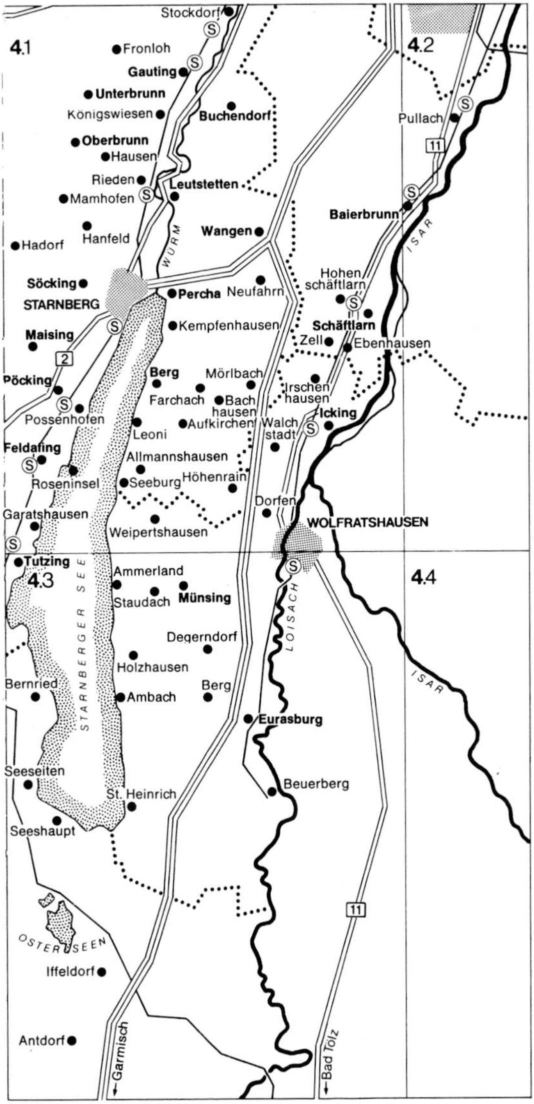
4.1
4.2
4.3
4.4
Stockdorf
Fronloh
Gauting
Unterbrunn
Königswiesen
Buchendorf
Oberbrunn
Hausen
Rieden
Leutstetten
Mamhofen
Hanfeld
Hadorf
Wangen
WÜRM
Söcking
STARNBERG
Percha
Neufahrn
Maising
Kempfenhausen
2
Pöcking
Berg
Mörlbach
Farchach
Bach hausen
Possenhofen
Leoni
Aufkirchen
Feldafing
Allmannshausen
Seeburg
Höhenrain
Roseninsel
Garatshausen
Weipertshausen
Tutzing
Ammerland
Staudach
Münsing
STARNBERGER SEE
Degerndorf
Holzhausen
Bernried
Ambach
Berg
Eurasburg
Seeseiten
St. Heinrich
Seeshaupt
OSTERSEEN
Iffeldorf
Antdorf
Garmisch
Pullach
11
Baierbrunn
ISAR
Hohen schäftlarn
Schäftlarn
Zell
Ebenhausen
Irschen hausen
Icking
Walch stadt
Dorfen
WOLFRATSHAUSEN
LOISACH
ISAR
Beuerberg
11
Bad Tölz